Die Weisungsgebundenheit des Staatsanwalts unter besonderer Berücksichtigung des rechtstatsächlichen Aspekts

Frankfurter kriminalwissenschaftliche Studien

Bd./Vol. 77

PETER LANG
Frankfurt am Main · Berlin · Bern · Bruxelles · New York · Oxford · Wien

Michael Krebs

Die Weisungsgebundenheit des Staatsanwalts unter besonderer Berücksichtigung des rechtstatsächlichen Aspekts

PETER LANG
Europäischer Verlag der Wissenschaften

Die Deutsche Bibliothek - CIP-Einheitsaufnahme

Krebs, Michael:

Die Weisungsgebundenheit des Staatsanwalts unter besonderer Berücksichtigung des rechtstatsächlichen Aspekts / Michael Krebs. - Frankfurt am Main ; Berlin ; Bern ; Bruxelles ; New York ; Oxford ; Wien : Lang, 2002
(Frankfurter kriminalwissenschaftliche Studien ; Bd. 77)
Zugl.: Frankfurt (Main), Univ., Diss., 2002
ISBN 3-631-39557-4

D 30
ISSN 0170-6918
ISBN 3-631-39557-4

www.peterlang.de

Meinen Eltern

Nein, schlaft nicht, während die Ordner der Welt geschäftig sind!
Seid mißtrauisch gegen ihre Macht, die sie vorgeben für euch erwerben zu müssen!
Wacht darüber, daß eure Herzen nicht leer sind, wenn mit der Leere eurer Herzen gerechnet wird!
Tut das Unnütze, singt die Lieder, die man aus eurem Mund nicht erwartet!
Seid unbequem, seid Sand, nicht das Öl im Getriebe der Welt!

Aus: „Träume" von Günter Eich (dt. Schriftsteller 1907 – 1972)

Vorwort

Die vorliegende Arbeit wurde im Wintersemester 2001/2002 vom Fachbereich Rechtswissenschaft der Johann Wolfgang Goethe-Universität in Frankfurt a. M. als Dissertation angenommen.

Die Erstellung wurde durch die Unterstützung und Hilfe derer ermöglicht, die mich auf meinem Weg begleitet haben. Bei ihnen bedanke ich mich an dieser Stelle herzlich.

Besonderer Dank gilt meinem Doktorvater Herrn Prof. Dr. Ulfrid Neumann, der mich nicht nur zur Wahl des Themas angeregt, sondern auch durch seine vielfältigen Anregungen, Ermutigungen und stetige Gesprächsbereitschaft nachhaltig unterstützt hat.

Herrn Prof. Dr. Walter Kargl danke ich für die Übernahme und rasche Erstellung des Zweitgutachtens.

Den Herausgebern der „Frankfurter kriminalwissenschaftlichen Studien" gilt mein Dank für die Aufnahme meiner Arbeit in ihre Reihe.

Bedanken möchte ich mich auch bei allen Staatsanwälten und Staatsanwältinnen, die durch ihre Teilnahme an der von mir durchgeführten Fragebogenuntersuchung oder ihre Bereitschaft mir in persönlichen Interviews Rede und Antwort zu stehen, den empirischen Teil der Arbeit ermöglichten.

Besonders hervorzuheben ist dabei die Unterstützung von Herrn OStA Gerhard Müller, Staatsanwaltschaft Darmstadt, der mir wertvolle Einblicke in das System der Staatsanwaltschaft eröffnete, die als Grundlage für meine späteren Untersuchungen dienten.

Ebenfalls mit Dank benennen möchte ich Herrn OStA Dr. Dieter Rohnfelder bei der Generalstaatsanwaltschaft Frankfurt, der meine Bitte zur Durchführung der Umfrage bei den hessischen Staatsanwaltschaften mit freundlichem Interesse aufnahm und sich engagiert für die entsprechende Genehmigung einsetzte.

Verschiedene Interessenverbände, insbesondere die Landesvereinigungen der Richter und Staatsanwälte und Fachgruppen der Staatsanwälte stellten mir umfangreiches, teilweise sogar unveröffentlichtes Material zur Verfügung, das meinen wissenschaftlichen Studien immer wieder neue Impulse gab. Sie haben mir damit sehr geholfen.

Das Max-Planck-Institut für ausländisches und internationales Strafrecht, Freiburg (i. Brsg.) ermöglichte mir die Nutzung seiner umfangreichen und für mich äußerst hilfreichen Bibliothek. Hierdurch konnte ich den rechtsvergleichenden Teil meiner Arbeit deutlich weiterentwickeln.

Weiterhin gilt mein Dank Herrn Dr. rer. nat. Michael Schwab, der mich bei der statistischen Auswertung durch seine Fachkenntnis unterstützte und immer wieder zur Stelle war, wenn es Schwierigkeiten mit meinem Computer gab.

Ihm sowie meinen weiteren Freunden und Bekannten danke ich dafür, daß sie nicht nur Verständnis für meine Arbeit aufbrachten, sondern es ihnen auch gelang in meiner Freizeit die Gedanken an die Arbeit zu zerstreuen.

Nicht zuletzt danke ich meiner Familie, die auch in schwierigen Phasen stets mit Rat und Tat für mich da war, sei es durch Ermutigungen, Schreibarbeiten oder unzählige Korrekturstunden. Erwähnen möchte ich dabei Heike, die meine nicht immer gut verständlichen Diktate in lesbaren Text umsetzte. Dank auch an Uwe, der sofort meine Daten von der Festplatte gerettet hat, als kurz vor Abgabeschluß ein Blitzschlag meinen Computer außer Gefecht setzte und an Hannelore für die Überlassung ihres nagelneuen PC's als Ersatz.

Mein besonderer Dank gilt meinen Eltern, die mir durch ihre Unterstützung nicht nur mein Studium, sondern auch diese Doktorarbeit ermöglicht haben. Ihr großes Verständnis, ihr unermüdlicher Einsatz und ihr jederzeit offenes Ohr für die kleinen und großen Schwierigkeiten haben wesentlich zum Gelingen dieser Arbeit beigetragen.

Kahl a. Main, Juli 2002 Michael Krebs

Inhaltsverzeichnis

Abkürzungsverzeichnis

Abs.	Absatz
AFP	Agence France Presse
AG	Amtsgericht
Alt.	Alternative
Anm.	Anmerkung
APA	Austria Presse Agentur
Art.	Artikel
ASJ	Arbeitsgemeinschaft Sozialdemokratischer Juristinnen und Juristen
Aufl.	Auflage
bzw.	beziehungsweise
BayAGGVG	Bayerisches Ausführungsgesetz zum Gerichtsverfassungsgesetz
BBG	Bundesbeamtengesetz
Bd.	Band
best.	bestimmt
BeStrA	Anordnung über Berichtspflichten in Strafsachen
BGBl.	Bundesgesetzblatt
BGH	Bundesgerichtshof
BGHSt	Entscheidungen des Bundesgerichtshofs in Strafsachen
BGHZ	Entscheidungen des Bundesgerichtshofs in Zivilsachen
BRRG	Beamtenrechtrahmengesetz
BRV	Bayerischer Richterverein
BRV-N	BRV-Nachrichten (Mitteilungsblatt des Bayerischen Richtervereins)
BT-DS	Bundestagsdrucksache
BtMG	Betäubungsmittelgesetz
BVerfG	Bundesverfassungsgericht
BVerwGE	Entscheidungen des Bundesverwaltungsgerichts
B-VG	(Österreichisches) Bundesverfassungsgesetz
bzw.	beziehungsweise
ca.	circa
CDU	Christlich Demokratische Union
CSU	Christlich Soziale Union
DJZ	Deutsche Juristenzeitung
DM	Deutsche Mark
DÖV	Die Öffentliche Verwaltung
dpa	Deutsche Presseagentur

DRB	Deutscher Richterbund
DRiG	Deutsches Richtergesetz
DRiZ	Deutsche Richterzeitung
DS	Drucksache
DuD	Datenschutz und Datensicherheit
DVBl.	Deutsche Verwaltungsblätter
DV-ÖStAG	Durchführungsverordnung zum Österreichischen Staatsanwaltsgesetz
DVP	Deutsche Volkspartei
EGGVG	Einführungsgesetz zum Gerichtsverfassungsgesetz
etc.	et cetera
EuGRZ	Europäische Grundrechtszeitschrift
f	folgende
FAZ	Frankfurter Allgemeine Zeitung
FDP	Freie Demokratische Partei
ff	fortfolgende
Fn.	Fußnote
FS	Festschrift
GA	Goltdammers Archiv für Strafrecht
GG	Grundgesetz
ggf.	gegebenenfalls
GS	Gerichtssaal
GStA	Generalstaatsanwalt
GVBl.	Gesetz- und Verordnungsblatt
GVG	Gerichtsverfassungsgesetz
GVVO	Verordnung zur einheitlichen Regelung der Gerichtsverfassung
Hauptverh.	Hauptverhandlung
HBG	Hessisches Beamtengesetz
HDO	Hessische Disziplinarordnung
HDSG	Hessisches Datenschutzgesetz
hM	herrschende Meinung
HS	Halbsatz
htm	Hypertextmark
html	Hypertextmarklanguage
http	Hypertexttransferprotokoll
HV	Hauptverhandlung
i.d.R.	in der Regel
i.V.m.	in Verbindung mit
JA	Juristische Ausbildung
JABl.	Justiz- und Amtsblatt
JGG	Jugendgerichtsgesetz

JMBl.	Justiz- und Ministerialblatt
JR	Juristische Rundschau
JuS	Juristische Schulung
JZ	Juristenzeitung
Kap.	Kapitel
KritV	Kritische Vierteljahresschrift
LG	Landgericht
LOStA	Leitender Oberstaatsanwalt
LT-Protokoll	Landtagsprotokoll
m.E.	meines Erachtens
MD	Maunz/Dürig
MDR	Monatschrift des Deutschen Rechts
MiStrA	Anordnung über Mitteilungspflichten in Strafsachen
MLL	Münstersches Logbuch zur Logistik
MRK	(Europäische) Menschenrechtskonvention
mwN	mit weiteren Nachweisen
NJW	Neue Juristische Wochenschrift
Nr.	Nummer
NRV	Neue Richtervereinigung
NRW	Nordrhein-Westfalen
NStZ	Neue Zeitschrift für Strafrecht
ÖBDG	Österreichisches Beamtendienstgesetz
Öffentlichk.	Öffentlichkeit
ÖJBl	Österreichische Juristische Blätter
ÖJZ	Österreichische Juristenzeitung
OLG	Oberlandesgericht
OrgStA	Anordnung über Organisation und Dienstbetrieb der Staatsanwaltschaften
ÖRiZ	Österreichische Richterzeitung
ÖStAG	Österreichisches Staatsanwaltsgesetz
ÖStGB	Österreichisches Strafgesetzbuch
ÖStPO	Österreichische Strafprozeßordnung
ÖTV	Gewerkschaft Öffentliche Dienste, Transport und Verkehr
OVG	Oberverwaltungsgericht
OWiG	Ordnungswidrigkeitengesetz
PDS	Partei des Demokratischen Sozialismus
RGBl.	Reichsgesetzblatt
RiStBV	Richtlinien für das Straf- und Bußgeldverfahren
RiVASt	Richtlinien für den Verkehr mit dem Ausland in strafrechtlichen Angelegenheiten

Rn.	Randnummer
RuP	Recht und Politik
S.	Seite
SchlHA	Schleswig-Holsteinischer Anzeiger
schriftl.	schriftlich
SH	Schleswig-Holstein
Sp.	Spalte
Sp1	Sprecher 1
Sp2	Sprecher 2
SPD	Sozialdemokratische Partei Deutschland
StA	Staatsanwalt / Staatsanwälte
StAÄG	Staatsanwaltschaftsänderungsgesetz
StAG	Staatsanwaltsgesetz
StGB	Strafgesetzbuch
StPO	Strafprozeßordnung
StV	Strafverteidiger
SZ	Süddeutsche Zeitung
u. ä.	und ähnliches
u. a.	unter anderem
U-Haft	Untersuchungshaft
Unterl.	unterlassen
Unterl. d. Ausschl. d. Ö.	Unterlassen des Ausschlusses der Öffentlichkeit
v.	von
v. a.	vor allem
VGH	Verwaltungsgerichtshof
vgl.	vergleiche
VwGO	Verwaltungsgerichtsordnung
VwVfG	Verwaltungsverfahrensgesetz
wg.	wegen
www	World Wide Web
z. B.	zum Beispiel
z. T.	zum Teil
ZBR	Zeitschrift für Beamtenrecht
Ziff.	Ziffer
Zit.	Zitierweise
ZRP	Zeitschrift für Rechtspolitik
ZStrW	Zeitschrift für die gesamte Strafrechtswissenschaft

Einleitung

- Ausgangslage

Die in den §§ 146 ff GVG verankerte Weisungsgebundenheit der Staatsanwaltschaft gehört nach wie vor zu den umstrittensten rechtspolitischen Problemen,[1] die entsprechende Literatur ist nahezu unüberschaubar.[2] Die Kritik hieran reicht bis in die Entstehungszeit des Weisungsrechts zurück.[3] Gleichsam als rechtspolitischer „Dauerbrenner" erreichte die Diskussion in Literatur und Praxis in den 60er und 70er Jahren ihren Höhepunkt, dauert aber weiterhin an.[4] Die Aktualität dieses Themas zeigt sich immer noch und immer wieder in der aktuellen Medienberichterstattung.[5] Mehr als andere strafprozessuale Themen wurde die Weisungsgebundenheit der Staatsanwaltschaft und insbesondere das externe Weisungsrecht der Justizminister[6] nicht nur durch die Publizierung spektakulärer Einzelfälle, sondern auch durch Stellungnahmen und Kommentare Gegenstand der Presse- und Medienberichterstattung.[7] Auch die wissenschaftliche Diskussion wurde intensiv geführt.[8] Dennoch ist die Thematik der Weisungsgebundenheit der Staatsanwaltschaft eher Politikum als Tagesgeschäft. Dies wird bereits dadurch deutlich, daß die Suche nach einschlägiger Rechtsprechung zu den §§ 146 ff GVG weitgehend ergebnislos bleibt.[9]

Trotz intensiver Diskussionen wirft die Weisungsgebundenheit der Staatsanwaltschaft noch immer Fragen und Probleme auf, die bislang ungeklärt sind.

---

1 Löwe/Rosenberg – Schäfer/Boll, §146 GVG, Rn. 5; Katholnigg, §146, 147 GVG, Rn. 1; Roxin, DRiZ 1997, S. 117, Nappenbach, www.bayrv.de

2 Vgl. auch Höß, S. 126

3 Roxin, DRiZ 1969, S. 385

4 Grosse, DRiZ 1988, S. 53; so war auch die Stellung der Staatsanwaltschaft und insbesondere auch die Weisungsgebundenheit Gegenstand einer Podiumsdiskussion des sächsischen Richterbundes am 23.11.1998 in Dresden, an der der Verfasser als Zuhörer teilnehmen konnte.

5 So wurden erst kürzlich im Zusammenhang mit der CDU-Spendenaffäre Gerüchte um politischen Widerstand aus Regierungskreisen gegen eine beabsichtigte Verfahrenseinstellung hinsichtlich des Ermittlungsverfahrens gegen den früheren Bundeskanzler Helmut Kohl laut, wobei unzweifelhaft die Möglichkeit des Justizministeriums angesprochen wurde, den Generalstaatsanwaltschaften und landgerichtlichen Staatsanwaltschaften Weisungen erteilen zu können; vgl. Main-Echo Nr. 196 / 2000 vom 23.07.2000, S. 1 (dpa) „Kohl-Ermittlungen vor dem Ende?"

6 Soweit im folgenden von Justizministerien gesprochen wird, sind immer die Justizverwaltungen gemeint, so daß auch die Justizsenatoren als „Justizminister" bezeichnet werden.

7 Mielke, Rheinischer Merkur 1952 Nr. 44, S. 3; Becher, Rheinischer Merkur 1952 Nr. 47, S. 4; van Husen, Rheinischer Merkur 1952 Nr. 47, S. 4; Wagner, Rheinischer Merkur 1952 Nr. 47, S. 4; Süsterhenn, Rheinischer Merkur 1952 Nr. 49, S. 4

8 Vgl. Schultz, RuP 1971, S. 61, der auf das nahezu kaum noch überschaubare Schrifttum hinweist.

9 So auch Roth, FAZ vom 20.03.2000, S. 12

- Begriff der Weisung
Unklar ist bereits, was überhaupt unter einer Weisung im Sinne der §§ 146 ff GVG zu verstehen ist. Obwohl das Gesetz den Begriff „Weisung“ verwendet, liegt eine Legaldefinition dieses Begriffes nicht vor. Auch in der Literatur wird diese bedeutende Frage nur „stiefmütterlich“ behandelt. Trotz der inzwischen 150 Jahre andauernden Kritik am Weisungsrecht fehlt bisher eine Auseinandersetzung mit dem Begriff „Weisung“. Nur vereinzelt wird in Kommentierungen ein Definitionsversuch unternommen, zumeist jedoch ohne Begründung. Eine Einordnung, wann Äußerungen eine Weisung im Sinne der §§ 146, 147 GVG darstellen und wann lediglich ein (unverbindlicher) Rat oder eine Empfehlung des Vorgesetzten vorliegt, wurde bislang noch nicht unternommen. Aus diesem Grund ist es eine Zielsetzung dieser Arbeit, festzustellen, was unter einer Weisung zu verstehen ist und wie sie umgesetzt werden kann.
- Das Weisungsrecht in der Praxis
Ungeklärt ist nicht nur der Begriff „Weisung“, sondern auch die Frage, ob und in welcher Form vom Weisungsrecht in der Praxis tatsächlich Gebrauch gemacht wird. Auch wenn gelegentlich die Bedeutung der Diskussion unter Hinweis auf mangelnde Praxisrelevanz als weitgehend überflüssig bezeichnet wird,[10] fehlt es bisher an wissenschaftlichen Erhebungen, in denen die rechtstatsächliche Bedeutung des Weisungsrechts untersucht wird. Eine empirische Arbeit scheint jedoch unerläßlich,[11] um dem Meinungsaustausch neue Impulse zu geben, da andernfalls die Diskussion zu stagnieren droht und sich die wechselseitigen Argumente zu wiederholen beginnen.

Diese Lücke soll durch die vorliegende Arbeit geschlossen werden, indem erstmals die Frage der „Weisungsgebundenheit der Staatsanwaltschaft“ unter dem Gesichtspunkt eines rechtstatsächlichen Betrachtungsansatzes untersucht wird. Dabei kann eine abschließende, repräsentative oder alle Facetten des Weisungsrechts einbeziehende Analyse nicht erfolgen, da die Strukturen innerhalb der Staatsanwaltschaft zu vielschichtig sind. Zahlreiche der ausschlaggebenden Faktoren bewegen sich im zwischenmenschlich-psychologischen Bereich und im Unterbewußtsein. Sie sind daher nur schwer zu erfassen und einer Auswertung kaum zugänglich. Dies soll auch nicht die Intention der vorliegenden Arbeit sein, sondern es soll der Versuch unternommen werden, mit Hilfe eines neuen Denkansatzes den Weg für weitere Forschungen und Untersuchungen zu öffnen.

---

10 Schneider, JURA 1999, S. 68 f

11 Auch Ostendorf stellt in diesem Zusammenhang in „ÖTV in der Rechtspflege“ Ausgabe März 1996, S. 3 klar, daß derzeit eine subjektive Betrachtungsweise hinsichtlich der Thematik vorherrscht, da noch keine Untersuchung über die tatsächliche Situation von Abhängigkeiten innerhalb der Staatsanwaltschaft vorliegt.

- Gang der Arbeit

Der Gang der Arbeit nimmt die historische Entwicklung des Weisungsrechts als Anknüpfungspunkt, die als Argument sowohl von den Befürwortern als auch von den Gegnern herangezogen wird. Hierbei soll die bereits in der Einführung des Weisungsrechts angelegte und von Anfang an umstrittene Zielsetzung dargestellt und die geschichtliche Veränderung von Ausgestaltung und Handhabung des Weisungsrechts skizziert werden. Schon von der „Geburt“ der Staatsanwaltschaft an wird die politische Dimension des Weisungsrechts deutlich, so daß dieser Institution die politische Streitbarkeit gewissermaßen mit „in die Wiege“ gelegt worden ist.

Im folgenden werden als Ergebnis der geschichtlichen Entwicklung und als Ausgangspunkt für den weiteren Verlauf der Arbeit der heutige Aufbau und die Organisation der Staatsanwaltschaft sowie der verschiedenen Hierarchieebenen auf Bundes- und Landesebene dargelegt und die sich hieraus ergebenden Kompetenzen und Weisungsrechte aufgezeigt. Auch wenn dies angesichts der gesetzlichen Verankerung der Weisungsgebundenheit in §§ 146 und 147 GVG auf den ersten Blick überflüssig erscheinen mag, so wird recht schnell deutlich, daß der Wortlaut der einschlägigen Vorschriften nicht zur Lösung der Probleme beiträgt. Zwar wird der Kreis der Weisungsberechtigten und Weisungsempfänger genau umrissen, doch bei den darüber hinausgehenden Fragen hilft der Gesetzestext nicht weiter. Dementsprechend ist bereits die gegenwärtige gesetzliche Regelung umstritten, so daß Umfang und Grenzen des Weisungsrechts de lege lata zu erörtern sind.

In engem Zusammenhang mit Umfang und Grenzen des Weisungsrechts steht die hieran geübte Kritik bzw. die Argumentation, die für das Weisungsrecht vorgebracht wird, so daß sich im nachfolgenden Teil eine Auseinandersetzung mit den kontroversen Positionen anschließt. Von der Behauptung der Verfassungswidrigkeit der Weisungsgebundenheit bis hin zur Verfassungswidrigkeit der Weisungsfreiheit wird eine Vielzahl von Argumenten vorgebracht, so daß dementsprechend die Reformforderungen ein ebensolches weites Spektrum umfassen, das von der Forderung nach völliger Weisungsfreiheit bis zu der einer streng hierarchischen Weisungsgebundenheit reicht.

Parallel zu der akademischen Diskussion wurden seitens der Fachverbände und in Kreisen der Politik verschiedene Reformvorschläge und -ansätze entwickelt. Bislang konnte sich jedoch keine dieser Bestrebungen durchsetzen und Niederschlag in der Praxis finden.

Den bisher ernsthaftesten Versuch, nicht nur einen theoretischen Denkansatz zu bieten, stellt zweifelsohne der Referentenentwurf eines Staatsanwaltsgesetzes aus dem Jahre 1976 dar. Dieser hätte über das Entwurfsstadium hinausgehen und praktisch umgesetzt werden sollen, um das Recht der Staatsanwaltschaft und damit auch die Regelung des Weisungsrechts auf eine eigenständige rechtliche Grundlage zu stellen.

Der Reformvorschlag verlief jedoch im Sande.[12] Am 30.06.1983 entschied die 54. Justizministerkonferenz, daß sie eine erneute Aufnahme der Arbeiten an einem Reformentwurf zur Änderung des Rechts der Staatsanwaltschaft "nicht für angezeigt" halte.[13] Dennoch hat die Auseinandersetzung mit der Weisungsgebundenheit der Staatsanwaltschaft weder an Spannung noch an Aktualität verloren.[14]

Diese Aktualität gibt – wie bereits geschildert – Anlaß, den Versuch zu unternehmen, die bisherigen Diskussionspfade zu verlassen und über den „dogmatischen Tellerrand“ hinauszublicken.

Neue Impulse sollen vor allem aus einem Vergleich der deutschen Rechtslage und Diskussion mit der Gesetzeslage und dem Meinungsstreit in Österreich gewonnen werden, wobei das dort 1986 eingeführte Österreichische Staatsanwaltsgesetz von besonderer Bedeutung ist.

Weiterhin soll geprüft werden, ob sich mit Hilfe einer interdisziplinären Betrachtung, insbesondere aus psychologischer, sprachwissenschaftlicher und soziologischer Sicht, ein Abgrenzungsmodell finden läßt, mit dem sich (verbindliche) Weisungen und (unverbindliche) Empfehlungen unterscheiden und einordnen lassen.

Um die rechtstatsächliche Bedeutung des Weisungsrechts und die Erscheinungsformen der Weisungen in der Praxis aufzuzeigen, werden verschiedene Untersuchungsansätze gewählt: Zunächst werden einzelne Verfahren dargestellt, die aufgrund ihrer besonderen Brisanz für eine entsprechende politische Resonanz oder ein Medienecho gesorgt haben und die dabei hinsichtlich des Weisungsrechts gewonnenen Erkenntnisse herausgearbeitet. Daran anschließend wird die Bedeutung des Weisungsrechts im täglichen Arbeitsalltag des staatsanwaltlichen Dezernenten untersucht und zwar im Wege einer hessenweiten Fragebogenerhebung. Abschließend wird das Weisungsrecht an der Schnittstelle zwischen Justizministerium und Staatsanwaltschaft, also bei der Generalstaats-

---

12 Nach Vorlage des Referentenentwurfs wurde das Projekt zunächst nicht weiterverfolgt, was wohl auf die grundlegenden Divergenzen zwischen ÖTV und DRB im Rahmen des Anhörungsgesprächs am 13. und 14.06.1977 im Bundesjustizministerium zurückzuführen ist (vgl. Kintzi FS für Wassermann, S. 899). Erst im Jahr 1982 teilte der Bundesjustizminister mit, daß er erwäge, die unterbrochenen Arbeiten am Entwurf wieder aufzunehmen (vgl. Bericht der Landesregierung zur Entschließung des Schleswig-Holsteinischen Landtages zur Änderung des Landesbeamtengesetzes Drucksache 12/1236 vom 10.01.1991, S. 9). Im folgenden Jahr gab es für den Referentenentwurf durch die Justizministerkonferenz das vorerst „endgültige Aus“.

13 Löwe/Rosenberg – Schäfer/Boll, vor §141 GVG, Rn. 24; Bericht der Landesregierung zur Entschließung des Schleswig-Holsteinischen Landtages zur Änderung des Landesbeamtengesetzes Drucksache 12/1236 vom 10.01.1991, S. 10

14 Roxin in seinem Vortrag anläßlich des 150. Geburtstags der Berliner Staatsanwaltschaft am 01.10.1996 bei Hahn, NJW 1997, S. 307

anwaltschaft, durch Einzelinterviews analysiert, die in anonymisierter Form zusammengefaßt werden.

Angesichts der Komplexität dieses Themas kann und wird es der vorliegenden Arbeit nicht gelingen, alle noch offenen Fragen zu klären. Daher soll die Zielsetzung der vorliegenden Arbeit nicht die Vollständigkeit, sondern eine von der bisherigen Diskussion abweichende Betrachtungsweise sein.

1. Teil: Bestandsaufnahme

1. Kapitel: Die historische Entwicklung der Staatsanwaltschaft

A. Ausgangssituation

Bis zum Beginn des 19. Jahrhunderts herrschten in den deutschen Einzelstaaten die Kabinettsjustiz, Inquisition und Polizeistaatlichkeit.[15] Im Inquisitionsprozeß, der seit dem Mittelalter in Deutschland galt, war der Inquisitionsrichter für die Strafverfolgung und den Richterspruch zugleich zuständig.[16] Richterliche Urteile und polizeiliche Willkürakte sorgten für Unmut in der Öffentlichkeit.[17] Es kam zu Mißtrauen gegenüber allen Formen staatlicher Macht, insbesondere gegenüber der Regierung, der von der Regierung abhängigen Beamtenschaft, der Bürokratie und der Polizei.[18] Vor allem wurde kritisiert, daß der Regierung keine Handhabe zustehe gegen Fehlurteile anzugehen.[19] Besonderer Kritik sahen sich auch die Strafrichter ausgesetzt, denen man Faulheit, Parteilichkeit und Überheblichkeit vorwarf.[20] Vor allem die im Inquisitionsprozeß vorgesehene Entscheidung im geheimen und schriftlichen Strafverfahren wurde heftig kritisiert.[21]

Es entstand eine liberal-rechtsstaatliche Bewegung, die sich für den reformierten Strafprozeß einsetzte.[22] Vorbild war der nach der französischen Revolution in Frankreich schon 1808 eingeführte „code d' instruction criminelle" der mit der Institution des „ministere public" einen Vorläufer der Staatsanwaltschaft geschaffen hatte.[23] Mit der Einkehr der napoleonischen Gesetzgebung in den linksrheinischen Gebieten wurde auch die Staatsanwaltschaft in den ersten deutschen Staaten eingeführt. Hierdurch wurde auch das Interesse der anderen deutschen Staaten geweckt, wobei freilich die wahren Motive für die Einführung bis heute umstritten sind, wie im folgenden noch dargelegt wird.

Unter dem soeben beschriebenen politischen Hintergrund wurden gegen Ende des Inquisitionsprozesses die Staatsanwaltschaften in den einzelnen Ländern geschaffen.[24] Ihnen wurde der Teil der richterlichen Aufgaben übertragen, der

---

15 Kern, S. 56

16 Schneider, DRiZ 1964, S. 153; Gössel, GA 1980, S. 326 ff

17 Wagner, JZ 1974, S. 212; Hund, ZRP 1994, S. 470; Roxin, DRiZ 1997, S. 110

18 Kern, S. 56; Aulus Agerius, Preußische Jahrbücher, Bd. 81 (1895), S. 1; Görcke, ZStrW (73) 1961, S. 565

19 Wagner, JZ 1974, S. 212

20 Hund, ZRP 1994, S. 470; Roxin, DRiZ 1997, S. 110

21 Hund, ZRP 1994, S. 470; Roxin, DRiZ 1997, S. 110

22 Krumsiek, FS für Stern, S. 651; Schmidt, DRiZ 1957, S. 275; Blankenburg/Treiber, Leviathan 1978, S. 163

23 Wunderlich, S. 12

24 Schneider, DRiZ 1964, S. 153; Lücke, DRiZ 1984, S. 147

die prozessuale Tätigkeit des Strafrichters umfaßte.[25] Dennoch waren die Aufgaben der Staatsanwaltschaften nicht in allen Ländern gleich ausgestaltet, sondern es gab deutliche Abweichungen.[26]

B. Motive für die Einführung der Staatsanwaltschaften

Auch wenn die negativen Auswirkungen des Inquisitionsverfahrens und des Polizeistaats den Rahmen für die Einführung der Staatsanwaltschaften bildeten, sind – wie schon angedeutet – die Motive, die mit der Einführung der Staatsanwaltschaft verfolgt wurden, auch heute noch umstritten.[27] Denn nicht nur die Bürger waren mit der Rechtsprechung unzufrieden, sondern gerade in Preußen mißfielen dem König die seiner Ansicht nach zu milden Urteile der Strafgerichte.[28]

Da die Staatsanwaltschaft nicht dem Innenministerium unterstellt wurde, um sie nicht zu einem Polizeiorgan werden zu lassen,[29] wird hieraus teilweise gefolgert, daß die Schaffung der Staatsanwaltschaft ein sichtbares Zeichen für das Ende des Polizeistaats und die Entstehung des Rechtsstaats sein sollte.[30] Nicht als Mittel obrigkeitlicher Repression, sondern als Mittel staatsbürgerlicher Obrigkeit sei die Staatsanwaltschaft ins Leben gerufen worden.[31] So wird auch heute noch betont, die Staatsanwaltschaft sei nicht als „Büttel des Obrigkeitsstaates" anzusehen, da sie nicht an die persönliche Willkür eines Ministers, sondern an das Gesetz gebunden sei.[32]

Auch wenn immer wieder liberale Gedanken und reformerische Bestrebungen als Inititator für die Einführung der Staatsanwaltschaften genannt werden,[33] so darf nicht übersehen werden, daß die Regierung auch versuchte, sich ihren Einfluß auf die Strafrechtspflege zu sichern,[34] ja es gibt sogar die Auffassung, daß die Staatsanwaltschaft ausschließlich diesen Bestrebungen der Regierenden ihre Existenz verdankt.[35]

---

25 Döhring, DRiZ 1958, S. 282; Wagner, NJW 1963, S. 8; Schneider, DRiZ 1964, S. 153

26 Lücke, DRiZ 1984, S. 147

27 Roxin, DRiZ 1997, S. 109

28 Rüping, GA 1992, S. 150; Roxin, DRiZ 1997, S. 110

29 Wagner, NJW 1963, S. 8

30 Wagner, NJW 1963, S. 8

31 Roxin, DRiZ 1969, S. 385

32 Hund, ZRP 1994, S. 471

33 Günther, S. 23 f, der die Staatsanwaltschaft als „Kind der Revolution" bezeichnet; zustimmend Frankfurter Arbeitskreis Strafrecht StV 2000, S. 460; Blankenburg/Treiber, Leviathan 1978, S. 162; Lücke, DRiZ 1984, S. 149; Roxin, DRiZ 1997, S. 109

34 Schmidt, DRiZ 1957, S. 275; Lücke, DRiZ 1984, S. 148; Rüping, GA 1992, S. 152; Rüping, StV 1997, S. 278 f, der die Staatsanwaltschaft in Anspielung auf die Gegenauffassung als „Stiefkind der Revolution" bezeichnet.

35 Lücke, DRiZ 1984, S. 148

Somit wird überwiegend die Ansicht vertreten, daß auch massive Machtinteressen mit der Einführung der neuen Behörde verwirklicht werden sollten.[36] Dabei wollte sich die Regierung, durch eine Übereinstimmung mit den Forderungen und Wünschen der liberalen Bewegung, einen möglichst breiten Konsens sichern,[37] um ihre Machtstellung abzusichern.

In dieser Zielsetzung wird die Ursache für die Ausgestaltung der Staatsanwaltschaft als bürokratische und weisungsgebundene Behörde gesehen.[38] Durch die Unterstellung der Staatsanwaltschaft als neue „Herrin des Vorverfahrens“ unter das Justizministerium wurde das Vorverfahren, das bis zu diesem Zeitpunkt vom unabhängigen Inquisitionsrichter beherrscht wurde, unter die Kontrolle der Regierung und damit der Exekutive gebracht.[39] Hierdurch wollte sich die Obrigkeit die Möglichkeit eröffnen gegen die Urteile der Gerichte Rechtsmittel einzulegen, was bislang nur dem Angeklagten, nicht aber dem Staat möglich war.[40] Durch die Übernahme der Weisungsgebundenheit der Staatsanwaltschaft aus dem französischen Vorbild ergab sich ein deutlicher Machtzuwachs der Regierungen.[41]

Dementsprechend wurde schon früh versucht, die Staatsanwaltschaft als Instrument politischer Ziele einzusetzen. Nach dem Scheitern der Revolution von 1848 in Deutschland versuchten die Landesregierungen in der zweiten Hälfte des Jahrhunderts vielfach, die Staatsanwaltschaften einseitig zur Vertretung staatlich-politischer Interessen anzuhalten.[42] In dieser Zeit erfolgte der weitere Ausbau der neu geschaffenen Ermittlungsbehörde,[43] wobei der staatliche Einfluß gerade über die Abhängigkeit und Weisungsgebundenheit erreicht werden sollte.[44]

Diese Weisungsgebundenheit war es aber, die von Anfang an, schon vor Einführung der Staatsanwaltschaften, auf Widerstand stieß und Kritik hervorrief.[45] Dies wurde auch dadurch verstärkt, daß man unter dem Eindruck des Obrig-

---

36 Aulus Agerius, Preußische Jahrbücher, Bd. 81 (1895), S. 1; Roxin, DRiZ 1969, S. 387

37 Blankenburg/Treiber, Leviathan 1978, S. 166; daß aber im späteren Verlauf die Weisungsgebundenheit nicht nur von konservativen Kreisen proklamiert wurde, von denen man vermuten könnte, daß sie sich für einen starken Staat einsetzen, wird dadurch deutlich, daß auf dem Juristentag 1928 in Salzburg gerade auch die politischen Linken gegen die Unabhängigkeit des Staatsanwalts plädierten; vgl. Neumann, S. 198

38 Wunderlich, S. 13

39 Wagner, JZ 1974, S. 217

40 Schmidt, DRiZ 1957, S. 275

41 Wagner, JZ 1974, S. 217

42 Blankenburg/Treiber, Leviathan 1978, S. 166; Roxin, DRiZ 1997, S. 113

43 Blankenburg/Treiber, Leviathan 1978, S. 162

44 Blankenburg/Treiber, Leviathan 1978, S. 169; Roxin, DRiZ 1997, S. 116

45 Mittermaier, S. 320; Schmidt, DRiZ 1957, S. 275; Henn, DRiZ 1972, S. 152

keitsstaates die Staatsanwaltschaft als Vertreterin der Regierungsinteressen verstand.[46]

Es muß also davon ausgegangen werden, daß die Staatsanwaltschaft ihr Entstehen zwei einander im Grunde gegenläufigen Bestrebungen verdankt,[47] nämlich dem erstarkenden bürgerlich-liberalen Lager, das dem absoluten Machthaber die geheime Kabinettsjustiz und damit eine der tragenden Säulen dieser Regierungsform nehmen wollte, und zum anderen der Tatsache, daß machtbewußte Landesherren in der Trennung der Person von Ankläger und Richter einen wichtigen Schritt zur Stärkung der eigenen Position sahen.[48]

C. Einführung der Staatsanwaltschaften in den Einzelstaaten

Wie bereits dargestellt, hielt die Staatsanwaltschaft zunächst in den einzelnen Ländern Einzug.

Durch die französische Herrschaft wurde in den linksrheinischen Gebieten die sogenannte Procuratur eingeführt.[49] Diese war im code d'instruction criminelle Napoleons vom 17.11.1808 geregelt und hatte eine äußerst weitgehende Rolle im Strafprozeß, die nicht nur das Gericht weitgehend kontrollierte, sondern auch im Zivilverfahren eine wichtige Stellung innehatte.[50]

In Baden wurde 1832 die Staatsanwaltschaft für die politischen Verfahren und Pressesachen geschaffen.[51] Im sogenannten Rekursgesetz von 1837 verlieh man ihr dann die Befugnis, gegen die Strafurteile der Hofgerichte Rechtsmittel einzulegen.[52] Von der Ermittlungstätigkeit blieben die Staatsanwälte aber weiterhin ausgeschlossen. Diese lag weiterhin wie im Inquisitionsprozeß beim Richter.[53]

In Hannover wurde 1841 der Justizminister ermächtigt, „öffentliche Anwälte" mit der Einlegung von Rechtsmitteln zu beauftragen.[54] Obwohl Hannover sich stark am französischen Vorbild orientiert hatte,[55] blieben die Staatsanwälte auch hier von der Ermittlungstätigkeit ausgeschlossen. Diese verblieb zunächst als

---

46 Schmidt, DRiZ 1957, S. 275; Lücke, DRiZ 1984, S. 147

47 Ähnlich auch Rüping, GA 1992, S. 150, der die Einführung der Staatsanwaltschaft weder eindeutig als „Frucht des liberalen Denkens" noch als Ergebnis des Machtstrebens der Regierung einordnen will.

48 Rede der Niedersächsischen Ministerin der Justiz und für Europaangelegenheiten Heidi Alm-Merk am 16.06.1997 anläßlich des Wechsels des Generalstaatsanwalts in Braunschweig, S. 3

49 Wagner, JZ 1974, S. 213; Blankenburg/Treiber, Leviathan 1978, S. 166

50 Döhring, DRiZ 1958, S. 282; Wagner, JZ 1974, S. 213

51 Döhring, DRiZ 1958, S. 282; Wagner, JZ 1974, S. 212 f

52 Wagner, JZ 1974, S. 212 f

53 Wagner, JZ 1974, S. 213

54 Döhring, DRiZ 1958, S. 282; Wagner, JZ 1974, S. 213

55 Döhring, DRiZ 1958, S. 283

Relikt des Inquisitionsprozesses ebenfalls beim Richter.[56] Damit war die „Staatsanwaltschaft" ein reines Mittel zur Disziplinierung der Gerichte,[57] aber keine echte Anklagebehörde.

In der württembergischen Strafprozeßordnung wurde 1843 die Staatsanwaltschaft als Institution eingeführt.[58] Ihre Tätigkeit war auf die Abfassung der Anklage und auf die Vertretung im Schlußtermin beschränkt. Sie hatte nicht die Befugnis, Ermittlungen und Beweisaufnahmen durchzuführen. Das Verfahren blieb schriftlich und geheim.[59] Bemühungen, der Staatsanwaltschaft eine Rechtsmittelbefugnis zu gewähren, wurden nicht weiterverfolgt.[60]

Die Entwürfe des Gerichtsverfassungsgesetz von 1867 für das Königreich Württemberg enthielten zunächst ein Weisungsrecht. Doch dies stieß auf den Widerstand der Kommission der Abgeordnetenkammer, welche die Gefährdung von Ansehen, Autorität und Einfluß der Staatsanwaltschaften fürchtete. Hierdurch wurde der Justizminister veranlaßt, zunächst auf das Weisungsrecht zu verzichten.[61] Damit war für die Zeit von 1869 bis zum Inkrafttreten des Gerichtsverfassungsgesetzes 1877 die Staatsanwaltschaft in Württemberg, anders als in den anderen Ländern, unabhängig und nicht an Weisungen gebunden.[62]

In Preußen wurde mit Gesetz vom 17.07.1846 beim Kammergericht und dem Berliner Kriminalgericht ein Ermittlungsorgan und Anklagebehörde geschaffen.[63] Diese Institution entspricht der heutigen Staatsanwaltschaft.[64]

Auslöser für dieses „Experiment" waren Aufstände gegen die preußische Fremdherrschaft in besetzten polnischen Gebieten, die Anfang 1846 zu zahlreichen Strafprozessen geführt hatten.[65] Für diese Verfahren war das Berliner Kammergericht zuständig. Nach dem traditionellen inquisitorischen Verfahren hätten diese Verfahren mehrere Jahre in Anspruch genommen. Doch der König und die Staatsregierung wollten eine rasche und öffentliche Aburteilung erreichen.[66] Im Gegensatz zu den Staatsanwaltschaften in den anderen Staaten war die Berliner Staatsanwaltschaft die erste, der auch die Ermittlungen anvertraut wurden.[67] Schon damals waren die Staatsanwälte der Dienstaufsicht des Justizministers und seinen Anweisungen unterworfen.[68]

---

56 Wagner, JZ 1974, S. 213
57 Roxin, DRiZ 1997, S. 111
58 Kern, S. 66; Döhring, DRiZ 1958, S. 283
59 Roxin, DRiZ 1997, S. 111
60 Wagner, JZ 1974, S. 213
61 Henn, DRiZ 1972, S. 152
62 Henn, DRiZ 1972, S. 152; Wagner, JZ 1974, S. 217
63 Wagner, JZ 1974, S. 213; Rüping, DRiZ 1999, S. 114
64 Wagner, JZ 1974, S. 213; Rüping, DRiZ 1999, S. 114
65 Kern, S. 60; Roxin, DRiZ 1997, S. 111; Döhring, DRiZ 1958, S. 283
66 Roxin, DRiZ 1997, S. 111
67 Roxin, DRiZ 1997, S. 111
68 Roxin, DRiZ 1997, S. 111

Vorbild für diese neue Behörde waren die sogenannten Fiskalate, die im 18. Jahrhundert in Preußen eine große Bedeutung hatten.[69] Die Fiskale, denen der Generalfiskal vorstand, hatten eine Art „Wächteramt“ inne. Hierdurch sollte dem König die Beaufsichtigung aller Behörden und Gerichte ermöglicht, und die Untertanen sollten zum strikten Gehorsam gezwungen werden.[70] Aufgabe der Fiskale war es, „den landesherrlichen Machtwillen“ durchzusetzen.[71]

Die Berliner „Ur-Staatsanwaltschaft“ wurde mit der preußischen Verordnung vom 03.01.1849 ohne wesentliche Änderungen auf das gesamte preußische Staatsgebiet ausgedehnt.[72] Auch unsere heutige Staatsanwaltschaft beruht auf diesen Wurzeln.[73]

Hier wird besonders deutlich, welche Rolle der politische Einfluß hinsichtlich der Staatsanwaltschaften spielt. Die höheren Justizposten wurden vorzugsweise mit Juristen besetzt, die als Staatsanwälte Weisungen der Obrigkeit gewohnt waren.[74] Zudem kamen damit nur solche Personen aus den reicheren Schichten in Betracht, welche die lange Ausbildungszeit selbst finanzieren konnten, was zu einer Tendenz zugunsten der staatstragenden Kreise führte.[75] Damit sah sich die Staatsanwaltschaft schon unmittelbar nach der Einführung in Preußen der Kritik ausgesetzt.[76]

Nach und nach wurden in beinahe allen Einzelstaaten Staatsanwaltschaften eingeführt. So etwa in Bayern und Sachsen im Jahr 1848.[77] Braunschweig nahm eine Sonderstellung ein. Ebenso wie in Württemberg war die Staatsanwaltschaft in Braunschweig zunächst unabhängig und nicht an Weisungen gebunden.[78] Die Staatsanwälte waren nur der richterlichen Dienstaufsicht unterstellt.[79] Später wurde dann nur eine Bindung an die Weisungen der Staatsanwälte bei der nächsthöheren Instanz, aber nicht innerhalb der Behörde eingeführt.[80]

Grundsätzlich gilt, daß sich die norddeutschen Staaten stark am preußischen Muster orientierten. Es war eine strenge Trennung von Haupt- und Ermittlungsverfahren vorgesehen, wobei letzteres den Staatsanwaltschaften übertragen

---

69 Schmidt, DRiZ 1957, S. 275; Blankenburg/Treiber, Leviathan 1978, S. 162
70 Schmidt, DRiZ 1957, S. 275
71 Schmidt, DRiZ 1957, S. 275 f
72 Roxin, DRiZ 1997, S. 113
73 Roxin, DRiZ 1997, S. 113
74 Döhring, DRiZ 1958, S. 283; Blankenburg/Treiber, Leviathan 1978, S. 173
75 Blankenburg/Treiber, Leviathan 1978, S. 173
76 Blankenburg/Treiber, Leviathan 1978, S. 173
77 Döhring, DRiZ 1958, S. 283; Stöckel, www.justiz.bayern.de
78 Wagner, JZ 1974, S. 217
79 Rede der Niedersächsischen Ministerin der Justiz und für Europaangelegenheiten Heidi Alm-Merk am 16.06.1997 anläßlich des Wechsels des Generalstaatsanwalts in Braunschweig, S. 4
80 Wunderlich, S. 15 f

war.[81] Die süddeutschen und thüringischen Staaten sowie Hessen orientierten sich weiter am Inquisitionsprozeß. Hier blieb die Strafverfolgung und Rechtsprechung weiterhin in der Hand der Richter vereint, während die Staatsanwaltschaft aus dem Vorverfahren ausgeschlossen war. Ihr kam nur die Aufgabe als Anklagebehörde zu, mit der Befugnis Rechtsmittel einzulegen.[82]

Unabhängig von der jeweiligen Ausgestaltung blieben die Staatsanwaltschaften jedoch weisungsabhängig und an die Weisungen des Justizministers gebunden.[83]

Österreich behielt in der Theresiana (1768) den Inquisitionsprozeß bei, der bislang auf dem Gebiet des gemeinen Strafrechts galt.[84] Das Inquisitionsprinzip wurde auch in der Kriminalgerichtsordnung von Joseph II. beibehalten. Eine Strafprozeßreform erfolgte erst durch die Strafprozeßordnungen von 1850 und 1853 bzw. später von 1873.[85] Durch das Gesetz vom 13.03.1938 erfolgte die „Wiedervereinigung Österreichs mit dem Deutschen Reich", wobei das bestehende Recht in Kraft blieb, jedoch neue Reichsgesetze auch für Österreich galten.[86]

D. Wer übte das Amt des Staatsanwalts aus?

Wer das Amt des Staatsanwalts wahrnahm, war in den Einzelstaaten unterschiedlich geregelt. In Hannover, Baden, Württemberg, Braunschweig und Oldenburg wurden die staatsanwaltlichen Tätigkeiten als widerruflicher Auftrag von Richtern wahrgenommen.[87] Zwar behielten sie – auch während sie das Amt des Staatsanwalts ausübten – ihre richterlichen Privilegien, waren aber nicht unabhängig, sondern den Weisungen ihrer Vorgesetzten unterworfen.[88] Diese Lösung wurde in Braunschweig und Oldenburg auch nach Einführung der Reichsjustizgesetze beibehalten und von Mecklenburg und Schaumburg-Lippe ebenfalls übernommen.[89]

In den größeren Einzelstaaten hingegen – also auch Preußen – orientierte man sich an der Regelung für die Reichsanwälte und betrachtete die Staatsanwälte als besondere nichtrichterliche Beamte.[90] Dies zeigt, daß die Funktion der Staats-

81 Wagner, JZ 1974, S. 213
82 Wagner, JZ 1974, S. 213
83 Wagner, JZ 1974, S. 213
84 Hippel, S. 70
85 Hippel, S. 70
86 Hippel, S. 70
87 Döhring, DRiZ 1958, S. 283; Wagner, JZ 1974, S. 213; Blankenburg/Treiber, Leviathan 1978, S. 171
88 Wagner, JZ 1974, S. 213
89 Wagner, JZ 1974, S. 214
90 Döhring, DRiZ 1958, S. 283; Blankenburg/Treiber, Leviathan 1978, S. 171

anwaltschaft erheblich von der individuellen Ausgestaltung in den einzelnen Ländern abhängig war.

Gemeinsam war aber beiden Modellen, daß den Staatsanwälten die richterliche Unabhängigkeit fehlte und sie den Weisungen der Regierung unterworfen waren.[91]

E. Zusammenfassung der Entstehungszeit

Man kann grundsätzlich bei der Einführung der Staatsanwaltschaft drei Phasen unterscheiden:

Ausschlaggebend war die Initiative durch die liberale Bewegung, die zunächst auf den Widerstand der konservativen Kreise stieß, bis diese erkannten, daß sie die Staatsanwaltschaft als steuerbares Organ innerhalb der Rechtspflege nutzen konnten.[92]

Unter dem Eindruck der Revolution wurden die Bestrebungen zur Einführung der Staatsanwaltschaften in den einzelnen Ländern beschleunigt, wobei die Ausgestaltungen noch sehr unterschiedlich waren. Dennoch lief in dieser zweiten Phase die Reformpolitik in den Staaten deutlich darauf hinaus, daß die Regierungen ihren Einfluß auf das Strafverfahren ausübten.[93]

In der dritten Phase, der Restaurationsphase nach 1848/1849, wurde der staatliche Einfluß auf die Rechtspflege noch stärker zum Ausdruck gebracht. Insbesondere wurde nach der Reichsgründung eine Regelungskompetenz des Reiches forciert.[94]

F. Reichseinheitliche Einführung der Staatsanwaltschaft

Erst mit dem Gerichtsverfassungsgesetz vom 27.01.1877 wurde die Staatsanwaltschaft reichseinheitlich eingeführt, wobei die damaligen Vorschriften der §§ 147, 148 GVG lauteten:

„§ 147
(1) Die Beamten der Staatsanwaltschaft haben den dienstlichen Anweisungen ihres Vorgesetzten nachzukommen.
(2) In denjenigen Sachen, für welche das Reichsgericht in erster und letzter Instanz zuständig ist, haben alle Beamte der Staatsanwaltschaft den Anweisungen des Oberreichsanwalts Folge zu leisten.
§ 148
Das Recht zur Aufsicht und Leitung steht zu:
1. dem Reichskanzler hinsichtlich des Oberreichsanwalts und der Reichsanwälte;

91 Blankenburg/Treiber, Leviathan 1978, S. 171
92 Blankenburg/Treiber, Leviathan 1978, S. 170
93 Blankenburg/Treiber, Leviathan 1978, S. 170
94 Blankenburg/Treiber, Leviathan 1978, S. 170

2. der Landesjustizverwaltung hinsichtlich aller staatsanwaltlichen Beamten des betreffenden Bundesstaate;
3. den ersten Beamten der Staatsanwaltschaft bei den Oberlandesgerichten und den Landgerichten hinsichtlich aller Beamten der Staatsanwaltschaft ihres Bezirks."

G. Änderungen des Gerichtsverfassungsgesetzes

In der sogenannten Emminger-Verordnung, der Verordnung über Gerichtsverfassung und Strafrechtspflege vom 04.01.1924,[95] wurde § 147 Nr.1 GVG dahingehend geändert, daß das vormals dem Reichskanzler zustehende externe Weisungsrecht gegenüber dem Oberreichsanwalt und den Reichsanwälten nun dem Reichsminister der Justiz zustand,[96] wodurch dessen Machtstellung gestärkt wurde.[97] Hintergrund der Emminger-Verordnung war das Ende des Kaiserreichs, sowie die damit verbundenen strukturellen Veränderungen im Staatsaufbau. Dies erforderte eine Anpassung der bestehenden Gesetze an die neue staatsrechtliche Situation. Hierdurch erhielt das GVG hinsichtlich des Weisungsrecht folgende Fassung:[98]

„§ 146
(1) Die Beamten der Staatsanwaltschaft haben den dienstlichen Anweisungen ihres Vorgesetzten nachzukommen.
(2) In denjenigen Sachen, für welche das Reichsgericht in erster und letzter Instanz zuständig ist, haben alle Beamte der Staatsanwaltschaft den Anweisungen des Oberreichsanwalts Folge zu leisten.
§ 147
Das Recht zur Aufsicht und Leitung steht zu:
1. dem Reichsminister der Justiz hinsichtlich des Oberreichsanwalts und der Reichsanwälte;
2. der Landesjustizverwaltung hinsichtlich aller staatsanwaltlichen Beamten des betreffenden Bundesstaates;
3. den ersten Beamten der Staatsanwaltschaft bei den Oberlandesgerichten und den Landgerichten hinsichtlich aller Beamten der Staatsanwaltschaft ihres Bezirks."

Ab 1933 wurde der Einfluß der Staatsführung auf die Rechtspflege deutlich erweitert. Einfluß auf einzelne Fälle wurde dabei insbesondere auf dem Weg über die Staatsanwaltschaft genommen.[99] Deren Machtbefugnisse wurden erweitert. Hierzu wurde der Staatsanwaltschaft die Möglichkeit gegeben, das zuständige

95 RGBl. I 1924, S. 299 ff
96 Lücke, DRiZ 1984, S. 150
97 Riehle, S. 26
98 Das Weisungsrecht wurde im Rahmen der Emminger Verordnung von den §§147, 148 GVG in die §§146, 147 GVG verlagert.
99 Kern, S. 275

Gericht selbst zu bestimmen, der Verfolgungszwang fiel weg und die Staatsanwaltschaft wurde von richterlicher Kontrolle befreit.[100]

§ 146 II GVG wurde dahingehend geändert, daß der Oberreichsanwalt die Befugnis erhielt, unmittelbare Weisungen in den Sachen zu geben, in denen das Reichsgericht als Revisionsgericht entschied.[101]

> *„§ 146*
> *(1) Die Beamten der Staatsanwaltschaft haben den dienstlichen Anweisungen ihres Vorgesetzten nachzukommen.*
> *(2) In denjenigen Sachen, für welche das Reichsgericht in erster und letzter Instanz zuständig ist, haben alle Beamte der Staatsanwaltschaft den Anweisungen des Oberreichsanwalts Folge zu leisten. In Sachen, in denen das Reichsgericht als Revisionsgericht entscheidet, kann nach eingelegter Revision der Oberreichsanwalt die Beamten der Staatsanwaltschaft unmittelbar mit Weisungen versehen.*
> *§ 147*
> *Das Recht zur Aufsicht und Leitung steht zu:*
> *1. dem Reichsminister der Justiz hinsichtlich des Oberreichsanwalts und der Reichsanwälte;*
> *2. der Landesjustizverwaltung hinsichtlich aller staatsanwaltlichen Beamten des betreffenden Bundesstaates;*
> *3. den ersten Beamten der Staatsanwaltschaft bei den Oberlandesgerichten und den Landgerichten hinsichtlich aller Beamten der Staatsanwaltschaft ihres Bezirks."*

Durch § 44 I Nr. 7 des deutschen Beamtengesetzes vom 26.01.1937 wurden alle Staatsanwälte im Reich zu politischen Beamten, die jederzeit in den Wartestand versetzt werden konnten.[102] Die Ernennung der Staatsanwälte erfolgte nun durch den „Führer" und Reichskanzler.[103]

Eine darüber hinausgehende „Durchgriffsmöglichkeit" wurde durch die „Verordnung des Reichsjustizministers zur einheitlichen Regelung der Gerichtsverfassung" eröffnet. Man sah eine Entwicklung Deutschlands vom Bundesstaat zum „Einheitsstaat", so daß man nunmehr ein Aufsichts- und Leitungsrecht des Reichsjustizministers gegenüber sämtlichen Staatsanwälten anerkannte. Dementsprechend wurde in § 14 der „Verordnung des Reichsjustizministers zur einheitlichen Regelung der Gerichtsverfassung" eine unmittelbare Dienstaufsicht des Reichsjustizministers gegenüber sämtlichen Staatsanwaltschaften festgelegt.[104] Diese „Verreichlichung"[105] führte dazu, daß die Staatsanwaltschaft zu

100 Kern, S. 275
101 Gesetz zur Änderung von Vorschriften des Strafverfahrens und des Gerichtsverfassungsgesetzes vom 28.06.1935, RGBl. I 1935, S. 844 ff; Bader, NJW 1949, S. 739; Lücke, DRiZ 1984, S. 150
102 Lücke, DRiZ 1984, S. 150
103 Hippel, S. 239
104 Hippel, S. 334 f
105 Wrobel, DRiZ 1992, S. 463; Rüping, StV 1997, S. 279

einer einheitlichen, unter zentraler Leitung des Reichsjustizministers stehenden Reichsbehörde wurde.[106]

Über diesen erheblichen Machtausbau[107] wurde auch der Einfluß der Regierung gestärkt,[108] nicht zuletzt dank der Möglichkeiten des Weisungsrechts.[109] Der Reichsjustizminister war Herr aller Staatsanwälte und konnte sie im Wege der Weisung steuern.[110] Die Machthaber im totalen Staat verlangten die absolute Weisungsunterworfenheit der Staatsanwälte.[111] Damit kam der Staatsanwaltschaft nunmehr eine Funktion als staatlicher Lenkungsbehörde zu.[112] Das Weisungsrecht wurde extensiv genutzt.[113] Im Vergleich zu der Zeit vor 1933 wurden Weisungen immer häufiger erteilt und wurden in politischen Sachen sogar zur Regel.[114] Auf diese Weise gelangen den nationalsozialistischen Justizministern die ersten Einbrüche in die Rechtspflege,[115] ohne die Gesetze der Weimarer Republik einschneidend zu ändern.[116] Der Staatsanwaltschaft kam neben der Aufgabe, das Anklagemonopol zu wahren, eine Rolle als verlängerter Arm der politischen Führung im Strafverfahren zu.[117] Sie war gewissermaßen „Werkzeug des Führers“ und „soldatische Truppe der Partei in vorderster Front“.[118] Entsprechend ging das Selbstverständnis der Staatsanwälte – so jedenfalls die offizielle Aussage der „Führergetreuen“ – dahin, sich als berufene „Sachwalter des nationalsozialistischen Volksstaates“ zu sehen.[119] Das Weisungsrecht wurde damit als Einfallstor in die Justiz benutzt.[120] Bezeichnend ist, daß auch das Berichtswesen

---

106 Hippel, S. 247

107 Kern, S. 275; Hippel, S. 247

108 Kern, S. 275

109 Kern, S. 277

110 Wrobel, DRiZ 1992, S. 463

111 Görcke, ZStrW (73) 1961, S. 595

112 Roxin, DRiZ 1997, S. 110; so auch ausdrücklich Henkel, Deutsches Strafrecht 1935, S. 404, der die Staatsanwaltschaft als Organ der politischen Führung bezeichnet.

113 Rüping, StV 1997, S. 279

114 Riehle, S. 82; Lücke, DRiZ 1984, S. 150

115 Bader, NJW 1949, S. 737; Bader, JZ 1956, S. 5

116 Görcke, ZStrW (73) 1961, S. 603; Lücke, DRiZ 1984, S. 150

117 Schaefer, NJW 2001, 1396 f

118 Schaefer in „Quo Vadis“, S. 70; Grosse, DRiZ 1988, S. 53; Schaefer in „Staatsanwaltschaft – ein politisches Instrument?“, unveröffentlichter Vortrag vor der Juristischen Gesellschaft in Frankfurt am Main am 20.04.1988, S. 6 f; so verwundert es auch nicht, daß Dahm Deutsches Strafrecht 1935, S. 263, den Schwerpunkt der staatsanwaltlichen Tätigkeit im „politisch-dynamischen Handeln“ und in „Erwägungen praktischer Zweckmäßigkeit“ sieht.

119 Drendel, Deutsche Justiz 1942, S. 188

120 Bader, JZ 1956, S. 5; von einem besonders gravierenden Mißbrauchsfall im Dritten Reich berichtet auch Schaefer in „Staatsanwaltschaft – ein politisches Instrument?“, unveröffentlichter Vortrag vor der Juristischen Gesellschaft in Frankfurt am Main am 20.04.1988, S. 6 f

eine große Rolle spielte. Sofern Urteile zu mild erschienen, wirkte das Ministerium auf Einlegung von Rechtsmitteln hin.[121] Zugleich erfolgte eine Entmachtung der regulären Justiz zugunsten der Staatsanwaltschaft und ihrer Hilfsorgane.[122]

Nachdem über das Weisungsrecht die ersten Eingriffe in die Justiz erfolgt waren, griff die Einflußnahme weiter um sich.

Teilweise verlangte sogar Hitler selbst die Korrektur bestimmter Urteile. Dies erreichte er zunächst unter anderem dadurch, daß er über das Ministerium Weisungen an die Staatsanwaltschaften gab, entsprechende Rechtsmittel einzulegen.[123] Erst später ließ er sich vom Reichstag seinen Anspruch als oberster Gerichtsherr bestätigen und konnte dann ohne Rechts- und Gesetzesbindung nach Belieben handeln.[124] Hierdurch hatte er faktisch die Möglichkeit, selbst rechtskräftige Urteile nachprüfen zu lassen und in Strafsachen mit seinem Einspruch unmittelbar zu vernichten.[125]

Nach dem Zusammenbruch der nationalsozialistischen Diktatur und der hieraus resultierenden Neubildung des Staates war eine Korrektur der durch die nationalsozialistischen Machthaber verabschiedeten Änderungen des staatsanwaltlichen Weisungsrechts erforderlich.

Die 1935 eingeführte unmittelbare Weisungsbefugnis des Oberreichsanwalts gegenüber den Staatsanwälten der unteren Instanzen[126] war mit der Justizhoheit der Länder nicht vereinbar.[127]

Dies hatte zur Folge, daß im Jahr 1950 § 146 II GVG aufgehoben und der Wortlaut der §§ 146, 147 GVG den veränderten Gegebenheiten angepaßt wurde.[128] Durch den Wegfall des gesamten § 146 II GVG sollte klargestellt werden,

---

121 Wrobel, DRiZ 1992, S. 463

122 Ebel, Rn. 878

123 Wrobel, DRiZ 1992, S. 463

124 Reichstagsbeschluß vom 26.04.1942, RGBl. I 1942, S. 247: „Der Führer muß daher – ohne an bestehende Rechtsvorschriften gebunden zu sein – in seiner Eigenschaft als Führer der Nation, als oberster Befehlshaber der Wehrmacht, als Regierungschef und oberster Inhaber der vollziehenden Gewalt, als oberster Gerichtsherr und als Führer der Partei jederzeit in der Lage sein, nötigenfalls jeden Deutschen – sei er einfacher Soldat oder Offizier, niedriger oder hoher Beamter oder Richter, leitender oder dienender Funktionär der Partei, Arbeiter oder Angestellter – mit allen ihm geeignet erscheinenden Mitteln zur Erfüllung seiner Pflichten anzuhalten und bei Verletzung dieser Pflichten nach gewissenhafter Prüfung ohne Rücksicht auf sogenannte wohlerworbene Rechte mit der ihm gebührenden Sühne zu belegen, ihn im besonderen ohne Einleitung vorgeschriebener Verfahren aus seinem Amte, aus seinem Rang und seiner Stellung zu entfernen“; vgl. auch Bertram, ZRP 1983, S. 82

125 Kern, S. 275

126 Dem würde nach der neuen Staatsstruktur ein Weisungsrecht des Generalbundesanwalts gegenüber den Staatsanwälten bei den Landgerichten entsprechen.

127 Wunderlich, S. 27

128 Art. 1 Nr. 57 f des Reichsvereinheitlichungsgesetzes vom 12.09.1950, BGBl. I S. 455

daß dem Bundesjustizminister und dem Generalbundesanwalt keinerlei Weisungsrecht gegenüber den Staatsanwälten der Länder zusteht und diesen zugleich, auch ohne Mitwirkung der Bundesanwaltschaft, die Revision zum Bundesgerichts eröffnet wird. Damit erhielten die Weisungsvorschriften des GVG, und insbesondere die §§ 146, 147 GVG ihre heutige Gestalt.

H. Umfang des Weisungsrechts aus historischer Sicht

In welchem Umfang die Regierungen von der Entstehung der Staatsanwaltschaft bis heute von dem Weisungsrecht Gebrauch machten, war und ist heftig umstritten. Obwohl Staatsanwälte bezeugen, noch nie Weisungen erhalten zu haben, gibt es durchaus Belege, daß die Regierungen insbesondere in unruhigen Zeiten nicht davor zurückgescheut haben, mit strikten Weisungen an die Staatsanwaltschaft Einfluß zu nehmen.[129]

So wird berichtet, daß dem Oberreichsanwalt seit der Einführung des Reichsgerichts niemals eine Weisung erteilt worden sei.[130] Demgegenüber wurde aber wohl gerade während des Nationalsozialismus extensiv vom Weisungsrecht Gebrauch gemacht.[131]

129 Döhring, DRiZ 1958, S. 283

130 Wagner, JZ 1974, S. 217

131 Bader, JZ 1956, S. 5; Wagner, JZ 1974, S. 217

2. Kapitel: Aufbau und Organisation der Staatsanwaltschaft

Der Aufbau der Staatsanwaltschaft in der Bundesrepublik orientiert sich am Aufbau der Strafgerichte. Dementsprechend finden sich auch die zentralen Vorschriften zur Struktur, über die Organisation und zu den Befugnissen der Staatsanwaltschaft in dem für die Gerichtsorganisation maßgeblichen Gesetz, dem Gerichtsverfassungsgesetz (GVG).[132]

A. Bezeichnungen der Staatsanwaltschaften und ihrer Behördenleiter

Grundsätzlich soll nach § 141 GVG bei jedem Gericht eine Staatsanwaltschaft bestehen. Dabei zeichnet sich nach dem GVG die Staatsanwaltschaft in der Bundesrepublik durch eine organisatorische Trennung in zwei Ebenen aus, nämlich einerseits die Bundesbehörden, zum anderen die Landesbehörden.[133]

I. Bundesebene

Auf Bundesebene wird nach § 142 I Nr.1 GVG das Amt der Staatsanwaltschaft beim Bundesgerichtshof durch einen Generalbundesanwalt und einen oder mehrere Bundesanwälte ausgeübt. Hierbei ist der Begriff "Bundesanwalt" nicht als Rangbezeichnung zu verstehen, sondern es wird lediglich die Funktion des Beamten beschrieben, so daß auch die Oberstaatsanwälte beim Bundesgerichtshof mit einbezogen sind.[134] Gleiches gilt für sonstige Richter, Staatsanwälte und Beamte mit der Befähigung zum Richteramt, die zur Wahrnehmung staatsanwaltlicher Aufgaben an den Bundesgerichtshof abgeordnet wurden.

An der Spitze der Generalbundesanwaltschaft steht der Generalbundesanwalt, der gemäß § 31 BRRG, § 36 BBG politischer Beamter[135] ist und daher jederzeit in den einstweiligen Ruhestand versetzt werden kann, ohne daß hierfür Gründe angegeben werden müssen.

II. Landesebene

Streng von dieser Bundesebene zu trennen ist die Landesebene der Staatsanwaltschaft. Auch diese weist einen zweigliedrigen Aufbau auf[136] und umfaßt die Staatsanwaltschaften bei den Oberlandesgerichten und die Staatsanwaltschaften bei den Landgerichten.

---

132 Vgl. zum Ganzen auch Schaubild 1 im Anhang

133 Vgl. Krey, JA 1985, S. 273

134 Kleinknecht/Meyer-Goßner, §142 GVG, Rn. 5; Katholnigg, §142 GVG, Rn. 2

135 Vgl. hierzu im Einzelnen noch später im 6. Kapitel

136 Frank, FS für Schlüchter, S. 49

Nach § 142 I Nr.2 GVG wird bei den Oberlandesgerichten das Amt der Staatsanwaltschaft durch einen oder mehrere Staatsanwälte ausgeübt.[137] Die Staatsanwaltschaft bei den Oberlandesgerichten wird als Generalstaatsanwaltschaft bezeichnet,[138] an deren Spitze der Generalstaatsanwalt als Behördenleiter steht.[139] Dabei ist in einigen Bundesländern die Position des Generalstaatsanwalts – wie beim Generalbundesanwalt – nach § 31 BRRG, § 36 BBG sowie den entsprechenden Landesgesetzen mit der Stellung als politischer Beamter verbunden. Dies sind derzeit die Generalstaatsanwälte in fünf Bundesländern, nämlich in Brandenburg,[140] Mecklenburg-Vorpommern,[141] Nordrhein-Westfalen,[142] Schleswig-Holstein,[143] sowie in Thüringen.[144]

Eine Besonderheit gilt beim Bayerischen Obersten Landesgericht: Nach § 9 EGGVG kann in Bundesländern, in denen mehrere Oberlandesgerichte bestehen, ein Oberstes Landesgericht eingerichtet werden. Diesem sind vor allem die Entscheidungen zugewiesen, die nach § 120 GVG zur Zuständigkeit eines Oberlandesgerichtes gehören. Bislang hat lediglich Bayern als einziges Bundesland von dieser Befugnis Gebrauch gemacht und für die drei Oberlandesgerichte in Bayern, nämlich München, Bamberg und Nürnberg, ein Oberstes Landesgericht (Bayerisches Oberstes Landesgericht) eingerichtet.[145] Dementsprechend besteht auch eine Staatsanwaltschaft bei dem Bayerischen Obersten Landesgericht. Diese ist vor allem mit den in § 120 GVG genannten Delikten befaßt. Hierzu zählen unter anderem Friedensverrat, Hochverrat, Landesverrat, Angriffe gegen Organe und Vertreter ausländischer Staaten, bestimmte Straftaten gegen Verfassungsorgane oder Völkermord. Es wird also deutlich, daß sich die Zuständigkeit vor allem auf Straftaten mit hoher innen- und außenpolitischer Bedeutung erstreckt.

Bei den Landgerichten besteht jeweils eine Staatsanwaltschaft nach § 142 I Nr.2 GVG mit einem oder mehreren Staatsanwälten.[146] An der Spitze dieser

---

137 In der Praxis sind es in jedem OLG-Bezirk mehrere Staatsanwälte.

138 Krey, JA 1985, S. 273

139 Kleinknecht/Meyer-Goßner, §142 GVG, Rn. 6; Kramer, Rn. 103; Gössel, §3 II a; eine Sonderstellung nimmt insoweit Berlin ein. Hier werden sowohl der Behördenleiter der Staatsanwaltschaft am Kammergericht, als auch der Behördenleiter der Staatsanwaltschaft am Landgericht als „Generalstaatsanwalt" bezeichnet; vgl. Kleinknecht/Meyer-Goßner, §142 GVG, Rn. 7

140 § 105 I Brandenburgisches Landesbeamtengesetz

141 § 40 I Landesbeamtengesetz Mecklenburg-Vorpommern

142 § 38 I Nordrhein-Westfälisches Landesbeamtengesetz

143 § 48 I Schleswig-Holsteinisches Landesbeamtengesetz

144 § 41 I Thüringisches Beamtengesetz

145 Vgl. Art. 10, 11 BayAGGVG

146 In der Praxis sind es in jedem LG-Bezirk mehrere Staatsanwälte.

Staatsanwaltschaften steht jeweils als Behördenleiter ein Leitender Oberstaatsanwalt.[147]

Einen Sonderfall bilden insoweit die Amtsgerichte. Hier besteht nach dem Landesrecht die Möglichkeit, eine Zweigstelle der landgerichtlichen Staatsanwaltschaft für den Bezirk eines oder mehrerer Amtsgerichte einzurichten. Darüber hinaus können nach Maßgabe des § 142 I Nr.3 GVG bestimmte – eigentlich von der Staatsanwaltschaft wahrzunehmende Aufgaben – von den Amtsanwälten übernommen werden.[148] In diesem Zusammenhang ist die Anordnung über Organisation und Dienstbetrieb der Staatsanwaltschaften (OrgStA)[149] zu beachten, nach der gemäß § 21 Amtsanwälten nur Strafsachen übertragen werden, in denen der Strafrichter entscheidet[150] und dabei wiederum nur die im Katalog des § 21 OrgStA aufgeführten Strafsachen.

B. Monokratisch-hierarchische Struktur der Staatsanwaltschaften

Die Staatsanwaltschaft ist eine monokratisch-hierarchisch organisierte Behörde.[151] Dieser gesetzlich vorgegebene staatsanwaltliche Behördenaufbau zeigt sich in der Vertretungsregelung des § 144 GVG, insbesondere im Devolutions- und Substitutionsrecht des § 145 GVG,[152] sowie im (externen und internen) Weisungsrecht der §§ 146, 147 GVG.[153]

Dieser "Pyramidenaufbau" der Staatsanwaltschaft kommt im GVG an mehreren Stellen zum Ausdruck, wie im folgenden dargelegt wird. Zu beachten ist, daß nicht nur die einzelne Behörde, sondern der gesamte Behördenapparat hierarchisch aufgebaut ist.[154]

---

147 Lediglich in Berlin heißt der Behördenleiter der Staatsanwaltschaft beim Landgericht "Generalstaatsanwalt"; vgl. Kleinknecht/Meyer-Goßner, §142 GVG, Rn. 7

148 Vgl. hierzu auch §142 I Nr. 3, II GVG

149 Bundeseinheitlich von den Landesjustizverwaltungen erlassen, u. a. für Hessen: Runderlaß des Hessischen Ministeriums der Justiz vom 04.07.1988, Justiz- und Ministerialblatt 1988, S. 213, geändert mit Runderlaß des Hessischen Ministeriums der Justiz vom 17.11.1998 (3262/2-III/2-1107/97), JMBl. Nr. 23 vom 01.12.1998, S. 950 ff

150 Amtsanwälte können demgemäß nach §§24, 25 GVG lediglich Vergehen übertragen bekommen, wenn sie im Wege der Privatklage erfolgen oder wenn eine höhere Strafe als Freiheitsstrafe von zwei Jahren nicht zu erwarten ist.

151 Katholnigg, §144 GVG, Rn. 1; Peters, §23 III, S. 165; von Kleinknecht/Meyer-Goßner, §144 GVG, Rn. 1 auch als bürokratisch bezeichnet; Dabei greifen die monokratischen und hierarchischen Elemente ineinander über (so auch Katholnigg, §144 GVG, Rn. 1). Anders Krey, JA 1985, S. 274, der offenbar das Devolutions- und Substitutionsrecht des §145 GVG der monokratischen Organisation, das Weisungsrecht des §146 GVG hingegen dem hierarchischen Aufbau zuordnen will.

152 Vgl. 2. Kapitel B. IV.

153 Vgl. 2. Kapitel B. III.

154 Vgl. Peters, §23 III, S. 164; dies ergibt sich u. a. auch aus dem Wortlaut des §145 GVG, der das Devolutions- und Substitutionsrecht den ersten Beamten der Staatsanwaltschaft

Der monokratische Aufbau wird vor allem in § 145 GVG deutlich, der das Devolutions- und Substitutionsrecht ausdrücklich dem Behördenleiter der Staatsanwaltschaft zuweist und damit insoweit dessen Alleinentscheidungsrecht verdeutlicht. Desweiteren zeigt sich auch in den Weisungsbefugnissen der monokratische Behördenaufbau, durch die Letztentscheidungskompetenz eines Einzelnen, nämlich des Generalstaatsanwalts bzw. des Justizministers. Auch wenn die Behörden- bzw. Abteilungsleiter Weisungen erteilen können, so geht das Weisungsrecht des Generalstaatsanwalts bzw. des Justizministers deren Weisungen vor.

Deutlich wird die monokratisch-hierarchische Struktur bereits in der zentralen Norm des § 144 GVG, nach dem die dem ersten Beamten beigeordneten Staatsanwälte als dessen Vertreter handeln, wenn die Staatsanwaltschaft eines Gerichts aus mehreren Beamten besteht. Diese sind, wenn sie für den ersten Beamten auftreten, zu allen seinen Amtsverrichtungen berechtigt, ohne einen besonderen Auftrag nachweisen zu müssen. Damit zeigt sich, daß die Dezernenten der Staatsanwaltschaft nach dem Willen des Gesetzes nicht aus eigener Kompetenz, sondern eben namens und im Auftrag des ihnen vorgesetzten Behördenleiters handeln.

Noch deutlicher als in § 144 GVG zeigt sich die monokratisch-hierarchische Struktur der Staatsanwaltschaft vor allem in den Normen, in denen die staatsanwaltliche Weisungsgebundenheit gesetzlich verankert wird, also in den §§ 146, 147 GVG.

Nach § 146 GVG haben die Beamten der Staatsanwaltschaft den dienstlichen Anweisungen ihres Vorgesetzten nachzukommen. Das Weisungsrecht, respektive das Recht zur Aufsicht und Leitung, steht nach § 147 GVG dem Justizminister bzw. den Leitern der jeweiligen staatsanwaltschaftlichen Behörden zu.

Grundsätzlich wird zwischen dem internen und dem externen Weisungsrecht unterschieden. Unter dem externen Weisungsrecht versteht man den Eingriff seitens der Justizministerien in die Staatsanwaltschaften hinein, also auf Bundesebene durch das Weisungsrecht des Bundesministers der Justiz nach § 147 Nr.1 GVG beziehungsweise auf Landesebene durch das Weisungsrecht der Landesjustizverwaltungen nach § 147 Nr.2 GVG.[155]

Das interne Weisungsrecht hingegen bezieht sich auf Weisungen, die innerhalb der Staatsanwaltschaft von vorgesetzten Staatsanwälten gegenüber nachgeordneten Dezernenten erteilt werden. Diese interne Weisungsstruktur wird durch das in § 147 Nr.3 GVG geregelte Weisungsrecht der ersten Beamten der Staatsanwaltschaft bei den Oberlandesgerichten und den Landgerichten[156] bzw. das

---

bei den Oberlandesgerichten und Landgerichten bei allen Gerichten ihres Bezirks und nicht nur ihrer Behörde gewährt.

155 Katholnigg, §147 GVG, Rn. 1; Karlsruher Kommentar – Schoreit, §147 GVG, Rn. 5

156 Krey/Pföhler, NStZ 1985, S. 145

Weisungsrecht des Generalbundesanwalts gegenüber den Bundesanwälten beschrieben.

I. Das externe Weisungsrecht auf Bundesebene

Auf Bundesebene besteht ein externes Weisungsrecht des Bundesjustizministers gegenüber dem Generalbundesanwalt und den Bundesanwälten (vgl. § 147 Nr.1 GVG).[157] Der Wortlaut "Bundesminister der Justiz" des § 147 Nr.1 GVG wirft wegen der Formulierung in § 147 Nr.1 GVG, die nicht allein den Landesjustizminister nennt, sondern die "Landesjustizverwaltungen", die Frage auf, ob lediglich dem Bundesjustizminister selbst das externe Weisungsrecht zusteht oder wie bei den Landesjustizverwaltungen der gesamten Behörde. Der Status des Bundesjustizministers gegenüber den Generalbundesanwälten unterscheidet sich in sachlich-funktionaler Hinsicht nicht von dem der Landesjustizminister gegenüber den Beamten der Staatsanwaltschaften der Länder. Folglich muß das Aufsichts- und Leitungsrecht (also auch das Weisungsrecht) dem Justizministerium als Behörde und damit neben dem Justizminister selbst auch den Beamten des Ministeriums zustehen.[158]

II. Das interne Weisungsrecht auf Bundesebene

Der Generalbundesanwalt ist befugt den Bundesanwälten Weisungen zu erteilen. Dies ergibt sich jedoch nicht aus dem Wortlaut des § 147 GVG, ist aber allgemein anerkannt. Auch wenn der Generalbundesanwalt in § 147 GVG nicht explizit genannt ist, gilt § 147 Nr.3 GVG auch für die Bundesanwaltschaft, so daß das Recht zur Aufsicht und Leitung dem Generalbundesanwalt gegenüber den Bundesanwälten zusteht.[159] Dies wird aus dem allgemeinen monokratisch-hierarchischen Aufbau der Staatsanwaltschaft abgeleitet.[160] Zudem wird auch § 14 I Nr.5 GVVO[161] als Argument herangezogen, der diese formale Lücke schließen soll.[162]

---

157 Krey, JA 1985, S. 274

158 Katholnigg, §147 GVG, Rn. 2; Karlsruher Kommentar – Schoreit, §147 GVG, Rn. 2; hierfür spricht auch in rein praktischer Hinsicht, daß der Justizminister das Recht der Dienstaufsicht und Behördenleitung nicht alleine ausüben kann, sondern hierzu eine Aufteilung in mehrere Geschäftsbereiche, die ihn hierbei unterstützen, erforderlich ist.

159 Kleinknecht/Meyer-Goßner, §147 GVG, Rn. 2; Martin, Ehrengabe für Heusinger, S. 98

160 Kissel, §147 GVG, Rn. 2

161 Verordnung zur einheitlichen Regelung der Gerichtsverfassung vom 20.03.1935 (RGBl. I 1935, S. 403; BGBl. III 300-5)

162 Kissel, §147 GVG, Rn. 2; Kleinknecht/Meyer-Goßner, §147 GVG, Rn. 2; Löwe/Rosenberg – Schäfer/Boll, §147 GVG, Rn. 4; Martin, Ehrengabe für Heusinger, S. 98

Dem Generalbundesanwalt steht kein direktes Weisungsrecht gegenüber den Staatsanwaltschaften der Länder zu.[163] Es besteht eine Beschränkung der Weisungskompetenz des Generalbundesanwaltes auf Strafsachen, für die der Bundesgerichtshof erstinstanzlich zuständig ist.[164]

III. Das externe Weisungsrecht auf Landesebene

Auf Landesebene besteht ein externes Weisungsrecht der Landesjustizverwaltungen hinsichtlich aller staatsanwaltschaftlichen Beamten des betreffenden Landes nach § 147 Nr.2 GVG. Folgt man dem Wortlaut dieser Vorschrift, kann der Landesjustizminister sowohl dem Generalstaatsanwalt eines Oberlandesgerichts als auch dem Leitenden Oberstaatsanwalt beim Landgericht als erstem Beamten und jedem Staatsanwalt bis hin zu den Amtsanwälten Weisungen erteilen.

Die Praxis jedoch sieht anders aus. Auch wenn der Justizminister theoretisch einem Amtsanwalt unmittelbar eine Weisung erteilen könnte, ist es üblich, daß ministerielle Weisungen nur gegenüber dem Generalstaatsanwalt erteilt werden, der diese wiederum an die Leitenden Oberstaatsanwälte weitergibt, die sie ihrerseits den Staatsanwälten mitteilen.[165] Allerdings ist aber eine unmittelbare Weisung des Justizministers gegenüber Staatsanwälten möglich und – insbesondere in Eilfällen – zulässig.[166] Hinsichtlich der Amtsanwaltschaft dürfte das externe Weisungsrecht nicht von Bedeutung sein. Wie dem Verfasser in Gesprächen mit verschiedenen (Ober-) Staatsanwälten mitgeteilt wurde, haben Weisungen im Einzelfall gegenüber der Amtsanwaltschaft ohnehin wenig praktische Bedeutung. Ein Fall, der die nötige "Brisanz" mitbringt, um potentiell Gegenstand einer Weisung im Einzelfall oder gar einer ministeriellen Weisung zu sein, gelangt erst gar nicht in den Bereich der Amtsanwaltschaft.

IV. Das interne Weisungsrecht auf Landesebene

Aus dem Kreis der Weisungsempfänger sind ihrerseits einige Beamte im Rahmen des internen Weisungsrechts weisungsbefugt. Dies sind zunächst nach § 147 Nr.3 1.Alt. GVG die Generalstaatsanwälte hinsichtlich aller Beamten der

---

163 Löwe/Rosenberg – Schäfer/Boll, §146 GVG, Rn. 47; Hellebrand, Rn. 101

164 Geerds, FS für SH, S. 301

165 Löwe-Rosenberg – Schäfer/Boll, §146 GVG, Rn. 45; Kunigk, I 2.1.; Hellebrand, Rn. 101; Krey, JA 1985, S. 275 Fn. 35; Bericht der Landesregierung zur Entschließung des Schleswig-Holsteinischen Landtages zur Änderung des Landesbeamtengesetzes Drucksache 12/1236 vom 10.01.1991, S. 31; Schneider, JURA 1999, S. 68

166 Löwe-Rosenberg – Schäfer/Boll, §146 GVG, Rn. 45, Karlsruher Kommentar – Schoreit §147 GVG, Rn. 4; anderer Ansicht allerdings Heghmanns, Rn. 14, der derartige Durchgriffsweisungen für unzulässig hält.

Staatsanwaltschaft in ihrem Bezirk.[167] Dabei erstreckt sich das Weisungsrecht des Generalstaatsanwalts bis hinab zu den Amtsanwälten, und zwar auch dann, wenn die Amtsanwaltschaft besonders organisiert und für sie ein besonderer Leiter bestellt ist.[168]

Wenn es in einem Land mehrere OLG-Bezirke und demnach auch mehrere Generalstaatsanwälte gibt, dann besteht die Weisungsbefugnis hinsichtlich aller Staatsanwälte des jeweiligen Bezirks, erstreckt sich aber nicht darüber hinaus auf Staatsanwälte aus anderen OLG-Bezirken.[169]

Beim Bayerischen Obersten Landesgericht ergibt sich kein allgemeines Weisungsrecht gegenüber den Staatsanwaltschaften beim Landgericht. Diese sind dem Generalstaatsanwalt beim Bayerischen Obersten Landesgericht nicht generell unterstellt. Gemäß Art. 13, 20 I Nr.5 BayAGGVG erstreckt sich die Weisungsbefugnis des Generalstaatsanwalts beim Bayerischen Obersten Landesgericht nur auf die Beamten der Staatsanwalt beim Bayerischen Obersten Landesgericht in Strafsachen, nicht jedoch auch auf die übrigen Generalstaatsanwaltschaften oder gar die Staatsanwaltschaften bei den Landgerichten.

Weiterhin steht nach § 147 Nr.3 2.Alt. GVG den ersten Beamten bei den Landgerichten, also den Leitenden Oberstaatsanwälten, ein Weisungsrecht gegenüber den Beamten der Staatsanwaltschaft in ihrem Bezirk zu. Auch das Weisungsrecht des Leitenden Oberstaatsanwalts erstreckt sich bis zu den Amtsanwälten.[170]

§ 147 GVG sagt nichts über das Weisungsrecht der Abteilungsleiter aus. Diese stehen den Abteilungen vor, die innerhalb der Staatsanwaltschaften mit Zustimmung des Justizministeriums gebildet werden können (vgl. § 3 I und II OrgStA).[171] Auch wenn für sie ein Weisungsrecht nicht ausdrücklich gesetzlich verankert wurde, ist die Existenz dieses Weisungsrechts von entscheidender Bedeutung für den monokratisch-hierarchischen Aufbau der Staatsanwaltschaft und die "Weisungspyramide". Die Abteilungsleiter verfügen jedoch nicht über ein

---

167 Dies sind unabhängig von ihrem Rang Oberstaatsanwälte, Staatsanwälte oder Amtsanwälte, die Aufgaben der Staatsanwaltschaft wahrnehmen.

168 Kissel, §147 GVG, Rn. 4; besonders klargestellt für Hessen (dort für die Amtsanwaltschaft Frankfurt/Main) in §14 I Nr.5 und Nr. 6 GVVO (vgl. Hessischer Landtag Drucksache 12/7204 vom 24.08.1990)

169 Geerds, FS für SH, S. 300

170 Kissel, §147 GVG, Rn. 4; besonders klargestellt für Hessen (dort für die Amtsanwaltschaft Frankfurt/Main) in §14 I Nr.5 und Nr. 6 GVVO (vgl. Hessischer Landtag Drucksache 12/7204 vom 24.08.1990); Geerds, FS für SH, S. 300

171 Zumeist handelt es sich bei den Abteilungsleitern um Oberstaatsanwälte. Abteilungen werden insbesondere zur Bearbeitung bestimmter Deliktsgruppen eingerichtet, wie etwa Wirtschaftskriminalität, Betäubungsmittelstraftaten oder Straftaten mit politischem Hintergrund.

originäres Weisungsrecht aus § 147 GVG,[172] sondern lediglich über ein abgeleitetes Weisungsrecht.[173]

Nach den §§ 146, 147 Nr.3 GVG haben die Staatsanwälte den dienstlichen Anweisungen der Vorgesetzten nachzukommen. Vorgesetzter ist dabei jeder, dem innerhalb des hierarchischen Aufbaus eine Aufsichts- und Leitungsfunktion im Verhältnis zum sachbearbeitenden Staatsanwalt zukommt, also auch die Abteilungsleiter.[174]

Diese Leitungsfunktion ergibt sich aus der bundeseinheitlich erlassenen OrgStA und zwar aus den §§ 4, 5 OrgStA.

Dabei regelt § 4 I OrgStA, daß der Behördenleiter die Dienstaufsicht über alle Angehörigen der Behörde ausübt (Nr.1), in seinem Geschäftsbereich auf die Beachtung der Gesetze, Vorschriften und Anordnungen hinwirkt (Nr.3) und für eine sachgemäße und rasche Erledigung und einheitliche Behandlung der Geschäfte sorgt (Nr.4). Zudem sorgt der Behördenleiter dafür, daß er über alle bedeutsamen Angelegenheiten unterrichtet wird (Nr.6).

Die Befugnisse der Abteilungsleiter ergeben sich aus § 5 OrgStA. Diese Vorschrift verweist ihrerseits auf § 4 I Nr.3, Nr.4 und Nr.6 sowie § 4 II OrgStA. Auch wenn den Abteilungsleitern damit mangels einer Verweisung auf § 4 I Nr.1 OrgStA keine umfassende Dienstaufsicht zukommt, wird dennoch deutlich, daß die Abteilungsleiter hinsichtlich der in ihrer Abteilung behandelten Fälle die Fachaufsicht ausüben und es ihnen insoweit auch möglich sein muß, zur Verwirklichung ihrer Aufgaben, Weisungen an die Staatsanwälte ihrer Abteilung zu erteilen.

Auch hinsichtlich der Amtsanwälte enthält § 147 GVG keine explizite Regelung, so daß nach dem GVG auch dann, wenn für eine organisatorisch verselbständigte Amtsanwaltschaft ein eigener Leiter bestellt ist, diesem keine Befugnisse nach dem GVG zustehen.[175] Dabei kann jedoch nach dem Landesrecht eine besondere Regelung getroffen werden, so etwa in § 14 I Nr.7 GVVO für Hessen,[176] der dem Leiter der Amtsanwaltschaft Frankfurt, die Dienstaufsicht über seine Behörde einräumt.

---

172 Katholnigg, §147 GVG, Rn. 2; Löwe-Rosenberg – Schäfer/Boll, §146 GVG, Rn. 2; Kuhlmann, Kriminalistik 1978, S. 200

173 Löwe/Rosenberg – Schäfer/Boll, §146 GVG, Rn. 2; KMR-Müller/Sax, §146 GVG, Rn. 1

174 Frank, FS für Schlüchter, S. 51

175 Kissel, §147 GVG, Rn. 5

176 Verordnung zur einheitlichen Regelung der Gerichtsverfassung vom 20.03.1935, RGBl. I 1935, S. 403 ff, 489, die ursprünglich bundeseinheitlich erlassen wurde, aber inzwischen nicht mehr in allen Bundesländern mit dem gleichen Wortlaut gültig ist. §14 GVVO wurde für Hessen zuletzt am 25.09.1990 neu gefaßt (GVBl. Hessen I vom 02.10.1990, S. 563).

V. Verhältnis von Bundes- und Landesebene

Die Weisungspyramiden auf Bundesebene und auf Landesebene zeichnen sich grundsätzlich durch eine strikte Trennung aus. Insbesondere steht weder dem Bundesjustizminister noch dem Generalbundesanwalt ein wie auch immer geartetes Weisungs- und Aufsichtsrecht gegenüber den Landesjustizverwaltungen oder den Staatsanwälten der Länder zu.[177] Dies wird durch die Justizhoheit der Länder gewährleistet.[178] die sich aus Art. 30 GG ergibt.[179] Nach dieser allgemeinen Kompetenzregelung ist die Ausübung der staatlichen Befugnisse und die Erfüllung der staatlichen Aufgaben Sache der Länder.[180] Kompetenzen erhält der Bund nur hinsichtlich der Gerichte, die ihm per Grundgesetz zugewiesen sind,[181] also die in Art. 92, 95 und 96 GG genannten Bundesgerichte.[182] Damit hat der Bund nur Kompetenzen gegenüber den staatsanwaltlichen Beamten beim Bundesgerichtshof also der Bundesanwaltschaft. Daher stehen aufgrund der vom Grundgesetz vorgegebenen Aufgabenverteilung des Art. 30 GG weder dem Bundesjustizminister noch den Beamten der Staatsanwaltschaft des Bundes subordinationsrechtliche Einflußmöglichkeiten gegenüber den Staatsanwaltschaften der Länder zu.[183]

Trotz der grundsätzlichen Trennung der Weisungspyramiden, kann der Generalbundesanwalt – in gewissem Maß – Einfluß auf die Staatsanwälte bei den Landgerichten nehmen. Dies ist nach den §§ 74 a II GVG, 142 a II und IV und § 143 III GVG möglich. Aber nur in diesen Fällen darf der Generalbundesanwalt verbindlich für die Staatsanwaltschaften der Länder entscheiden oder in bestimmten Fällen den Staatsanwaltschaften der Länder die Strafverfolgung entziehen oder diese übertragen.[184]

Der Generalbundesanwalt kann daher mit bindender Wirkung für die Landesstaatsanwaltschaft Entscheidungen nach § 143 III GVG treffen und ihr in den Fällen des § 74 a II GVG die Verfolgung entziehen und sie ihr in den Fällen des § 142 a II, IV GVG übertragen. Darüber hinaus hat er kein Weisungsrecht gegenüber den Landesstaatsanwaltschaften.[185] Insbesondere hat er keine Ersetzungsbefugnis gegenüber den Landesstaatsanwaltschaften nach § 145 GVG.[186]

---

177 Kissel, §147 GVG, Rn. 2; KMR-Müller/Sax, §146 GVG, Nr. 4; Martin, Ehrengabe für Heusinger, S. 94

178 Krey, JA 1985, S. 273

179 Vgl. etwa BGH NJW 2001, S. 1360

180 Badura, H 13; Alternativkommentar zum GG – Bothe, Art. 30 GG, Rn. 11

181 Alternativkommentar zum GG – Bothe, Art. 30 GG, Rn. 10

182 Badura, H 14

183 Frank FS für Schlüchter, S. 56

184 Geerds, FS für SH, S. 301; Martin, Ehrengabe für Heusinger, S. 96

185 Löwe/Rosenberg – Schäfer/Boll, §146 GVG, Rn. 47, 48

186 Löwe/Rosenberg – Schäfer/Boll, §145 GVG, Rn. 2

Entgegen einer teilweise vertretenen Auffassung[187] handelt es sich bei diesen Befugnissen nicht um Weisungsrechte, sondern um die Entscheidung über Zuständigkeitskompetenzen.[188] Dementsprechend sind die genannten Befugnisse des Generalbundesanwalts bereits systematisch nicht dem Aufsichts- sondern dem Verfahrensrecht zuzuordnen.[189]

Sämtliche dem Generalstaatsanwalt zustehenden Befugnisse gegenüber den Landesstaatsanwaltschaften beziehen sich ausschließlich direkt auf Zuständigkeitskonflikte (vgl. §§ 142 a, 143 GVG) beziehungsweise auf die gesamte Übernahme von Verfahren mit Bezug zu Delikten von besonderer politischer Bedeutung (vgl. § 74 a GVG, 120 GVG). Damit bestehen zwar – eng begrenzte – Entscheidungsbefugnisse, welche Behörde das Verfahren durchführt, aber keine Befugnis gegenüber der Landesstaatsanwaltschaft inhaltlich auf das Verfahren einzuwirken, so daß keine Weisung im Sinne der §§ 146, 147 GVG und auch keine Substitution bzw. Devolution im Sinne des § 145 GVG möglich ist.

VI. Devolutions- und Substitutionsrecht des § 145 GVG

Weitere Ausprägung der monokratisch-hierarchischen Struktur der Staatsanwaltschaft ist neben dem Weisungsrecht der §§ 146, 147 GVG das Devolutions- und Substitutionsrecht des § 145 GVG.

Das Devolutionsrecht nach § 145 I 1. Alt. GVG erlaubt es den ersten Beamten der Staatsanwaltschaft bei den Oberlandesgerichten (Generalstaatsanwälte) und den Landgerichten (Leitende Oberstaatsanwälte), bei allen Gerichten ihres Bezirks eine Amtsverrichtung selbst zu übernehmen.

Mit diesem Devolutionsrecht korrespondiert das sogenannte Substitutionsrecht des § 145 I 2.Alt. GVG, das es den ersten Beamten der Staatsanwaltschaft bei den Oberlandesgerichten (Generalstaatsanwalt) und den Landgerichten (Leitender Oberstaatsanwalt) gestattet, bei allen Gerichten ihres Bezirks einen anderen als den zunächst zuständigen Beamten mit der Wahrnehmung einer Amtsverrichtung zu betrauen.

Diese Ablösung kann sich auf einen Einzelfall beziehen, aber auch auf eine ganze Gruppe von Straftaten.[190]

Im Gegensatz zum gesetzlichen Richter sieht das deutsche Recht keinen "gesetzlichen Staatsanwalt" vor,[191] sondern es kann jederzeit ein Wechsel in der Amtsverrichtung stattfinden.

---

187 Simgen, S. 47

188 So etwa Wunderlich, S. 43; Pfeiffer, §142 GVG, Rn. 1; vgl. auch Schaefer, NJW 2001, S. 1621 f

189 Kissel, §147 GVG, Rn. 2

190 Frank, FS für Schlüchter, S. 52

191 Karlsruher Kommentar – Schoreit, §145 GVG, Rn. 8

Nach verbreiteter Meinung stehen entsprechend dem Wortlaut die Rechte des § 145 GVG ausschließlich den ersten Beamten, im Falle ihrer Verhinderung auch deren Stellvertretern zu, nicht jedoch den sonstigen Beamten dieser Behörde, wie etwa den Abteilungsleitern.[192] Dieses Recht oder auch die Ausübung dieses Rechts kann laut dieser Auffassung auch nicht auf andere Beamte der Staatsanwaltschaft übertragen werden.[193] Dies soll aber nur für die Anordnung der Devolution oder Substitution gelten.[194] Sobald der Behördenleiter jedoch einmal die Amtsverrichtungen übernommen hat, kann er die weiteren Amtsverrichtungen auf die beigeordneten Beamten übertragen.[195]

§ 145 GVG sagt nichts darüber aus, ob dem Landesjustizminister gleichfalls ein Devolutions- und Substitutionsrecht zusteht. Hier ist zwischen Devolutions- und Substitutionsrecht zu differenzieren:

Nach herrschender Meinung[196] steht den Landesjustizverwaltungen ebenfalls ein Substitutionsrecht gegenüber den Staatsanwaltschaften auf Landesebene zu.[197] Dieses Recht wird jedoch nicht aus § 145 GVG direkt, sondern aus dem Aufsichts- und Leitungsrecht des § 147 GVG hergeleitet,[198] denn Devolution und Substitution sind Mittel der in § 147 GVG verankerten Dienstaufsicht,[199] der die Beamten der Staatsanwaltschaft gemäß § 146 GVG Folge zu leisten ha-

192 Karlsruher Kommentar – Schoreit, §145 GVG, Rn. 2 ; Katholnigg, §145 GVG, Rn. 1

193 Kissel, §145 GVG, Rn. 1 ; Katholnigg, §145 GVG, Rn. 1

194 Löwe/Rosenberg – Schäfer/Boll, §145 GVG, Rn. 5; Kissel, §145 GVG, Rn. 1

195 Karlsruher Kommentar – Schoreit, §145 GVG, Rn. 2 ; Löwe/Rosenberg – Schäfer/Boll, §145 GVG, Rn. 5

196 Lediglich Katholnigg, §145 GVG, Rn. 2 und Geerds, FS für SH, S. 301 lehnen auch de lege lata ein Substitutionsrecht des Justizministers ab. Katholnigg argumentiert, daß §147 GVG lediglich §146 GVG hinsichtlich der Frage ergänze, wer weisungsbefugt sei. §146 GVG regele wiederum etwas anderes als §145 GVG, so daß §147 GVG bei §145 GVG nicht herangezogen werden könne. Zudem stelle das Devolutions- und Substitutionsrecht eine Einheit dar, die Devolution durch den Justizminister sei aber begrifflich ausgeschlossen. Zwar ist Katholnigg zuzustimmen daß dem Justizminister nicht das Recht zur Devolution zustehen kann. Auch wenn Devolution und Substitution eng miteinander verzahnt sind, sind sie dennoch nicht untrennbar verbunden. So kann der Justizminister ohne weiteres die Wahrnehmung durch einen anderen Staatsanwalt anordnen, ohne entgegen §142 GVG das Amt der Staatsanwaltschaft auszuüben und damit in einen originär staatsanwaltlichen Bereich einzugreifen.

197 Löwe/Rosenberg – Schäfer/Boll, §145 GVG, Rn. 4; Kleinknecht/Meyer-Goßner, §145 GVG, Rn. 2; Henkel, §30 III; Ellscheid, S. 84; Görcke, ZStrW 73 (1961), S. 564; Leverenz, SchlHA 1961, S. 37 vertritt insoweit die Auffassung, daß der Justizminister den Generalstaatsanwalt kraft seines Weisungsrechts dazu veranlassen kann, diesen Weg zu gehen.

198 Löwe/Rosenberg – Schäfer/Boll, §145 GVG, Rn. 4; Kleinknecht/Meyer-Goßner, §147 GVG, Rn. 2

199 Kissel, §145 GVG, Rn. 1;

ben. Auch faktisch wird das Substitutionsrecht durch die Landesjustizminister ausgeübt.[200]

Ein Devolutionsrecht der Landesjustizminister hingegen wird einhellig abgelehnt.[201] Dies ergibt sich aus § 142 GVG, der die staatsanwaltlichen Zuständigkeiten abschließend regelt, aber nicht – auch nicht in Ausnahmefällen – dem Justizminister (sowohl dem Justizminister des Bundes als auch den Justizministern der Länder) staatsanwaltschaftliche Aufgaben zuspricht.[202] Da der Justizminister keine staatsanwaltlichen Befugnisse hat,[203] kann er auch kein Ermittlungsverfahren durchführen und damit kein staatsanwaltliches Verfahren im Wege der Devolution übernehmen. Dafür spricht – abgesehen von der nichtstaatsanwaltlichen Funktion und Stellung des Justizministers – auch die Tatsache, daß der Justizminister nicht einmal Jurist zu sein braucht.[204] Da die Kompetenzen des Justizministers nicht davon abhängen dürfen, wer im konkreten Fall das Amt innehat und andererseits das Amt des Staatsanwalts nur von einem Volljuristen ausgeübt werden kann, ist die Verrichtung staatsanwaltlicher Aufgaben durch den Justizminister ausgeschlossen.

Ebenfalls nicht vom Wortlaut des § 145 GVG erfaßt ist das Devolutions- und Substitutionsrecht der Generalbundesanwaltschaft. Dennoch ist anerkannt, daß auch der Generalbundesanwalt beim Bundesgerichtshof Amtsverrichtungen an sich ziehen oder einem anderen als eigentlich nach der Geschäftsverteilung dafür zuständigen Staatsanwalt zuweisen kann.[205] Auch hier folgen diese Rechte nicht unmittelbar aus § 145 GVG, sondern vergleichbar mit dem Substitutionsrecht des Justizministers aus dem Recht der Dienstaufsicht gemäß § 147 GVG.

Ebenso wie dem Landesjustizminister ein aus § 147 Nr.2, 146 GVG resultierendes Substitutionsrecht zusteht, hat der Bundesjustizminister ein solches Recht gegenüber dem Generalbundesanwalt und den Bundesanwälten.

Auch dem Bundesjustizminister steht aufgrund der abschließenden Festlegung der Zuständigkeiten von Staatsanwälten nach § 142 GVG nur ein Substitutionsrecht, nicht hingegen ein Devolutionsrecht zu.[206]

---

200 Vgl. etwa den Fall „Starzacher" im 11. Kapitel C. VI.

201 Löwe/Rosenberg – Schäfer/Boll, §145 GVG, Rn. 4; Kissel, §145 GVG, Rn. 2; Karlsruher Kommentar – Schoreit, §145 GVG, Rn. 2; Frank, FS für Schlüchter, S. 55; Krey/Pföhler, NStZ 1985, S. 146

202 Zudem ist das Amt des Justizministers im Gegensatz zu dem des Staatsanwalts (vgl. für den Staatsanwalt §122 I DRiG) nicht von der Befähigung zum Richteramt, sondern lediglich von der Ernennung durch den Bundespräsidenten auf Vorschlag des Bundeskanzlers nach Art. 64 GG (bzw. durch die entsprechenden Landesorgane nach landesrechtlichen Vorschriften) abhängig; vgl. Stein, §9 V 1 (für Bundesminister).

203 Dünnebier, JZ 1958, S. 422, Krey/Pföhler, NStZ 1985, S. 147

204 Görcke, ZStrW (73) 1961, S. 605

205 Kleinknecht/Meyer-Goßner, §145 GVG, Rn. 4 ; Karlsruher Kommentar – Schoreit, §145 GVG, Rn. 5

206 Karlsruher Kommentar – Schoreit, §145 GVG, Rn. 2

Der Generalbundesanwalt hat allerdings – und auch hier wird die strikte Trennung zwischen Bundes- und Landesebene deutlich – keinerlei Devolutions- und Substitutionsbefugnisse gegenüber einer Generalstaatsanwaltschaft oder einer Staatsanwaltschaft eines der Länder.[207]

VII. Verhältnis von Devolutions- und Substitutionsrecht einerseits sowie Weisungsrecht andererseits

Teilweise wird das Substitutionsrecht als Mittel zur Lösung der Probleme des Weisungsrechts angesehen.[208] Diese Auffassung verkennt jedoch das Verhältnis der § 146, 147 GVG einerseits und dem § 145 GVG andererseits. Das Devolutions- und Substitutionsrecht sei etwas anderes als das Weisungsrecht. Dieser Differenzierung kann jedoch nicht gefolgt werden, da die §§ 144 ff GVG insgesamt eine monokratisch-hierarchische Struktur der Staatsanwaltschaft beschreiben. Nach § 146 GVG ist der Staatsanwalt an die Weisungen seines Vorgesetzten gebunden, die ihm dieser im Rahmen der nach § 147 GVG bestehenden Dienstaufsicht und Weisungsbefugnis erteilen kann. Auch § 145 GVG enthält Instrumente der Dienstaufsicht und ermöglicht dem Vorgesetzten, die von ihm erteilten Weisungen durchzusetzen, denn nur wenn der Vorgesetzte im äußersten Falle einem Dezernenten das Verfahren entziehen kann, erhält eine Anweisung genügend Gewicht, um beachtet zu werden.[209] Daher ist – jedenfalls nach geltendem Recht – das Devolutions- und Substitutionsrecht als eine spezielle und besonders weitgehende Ausprägung des Weisungsrechts zu verstehen.

---

207 Karlsruher Kommentar – Schoreit, §145 GVG, Rn. 5

208 Leverenz, SchlHA 1961, S. 37; im Ansatz auch Wunderlich, S. 104

209 Vgl. auch Zuberbier, DRiZ 1988, S. 255

3. Kapitel: Arten der Weisung

Weisungen im Sinne der §§ 146, 147 GVG haben in mehr oder weniger ausgeprägter Form Einfluß auf die staatsanwaltliche Arbeit. Weisungen sind dabei sowohl in Form allgemeiner Weisungen (Richtlinien, Erlasse, Verfügungen) als auch in Form konkreter Weisungen im Einzelfall möglich.[210] Weiterhin lassen sich die Weisungen in interne Weisungen staatsanwaltlicher Vorgesetzter und externe Weisungen des Justizministers unterscheiden.[211] Schließlich ist zwischen auf Anklage gerichteten sogenannten positiven Weisungen und den die Anklage verhindernden negativen Weisungen zu unterscheiden. Darüber hinaus können sich Weisungen sowohl auf die tatsächliche Sachbehandlung eines Verfahrens als auch auf sämtliche staatsanwaltlichen Funktionen und Dienstobliegenheiten beziehen.[212]

A. Generelle bzw. allgemeine Weisungen

Generelle bzw. allgemeine Weisungen richten sich an eine Vielzahl von Staatsanwälten und geben Hinweise zur Sachbehandlung in bestimmten Fallkonstellationen und über die Anwendung und Auslegung von Gesetzen. Sie zielen damit auf vielfach oder zumindest mehrmals wiederkehrende Anwendungsfälle. Anwendungsbereiche sind dabei beispielsweise Vorgaben zur Ausfüllung unbestimmter Rechtsbegriffe oder Ermessensnormen. Als Urheber kommen – wie dargestellt – auf Bundesebene der Bundesjustizminister gegenüber dem Generalbundesanwalt und den Bundesanwälten, sowie der Generalbundesanwalt gegenüber den Bundesanwälten, in Betracht. Auf Landesebene können die Landesjustizminister bzw. -senatoren[213] allgemeine Weisungen mit Wirkung für die Generalstaatsanwälte sowie für sämtliche Staatsanwälte des Landes, einschließlich den Leitenden Oberstaatsanwälten und Abteilungsleitern, erlassen. Die Befugnis, solche Weisungen mit Wirkung für die ihnen jeweils nachgeordneten Staatsanwälte anzuordnen, kommt jeweils den Generalstaatsanwälten, den Leitenden Oberstaatsanwälten und auch den Abteilungsleitern (i.d.R. Oberstaatsanwälte) zu. Darüber hinaus werden generelle Weisungen über Absprachen zwischen den Ländern auch bundeseinheitlich erlassen. Ein Beispiel hierfür sind die bundeseinheitlich durch die Landesjustizminister erlassenen Richtlinien für das Straf- und Bußgeldverfahren (RiStBV).

Terminologisch wird bei den allgemeinen Weisungen zwischen Richtlinien, Verfügungen und Erlassen unterschieden.

---

210 Gössel, §3 II b

211 Vgl. hierzu bereits 2. Kapitel B I. bis IV.

212 Frank, FS für Schlüchter, S. 51

213 Sofern in dieser Arbeit von Justizministern bzw. Justizministerien die Rede ist sind immer auch die Justizsenatoren bzw. Justizverwaltungen mitumfaßt.

In Hessen beispielsweise werden allgemeine Weisungen, deren Urheber das Justizministerium ist, grundsätzlich als Erlasse bezeichnet. Sofern der Urheber einer solchen allgemeinen Weisung der Generalstaatsanwalt ist, wird die Bezeichnung Rundverfügung gewählt. Durch die Bezeichnung Hausverfügung schließlich werden allgemeine Weisungen gekennzeichnet, deren Urheber der jeweilige Leitende Oberstaatsanwalt ist. Unter Richtlinien versteht man darüber hinaus bundeseinheitlich gleichlautende Allgemeine Weisungen, wie die bereits erwähnten RiStBV. Eher selten, aber dennoch vom Grundsatz her möglich, sind schließlich auch allgemeine Weisungen des Abteilungsleiters zur Sachbehandlung oder Rechtsanwendung innerhalb der von ihm geleiteten Abteilung.

B. Konkrete Weisungen im Einzelfall

Von den allgemeinen Weisungen sind die konkreten Weisungen im Einzelfall zu unterscheiden, die sich an einen einzelnen Staatsanwalt richten oder sich auf ein spezielles Verfahren beziehen. Auch für diese Weisungen gibt es keine vorgeschriebene Form. Sie können sowohl schriftlich als auch mündlich ergehen.[214] Als Urheber kommen grundsätzlich ebenfalls diejenigen in Betracht, die auch bei den bereits beschriebenen allgemeinen Weisungen genannt wurden. Die Weisung im Einzelfall wird in der Regel vom jeweils unmittelbaren Vorgesetzten erteilt, wobei grundsätzlich Durchgriffe (etwa vom Justizminister oder Generalstaatsanwalt auf einen staatsanwaltlichen Dezernenten) möglich, jedoch unüblich sind.

C. Möglichkeiten der Kenntniserlangung durch Vorgesetzte

Voraussetzung für die Erteilung einer Weisung im Einzelfall ist immer zunächst Kenntnis des Vorgesetzten von einem konkreten Verfahren. Erst dieses Wissen von einem bestimmten Verfahren eröffnet dem Vorgesetzten die Möglichkeit, in dieses Verfahren kontrollierend oder steuernd einzugreifen. Diese Kenntnis kann auf verschiedene Art erreicht werden:

- Berichtspflichten

Zunächst bestehen in nahezu allen Bundesländern Erlasse der Justizministerien, in denen Berichtspflichten in bestimmten Fällen bei Straf- und Bußgeldsachen fixiert werden. Exemplarisch für Hessen ist dies die „Anordnung über Berichtspflichten in Strafsachen und Bußgeldsachen“ (Runderlaß des Ministeriums der Justiz vom 11.11.1991, Justiz- und Ministerialblatt für Hessen, S. 447). Hiernach ist dem Justizministerium zu berichten, wenn dieses Ministerium darum ersucht. Darüber hinaus ist dem Justizministerium auch ohne Anforderung möglichst frühzeitig zu berichten, wenn einem Verfahren wegen der Art oder

214 Vgl. auch Leonhardt, S. 266

des Umfangs der Beschuldigung, wegen der Person oder der Stellung eines Beteiligten oder aus sonstigen Gründen eine besondere Bedeutung zukommt; insbesondere dann, wenn es voraussichtlich parlamentarische oder sonstige politische Gremien oder die Öffentlichkeit beschäftigen wird oder eine Unterrichtung des Ministeriums der Justiz aus sonstigen Gründen geboten erscheint. Weiterhin soll dann Bericht erstattet werden, wenn sich herausstellt, daß es einer Änderung von Rechtsvorschriften oder Verwaltungsanordnungen bedarf oder organisatorische Maßnahmen erforderlich erscheinen, die von dem Ministerium der Justiz zu treffen sind; weiterhin, wenn in einem Verfahren erhebliche Bedenken gegen die Verfassungsmäßigkeit einer Rechtsvorschrift vorgebracht werden, Verfahrensweise oder Verfahrensergebnis im Einzelfall beispielhaft für andere Gerichte oder Behörden erscheinen oder die erforderliche Mitarbeit anderer Stellen nicht oder nur unzureichend, insbesondere unzumutbar verzögert, geleistet wird. In den Fällen eines Berichts sind nicht nur das Justizministerium, sondern zugleich auch der Behördenleiter (Leitender Oberstaatsanwalt) und der Generalstaatsanwalt zu unterrichten.

Damit bestehen bereits ohne gesonderte Anordnung umfassende Berichtspflichten, durch die Justizminister, Generalstaatsanwalt und Behördenleiter Kenntnis von konkreten Verfahren erlangen.[215]

- Konkrete Berichtsanordnungen bzw. Kenntniserlangung durch Medien

Darüber hinaus kann der Vorgesetzte auch durch die Medien auf bestimmte Verfahren aufmerksam werden. Aus diesem Grund wird insbesondere bei der Generalstaatsanwaltschaft aber auch bei den landgerichtlichen Staatsanwaltschaften die Berichterstattung in den Medien aufmerksam verfolgt und auf relevante Verfahren innerhalb des Staatsanwaltschaftsbezirks überprüft. Bei entsprechender Relevanz oder Interesse des Vorgesetzten hat dieser verschiedene Möglichkeiten, sich im Wege des Weisungsrechts zu informieren.[216] In der Praxis kommen dabei vor allem Verfahren in Frage, die aufgrund der Person des Angeschuldigten oder wegen Art oder Umfang des Strafvorwurfs die Aufmerksamkeit des Vorgesetzten wecken. Hier kann der Vorgesetzte einen konkreten Bericht einholen oder auch interne Unterrichtungs-, Zeichnungs- und Vorlagevorbehalte anordnen.[217] Hierdurch kann sich der Vorgesetzte ein Bild von einem bestimmten Verfahren verschaffen und im folgenden gegebenenfalls kontrollierend oder steuernd eingreifen.

- Kenntniserlangung durch Rechtsbehelfe

Schließlich kann der Vorgesetzte auch Kenntnis von bestimmten Verfahren durch Rechtsbehelfe des Verletzten, des Beschuldigten oder von Dritten erlangen.

---

215 Daher werden die Berichtspflichten auch als „Schlüssel zum Weisungsrecht“ bezeichnet; vgl. v. Lanzenauer, DRiZ 1991, S. 133

216 Vgl. z. B. Hellebrand, Rn. 102

217 Frank, FS für Schlüchter, S. 51

In Betracht kommt dabei als Rechtsbehelf des Verletzten gegen eine Verfahrenseinstellung das Klageerzwingungsverfahren nach § 172 StPO, das ohnehin zunächst eine Vorschaltbeschwerde nach § 172 I StPO vorsieht. Dabei ist vor Einleitung des Klageerzwingungsverfahrens eine Beschwerde bei dem vorgesetzten Beamten der Staatsanwaltschaft einzulegen, die diesem die Möglichkeit gibt, die Entscheidung des Staatsanwalts zu überprüfen. Auch auf diese Art erlangen die Vorgesetzten des Staatsanwalts Kenntnis von einem konkreten Verfahren. Sofern der Vorgesetzte mit der Einstellungsentscheidung nicht konform geht, kann er der Beschwerde abhelfen. Dabei stehen dem vorgesetzten Beamten verschiedene Alternativen zur Verfügung: Er kann lediglich die Einstellungsentscheidung aufheben, aber zugleich auch weitere Ermittlungen anordnen und dabei dem Staatsanwalt nochmals die Gelegenheit zu einer erneuten Entscheidung geben. Zudem kann er auch die konkrete Weisung erteilen, Anklage zu erheben.

Sofern der vorgesetzte Beamte der Staatsanwaltschaft der Vorschaltbeschwerde des Klageerzwingungsverfahrens nicht abhilft, hat der Generalstaatsanwalt zu entscheiden.[218] Auch auf diese Weise erlangt der Generalstaatsanwalt Kenntnis von bestimmten Verfahren und kann – genau wie auch der vorgesetzte Beamte bei der Staatsanwaltschaft – der Beschwerde abhelfen, indem er auf das Verfahren Einfluß nimmt. Desweiteren ist gegen die Entscheidung des Generalstaatsanwalts, mit der er eine Abhilfe der Beschwerde ablehnt, wiederum eine Dienstaufsichtsbeschwerde zum Justizministerium (sog. weitere Dienstaufsichtsbeschwerde) möglich.[219] Auch das Justizministerium kann die Entscheidung des Staatsanwalts bzw. des Generalstaatsanwalts aufheben oder abändern.

Auch ohne die Voraussetzung des Klageerzwingungsverfahrens nach § 172 StPO kann gegen Maßnahmen und Entscheidungen der Staatsanwaltschaft die form- und fristlose Dienstaufsichtsbeschwerde zum Abteilungsleiter, zum Leitenden Oberstaatsanwalt, zum Generalstaatsanwalt und zum Justizminister eingelegt werden, so daß diese jeweils in Kenntnis von dem in Frage stehenden Verfahren gesetzt werden und sie somit die Möglichkeit haben, mittels Weisung auf ein Verfahren Einfluß zu nehmen. Diese Dienstaufsichtsbeschwerde kann unabhängig von der Vorschaltbeschwerde, aber auch zugleich neben ihr eingelegt werden.

D. Unterscheidung zwischen positiven und negativen Weisungen

Eine weitere grundsätzliche Unterscheidung wird in der Literatur zwischen positiven Weisungen, die auf eine weitere Strafverfolgung gerichtet sind, und negativen Weisungen, die eine weitere Strafverfolgung verhindern wollen, getroffen.[220] Die Unterscheidung in positive und negative Weisungen ist vom Gesetz

218 Kleinknecht/Meyer-Goßner, §172 StPO, Rn. 18
219 Kleinknecht/Meyer-Goßner, §172 StPO, Rn. 18
220 Simgen, S. 53

nicht vorgesehen und hat daher hinsichtlich der Beschreibung des Weisungsrechts de lege lata lediglich terminologische Bedeutung.[221]

Positive Weisungen sind etwa die Weisung, Anklage zu erheben, ein Rechtsmittel einzulegen, einen Haftbefehl zu beantragen, Zwangsmittel zu beantragen und weitere auf die Förderung der Strafverfolgung gerichtete Anordnungen.

Negative Weisungen sind demgegenüber etwa die Weisung, ein Verfahren einzustellen oder ein Rechtsmittel zurückzunehmen.

Eine Sonderstellung nehmen bestimmte Weisungen in Verfahrensfragen und Weisungen zum Schlußantrag ein, die weder konkret auf eine weitergehende Strafverfolgung, noch auf eine Verhinderung derselben gerichtet sind. Hierzu gehört die Weisung, einen bestimmten Schlußantrag zu stellen oder die Weisung, die Anklage in einer bestimmten Form einzuleiten, etwa durch Einreichung einer Anklageschrift oder im Strafbefehlsverfahren.

Eine weitere Sonderstellung kommt Weisungen zur Stellung von Beweisanträgen bzw. zur weiteren Aufnahme von Ermittlungen zu. Diese können – je nach konkreter Lage des Falles – darauf gerichtet sein, Anhaltspunkte für eine weitergehende Strafverfolgung zu erzielen oder Erkenntnisse zu gewinnen, die zu einer Verfahrenseinstellung führen. Schließlich kann bei der Erteilung einer Weisung, noch bestimmte Ermittlungen vorzunehmen, die Intention auch offen sein und der allgemeinen Sachverhaltsaufklärung dienen.

E. Zwischenergebnis

Es bleibt festzuhalten, daß Weisungen in den unterschiedlichsten Bereichen und Erscheinungsformen auftreten können. Aufgrund der zahlreichen staatsanwaltlichen Aufgabenbereiche und Handlungsmöglichkeiten ist das Spektrum möglicher Weisungen nahezu unüberschaubar und eine vollständige Aufzählung sämtlicher denkbarer Fälle nicht möglich.

221 Relevanz erlangt diese Unterscheidung erst im Rahmen der Kritik am Weisungsrecht. So gibt es durchaus Stimmen, die lediglich positive, also auf weitere Verfolgung gerichtete Weisungen, zulassen wollen, negative Weisungen demgegenüber aber ablehnen; vgl. hierzu später 8. Kapitel B.

4. Kapitel: Umfang und Grenzen des Weisungsrechts de lege lata

Umfang, Grenzen und Wirkungen des Weisungsrechts sowie diesbezügliche Reformbestrebungen sind sowohl in rechtlicher als auch in rechtspolitischer Hinsicht die umstrittensten Themen des Staatsanwaltschaftsrechts.[222]

Zwar statuieren die § 145 ff GVG Disziplinar-, Aufsichts- und Weisungsrechte der Vorgesetzten gegenüber den Staatsanwälten und eröffnen die Möglichkeit konkreter Einflußnahme auf den Verfahrensablauf, doch eine gesetzliche Regelung hinsichtlich des Umfangs und vor allem der Grenzen dieser Befugnisse findet sich im Gesetz nicht.[223] Ausgehend vom Gesetzeswortlaut einerseits, der grundsätzlich ein uneingeschränktes, umfassendes Weisungsrecht zulässt, und der seit Jahrzehnten geführten Diskussion hinsichtlich der Weisungsbefugnis andererseits, ergeben sich unterschiedliche Auffassungen, wie und in welchem Umfang sowohl das interne als auch das externe Weisungsrecht ausgeübt werden dürfen. Fest steht jedenfalls, daß das Weisungsrecht des § 146 GVG nicht grenzenlos ist,[224] wobei jedoch das Fehlen gesetzlich fixierter Schranken dazu führt, daß Zulässigkeit und Reichweite des Weisungsrechts bereits de lege lata äußerst umstritten sind.[225]

A. Reichweite des Weisungsrechts

Aufgrund der zahlreichen und sich ständig im Fluß befindlichen Rechtsauffassungen ist es kaum noch möglich, aufzuzeigen, welche strafprozessualen Maßnahmen vom Weisungsrecht des Justizministers erfaßt sind und wo die konkreten Grenzen verlaufen.[226] Daher sollen im folgenden die divergierenden Auffassungen und die derzeit bestehenden Grenzen des Weisungsrechts nachgezeichnet werden.

Dabei werden zunächst die grundsätzlichen Grenzen des Weisungsrechts dargelegt und anschließend die speziellen Weisungsschranken innerhalb des Legalitäts- und Opportunitätsprinzips erläutert. Abschließend werden die Besonderheiten hinsichtlich des externen Weisungsrechts, die spezifischen Grenzen allgemeiner Weisungen, sowie die Zulässigkeit von Weisungen im Rahmen der Hauptverhandlung erörtert.

---

222 Kissel, §146 GVG, Rn. 1

223 Vgl. auch Schmidt, MDR 1964, S: 714

224 Höß, S. 131; Wagner, Rheinischer 1952 Nr. 47, S. 4; Hofmeister, Niedersächsische Rechtspflege, S. 58, 61; Schmidt, MDR 1964, S. 714; Schoreit, DRiZ 1995, S. 305

225 Vgl. auch Heghmanns, Rn. 15

226 Görcke, ZStrW (73) 1961, 602; Schneider, JURA 1999, S. 68

I. Grundsätzliche Grenzen

Zunächst bestehen die folgenden grundsätzlichen Grenzen des Weisungsrechts, die für jede Art von Weisung gelten und damit gewissermaßen einen „Rahmen der Weisungsgrenzen“ bilden.

- Grundsätzliche Weisungsgrenze durch das Legalitätsprinzip bzw. die Bindung an Recht und Gesetz nach Art. 20 III GG allgemein

Anerkannt ist, daß Weisungen nicht gegen das Legalitätsprinzip verstoßen dürfen.[227] Sowohl die Staatsanwaltschaften als auch die Justizministerien sind nach Art. 20 III GG an Recht und Gesetz gebunden.[228] Demnach ist die Erteilung einer objektiv rechtswidrigen Weisung unzulässig, [229] da andernfalls ein Verstoß gegen Art. 20 III GG vorläge.

Eine besondere Ausprägung dieses Grundsatzes findet sich für die Staatsanwaltschaften im später noch ausführlicher behandelten Legalitätsprinzip der §§ 152 II, 160 I, 170 I StPO. Im Anwendungsbereich des Legalitätsprinzips führt ein Verstoß hiergegen auch zu einem Verstoß gegen Recht und Gesetz. Damit ist eine gegen das Legalitätsprinzip verstoßende Weisung rechtswidrig.

Auch außerhalb des Legalitätsprinzips, im Bereich des Opportunitätsprinzips, wird das Weisungsrecht durch Art. 20 III GG beschränkt, wie im folgenden gezeigt wird.[230] Zwar sind im Bereich des Opportunitätsprinzips dem Weisungsrecht weitere Grenzen als im Geltungsbereich des Legalitätsprinzips gesetzt, jedoch führt auch hier ein Verstoß gegen Art. 20 III GG zur Rechtswidrigkeit und damit zur Unzulässigkeit der Weisung.

Weiterhin stellen Verstöße gegen Verfassungsgrundsätze, wie das Gleichbehandlungsgebot und Willkürverbot aus Art. 3 GG, einen Verstoß gegen Recht und Gesetz nach Art. 20 III GG dar und sind daher unzulässig.

- Verbot justizfremder Erwägungen[231]

Unstreitig ist, daß alle nicht justizgemäßen Erwägungen, also etwa allgemeinpolitische Überlegungen, sachwidrig und damit unzulässig sind.[232] So wäre insbe-

227 Wunderlich, S. 72, 77; Höß, S. 127; Zuberbier, S. 19; Kohlhaas, GA 1956, S. 243; Bucher, DRiZ 1963, S. 169

228 Leonhardt, S. 275; Schilken, §30, Rn. 576; Kissel, §146 GVG, Rn. 2; Gössel, GA 1980, S. 344; Geisler, ZStrW (93) 1981, S. 1124

229 Krey/Pföhler, NStZ 1985, S. 148 Fn. 46

230 Vgl. 4. Kapitel A. III.

231 BVerfG NJW 1959, S. 871 f; Löwe/Rosenberg – Schäfer/Boll, §146 GVG, Rn. 24; Katholnigg, §146 GVG, Rn. 3; Karlsruher Kommentar – Schoreit, §146 GVG, Rn. 10; Kleinknecht/Meyer-Goßner, §146 GVG, Rn. 5; wohl auch Dünnebier, JZ 1961, S. 421

232 BVerfG NJW 1959, S. 872; Leonhardt, S. 276; Schmidt-Bleibtreu, Art. 95 GG, Rn. 2; Kleinknecht/Meyer-Goßner, §146 GVG, Rn. 4, 5; Geerds, FS für SH, S. 305; Wille, FS für SH, S. 319; Frank, FS für Schlüchter, S. 51; Lüttger, GA 1957, S. 216 ff; Krey/Pföhler, NStZ 1985, S. 149; Röper, DRiZ 1998, S. 313; vgl. auch Hünerfeld, ZStrW (102) 1990, S. 675;

sondere die Anweisung eines Justizministers unzulässig, einen politischen Gegner mit einem Strafprozeß zu überziehen, um ihn vorübergehend bloßzustellen.[233]

- Zuständigkeit

Weisungen können nur im Rahmen der jeweiligen Zuständigkeit und Regelungskompetenz ergehen.[234] Dabei ist zwischen dem Bund einerseits und den Ländern andererseits zu unterscheiden.[235] Die diesbezüglich bestehenden Zuständigkeitsgrenzen wurden bereits dargestellt.[236]

- Umfassender Kenntnisstand als tatsächliche Weisungsschranke

Eine Schranke des Weisungsrechts in tatsächlicher Hinsicht liegt in der Erfordernis ausreichender Information über den zu entscheidenden Fall. Wenn der Vorgesetzte ein Verfahren nicht kennt, kann er diesbezüglich auch keine Weisung erteilen. Zudem ist es sowohl für die Ausübung des Ermessens als auch im Bereich des Beurteilungsspielraums erforderlich, daß der Anweisende über einen möglichst umfassenden Kenntnisstand verfügt.[237] Andernfalls kann eine sachgerechte Beurteilung und damit auch Weisungserteilung nicht erfolgen.[238] Zur Kenntniserlangung des Vorgesetzten dienen die bereits dargestellten Mechanismen.[239]

- Verpflichtung zur Objektivität § 160 II StPO

Weitere Grenze des Weisungsrechts ist die Einhaltung des sich aus § 160 II StPO ergebenden Objektivitätsgebots. Danach hat die Staatsanwaltschaft nicht nur die zur Belastung sondern auch die zur Entlastung des Beschuldigten dienenden Umstände zu ermitteln. Ein Verstoß hiergegen kann einen Verstoß gegen das Legalitätsprinzip darstellen. Darüber hinaus kann sich auch zugleich die Verwirklichung von Straftatbeständen ergeben – insbesondere der Verfolgung Unschuldiger nach § 344 StGB.[240] In jedem Fall aber stellt der Verstoß gegen § 160 II StPO einen Verstoß gegen das in Art. 20 III GG verankerte Gebot der Bindung an Recht und Gesetz dar. Der ermittelnde Staatsanwalt darf auch nicht durch eine dem § 160 II StPO zuwiderlaufende Weisung aufgefordert werden,

233 Katholnigg, §147 GVG, Rn. 3; Karlsruher Kommentar – Schoreit, §146 GVG, Rn. 10; Dünnebier, JZ 1958, S. 421

234 Wille, FS für SH, S. 325

235 Geerds, FS für SH, S. 300

236 Vgl. 2. Kapitel B.

237 Krey/Pföhler, NStZ 1985, S. 150; so auch Rede der Niedersächsischen Ministerin der Justiz und für Europaangelegenheiten Heidi Alm-Merk am 16.06.1997 anläßlich des Wechsels des Generalstaatsanwalts in Braunschweig, S. 10

238 Rede der Niedersächsischen Ministerin der Justiz und für Europaangelegenheiten Heidi Alm-Merk am 16.06.1997 anläßlich des Wechsels des Generalstaatsanwalts in Braunschweig, S. 10

239 Vgl. unter 3. Kapitel C.

240 Münstermann, S. 92

vorhandenes und verwertbares Material unberücksichtigt zu lassen.[241] Eine solche Weisung wäre aufgrund des Verstoßes gegen Art. 20 III GG ebenfalls rechtswidrig und unzulässig.

- Erteilung der Weisung zu dienstlichen Zwecken

Umstritten ist, inwieweit dem Beamten und damit auch dem Staatsanwalt persönliche, außerdienstliche Weisungen erteilt werden dürfen. Jedenfalls dürfen solche Weisungen – wenn überhaupt – allenfalls nur dann erteilt werden, wenn die Verhaltensweise des staatsanwaltlichen Beamten geeignet ist, dem Ansehen des Berufsstandes in der öffentlichen Meinung schweren Schaden zuzufügen. Eine Darstellung der einzelnen Fallgruppen und den genauen Grenzen würde jedoch den Umfang der vorliegenden Arbeit sprengen.[242]

- Unabweisbares Gebotensein der Weisung

Teilweise wird vertreten, daß eine Weisung unabweisbar geboten sein muß. Das heißt, sie muß auch nach Abwägung aller gegen sie sprechenden Argumente zwingend geboten sein. Dies soll insbesondere dann gelten, wenn die Sachlage in tatsächlicher Hinsicht sowohl vom Anweisenden als auch vom Weisungsempfänger einvernehmlich beurteilt wird. In diesem Fall – wenn es also nicht um die tatsächliche Bewertung geht, sondern nur um Rechtsfragen – müsse eine Weisung, mit der von einem Staatsanwalt verlangt wird eine abweichende Rechtsauffassung zu vertreten, ausführlich begründet werden.[243]

Auch wenn diese Beschränkung auf unabweisbar gebotene Weisungen möglicherweise de lege ferenda wünschenswert wäre, findet sie nach geltender Rechtslage keinen Anhaltspunkt im Gesetz. Daher sind auch Weisungen zulässig, die nicht zwingend geboten sind.

II. Weisungen im Bereich des Legalitätsprinzips

Diskutiert werden die Grenzen des Weisungsrechts insbesondere im Anwendungsbereich des Legalitätsprinzips:

Aufgrund des in § 152 II StPO verankerten und in den §§ 160 I und 170 I StPO bestätigten Legalitätsprinzips ist die Staatsanwaltschaft verpflichtet, bei Vorliegen zureichender tatsächlicher Anhaltspunkte wegen aller verfolgbaren Straftaten einzuschreiten, soweit gesetzlich nicht etwas anderes bestimmt ist. Insbesondere hat die Staatsanwaltschaft nach § 160 I StPO, wenn sie durch eine Anzeige oder auf einem anderen Wege von dem Verdacht einer Straftat Kenntnis erhält, den Sachverhalt zu erforschen und schließlich nach § 170 I StPO

241 Münstermann, S. 92

242 Vgl. insoweit aber Heublein, S. 101 ff; Rittsteig, ZBR 1970, S. 76 ff

243 Rede der Niedersächsischen Ministerin der Justiz und für Europaangelegenheiten, Heidi Alm-Merk, am 16.06.1997 anläßlich des Wechsels des Generalstaatsanwalts in Braunschweig, S. 10

– sofern die Ermittlungen genügenden Anlaß zur Erhebung der öffentlichen Klage bieten – öffentliche Anklage zu erheben.

Wie aus dem Wortlaut des § 152 II StPO „soweit nicht gesetzlich ein anderes bestimmt ist“ deutlich wird, ist das Legalitätsprinzip das gesetzliche Leitbild. Das Legalitätsprinzip kommt demnach überall dort zum Tragen, wo nicht das Opportunitätsprinzip als Ausnahme vom Verfolgungszwang und gewissermaßen als „negative Seite des Legalitätsprinzips“ eingreift.[244]

Ein Verstoß gegen das Legalitätsprinzip stellt zugleich einen Verstoß gegen Recht und Gesetz nach Art. 20 III GG dar und führt damit zur Rechtswidrigkeit der Weisung. Von Bedeutung sind hierbei insbesondere die §§ 344, 345 StGB, also die Verfolgung Unschuldiger oder die Vollstreckung gegen Unschuldige.[245] Der Straftatbestand der Verfolgung Unschuldiger wäre beispielsweise dann gegeben, wenn der Vorgesetzte die Weisung erteilt, Anklage zu erheben, obwohl ein hinreichender Tatverdacht nicht vorliegt. Entsprechendes gilt für die Anweisung ein Verfahren einzustellen, obwohl die Strafbarkeit feststeht. Dies würde den Straftatbestand einer Strafvereitelung im Amt nach § 258 a StGB erfüllen.[246]

Nach einer heute nicht mehr vertretenen Auffassung[247] wird das Legalitätsprinzip durch das Weisungsrecht des § 146 GVG durchbrochen, so daß auch bei Vorliegen zwingender gesetzlicher Merkmale im Weisungswege von einer Anklageerhebung abgesehen werden könnte.[248] Die Vertreter dieser Ansicht leiteten aus dem Wortlaut des § 152 II StPO, nämlich aus dem Passus „soweit nicht gesetzlich ein anderes bestimmt ist“, ab, daß § 146 GVG gerade eine solche „andere Bestimmung“ sei, so daß das Weisungsrecht dem Legalitätsprinzip vorgehe.[249]

Würde man sich dieser Auffassung anschließen, bliebe jedoch vom Legalitätsprinzip nichts mehr übrig[250] und es würde leerlaufen.[251] Damit würde das Weisungsrecht faktisch nicht mehr existieren, da in diesem Fall die Strafverfolgung ausschließlich in der Hand der Justizminister läge, also durchgängig das Opportunitätsprinzip gelten würde.[252]

Heute ist anerkannt, daß § 146 GVG keine Ausnahme vom Legalitätsprinzip darstellt. Das Legalitätsprinzip wird nicht vom Weisungsrecht durchbrochen, sondern es beschränkt das Weisungsrecht.[253]

244 Kleinknecht/Meyer-Goßner, §152 GVG, Rn. 7
245 Kissel, §146 GVG, Rn. 3; Meier-Branecke, GA 1956, S. 22
246 Kintzi, FS für Wassermann, S. 910
247 Vgl. bei Simgen, S. 178 ff
248 Dünnebier, JZ 1961, S. 314
249 Oetker, GS (105) 1935, S. 370
250 Dünnebier, JZ 1958, S. 418
251 Dünnebier, JZ 1961, S. 314
252 Dünnebier, JZ 1961, S. 314; Leverenz, SchlHA 1961, S. 37
253 Leverenz, SchlHA 1961, S. 37; Dünnebier, JZ 1961, S. 314

Damit stellt sich die Frage, ob im Geltungsbereich des Legalitätsprinzips noch Raum für Weisungen ist.

Das Legalitätsprinzip begrenzt das Weisungsrecht dergestalt,[254] daß Weisungen die dem Legalitätsprinzip entgegenstehen, rechtswidrig sind.[255] Hieraus wird gefolgert, daß in diesem Bereich das Gesetz keinen Entscheidungspielraum eröffne und daher abweichende Weisungen unzulässig seien.[256] Hieraus könnte man folgern, daß im Anwendungsbereich des Legalitätsprinzips Weisungen generell unzulässig sind.

Zutreffend ist sicherlich, daß Weisungen nicht gegen das Legalitätsprinzip verstoßen dürfen. Daraus kann jedoch nicht hergeleitet werden, daß im Rahmen des Legalitätsprinzips keinerlei Weisungen zulässig seien. Andernfalls würde verkannt, daß sich auch im Rahmen des Legalitätsprinzips aus rein tatsächlichen Gründen Entscheidungsspielräume und damit Möglichkeiten für die Erteilung von Weisungen ergeben. Es kann sich hier sogar eine Weisungspflicht ergeben. Wenn der Staatsanwalt mit seiner Entscheidung gegen das Legalitätsprinzip verstößt, dann hat der Vorgesetzte mittels Weisung auf die Einhaltung des Gesetzes hinzuwirken.[257]

Im Rahmen des Legalitätsprinzips ist vor allem dann Raum für Weisungen, wenn es um Technik und Taktik der Ermittlungstätigkeit, insbesondere auch um Ermessens-, Auslegungs- und Zweifelsfragen geht.[258]

Führt man sich vor Augen, daß es materiellrechtlich zu höchst unterschiedlichen Auffassungen über die strafrechtliche Bewertung eines Sachverhalts kommen kann, wird deutlich, daß auch im Anwendungsbereich des Legalitätsprinzips nicht immer eindeutig feststeht, ob ein strafrechtlich relevantes Verhalten vorliegt, das eine Verfolgungspflicht der Staatsanwaltschaft mit sich bringt. Noch deutlicher wird dies angesichts der Vorschrift des § 170 I StPO. Danach hat die Staatsanwaltschaft bei einem dringenden Tatverdacht Anklage zu erheben. Ein dringender Tatverdacht ist dann gegeben, wenn nach einer vorläufigen Tatbewertung eine Verurteilung in der Hauptverhandlung wahrscheinlich ist. Hier eröffnet sich trotz grundsätzlicher Geltung des Legalitätsprinzips eine „Grauzone“. Die Auffassungen darüber, wann und ob genügend Anhaltspunkte vorliegen, die eine Überführung des mutmaßlichen Täters als wahrscheinlich erachten lassen, können weit auseinandergehen und eröffnen somit einen Spielraum für Weisungen.

---

254 Kramer, Rn. 102 a; Dünnebier, JZ 1958, S. 419

255 Lüttger, GA 1957, S. 216; Leverenz, SchlHA 1961, S. 37

256 Löwe/Rosenberg – Schäfer/Boll, §146 GVG, Rn. 21, sich aber selbst in Rn. 23 einschränkend

257 Münstermann, S. 94 f

258 Höß, S. 128; Kissel, §146 GVG, Rn. 4; Frank, FS für Schlüchter, S. 53; Roxin, DRiZ 1969, S. 386; Röper, DRiZ 1998, S. 313

Ebenso besteht ein Spielraum dahingehend, ob die Anklage in Form des Strafbefehlsverfahrens oder durch Antrag auf Eröffnung der Hauptverhandlung bei Gericht erhoben werden soll.[259] Auch wenn § 407 StPO ein Ermessen („können") vorsieht, ist dennoch der Rahmen des Legalitätsprinzips nicht verlassen. Das Legalitätsprinzip besagt, daß die Staatsanwaltschaft bei Vorliegen eines hinreichenden Tatverdachts die öffentliche Klage zu erheben hat. Die öffentliche Klage kann sowohl in Form einer Anklage im Sinne des § 170 II StPO als auch im Wege des Strafbefehls nach § 407 StPO erhoben werden. Wird die öffentliche Klage in Form des Strafbefehlsverfahrens erhoben, ist trotz der eingeräumten „Wahlmöglichkeit" dem Legalitätsprinzip Rechnung getragen.[260]

Weiterhin kommen der Staatsanwaltschaft Spielräume bei der Gestaltung des Ermittlungsverfahrens zu, etwa hinsichtlich der Frage, in welcher Reihenfolge Vernehmungen angesetzt werden, wie sie gestaltet werden und ob und wann Entscheidungen über Beschlagnahmen und Durchsuchungen getroffen werden. Dabei ist dieser Entscheidungsspielraum so groß, daß nicht nur eine einzige Entscheidung die richtige ist.[261]

Hinzu kommt die Möglichkeit zur Gestaltung des Publizitätsspielraumes, also die Entscheidung, ob, wann und wie die Staatsanwaltschaft gegenüber den Medien auftritt.[262]

Weiterhin verbleiben Spielräume hinsichtlich der Frage, ob gegen eine Entscheidung Rechtsmittel eingelegt werden sollen.[263] Eine dahingehende Weisung wird bisher allgemein als zulässig angesehen.[264] Hier verbleiben Entscheidungsmöglichkeiten über die Frage der rechtlichen Beurteilung hinaus.[265]

Auch im Zusammenhang mit der Funktion der Staatsanwaltschaft als Vollstreckungsbehörde[266] eröffnen sich Spielräume, etwa hinsichtlich der Entscheidung,

---

259 Görcke, ZStrW (73) 1961, S. 602

260 Lüttger, GA 1957, S. 218

261 Schairer, FS für Lenckner, S. 744

262 Schairer, FS für Lenckner, S. 744

263 Schairer, FS für Lenckner, S. 745

264 Münstermann, S. 96; Geerds, FS für SH, S. 305; Spaeth, S. 27 stellt demgegenüber fest, daß zwar die Weisung, auf ein Rechtsmittel zu verzichten, nicht beanstandet werden könne, aber die Weisung zur Einlegung eines Rechtsmittels wie auch die Weisung zur Erhebung der Anklage zu beurteilen sei und sich daher in den gleichen rechtlichen Grenzen bewegen muß, wobei insbesondere die Einhaltung des Legalitätsprinzips beachtet werden müsse.

265 Schairer, FS für Lenckner, S. 745

266 Die Staatsanwaltschaft nimmt nach §451 StPO die Aufgaben der Strafvollstreckung wahr. Diese Vorschrift fällt unmittelbar nicht unter das Legalitätsprinzip des §152 II StPO, da dieses ausdrücklich auf die Strafverfolgung durch Erhebung der öffentlichen Klage abstellt. Die Strafvollstreckung stellt jedoch die „Fortsetzung" der Strafverfolgung dar, da dem staatlichen Strafanspruch nur durch eine Vollstreckung der durch die Klageerhebung herbeigeführten gerichtlichen Entscheidung Rechnung getragen wird, so daß die Strafverfolgung thematisch im Zusammenhang mit dem Legalitätsprinzip zu

wie und wann sie zum Strafantritt auffordert oder Strafunterbrechung gewährt. Hier sind Wertungen beinhaltet, die zwar an Rechtsbegriffe gebunden sind, aber Entscheidungsmöglichkeiten eröffnen.[267]

Nach alldem steht fest, daß auch im Geltungsbereich des Legalitätsprinzips genügend Spielräume verbleiben, die somit Raum für die Erteilung von Weisungen schaffen.

Weisungen werden dann für zulässig erachtet, wenn das Gesetz einen Spielraum eröffnet. Das ist beispielsweise der Fall, wenn ein Ermessen eingeräumt wird,[268] aber auch wenn mehrere rechtliche Beurteilungen möglich sind oder bei Zweifels- und Auslegungsfragen.[269] Zu beachten sind aber auch hier die sich aus Recht und Gesetz ergebenden allgemeinen Schranken.[270] Vor allem muß bei jeder staatsanwaltlichen Entscheidung die Freiheit von nicht justizgemäßen, sachfremden Entscheidungen gewährleistet sein[271] und der Gleichheitsgrundsatz gewahrt bleiben.[272]

1. Internes Weisungsrecht zu Tatfragen im Rahmen des Legalitätsprinzips

Im Bereich der Tatfrage, also der Entscheidung, ob gemäß § 170 I StPO ein hinreichender Tatverdacht vorliegt, wird ein Weisungsrecht des staatsanwaltlichen Vorgesetzten grundsätzlich für zulässig gehalten.[273] So wird ausgeführt,[274] daß der Vorgesetzte die Anklage nicht anordnen darf, wenn ein hinreichender Tatverdacht fehlt. Ebenso darf bei Vorliegen eines hinreichenden Tatverdachts die Einstellung nicht angeordnet werden. Der Vorgesetzte kann aber, wenn die Sach- und Beweislage verschiedenartige Bewertungen der Erfolgsaussichten einer Anklageerhebung möglich und vertretbar macht, durchaus bei der Beurteilung des hinreichenden Tatverdachts die von ihm für richtig gehaltene Beurteilung des „hinreichenden Tatverdachts“ bindend vorschreiben.[275]

---

behandeln ist. Andere Vorschriften innerhalb des Rechts der Strafvollstreckung, so etwa §456 StPO, räumen demgegenüber ein Ermessen ein, so daß hier die Grenzen des Ermessensspielraums eingehalten werden müssen.

267 Schairer, FS für Lenckner, S. 745

268 Also im Bereich des Opportunitätsprinzips; vgl. unter 4. Kapitel A. III.

269 Vgl. unter 4. Kapitel A. III.

270 Vgl. hierzu bereits oben unter 4. Kapitel A. I.

271 Schairer, FS für Lenckner, S. 747; vgl. bereits oben 4. Kapitel A. I.

272 Görcke, ZStrW (73) 1961, S. 598

273 Krey/Pföhler, NStZ 1985, S. 152

274 Etwa von Lüttger, GA 1957, S. 217

275 Lüttger, GA 1957, S. 217

2. Internes Weisungsrecht zu Rechtsfragen im Rahmen des Legalitätsprinzips

Im Bereich der Rechtsfragen stellen sich hinsichtlich der Weisungsbefugnis des Vorgesetzten zwei Probleme: Zum einen, ob eine Bindung an eine höchstrichterliche Rechtsprechung besteht und der Vorgesetzte dahingehend Anweisungen erteilen kann. Zum anderen, ob der vorgesetzte Staatsanwalt seine persönliche Rechtsauffassung gegenüber der subjektiven Rechtsauffassung des angewiesenen Staatsanwalts durchsetzen kann.

- Bindung an eine höchstrichterliche Rechtsprechung

Zwar wird im Schrifttum verbreitet die Auffassung vertreten, eine Bindung der Staatsanwaltschaft an eine höchstrichterliche Rechtsprechung sei abzulehnen.[276] Hierzu wird ausgeführt, daß die Rechtsüberzeugung des Staatsanwalts geschützt werden müsse.[277] Desweiteren wird eine Bindung an die Rechtsprechung überwiegend nur bei Vorliegen einer ständigen oder gefestigten Rechtsprechung anerkannt. Die Vertreter der Gegenauffassung kritisieren hieran, daß es sehr unbestimmt und nicht immer feststellbar sei, wann es sich bei einer Rechtsprechungsansicht um eine ständige oder feste Rechtsprechung handelt.[278]

Demgegenüber hat aber der BGH eine solche Bindung gerade aus dem Legalitätsprinzip abgeleitet,[279] so daß es praxisfremd wäre, den de lege lata bestehenden Grenzen des Weisungsrechts die Literaturmeinung zugrunde zu legen. Wenn der Staatsanwalt nicht an eine höchstrichterliche Rechtsprechung gebunden wäre, würde die Einheit der Rechtsanwendung zerstört und die Gleichheit vor dem Gesetz beseitigt.[280] Andernfalls würde das Legalitätsprinzip in gesetzwidriger Weise durch das freie Ermessen der Staatsanwaltschaft durchbrochen.[281] Die Verfolgung wäre letztlich nicht mehr von den Gesetzen, sondern von ministeriellen Weisungen oder Rechtsmeinungen abhängig.[282] Dieser Auffassung des BGH[283] folgt zudem ein nicht unerheblicher Teil der Literatur.[284] Hierfür wird angeführt, daß die Staatsanwaltschaft die öffentliche Klage dann zu erheben hat, wenn mit einer Verurteilung des Beschuldigten zu rechnen ist. Da im Rahmen der gerichtlichen Bewertung die höchstrichterliche Rechtsprechung in der Regel beachtet wird bzw. andernfalls Rechtsmittel bis zu den Obergerich-

---

276 Vgl. auch bei Schlüchter, S. 31; Bloy, JuS 1981, S. 428; Krey/Pföhler, NStZ 1985, S. 150

277 Schmidt, MDR 1961, S. 272

278 Schmidt, MDR 1961, S. 272

279 BGHSt 15, S. 155 ff (159); zustimmend auch Jagusch, JZ 1975, S. 321

280 BGHSt 15, S. 155 ff (159);

281 BGHSt 15, S. 155 ff (159);

282 BGHSt 15, S. 155 ff (159);

283 BGHSt 15, S. 155 ff (159)

284 Kissel, §146 GVG, Rn. 4; Gössel, §3 II; Lüttger, GA 1957, S. 217; Leverenz, SchlHA 1961, S. 37

ten eingelegt werden können, die dann ohnehin ihre eigene Rechtsauffassung zugrunde legen, müsse die höchstrichterliche Rechtsprechung bereits bei der Bewertung des Tatvorwurfs durch die Staatsanwaltschaft Berücksichtigung finden.[285]

Hieraus wird teilweise gefolgert, daß die Weisung des Vorgesetzten zulässig ist, eine bestimmte höchstrichterliche Rechtsprechung zu beachten, während umgekehrt eine Weisung grundsätzlich nicht zu beachten wäre, die entgegen einer höchstrichterlichen Rechtsprechung laufen würde.[286]

Dieser Auffassung wird aber entgegengehalten, daß auch nach der herrschenden Meinung die Staatsanwaltschaft gegen eine gefestigte Rechtsprechung angehen dürfe, um in bestimmten Fragen letztlich eine Fortentwicklung des Rechts zu erreichen. Demnach sei die Weisung eines Vorgesetzten unter Zugrundelegung einer unhaltbaren Rechtsansicht unzulässig, jedoch sei es ihm in bestimmten Fällen erlaubt, auch mittels einer Weisung eine Anklageerhebung und damit letztlich eine Überprüfung dieser Rechtsprechung herbeizuführen.[287] Damit könne der staatsanwaltliche Vorgesetzte die Anweisung geben, durch eine der bisherigen Judikatur zuwiderlaufende Anklageerhebung die Überprüfung einer fragwürdig gewordenen Rechtsprechung herbeizuführen oder in einem Modellfall durch eine – wenn auch seiner eigenen Rechtsauffassung entgegenstehenden – Anklageerhebung das öffentliche Interesse an der Klärung einer streitigen Rechtsfrage wahrzunehmen.[288]

- Subjektive Rechtsauffassung als Weisungsschranke

Teilweise wird vertreten, daß eine Weisung des Vorgesetzten unzulässig ist, entgegen der Rechtsüberzeugung des Staatsanwalts Anklage zu erheben oder das Verfahren einzustellen.[289] Zur Begründung wird angeführt, daß sich der Akt der Rechtsfindung den Kategorien von Befehl und Gehorsam entziehe und damit einer Weisung nicht zugänglich sei.[290]

Demgegenüber geht nach herrschender Meinung bei streitigen Rechtsfragen stets die Auffassung des Vorgesetzten vor.[291] Daher kann nach herrschender Meinung der staatsanwaltliche Vorgesetzte im Rahmen des Legalitätsprinzips durchaus eine Weisung erteilen, nach der seine (die des Vorgesetzten) vertretene Auffassung zugrunde zu legen ist.[292]

---

285 Gössel, §3 II

286 Krey/Pföhler, NStZ 1985, S. 150

287 Kissel, §146 GVG, Rn. 5

288 Lüttger, GA 1957, S. 217; Röper, DRiZ 1998, S. 312

289 Görcke, ZStrW (73) 1961, S. 610 f; Schmidt, MDR 1964, S. 717 f; Roxin, DRiZ 1969, S. 387; Martin, JZ 1973, S. 416

290 Roxin, DRiZ 1969, S. 386; Martin, JZ 1973, S. 416

291 Kleinknecht/Meyer, §146 GVG, Rn. 3; Löwe/Rosenberg – Schäfer/Boll, §146 GVG, Rn. 3; Peters, §23 III 3;

292 Kissel, §146 GVG, Rn. 5; KMR-Müller/Sax, §146 GVG, Rn. 7; Löwe/Rosenberg – Schäfer/Boll, §146 GVG, Rn. 3

Richtigerweise ist eine subjektive Rechtsauffassung als Weisungsschranke abzulehnen. Der Gegenauffassung ist entgegenzuhalten, daß die Absicherung der subjektiven Rechtsauffassung keinen Anhaltspunkt im Gesetz findet. Dürften dem Staatsanwalt keine Weisungen erteilt werden, die seiner Rechtsauffassung widersprechen, würde dies bereits de lege lata dazu führen, daß praktisch kein Weisungsrecht existieren könnte.[293] Dies wäre jedoch ein eklatanter Widerspruch zu den §§ 146, 147 GVG, die gerade das Weisungsrecht fixieren.

3. Internes Weisungsrecht zu Verfahrensfragen im Rahmen des Legalitätsprinzips

Hinsichtlich der Einleitung und Anordnung von Verfahrensmaßnahmen – wenn es etwa um den Problemkreis der zentralen Verfolgungslenkung in technisch-taktischen Fragen geht – wird ein Weisungsrecht der Vorgesetzten für zulässig erachtet.[294] Insbesondere könne gerade in umfangreichen Ermittlungsverfahren die Koordinierung einzelner Maßnahmen erforderlich sein, um den Ermittlungserfolg zu gewährleisten.[295] Zwar können bei Nichtvorliegen der rechtlichen Voraussetzungen für eine Anklage, den Erlaß eines Haftbefehls oder einer Telefonüberwachung, diese nicht mittels einer Weisung angeordnet werden. Eine Weisung sei hingegen zulässig, soweit es um die Frage gehe, wann oder ob überhaupt eine staatsanwaltliche Verfolgungsmaßnahme oder der Antrag auf eine richterliche Anordnung erfolgen solle, solange das Legalitätsprinzip als solches noch gewahrt bleibe.[296]

III. Weisungsrecht im Bereich des Opportunitätsprinzips

Auch im Rahmen des Opportunitätsprinzips wird das Weisungsrecht des staatsanwaltlichen Vorgesetzten nicht als unbegrenzt angesehen:

Das Opportunitätsprinzip als Ausnahme vom Legalitätsprinzip umfaßt ein Spektrum gesetzlicher Sonderfälle, in denen nicht der Anklagezwang des Legalitätsprinzips herrscht, sondern die Nichtverfolgung von konkreten Wertungs- und Beurteilungskriterien abhängig gemacht ist.[297]

Hierzu zählen die Vorschriften, die ein Ermessen eröffnen, also bei Vorliegen der gesetzlichen Tatbestandsvoraussetzungen auf der Rechtsfolgenseite verschiedene Entscheidungsmöglichkeiten einräumen.[298] Zum Ermessensbereich

293 Simgen, S. 193
294 Münstermann, S. 94; Hoberg, DRiZ 1953, S. 136; Roxin, DRiZ 1969, S. 386
295 Münstermann, S. 94
296 Roxin, DRiZ 1969, S. 386
297 Kleinknecht/Meyer-Goßner, §152 StPO, Rn. 7
298 Vgl. zur Terminologie auch Erichsen/Martens, §10, Rn. 14

zählen nach überwiegender Ansicht die Diversionsvorschriften, also etwa die §§ 45 JGG und 153 I, 153 a I 1, 153 b 1 und 153 c StPO sowie § 47 I OWiG.[299]

Desweiteren fallen unter das Opportunitätsprinzip unbestimmte Rechtsbegriffe (z. B. „geringe Schuld", „Öffentliches Interesse" oder „nicht beträchtlich ins Gewicht fallend" in den §§ 153, 153 c I Nr. 3 und 154 I Nr. 1 StPO). Hier wird der Staatsanwaltschaft kein Wahlrecht im Sinne eines echten Ermessens, sondern bereits auf der Tatbestandsseite ein weiter Beurteilungsspielraum eröffnet, dessen unbestimmte Rechtsbegriffe es auszulegen gilt.[300]

Die Zugehörigkeit der genannten Tatbestände zum Ermessensbereich oder der Einordnung als unbestimmte Rechtsbegriffe ist allerdings streitig. So wird vertreten, daß die Diversionsvorschriften der §§ 153 ff StPO auch an Begriffe wie „öffentliches Interesse" gekoppelt sind und damit eher auf der Tatbestandsseite einen Beurteilungsspielraum eröffnen, der insoweit einer gerichtlichen Kontrolle nur sehr eingeschränkt unterliegt.[301] Auch bei den relativen Antragsdelikten der §§ 183 II, 232, 248 a, 257 IV, 259 II, 263 IV, 265 a III, 266 III StGB ist umstritten, ob diese ein Ermessen eröffnen oder ob diesbezüglich ein gerichtlich nur sehr eingeschränkt nachprüfbarer Beurteilungsspielraum vorliegt.[302]

Die Abgrenzung zwischen Ermessen und unbestimmten Rechtsbegriffen bzw. der Eröffnung eines Beurteilungsspielraumes ist äußerst schwierig und sehr umstritten.[303] Die Klärung dieses Problems würde jedoch den Umfang der vorliegenden Arbeit sprengen.[304]

Im Geltungsbereich des Opportunitätsprinzips werden Weisungen in weitem Umfange für zulässig gehalten.[305] Bei Opportunitätsentscheidungen gehe es nicht um das Recht, also um die Frage, ob und wie sich der Beschuldigte strafbar gemacht habe, sondern ob die Strafverfolgung und Verhängung einer Strafe zweckmäßig sei.[306] Im Bereich des Opportunitätsprinzips ist die Staatsanwaltschaft daher auch dann ermächtigt, zwischen Anklageerhebung und Verfahrenseinstellung zu wählen, wenn der Beschuldigte nach den Ermittlungen tatverdächtig ist.[307]

---

299 Kleinknecht/Meyer-Goßner, §152 StPO, Rn. 7; Krey/Pföhler, NStZ 1985, S. 148

300 Kleinknecht/Meyer-Goßner, §152 StPO, Rn. 7. Damit liegt also eigentlich Rechtsanwendung vor. Allerdings ist hierbei wesentlich, daß eine größere Bandbreite an Entscheidungsmöglichkeiten besteht und aus diesem Grund abweichende Entscheidungen möglich sind. Damit fallen auch diese Fälle in den Anwendungsbereich des Opportunitätsprinzips; vgl. zur Terminologie auch Erichsen/Martens, §10, Rn. 16

301 Krey/Pföhler, NStZ 1985, S. 148

302 Krey/Pföhler, NStZ 1985, S. 149

303 Maurer, §7, Rn. 47 ff

304 Vgl. aber hierzu die Arbeiten von Simgen, S. 206 ff und Wunderlich, S. 113 ff

305 Leverenz, SchlHA 1961, S. 39

306 Roxin, DRiZ 1969, S. 386

307 Roxin, §14 A I; Krey/Pföhler, NStZ 1985, S. 148

Der Entscheidungsspielraum des Opportunitätsprinzips besteht – wie gezeigt – entweder aus einem der Staatsanwaltschaft eingeräumten Ermessen auf der Rechtsfolgenseite oder ergibt sich aus der Existenz unbestimmter Rechtsbegriffe auf der Tatbestandsseite.

Sofern ein Ermessen eingeräumt wird, hat der Vorgesetzte die Möglichkeit, im Rahmen seines Aufsichts- und Weisungsrechts seine eigene Ermessensentscheidung an die Stelle der Ermessensentscheidung des untergebenen Staatsanwalts zu setzen.[308]

Auch wenn unbestimmte Rechtsbegriffe auszufüllen sind, kann der Vorgesetzte die Entscheidung des staatsanwaltlichen Dezernenten ersetzen.

In beiden Fällen muß sich jedoch die Entscheidung des Vorgesetzten innerhalb der konkreten Grenzen halten, die im Ermessensbereich bzw. hinsichtlich der unbestimmten Rechtsbegriffe einzuhalten sind. Werden diese Grenzen überschritten, führt dies zur Rechtswidrigkeit der Weisung.

Sofern ein Ermessen eröffnet ist, muß sich die Auffassung des Vorgesetzten im Rahmen pflichtgemäßen Ermessens halten. Da die Ermessensentscheidung nur eingeschränkt überprüfbar ist, nämlich insofern, ob die Ermessensgrenzen nicht überschritten sind, darf auch der Vorgesetzte diese Grenzen nicht überschreiten.

Liegen unbestimmte Rechtsbegriffe vor, sind diese gerichtlich grundsätzlich voll nachprüfbar, so daß die Entscheidung des Vorgesetzten umfassend geprüft werden kann.

Teilweise wird jedoch bei Vorliegen unbestimmter Rechtsbegriffe ein Beurteilungsspielraum anerkannt.[309] Ein solcher Beurteilungsspielraum ist gerichtlich nur eingeschränkt überprüfbar. Er wird nach der Rechtsprechung des Bundesverwaltungsgerichts eröffnet, soweit eine Prüfungsentscheidung oder prüfungsähnliche Entscheidung vorliegt. Weiterhin ist ein Beurteilungsspielraum gegeben, wenn es um beamtenrechtliche Beurteilungen oder Entscheidungen wertender Art durch weisungsfreie Ausschüsse geht.[310] Schließlich wird er auch bei Prognoseentscheidungen sowie Risikobewertungen anerkannt.[311]

Ob bei unbestimmten Rechtsbegriffen eine solche Prognoseentscheidung der Staatsanwaltschaft vorliegt mit der Folge, daß ein Beurteilungsspielraum eröffnet wird, läßt sich pauschal nicht beantworten, sondern ist im Einzelfall zu entscheiden.[312]

Wenn ein Beurteilungsspielraum eröffnet ist, kann gerichtlich lediglich eine Überprüfung auf Einhaltung der Grenzen des Beurteilungsspielraums erfolgen,

308 Lüttger, GA 1957, S. 216

309 Krey/Pföhler, NStZ 1985, S. 149

310 Maurer, §7, Rn. 37 ff

311 Maurer, §7, Rn. 41

312 Simgen, S. 222; das Vorliegen eines Beurteilungsspielraumes bejahend Krey/Pföhler, NStZ 1985, S. 149

so daß auch die Entscheidung des Vorgesetzten diese engeren Grenzen nicht überschreiten darf.

Fraglich ist, welche Auswirkungen sich hieraus für das staatsanwaltliche Weisungsrecht ergeben. Wie später[313] noch gezeigt wird, ist eine umfassende Überprüfung staatsanwaltlicher Weisungen de lege lata weder im Außen- noch im Innenverhältnis möglich. Aus diesem Grunde stellt sich die Unterscheidung nach der gerichtlichen Überprüfbarkeit in diesem Zusammenhang nicht. Es kommt vielmehr darauf an, ob eine entsprechende Weisung rechtswidrig ist. Grundsätzlich wird eine Anwendung der für die gerichtliche Überprüfbarkeit geltenden Grenzen auch für die Frage der Rechtswidrigkeit angenommen.[314] Überschreitet der Vorgesetzte die Grenzen des Beurteilungsspielraumes, dann ist seine Entscheidung rechtswidrig.

1. Grenzen des Weisungsrechts im Ermessensbereich

Eine Weisung muß sich, wenn es einen Ermessensspielraum gibt, in den Ermessensgrenzen halten.[315] Werden diese überschritten, ist sie rechtswidrig.[316] Die Entscheidung der Verwaltung respektive der Staatsanwaltschaft muß, sofern ein Ermessen eingeräumt ist, ermessensfehlerfrei ergehen. Als Ermessensfehler kommen Ermessensnichtgebrauch (auch Ermessensunterschreitung), Ermessensüberschreitung und Ermessensfehlgebrauch in Betracht.

Ermessensnichtgebrauch liegt dann vor, wenn von dem gesetzlich eingeräumten Ermessen überhaupt kein Gebrauch gemacht wird, etwa wenn verkannt wird, daß überhaupt ein Ermessensspielraum gegeben ist.[317] Das wäre etwa dann der Fall, wenn ein Staatsanwalt davon ausgehen würde, daß er bei einem einfachen Diebstahl einer Tafel Schokolade (und damit eine Sache von geringem Wert) immer und in jedem Fall Anklage erheben müsse, er also die Existenz der § 153 StPO verkennt.

Ein Ermessensnichtgebrauch dürfte praktisch nicht nachweisbar sein, da der Dezernent nicht darlegen muß, warum er ein Verfahren nicht einstellt.

Ermessensüberschreitung bedeutet, daß eine Rechtsfolge gewählt wird, welche die Ermessensnorm überhaupt nicht vorsieht. Das ist beispielsweise dann der Fall, wenn der Vorgesetzte den Diebstahl einer Handtasche im Wert von 50,- DM gemäß § 153 StPO einstellt, obwohl es sich in Wirklichkeit um einen Handtaschenraub und damit ein Verbrechen nach § 249 StGB handelt, das von § 153 StPO überhaupt nicht erfaßt ist.[318]

---

313 Vgl. unter 4. Kapitel C.

314 Simgen, S. 224; Krey/Pföhler, NStZ 1985, S. 149

315 Geerds, FS für SH, S. 305

316 Görck, ZStrW (73) 1961, S. 598; Roxin, DRiZ 1997, S. 118

317 Maurer, §7, Rn. 21

318 Krey/Pföhler, NStZ 1985, S. 149

Ein Ermessensfehlgebrauch liegt vor, wenn die Entscheidung nicht ausschließlich vom Zweck der Ermessensvorschrift geleitet ist,[319] sondern sich auf sachfremde Erwägungen stützt, wenn maßgebliche Gesichtspunkte des Gesetzes nicht oder nicht hinreichend berücksichtigt werden oder ein Verstoß gegen Grundrechte vorliegt.[320]

So wäre etwa eine Weisung unzulässig, lediglich aus Rücksicht auf die heimische Wirtschaft oder auf einen hohen Politiker nach §§ 153, 153 a StPO ein Verfahren einzustellen.[321]

Unzulässig ist der Einfluß sachfremder Erwägungen in die Ermessensentscheidung, wozu insbesondere allgemeinpolitische Gesichtspunkte zu nennen sind.[322] Dieses Verbot sachfremder Erwägungen ist bei jeder Weisung zu berücksichtigen, darf aber auch bei den Grenzen des Beurteilungsspielraumes nicht unberücksichtigt bleiben.

Ein Ermessensfehlgebrauch liegt auch dann vor, wenn Gesichtspunkte, die im Gesetz als maßgeblich definiert sind, nicht oder nicht ausreichend berücksichtigt werden.

Dies wäre beispielsweise dann der Fall, wenn der anweisende Vorgesetzte bei einer Weisung davon ausgeht, daß im Rahmen des Bagatelldiebstahls die Grenze der Geringfügigkeit nicht, wie von der Rechtsprechung angenommen, zwischen 50,- und 100,- DM, sondern bei 1000,- DM anzusiedeln ist.

Ebenfalls darf die Entscheidung nicht gegen Grundrechte oder höherrangige Verfassungssätze verstoßen. In diesem Zusammenhang ist das Willkürverbot anzusiedeln, das sowohl aus der Bindung der Verwaltung an Recht und Gesetz gemäß Art. 20 II GG als auch aus dem allgemeinen Gleichheitssatz nach Art. 3 GG resultiert. Ein Verstoß hiergegen führt zur Rechtswidrigkeit der Weisung.[323] Dies ist beispielsweise dann gegeben, wenn sachwidrige Erwägungen in die Ermessensentscheidung einfließen.[324] Eine Verletzung des Gleichheitssatzes kann aber z. B. auch dann gegeben sein, wenn von zwei Tätern der eine sachgerecht, der andere jedoch diesem gegenüber ungleich behandelt wird.

Beispiel: A und B werden verdächtigt, im Supermarkt jeweils eine Tafel Schokolade gestohlen zu haben. Beide sind nach Erwachsenenstrafrecht zu beurteilen und werden gleichzeitig gefaßt. Auch im übrigen sind die gleichen Voraussetzungen (keine Vorstrafen etc...) gegeben. Beide Verfahren werden von Staatsanwalt C bearbeitet. Der Behördenleiter D weist C an, hinsichtlich A das Verfahren wegen Geringfügigkeit nach § 153 StPO einzustellen, B hingegen anzuklagen.

---

319 Maurer, §7, Rn. 22

320 Maurer, §7, Rn. 23

321 Roxin, DRiZ 1997, S. 118

322 Vgl. hierzu bereits oben 4. Kapitel A. I.

323 Dies gilt bereits allgemein im Bereich des Legalitätsprinzips (vgl. bereits oben 4. Kapitel A. I.), aber insbesondere auch im Ermessensbereich.

324 Krey/Pföhler, NStZ 1985, S. 149; vgl. auch unter 4. Kapitel A. III. 3.

Zwar gilt auch im Rahmen des Art. 3 GG, daß sich niemand auf Gleichheit im Unrecht berufen kann. Doch in diesem Fall liegen bei beiden Verdächtigen die gleichen Voraussetzungen vor, so daß eine gleichförmige Entscheidung angezeigt war.

2. Grenzen des Weisungsrechts bei Beurteilungsspielraum

Im Rahmen des Beurteilungspielraums unterliegt eine Entscheidung ebenfalls Grenzen. Eine Auslegung des unbestimmten Rechtsbegriffs muß sich – soweit ein Beurteilungsspielraum eröffnet wird – in dem Rahmen halten, der den Bewertungsspielraum absteckt. Eine fehlerhafte Anwendung des Beurteilungsspielraumes liegt dann vor, wenn die Verwaltung von einem unzutreffenden Sachverhalt ausgeht, wenn der auszulegende Begriff oder der gesetzlich vorgegebene Rahmen verkannt wurde, allgemein gültige Wertmaßstäbe nicht beachtet wurden oder sachfremde Erwägungen angestellt wurden.[325]

3. Keine Unterscheidung zwischen Tatbestandsseite (Beurteilungsspielraum) und Rechtsfolgenseite (Ermessen)

Bei einem Vergleich der Grenzen zwischen Ermessensgrenzen einerseits und den Grenzen des Beurteilungsspielraums andererseits wird deutlich, daß sich die einzuhaltenden Grenzen im Rahmen des Beurteilungsspielraumes von den Ermessensgrenzen fast nicht unterscheiden. Aus diesem Grunde ist die Differenzierung zwischen Beurteilungsspielraum und Ermessen vorwiegend von terminologischer Bedeutung und hat für die praktischen Grenzen des Weisungsrechts keine Bedeutung.[326] Dementsprechend wird im Rahmen des internen Weisungsrechts eine Unterscheidung zwischen Ermessensspielraum einerseits und Beurteilungsspielraum andererseits nicht für erforderlich gehalten.[327]

IV. Spezielle Grenzen des externen Weisungsrechts

Auch Umfang und Grenzen des externen Weisungsrechts sind bereits de lege lata äußerst umstritten.

Teilweise wird hinsichtlich der Grenzen und der Reichweite des Weisungsrechts nicht zwischen dem behördeninternen Weisungsrecht und dem externen Weisungsrecht des Justizministers unterschieden. Insoweit bestehe der Grundsatz der Letztentscheidung des Justizministers.[328]

---

325 Eyermann, §114 VwGO, Rn. 9 d; Maurer, §7, Rn. 42
326 Simgen, S. 227; Krey/Pföhler, NStZ 1985, S. 148 f
327 Roxin, DRiZ 1997, S. 118
328 Katholnigg, §146 GVG, Rn. 2; Schairer, FS für Lenckner, S. 748; Roxin, DRiZ 1997, S. 118

Das externe Weisungsrecht wird gegenüber dem internen Weisungsrecht für weniger weitgehend gehalten. Daher wird vertreten, daß eine Beschränkung des externen Weisungsrechts besteht.

1. Bindung der Justizverwaltungen an das Legalitätsprinzip

Zur Frage, welche Grenzen das externe Weisungsrecht im Rahmen des Legalitätsprinzips aufweist, ist zunächst zu klären, ob das Legalitätsprinzip überhaupt Wirkungen gegenüber den Justizverwaltungen entfaltet.

- Die widerstreitenden Ansichten zur Bindung der Justizverwaltungen an das Legalitätsprinzip

Die das Legalitätsprinzip absichernden Vorschriften der §§ 152 II,160 I und 170 I StPO gelten ihrem Wortlaut nach nur für die Staatsanwaltschaften. Die Justizverwaltungen werden in diesem Zusammenhang nicht genannt.[329] Zudem wird vorgebracht, daß das Legalitätsprinzip nur dann einschlägig sei, wenn die Staatsanwaltschaft von einer Anklage oder einem Rechtsmittel absehen will, während die Justizverwaltung das Gegenteil für richtig hält, nicht aber im umgekehrten Fall.[330]

Daher wird vereinzelt die Auffassung vertreten, die Justizverwaltungen seien überhaupt nicht an das Legalitätsprinzip gebunden.[331]

Teilweise wird eine unmittelbare Bindung der Justizverwaltungen an das Legalitätsprinzip angenommen.[332] Dies wird daraus gefolgert, daß dem Justizministerium das Weisungsrecht nach § 147 Nr. 2 GVG gegenüber jedem staatsanwaltlichen Beamten zustehe und insoweit der Justizminister genau wie der staatsanwaltliche Vorgesetzte ans Legalitätsprinzip gebunden sein müsse.[333]

Schließlich wird eine Bindung der Justizverwaltungen an das Legalitätsprinzip aus Art. 20 III GG abgeleitet.[334] Man schließt daraus, daß die Justizverwaltungen zumindest mittelbar an das Legalitätsprinzip gebunden seien, da diesem insoweit über die Bindung an Recht und Gesetz nach Art. 20 III GG eine Reflexwirkung zukommt.[335]

---

329 Karlsruher Kommentar – Schoreit, §146 GVG, Rn. 1; so auch Stellungnahme der DRB-Kommission für die Angelegenheiten der Staatsanwälte, DRiZ 1970, S. 86

330 Wagner, JZ 1974, S. 217

331 Kommission für die Angelegenheiten der Staatsanwälte im Deutschen Richterbund, DRiZ 1968, S. 359

332 Kintzi, FS für Wassermann, S. 911; Recken, DRiZ 1967, S. 348

333 Recken, DRiZ 1967, S. 348; Kohlhaas, DRiZ 1967, S. 265; vgl. auch Schweichel, ZRP 1970, S. 172

334 Wagner, JZ 1974, S. 217; Schultz, RuP 1971, S. 64

335 Karlsruher Kommentar – Schoreit, §146 GVG, Rn. 1, Kissel, §146 GVG, Rn. 3; Kleinknecht/Meyer-Goßner, §146 GVG, Rn. 3; Lüttger, GA 1957, S. 193, 216; Recken, DRiZ 1967, S. 347 f; Geisler, ZStrW (93) 1981, S. 1109, 1128, 1145

- Stellungnahme
Der Auffassung, daß die Justizverwaltungen überhaupt nicht an das Legalitätsprinzip gebunden sind, kann wegen Art. 20 III GG nicht gefolgt werden.

Ob das Legalitätsprinzip unmittelbar für die Justizminister gilt oder nur mittelbar, ist letztlich nur ein dogmatischer Streit ohne praktische Auswirkung. Jedenfalls darf das Weisungsrecht der Justizminister nach den §§ 146, 147 GVG nur in den Grenzen des Legalitätsprinzips ausgeübt werden.[336]

Da somit feststeht, daß die Justizverwaltungen ebenfalls an das Legalitätsprinzip gebunden sind, wird im folgenden dargelegt, welche konkreten Grenzen für das externe Weisungsrecht insoweit gelten.

2. Die Grenzen des externen Weisungsrechts im Rahmen des Legalitätsprinzips

- Externe Weisungen hinsichtlich Verfahrensfragen
Auch im Rahmen des Legalitätsprinzips wird nach herrschender Meinung ein Weisungsrecht des Justizministers in Verfahrensfragen anerkannt, das sich in den gleichen Grenzen bewegt wie das interne Weisungsrecht.[337] Eine Einschränkung des externen Weisungsrechts in Verfahrensfragen wird de lege lata nicht angenommen.

- Externe Weisungen hinsichtlich Tat- und Rechtsfragen
Demgegenüber wird sowohl im Hinblick auf Tatfragen als auch bezüglich Rechtsfragen im Rahmen des Legalitätsprinzips teilweise angenommen, daß das externe Weisungsrecht gegenüber dem internen Weisungsrecht weniger weitreichend ist.[338]

So soll der Justizminister weder die Prognoseentscheidung nach § 170 I StPO hinsichtlich der Tatfrage beurteilen dürfen, noch bei der Entscheidung zwischen Anklageerhebung und Verfahrenseinstellung nach § 170 I, II StPO anordnen dürfen, daß seine Rechtsansicht zugrundegelegt werden soll.[339] Begründet wird dies mit dem Statusunterschied zwischen Justizminister und Generalstaatsanwalt[340] bzw. einer unterschiedlichen Legitimation von internem und externem Weisungsrecht.[341] Während das externe Weisungsrecht auf der staatsrechtlichen Einbettung der Staatsanwaltschaft in die Exekutive beruhe, resultiere das interne

336 Krumsiek, FS für Stern, S. 653; Dünnebier, JZ 1961, S. 314; Leverenz, SchlHA 1961, S. 37; Weber, JZ 1964, S. 727; Heimeshoff, DRiZ 1966, S. 212; Gaul, SchlHA 1969, S. 86; Möller-Dorn, Betrifft JUSTIZ 1991, S. 54

337 Löwe/Rosenberg – Schäfer/Boll, §146 GVG, Rn. 26; Katholnigg, §146 GVG, Rn. 2; Krey/Pföhler, NStZ 1985, S. 151; Roxin, DRiZ 1997, S. 118

338 Löwe/Rosenberg – Schäfer/Boll, §146 GVG, Rn. 27, 30; Krey/Pföhler, NStZ 1985, S. 148 ff

339 Krey/Pföhler, NStZ 1985, S. 152

340 Schairer, FS für Lenckner, S. 747

341 Löwe-Rosenberg, §146 GVG, Rn. 30

Weisungsrecht zusätzlich aus der organisationsrechtlichen Normierung der §§ 144, 145 GVG. Daher sei das interne Weisungsrecht in stärkerem Maße normativ legitimiert als das externe Weisungsrecht des nichtstaatsanwaltlichen Justizministers.[342] Der Justizminister ist kein Staatsanwalt, so daß ihm auch das Devolutionsrecht fehlt, also das Recht, ein staatsanwaltliches Verfahren an sich zu ziehen.[343] Entsprechend wird dem Justizminister auch generell die Befugnis zur Ausübung staatsanwaltlicher Funktionen abgesprochen.[344] Dementsprechend handele es sich auch bei den hier genannten Entscheidungen um genuin staatsanwaltliche Aufgaben, die dem Justizminister entzogen seien.[345] Der Justizminister habe die besondere Aufgabenstellung der Staatsanwaltschaft im Bereich der Strafrechtspflege zu respektieren, so daß es ausgeschlossen sei, daß der Justizminister staatsanwaltliche Entscheidungen, die im Rahmen einer Ermessensausübung oder innerhalb eines rechtlich möglichen Spielraumes bei der Beurteilung von Fällen möglich seien, durch eine andere Bewertung oder Entscheidung ersetzen könne.[346] Dem Justizminister wird daher lediglich die Aufgabe zugebilligt, eindeutig rechtswidrige Entscheidungen zu verhindern.[347]

Dieser Auffassung wird jedoch entgegengehalten, daß sie sich nicht aus dem Devolutions- bzw. Substitutionsrecht der §§ 145 ff GVG zwingend herleiten läßt. Die Beschränkung des Justizministers auf das Substitutionsrecht lasse keinen Schluß auf die inhaltliche Qualität zu. Es sei kein Grund ersichtlich, weshalb bei mehreren zulässigen Rechtsansichten oder Gestaltungsmöglichkeiten des Ermittlungsverfahrens die Aufsichts- und Leitungsfunktion des Justizministers nicht bestehen solle. Wenn der Justizminister seinen Anordungen eine vertretbare Auffassung zugrunde lege, dann seien diese auch rechtmäßig. Damit sei eine inhaltliche Differenzierung zwischen internem und externem Weisungsrecht bereits vom Ansatz her nicht überzeugend.[348]

---

342 Löwe-Rosenberg, §146 GVG, Rn. 30; Krey/Pföhler, NStZ 1985, S. 148

343 Krey/Pföhler, NStZ 1985, S. 147

344 Vgl. bei Schairer, FS für Lenckner, S. 747

345 Krey/Pföhler, NStZ 1985, S. 152

346 Vgl. bei Schairer, FS für Lenckner, S. 747

347 Vgl. bei Schairer, FS für Lenckner, S. 748

348 Schairer, FS für Lenckner, S. 748, der jedoch auf S. 749 f selbst einen differenzierenden Ansatz trifft, wonach eine Unterscheidung zwischen Justizminister und Staatsanwalt entsprechend dem in §261 StPO enthaltenen Gedanken dort vorgenommen werden müsse, wo eine authentische Beurteilung der Sach- und Rechtslage erforderlich sei. Daher müsse der Justizminister nicht nur dann eine Weisung unterlassen, wenn ihm die ausreichende Aktenkenntnis fehlt, sondern selbst bei ausreichender Aktenkenntnis sei es dem Justizminister verwehrt, in Fragen der Taktik Weisungen zu erteilen (so auch Stellungnahme der DRB-Kommission für die Angelegenheiten der Staatsanwälte, DRiZ 1970, S. 86), so etwa hinsichtlich der Fragen, ob und wann ein Durchsuchungsbeschluß zu beantragen und zu welchem Zeitpunkt er auszuführen sei und ähnliche Entscheidungen. Daher sei der Justizminister in der Praxis hinsichtlich staatsanwaltlicher Entscheidungen und Maßnahmen regelmäßig auf eine Rechtmäßigkeitskontrolle beschränkt.

Die von der herrschenden Meinung vorgenommene Differenzierung ist konsequent. Die Gegenauffassung verkennt, daß der Justizminister kein Jurist sein muß.[349] Er ist insbesondere kein Staatsanwalt. Aus diesem Grunde fehlt ihm die Sachkunde zur Wahrnehmung juristischer Bewertungen, so daß in den Bereichen der Prognoseentscheidung sowie der rechtlichen Würdigung dem Justizminister ein Weisungsrecht versagt bleiben muß. Auch wenn ein Justizminister – wie dies häufig der Fall ist – selbst Jurist ist, rechtfertigt sich keine andere Beurteilung. Auch ein juristisch ausgebildeter Justizminister ist kein Staatsanwalt. Man kann daher nicht die Auffassung vertreten, daß der Justizminister die gleichen Kompetenzen und Qualifikationen wie ein Staatsanwalt hat. Außerdem wäre es nicht hinnehmbar, daß einem Justizminister mit juristischer Ausbildung andere Befugnisse zukommen, als einem Justizminister, der nicht Jurist ist.

- Differenzierung nach Weisung im Rahmen des Klageerzwingungsverfahren und Weisungen auf eigenes Tätigwerden

Vereinzelt wird zwischen Weisungen im „eigentlichen Sinn“ und Weisungen im Rahmen des Klageerzwingungsverfahrens unterschieden. So sei es zwar unbedenklich, wenn der Justizminister aufgrund von Dienstaufsichtsbeschwerden im Zusammenhang mit dem Klageerzwingungsverfahren (sog. erweiterte Dienstaufsichtsbeschwerde), sofern er die Beschwerde als begründet ansieht, die Staatsanwaltschaft anweist, die Ermittlungen erneut aufzunehmen und nach Abschluß der Ermittlungen erneut in der Sache zu entscheiden. Bedenklicher hingegen sei die Anweisung, ohne neue Ermittlungen alsbald Klage zu erheben. Ebenfalls anders zu beurteilen sei die Frage, wenn sich der Justizminister in ein laufendes Verfahren einschaltet. Dies sei nach dem Wortlaut der §§ 146, 147 GVG grundsätzlich zulässig. In diesem Fall müsse jedoch nach den Grundsätzen über die Unabhängigkeit der Rechtsprechung ein unzulässiger Eingriff einer Verwaltungsbehörde in den Ablauf eines Strafverfahrens gesehen werden.[350]

Richtig ist, daß zwischen dem Tätigwerden des Justizministers im Zusammenhang mit dem Klageerzwingungsverfahren und aus Eigeninitiative dahingehend ein Unterschied besteht, daß im ersten Fall der Eingriff durch Initiative „von Außen“ ausgelöst wird und insoweit eine Abhilfeentscheidung des Klageerzwingungsantrages vorliegt. Hieraus kann jedoch nicht gefolgert werden, daß jede Weisung des Justizministers, die nicht als Abhilfeentscheidung im Klageerzwingungsverfahren erfolgt, unzulässig sei. Diese Auffassung widerspricht dem Wortlaut des § 147 Nr. 1 und Nr. 2 GVG der gerade auch ein Weisungsrecht des Justizministers vorsieht.

---

349 Kerbel, S. 78; Görcke, ZStrW (73) 1961, S. 605

350 Görcke, ZStrW (73) 1961, S. 601

3. Speziell zu den Grenzen des externen Weisungsrechts im Rahmen des Opportunitätsprinzips

Teilweise wird im Rahmen des externen Weisungsrechts keine Differenzierung zwischen unbestimmten Rechtsbegriffen und Ermessen vorgenommen und damit von der herrschenden Auffassung im Geltungsbereich des Opportunitätsprinzips hinsichtlich des ministeriellen externen Weisungsrechts die gleichen Grenzen angenommen wie für das interne Weisungsrecht.[351] Bei den im Opportunitätsprinzip vorzunehmenden Bewertungen handele es sich weniger um juristische, sondern eher um politische Fragen, wie etwa insbesondere an § 153 c StPO deutlich werde. Aus diesem Grunde sei es auch erforderlich, daß in diesen Fällen eine politische Instanz die Verantwortung trage.[352]

Damit kommt dem Justizminister nach herrschender Meinung im Geltungsbereich des Opportunitätsprinzips ein weitgehendes Weisungsrecht zu, das sich in den gleichen Grenzen bewegt wie das Weisungsrecht der staatsanwaltlichen Vorgesetzten.

Diese (herrschende) Ansicht ist jedoch abzulehnen. Auch wenn nach herrschender Meinung im Rahmen des externen Weisungsrechts wie beim internen Weisungsrecht keine Unterscheidung zwischen unbestimmten Rechtsbegriffen und Ermessensvorschriften erfolgt, ist richtigerweise danach zu differenzieren. Die Entscheidungen des Staatsanwalts im Zusammenhang mit unbestimmten Rechtsbegriffen sind als Auslegungsfragen einzuordnen, bei denen eine Weisungsbefugnis des Justizministers in Bezug auf den Einzelfall nicht anerkannt werden kann. Es wird auch eine weitere Gefahr gesehen, daß letztlich nicht der an das Gesetz gebundene Staatsanwalt die Anträge stellt, sondern der nicht am Prozeß beteiligte, politische gebundene und politisch verantwortliche Minister. Der Minister könnte durch den Staatsanwalt als Werkzeug Anträge stellen und auf diese Weise den Prozeß beeinflussen.[353]

Desweiteren lassen sich auch in diesem Zusammenhang die Argumente heranziehen, die zur Differenzierung hinsichtlich „genuin staatsanwaltlicher Aufgaben" im Rahmen des Legalitätsprinzips vorgebracht werden.[354] Während im Rahmen des Ermessens verschiedene Entscheidungen möglich sind, kann es im Bereich des unbestimmten Rechtsbegriffes grundsätzlich nur eine einzige richtige Entscheidung geben, wobei sich diese einzig richtige Entscheidung nicht immer eindeutig feststellen läßt und daher eine Wertung und Prognose erforderlich macht.[355] Damit verhält es sich ähnlich wie bei der Bewertung der Tat- und

351 Vgl. hierzu generell bereits unter 4. Kapitel A. III.; insbesondere Krey/Pföhler, NStZ 1985, S. 148, 150; Roxin, DRiZ 1997, S. 118

352 Roxin, DRiZ 1969, S. 386

353 Görcke, ZStrW (73) 1961, S. 599

354 Vgl. oben 4. Kapitel A. IV. 2.

355 Maurer, §7, Rn. 29

Rechtsfrage durch den Justizminister.[356] Wie bereits dargelegt, muß der Justizminister nicht einmal Jurist sein.[357] Wenn der Justizminister aber kein Jurist ist, fehlt ihm vielfach die Sachkunde, um unbestimmte Rechtsbegriffe, also die Entscheidung auf der Tatbestandsseite vollständig und richtig zu bewerten. Auch hier ändert sich – ähnlich wie beim Legalitätsprinzip – die Bewertung nicht, wenn der Justizminister zufällig Jurist ist. Auch im Rahmen des Opportunitätsprinzips wäre es ein nicht hinnehmbarer Konflikt, wenn ein volljuristisch ausgebildeter Justizminister mehr Kompetenzen hätte, als ein Minister, der kein Jurist ist. Aus diesem Grund muß dem Justizminister der Bereich der Tatfragen und unbestimmten Rechtsbegriffe versperrt bleiben.

Anders verhält es sich auf der Ermessensseite im Rahmen des Opportunitätsprinzips. Hier geht es nicht um die Entscheidung über die Strafbarkeit als solche, sondern um Fragen der Zweckmäßigkeit. Dabei ist nicht unbedingt eine rein juristische Bewertung erforderlich, sondern es dürfen auch Zweckmäßigkeitserwägungen einfließen, so daß hier eine Weisung des Justizministers zuzulassen ist.

V. Zusammenfassung

De lege lata wird sowohl hinsichtlich des Legalitätsprinzips als auch bezüglich des Opportunitätsprinzips ein umfassendes internes Weisungsrecht anerkannt. Die allgemeinen Grenzen liegen in der Bindung an Recht und Gesetz nach Art, 20 III GG, dem Verbot sachfremder Erwägungen, der Zuständigkeit, dem umfassenden Kenntnisstand als Weisungsschranke, der Verpflichtung zur Objektivität nach § 160 II StPO und der Erteilung der Weisung zu dienstlichen Zwecken.

Betrachtet man die speziellen Grenzen des internen Weisungsrechts hinsichtlich des Legalitätsprinzips bzw. des Opportunitätsprinzips, stellt man fest, daß die Abweichungen gegenüber den allgemeinen Grenzen nur marginal sind. Anerkannt ist eine Bindung des Staatsanwalts an eine ständige höchstrichterliche Rechtsprechung, die insoweit eine Weisungsgrenze darstellt, aber dennoch auch ein Angehen gegen diese Rechtsprechung ermöglicht. Gerade hinsichtlich des Opportunitätsprinzips stellt eine Überschreitung der Ermessensgrenzen einen Verstoß gegen Recht und Gesetz des Art. 20 III GG dar und wird insoweit im Grunde bereits von den allgemeinen Grenzen mitumfaßt.

Abweichungen ergeben sich jedoch hinsichtlich des externen Weisungsrechts: Während nach der hier vertretenen Auffassung hinsichtlich des Opportunitätsprinzips innerhalb des externen Weisungsrechts eine Differenzierung zwischen Ermessensnormen und unbestimmten Rechtsbegriffen vorgenommen wird, lehnt die herrschende Meinung diese Unterscheidung ab. Diese nimmt für das Oppor-

356 Vgl. oben 4. Kapitel A. IV. 2.

357 Kerbel, S. 78; Görcke, ZStrW (73) 1961, S. 605

tunitätsprinzip beim externen Weisungsrecht die gleichen Grenzen an wie beim internen Weisungsrecht. Hinsichtlich des externen Weisungsrechts im Rahmen des Legalitätsprinzips geht auch die herrschende Meinung von einer Beschränkung aus und lehnt ein Weisungsrecht des Justizministers sowohl hinsichtlich der Prognoseentscheidung nach § 170 I StPO bezüglich der Tatfrage als auch hinsichtlich der Zugrundelegung einer Rechtsansicht ab.

VI. Spezielle Grenzen allgemeiner Weisungen

Allgemeine Weisungen, die das staatsanwaltliche Handeln im Strafverfahren betreffen, beziehen sich auf Regelfälle und dürfen nicht die staatsanwaltliche Entscheidung im Einzelfall ersetzen.[358]

In diesem Zusammenhang dürfte gerade im Bereich des Opportunitätsprinzips auch die Schranke des Weisungsrechts durch Ermessensfehler zu nennen sein. Durch die Bindung der Staatsanwaltschaft an Recht und Gesetz gemäß Art. 20 III GG ergibt sich, daß im Rahmen eines Ermessensspielraumes keine ermessensfehlerhaften Entscheidungen ergehen dürfen. Ermessensfehlerhaft ist eine Entscheidung auch im Falle des Ermessensnichtgebrauchs.[359] Demnach ist eine Entscheidung dann fehlerhaft, wenn das Ermessen von vornherein nicht ausgeübt wird. Sofern eine allgemeine Weisung aber das Ermessen im Einzelfall durch verbindliche Anweisungen völlig ausschließt, liegt eben gerade ein Fall des Ermessensnichtgebrauchs vor und würde die auf dieser allgemeinen Weisung beruhende Entscheidung ermessensfehlerhaft und damit rechtswidrig machen.[360]

VII. Weisungen für die Hauptverhandlungen

Teilweise wird die Auffassung vertreten, der Staatsanwalt handele in der Hauptverhandlung unabhängig und damit weisungsfrei.[361] Insoweit wird betont, daß die Ausübung des Weisungsrechts in der Hauptverhandlung nicht nur unzuläs-

358 So wohl Löwe-Rosenberg – Schäfer/Boll, §146 GVG, Rn. 32; Leonhardt, S. 278

359 Dies übersehen Krey/Pföhler, NStZ 1985, S. 149, die sich lediglich auf die Ermessensüberschreitung und den Ermessensfehlgebrauch beziehen.

360 Zwar kann das Ermessen auch generell durch die vorgesetzte Behörde ausgeübt werden. Allerdings dürfte eine generelle Ermessensausübung in dem Sinne, daß auch ein Abweichen in atypischen Fällen ausgeschlossen wird, unzulässig sein; vgl hierzu Maurer, §7, Rn. 14 und Simgen, S. 223

361 Schmidt, Lehrkommentar, §146 GVG, Rn. 6; Bader JZ 1956, S. 4,6; Roxin, DRiZ 1969, S. 386; Böhm, Horst zit. nach Wedemeyer, www.bayrv.de; grundsätzlich auch Karlsruher Kommentar – Schoreit, §146 GVG, Rn. 9, der eine Ausnahme lediglich dahingehend zuläßt, wenn eine Weisung notwendig ist, um eine Koordination in den Fällen zu erreichen, in denen mehrere Sitzungsvertreter tätig waren.

sig, sondern geradezu unmöglich sei.[362] Wer nicht während der gesamten Dauer einer Hauptverhandlung daran teilgenommen habe, könne weder zu der Frage, ob die zur Anklage gestellte Tat erwiesen ist, noch zur rechtlichen Subsumierung der Tat, noch zur Frage der Strafzumessung Stellung nehmen.[363] Ebenso wie für den Richter könne auch im Hinblick auf § 261 StPO für den Sitzungsvertreter der Staatsanwaltschaft hinsichtlich der Überzeugungsbildung ausschließlich das Ergebnis der Beweisaufnahme maßgeblich sein.[364] Zwar könne hinsichtlich der Frage der Strafzumessung die Strafe früherer, gleichartiger Verurteilungen als Anhaltspunkt dienen, jedoch seien für das Strafmaß so viele Faktoren maßgeblich, daß sich insoweit keine festen Maßstäbe angeben lassen und deshalb eine Weisung – zumindest bei Abwesenheit des anweisenden Vorgesetzten – für nicht zulässig erachtet wird.[365]

Demgegenüber wird vertreten, daß der Staatsanwalt auch in der Hauptverhandlung grundsätzlich den Weisungen seines Vorgesetzten unterliegt.[366] Wobei jedoch hinsichtlich der Hauptverhandlung zusätzliche Einschränkungen der Weisungsmöglichkeit angenommen werden, da das abschließende Urteil über den Rechtsfall nach § 261 StPO nur aus dem Inbegriff der Verhandlung geschöpft werden dürfe. Damit seien alle Weisungen von vornherein unzulässig, die das Ergebnis der Beweisaufnahme nicht berücksichtigen oder zu ihm in Widerspruch stehen.[367]

- Problematik der gebundenen Marschroute

Umstritten ist, ob es zulässig ist, einen nachgeordneten Staatsanwalt mit „gebundener Marschroute“ in die Hauptverhandlung zu schicken.

Teilweise wird hierin ein Verstoß gegen das Mündlichkeitsprinzip gesehen und daher eine solche Vorgehensweise abgelehnt.[368]

Andere Auffassungen sehen es demgegenüber als zulässig an, wenn der Vorgesetzte dem nachgeordneten Staatsanwalt die Weisung erteilt, einen bestimmten Strafrahmen einzuhalten, wenn sich der nach Aktenlage ergebende Sachver-

---

362 Kommission für die Angelegenheiten der Staatsanwälte im Deutschen Richterbund, DRiZ 1968, S. 360

363 Geerds, FS für SH, S. 304 f

364 Kommission für die Angelegenheiten der Staatsanwälte im Deutschen Richterbund, DRiZ 1968, S. 360

365 Gössel, §3 II ; Kommission für die Angelegenheiten der Staatsanwälte im Deutschen Richterbund, DRiZ 1968, S. 360, die zugleich darauf hinweist, daß man nicht vergessen dürfe, daß gerade in der nationalsozialistischen Zeit dem Staatsanwalt im Wege der Weisung von der Zentralstelle – oft sogar nur telefonisch – vorgegeben wurde, auf welches Strafmaß er zu erkennen habe.

366 Löwe/Rosenberg – Schäfer/Boll, §146 GVG, Rn. 36; Katholnigg, §147 GVG, Rn. 4; Kissel, §146 GVG, Rn. 6; Roxin, DRiZ 1997, S. 118

367 Henkel, §30 III; Kramer, Rn. 102 a; Roxin, DRiZ 1997, S. 119

368 Bader, NJW 1949, S. 739; Kuhlmann, DRiZ 1976, S. 16

halt in der Hauptverhandlung bestätigt.[369] Solche Instruktionen dienten der Einheitlichkeit der Rechtsprechung und damit der Wahrung des Gleichbehandlungsgrundsatzes.[370]

- Schlußvortrag und Strafzumessung

Ursprünglich war bei der Schaffung des GVG eine Gestaltung des Weisungsrechts dergestalt geplant, daß der Staatsanwalt nach dem Schluß der Beweisaufnahme, also im Bereich des Schlußvortrages, weisungsfrei ist. Diese Regelung fand allerdings keine Aufnahme ins Gesetz.[371]

Dementsprechend werden Weisungen hinsichtlich des Schlußplädoyers für zulässig gehalten. Dabei wird sogar vertreten, daß bei Weisungen während der Hauptverhandlung der Weisende nicht einmal persönlich anwesend sein muß, sondern es genüge, wenn er sich anderweitig Kenntnis verschafft hat, etwa durch den Vortrag des Sitzungsvertreters selbst oder durch den Bericht eines anderen Staatsanwalts.[372]

Zur Strafzumessung ist auszuführen, daß der entsprechende Strafantrag nicht zwingend gestellt werden muß und insoweit lediglich eine Anregung darstellt.[373] Als solche Anregung unterliegt aber eine entsprechende Weisung dem Ermessen, so daß die allgemeinen Grenzen einzuhalten sind. Diese Anregung soll jedoch die Entscheidung des Gerichts antizipieren und muß sich dementsprechend an den Voraussetzungen des § 261 StPO orientieren, so daß eine derartige Weisung nur bei Kenntnis des Vorgesetzten vom Gang der Hauptverhandlung erfolgen darf.

- Weisungen zur Stellung bzw. Unterlassung von Beweisanträgen

Weisungen, bestimmte Beweisanträge zu stellen, werden umfassend für zulässig erachtet.[374] Auch wenn sich bisher das Bild der Unschuld des Angeklagten abgezeichnet hat, stellt ein weiterer Beweisantrag keinen Verstoß gegen das Legalitätsprinzip dar.[375] Hierfür spricht auch, daß es Aufgabe der Staatsanwaltschaft ist, die Wahrheit zu ermitteln. Da hierzu umfassende Beweiserhebungen erforderlich sind, dient jeder Beweisantrag dazu, den Sachverhalt weiter aufzuklären und den wahren Tathergang zu ermitteln. Anders kann es sich bei der Weisung verhalten, einen Beweisantrag zu unterlassen.

Während die Stellung eines Beweisantrags der weiteren Sachverhaltsermittlung dienen soll, führt die Weisung, einen Beweisantrag zu unterlassen dazu,

---

369 Münstermann, S. 95; Wolf, §32 III 3 c

370 Münstermann, S. 95

371 Löwe/Rosenberg – Schäfer/Boll, §146 GVG, Rn. 34

372 Höß, S. 134; Wohlers, S. 276; Katholnigg, §147 GVG, Rn. 4; Kissel, §146 GVG, Rn. 6; Löwe/Rosenberg – Schäfer/Boll, §146 GVG, Rn. 39; Frank, FS für Schlüchter, S. 54; Liszt, DJZ 1901, S. 180; Leß, JR 1951, S. 195; Dünnebier, JZ 1958, S. 421; Leverenz, SchlHA 1961, S. 37 (jedenfalls hinsichtlich Weisungen zur Rechtsauffassung)

373 Spaeth, S. 26

374 Spaeth, S. 22; Heublein, S. 68

375 Spaeth, S. 22

daß der Sachverhalt weniger umfangreich ermittelt wird. Dies kann nur dann sinnvoll sein, wenn die Stellung eines weiteren Beweisantrages im Hinblick auf das bereits gewonnene Bild vom Angeklagten und der Tat unzweckmäßig oder unverhältnismäßig wäre. Hierin liegt eine Ermessensentscheidung,[376] die nach den allgemeinen Kriterien zu beurteilen ist.[377] Für die Weisung, einen Beweisantrag zu unterlassen, dürfte es zudem bereits an einem praktischen Bedürfnis fehlen, da nicht ersichtlich ist, welches Interesse ein Vorgesetzter haben sollte, daß ein Beweisantrag nicht gestellt wird. Jeder Beweisantrag dient tendenziell der weiteren Sachverhaltsaufklärung. Sofern das Gericht einen Beweisantrag für unzulässig hält, wird ihn das Gericht ohnehin zurückweisen.[378]

- Weisungen in Bezug auf die Beweiswürdigung

Umstritten ist die Zulässigkeit von Weisungen hinsichtlich der Beweiswürdigung:

Im Hinblick darauf, daß die Bewertung der Tat nach § 261 StPO aus dem Inbegriff der Hauptverhandlung zu schöpfen ist, sollen nach einer Auffassung Weisungen in Bezug auf die Beweiswürdigung nur dann erteilt werden dürfen, wenn der Weisungsgeber in der Hauptverhandlung persönlich anwesend war,[379] da nur das Ergebnis der Hauptverhandlung es dem Sitzungsvertreter ermögliche die Persönlichkeit des Angeklagten umfassend zu würdigen und somit seine Überzeugung über die Schuld- und Straffrage zu finden.[380] Andernfalls läge ein Verstoß gegen das Mündlichkeitsprinzip vor.[381] Zudem könne eine Anweisung – selbst wenn der Staatsanwalt mit der dabei geäußerten Auffassung übereinstimmt – für den Sitzungsvertreter als unbewußte Schranke wirken. Hierdurch bestehe die Gefahr, daß die Auffassung des Vorgesetzten ungeachtet der Entwicklung der Hauptverhandlung in jede Entscheidung mit einfließe. Damit müsse die Durchführung eines fairen Verfahrens bezweifelt werden.[382]

Demgegenüber werden in Bezug auf die Beweiswürdigung selbst bereits vor der Hauptverhandlung Weisungen für zulässig erachtet, wenn der Sachverhalt schon im Ermittlungsverfahren ausreichend geklärt ist.[383] Eine Einschränkung wird lediglich dahingehend gesehen, daß Weisungen nur insoweit zulässig sind,

---

376 Spaeth, S. 21

377 Vgl. oben 4. Kapitel A. III. 3.

378 Simgen, S. 265 f

379 Peters, §23 III 3; Geerds, FS für SH, S. 304; Arndt, NJW 1961, S. 1616; Görcke, ZStrW (73) 1961, S. 597

380 Leverenz, SchlHA 1961, S. 37

381 Bader, NJW 1949, S. 739

382 Kuhlmann, DRiZ 1976, S. 16

383 Löwe/Rosenberg – Schäfer/Boll, §146 GVG, Rn. 38

als sich in der Hauptverhandlung keine wesentliche Änderung des Sachverhalts ergeben hat.[384]

- Weisungen hinsichtlich der Rechtsfrage

Als zulässig gilt insbesondere die Weisung, eine vertretbare, aber vom Sitzungsvertreter nicht geteilte Rechtsauffassung zur Geltung zu bringen und diese auch bei der Tatbewertung zugrundezulegen.[385] Teilweise wird jedoch ausgeführt, daß es in diesem Fall dem Staatsanwalt erlaubt sei, neben der Auffassung des Vorgesetzten auch noch seine eigene Rechtsauffassung zugrundezulegen. Es wäre weder mit der Würde des Amtes noch mit der Würde der Person zu vereinbaren, wenn er die Auffassung des Vorgesetzten gegen seine Überzeugung als eigene vortragen müßte.[386] Dieser letztgenannten Auffassung wiederum wird entgegengehalten, daß der Sitzungsvertreter in der Hauptverhandlung nicht seine persönliche Auffassung vortragen soll, sondern die der Staatsanwaltschaft, also letztlich des Staates.[387]

- Zusammenfassung und Stellungnahme

Aufgrund dessen, daß die Bewertung über die Tat- und Schuldfrage nach § 261 StPO aus dem Inbegriff der Hauptverhandlung zu schöpfen ist, muß dieser Maßstab auch für die Beurteilung durch die Staatsanwaltschaft gelten. Weisungen „mit gebundener Marschroute“ sind damit zwar grundsätzlich möglich, jedoch kommt aufgrund von § 261 StPO dem jeweiligen Sitzungsvertreter die Letztentscheidungskompetenz zu.

Eine Notwendigkeit für die Zulassung von Weisungen, eine bestimmte Rechtsauffassung vorzutragen, ist nicht ersichtlich. Von dem entsprechenden Plädoyer geht keine rechtliche Wirkung aus. Deswegen darf es dem vortragenden Sitzungsvertreter nicht verwehrt bleiben – zumindest neben der Rechtsauffassung des Vorgesetzten – auch seine eigene Rechtsauffassung vorzutragen. Letztlich ist das erkennende Gericht nämlich weder an den Vortrag der Verteidigung noch an den der Staatsanwaltschaft gebunden.

Ähnlich verhält es sich mit der Stellung des Strafantrags. Auch hiervon gehen keine unmittelbaren rechtlichen Wirkungen aus. Der Staatsanwalt ist nicht einmal verpflichtet, überhaupt einen Antrag zu stellen. Es kann jedoch ein Bedürfnis der Staatsanwaltschaft bestehen, daß ein bestimmtes Strafmaß beantragt wird, nämlich um die Möglichkeit zu erhalten, Rechtsmittel nicht nur zugunsten, sondern auch zuungunsten des Angeklagten einzulegen. Da jedoch von der Höhe des staatsanwaltlichen Antrags möglicherweise eine psychologische Wirkung auf das erkennende Gericht ausgeht, darf auch hierbei die Entwicklung der

---

384 Löwe/Rosenberg – Schäfer/Boll, §146 GVG, Rn. 37; sofern sich die Sachlage ändert, habe der Sitzungsvertreter Handlungsfreiheit, soweit er nicht erneute Weisungen erhalte, die der veränderten Lage Rechnung tragen.

385 Leverenz, SchlHA 1961, S. 38

386 Münstermann, S. 96

387 Spaeth, S. 25

Hauptverhandlung nicht außer acht bleiben. Eine Weisung, einen bestimmten Strafantrag zu stellen, darf daher nur mit der Maßgabe erfolgen, daß die Hauptverhandlung das bisherige Ermittlungsergebnis bestätigt. Verändert sich in der Hauptverhandlung die Beweislage, verbleibt es wieder bei der Letztentscheidungskompetenz des Sitzungsvertreters. Insbesondere muß der Staatsanwalt aufgrund des Objektivitätsgebotes auch auf Freispruch plädieren können, wenn er nach dem Ergebnis der Beweisaufnahme von der Unschuld des Angeklagten überzeugt ist.

B. Wirkung der Weisung

Ein Verstoß gegen die oben dargestellten Weisungsschranken führt per se noch nicht zur Unverbindlichkeit der Weisung, sondern zunächst zur Rechtswidrigkeit. Es stellt sich daher die Frage, welche Wirkung einer rechtswidrigen Weisung zukommt, bzw. wann eine Weisung für den Anweisungsempfänger unverbindlich ist.

I. Außenverhältnis

Im Außenverhältnis entfalten Weisungen keinerlei Wirkungen. Es handelt sich um ausschließlich interne Anweisungen, so daß eine Maßnahme, die ein Staatsanwalt entgegen einer Weisung vornimmt, nach außen uneingeschränkt wirksam ist.[388] Daher sind auch Maßnahmen, die aufgrund einer rechtswidrigen Weisung ergehen, voll wirksam. Damit kommt es für die Beurteilung staatsanwaltlicher Maßnahmen nicht darauf an, ob sie mit einer erteilten Weisung in Einklang stehen oder nicht.[389]

II. Innenverhältnis

Gemäß § 148 GVG ist der Staatsanwalt ein Beamter, so daß für ihn die allgemeinen beamtenrechtlichen Vorschriften (§§ 56 II BBG, § 38 BRRG) gelten.[390] Hieraus ergibt sich eine doppelte Remonstrationspflicht,[391] sofern der Beamte Bedenken gegen die Rechtmäßigkeit der Weisung hat.[392] Hierbei ist es unerheb-

388 Löwe/Rosenberg – Schäfer/Boll, §146 GVG, Rn. 40; Karlsruher Kommentar – Schoreit, §146 GVG, Rn. 10; Kleinknecht/Meyer-Goßner, §146 GVG, Rn. 8; Kissel, §146 GVG, Rn. 9; Gössel, §3 II; Peters, §23 III 3

389 Geerds, FS für SH, S. 303

390 Karlsruher Kommentar – Schoreit, §146 GVG, Rn. 11; Geisler, ZStrW (93) 1981, S. 1124

391 Vgl. Löwe/Rosenberg – Schäfer/Boll, §146 GVG, Rn. 4; gemeint ist, daß die Remonstrationspflicht zweifach gesetzlich verankert ist, nämlich einmal nach den Vorschriften des BRRG und zusätzlich nach dem BBG.

392 Hellebrand, Rn. 104; vgl. hierzu auch noch später unter 4. Kapitel C. I.

lich, ob der angewiesene Beamte das ihm gegenüber angewiesene Verhalten lediglich für rechtswidrig oder sogar für strafbar hält.[393] Für den Fall, daß dies ohne Erfolg bleibt, muß der Beamte seine rechtlichen Bedenken bei den Vorgesetzten vortragen, gegebenenfalls auch bis hinauf zum Minister.[394]

Teilen jedoch weder der unmittelbare, noch die höheren Vorgesetzten die Bedenken des Angewiesenen, so stellt sich die Frage, ob der Staatsanwalt dann zur Ausführung der Maßnahme verpflichtet ist. Erst hier erlangt die Unterscheidung zwischen Anweisungen zu rechtswidrigem und strafbarem Verhalten Bedeutung.

In § 56 II BBG ist geregelt, daß ein Beamter Bedenken gegen die Rechtmäßigkeit dienstlicher Anordnungen unverzüglich bei seinem unmittelbaren Vorgesetzten geltend zu machen hat. Sofern die Anordnung aufrechterhalten wird, hat sich der Beamte, wenn seine Bedenken gegen die Rechtmäßigkeit fortbestehen, an den nächsthöheren Vorgesetzten zu wenden. Wenn dieser die Anordnung bestätigt, dann muß sie der Beamte ausführen, wenn das ihm aufgetragene Verhalten nicht strafbar oder ordnungswidrig und die Strafbarkeit oder Ordnungswidrigkeit für ihn erkennbar ist oder das ihm aufgetragene Verhalten die Würde des Menschen verletzt.

Auch § 38 II BRRG sieht vor, daß ein Beamter eine Weisung nicht befolgen darf, wenn das ihm aufgetragene Verhalten die Würde des Menschen verletzt oder für ihn erkennbar strafbar oder ordnungswidrig ist.

Eine solche Strafbarkeit kann sich vor allem aus den § 344, 345, 258 a StGB ergeben. Strafbar ist insbesondere ein Verhalten, das die Verfolgung eines Unschuldigen (§ 344 StGB) oder die Strafvereitelung (§ 258 a StGB) beinhaltet. Jede Anweisung zu einem Handeln oder Unterlassen, das in positiver oder negativer Hinsicht das Legalitätsprinzip verletzt, stelle eine Anweisung zu strafbarem Verhalten dar und sei demgemäß unverbindlich.[395] In diesen Fällen muß der Angewiesene der Weisung nicht nachkommen.[396]

Es stellt sich jedoch die Frage, welche Verbindlichkeit Weisungen zukommt, die zwar rechtswidrig, deren Befolgung jedoch nicht strafbar oder menschenunwürdig ist.

---

393 Dünnebier, JZ 1961, S. 314

394 Roxin, DRiZ 1997, S. 118

395 Faller, JZ 1961, S. 480; Dünnebier, JZ 1961, S. 315; Leverenz, SchlHA 1961, S. 37; Ulrich, DRiZ 1988, S. 369 der zugleich feststellt, daß es keine vergleichbaren Regelungen für irgendeine andere Behörde der Exekutive gebe; ähnlich auch Zapka, RuP 1990/91, S. 118; Möller-Dorn, Betrifft JUSTIZ 1991, S. 53

396 Karlsruher Kommentar – Schoreit, §146 GVG, Rn. 11; Löwe/Rosenberg – Schäfer/Boll, §146 GVG, Rn. 22; Henkel, §30 III 5; Lüttger, GA 1957, S. 216; Krey/Pföhler, NStZ 1985, S. 151 Fn. 96

Teilweise wird vertreten, daß rechtswidrige Weisungen allgemein unverbindlich sind, auch dann wenn das darin aufgetragene Verhalten nicht strafbar ist.[397] Solche Weisungen müßten, unabhängig ob intern oder extern erteilt, nicht befolgt werden.[398] Zur Begründung wird die Bindung der Verwaltung an Recht und Gesetz nach Art. 20 III GG angeführt.[399] Würde man rechtswidrigen Weisungen die Wirksamkeit zusprechen, würde man letztlich das Handeln der Verwaltung über den Verfassungssatz des Art. 20 III GG stellen.[400]

Diese Auffassung verkennt jedoch die Bedeutung des Art. 20 III GG. Richtig ist, daß die Verwaltung an Recht und Gesetz gebunden ist. Handelt die Verwaltung Recht und Gesetz zuwider, macht dies ihre Entscheidungen aber nicht per se nichtig oder unwirksam. Selbst ein rechtswidriger Verwaltungsakt mit Außenwirkung ist nicht unwirksam, sondern allenfalls anfechtbar.[401] Daher wäre es nicht nachvollziehbar, wenn an eine staatsanwaltliche Weisung, deren Wirkung nicht auf das Außen-, sondern auf das Innenverhältnis gerichtet ist, strengere Maßstäbe gestellt würden.

Problematisch ist außerdem, daß zum Zeitpunkt der Weisungserteilung die Rechtswidrigkeit zumeist nicht objektiv feststeht. Der angewiesene Staatsanwalt ist subjektiv der Auffassung, die Weisung sei rechtswidrig. Der Vorgesetzte ist subjektiv der Auffassung, sie sei rechtmäßig. Wenn eine Remonstration erfolglos verläuft, ist aber kein Grund ersichtlich, der Auffassung des angewiesenen Staatsanwalts gegenüber der Auffassung des Vorgesetzten den Vorzug zu geben. Dies gilt insbesondere dann, wenn die Auffassung des Vorgesetzten nach der Remonstration zusätzlich durch den nächsthöheren Vorgesetzten bestätigt wurde.

Schließlich steht der Ansicht, rechtswidrige Weisungen seien unverbindlich, auch der eindeutige Wortlaut der §§ 56 BBG und 38 BRRG sowie der Landesbeamtengesetze – etwa für Hessen § 71 II HBG – entgegen. Diese Vorschriften unterscheiden zwischen Weisungen zu lediglich rechtswidrigem und solchen zu strafbarem Handeln, indem sie ausdrücklich nur für strafbare bzw. gegen die Menschenwürde verstoßende Anweisungen die Unverbindlichkeit konstatieren. Hieraus kann nur gefolgert werden, daß der Beamte einer lediglich rechtswidrigen Weisung nachkommen muß, wenn der Vorgesetzte sie nach Remonstration durch den Angewiesenen bestätigt.

Weiterhin stellt sich die Frage, ob es bei der Beurteilung der Befolgungspflicht auf die objektive Lage oder auf die subjektive Auffassung des angewiesenen Staatsanwalts ankommt.

---

397 Heublein, S. 54; Geerds, FS für SH, S. 302; Lüttger, GA 1957, S. 216; Leverenz, SchlHA 1961, S. 37

398 Geerds, FS für SH, S. 301

399 Heublein, S. 47

400 Heublein, S. 47

401 Maurer, §10, Rn. 21 ff und 26 ff

Der objektive Tatbestand des § 344 StGB ist sehr weit gefaßt. Im Grunde erfüllt jedes strafrechtliche Ermittlungsverfahren, bei dem sich im Nachhinein die Unschuld des Verdächtigen herausstellt, den objektiven Tatbestand des § 344 StGB.[402]

Eine Einschränkung erfolgt jedoch dadurch, daß der subjektive Tatbestand des § 344 StGB ein absichtliches oder wissentliches Handeln fordert.[403]

Für ein strafbares Verhalten des Angewiesenen ist erforderlich, daß dieser Vorsatz hat. Der Angewiesene muß daher dann den Gehorsam verweigern, wenn er der Auffassung ist, daß er sich durch die Befolgung des Befehls strafbar macht.

Der Angewiesene muß die Befolgung der Anweisung auch dann ablehnen, wenn er überzeugt ist, daß das von ihm verlangte Handeln einen Verstoß gegen das Legalitätsprinzip darstellt, da sein Handeln in diesem Fall strafbar wäre.

Dies gilt auch dann, wenn objektiv gar kein Verstoß gegeben ist,[404] sondern der Staatsanwalt nur irrigerweise von einem strafbaren Handeln ausgeht. Der Grund hierfür ist, daß auch der Versuch der Verfolgung Unschuldiger oder der Strafvereitelung strafbar ist.[405] Der Staatsanwalt würde sich in dieser Konstellation wegen eines untauglichen Versuchs strafbar machen.[406]

Damit kommt es für die Frage, ob eine Weisung wegen einer Aufforderung zu einem strafbaren Verhalten unverbindlich ist, nicht auf die objektive Gesetzeswidrigkeit eines aufgetragenen Verhaltens an, sondern auf die subjektive Auffassung des angewiesenen Beamten.[407] Entscheidend ist nicht die Überzeugung des Anweisenden, sondern des Angewiesenen.

Der angewiesene Staatsanwalt muß damit nur dann keine Konsequenzen befürchten, wenn er sich einer Anweisung zu einem Verhalten widersetzt, das auch tatsächlich strafbar gewesen wäre. Ist der Staatsanwalt von der Strafbarkeit des ihm aufgetragenen Verhaltens überzeugt, ohne daß die Vorgesetzten seine Bedenken teilen, und verweigert er deshalb die Befolgung der Weisung, riskiert er bei Nichtbefolgung ein Disziplinarverfahren.[408] Andernfalls – wenn er der Weisung trotzdem nachkommt – setzt er sich der Gefahr einer strafrechtlichen Verfolgung aus. Es liegt also in jedem Fall das Risiko bei dem angewiesenen Staatsanwalt. Dem staatsanwaltlichen Beamten, der trotz erfolgloser Remonstration bei seiner Auffassung bleibt und deswegen die Ausführung verweigert, wird

---

402 Simgen, S. 307

403 Simgen, S. 307

404 Dünnebier, JZ 1961, S. 314 f

405 Simgen, S. 311

406 Vgl. Tröndle/Fischer, §144 StGB, Rn. 5

407 Dünnebier, JZ 1961, S. 314 f

408 BGHZ 42, S. 170 f; Löwe/Rosenberg – Schäfer/Boll, §146 GVG, Rn. 41; Roxin, DRiZ 1997, S. 118

zugemutet, ein Disziplinarverfahren in Kauf zu nehmen, in dem nachträglich über Rechtswidrigkeit oder Rechtmäßigkeit der Weisung entschieden wird.[409]

Hierin wird ein unbefriedigendes Ergebnis gesehen und daher entsprechende Kritik geübt.[410] Doch auch wenn diese Situation sicherlich nicht ideal ist, stellt dies die geltende Rechtslage dar, die de lege lata zugrunde gelegt werden muß.

III. Zusammenfassung

Weisungen entfalten im Außenverhältnis keinerlei Wirkung. Auch weisungswidrige Prozeßhandlungen des angewiesenen Staatsanwalts bleiben voll wirksam.

Im Innenverhältnis hingegen ist zu differenzieren: Einer Weisung zu einem lediglich rechtswidrigen Verhalten muß der angewiesene Beamte nach erfolgloser Remonstration nachkommen.[411] Eine Weisung zu einem strafbarem Verhalten hingegen ist für den angewiesenen Staatsanwalt nach Beamtenrecht unverbindlich. Diesbezüglich muß der angewiesene Beamte den Gehorsam verweigern.[412]

C. Überprüfbarkeit von Weisungen

Gesetzlich nicht geregelt ist die Frage der Überprüfbarkeit von staatsanwaltlichen Weisungen. Damit geht einher, daß es nahezu keinerlei Rechtsprechung gibt, die sich mit der Rechtmäßigkeit und Zulässigkeit der Erteilung staatsanwaltlicher Weisungen auseinandersetzt.

Bei der Frage der Überprüfung von staatsanwaltlichen Weisungen und Maßnahmen nach § 145 GVG und §§ 146 ff GVG ist grundsätzlich zwischen der Möglichkeit der Überprüfung durch den angewiesenen Staatsanwalt einerseits und der Möglichkeit der Überprüfung durch außenstehende Dritte (also Anzeigeerstatter oder Beschuldigte) andererseits, zu unterscheiden. Im weiteren ist zwischen den Möglichkeiten gerichtlicher und außergerichtlicher Überprüfung der Maßnahme zu unterscheiden.

I. Überprüfbarkeit von Weisungen im Sinne des § 146 GVG

- Überprüfung durch den angewiesenen Staatsanwalt

Fraglich ist, ob ein angewiesener Staatsanwalt de lege lata die Möglichkeit hat, die Rechtmäßigkeit einer Weisung überprüfen zu lassen.

---

409 BGHZ 42, S. 170 f; Roxin, DRiZ 1997, S. 118

410 Roxin, DRiZ 1997, S. 118

411 Dünnebier, JZ 1958, S. 418

412 Dünnebier, JZ 1961, S. 314; Roxin, DRiZ 1997, S. 118

Der Staatsanwalt, der eine ihm erteilte Weisung für rechtswidrig hält, hat außergerichtlich zunächst nur die Möglichkeit der beamtenrechtlichen Remonstration beim betreffenden Vorgesetzten.[413] Dieses Remonstrationsrecht ergibt sich aus den beamtenrechtlichen Vorschriften.[414] Wenn dieser auf seiner Ansicht und Ausführung der Weisung besteht, dann ist eine Dienstaufsichtsbeschwerde beim höheren Vorgesetzten – bis hin zum Justizminister – möglich.[415]

Es stellt sich die Frage, ob dem Staatsanwalt – abgesehen von den genannten außergerichtlichen Remonstrationsmöglichkeiten – ein Weg eröffnet ist, eine ihm gegenüber ausgesprochene Weisung gerichtlich abstrakt überprüfen zu lassen.

In Betracht kommen könnte eine entsprechende Anwendung des § 26 III DRiG. Danach kann eine gerichtliche Entscheidung herbeigeführt werden, wenn ein Richter, gegen den eine Dienstaufsichtsmaßnahme verhängt wird, behauptet, hierdurch in seiner Unabhängigkeit beeinträchtigt zu sein. Eine analoge Anwendung des § 26 III DRiG wird jedoch abgelehnt, da diese Vorschrift nur dem Schutz der richterlichen Unabhängigkeit dient, die der Staatsanwalt de lege lata nicht besitzt.[416]

Weiterhin könnte eine Anrufung der ordentlichen Gerichte nach § 23 ff EGGVG in Betracht kommen. Nach § 23 EGGVG entscheiden die ordentlichen Gerichte auf Antrag über die Rechtmäßigkeit der Anordnungen, Verfügungen oder sonstigen Maßnahmen, die von den Justizbehörden zur Regelung einzelner Angelegenheiten auf den Gebieten des bürgerlichen Rechts einschließlich des Handelsrechts, des Zivilprozesses, der freiwilligen Gerichtsbarkeit und der Strafrechtspflege getroffen werden.

Zunächst ist fraglich, ob es sich bei einer Weisung überhaupt um einen solchen „Justizverwaltungsakt“ im Sinne des § 23 EGGVG handelt.

Fraglich ist, ob ein Justizverwaltungsakt Außenwirkung erfordert. Nach herrschender Meinung ist ein Justizverwaltungsakt im Sinne des § 23 EGGVG nicht identisch mit dem „normalen“ Verwaltungsakt des § 35 S.1 VwVfG.[417]

Nach dem Wortlaut des § 23 EGGVG ist im Gegensatz zu § 35 VwVfG keine Außenwirkung erforderlich. Demgegenüber wird überwiegend die Auffassung vertreten, daß auch im Rahmen des § 23 EGGVG eine Maßnahme unmittelbare Außenwirkung aufweisen muß, um einen Justizverwaltungsakt darzustellen.[418]

---

413 Geerds, FS für SH, S. 305; Geisler, ZStrW (93) 1981, S. 1124

414 Vgl. bereits unter 4. Kapitel B. II.

415 Geerds, FS für SH, S. 305

416 Löwe/Rosenberg – Schäfer/Boll, §146 GVG, Rn. 42

417 Kleinknecht/Meyer-Goßner, §23 EGGVG, Rn. 6; Karlsruher Kommentar – Kissel, §23 EGGVG, Rn. 20

418 Karlsruher Kommentar – Kissel, §23 EGGVG, Rn. 23

Teilweise wird eine Weisung ohne nähere Begründung als Verwaltungsakt einer Justizbehörde eingeordnet.[419] Demgegenüber wird eine Einordnung der Weisung als Justizverwaltungsakt im Sinne des § 23 EGGVG überwiegend abgelehnt. [420] Hierfür wird vorgebracht, daß auch bei § 23 EGGVG eine Außenwirkung erforderlich ist, die eine Weisung nicht entfaltet.[421]

Letztlich kann allerdings die Frage offenbleiben, ob eine Weisung ein Justizverwaltungsakt im Sinne des § 23 I EGGVG darstellt. Zulässigkeitsvoraussetzung für einen Antrag nach § 23 I EGGVG ist nämlich gemäß § 24 I EGGVG, daß der Antragsteller geltend macht, in eigenen Rechten verletzt zu sein. Diese Rechtsverletzung wird bei einer Weisung jedoch verneint.[422] Eine Rechtsverletzung liegt nur bei der Verletzung subjektiver Rechte vor, nicht aber dann, wenn lediglich die Rechte Dritter oder der Allgemeinheit verletzt sind. Durch die Erteilung einer (rechtswidrigen) Weisung als solcher wird jedoch der Staatsanwalt nicht in seinen subjektiven Rechten verletzt. Wenn die Weisung rechtmäßig ist, scheidet eine Rechtsverletzung ohnehin aus. Auch bei einer rechtswidrigen Weisung ist nicht ersichtlich, worin die Rechtsverletzung des Staatsanwalts liegen sollte. Zum einen stehen dem Staatsanwalt die Rechte der Remonstration und Dienstaufsichtsbeschwerde zu, mit denen sich der Staatsanwalt einer rechtswidrigen Weisung widersetzen kann. Zum anderen wird vom Staatsanwalt – wie bereits gezeigt – verlangt, daß er im Falle einer erfolglosen Remonstration der Weisung nachkommt. Eine rechtswidrige Weisung verletzt allenfalls die Rechte des Angeschuldigten oder der Allgemeinheit, regelmäßig aber nicht subjektive Rechte des Staatsanwalts. Schließlich kann sich der Staatsanwalt auch im Falle der erfolglosen Remonstration der Weisung widersetzen. Wenn sie tatsächlich rechtswidrig war, würde dies in einem eventuell nachfolgenden Dienstaufsichtsverfahren geklärt.

Zudem wird vorgebracht, daß eine Überprüfung behördeninterner Vorgänge nicht den mit der Schaffung der §§ 23 ff EGGVG verfolgten Absichten entspreche.[423]

Alternativ zu diesen Möglichkeiten bzw. bei Mißerfolg dieser Maßnahmen, verbleibt lediglich die Möglichkeit, die Weisungsbefolgung zu verweigern und die Einleitung eines Disziplinarverfahrens abzuwarten, in dem geklärt wird, ob die strittige Weisung rechtswidrig oder rechtmäßig ist.[424]

---

419 Löwe/Rosenberg – Schäfer/Boll, §146 GVG, Rn. 42

420 Schlüchter, S. 34; OLG Hamm NJW 1969, S. 808; Karlsruher Kommentar – Schoreit, §146 GVG, Rn. 12

421 Schlüchter, S. 34; Karlsruher Kommentar – Schoreit, §146 GVG, Rn. 12

422 Löwe/Rosenberg – Schäfer/Boll, §146 GVG, Rn. 42; Geerds, FS für SH, S. 306

423 Löwe/Rosenberg – Schäfer/Boll, §146 GVG, Rn. 42

424 BGHZ 42, S. 170 f; Simgen, S. 319; Geerds, FS für SH, S. 307

- Überprüfung durch Dritte

Sofern in einem Verfahren ein Dritter (Beschuldigter oder Anzeigeerstatter) Kenntnis von einer Weisung erlangt, ist bezüglich einer außergerichtlichen Überprüfung zu unterscheiden:

Spezielle Rechtsbehelfe, mit denen Dritte die Rechtmäßigkeit einer Weisung überprüfen können, sieht weder das GVG noch die StPO vor. Dritten stehen jedoch die allgemeinen (formlosen) Rechtsbehelfe der Gegenvorstellung und der Dienstaufsichtsbeschwerde zur Verfügung. Sowohl die Gegenvorstellung als auch die Dienstaufsichtsbeschwerde resultieren aus dem Petitionsrecht des Art. 17 GG.[425]

Die Gegenvorstellung wendet sich dabei an den Beamten, der die Weisung erteilt hat, mit der Aufforderung, seine eigene Entscheidung noch einmal zu überprüfen.[426]

Die Dienstaufsichtsbeschwerde wendet sich dagegen an den Vorgesetzten und dient dazu, sowohl das dienstliche Verhalten eines Beamten, aber auch dessen konkrete Sachbehandlung zu beanstanden.[427]

Der Beschuldigte und auch der Anzeigeerstatter haben daher – sofern sie Kenntnis von einer Weisung erlangen – die Möglichkeit, beim Vorgesetzten, der die Anweisung erteilt, eine Gegenvorstellung vorzubringen, um diesen von der Rechtswidrigkeit oder Unzweckmäßigkeit der Weisung zu überzeugen. Gelingt dies nicht, so verbleibt die Möglichkeit einer Dienstaufsichtsbeschwerde zum Vorgesetzten des Weisungsgebers, um auf diese Weise die Rechtmäßigkeit der Weisung überprüfen zu lassen.

Eine gerichtliche Überprüfung kann ein Anzeigeerstatter über die Möglichkeit des Klageerzwingungsverfahrens nach § 172 ff StPO erreichen. Eine weitergehende gerichtliche Überprüfungsmöglichkeit oder eine gerichtliche Nachprüfung durch den Beschuldigten ist nicht gegeben. Insbesondere scheidet eine verwaltungsrechtliche Überprüfbarkeit aus, da den Weisungen keinerlei Außenwirkung zukommt. Auch eine Überprüfung nach § 23 EGGVG kommt mangels Außenwirkung und damit mangels Vorliegen eines Justizverwaltungsaktes nicht in Betracht.[428] Aus dem gleichen Grund kann – mangels Außenwirkung – auch keine unmittelbare Rechtsfolge gegenüber Dritten eintreten, so daß durch die Erteilung einer Weisung im Innenverhältnis auch keine Rechtsverletzung bei einem Dritten eintreten kann.[429] Zwar können von einer Anklageerhebung negative und belastende Wirkungen auch dann ausgehen, wenn diese unberechtigt erfolgt.

---

425 Kleinknecht/Meyer-Goßner, §296 StPO, Rn. 22 f

426 Kleinknecht/Meyer-Goßner, §296 StPO, Rn. 23

427 Kleinknecht/Meyer-Goßner, §296 StPO, Rn. 22

428 LG Köln NStZ 1985, S. 231; OLG Hamm NJW 1969, S. 808 für Maßnahmen der Substitution; OLG Karlsruhe MDR 1974, S. 423 für Maßnahmen der Substitution

429 LG Köln NStZ 1985, S. 231; OLG Hamm NJW 1969, S. 808 für Maßnahmen der Substitution; OLG Karlsruhe MDR 1974, S. 423 für Maßnahmen der Substitution

Doch bei diesen Belastungen handelt es sich nicht um rechtliche Wirkungen, so daß eine Rechtsverletzung nicht vorliegt.

II. Überprüfbarkeit von Maßnahmen der Devolution und Substitution[430]

- Überprüfbarkeit von Maßnahmen der Devolution und Substitution durch den abgelösten Staatsanwalt

Der Staatsanwalt, dem ein Verfahren entzogen wird, hat die gleichen außergerichtlichen Möglichkeiten, die ihm auch gegenüber einer erteilten Weisung zur Verfügung stehen. Eine Remonstration im eigentlichen Sinne kommt jedoch nicht in Betracht, da im Falle einer Verfahrensentziehung keine Weisung erteilt werden muß, sondern die Devolution bzw. Substitution unmittelbare Wirkung entfaltet. Damit liegt auch kein Auftrag des Vorgesetzten vor, den der Staatsanwalt im eigentlichen Sinne zurückweisen kann. Dem Staatsanwalt wird nicht ein bestimmtes Verhalten auferlegt, sondern es wird ihm ein Verfahren entzogen. Dennoch hat er die Möglichkeit, über eine Gegenvorstellung den ablösenden Vorgesetzten von der Rechtswidrigkeit bzw. Unzweckmäßigkeit der Ablösung zu überzeugen. Gleiches gilt – bei Erfolglosigkeit – im Rahmen einer Dienstaufsichtsbeschwerde zum nächsthöheren Vorgesetzten und gegebenenfalls bis zum Minister.[431]

Hinsichtlich der gerichtlichen Überprüfung sind bezüglich der Devolution und Substitution de lege lata ebenso wie bezüglich des Weisungsrechts keine Möglichkeiten gegeben. Insbesondere kommt keine Rechtsverletzung des abgelösten Staatsanwalts in Betracht, da es keinen gesetzlichen Staatsanwalt gibt und damit nicht ersichtlich ist, welche Rechtsposition des Staatsanwalts verletzt sein soll.

- Überprüfbarkeit von Maßnahmen der Devolution und Substitution durch Dritte (Beschuldigte, Anzeigeerstatter)

Hinsichtlich der Möglichkeit für außenstehende Dritte, Maßnahmen der Devolution und Substitution außergerichtlich überprüfen zu lassen, ist auf die Ausführungen zur außergerichtlichen Überprüfung von Weisungen zu verweisen, die entsprechend gelten.

Wie bereits im Rahmen der Weisung gezeigt, muß für eine gerichtliche Überprüfbarkeit der Dritte (Anzeigeerstatter oder Beschuldigter) die Möglichkeit einer Rechtsverletzung darlegen. Da es jedoch de lege lata keinen gesetzlichen Staatsanwalt gibt, sind Maßnahmen der Devolution und Substitution durch außenstehende Dritte nicht angreifbar, da in jedem Fall eine Rechtsverletzung ausgeschlossen ist.[432]

---

430 Vgl. LG Köln NStZ 1985, S. 231; Karlsruher Kommentar – Schoreit, §145 GVG, Rn. 7; Katholnigg, §145 GVG, Rn. 4; Kissel, §145 GVG, Rn. 4

431 So etwa Peters, §23 III 3

432 OLG Hamm NJW 1969, S. 808; OLG Karlsruhe MDR 1974, S. 423

III. Zusammenfassung

Nach geltendem Recht gibt es keine Möglichkeit des Staatsanwalts, die Rechtmäßigkeit einer Weisung gerichtlich abstrakt feststellen zu lassen.[433] Der Staatsanwalt kann lediglich versuchen, im Wege der Remonstration zu dem oder den Vorgesetzten eine Klärung herbeizuführen. Fruchtet die Remonstration nicht, so ist die Möglichkeit einer Dienstaufsichtsbeschwerde eröffnet. Eine weitergehende Überprüfung kann lediglich im Fall einer Widersetzung inzident im Rahmen eines Disziplinarverfahrens erfolgen.

Auch Dritte haben nur eingeschränkte Möglichkeiten, von außen Weisungen überprüfen zu lassen. Es besteht zwar die Möglichkeit des Klageerzwingungsverfahrens. Hierdurch können sich jedoch nur negative Weisungen überprüfen lassen. Außerdem kommt das Klageerzwingungsverfahren nur in bestimmten Fallgruppen zum Tragen. Damit ist eine umfassende Weisungsüberprüfung mit Hilfe des Klageerzwingungsverfahrens nicht gewährleistet. Daher bleibt Dritten nur die Gegenvorstellung und die Dienstaufsichtsbeschwerde.

Maßnahmen der Devolution und Substitution können sowohl durch den abgelösten Staatsanwalt als auch durch außenstehende Dritte nur eingeschränkt überprüft werden: Außergerichtlich ist eine Gegenvorstellung und gegebenenfalls eine Dienstaufsichtsbeschwerde zulässig. Eine weitere förmliche oder gar gerichtliche Überprüfungsmöglichkeit ist nicht gegeben.

D. Form der Weisung

Vorschriften, welche die Form von Weisungen regeln, existieren nicht. Weder das GVG, noch die OrgStA, noch die beamtenrechtlichen Vorschriften enthalten hierzu Bestimmungen. Nach herrschender Meinung bedürfen Weisungen daher weder einer bestimmten Form, noch einer besonderen Bezeichnung.[434]

- Weisungen im Einzelfall

Teilweise wird demgegenüber bereits de lege lata für Weisungen zur Sachbehandlung die Schriftform für erforderlich gehalten.[435] Abgeleitet wird dies aus allgemeinen Grundsätzen, die sich aus den Geboten sachgerechten Verwaltungshandelns ergeben. Insbesondere soll sich die Schriftformerfordernis aus dem Gebot notwendiger Klarheit und Eindeutigkeit ergeben. Dabei werden in Einzelfällen, namentlich Eilfällen, fernmündliche Weisungen in Verbindung mit ent-

---

433 Simgen, S. 318; Pfeiffer, §146 GVG, Rn. 3; so auch Kissel, §149 GVG, Rn. 9, der feststellt, daß eine Klärung grundsätzlich nur im Falle der Weigerung des Staatsanwalts durch ein gegebenenfalls nachfolgendes Disziplinarverfahren erfolgen könne.

434 Löwe/Rosenberg – Schäfer/Boll, §146 GVG, Rn. 43; Kissel, §146 GVG, Rn. 8

435 Löwe/Rosenberg – Schäfer/Boll, §146 GVG, Rn. 44; Rede der Niedersächsischen Ministerin der Justiz und für Europaangelegenheiten, Heidi Alm-Merk, am 16.06.1997 anläßlich des Wechsels des Generalstaatsanwalts in Braunschweig, S. 10

sprechenden Aktenvermerken und gegebenenfalls unter Nachreichung einer schriftlichen Weisung für möglich gehalten.[436] Desweiteren sei die Schriftform erforderlich, um Weisungen von unverbindlichen Ratschlägen zweifelsfrei abzugrenzen.

Diese Auffassung findet jedoch keinerlei Anhaltspunkt im Gesetz. Insbesondere wird nicht klar, aus welchen allgemeinen Verwaltungsgrundsätzen sich das Schriftformerfordernis herleiten soll. So wünschenswert diese Grundsätze de lege ferenda auch sein mögen,[437] ist eine Verpflichtung, Weisungen schriftlich zu erteilen de lege lata jedenfalls ohne Grundlage.

- Allgemeine Weisungen

Das gleiche gilt für die allgemeinen Weisungen, für die ebenfalls eine bestimmte Form nicht vorgeschrieben ist. Allerdings werden sie wohl regelmäßig schriftlich ergehen. Ein Publikationsakt nach außen wird jedoch de lege lata nicht für erforderlich gehalten.[438] Einige – insbesondere bundeseinheitlich erlassene – Richtlinien werden dennoch in den jeweiligen Landesverwaltungs- bzw. Ministerialblättern veröffentlicht, so etwa die Richtlinien für das Straf- und Bußgeldverfahren (RiStBV)[439] oder die Verordnung über die Organisation und den Dienstbetrieb der Staatsanwaltschaften (OrgStA).[440] Vorgeschrieben ist eine Veröffentlichung nach geltendem Recht jedoch nicht und wird daher – je nach Bundesland – unterschiedlich gehandhabt.[441] Ein System, welche allgemeinen Weisungen veröffentlicht werden und welche nicht, ist nicht ersichtlich.

---

436 Löwe/Rosenberg – Schäfer/Boll, §146 GVG, Rn. 44

437 Vgl. unten im 13. Kapitel

438 Zu diesbezüglichen Forderungen de lege ferenda vgl. jedoch im 8. und 13. Kapitel

439 Vgl. Kleinknecht/Meyer-Goßner, A 15

440 Z. B. JMBl. Hessen 1998, S. 950 ff

441 Dies wurde deutlich, als der Verfasser bei den Justizministerien der Länder exemplarisch um die Überlassung verschiedener allgemeiner Richtlinien bat. Während in Schleswig Holstein sämtliche der angefragten Richtlinien im Justiz- und Ministerialblatt veröffentlicht wurden, bezog man sich in Bayern oder Hamburg darauf, daß diese Erlasse für den internen Gebrauch bestimmt seien und war auch nicht bereit, diese zum Zwecke einer wissenschaftlichen Analyse bekanntzugeben.

2. Teil: Reformdiskussion

5. Kapitel: Kritik und Diskussion bezüglich des Weisungsrechts

Sowohl das interne, als auch vor allem das externe Weisungsrecht werden in der Literatur heftig kritisiert und von zahlreichen Stimmen abgelehnt.[442] Nicht minder engagiert setzen sich andere Autoren für die Beibehaltung des Weisungsrechts ein.[443]

Es lassen sich erhebliche Argumente für aber auch gegen das Weisungsrecht nennen. Teilweise richtet sich die Argumentation der Kritiker gegen das Weisungsrecht allgemein. Darüber hinaus wird spezielle Kritik am externen Weisungsrecht sowie gegen allgemeinen Weisungen in Form von Richtlinien und Erlassen geübt.

A. Argumente gegen das Weisungsrecht im allgemeinen

I. Fehlende Vereinbarkeit mit Art. 92, 97 GG

Einer der Hauptkritikpunkte am Weisungsrecht ist der Vorwurf, die §§ 146, 147 GVG seien verfassungswidrig. Eine solche Verfassungswidrigkeit könnte sich aus einem Verstoß gegen die Art. 92, 97 GG ergeben, welche die Unabhängigkeit der Richter beziehungsweise der rechtsprechenden Gewalt garantieren.

- Auffassung, die §§ 146, 147 GVG seien verfassungswidrig

Teilweise wird eine Verfassungswidrigkeit der Weisungsgebundenheit wegen eines Verstoßes gegen die Art. 92, 97 GG bejaht.[444] Die Vertreter dieser Auffassung interpretieren Art. 92 GG nicht streng nach seinem Wortlaut, sondern beziehen darüber hinaus auch die Staatsanwaltschaft mit ein.[445] Die Staatsanwaltschaft sei ein Organ der Rechtsprechung und ihr müsse daher die richterliche Unabhängigkeit zukommen.[446] Hiermit stünden die §§ 146, 147 GVG nicht in Einklang, da die hierin vorgesehene Weisungsgebundenheit mit der in Art. 92, 97 GG garantierten Unabhängigkeit in Widerspruch stehe.[447]

---

442 Vgl. etwa Kommission für die Angelegenheiten der Staatsanwälte im Deutschen Richterbund, DRiZ 1968, S. 362; Knobloch, RuP 1968, S. 66

443 Vgl. etwa Siegert, DRiZ 1956, S. 227; Kuhlmann, Kriminalistik 1978, S. 197

444 Arndt, NJW 1961, S. 1617; Göbel, NJW 1961, S. 856 f; Görcke, ZStrW (73) 1961, S. 579; Wagner, NJW 1963, S. 9

445 Güde, Die Justiz 1957, S. 304; Wagner, NJW 1963, S. 8 f; Knobloch, RuP 1969, S. 66; Fachgruppe Staatsanwälte in der Gewerkschaft Öffentliche Dienste, Transport und Verkehr, RuP 1970, S. 33

446 Görcke, ZStrW (73) 1961, S. 591; Kommission für die Angelegenheiten der Staatsanwälte im Deutschen Richterbund, DRiZ 1968, S. 361

447 Görcke, ZStrW (73) 1961, S. 591

Begründet wird dieser Ansatz damit, daß mit der rechtsprechenden Gewalt des Art. 92 das gleiche gemeint sei, wie in Art. 20 II und III GG mit Rechtsprechung, also nicht nur die Richter, sondern die gesamte „Gewalt“. Daher würden Richter nicht nur in ihrer Rolle als Spruchrichter, sondern auch bei der Erledigung von Justizverwaltungsaufgaben oder in der freiwilligen Gerichtsbarkeit zur rechtsprechenden Gewalt gerechnet. Deshalb könne auch für die Staatsanwälte nichts anderes gelten, da sie der Rechtspflege nicht ferner stünden als die Richter der freiwilligen Gerichtsbarkeit. Auch wenn die Staatsanwälte nicht als Richter unmittelbar vom Wortlaut der Art. 92, 97 GG erfaßt seien, müsse man sie – wenn auch nicht zur richterlichen – dann jedoch zur rechtsprechenden Gewalt zählen.[448]

Aus dem Wortlaut des Art. 92 GG könne nicht geschlossen werden, daß die Verfassungsgeber die Staatsanwaltschaft aus der rechtsprechenden Gewalt ausklammern wollten.[449] Andernfalls – so die Vertreter dieser Ansicht – hätten die Väter des Grundgesetzes klarstellen müssen, daß die Staatsanwälte nicht zu den in Art. 92 GG genannten Organen gehören.[450] Da dies nicht erfolgt sei, müsse Art. 92 GG so interpretiert werden, daß auch die Staatsanwaltschaft als Teil der rechtsprechenden Gewalt anzusehen ist.[451]

Weiterhin wird vorgebracht, die Vorbereitungshandlungen der Staatsanwaltschaft seien für die richterliche Tätigkeit von so entscheidender Bedeutung, daß sie von der Rechtsprechung nicht getrennt werden können.[452] Ziel des Strafverfahrens und damit Aufgabe der Rechtsprechung sei die Justizgewährung. Hierbei arbeiteten Staatsanwaltschaft und Gericht so eng zusammen,[453] daß auch die Staatsanwaltschaft als Organ der Rechtsprechung zu qualifizieren sei.[454] Diesbezüglich wird als Argument angeführt, der Staatsanwalt agiere in der Praxis faktisch wie ein Richter, da er in ca. 80 % der anhängigen Verfahren eine Einstellungsverfügung erlasse und damit gewissermaßen einen vorweggenommenen

448 Wagner, NJW 1963, S. 9; Fachgruppe Staatsanwälte in der Gewerkschaft Öffentliche Dienste, Transport und Verkehr, RuP 1970, S. 33; Grosse, DRiZ 1988, S. 55;

449 Görcke, ZStrW (73) 1961, S. 590; ähnlich Kommission für die Angelegenheiten der Staatsanwälte im Deutschen Richterbund, DRiZ 1968, S. 361

450 Kohlhaas, S. 46

451 Kohlhaas, S. 46; Arndt, DRiZ 1959, S. 204

452 Görcke, ZStrW (73) 1961, S. 581

453 Görcke, ZStrW (73) 1961, S. 581; ähnlich auch Kommission für die Angelegenheiten der Staatsanwälte im Deutschen Richterbund, DRiZ 1968, S. 361

454 Görcke, ZStrW (73) 1961, S. 581

Freispruch[455] unter Verzicht auf einen legalen staatlichen Strafanspruch fälle.[456]

Die Schlußfolgerung, Staatsanwaltschaft und Gericht seien gleichwertige Bestandteile der Rechtsprechung, soll schließlich auch aus § 150 GVG hergeleitet werden, der vorsieht, daß die Staatsanwaltschaft von den Gerichten unabhängig ist.[457]

- Auffassung, die §§ 146, 147 GG seien nicht verfassungswidrig

Demgegenüber wird die Auffassung, die §§ 146, 147 GG seien verfassungswidrig, abgelehnt.[458] Auch wenn die Staatsanwaltschaft durchaus ein Organ der Rechtspflege sein könne, folge hieraus nicht, daß die Tätigkeit der Staatsanwaltschaft Rechtsprechung im Sinne des Art. 92 GG sei.[459] Aus Art. 97 iVm Art. 92 GG ergebe sich die Unabhängigkeit des Staatsanwalts nicht, da die Rechtsprechung gemäß Art. 97 GG ausdrücklich den Richtern zugewiesen sei.[460]

Gerade der Wortlaut der Art. 92, 97 GG, der die Staatsanwälte nicht erfaßt, wird als Argument dafür vorgebracht, daß den Staatsanwälten nicht die richterliche Unabhängigkeit zukommen soll. Art. 97 GG spreche nur von der Unabhängigkeit der „Richter", nicht aber von der Unabhängigkeit der „Justiz".[461] Dieser eindeutige Wortlaut der Art. 92, 97 GG lasse eine ergänzende Auslegung, die

---

455 Zwar ist nach §153 I StPO die Zustimmung des für die Eröffnung des Hauptverfahrens zuständigen Gerichts erforderlich. Doch hierin wird in der Praxis nicht mehr als eine Formalie gesehen (vgl. Kuhlmann Kriminalistik 1978, S. 198). Hinzu kommt, daß für andere Einstellungs- bzw. Rücknahmemöglichkeiten, etwa die §§153 c III oder §153 d II StPO nicht einmal eine Zustimmung des Gerichts erforderlich ist (Kuhlmann, Kriminalistik 1978, S. 198).

456 Zapka, RuP 1990/91, S. 118; ähnlich (zwei Drittel bis drei Viertel aller Verfahren enden durch Einstellung): Großer, Nerz und Wolters im Auftrage des DRB, DRiZ 1954, S. 207; auch Meier-Branecke, GA 1956, S. 22; ebenso Kommission für die Angelegenheiten der Staatsanwälte im Deutschen Richterbund, DRiZ 1968, S. 358; Fachgruppe Staatsanwälte in der Gewerkschaft Öffentliche Dienste, Transport und Verkehr, RuP 1970, S. 33; Schultz, RuP 1971, S. 62; Wagner, DRiZ 1972, S. 167; nur von 50 % geht Ostendorf in der Märzausgabe von „ÖTV in der Rechtspflege" 1996, S. 4 aus; 70 % schätzt Roth, FAZ vom 20.03.2000, S. 12; bis zu 80 % hingegen nimmt Grosse, DRiZ 1988, S. 54 an, sogar 90 % Schmidt, MDR 1964, S. 631; zum tatsächlichen Gebrauch der Einstellungsmöglichkeiten; vgl. auch Blankenburg, ZRP 1978, S. 263 ff

457 Kommission für die Angelegenheiten der Staatsanwälte im Deutschen Richterbund, DRiZ 1968, S. 361

458 Karlsruher Kommentar – Schoreit, §146 GVG, Rn. 1; Löwe/Rosenberg – Schäfer/Boll, §146 GVG, Rn. 16; Gössel, §3 II; Höß, S. 126; Kerbel, S. 80

459 Siegert, DRiZ 1956, S. 226; Blomeyer, GA 1970, S. 161; Zuberbier, DRiZ 1988, S. 254; Röper, DRiZ 1998, S. 312; in diesem Zusammenhang ist zu beachten, daß auch der Rechtsanwalt ein unabhängiges Organ der Rechtspflege ist, ohne daß er Rechtsprechung ausübt. Für die Zuordnung der Rechtsanwälte zur Dritten Gewalt spricht sich jedoch van Husen, Rheinischer Merkur 1952 Nr. 47, S. 4 aus.

460 Löwe/Rosenberg – Schäfer/Boll, §146 GVG, Rn. 11; Fuhrmann, JR 1964, S. 419; Blomeyer, GA 1970, S. 161

461 Mahrenholz, DRiZ 1991, S. 433

Staatsanwälte seien zur Rechtsprechung zu zählen, nicht zu.[462] Da auch das Richtergesetz die Staatsanwaltschaft nicht erwähne, könne dies nur dahingehend gedeutet werden, daß sie im Bereich der rechtsprechenden Gewalt nicht in der gleichen Weise wie ein Richter beteiligt sein könne.[463]

Zudem sei auch Art. 101 II GG zu berücksichtigen, wonach niemand seinem gesetzlichen Richter entzogen werden darf. Einen gesetzlichen Staatsanwalt hingegen kennt das Gesetz nicht.[464] Aus diesem Grunde könne „Staatsanwalt" nicht dasselbe bedeuten wie „Richter" und man dürfe ihn auch nicht zur rechtsprechenden Gewalt zählen. Es bestehe kein Grund zu der Annahme, das Grundgesetz verwende in Art. 101 GG einen anderen Begriff des Richters als in Art. 92 GG.[465]

Zwar wird eingeräumt, daß grundsätzlich auch die Möglichkeit besteht, die Staatsanwaltschaft nicht insgesamt zur Rechtsprechung zu rechnen. Sie könne auch lediglich einzelne Aufgaben der Rechtsprechung wahrnehmen. Dies führt aber nicht zu einer abweichenden Bewertung. Selbst wenn man für einzelne Teilbereiche zu dem Ergebnis kommen sollte, die Staatsanwaltschaft nehme Aufgaben der Rechtsprechung wahr, dann führe dies allenfalls zur Verfassungswidrigkeit der einzelnen Aufgabenzuweisung, nicht aber zur Verfassungswidrigkeit der Weisungsgebundenheit der Staatsanwaltschaft insgesamt.[466]

Zudem müßten den Staatsanwälten in ihrer Tätigkeit zumindest auch einzelne Maßnahmen obliegen, die mit Rechtsprechungsakten der Richter zu vergleichen seien.[467] Dies wird jedoch verneint: Auch wenn die geistige Haltung sowie die Denk- und Arbeitsweise in der Tätigkeit des Staatsanwalts sehr viel mit der des Richters gemeinsam habe, so spreche er dennoch kein Recht.[468] Das in der staatsanwaltlichen Anklageschrift inzident enthaltene Wahrscheinlichkeitsurteil sei nur eine Prognose, keine Entscheidung. Es werde nicht ausgesprochen, daß der Strafanspruch tatsächlich besteht. Die staatsanwaltliche Ermittlungstätigkeit diene allenfalls der Vorbereitung der Hauptverhandlung und sei nicht Bestandteil des dem Richter vorbehaltenen Spruchs über das Strafverhältnis. Damit sei die Tätigkeit des Staatsanwalts nicht urteilsfinal.[469] Gegen die Annahme, die

---

462 Odersky, FS für Bengl, S. 57; Kintzi, FS für Wassermann, S. 901; Kunert, FS für Wassermann, S. 916; Görcke, ZStrW (73) 1961, S. 589; Blomeyer, GA 1970, S. 161; Schultz, RuP 1971, S. 62; Gössel, GA 1980, S. 335; Kintzi, DRiZ 1987, S. 458

463 Vgl. Schmidt, DRiZ 1957, S. 279

464 Wobei in diesem Zusammenhang auszuführen ist, daß gerade von den Befürwortern der Auffassung, die den Staatsanwalt der Dritten Gewalt zuordnet, die Unabhängigkeit des Staatsanwalts gefordert und der Ruf nach dem „gesetzlichen Staatsanwalt" laut wird (so etwa Daun, Kriminalistik 1972, S. 19; Daun, Kriminalistik 1977, S. 479).

465 Gaul, SchlHA 1969, S. 86

466 Neumann, S. 199

467 Vgl. Schmidt, S. 178; Schmidt, MDR 1964, S. 630

468 Sarstedt, NJW 1964, S. 1753

469 Blomeyer, GA 1970, S. 163

Staatsanwaltschaft übe durch Verfahrenseinstellungen Rechtsprechung aus, wird angeführt, daß dieser „Quasi-Freispruch" nicht endgültig sei, da das Verfahren nach Einstellung jederzeit ohne prozessuale Formalitäten wieder fortgesetzt werden könne.[470]

- Stellungnahme

Der Auffassung, die Staatsanwälte seien zum Schutzbereich des Art. 92 GG zu zählen, da sie nicht ausdrücklich ausgeschlossen worden sind, kann nicht gefolgt werden.

Andernfalls müßten auch andere Organe mit vergleichbaren Funktionen unter den Schutzbereich des Art. 92 GG fallen. Auch die allgemeinen Verwaltungsbehörden werden in Art. 92 GG nicht ausdrücklich ausgeschlossen. Dennoch würde niemand auf die Idee kommen, in der verwaltungsbehördlichen Abhilfeentscheidung des § 72 VwGO einen richterlichen Entscheidungsakt zu sehen und die Unabhängigkeit der Verwaltungsbehörden fordern.

Es spricht mehr dafür, daß die Staatsanwaltschaft nicht unter den Definitionsbereich des Art. 92 fallen soll. Insbesondere war den Vätern des Grundgesetzes die jahrzehntelang andauernde Diskussion bekannt, und es wäre daher ein Leichtes gewesen, den grundgesetzlichen Schutz des Art. 92 GG auf die Staatsanwaltschaften auszudehnen.[471] Es besteht kein Anlaß anzunehmen, daß die Verfassungsväter die Staatsanwälte unter den Begriff „Richter" fassen wollten. Schließlich waren die meisten von ihnen rechtskundig.[472]

Verfehlt ist auch der teilweise gezogene Schluß, aus § 150 GVG ergebe sich eine Zugehörigkeit der Staatsanwaltschaft zur Rechtsprechung. Aus der Unabhängigkeit der Staatsanwaltschaften von den Gerichten ergibt sich gerade, daß Staatsanwälte nicht mit den Richtern identisch sind.

Entscheidend ist aber ein anderer Punkt: Es kommt für die Beurteilung der Verfassungswidrigkeit der §§ 146, 147 GVG wegen Art. 92, 97 GG nicht auf die Zugehörigkeit der Staatsanwaltschaft zur Dritten Gewalt an, sondern darauf, ob die Staatsanwälte „Rechtsprechung" im Sinne der Art. 92, 97 GG betreiben.[473] Art. 92 GG ordnet die rechtsprechende Gewalt den Richtern zu, während erst Art. 97 GG die richterliche Unabhängigkeit garantiert. Eine Einordnung der Staatsanwälte unter Art. 97 GG mit der Folge der Unabhängigkeit setzt eine Gleichsetzung des Staatsanwalts mit dem Richter voraus. Charakteristische Tätigkeit des Richters ist die Rechtsprechung. Daher müßte für die erforderliche Gleichsetzung auch die Tätigkeit des Staatsanwalts unter den Rechtsprechungsbegriff subsumiert werden.[474]

---

470 Kintzi, FS für Wassermann, S. 901; Schultz, RuP 1971, S. 62
471 Vgl. Schmidt, S. 185; Sarstedt, NJW 1964, S. 1754
472 Sarstedt, NJW 1964, S. 1754
473 So auch Geisler, ZStrW (93) 1981, S. 1124
474 Schmidt, MDR 1964, S. 630

Zu prüfen ist damit im folgenden, welche Kriterien die Ausübung einer Rechtsprechungstätigkeit charakterisieren und ob die Aufgaben der Staatsanwaltschaft hierunter fallen.[475]

Teilweise wird darauf abgestellt, die Rechtsprechung stelle die Entscheidung eines Streits zwischen zwei Parteien durch einen objektiven, unparteiischen Dritten dar.[476]

Eine solche Streitentscheidung wird mit der Begründung bejaht, der Staatsanwalt beherrsche das Ermittlungsverfahren und entscheide es in der Masse der Fälle sogar, nämlich durch Verfahrenseinstellung.[477]

Hiergegen wird zu Recht vorgebracht, kein einziger Tätigkeitsakt der Staatsanwaltschaft habe streitentscheidende Wirkung.[478] Die Staatsanwaltschaft habe lediglich die Möglichkeit eine Entscheidung des Streits durch die Gerichte herbeizuführen,[479] sei aber nicht dazu berufen, selbst eine – mit einem Rechtsspruch vergleichbare – Entscheidung zu treffen.[480] Ein Rechtsspruch werde dadurch charakterisiert, daß er den Prozeß abschließe.[481] Dies ist bei staatsanwaltlichen Entscheidungen nicht der Fall. Eine Verfahrenseinstellung ist keine Streitentscheidung. Bis zu diesem Zeitpunkt sind noch keine zwei Parteien beteiligt, über deren Streit entschieden wird. Ein Verfahren kann sogar eingestellt werden, ohne den Beschuldigten überhaupt zu hören. Nimmt man als entscheidendes Kriterium der Rechtsprechung die Streitentscheidung an, fällt die Staatsanwaltschaft nicht unter den Rechtsprechungsbegriff.

Vielfach wird für die Zuordnung der Staatsanwaltschaft zur Rechtsprechung darauf abgestellt, ob eine rechtskraftfähige Entscheidung erfolgt.[482] Diese sei gerade das Essentielle der Rechtsprechung.[483]

Die Rechtskraft wird der staatsanwaltlichen Entscheidung jedoch zurecht abgesprochen.[484] Das Gericht entscheidet mit Rechtskraftwirkung über die Bestra-

---

475 Vgl. zu den verschiedenen Definitionsansätzen auch Schmidt-Bleibtreu/Klein, Art. 92 GG, Anm. 2 ff

476 Schmidt, S. 180; Schäfer, Kap. 8, Rn. 1; Kintzi, FS für Wassermann, S. 901

477 Löwe/Rosenberg – Schäfer/Boll, §146 GVG, Rn. 11; vgl. Schmidt, S. 181; Kommission für die Angelegenheiten der Staatsanwälte im Deutschen Richterbund, DRiZ 1968, S. 361

478 Fuhrmann, JR 1964, S. 419; Schmidt, MDR 1964, S. 631

479 Löwe/Rosenberg – Schäfer/Boll, §146 GVG, Rn. 11; vgl. Schmidt, S. 181; Kunert, FS für Wassermann, S. 916

480 Schmidt, MDR 1964, S. 630

481 Löwe/Rosenberg – Schäfer/Boll, §146 GVG, Rn. 11; Schmidt, S. 181

482 Vgl. Görcke, ZStrW (73) 1961, S. 579; Gaul, SchlHA 1969, S. 86; ähnlich auch Sarstedt, NJW 1964, S. 1753 der auf die Endgültigkeit der Entscheidung abstellt; ähnlich auch Blomeyer, GA 1970, S. 163, der auf die Verbindlichkeit der Entscheidung abstellt.

483 Kunert, FS für Wassermann, S. 916; Odersky, FS für Bengl, S. 57; Roxin, DRiZ 1997, S. 113

484 Fuhrmann, JR 1964, S. 419

fung oder den Freispruch des Angeklagten.[485] Der Staatsanwalt hingegen hat Ermittlungen durchzuführen und die Entscheidung zu treffen, ob Anklage erhoben werden soll oder nicht.[486] Er entscheidet also nicht über die Bestrafung, sondern über die Frage, ob ein Verfahren dem Gericht zur Entscheidung vorgelegt werden soll.[487] Damit trifft der Staatsanwalt keine verbindliche Entscheidung, sondern lediglich ein Wahrscheinlichkeitsurteil über den Strafanspruch.[488] Diese Entscheidungen des Staatsanwalts haben keinen abschließenden Charakter[489] und können jederzeit ohne prozessuale Formalitäten wieder aufgehoben oder abgeändert werden[490] und erwachsen daher nicht in Rechtskraft.[491] Aufgrund dieser fehlenden Rechtskraft könne man die Tätigkeit des Staatsanwalts nicht als Rechtsprechung qualifizieren[492] und ihn nicht den Richtern gleichstellen.[493]

Auch wenn in einer großen Zahl der Fälle die staatsanwaltliche Einstellungsverfügung praktisch zu einer Verfahrensbeendigung führt, ist dies aber qualitativ nicht mit einem Richterspruch zu vergleichen, sondern beruht darauf, daß niemand gegen die Einstellungsverfügung vorgeht oder das Klageerzwingungsverfahren nicht zum Erfolg führt.[494] Im Gegensatz hierzu kommt richterlichen Entscheidungen durch die §§ 359 ff StPO Rechtskraft zu, die auf Sicherung des Rechtsfriedens gerichtet ist.[495]

Die oben genannten Definitionen des Begriffs „Rechtsprechung" sind auf massive Kritik gestoßen, so daß die Auffassung vertreten wird, man könne keinen materiellen Rechtsprechungsbegriff definieren und müsse daher mit einem formellen Rechtsprechungsbegriff arbeiten.[496] Danach wird als Rechtsprechung nur das angesehen, was den Gerichten durch Gesetz als Aufgabe zugewiesen ist.[497] Insoweit könne man jedoch nicht argumentieren, die Staatsanwaltschaft übe von der Sache her eine andere Funktion aus als die Rechtsprechung. Richter

485 Bucher, JZ 1975, S. 105
486 Bucher, JZ 1975, S. 105
487 Bucher, JZ 1975, S. 105
488 Blomeyer, GA 1970, S. 164; Schultz, RuP 1971, S. 63
489 Bucher, JZ 1975, S. 105
490 Odersky, FS für Bengl, S. 57; Kintzi, FS für Wassermann, S. 901; Schultz, RuP 1971, S. 62; Gaul, SchlHA 1969, S. 86; Kintzi, DRiZ 1987, S. 458; Radtke, NStZ 1999, S. 485
491 Kunert, FS für Wassermann, S. 916; Odersky, FS für Bengl, S. 58; Görcke, ZStrW (73) 1961, S. 579; Schmidt, MDR 1964, S. 631; Schultz, RuP 1971, S. 62; Kintzi, DRiZ 1987, S. 458; Radke, NStZ 1999, S. 483
492 Kunert, FS für Wassermann, S. 916; Görcke, ZStrW (73) 1961, 579 f; Schultz, RuP 1971, S. 63
493 Bucher, JZ 1975, S. 105
494 Vgl. Schmidt, S. 182
495 Vgl. Schmidt, S. 182
496 Daun Kriminalistik 1971, S. 611
497 Kausch, S. 70

und Staatsanwälte strebten in „funktioneller Verklammerung" und mit gleichgerichteter Zielsetzung auf die Erforschung materieller Wahrheit und der Herbeiführung eines gerechten Urteilsspruches zu. Es sei kein Unterschied, ob die Staatsanwälte das Verfahren gegen einen Beschuldigten einstellen oder ihn der Richter freispreche.[498]

Der Auffassung, zwischen der Tätigkeit des Staatsanwalts und des Richters bestehe in funktioneller Hinsicht kein Unterschied, kann nicht gefolgt werden. Auch wenn die Aufgaben von Richter und Staatsanwalt hinsichtlich der Tatbewertung ähnlich sein mögen, so wird übersehen, daß der Bewertungsmaßstab ein gänzlich anderer ist. Ein Staatsanwalt benötigt für die Erhebung der Anklage nach § 170 I StPO lediglich einen hinreichenden Tatverdacht. Dabei handelt es sich um einen unbestimmten Rechtsbegriff, der einen nicht unerheblichen Beurteilungsspielraum eröffnet.[499] Es kommt dabei auf eine subjektive Wahrscheinlichkeitsprognose des Staatsanwalts bei vorläufiger Tatbewertung an. Bewertungsgrundlage ist dabei allein der Akteninhalt.[500] Der Grundsatz „in dubio pro reo" gilt nicht.[501] Auch wenn Zweifel bleiben, kann dennoch Anklage erhoben werden. Für ein gerichtliches Urteil hingegen genügt ein hinreichender Tatverdacht nicht, sondern es ist nach § 261 StPO die Überzeugung des Richters erforderlich. Für den Richter muß die Wahrheit ohne jeden Zweifel feststehen.[502] Entscheidungsgrundlage ist – anders als beim Staatsanwalt – nicht der Akteninhalt, sondern das Ergebnis der Hauptverhandlung.[503]

Es bestehen daher auch in funktionaler Hinsicht deutliche Unterschiede zwischen der Tätigkeit des Richters und des Staatsanwalts. Somit kann der Staatsanwalt auch nicht in funktionaler Hinsicht der Rechtsprechung zugeordnet werden.

- Zwischenergebnis

Eine Verfassungswidrigkeit des Weisungsrechts aufgrund eines Verstoßes gegen die Art. 92, 97 GG kann nicht bejaht werden. Nach keiner der genannten Definitionen läßt sich überzeugend darlegen, daß die Staatsanwaltschaft Aufgaben der Rechtsprechung wahrnimmt. Damit ist sie auch nicht unabhängig. Da die Unabhängigkeit der Staatsanwaltschaft im Grundgesetz nicht vorgesehen ist, kann hieraus auch nicht die Verfassungswidrigkeit des Weisungsrechts hergeleitet werden.

---

498 Daun, Kriminalistik 1971, S. 611
499 Kleinknecht/Meyer-Goßner, §170 StPO, Rn. 1
500 Kleinknecht/Meyer-Goßner, §170 StPO, Rn. 1
501 Kleinknecht/Meyer-Goßner, §170 StPO, Rn. 2
502 Karlsruher Kommentar – Hürxthal, §261 StPO, Rn. 2
503 Karlsruher Kommentar – Hürxthal, §261 StPO, Rn. 6

II. Historisches Argument

Auch die historische Entwicklung wird als Argument gegen das heutige Weisungsrecht vorgebracht. Die Weisungsgebundenheit habe ursprünglich einen guten Sinn gehabt, da die monokratische Struktur dem damaligen Staatsaufbau und Staatsgedanken entsprochen habe.[504] Auch sei es ursprünglich der Wunsch des Polizeistaates gewesen, sich mit der Staatsanwaltschaft ein Organ zur Vertretung seiner Machtinteressen zu schaffen.[505] Mittlerweile hätten sich die Anschauungen und Verhältnisse gewandelt.[506] Es bestehe heute ein demokratischer Rechtsstaat, in dem der Staatsanwalt nicht mehr Vertreter der politischen Machtinteressen der jeweiligen Regierung sei.[507] Damit sei das Weisungsrecht zwischenzeitlich ebenfalls überholt.[508]

III. Verhinderung objektiver Wahrheitsfindung

Der Weisungsgebundenheit der Staatsanwaltschaft wird entgegengehalten, sie sei geeignet, die objektive Wahrheitsfindung zu verhindern.[509] Da die Staatsanwaltschaft ausschließlich auf Wahrheit und Gerechtigkeit verpflichtet sei,[510] müsse sie sachlich und persönlich in gleicher Weise unabhängig sein wie der Richter.[511]

Nach § 160 II StPO ist auch die Staatsanwaltschaft zur Objektivität und Neutralität verpflichtet. Die Entscheidung über Schuld oder Unschuld des Beschuldigten müsse der einzelne Staatsanwalt aus seiner persönlichen Rechtsüberzeugung gewinnen. Der Akt der Rechtsfindung sei nicht vertretbar,[512] so daß es zwar zulässig sei, einen Staatsanwalt argumentativ zu beraten, aber nicht ihn anzuweisen. Ein Weisungsrecht habe zur Folge, daß die eigene Überzeugung des erkennenden Staatsanwalts komplett ausgeschaltet wird.[513]

Dem wird entgegengehalten, die Weisungsgebundenheit der Staatsanwaltschaft widerspreche nicht dem Prinzip der materiellen Gerechtigkeit bzw. der materiellen Wahrheit, sondern das Weisungsrecht (sowohl das externe als auch

---

504 Hund, ZRP 1994, S. 471

505 Hoberg, DRiZ 1953, S. 138

506 Hund, ZRP 1994, S. 471

507 Hoberg, DRiZ 1953, S. 138; ähnlich auch Kommission für die Angelegenheiten der Staatsanwälte im Deutschen Richterbund, DRiZ 1968, S. 359

508 Hoberg, DRiZ 1953, S. 138; Kommission für die Angelegenheiten der Staatsanwälte im Deutschen Richterbund, DRiZ 1968, S. 360

509 Vgl. Nachweise bei Neumann, S. 199/200

510 Vgl. auch Amelunxen, DRiZ 1955, S. 92

511 Fachgruppe Staatsanwälte in der Gewerkschaft Öffentliche Dienste, Transport und Verkehr, RuP 1970, S. 34

512 Roxin, DRiZ 1969, S. 386; Martin, JZ 1973, S. 416

513 Martin, JZ 1973, S. 415

das interne) ermögliche dem Vorgesetzten die materielle Gerechtigkeit zu sichern. Dies soll insbesondere für den Justizminister und dessen externes Weisungsrecht gelten, der als Exekutivorgan durch Art. 20 GG III ebenfalls dem Prinzip der materiellen Wahrheit verpflichtet sei.[514]

IV. Externe Einflußnahme

Nicht nur die Gefahr politischer,[515] sondern die Gefahr von externer Einflußnahme überhaupt wird als Argument gegen das Weisungsrecht im allgemeinen vorgebracht.[516] Da die Sachentscheidungen des Staatsanwalts im Wege der Dienstaufsicht nachprüfbar seien, stelle dies geradezu einen Anreiz für die Prozeßbeteiligten dar, über das Weisungsrecht des Vorgesetzten zu erreichen, was aufgrund der materiellen und prozessualen Gesetze nicht gelinge.[517] Dies sei praktisch ein häufig auftretendes Phänomen. Man versuche, über Dienstaufsichtsbeschwerden Druck auf den Staatsanwalt auszuüben.[518] Insbesondere werde der Justizminister immer wieder von Bürgern, Rechtsanwälten, Abgeordneten und Journalisten gebeten, gedrängt und aufgefordert, Einfluß auf den Staatsanwalt zu nehmen. So soll er etwa auf Einstellung bestimmter Verfahren hinwirken oder eine Anklageerhebung anordnen.[519] Dies gehe soweit, daß die Staatsanwaltschaft in der öffentlichen Meinung sogar als verlängerter Arm des Ministers angesehen werde.[520]

V. Autorität

Auch die Sicherung staatsanwaltlicher Autorität wird als Argument gegen die Weisungsgebundenheit ins Feld geführt. Ein abhängiger Staatsanwalt sei immer in seiner Entfaltung gehemmt und nach außen in seiner Autorität umstritten.[521] Aus diesem Grund sei es erforderlich, die Stellung des Staatsanwalts zu stärken, damit dieser die ihm gesetzlich zugedachte Aufgabe besser erfüllen könne.[522] Insoweit wird sogar ein Selbstfindungsprozeß des Staatsanwalts für nötig gehal-

---

514 Gössel, GA 1980, S. 336 f

515 Insbesondere im Rahmen des externen Weisungsrechts; vgl. hierzu unten 5. Kapitel B. III.

516 Daun, Kriminalistik 1972, S. 16

517 Daun, Kriminalistik 1972, S. 16

518 Daun, Kriminalistik 1972, S. 16

519 Krumsiek, FS für Stern, S. 650; ähnlich Görcke, DRiZ 1964, S. 50

520 Krumsiek, FS für Stern, S. 650

521 Hohberg, DRiZ 1953, S. 136; so ansatzweise auch Schweichel, ZRP 1970, S. 174

522 Zippel, DRiZ 1970, S. 21; ähnlich Blomeyer, GA 1970, S. 166, der auf eine Gleichwertigkeit der beiden Strafrechtspflegeorgane – Staatsanwaltschaft einerseits und Gerichte andererseits – abstellt.

ten, der durch das Weisungsrecht gestört werde.[523] Der Staatsanwalt werde nur dann seiner Verantwortung gerecht, wenn er sich in seinem Selbstverständnis an der Gesetzeswächterrolle und am Objektivitätspostulat ausrichte.[524] Dieser Selbstfindungsprozeß werde durch die Möglichkeiten der §§ 145 ff GVG gestört. Weisungs- und Substitutionsrecht verhinderten, daß der Staatsanwalt das Bewußtsein entwickele, eigenverantwortlich, selbstbewußt und kritisch für Recht und Wahrheit einzutreten.[525] Hierfür sei es nicht einmal erforderlich, tatsächlich vom Weisungsrecht Gebrauch zu machen, sondern bereits die gesetzliche Möglichkeit der Einflußnahme verhindere, daß der Staatsanwalt seiner Gesetzeswächterrolle gerecht werde und in diesem Sinne selbstbewußt nach außen auftrete.[526]

VI. Mögliche Befangenheit

Auch in einer möglichen Befangenheit wird ein Argument gegen das Weisungsrecht gesehen. Man müsse damit rechnen, daß dem Staatsanwalt eine unvoreingenommene Prüfung unmöglich gemacht werde, wenn ihm eine Weisung erteilt wird. In diesem Fall könne er nicht mehr eine am individuellen Gewissen ausgerichtete Prüfung vornehmen, sondern er werde von der Wertung des vorgesetzten Staatsanwalts beeinflußt. Damit liege es nahe, daß der Anspruch des Angeklagten auf ein faires Verfahren beeinträchtigt werde.[527]

VII. Verantwortung

Vorgebracht wird, daß der Staatsanwalt für seine Entscheidungen die Verantwortung trage. Der Vorgesetzte wisse zumeist nicht, welche Fälle gerade anhängig sind, und die Dezernenten unterzeichneten in der Regel auch selbständig, ohne daß der Vorgesetzte den konkreten Fall jemals vorgelegt bekommt. Da der Vorgesetzte nicht mit seiner Unterschrift nach außen auftritt, sei er auch nicht berechtigt, sich mit Ratschlägen, Empfehlungen oder Anweisungen in einen Fall einzuschalten.[528] Andernfalls könne intern die Eigenständigkeit des Staatsanwalts praktisch beseitigt werden, während er nach außen hin für die fremde Auffassung geradestehen müsse.[529]

---

523 Gipp, S. 4; ähnlich (mit dem Argument „Selbstbewußtsein des Staatsanwalts") erörtern diese Problematik auch Geerds FS für SH, S. 308 und Bader DRiZ 1954, S. 239.

524 Gipp, S. 4

525 Gipp, S. 6

526 Gipp, S. 6 f

527 Kuhlmann, DRiZ 1976, S. 16

528 Daun, Kriminalistik 1972, S. 18

529 Daun, Kriminalistik 1972, S. 19

VIII. Datenschutz

In engem Zusammenhang mit der Weisungsgebundenheit steht auch das staatsanwaltliche Berichtswesen. Der Bericht ermöglicht einerseits erst die Erteilung von Weisungen. Andererseits ergibt sich die Berichtspflicht aus einem Umkehrschluß zum Weisungsrecht.[530] In diesem Zusammenhang werden auch Akten und Daten weitergegeben, um die Erstellung solcher Berichte zu ermöglichen. Rechtsgrundlage hierfür sei insbesondere für Hessen der Runderlaß des Hessischen Ministeriums der Justiz vom 27.02.1980, die Anordnung über Berichtspflichten in Straf- und Bußgeldsachen sowie die Rundverfügung des LOStA der Staatsanwaltschaft beim OLG Frankfurt vom 03.10.1980. Desweiteren sehe die OrgStA die Weitergabe von Daten innerhalb der Hierarchie vor.[531]

Diesbezüglich wurde überlegt, ob insoweit ein ungerechtfertigter Eingriff in den Schutzbereich des Grundrechts auf informationelle Selbstbestimmung vorliegen könnte.[532] Selbst wenn man jedoch aufgrund der Informationsweitergabe einen Eingriff in das Grundrecht der informationellen Selbstbestimmung bejahen würde, ergäbe sich aus den datenschutzrechtlichen Vorschriften, insbesondere aus § 13 IV HDSG, die Zulässigkeit der Verwertung von Daten zur Ausübung von Aufsichts- und Kontrollbefugnissen.[533] Da auch die §§ 146, 147 GVG Mittel der Dienstaufsicht darstellen, wird die Datenweitergabe zum Zwecke der Berichtserteilung gerechtfertigt. Damit kann sich letztlich aus den datenschutzrechtlichen Vorschriften keine Argumentation gegen die staatsanwaltliche Weisungsgebundenheit und insbesondere nicht gegen § 147 GVG herleiten lassen.

B. Argumente gegen das externe Weisungsrecht

Besonders in der Kritik steht das externe Weisungsrecht der Landesjustizminister,[534] wie im folgenden dargestellt wird.

I. Gefährdung der Unabhängigkeit der Rechtsprechung bzw. Verstoß gegen das Gewaltenteilungsprinzip

Auch wenn die Staatsanwaltschaft nicht im oben genannten Sinne Rechtsprechung ausübt,[535] müsse eine Weisungsgebundenheit abgelehnt werden. Dies wird aus einem Verstoß gegen das Gewaltenteilungsprinzip des Art. 20 III GG

530 Landau/Dames, DRiZ 1992, S. 131
531 Landau/Dames, DRiZ 1992, S. 131
532 Landau/Dames, DRiZ 1992, S. 134
533 Landau/Dames, DRiZ 1992, S. 134
534 Geisler, ZStrW (93) 1981, S. 1124
535 Vgl. unter 5. Kapitel A. I.

hergeleitet. Aufgrund der engen Wechselwirkung zwischen der Tätigkeit des Richters und des Staatsanwalts,[536] die sich wie die Zahnräder eines Uhrwerks ergänzten,[537] werde die verfassungsmäßig garantierte Unabhängigkeit der Richter gefährdet. Die Staatsanwaltschaft werde als „Streitgenosse“ des Richters von der Justizverwaltung gelenkt, die in jedem Fall nicht zur Rechtsprechung gehöre. Da die richterliche und die staatsanwaltliche Tätigkeit miteinander sehr eng verknüpft seien, beeinfluße jede Einwirkung auf die Tätigkeit des einen Teils auch die des anderen.[538] Durch politischen Einfluß auf die Staatsanwaltschaft werde damit letztlich auch die Rechtsprechung politisch beeinflußt.

Wenn also die Staatsanwaltschaft zur Dritten Gewalt gehört, dann könnte man die Auffassung vertreten, daß durch das Weisungsrecht ein Eingreifen der Exekutive auf Maßnahmen der Dritten Gewalt[539] und dadurch ein Verstoß gegen die Gewaltenteilung ermöglicht wird.[540] Es sei unzulässig, daß das Ministerium als Exekutivorgan über das Weisungsrecht der zur Rechtsprechung gehörenden Staatsanwaltschaft konkrete Anweisungen erteilen kann.[541] Daher sei das externe Weisungsrecht des § 147 Nr. 1 und Nr. 2 GVG wegen eines Verstoßes gegen die Gewaltenteilung verfassungswidrig.[542]

In diesem Zusammenhang wird der Streitstand relevant, welche Rechtsnatur der Staatsanwaltschaft zukommt, ob sie also als Teil der Exekutive oder der Judikative anzusehen ist.

1. Zuordnung der Staatsanwaltschaft zur Dritten Gewalt

Es wird die Auffassung vertreten, die Staatsanwaltschaft sei zur Dritten Gewalt zu rechnen.[543] Vergleichbar ist auch die Ansicht, die Staatsanwaltschaft sei ein

---

536 Görcke, ZStrW (73) 1961, S. 569

537 Wagner, NJW 1963, S. 9

538 Wagner, DRiZ 1972, S. 167; Wagner, JZ 1974, S. 217

539 Henkel, §30, Rn. 142; vgl. bei Henn, DRiZ 1972, S. 152

540 Kommission für die Angelegenheiten der Staatsanwälte im Deutschen Richterbund, DRiZ 1968, S. 359; Fachgruppe Staatsanwälte in der Gewerkschaft Öffentliche Dienste, Transport und Verkehr, RuP 1970, S. 34; so wohl auch Möller-Dorn, Betrifft JUSTIZ 1991, S. 53

541 Henkel, §30, Rn. 142

542 Henkel, §30, Rn. 142; Kommission für die Angelegenheiten der Staatsanwälte im Deutschen Richterbund, DRiZ 1968, S. 359; Gaul, SchlHA 1969, S. 85

543 van Husen, Rheinischer Merkur, 1952 Nr. 47, S. 4; Großer, Nerz und Wolters im Auftrage des DRB, DRiZ 1954, S. 207; Neumayer, DRiZ 1956, S. 132; Hofmeister, Niedersächsische Rechtspflege 1958, S. 61; Hofmeister, DRiZ 1958, S. 189, der die Staatsanwaltschaft als echten Bestandteil der richterlichen Gewalt dem richterlichen Aufgabenkreis zuordnet; so offenbar auch Möller-Dorn, Betrifft JUSTIZ 1991, S. 53, die unter Bezugnahme auf ein Urteil des Bundesverfassungsgerichts die Staatsanwaltschaft zur Justiz rechnet (vgl. S. 55) und dabei offenkundig übersieht, daß eine Zugehörigkeit zur Justiz eine Einordnung als Verwaltungsbehörde nicht ausschließt. Insoweit wird eine

der Dritten Gewalt zugeordnetes Organ der Rechtspflege.[544]

Hierfür werden – neben den Argumenten für die Einordnung der staatsanwaltlichen Tätigkeit unter den Schutzbereich der Art. 92, 97 GG[545] – noch weitere Ansatzpunkte genannt:

Teilweise wird bereits die historische Entwicklung der Staatsanwaltschaft als Beleg dafür angesehen, daß sie ein Bestandteil der Dritten Gewalt ist.[546] Zum einen sei sie wie der Richter auf Wahrheit und Gerechtigkeit verpflichtet,[547] zum anderen ergebe sich die Zuordnung aus ihrer Herauslösung aus dem Inquisitionsprozeß.[548] Aus der gemeinsamen Verpflichtung zur Erforschung der objektiven Wahrheit[549] ergebe sich die gemeinsame Zugehörigkeit zur Dritten Gewalt. Zudem sei Voraussetzung für eine Tätigkeit als Staatsanwalt – ebenso wie für die Tätigkeit als Richter – die Befähigung zum Richteramt.[550]

Die organisatorische Angleichung von Staatsanwaltschaft und Richteramt werde weiterhin dadurch deutlich, daß die gleichen Gerichte über Disziplinarverfehlungen entscheiden. Außerdem orientiere sich der Aufbau der Staatsanwaltschaft am Aufbau der Gerichte.[551] Die Staatsanwaltschaft sei damit ein „Zwillingsamt" der Richterschaft.[552] Damit müsse die Staatsanwaltschaft, auch wenn sie nicht selbst Recht spreche, der Dritten Gewalt zugeordnet werden.[553]

Diesen Argumenten, mit denen die Staatsanwaltschaft der Dritten Gewalt zugeordnet wird, wird allerdings entgegengehalten, sie seien nicht einschlägig, sondern mit ihnen lasse sich lediglich begründen, daß der Staatsanwalt im Strafverfahren ein gleichwertiger Partner des Richters sei, wobei sich die Bedeutung von den ersten Ermittlungen bis hin zum Urteilsspruch verschiebe.[554]

Einordnung der Staatsanwaltschaft als Justizverwaltungsbehörde durchaus vertreten. Justiz ist also als Oberbegriff zu verstehen, nicht aber als ausschließliche Bezeichnung für die Dritte Gewalt; Rudolph, NJW 1998, S. 1206

544 Heyde in Benda, §33, Rn. 88; Odersky, FS für Bengl, S. 58; v. Lanzenauer, DRiZ 1991, S. 133;

545 Vgl. hierzu oben unter 5. Kapitel A. I.

546 Hofmeister, DRiZ 1958, S. 189; Schoreit, ZRP 1969, S. 133; wohl auch Henn, DRiZ 1972, S. 152; vgl. insbesondere auch bereits oben unter 5. Kapitel A. I.

547 DRB, DRiZ 1955, S. 254 ff; sowie Nachweise bei Görcke, ZStrW (73) 1961, S. 583 f

548 Schmidt, DRiZ 1957, S. 279; Hofmeister, DRiZ 1958, S. 189; Schoreit, ZRP 1969, S. 133; wohl auch Henn, DRiZ 1972, S. 152; vgl. insbesondere auch bereits oben im 1. Kapitel

549 Hofmeister, Niedersächsische Rechtspflege 1958, S. 61; Gaul, SchlHA 1969, S. 85

550 Gaul SchlHA 1969, S. 85; Fachgruppe Staatsanwälte in der Gewerkschaft Öffentliche Dienste, Transport und Verkehr, RuP 1970, S. 33

551 Kommission für die Angelegenheiten der Staatsanwälte im Deutschen Richterbund, DRiZ 1968, S. 358

552 Güde, Die Justiz 1957, S. 306

553 Görcke, DRiZ 1964, S. 50; Vogel, DRiZ 1974, S. 236

554 Gaul, SchlHA 1969, S. 86

Gegen das Argument, die Staatsanwaltschaft sei bereits historisch als Bestandteil der Dritten Gewalt zu verstehen, wird angeführt, dem Gesetzgeber seien die historischen Wurzeln bekannt gewesen und er habe sich dennoch für das Weisungsrecht entschieden.[555] Außerdem könne aus einer Übernahme inquisitionsrichterlicher Funktionen nicht der Schluß gezogen werden, es handele sich dabei essentiell um Funktionen der Rechtsprechung,[556] so daß folglich der Staatsanwalt der Dritten Gewalt zugeordnet werden müsse.[557] Es sei lediglich die Inquisition als solche aus dem Bereich des Inquisitionsrichters herausgelöst worden. Der Richter selbst existiere weiter und übe seine richterlichen Funktionen aus.[558]

Der Gesetzgeber habe den Gerichten die inquisitorische Tätigkeit weggenommen, da sich aufgrund der Gewaltenteilung[559] die Ermittlungs- und Anklagetätigkeit nicht mit der Wahrnehmung der Rechtsprechungsaufgabe vertrage. Daraus könne aber nicht geschlossen werden, auch die richterlichen Funktionen seien aus dem Bereich des Inquistionsrichters gewissermaßen „mitentfernt“ und auf den Staatsanwalt übertragen worden.[560]

Nicht gefolgt werden kann auch der Auffassung, die Verwandtschaft von Staatsanwaltschaft und Gericht und deren gemeinsame Zuordnung zur Dritten Gewalt ergebe sich aus der gemeinsamen Tätigkeitsvoraussetzung „Befähigung zum Richteramt“. Auch ein Rechtsanwalt benötigt für die Berufsausübung die Befähigung zum Richteramt, dennoch würde niemand auf die Idee kommen, ihn der rechtsprechenden Gewalt zuzuordnen.

Auch die organisatorischen Ähnlichkeiten lassen keinen Schluß auf die Rechtsstellung zu. Es mag durchaus gewisse Parallelen geben, dennoch fehlt der Staatsanwaltschaft ein Instanzenzug, wie er für die Gerichte typisch ist. Alleine aus der ansatzweise vorhandenen organisatorischen Ähnlichkeit – die jedoch die unterschiedlichen Aufgabenbereiche und konkrete praktische Amtsausgestaltung völlig außer acht läßt – kann die Zuordnung der Staatsanwaltschaft zur Judikative nicht hergeleitet werden.

2. Einordnung der Staatsanwaltschaft zur Exekutive

Weiterhin wird die Auffassung vertreten, die Staatsanwaltschaft sei ein reines Exekutivorgan.[561]

---

555 Gaul, SchlHA 1969, S. 85

556 Kintzi, DRiZ 1987, S. 458

557 Sarstedt, NJW 1964, S. 1753; Bucher, JZ 1975, S. 105

558 Bucher, JZ 1975, S. 105

559 Sarstedt, NJW 1964, S. 1753

560 Kintzi, FS für Wassermann, S. 901; Sarstedt, NJW 1964, S. 1753

561 Schwerdtner, RuP 1970, S. 69; ähnlich auch Faupel, DRiZ 2000, S. 313; wohl letztlich auch BverfG, NJW 2001, S. 1123. Allerdings wollte das BVerfG, wie sich aus der Formulierung „trotz ihrer Eingliederung in die Justiz“ und lediglich einem Verweis auf Kleinknecht/Meyer-Goßner, §141 GVG, Rn. 6 ergibt, offensichtlich mit seiner Ent-

Auch hierfür werden außer den Argumenten, die zur Ablehnung der Einordnung der staatsanwaltlichen Tätigkeit unter die Art. 92, 97 GG herangezogen werden,[562] noch weitere Positionen genannt:

Angeführt wird, daß für die Exekutive – und auch für die Staatsanwaltschaft – das Recht und die Pflicht zur Initiative und zum Tätigwerden aus eigenem Entschluß charakteristisch sei. Demgegenüber sei das Gericht zum Abwarten verpflichtet, da es nur die von der Staatsanwaltschaft zur Anklage gebrachten Fälle aburteilen dürfe.[563]

Für die Einordnung der Staatsanwaltschaft als Exekutivorgan wird weiterhin die Weisungsgebundenheit genannt. Aus der Weisungsgebundenheit der §§ 146, 147 GVG ergebe sich, daß Staatsanwälte Beamte seien, wie andere Beamte auch.[564] Der Staatsanwalt unterstehe der politischen Führung, deren Weisungen er nachzukommen habe und sei damit ein Machtinstrument, da er einen Faktor bei der Ausübung der Regierungsgewalt darstelle. Somit sei er in jeder Hinsicht Exekutivbeamter.[565] Bereits die Dienstaufsicht des Justizministeriums über die Staatsanwaltschaften sei ein Hinweis auf die Zugehörigkeit der Staatsanwaltschaft zur Exekutive.[566]

Diesem Argument wird allerdings entgegengehalten, daß sich die Eingliederung in das System der Staatsgewalten ausschließlich nach den von diesem Organ wahrzunehmenden Aufgaben richten kann, nicht aber nach dem Aufbau der Organisation.[567] Sofern die Organisation nicht mit dem Verfassungsrecht in Einklang gebracht werden könne, müsse man sie der Verfassung angleichen.[568] Wenn die Staatsanwaltschaft tatsächlich rechtsprechende Gewalt ausübe, dann entfalle auch ihre Weisungsunterworfenheit.[569] Insoweit würde die Zuordnung der Staatsanwaltschaft zur Exekutive aufgrund deren Weisungsgebundenheit einen Fehlschluß darstellen.

Ausgehend von der These, die Rechtspflege sei außerhalb der Gesetzgebung und Rechtsprechung der Exekutive zuzuordnen,[570] wird auch die Staatsanwaltschaft der Exekutive zugerechnet. Die Staatsanwaltschaft übe weder Rechtspre-

---

scheidung nicht den bestehenden Streit über die Einordnung der Staatsanwaltschaft beenden. Kritisch zur Entscheidung des BVerfG auch Schaefer, NJW 2001, S. 1397

562 Vgl. oben unter 5. Kapitel A. I.

563 Sarstedt, NJW 1964, S. 1754

564 Zuberbier, DRiZ 1988, S. 254; Zapka, RuP 1990/91, S. 119; Möller-Dorn, Betrifft JUSTIZ 1991, S. 54

565 Zuberbier, DRiZ 1988, S. 254

566 Zapka, RuP 1990/91, S. 119

567 Vgl. Görcke, ZStrW (73) 1961, S. 588

568 Vgl. Görcke, ZStrW (73) 1961, S. 589; Sarstedt, NJW 1964, S. 1754

569 Sarstedt, NJW 1964, S. 1754

570 Gössel, GA 1980, S. 333

chung im eigentlichen Sinn noch Gesetzgebung aus. Daher müsse sie zwangsläufig zur Exekutive gehören.[571]

3. Vermittelnde Auffassungen – Einordnungen der Staatsanwaltschaft im Zwischenbereich

Neben der eindeutigen Einordnung der Staatsanwaltschaft zur Exekutive oder Judikative werden auch vermittelnde Auffassungen vertreten:

Aus der Feststellung, die Staatsanwaltschaft übe keine Rechtsprechung aus, ergebe sich nicht notwendigerweise der Schluß, diese sei als Exekutivbehörde zu qualifizieren.[572] Die Staatsanwaltschaft sei vielmehr eine selbständige – wenn auch auf die Rechtsprechung der Gerichte ausgerichtete – Justizbehörde, die als Organ der Rechtspflege neben den Gerichten stehe.[573]

Teilweise wird dabei die Staatsanwaltschaft nicht selbst als Teil der Dritten Gewalt, sondern als der Teil der Exekutive angesehen, der als „Organ sui generis" der Dritten Gewalt in einer sehr spezifischen Weise zugeordnet sei.[574] Sie übe nicht wie andere Exekutivbeamte lediglich Verwaltungstätigkeit aus, sondern erfülle bei ihrer Strafverfolgungstätigkeit gemeinsam mit dem Gericht die Aufgabe der Justizgewährung.[575]

Nach einer anderen Auffassung ist die Staatsanwaltschaft als „Organ sui generis" eine Justizbehörde, die eine Brücke zwischen Exekutive und Judikative bildet und stehe damit zwischen diesen beiden Gewalten.[576]

Die Einordnung der Staatsanwaltschaft als „Organ sui generis" zwischen Exekutive und Judikative stößt jedoch auf Kritik,[577] da das verfassungsrechtlich ver-

---

571 Kunert, FS für Wassermann, S. 922

572 Vgl. Schmidt, S. 186

573 Henkel, §30, Rn. 142; Kintzi, DRiZ 1987, S. 458; vgl. auch Schmidt, MDR 1964, S. 713 sowie Schmidt, S. 184, 186, wobei dieser nicht deutlich macht, ob er die Staatsanwaltschaft - auch wenn sie keine Rechtsprechung ausübt - der Dritten Gewalt zuordnen will, wofür seine Bezeichnung „neben den Gerichten" sprechen würde, oder ob er ebenfalls der Auffassung ist, daß die Staatsanwaltschaft ein Bindeglied zwischen Exekutive und Judikative darstellt.

574 Kunert, FS für Wassermann, S. 917; Recken, DRiZ 1967, S. 348; Dieckmann, 16.12. 1999 (http://nrw.de/aktuell/reden/mskr991216.htm)

575 BVerfG NJW 1959, S. 872; Krumsiek, FS für Stern, S. 652; Odersky, FS für Bengl, S. 58; Kunert, FS für Wassermann, S. 916; Schmidt, DRiZ 1957, S. 275; Leverenz, SchlHA 1961, S. 36; Kommission für die Angelegenheiten der Staatsanwälte im Deutschen Richterbund, DRiZ 1968, S. 357; Gaul, SchlHA 1969, S. 86; Fachgruppe Staatsanwälte in der Gewerkschaft Öffentliche Dienste, Transport und Verkehr, RuP 1970, S. 33; Faller, JZ 1961, S. 479; Kintzi, DRiZ 1987, S. 458

576 Lücke, SchlHA 1980, S. 209; Roxin, DRiZ 1997, S. 114; Mitteilungen des Hessischen Richterbundes, 1/1998, S. 2; Röper, DRiZ 1998, S. 312; ähnlich auch Roth, FAZ vom 20.03.2000, S. 12

577 Gössel, GA 1980, S. 333

ankerte Gewaltenteilungssystem derartige Zwischenbereiche nicht kenne.

Auch die Zuordnung der Staatsanwaltschaft zur Dritten Gewalt außerhalb der Rechtsprechung wird abgelehnt: Wenn ein Staatsanwalt kein Richter sei, dann könne man ihn auch nicht in einer wie auch immer gearteten Weise der Rechtsprechung zuordnen.[578] Dies würde voraussetzen, daß die Dritte Staatsgewalt nicht nur aus der Rechtsprechung, sondern auch noch aus der übrigen Rechtspflege besteht.[579] Dieser Auffassung stehe der Wortlaut des Grundgesetzes entgegen, der in Art. 20 und 92 GG ausdrücklich von der Rechtsprechung redet.[580] Justiz und Rechtsprechung seien aber nicht identisch.[581]

4. Stellungnahme zur Einordnung der Staatsanwaltschaft

Aus dem Prinzip der Gewaltenteilung ergibt sich nicht, daß alle drei Gewalten scharf voneinander zu trennen sind. Lediglich eine gegenseitige Begrenzung und Kontrolle der Staatsgewalten muß gewährleistet sein.

Zutreffend ist sicherlich, daß die Staatsanwaltschaft weder der einen noch der anderen Gewalt typischerweise zugehört. Dennoch dürfte die Auffassung, die Staatsanwaltschaft sei sowohl der Exekutive als auch der Judikative – wenn auch als „Organ sui generis" – zuzurechnen, nicht mit dem Gewaltenteilungsgrundsatz in Einklang zu bringen sein. Anders zu beurteilen ist die Frage, ob die Staatsanwaltschaft als „Organ sui generis" zwischen den Gewalten stehen kann.

Der Streit um die Einordnung der Staatsanwaltschaft in das Gewaltenteilungssystem ist bezogen auf das Weisungsrecht jedoch unergiebig.[582] Dies würde nur dann relevant, wenn eine Gewalt in das Aufgabengebiet einer anderen Gewalt eingreifen würde. Ein Verstoß gegen das Gewaltenteilungsprinzip läge also dann vor, wenn der Justizminister als Exekutivorgan durch sein Weisungsrecht gegenüber der Staatsanwaltschaft in explizit und exklusiv der Judikative zugeordnete Kompetenzbereiche eingreifen würde. Im Rahmen des Gewaltenteilungsprinzips muß jeder Staatsgewalt ein Kernbereich autonomer Zuständigkeiten und Wirkungsmöglichkeiten garantiert bleiben.[583] Ein Verstoß gegen das Gewaltenteilungsprinzip liegt daher nur dann vor, wenn eine Gewalt in den Kernbereich einer anderen Gewalt eingreift.[584] Es stellt sich daher die Frage, ob der Justizminister als Exekutivorgan mit einer Weisung an die Staatsanwaltschaft in

578 Zuberbier, DRiZ 1988, S. 254
579 Gössel, GA 1980, S. 335
580 Gaul, SchlHA 1969, S. 85; Gössel, GA 1980, S. 335
581 Gaul, SchlHA 1969, S. 86
582 Neumann, S. 199; Geerds, FS für SH, S. 310; ansatzweise auch Fuhrmann, JR 1964, S. 419
583 Dreier, Bd. II, Art. 20 GG, Rn. 64
584 BVerfG NJW 1959, S. 1171; Schultz, RuP 1977, S. 133

den Kernbereich der Judikative eingreift.[585] Der Kernbereich der Judikative ist aber gerade die traditionelle Rechtsprechung der Zivil- und Strafgerichtsbarkeit.[586] Wie bereits gezeigt, übt die Staatsanwaltschaft keine Rechtsprechung aus,[587] so daß sich ein Eingriff in den Kernbereich der rechtsprechenden Gewalt durch das Weisungsrecht des Justizministers nicht darlegen läßt.[588]

Selbst wenn man die Staatsanwaltschaft der Dritten Gewalt zuordnen könnte, würde das Weisungsrecht des Justizministers (und damit der Exekutive) nicht gegen das Gewaltenteilungsprinzip verstoßen.

Damit ergibt sich, daß der dogmatische Streit, ob die Staatsanwaltschaft der Exekutive oder der Judikative zuzurechnen ist, weitgehend akademischer Natur ist und für die Frage, ob das Weisungsrecht verfassungsgemäß oder verfassungswidrig ist, letztlich keinen fördernden Beitrag leisten kann. In jedem Fall verstößt die Existenz des Weisungsrecht nicht gegen den verfassungsrechtlichen Gewaltenteilungsgrundsatz.

II. Verhinderung der objektiven Wahrheitsfindung bei Nichtanwendbarkeit des Klageerzwingungsverfahrens

Ein weiteres Argument gegen das externe Weisungsrecht ist die mögliche Gefährdung der Neutralität der Justiz. Die Exekutive in Form des Justizministeriums habe es – jedenfalls in den Fällen, in denen ein Klageerzwingungsverfahren nicht in Betracht kommt – in der Hand, durch die Staatsanwaltschaft als „verlängertem Arm" die Durchführung eines Strafverfahrens zu verhindern.[589]

Soweit ein anklagefähiges Verfahren ohne richterliche Zustimmung aus Opportunitätsgründen eingestellt werde – und dies geschehe in mehr als 50 % der anklagefähigen Verfahren – greife das Klageerzwingungsverfahren schon von Gesetzes wegen nicht ein. In Betracht kommen dabei die §§ 153 I, 153 a I 1, 153 b I, 153 c bis 154 I, 154 b und 154 c StPO.[590] Zudem ist in den Fällen, in denen der Verletzte Privatklage erheben kann, das Klageerzwingungsverfahren bereits nach § 172 II S.3 StPO nicht möglich.[591] Auch bei den Einstellungen nach § 170 II StPO sei das Klageerzwingungsverfahren weitgehend totes Recht.[592]

---

585 Vgl. zu dieser Problematik auch Sachs, Art. 92 GG, Rn. 6 ff

586 Degenhart, Rn. 222

587 Vgl. oben unter 5. Kapitel A. I.

588 So für eine etwas andere Fallkonstellation auch BGHZ 1972, S. 81 ff (84 u. 85)

589 Neumann, S. 197

590 Kuhlmann, Kriminalistik 1978, S. 199; Ostendorf, RuP 1980, S. 200;

591 Kommission für die Angelegenheiten der Staatsanwälte im Deutschen Richterbund, DRiZ 1968, S. 358; Kuhlmann, Kriminalistik 1978, S. 197

592 Ostendorf, RuP 1980, S. 200; Ostendorf in der Märzausgabe von „ÖTV in der Rechtspflege" 1996, S. 3

Eine wichtige Fallgruppe, bei der das Klageerzwingungsverfahren nicht eingreift, sind die Fälle, in denen kein Verletzter vorhanden ist.[593] Dies sei insbesondere dann der Fall, wenn Strafvorschriften zum Schutz gemeinschaftsorientierter Rechtsgüter betroffen sind.[594] Vielfach handele es sich dabei um Verfahren mit politischer Bedeutung.[595] Dies wiederum habe zur Folge, daß bei Straftaten mit ethnischem oder politischem Hintergrund dem Justizminister über die Staatsanwaltschaft eine bedeutende Macht zukommen würde. Gerade hier sei die Verführung zur Durchsetzung persönlicher Anschauungen und damit zum Mißbrauch staatsanwaltschaftlicher Entscheidungsmacht besonders groß.[596] Da wegen Nichtanwendbarkeit des Klageerzwingungsverfahrens eine Anklageerhebung nicht durchsetzbar wäre, würde in den Fällen, in denen ein Verfahren mittels einer Weisung des Justizministers zur Einstellung gebracht wird, jedes Korrektiv fehlen.

III. Gefahr der politischen Einflußnahme und Verhinderung des bösen Scheins

Eine Gefahr des Weisungsrechts wird darin gesehen, daß andere Regierungsstellen, Abgeordnete, Parteien, Interessenverbände oder gewichtige Persönlichkeiten an den Justizminister herantreten,[597] um ihn zum Ausüben seines Weisungsrechts zu veranlassen.[598]

Auch durch Eigeninitiative des Justizministers bestehe eine massive Gefahr politischer Einflußnahme,[599] das Weisungsrecht wird in diesem Zusammenhang sogar als „potentielle Waffe im politischen Kampf" bezeichnet.[600] Der Justizminister könne die Staatsanwaltschaft anweisen, seinem Befehl und damit auch der Parteipolitik zu gehorchen.

Hierdurch könne der Rechtsprechung eine Straftat mit politischem Hintergrund vorenthalten werden.[601] Der Justizminister stehe regelmäßig unter dem Einfluß einer politischen Partei oder Parteigruppe und sei daher – selbst beim Willen rechtsstaatlich zu handeln – zumindest unbewußt psychologisch voreingenommen.[602] Damit bestehe die Gefahr, daß der Justizminister diesem Einfluß

---

593 Schultz, RuP 1971, S. 63; Ostendorf, RuP 1980, S. 200

594 Schultz, RuP 1971, S. 63; Geisler, ZStrW (93) 1981, S. 1128

595 Meier-Branecke, GA 1956, S. 22

596 Meier-Branecke, GA 1956, S. 22; Ostendorf, RuP 1980, S. 200

597 Kommission für die Angelegenheiten der Staatsanwälte im Deutschen Richterbund, DRiZ 1968, S. 359; Daun, Kriminalistik 1972, S. 17

598 Görcke, ZStrW (73) 1961, S. 604; Wagner, NJW 1963, S. 10; Frankfurter Arbeitskreis Strafrecht, StV 2000, S. 462

599 Böhm, Horst zit. nach Wedemeyer, www.bayrv.de

600 Mielke, Rheinischer Merkur 1952 Nr. 44, S. 3

601 Mielke, Rheinischer Merkur 1952 Nr. 44, S. 3

602 Hoberg, DRiZ 1953, S. 139

unterliegt.[603] Daß es solche politische Abhängigkeiten tatsächlich gibt, werde auch dadurch deutlich, daß die sogenannten Parteispenden-Verfahren in den einzelnen Bundesländern sehr unterschiedlich erledigt wurden und sich hieraus ableiten lasse, daß die Verfahrensabschlüsse der Staatsanwaltschaften politisch nicht unbeeinflußt blieben.[604] Dieser Gefahr der politischen Einflußnahme könne man nur durch die Unabhängigkeit der Staatsanwälte begegnen.[605]

Demgegenüber wird vorgebracht, diese Gefahr politischer Einflußnahme bestehe nicht nur im Bereich der Staatsanwaltschaft, sondern innerhalb jedes Hierarchieaufbaus.[606] Eine Forderung nach Abschaffung des Weisungsrechts könne nur dann Berechtigung haben, wenn ein konkreter Mißbrauch durch politische Einflußnahme im Einzelfall festgestellt werde.[607] Dies sei aber bislang nicht der Fall.[608] Auch sei das Weisungsrecht nicht geeignet, eine politische Einflußnahme in besonderem Maße zu begünstigen. Der Weisungsgeber habe andernfalls mit Anzeigen wegen Rechtsbeugung, Strafvereitelung im Amt oder wegen Verfolgung Unschuldiger, mit kritischer Medienberichterstattung oder parlamentarischen Maßnahmen zu rechnen.[609] In diesem Zusammenhang werden die Medien nicht umsonst als „Vierte Staatsgewalt" bezeichnet.[610]

Außerdem wird vorgebracht, aufgrund der Bindung an Recht und Verfassung sei eine unzulässige, politisch motivierte Weisung ausgeschlossen. Das Weisungsrecht dürfe nur in den Grenzen des Gesetzes ausgeübt werden.[611] Diese Grenzen würden durch das Legalitätsprinzip abgesichert.[612]

Der Auffassung, es bestehe bezüglich der Staatsanwaltschaft keine gesteigerte Gefahr einer politischen Einflußnahme wird ihrerseits entgegengehalten, daß nicht der Nachweis eines konkreten Mißbrauchs im Einzelfall erforderlich ist, sondern es genüge bereits die abstrakte Möglichkeit des Mißbrauchs.[613] Hierdurch werde in der Öffentlichkeit der böse Schein hervorgerufen, die Staatsanwälte seien Büttel der Parteipolitiker.[614] Schon alleine die institutionelle Mög-

603 Hoberg, DRiZ 1953, S. 139
604 Schaefer in „Quo Vadis", S. 72; Schaefer NJW 1994, 2877
605 Hoberg, DRiZ 1953, S. 139
606 Hund, ZRP 1994, S. 473
607 Hund,, ZRP 1994, S. 473
608 Krumsiek, FS für Stern, S. 654; Bucher, DRiZ 1963, S. 169; Gaul, SchlHA 1969, S. 87; Hund, ZRP 1994, S. 473
609 Süsterhenn, Rheinischer Merkur 1952 Nr. 49, S. 4; Bader, DRiZ 1954, S. 239; Gaul, SchlHA 1969, S. 86; Hund, ZRP 1994, S. 473
610 Odersky, FS für Bengl, S. 74
611 Görcke, ZStrW (73) 1961, S. 605; Amelunxen und Krapp bei Hoberg, DRiZ 1953, S. 139
612 Odersky, FS für Bengl, S. 79; Kintzi, FS für Wassermann, S. 910; Gaul, SchlHA 1969, S. 86
613 Gipp, S. 6; Hoberg, DRiZ 1953, S. 139
614 Michels, DRiZ 1984, S. 376; ähnlich auch v. Münch, NJW 1996, S. 2076

lichkeit einer politisch motivierten Einflußnahme führe zu einer Bemakelung des Rechtsstaats in den Augen der öffentlichen Meinung.[615] Nichts sei dem Vertrauen in die Unabhängigkeit der Dritten Gewalt[616] und somit auch dem Rechtsstaat abträglicher als der Verdacht, die staatsanwaltschaftliche Entscheidung beruhe auf sachfremder politischer Opportunität statt auf sachlichen Argumenten.[617] Denn damit könne auch der Anschein entstehen, die Justiz sei nicht unabhängig.[618] Dieser Verdacht lasse sich nur durch die Abschaffung des Weisungsrechts vermeiden.[619]

IV. Loyalitätskonflikt

Schließlich wird in bestimmten Fallkonstellationen aufgrund des Weisungsrechts ein Loyalitätskonflikt des Staatsanwalts gesehen. Insbesondere beim Verdacht krimineller Handlungen innerhalb der Regierung bestehe eine besondere Konfliktsituation. Die Staatsanwälte seien auch bei Ermittlungen gegen Regierungsmitglieder den Weisungen des Justizministers unterworfen, obwohl dieser selbst der Regierung angehört. Dies stelle eine offenkundig untragbare Situation dar.[620] Zwar werde diese damit heruntergespielt, daß der Vorgesetzte bei Ermittlungen gegen Regierungsmitglieder üblicherweise von seinem Weisungsrecht keinen Gebrauch mache.[621] Dennoch werde der Staatsanwalt, der gegen ein Regierungsmitglied zu ermitteln habe, zwangsläufig in einen Loyalitätskonflikt gestürzt.[622] Aus diesem Grund müsse die Staatsanwaltschaft bei Ermittlungen im Bereich der Regierungskriminalität von der dienstlichen Weisungsbefugnis der eigenen Regierung freigestellt werden.[623]

C. Argumente gegen allgemeine Weisungen als Mißbrauch des externen Weisungsrechts

Der verbreitete Gebrauch allgemeiner Weisungen zur Behandlung von Massendelikten, also etwa das Abstellen auf Wertgrenzen im Bereich der Diversionsvorschriften der §§ 153 ff StPO, stößt auf massive Kritik.

---

615 Ellscheid, S. 87; Kintzi, FS für Wassermann, S. 909; Wax, DRiZ 1972, S. 164

616 So Wax, DRiZ 1972, S. 164, der die Staatsanwaltschaft der Dritten Gewalt zuordnet. Dennoch ist das dahinter stehende Argument nicht von der Zuordnung der Staatsanwaltschaft abhängig, sondern ausschlaggebend ist der Gedanke der Verhinderung des bösen Scheins.

617 Wax, DRiZ 1972, S. 164

618 DRB, DRiZ 1986, S. 236

619 Michels, DRiZ 1984, S. 376

620 Vgl. v. Münch, NJW 1996, S. 2076; Schmalz, SchlHA 1996, S. 285

621 Schmalz, SchlHA 1996, S. 285; v. Münch, NJW 1996, S. 2076

622 Schmalz, SchlHA 1996, S. 285; v. Münch, NJW 1996, S. 2076

623 Schmalz, SchlHA 1996, S. 285; v. Münch, NJW 1996, S. 2076

Zum einen werde hier nicht mehr auf die Schuldangemessenheit der Strafe abgestellt, sondern auf einen objektivierbaren Faktor wie den Wert des Tatobjekts, so daß nicht mehr die konkrete Tat gesühnt wird, sondern die Bestrafung des Täters von Fragen des Schematismus abhängig ist.[624]

Desweiteren muß der konkrete Schuldvorwurf gegebenenfalls hinter justizfremden Zielsetzungen zurücktreten. So geriet eine Rundverfügung des Justizministers des Landes Nordrhein-Westfalen vom 2. Dezember 1985 (4100 – III A.133) in die Kritik, in der die Staatsanwälte des Landes unter anderem dazu angehalten wurden, bei Ersttätern „in der Regel" Ermittlungsverfahren wegen Diebstahls nach § 153 I StPO ohne Zustimmung des Gerichts einzustellen, sofern der Wert des Diebesgutes 100,- DM „nicht wesentlich übersteigt".[625] Hierin wurden justizfremde Zwecke des Justizministers gesehen. Der an Recht und Gesetz gebundene Justizminister lasse sich durch den Personalmangel leiten und degradiere daher bestimmte Straftaten zu Bagatelldelikten. Mit der Anweisung des Justizministers, daß ein „geringer Schaden" im Sinne der maßgeblichen StPO-Vorschriften bis zu einer Grenze von 100,- DM vorliege, setze er sich über eine gefestigte Rechtsprechung hinweg, die sich an einer Circa-Grenze von 50,- DM orientiert. Die Bewältigung des Personalmangels dürfe jedoch in einem Rechtsstaat kein Grund sein, das Recht vor dem Unrecht zurückweichen zu lassen.[626]

Schließlich wird ausgeführt, daß Kriminalpolitik weder durch Generalstaatsanwaltschaften oder Ministerien auf dem Wege allgemeiner Richtlinien und Erlassen sondern nur vom Gesetzgeber betrieben werden dürfe.[627]

D. Zwischenergebnis und Stellungnahme zu den Argumenten gegen das Weisungsrecht

Wie bereits gezeigt, ist das Weisungsrecht der §§ 146 ff GVG nicht verfassungswidrig. Da die Staatsanwaltschaft keine Rechtsprechung ausübt, scheidet ein Verstoß gegen die Art. 92 und 97 GG aus. Ebenso stellt das externe Weisungsrecht des (der Exekutive angehörigen) Justizministers keinen Verstoß gegen den Gewaltenteilungsgrundsatz des Art. 20 GG dar, da sich nicht überzeugend darlegen läßt, daß die Staatsanwaltschaft der Rechtsprechung angehört.

Von den übrigen Argumenten, die gegen das Weisungsrecht vorgebracht werden, sind einige sehr gewichtig, während andere nicht überzeugen können:

Bedenken gegen das Weisungsrecht aufgrund eines Verstoßes gegen datenschutzrechtliche Vorschriften greifen – wie bereits gezeigt – nicht, da die Wei-

---

624 Neumann, S. 204; Ellscheid, S. 93

625 Presseerklärung des Deutschen Richterbundes, Nr. 4/86 vom 20.03.1986

626 Presseerklärung des Deutschen Richterbundes, Nr. 4/86 vom 20.03.1986

627 Backes, KritV 1986, S. 342; tendenziell ebenfalls Aulinger, S. 80

tergabe personenbezogener Daten zu solchen Aufsichts- und Kontrollzwecken auch aus datenschutzrechtlicher Sicht zulässig ist.

Inwieweit die Abschaffung des Weisungsrechts zur Stärkung der staatsanwaltlichen Autorität nach außen beitragen könnte, ist ebenfalls nicht nachvollziehbar. Die Maßnahmen des Staatsanwalts haben im Außenverhältnis bei Wegfall des Weisungsrechts die gleiche Wirkung wie bei Bestehen des Weisungsrechts. Der Wegfall des Weisungsrechts würde allenfalls die Stellung des Staatsanwalts im Innenverhältnis gegenüber dem Vorgesetzten stärken, ihm aber nicht zu mehr Autorität nach außen verhelfen.

Die Gefahr des Mißbrauchs des Weisungsrechts von außen, etwa durch gezielte Erhebung von Dienstaufsichtsbeschwerden, ist nicht gegeben, da ein Dienstaufsichtsverfahren keinen Eingriff in den Tätigkeitsbereich der Staatsanwaltschaft darstellt. Die Dienstaufsichtsbeschwerde ist ein formloser Rechtsbehelf, mit dem ein bestimmter Sachverhalt überprüft wird. Ein Eingriff geht in diesem Zusammenhang – wenn überhaupt – nur von dem Staatsanwalt bzw. Justizminister aus, der aufgrund der Aufsichtsbeschwerde eine Weisung erteilt. Für den Beschwerdeführer hingegen eröffnet die Möglichkeit der Aufsichtsbeschwerde eine zusätzliche Kontrollmöglichkeit.

Interessant ist die Auffassung, der angewiesene Staatsanwalt könne den Sachverhalt nicht mehr unvoreingenommen überprüfen und sei damit befangen. Letztlich vermag dieser Ansatz jedoch nicht zu überzeugen. Nach der hM gelten die §§ 22 ff StPO nicht entsprechend für Staatsanwälte.[628] Damit haben die Prozeßbeteiligten kein Recht auf Ablehnung eines ausgeschlossenen oder befangenen Staatsanwalts.[629] Die Erteilung einer Weisung führt nicht zwingend zu einer Befangenheit des Staatsanwalts. Auch ein Staatsanwalt, der in einem Fall die Ermittlungen selbst geführt hat, ist von der Vertretung in der Hauptverhandlung nicht ausgeschlossen,[630] obwohl man die Auffassung vertreten könnte, daß sich ein Staatsanwalt, der aufgrund des Ermittlungsergebnisses einen hinreichenden Tatverdacht bejaht hat, bereits hinsichtlich der Schuld des späteren Angeklagten festgelegt und daher nicht mehr zu einer objektiven Beurteilung fähig ist. Es kann jedoch keinen Unterschied machen, ob ein Staatsanwalt aufgrund einer ihm erteilten Weisung Anklage erhebt oder weil er aufgrund der Ermittlungen einen hinreichenden Tatverdacht bejaht. Im Gegenteil: Der Staatsanwalt, der entgegen seiner Überzeugung eine Anklage zu erheben hat, wird in der späteren Hauptverhandlung besonders kritisch sein und nicht leichtfertig die Schuld des Angeklagten bejahen.

---

628 OLG Hamm NJW 1969, S. 808; LG Köln, NStZ 1985, S. 231; Kleinknecht/Meyer-Goßner, vor §22 StPO, Rn. 3; Karlsruher Kommentar, §22 StPO, Rn. 16

629 Kleinknecht/Meyer-Goßner, vor §22 StPO, Rn. 5; vgl. insbesondere weiter unten unter 5. Kapitel C.

630 Karlsruher Kommentar, §22 StPO, Rn. 16 b

Differenziert zu betrachten ist die Auffassung, mit Hilfe des Weisungsrechts sei es dem Vorgesetzten möglich, die Selbständigkeit des Staatsanwalts im Innenverhältnis zu beseitigen, während dieser nach außen für seine Entscheidung einstehen muß. Nach den §§ 4, 5 OrgStA hat grundsätzlich der Vorgesetzte dafür Sorge zu tragen, daß wichtige Maßnahmen erst nach seiner Kenntnisnahme getroffen werden, auf die Beachtung der Gesetze hinzuwirken und für eine rasche, sachgemäße Erledigung zu sorgen. Man könnte daher argumentieren, daß dem Vorgesetzten insoweit die Verantwortung für die in seinem Bereich getroffenen Entscheidungen zukommt und er daher auch befugt sein muß, mittels Weisungen in die Sachbearbeitung einzugreifen. Allerdings geht demgegenüber § 12 OrgStA von der grundsätzlichen Alleinverantwortung und Unterzeichnung der Dezernenten aus. Auch für den Fall der Weisung ist in der OrgStA keine Zeichnungspflicht des Vorgesetzten vorgesehen (vgl. §§ 13, 14, 15 OrgStA). Solange daher der Vorgesetzte für eine von ihm erteilte Weisung nicht ausdrücklich die Verantwortung übernimmt und hierfür auch nach außen durch seine Unterschrift eintritt, stellt dies ein gravierendes Argument gegen das Weisungsrecht dar.

Recht überzeugend ist das Argument, das Weisungsrecht sei geeignet, die Ermittlung der materiellen Wahrheit zu verhindern, auch wenn man dem Weisungsrecht nicht per se unterstellen kann, es verhindere die Wahrheitsfindung. Sowohl die staatsanwaltlichen Vorgesetzten, als auch die Justizminister sind über Art. 20 III GG an Recht und Gesetz gebunden. Daher kann das Weisungsrecht gerade auch dazu dienen, rechtswidrige Entscheidungen staatsanwaltlicher Dezernenten zu korrigieren. Jedoch stellt die Bindung an Recht und Gesetz keine Garantie für die Einhaltung des Legalitätsprinzips dar. Wenn diese gesetzliche Bindung nämlich ausreichend wäre, um die Einhaltung des Legalitätsprinzips zu garantieren, dann wären Kontrollmechanismen und auch das Weisungsrecht überflüssig. Somit kann trotz der Bindung an Recht und Gesetz das Weisungsrecht mißbraucht werden, um durch negative Weisungen die Ermittlungen zu beschränken oder zu verhindern.

In diesem Zusammenhang ist einzuräumen, daß die Ermittlung der materiellen Wahrheit nicht alleine in den Händen der Staatsanwaltschaft liegt, sondern in erster Linie durch den Urteilsspruch der Gerichte festgestellt wird. Allerdings kommt der Staatsanwaltschaft in den Fällen eine bedeutsame Rolle zu, in denen das Klageerzwingungsverfahren keine Anwendung findet. Eine negative rechtswidrige Weisung könnte dann von außen nicht korrigiert werden. Dieses Argument ist zweischneidig: Bei Nichtanwendbarkeit des Klageerzwingungsverfahrens könnte auch die Entscheidung eines Staatsanwalts der eine Tat (rechtswidrig) nicht zur Anklage bringt, nicht mit Hilfe des Weisungsrechts korrigiert werden.

Das wohl stärkste Argument gegen das Weisungsrecht ist jedoch die Gefahr einer politischen Einflußnahme in Verbindung mit einer möglichen Unterwanderung des Legalitätsprinzips. Gerade die Erfahrungen im Dritten Reich haben gezeigt, welche verheerenden Folgen das Weisungsrecht haben kann. Über diesen Weg wurde die Staatsanwaltschaft zum verlängerten Arm der diktatorischen Führung. Zwar haben sich die politischen Verhältnisse gewandelt, doch ist auch im heutigen demokratischen Rechtsstaat eine theoretisch mögliche politische Einflußnahme nicht hinnehmbar. Zudem ist nicht ausgeschlossen, daß sich die politische Entwicklung künftig wieder einmal dahin verschiebt, daß das Weisungsrecht erneut als „Einfallstor“ für politische Machenschaften genutzt werden könnte. Selbst wenn sich derzeit konkrete Verstöße nicht nachweisen ließen, so genügt bereits die abstrakte Möglichkeit, um den entsprechenden bösen Schein hervorzurufen. Gerade in spektakulären politischen Verfahren wird immer wieder der Verdacht einer politischen Einflußnahme laut. Da sich die Erteilung von Weisungen normalerweise „hinter verschlossenen Türen“ abspielt, erhalten die entsprechenden Spekulationen weitere Nahrung.

Eine besondere Bedeutung kommt dabei den Fällen zu, in denen Ermittlungen gegen Regierungsmitglieder geführt werden. Die Gefahr, daß ein Justizminister, gegen dessen Parteikollegen strafrechtliche Ermittlungen geführt werden, der Versuchung erliegt aus eigener Initiative oder auf Druck aus der Partei, Einfluß auf die Untersuchungen zu nehmen, ist groß.

Da es Aufgabe der Staatsanwälte ist die Einhaltung der Strafgesetze zu wahren, nicht aber den staatlichen Machtwillen durchzusetzen, ist die Möglichkeit einer politischen Einflußnahme auf die Staatsanwaltschaften im demokratischen Rechtsstaat ein gewichtiges Argument gegen das Weisungsrecht.

E. Argumente für das Weisungsrecht im allgemeinen

Es gibt auch Stimmen, welche die Beibehaltung der staatsanwaltlichen Weisungsgebundenheit für erforderlich halten[631] und Argumente für das Weisungsrecht vorbringen.

631 So etwa Siegert, DRiZ 1956, S. 227; Kuhlmann, Kriminalistik 1978, S. 197; Peters, Arnold und Jeschek auf der Strafrechtslehrertagung 1981 in Bielefeld, Bericht von Neumann in JZ 1981, S. 792; im weiteren auch Bader, NJW 1949, S. 737, der zwar die Beibehaltung fordert, jedoch zugleich die Einschränkung macht, daß Weisungen selten bleiben müssen und stattdessen regelmäßige Gruppenbesprechungen empfiehlt. Wie sich allerdings eine einheitliche Beschränkung des Weisungsrechts unabhängig von der individuellen Führung des Vorgesetzten erreichen läßt, darüber schweigt sich Bader aus; auch Gaul, SchlHA 1969, S. 87 spricht sich für gemeinsame Dienstbesprechungen und die gemeinsame Erarbeitung allgemeiner Richtlinien aus, hebt aber zugleich hervor, daß diese nur solange möglich seien, wie die Staatsanwaltschaft nicht völlig unabhängig sei und das Weisungsrecht noch Bestand habe.

I. Vermeidung von willkürlichen Entscheidungen der Staatsanwaltschaft und Kontrolle der Staatsanwälte

Als Argument für die Beibehaltung des Weisungsrechts wird angegeben, daß auch in anderen Lebens- und Wirtschaftsbereichen Hierarchien bestehen, in denen der meist erfahrenere, versiertere Vorgesetzte den jüngeren, unerfahreneren Kollegen kontrolliere.[632] Ein weisungsungebundener, völlig unabhängiger Staatsanwalt sei jedenfalls ein unkontrollierbarer Machtfaktor.[633] Ein solcher unabhängiger Staatsanwalt wäre noch freier gestellt als jeder Richter.[634] Willkürliche Entscheidungen der Staatsanwaltschaft, insbesondere sachlich unbegründete Nichtanklageerhebungen müßten verhindert werden.[635]

II. Verfassungswidrigkeit der Abschaffung des Weisungsrechts

Die verfassungsrechtlich verankerte Gewaltenteilung wird als Argument dafür angesehen, daß die Staatsanwälte weisungsgebunden sein müßten.[636] Wenn der Staatsanwalt unabhängig wäre, würde dies der im Inquisitionsprozess praktizierten Vereinigung von Anklage und Rechtsprechungsbehörde gleichkommen und damit gegen die Gewaltenteilung verstoßen.[637]

III. Gesichtspunkte der Gleichbehandlung

Zum Teil wird als Argument für die Beibehaltung des Weisungsrechts das Erfordernis nach Gleichbehandlung angeführt.[638] Auch die Staatsanwaltschaft verfüge innerhalb der §§ 152 II, 170 II StPO über einen Beurteilungsspielraum, innerhalb dessen sie Gleiches nicht ungleich behandeln dürfe.[639] Dafür spricht auch die Bindung der Staatsanwaltschaft an Art. 3 GG über Art. 20 III GG.

---

632 Kunert, FS für Wassermann, S. 920

633 Odersky, FS für Bengl, S. 81; Kunert, FS für Wassermann, S. 920; Schultz, RuP 1971, S. 63; Möller-Dorn, Betrifft JUSTIZ 1991, 55; Rede der Niedersächsischen Ministerin der Justiz und für Europaangelegenheiten Heidi Alm-Merk am 16.06.1997 anläßlich des Wechsels des Generalstaatsanwalts in Braunschweig, S. 8

634 Schultz, RuP 1971, S. 63; Rede der Niedersächsischen Ministerin der Justiz und für Europaangelegenheiten Heidi Alm-Merk am 16.06.1997 anläßlich des Wechsels des Generalstaatsanwalts in Braunschweig, S. 8

635 Gössel, GA 1980, S. 343

636 Amelunxen bei Hoberg, DRiZ 1953, S. 139

637 Amelunxen bei Hoberg, DRiZ 1953, S. 139; Grosse, DRiZ 1988, S. 54

638 Kunert, FS für Wassermann, S. 920; Krumsiek, FS für Stern, S. 657 f; Leverenz, SchlHA 1961, S. 39; Gaul, SchlHA 1969, S. 86; Kuhlmann, Kriminalistik 1978, S. 199; Geisler, ZStrW (93) 1981, S. 1128; Dieckmann, 16.12.1999 (http://nrw.de/aktuell/ reden/mskr 991216.htm)

639 Sailer, NJW 1977, S. 1138

Generalklauseln und Ermessensbestimmungen, insbesondere etwa auch die §§ 153, 153 a StPO, eröffnen ein breites Handlungs- und Entscheidungsspektrum.[640] Dieser Rahmen wird durch unzählige Richtlinien und Verfügungen ausgefüllt, die für eine Gleichbehandlung vergleichbar gelagerter Fälle sorgen sollen.[641] Nur durch allgemeine Weisungen und Richtlinien sei eine einheitliche Rechtsanwendung möglich.[642] Dieses Ziel werde mit der Abschaffung des Weisungsrechts vereitelt.[643] Auch den bundeseinheitlichen Richtlinien wie der RiStBV etc. sei dann die Basis entzogen.[644] Es sei auch nicht möglich, unterschiedliche Auffassungen zwischen den Generalstaatsanwälten eines Landes zu koordinieren.[645] Auch wenn dem Bundesjustizminister kein Weisungsrecht gegenüber den Landesjustizministern zustehe, seien insoweit regelmäßige Zusammenkünfte möglich und auch üblich.[646]

IV. Weisungsrecht als Korrektiv bei Nichtanwendbarkeit des Klageerzwingungsverfahrens

Die Existenz des Weisungsrechts wird im Gegensatz zu der bereits genannten Auffassung, die das Weisungsrecht als Gefahr für den Bereich der Nichtan-

---

640 Kunert, FS für Wassermann, S. 920; Schairer, FS für Lenckner, S. 744; Geisler, ZStrW (93) 1981, S. 1128

641 Schairer, FS für Lenckner, S. 744; Sarstedt, NJW 1964, S. 1757

642 Aulinger, S. 78; Kunert, FS für Wassermann, S. 920, Krumsiek, FS für Stern, S. 657; Leverenz, SchlHA 1961, S. 39; Kuhlmann, Kriminalistik 1978, S. 200

643 Kunert, FS für Wassermann, S. 920

644 Kunert, FS für Wassermann, S. 920; Krumsiek, FS für Stern, S. 657; Hund, ZRP 1994, S. 473; Dieckmann, 16.12.1999 (http://nrw.de/aktuell/reden/mskr991216.htm)

645 Aulinger, S. 78; Rede der Niedersächsischen Ministerin der Justiz und für Europaangelegenheiten, Heidi Alm-Merk, am 16.06.1997 anläßlich des Wechsels des Generalstaatsanwalts in Braunschweig, S. 8; Kunert, FS für Wassermann, S. 921; Kunert nennt ein Beispiel, nach dem vor einigen Jahren in Nordrhein-Westfalen die Rechtsprechung zur Trunkenheit im Straßenverkehr uneinheitlich war. Während im OLG Bezirk Hamm eine Gefängnisstrafe verhängt worden war, kam ein solcher Täter im OLG-Bezirk Köln jedenfalls in der ersten Instanz mit Bewährung davon. Daher sei eine landeseinheitliche Antrags- und Rechtsmittelpraxis erforderlich gewesen, die seinerzeit nur auf dem Wege allgemeiner Weisungen des Justizministeriums zu erreichen gewesen wäre. Kunert berücksichtigt hier nicht ausreichend, daß die Staatsanwaltschaft auf die Rechtsprechungspraxis nur einen eingeschränkten Einfluß hat. Entscheidender spielt dies eine Rolle im Bereich einer unterschiedlichen Anklagepraxis. Soweit es aber eine differenzierende Anklagepraxis gibt, endet die Gleichbehandlung ohnehin an der Landesgrenze. So kann es durchaus sein, daß ein Verfahren in Wiesbaden auf der hessischen Rheinseite eingestellt wird, während es auf der anderen Seite der Brücke in Mainz in Rheinland-Pfalz zur Anklage kommt. Hier kann auch das Weisungsrecht des Landesjustizministers nichts bewirken, da der Bundesjustizminister aufgrund der Landesgesetzgebungskompetenz auf dem Gebiet der Strafverfolgung kein Weisungsrecht hat.

646 Sarstedt, NJW 1964, S. 1757

wendbarkeit des Klageerzwingungsverfahrens ansieht,[647] in diesem Zusammenhang auch als erforderliches Korrektiv angesehen.[648] Das Klageerzwingungsverfahren sei eine Institution, mit der kaum noch etwas erreicht werden könne.[649] Es wird sogar von einer „realen Bedeutungslosigkeit" des Klageerzwingungsverfahrens gesprochen.[650] Die einzelnen Bereiche, in denen das Klageerzwingungsverfahren nicht zur Anwendung kommt, wurden bereits dargestellt.[651] In diesen Fällen sei das Weisungsrecht das einzige Korrektiv, um eine staatsanwaltliche Einstellungsweisung bei Nichtanwendbarkeit des Klageerzwingungsverfahrens überprüfen zu lassen.

V. Weisungsrecht als Voraussetzung des Klageerzwingungsverfahrens

Das Weisungsrecht wird zum Teil als unabdingbare Voraussetzung für das Klageerzwingungsverfahren bezeichnet.[652] Mit der Vorschaltbeschwerde solle der vorgesetzte Staatsanwalt auf die Möglichkeiten hingewiesen werden, die ihm das Weisungsrecht bietet.[653] Ein Klageerzwingungsverfahren gegenüber einem weisungsungebundenen Staatsanwalt sei ein Widerspruch in sich. Wenn der Staatsanwalt generell keinen Weisungen unterworfen wäre, dann könne er es auch nicht auf eine Beschwerde hin sein.[654]

VI. Absicherung des Legalitätsprinzips

Teilweise wird das Weisungsrecht für ungefährlich gehalten, da die Justizverwaltungen ohnehin an das Legalitätsprinzip gebunden seien.[655] Weitergehend wird vertreten, das Weisungsrecht sei nicht nur ungefährlich, sondern sogar notwendig, um das Legalitätsprinzip abzusichern.[656] Insbesondere sei es erforderlich, um „negative" Weisungen zu kontrollieren, also dann, wenn ein Staatsanwalt angewiesen wird, einen Fall nicht anzuklagen, obwohl er angeklagt werden müßte.[657] Der umgekehrte Fall, in dem eine Anklage zu Unrecht erhoben wird,

---

647 Vgl. bereits unter 5. Kapitel B. II.
648 Kuhlmann, Kriminalistik 1978, S. 199
649 Schultz, RuP 1971, S. 63
650 Mielke, Rheinischer Merkur 1952 Nr. 44, S. 3; Kintzi, DRiZ 1987, S. 459; vgl. hierzu auch bereits die Ausführungen oben unter 5. Kapitel B. II.
651 Vgl. oben unter 5. Kapitel B. II.
652 Bucher, JZ 1975, 107 Fn. 9
653 Bucher, JZ 1975, 107 Fn. 9
654 Bucher, JZ 1975, 107 Fn. 9
655 Gaul, SchlHA 1969, S. 86; Henn, DRiZ 1972, S. 152; Geisler, ZStrW (93) 1981, S. 1128
656 Gaul, SchlHA 1969, S. 86; Bucher, JZ 1975, S. 107
657 Bucher, JZ 1975, S. 107

gilt als weniger gefährlich, da in diesem Fall die Anklageerhebung durch die Entscheidung des Gerichts unschädlich gemacht werden könne.[658]

Gegen die Absicherung des Legalitätsprinzips durch das Weisungsrecht wird jedoch vorgebracht, mit dem Argument „Legalitätsprinzip“ lasse sich auch die Notwendigkeit des Weisungsrechts ablehnen.[659] Das Legalitätsprinzip müsse nicht noch zusätzlich durch das Weisungsrecht abgesichert werden, da dies bereits durch das Klageerzwingungsverfahren abgesichert sei.[660] Mit dem Klageerzwingungsverfahren sei es dem verletzten Anzeigeerstatter bereits möglich, die Einhaltung des Legalitätsprinzips zu kontrollieren.[661]

Die Frage, ob das Klageerzwingungsverfahren ausreichend ist, um das Legalitätsprinzip abzusichern, muß skeptisch betrachtet werden. Es gibt zahlreiche Fallgruppen, in denen das Klageerzwingungsverfahren von vornherein ausgeschlossen ist.[662] Allerdings hat dies nicht zwingend zur Folge, daß das Weisungsrecht beibehalten werden muß. Auch durch eine Ausweitung des Klageerzwingungsverfahrens kann eine Absicherung des Legalitätsprinzips erreicht werden.

Nicht gefolgt werden kann der Unterscheidung in positive und negative Weisungen.[663] Wenn eine Weisung erteilt wird, in einem bestimmten Verfahren Anklage zu erheben, hilft dem Bürger das Klageerzwingungsverfahren nicht weiter. Doch diese „positiven Weisungen“ sind nicht minder gefährlich als „negative Weisungen“. Zwar erfolgt bei positiven Weisungen noch eine Kontrolle durch das Gericht, jedoch kann – insbesondere bei einer unberechtigten Anklageerhebung – schon alleine die Anklage mit schwerwiegenden Folgen verbunden sein.[664] Zu nennen sind in diesem Zusammenhang etwa die erheblichen politischen Auswirkungen, wenn gegen einen Kandidaten während eines Wahlkampfes[665] oder gegen einen Bewerber in der Einstellungsphase ein Ermittlungsverfahren betrieben wird.[666]

VII. Parteistellung der Staatsanwaltschaft

Als Argument für die Beibehaltung des Weisungsrechts wird weiterhin vorgebracht, nur eine Parteistellung der Staatsanwaltschaft entspreche dem liberalen

658 Meier-Branecke, GA 1956, S. 23; Gaul, SchlHA 1969, S. 87; Bucher, JZ 1975, S. 107; ansatzweise auch Daun, Kriminalistik 1972, S. 19

659 Henn, DRiZ 1972, S. 152; Gössel, GA 1980, S. 344

660 Gössel, GA 1980, S. 344

661 Gössel, GA 1980, S. 344

662 Vgl. 5. Kapitel B. II.

663 Odersky, FS für Bengl, S. 79; Dünnebier, JZ 1958, S. 421

664 Kommission für die Angelegenheiten der Staatsanwälte im Deutschen Richterbund, DRiZ 1968, S. 359

665 Odersky, FS für Bengl, S. 73; Mielke, Rheinischer Merkur 1952 Nr. 44, S. 3

666 Odersky, FS für Bengl, S. 73

Modell des Strafverfahrens, während die Beseitigung des Weisungsrecht die Staatsanwaltschaft zu einer richtergleichen Institution erheben würde, die diesem liberalen Modell nicht mehr entspreche.[667]

Die Frage, ob die Staatsanwaltschaft unter den Parteienbegriff fällt, wird unterschiedlich beurteilt:

- Die Staatsanwaltschaft ist Partei

Teilweise wird vertreten, der Staatsanwaltschaft komme selbstverständlich eine Parteistellung zu,[668] und zwar als Partei des Staates beziehungsweise des staatlichen Strafanspruches.[669] Der Anklageprozeß sei nichts anderes als ein echter Zweiparteienprozeß.[670] Dem Richter werde durch die Anklage ein Strafrechtsverhältnis unterbreitet.

Zugleich behaupte die Staatsanwaltschaft in der Anklage den staatlichen Strafanspruch.[671] Der Angeklagte werde in die Rolle gedrängt, sich gegen den behaupteten Strafanspruch verteidigen zu müssen.[672] Diese Parteistruktur bedeute nicht, der Staatsanwalt dürfe parteiisch sein, sondern es handele sich lediglich um das prozessuale Spiegelbild des materiellen Strafanspruchs, wobei sich zwei Parteien gegenüberstehen, nämlich der Staat als „Gläubiger des Strafanspruchs" und der Angeklagte bzw. verurteilte Straftäter als „Duldungsschuldner".[673]

Vorgebracht wird, daß § 160 II StPO, der eine Ermittlungspflicht zugunsten des Angeklagten zwingend vorsieht, kein Indiz gegen eine Parteistellung sei. Diese Vorschrift sei nur geschaffen worden, um den Beschuldigten gegenüber den starken Befugnissen der Staatsanwaltschaft im Ermittlungsverfahren zu schützen. Im Hauptverfahren seien die Befugnisse der Staatsanwaltschaft jedoch weiter eingeschränkt. § 160 II StPO finde im Hauptverfahren keine Anwendung. Dies wird zum einen durch die Stellung des § 160 II StPO im Abschnitt über das Ermittlungsverfahren deutlich und zum anderen aus dem Wortlaut, der ausdrücklich von „ermitteln" spricht. Zudem könne man dies auch aus den Motiven herleiten, nach denen bei der Schaffung des § 160 II StPO ausdrücklich an das Ermittlungsverfahren und keineswegs an die Hauptverhandlung gedacht worden sei.[674]

Außerdem werde aus den Diskussionen um die Einführung der staatsanwaltlichen Weisungsgebundenheit deutlich, daß die Gesetzgeber von einer Parteistellung der Staatsanwaltschaft ausgegangen sind. Zunächst habe man die Wei-

667 Müller, S. 201 ff

668 Brangsch, NJW 1951, S. 59 ff; Blomeyer, GA 1970, S. 172 f; Schwerdtner, RuP 1970, S. 69

669 Vgl. bei Lücke, SchlHA 1980, S. 208

670 Blomeyer, GA 1970, S. 172 f

671 Schwerdtner, RuP 1970, S. 69

672 Blomeyer, GA 1970, S. 172 f

673 Blomeyer, GA 1970, S. 172 f

674 Brangsch, NJW 1951, S. 60

sungsgebundenheit beschränken wollen. Auf Empfehlung der Justizkommission, die durch eine scharfe Gegenüberstellung der Parteirollen von Verteidiger und Staatsanwaltschaft die unparteiische Rolle des Richters mehr zur Geltung kommen lassen wollte, sei dann die Einschränkung des Weisungsrechts weggelassen worden.[675]

Zudem werden Gründe der Verfahrenswirklichkeit für die Rolle der Staatsanwaltschaft als Partei angeführt. Die Wirklichkeit des deutschen Strafverfahrens habe sich sehr weit von der gesetzlichen Konzeption entfernt. So sei auch die Verteidigertätigkeit nicht mehr auf ihre Rolle als Organ der Rechtspflege ausgerichtet, sondern immer mehr als Partei zur Wahrnehmung der Interessen des Angeklagten.[676] Weitgehend historisch bedingt ist dem Staatsanwalt die Rolle der Belastung des Beschuldigten zugewiesen, während die Verteidigung die entlastenden Umstände zusammenzutragen versucht.[677] Die Staatsanwaltschaft bilde insoweit ein Gegengewicht zur Verteidigung,[678] was sich auch in der zunehmenden Vernachlässigung der staatsanwaltlichen Objektivitätsverpflichtung zeige. So versuchten Staatsanwälte die einmal erhobene Anklage mit allen Mitteln aufrecht zu erhalten.[679] Die Staatsanwälte neigten immer mehr dazu, Anwälte des Staates zu sein und sich der Staatsräson verpflichtet zu fühlen.[680] Dieses „Parteienverhältnis“ werde auch durch die (vor allem) in BtMG- und Wirtschaftsstrafverfahren übliche Praxis des „Vergleichs“ deutlich, also den Absprachen im Strafprozeß, die typisch für einen Parteienprozeß seien.[681]

- Die Staatsanwaltschaft ist keine Partei

Demgegenüber wird eine Einordnung der Staatsanwaltschaft als Partei abgelehnt,[682] ebenso wie eine Qualifikation des Strafprozesses als Parteiprozeß.[683] Von einer Parteistellung könne nur dann gesprochen werden, wenn widerstreitende Beteiligte zur Verfolgung ihrer Interessen einander gleichberechtigt gegenüberstehen und der Verfahrensablauf jeweils durch die von dem betreffenden Beteiligten für zweckmäßig gehaltene Interessenverfolgung bestimmt wird. Bei

675 Brangsch, NJW 1951, S. 61
676 Klug, ZRP 1999, S. 291
677 Frank, FS für Schlüchter, S. 49
678 Vgl. hierzu auch Schilken, Rn. 569, Kühne, StV 1996, S. 687
679 Klug, ZRP 1999, S. 291
680 Schaefer in „Quo Vadis“, S. 76
681 Klug, ZRP 1999, S. 290
682 BGHSt 15, S. 155 ff (159); Hönigschmied, S. 13; Schilken, Rn. 569; Frank, FS für Schlüchter, S. 49; Güde, Die Justiz 1958, S. 223
683 BGH MDR 1961, 156 f; Katholnigg, vor §141 GVG, Rn. 2; Gössel, S. 39; Bader, NJW 1949, S. 738; Leß, JR 1951, S. 194; Güde, Die Justiz 1957, S. 223; Arndt, DRiZ 1959, S. 204; Görcke, ZStrW (73) 1961, S. 571; Schneider, DRiZ 1964, S. 154; Heimeshoff, DRiZ, 1966, S. 212; Kommission für die Angelegenheiten der Staatsanwälte im Deutschen Richterbund, DRiZ 1968, S. 361; Daun, Kriminalistik 1971, S. 610; Gössel, GA 1980, S. 337; Kintzi, DRiZ 1987, S. 459

der Staatsanwaltschaft sei dies jedoch nicht der Fall, da sie nicht einseitig zuungunsten des Angeklagten auftrete, sondern auch zugunsten des Angeklagten ermitteln und auftreten müsse, wenn es die Sachlage erfordert.[684] Zudem kann (und muß) der Staatsanwalt sogar in der Hauptverhandlung auf einen Freispruch des Angeklagten plädieren, wenn er nach den Feststellungen in der Hauptverhandlung nicht von der Schuld des Angeklagten überzeugt ist. Außerdem muß die Staatsanwaltschaft, wenn dies geboten erscheint, auch Rechtsmittel zugunsten des Angeklagten einlegen.[685] Es liege daher nicht – wie im Parteienprozeß – ein „Gegeneinander" von Staatsanwalt und Beschuldigtem vor, sondern der Staatsanwalt habe die Verpflichtung, unparteiisch zu sein. Die einzige Aufgabe des Staatsanwalts in der Hauptverhandlung sei die Wahrheitsfindung.[686] Mit der Gerechtigkeit könne „man keinen Handel treiben", sie könne damit auch nicht Gegenstand parteilicher, zweckmäßiger Interessenverfolgung werden.[687] Der staatliche Strafanspruch sei kein Parteienanspruch, der nach Gutdünken geltend gemacht werden kann. Echte Parteien hätten die Möglichkeit vor Gericht miteinander zu paktieren.[688] Dies haben Verteidigung und Staatsanwaltschaft nicht. Wenn es zu einem Deal kommt, so ist dieser nur mit dem Segen des Gerichtes möglich. Insoweit seien Staatsanwalt und Verteidiger im deutschen Strafprozeß keine widerstreitenden Parteien, sondern Verfahrensbeteiligte.[689]

- Stellungnahme

Die Einordnung der Staatsanwaltschaft unter den Parteienbegriff ist für die Frage nach dem Pro und Contra des Weisungsrechts letztlich unergiebig. Sofern man mit der herrschenden Meinung eine Parteistellung der Staatsanwaltschaft ablehnt, läuft das Argument, die Parteistellung verlange das Weisungsrecht, ohnehin leer.

Doch auch wenn man eine Parteistellung der Staatsanwaltschaft anerkennt, setzt dies die Existenz des Weisungsrecht nicht zwingend voraus.

Zwar kann die Weisungsgebundenheit ein mögliches Argument für die Annahme einer Parteistellung sein, jedoch kann nicht im Umkehrschluß wegen einer Parteistellung die Notwendigkeit des Weisungsrechts gefordert werden. Auch bei einem Wegfall des Weisungsrecht müßte die Staatsanwaltschaft unter den Parteibegriff subsumiert werden, da sich die Parteistellung vielmehr aus der funktionalen Stellung der Staatsanwaltschaft im Strafprozeß ergeben würde.

---

684 Bader, NJW 1949, S. 737 ff; Heimeshoff, DRiZ 1966, S. 212; Gössel, GA 1980, S. 337; Kintzi, DRiZ 1987, S. 459

685 Heimeshoff, DRiZ 1966, S. 212

686 Güde, Die Justiz 1957, S. 223; Schneider, DRiZ 1964, S. 154

687 Gössel, GA 1980, S. 337

688 Münstermann, S. 81

689 Kintzi, FS für Wassermann, S. 902; Leß, JR 1951, S. 194; Kommission für die Angelegenheiten der Staatsanwälte im Deutschen Richterbund, DRiZ 1968, S. 361

Die Parteistellung beruht nicht auf der Weisungsgebundenheit, sondern auf der Funktion der Staatsanwaltschaft.[690] Die Staatsanwaltschaft wurde historisch nicht zuletzt eingeführt, um dem Staat eine Einflußmöglichkeit auf die Anklagebehörde zu sichern. Das bedeutet jedoch nicht, daß das Weisungsrecht konstitutiv für eine Parteistellung der Staatsanwaltschaft ist.[691]

Hier kommt die tatsächliche Rolle der Staatsanwaltschaft zum Tragen, die sich in der Praxis immer weiter vom gesetzlichen Leitbild entfernt und faktisch zum Gegenpol der Verteidigung entwickelt hat.[692] Hier spielen verfahrenspsychologische und faktische Aspekte eine bedeutsame Rolle.[693] Die Staatsanwaltschaft sieht sich aufgrund der Verfahrensausgestaltung als Kontrahent der Verteidigung. Im „Kampf des Verfahrens“, der den Staatsanwalt zwingt, aktiv als Verfahrensbeteiligter tätig zu werden, gelingt es den Staatsanwälten selbst beim Willen zur größtmöglichen Objektivität nicht immer, dieser gerecht zu werden.[694]

Hinter diesem faktischen, verfahrenspsychologischen Aspekt tritt die Bedeutung des Weisungsrechts als Argument für die Parteirolle zurück. Auch ohne Weisungsrecht könnte der Staatsanwalt seiner Parteirolle gerecht werden. Damit kann die Parteistellung nicht als Argument für die Weisungsgebundenheit herangezogen werden.

VIII. Auch Richter sind nicht völlig unabhängig

Für die Beibehaltung des Weisungsrechts wird vorgebracht, selbst die vermeintlich unabhängigen Richter seien nicht unabhängig. So könne der Richter innerhalb der Kammer gegen seinen Willen überstimmt werden und müsse auch die Urteilsaufhebung durch die nächsthöhere Instanz dulden.[695] Hinzu komme, daß auch Richter der Dienstaufsicht unterliegen. Eine Unabhängigkeit der Richterschaft könne erst dann angenommen werden, wenn auch das derzeit herrschende Belohnungs- und Beförderungssystem abgeschafft würde. Richtig unabhängig seien demnach nur Amtsrichter, die keine Karriere machen wollen und möglicherweise noch die Präsidenten der obersten Gerichtshöfe, die bereits alles er-

---

690 Vgl. Neumann, S. 205

691 Vgl. Neumann, S. 205

692 Vgl. bei Klug, ZRP 1999, S. 288 ff (v. a. S. 291); so konnte der Verfasser selbst in Strafprozessen (die letztlich mit einem Freispruch endeten) staatsanwaltliche Sitzungsvertreter erleben, die sich über wirklich offenkundige und gravierende Widersprüche hinwegsetzten und den Anklagevorwurf unter allen Umständen aufrecht erhalten wollten, obwohl in diesem Verfahrensstadium bereits offenkundig war, daß die Tat nicht bewiesen werden kann.

693 Vgl. bei Neumann, S. 205

694 Münstermann, S. 80; vgl. bei Klug, ZRP 1999, S. 288 ff (v. a. S. 291)

695 Kunert, FS für Wassermann, S. 920; Hund, ZRP 1994, S. 473

reicht haben.[696] So berichten teilweise Richter von dem Druck, den Vorsitzende auf Beisitzer und insbesondere auf junge Kollegen ausüben können und auch tatsächlich ausüben, etwa durch Absprachen von Sitzungsterminen, um Fälle einer offensichtlichen Verhinderung in Vertretungsfällen herbeizuführen oder durch das Androhen von Disziplinarmaßnahmen und andere Einflußmöglichkeiten.[697]

IX. Primat des Unerfahrenen

Vorgebracht wird auch, die Abschaffung des Weisungsrechts hätte zur Folge, daß jeder Dezernent nach seiner subjektiven Sicht der Dinge ermitteln könne und sich jeweils die Ansicht des Jüngsten, Unerfahrensten und am wenigsten Qualifizierten durchsetzen könnte.[698]

X. Rückfall in die Inquisition

Teilweise wird vertreten, der Wegfall des Weisungsrechts, also die Unabhängigkeit der Staatsanwaltschaft, gleiche diese zu sehr der Richterschaft an und beinhalte damit die Gefahr eines Rückfalls in die Inquisition.[699] Die Unabhängigkeit des Staatsanwalts würde zur Preisgabe des Anklageprinzips des § 151 StPO führen, da der unabhängige Staatsanwalt nichts anderes wäre als ein Richter. Damit würde der Anklageprozeß durch eine Variante des alten Inquisitionsprozesses ersetzt. Während im „alten" Inquisitionsprozess ein und derselbe Richter inquiriert und entschieden habe, würde im Falle der Unabhängigkeit der Staatsanwaltschaft der Richter X (also der Staatsanwalt) inquirieren und ein anderer Richter Y entscheiden. Dies stelle einen Rückschritt dar, da das Gericht nicht aus eigener Initiative Recht sprechen könne, sondern nur über eine Sache entscheiden dürfe, die ihm von der Anklagebehörde unterbreitet wurde.[700]

XI. Effektivität und Koordination der Strafverfolgung sowie die Verhinderung chaotischer Zustände

Für die Beibehaltung des Weisungsrechts wird außerdem vorgebracht, dessen Abschaffung entziehe jeder Organisationsstruktur die Grundlage. Hierdurch sei-

696 Prantl, DRiZ 1999, S. 148

697 Ostermann, Betrifft JUSTIZ 1997, S. 103; eingehend zu den Möglichkeiten der Einflußnahme auf Richter auch Mayer in v. Münch/Kunig, Art. 97 GG, Rn. 5

698 Sarstedt, NJW 1964, S. 1754; Hund, ZRP 1994, S. 473

699 Kunert, FS für Wassermann, S. 923; Siegert, DRiZ 1956, S. 224; Gössel, GA 1980, S. 335; Grosse, DRiZ 1988, S. 54

700 Blomeyer, GA 1970, S. 171

en führungslose, chaotische Zustände zu erwarten.[701] Insbesondere habe eine weisungsungebundene Ermittlungsführung des einzelnen Staatsanwalts zur Folge, daß eine wirksame Koordination nicht mehr möglich sei.[702] Länder- und staatenübergreifende Ermittlungen wären nicht mehr möglich, da keine zentralisierten Entscheidungsträger mehr vorhanden seien.[703] Aus diesem Grunde sei das interne Weisungsrecht erforderlich, damit eine schnelle und effektive Vorgehensweise der Staatsanwaltschaft als Ermittlungsbehörde ermöglicht werde.[704] Damit solle die Schlagkraft der Staatsanwaltschaft gesichert werden.[705] Die Unabhängigkeit des Staatsanwalts würde zur Schaffung eines schwerfälligen Organs führen, das den praktischen und taktischen Anforderungen eines auf Zügigkeit und Wendigkeit angelegten Ermittlungsverfahrens nicht mehr gewachsen wäre.[706] Es könne nicht mehr wie bisher durch Versetzung und Auswechslung den individuellen Fähigkeiten und Eigenarten des Einzelnen Rechnung getragen werden.[707]

Da sowohl die Möglichkeit einer gerichtlichen Kontrolle als auch die Einführung eines Instanzenzuges nicht ausreichend seien, um die Staatsanwaltschaft zu steuern, sei der hierarchische Staatsanwaltschaftsaufbau die einzige Möglichkeit, um eine schnelle, bewegliche und effektive Strafverfolgung und zugleich eine einheitliche Handhabung zu erreichen.[708]

F. Insbesondere: Weniger Bedenken gegenüber dem internen Weisungsrecht

Gegen das interne Weisungsrecht hingegen werden im Vergleich zum externen Weisungsrecht weniger Bedenken angemeldet.[709] Dieses interne Weisungsrecht ergebe sich – gewissermaßen ganz natürlich – aus dem monokratisch-hierarchischen Behördenaufbau.

Insbesondere sehen auch die Autoren, die im externen Weisungsrecht einen Verstoß gegen die Art. 92 und 97 GG erkennen, keine Verfassungswidrigkeit des internen Weisungsrechts, da insoweit eine Weisung auf jeden Fall innerhalb derselben Gewalt erfolgt. Beim externen Weisungsrecht könnte dem Justizminister, der auf jeden Fall Exekutivorgan ist, vorgeworfen werden in die Recht-

701 Hönigschmied, S. 40; Hund, ZRP 1994, S. 473

702 Wohlers, S. 277; Gaul, SchlHA 1969, S. 86; Schultz, RuP 1971, S. 63; Hund, ZRP 1994, S. 473; so auch für die Beamtenhierarchie insgesamt Rittsteig, ZBR 1970, S. 73

703 Hund, ZRP 1994, S. 473

704 Möller-Dorn, Betrifft JUSTIZ 1991, S. 55

705 Schultz, RuP 1971, S. 64; Kuhlmann, Kriminalistik 1978, S. 197

706 Blomeyer, GA 1970, S .168; Schultz, RuP 1971, S. 64

707 Blomeyer, GA 1970, S. 168

708 Kuhlmann, Kriminalistik 1978, S. 199 f

709 Siegert, DRiZ 1956, S. 227; Görcke, DRiZ 1964, S. 50; Frankfurter Arbeitskreis Strafrecht, StV 2000, S. 462

sprechung einzugreifen. Dieser Vorwurf ist beim internen Weisungsrecht ausgeschlossen. Selbst wenn die Staatsanwaltschaft der Rechtsprechung angehören würde, wäre eine Weisung nicht gewaltenübergreifend. Der Behördenleiter würde ebenfalls der Rechtsprechung angehören.[710] Der General- und Oberstaatsanwalt habe das Entscheidungsrecht in allen Beschwerde-, Zweifels- und Ermessensfällen. Dieser Entscheidung müsse sich der sachbearbeitende Staatsanwalt beugen, so wie sich der Richter der abweichenden Meinung seines Kollegiums oder der höheren Instanz beugen müsse. Damit sei die interne Weisung nichts anderes als der Instanzenzug.[711]

G. Argumente für das externe Weisungsrecht

Vertreten wird auch die Auffassung, gerade das externe Weisungsrecht müsse beibehalten werden.[712]

I. Parlamentarische Verantwortung des Justizministers

Es wird die Ansicht geäußert, die parlamentarische Verantwortung des Justizministers setze die Möglichkeit voraus, Weisungen zu erteilen.[713] Zum Teil wird diese parlamentarische Verantwortung aus Art. 65 GG hergeleitet,[714] teilweise wird diese auch aus der Systematik des Grundgesetzes insgesamt abgeleitet.[715] Wesensnotwendiger Bestandteil der parlamentarischen Demokratie sei die Kontrolle der Exekutive durch das Parlament. Hauptaufgabe des Justizministers sei es, für eine gleichmäßige Rechtsanwendung zu sorgen und zugleich Schwerpunkte für die Bekämpfung der Straftaten zu bilden, die für die Bevölkerung eine besondere Gefahr darstellen.[716] Daher habe er gegenüber dem Parlament die Verantwortung für Maßnahmen und Entscheidungen der Staatsanwaltschaft. Um dem gerecht zu werden, müsse er als Kehrseite der parlamentarischen Verant-

---

710 Wagner, NJW 1963, S. 10

711 Wagner, NJW 1963, S. 10; Kommission für die Angelegenheiten der Staatsanwälte im Deutschen Richterbund, DRiZ 1968, S. 360; (für das Devolutions- und Substitutionsrecht auch Kohlhaas, DRiZ 1965, S. 294

712 Siegert, DRiZ 1956, S. 227

713 Löwe/Rosenberg – Schäfer/Boll, §146 GVG, Rn. 17; Henkel, §30, Rn. 142; Wille, FS für SH, S. 325; Odersky, FS für Bengl, S. 57 f, 80 f; Kunert, FS für Wassermann, S. 922; Schairer, FS für Lenckner, S. 746; Wagner, NJW 1963, S. 8; Blomeyer, GA 1970, S. 170 f; Schweichel, ZRP 1970, S. 172; Rittsteig, ZBR 1970, S. 73; Daun, Kriminalistik 1977, S. 482; Roxin, DRiZ 1997, 118

714 Isensee/Kirchhof, Bd. II, §51, Rn. 52

715 Maunz/Dürig, Art. 65 GG, Rn. 65 f

716 Sträter, DRiZ 1965, S. 60

wortung die Möglichkeit haben durch allgemeine Weisungen und notfalls auch durch Weisungen im Einzelfall auf die Staatsanwaltschaften einzuwirken.[717]

II. Problem des ministerialfreien Raumes

Vertreten wird auch, daß die Beibehaltung des Weisungsrechts zwingend erforderlich sei, da ansonsten ein ministerialfreier Raum entstehe.[718] In diesem Fall sei die Staatsanwaltschaft ein parlamentarisch nicht kontrollierbarer Teil der Exekutive und damit als unkontrollierbarer Machtfaktor ein Fremdkörper im System der parlamentarischen Demokratie.[719]

Ein Staatsanwalt, dem eine Alleinentscheidungskompetenz zukomme, verfüge über eine beträchtliche Macht und müsse aus diesem Grunde parlamentarisch kontrolliert werden.[720]

Ministerialfreie Räume sind allerdings nicht schlechthin unzulässig[721] und auch dem deutschen Recht sind ministerialfreie Räume nicht fremd, so beispielsweise der Bundesrechnungshof.[722] Ein solcher ministerialfreier Raum wird jedoch nur dann für zulässig gehalten, wenn es sich um Angelegenheiten handele, die kein wesentlicher Bestandteil der Regierungsgewalt seien und denen kein erhebliches politisches Gewicht zukomme.[723] Wann einer Angelegenheit eine so hohe politische Bedeutung zukommt, daß ein ministerialfreier Raum unzulässig ist, läßt sich jedoch nicht generell, sondern nur von Fall zu Fall beantworten.[724]

Zum Teil wird die Auffassung vertreten, daß der Strafverfolgung ein erhebliches politisches Gewicht zukomme, wie sich bereits aus der parlamentarischen Belastung durch Anfragen, Untersuchungsausschüsse etc. hinsichtlich dieser Thematik ergebe.

Teilweise wird in diesem Zusammenhang nicht die Strafverfolgung insgesamt als ein Bereich angesehen, der aufgrund seiner politischen Tragweite in der unmittelbaren Regierungsverantwortung verbleiben müsse, sondern lediglich die Teilbereiche des Staatsschutzes und der mittleren und schweren Kriminalität,[725] bzw. Delikte, die mit der äußeren Friedensordnung in engem Zusammenhang stehen.[726]

---

717 Sträter, DRiZ 1965, S. 60; Kunert, FS für Wassermann, S. 922

718 Löwe/Rosenberg – Schäfer/Boll, §146 GVG, Rn. 17; Hund, ZRP 1994, S. 471

719 Kunert, FS für Wassermann, S. 922; Dieckmann, 16.12.1999 (http://nrw.de/aktuell/reden/mskr991216.htm)

720 Schultz, RuP 1971, S. 64

721 BVerfG NJW 1959, S. 1172; Isensee/Kirchhof, Bd. III, §59, Rn. 101

722 Schultz, RuP 1971, S. 64

723 Hund, ZRP 1994, S. 471

724 BVerfG NJW 1959, S. 1172

725 So auch Daun, Kriminalistik 1977, S. 482

726 Kunert, FS für Wassermann, S. 922 f

III. Verhinderung internen Weisungsdrucks

Ein weiteres Argument geht dahin, eine strukturelle Veränderung durch Aufhebung des externen Weisungsrechts beschränke das Remonstrationsrecht der Staatsanwälte, da diese nicht mehr beim Justizminister die Aufhebung einer Anweisung erreichen könnten. Dies habe zur Folge, daß die Abhängigkeiten von den staatsanwaltlichen Vorgesetzten (also dem Abteilungsleiter, dem Behördenleiter und dem Generalstaatsanwalt) und damit auch der interne Weisungsdruck zunehmen würden.[727]

IV. Zusätzliche Kontrollmöglichkeit der Bürger

Das Weisungsrecht wird auch als zusätzliche Kontrollmöglichkeit des Bürgers für notwendig erachtet. Eine Abschaffung des externen Weisungsrechts würde dem Bürger eine Kontrollinstanz nehmen. Dem rechtsuchenden Bürger würde bei Beschwerden gegen die Tätigkeit der Staatsanwaltschaft die Möglichkeit einer (weiteren) Dienstaufsichtsbeschwerde beim Justizminister genommen.[728]

H. Zwischenergebnis und Stellungnahme zu den Argumenten für das Weisungsrecht

Die Abschaffung des Weisungsrechts wäre – ebenso wie die Beibehaltung – nicht verfassungswidrig.

Insbesondere kann dem Argument nicht zugestimmt werden, daß die Beseitigung des Weisungsrechts und damit die Unabhängigkeit der Staatsanwaltschaft zu einem Verstoß gegen das Gewaltenteilungsprinzip führt. Diese Auffassung verkennt, daß auch einem unabhängigen Staatsanwalt weiterhin die Aufgabe zukommt, zu ermitteln und gegebenenfalls Anklage zu erheben. Er würde damit nicht zu einem Richter werden und auch nicht als Exekutivorgan Aufgaben der Rechtsprechung wahrnehmen.

Auch mögliche ministerialfreie Räume stehen der Beseitigung des Weisungsrechts nicht entgegen. Zunächst ist die Auffassung abzulehnen, die einen ministerialfreien Raum bei „normaler“ Kriminalität zuläßt, hinsichtlich Staatsschutzdelikten und Schwerkriminalität jedoch für unzulässig hält. Eine derartige Ungleichbehandlung ist sachlich nicht gerechtfertigt.

Im übrigen kann das Weisungsrecht auch nicht mit dem Argument des ministerialfreien Raumes verteidigt werden. Dieses Argument würde nur dann greifen, wenn die Staatsanwaltschaft ein Teil der Exekutive wäre. Die Frage nach der Einordnung der Staatsanwaltschaft soll jedoch hier nicht beantwortet werden, da sie die Diskussion um das Weisungsrecht letztlich nicht weiterbringt.

---

727 Wille, FS für SH, S. 325
728 Wille, FS für SH, S. 325

Selbst wenn man die Staatsanwaltschaft der Exekutive zurechnet, wird ein ministerialfreier Raum nur in Bereichen mit erheblichem politischen Gewicht abgelehnt. Die Strafverfolgung darf aber nicht politischen Erwägungen unterliegen, sondern muß sich ausschließlich an den Gesetzen orientieren.

Schließlich verbleiben der Regierung auch bei Abschaffung des Weisungsrechts noch Einflußmöglichkeiten auf die Strafverfolgung, etwa durch die Gesetzgebung. Zwar muß gewährleistet sein, daß die Staatsanwaltschaften die Gesetze auch ordnungsgemäß vollziehen und Straftaten entsprechend ahnden. Doch entsprechende Kontrollmechanismen können auch auf andere Weise erreicht werden, etwa durch strafrechtliche und disziplinarrechtliche Maßnahmen (so etwa bei Straftaten im Amt durch Nichtanklage) oder von außen durch Erweiterungen des Klageerzwingungsverfahrens. Zwar ist es richtig, daß der Staatsanwaltschaft nicht unbeschränkte Macht zukommen darf, aber ob diese Kontrolle durch das (ohnehin an den Landesgrenzen endende) externe Weisungsrecht gewährleistet werden kann, ist fraglich. In jedem Fall dürften dann keine Bedenken bestehen, das externe Weisungsrecht im Einzelfall abzulehnen, da dem Minister über den Erlaß allgemeiner Weisungen noch ein Einfluß auf die Staatsanwaltschaften zukommen würde.[729] Darüber hinaus stehen dem Justizminister disziplinarrechtliche Befugnisse nach beamtenrechtlichen Grundsätzen gegenüber den Staatsanwaltschaften zu, so daß bereits aus diesem Grunde von einem ministerialfreien Raum auch im Falle der Beseitigung des externen Weisungsrechts nicht die Rede sein kann.

Schließlich kann der Einfluß des Ministers auf die Verwaltung nicht nur durch das Weisungsrecht gesichert werden. Für die Zulässigkeit eines ministerialfreien Raumes sind vielmehr noch andere Faktoren erforderlich, wie die personelle Zusammensetzung, die Organisation, die Beteiligung von Ministerialbeamten oder Abgeordneten in Aufsichtsorganen etc.[730]

Auch die Argumentation, die parlamentarische Verantwortung erfordere das Weiterbestehen des Weisungsrechts, ist ein Fehlschluß.[731] Zum einen ist zweifelhaft, ob überhaupt eine parlamentarische Verantwortlichkeit der Bundesminister besteht.[732] Zum anderen reicht die parlamentarische Verantwortung nur soweit, wie dem Justizminister ein Weisungsrecht zukommt. Wenn der Justizminister nicht weisungsbefugt ist, kommt ihm auch nicht die parlamentarische

729 Vgl. auch Roth, FAZ vom 20.03.2000, S. 12

730 Isense/Kirchhof, Bd. III §59, Rn. 101

731 Vgl. bei Neumann, S. 203; Wax, DRiZ 1972, S. 164; Wagner, JZ 1974, S. 217; Möller-Dorn, Betrifft JUSTIZ 1991, S. 55

732 Vgl. BT-DS. 1/3551, S. 11 in der eine parlamentarische Verantwortlichkeit der Bundesminister abgelehnt wird.

Verantwortung zu.[733] Schließlich trägt die Justizverwaltung ja auch die politische Verantwortung für die Gerichte, obwohl die Richter unabhängig sind.[734] Dies wird nicht einmal von den Verfechtern der „parlamentarischen Verantwortung“ bestritten. Entsprechend wird klargestellt, daß nur derjenige verantwortlich gemacht werden kann, der das Recht zur Entscheidung und die Möglichkeit zur Durchsetzung hat.[735]

Einzuräumen ist jedoch, daß das Weisungsrecht nicht kompensationslos abgeschafft werden darf. Das Weisungsrecht erfüllt derzeit verschiedene Funktionen, die dann durch andere Mechanismen aufgefangen werden müßten. Andernfalls könnte der Staatsanwalt unkontrolliert handeln und eine Koordination der Ermittlungen wäre nicht mehr möglich.

Jedenfalls stehen einer Abschaffung des Weisungsrechts keine verfassungsrechtlichen Bedenken entgegen. Mit der Beseitigung des Weisungsrechts müßten jedoch entsprechende gerichtsverfassungsrechtliche bzw. strafprozessuale Umgestaltungen einhergehen, um den Wegfall der Funktionen des Weisungsrechts aufzufangen.

Den Argumenten für die Beibehaltung des Weisungsrechts kann nur teilweise beigepflichtet werden: Nicht gefolgt werden kann der Auffassung, das Weisungsrecht sei erforderlich, um Gleichbehandlung zu gewährleisten. Zum einen ist eine Gleichbehandlung im rechtsstaatlichen Sinne nur dann gegeben, wenn alle rechtlich relevanten Gesichtspunkte ermittelt und in den Entscheidungsprozeß einbezogen werden. Dies ist bei generellen Weisungen wie etwa im Rahmen der §§ 153, 153 a StPO aber nicht der Fall. Hier wird lediglich auf den Wert des Tatobjekts abgestellt, während die übrigen schuldrelevanten Faktoren unberücksichtigt bleiben. Dabei handelt es sich nicht um Gleichbehandlung, sondern um Schematismus.[736]

Außerdem findet die Gleichbehandlung aufgrund des föderalistischen Systems der Bundesländer und der fehlenden Weisungskompetenz des Bundes ohnehin an der Landesgrenze ihre Schranken.[737] Es besteht derzeit eine Einstellungsgeographie mit deutlichen Unterschieden zwischen den einzelnen Bundesländern, die durch die Revisionsgerichte nicht ausgeglichen wird.[738] Im Gegenteil: Die allgemeinen Weisungen können sogar zu einer Ungleichbehandlung beitragen. Hier setzt auch das Bundesverfassungsgericht mit seiner Kritik im Rahmen der

---

733 Simgen, S. 140; Neumann, S. 203; Schultz, RuP 1977, S. 134; Möller-Dorn, Betrifft JUSTIZ 1991, S. 55; so hinsichtlich der Zurechenbarkeit auch Isensee/Kirchhof, Bd. II, §51, Rn. 55

734 Görcke, ZStrW (73) 1961, S. 608; Wax, DRiZ 1972, S. 164; Wagner, JZ 1974, S. 217

735 Wille, FS für SH, S. 325, der jedoch zugleich kritisch entgegenhält, daß dies dann zu einem Inquisitionsprozeß ganz neuer Art führen würde; Hund, ZRP 1994, S. 473

736 Neumann, S. 204; vgl. hierzu auch Schairer, FS für Lenckner, S. 744, der von einer „standardisierten Erledigung der Verfahren“ spricht.

737 Möller-Dorn, Betrifft JUSTIZ 1991, S. 55

738 Geisler, ZStrW (93) 1981, S. 1128

sogenannten „Haschisch“-Entscheidung[739] an: Es sei bedenklich, wenn es hinsichtlich des Rauschmittelkonsums weiterhin bei einer so unterschiedlichen Einstellungspraxis bleibe wie bisher. Es sei die Pflicht der Länder für eine im wesentlich einheitliche Einstellungspraxis der Staatsanwaltschaften zu sorgen. Diese sei nicht gewährleistet, wenn in den Ländern die Einstellungspraxis durch allgemeine Weisungen nach abstrakt-generellen Merkmalen zu unterschiedlich geregelt wird.[740]

Es ist zwar einzuräumen, daß eine Koordination der Einstellungspraxis innerhalb eines Landes durch das Weisungsrecht ermöglicht wird. Wie aber anhand der unterschiedlichen Einstellungspraxis deutlich wird, dient dieses allgemeine Weisungsrecht offensichtlich dazu, um spezifische Zielsetzungen der jeweiligen Landesregierung zu verwirklichen. Anders läßt sich die auffallend unterschiedliche Entscheidungspraxis[741] nicht erklären. Man könnte sich daher allenfalls dann auf das Argument der Gleichbehandlung berufen, wenn auch dem Bundesjustizminister ein Weisungsrecht zukäme, was jedoch aufgrund der Justizhoheit der Länder[742] nicht zulässig ist.

Zudem ist die Beachtung und damit die Wirksamkeit gerade der für die Gleichbehandlung entscheidenden allgemeinen Weisungen eher zweifelhaft.[743]

Richtig ist auch, daß dem Bürger durch Wegfall des (externen) Weisungsrechts eine Kontrollmöglichkeit (durch Wegfall der Dienstaufsichtsbeschwerde) genommen wird und mit dem Weisungsrecht auch ein Korrektiv bei Nichtanwendbarkeit des Klageerzwingungsverfahrens wegfallen würde. Allerdings kann diese Funktion des Weisungsrechts aufgefangen werden, etwa durch eine Ausweitung des Klageerzwingungsverfahrens. Denkbar wäre auch, das Weisungsrecht auf die Fälle zu beschränken, in denen eine Dienstaufsichtsbeschwerde vorausgegangen ist.

Außerdem kann man nicht argumentieren, das Weisungsrecht sei notwendige Voraussetzung für die Vorschaltbeschwerde im Rahmen des Klageerzwingungsverfahrens. Für die entsprechende Abhilfeentscheidung ist nicht das umfassende Weisungsrecht der §§ 146 ff GVG erforderlich. Es würde genügen, die Abhilfemöglichkeit konkret in den §§ 172 ff StPO zu verankern und auf die Fälle des Klageerzwingungsverfahrens zu beschränken.

Abzulehnen ist auch die Ansicht, bei Wegfall des Weisungsrechts würde sich stets die Meinung des am wenigsten Qualifizierten durchsetzen. Diese Auffassung verkennt, daß ein langjähriger Staatsanwalt nicht automatisch der bessere Staatsanwalt ist. Von jungen (unerfahrenen) Staatsanwälten können Impulse

---

739 BVerfG EuGRZ 1994, S. 245 ff

740 BVerfG EuGRZ 1994, S .258

741 Bericht der Bundesregierung vom 11.04.1989; BT-DS 11/4329, S. 26

742 Vgl. hierzu 2. Kapitel B.

743 Hergenröder, S. 184

ausgehen, die unter Umständen der Sachverhaltsermittlung mehr dienen als die „althergebrachten“ Methoden.

Schließlich ist die Beibehaltung des Weisungsrechts nicht erforderlich, um einen Rückfall in den Inquisitionsprozeß zu verhindern. Die Abhängigkeit ist nicht notwendiges Kriterium der Staatsanwaltschaft. Durch die Unabhängigkeit würde sich an ihrer Funktion als Anklagebehörde nichts ändern. Dies würde nicht zu einer Einordnung der Staatsanwaltschaft als Gericht führen und auch nicht zu einer Identität von Ermittlungs- und Verurteilungsorgan, sondern die (wenn auch unabhängige) Staatsanwaltschaft käme weiterhin ihrer Anklagetätigkeit nach, während das Gericht den (endgültigen) Strafausspruch verhängen würde.

J. Devolutions- und Substitutionsrecht

In sehr engem Zusammenhang zu der Diskussion um das Weisungsrecht steht auch die Argumentation für und gegen das Devolutions- und Substitutionsrecht des § 145 GVG. Ähnlich wie in Bezug auf das Weisungsrecht wird von uneingeschränkter Zustimmung bis zu gänzlicher Ablehnung ein breites Spektrum möglicher Argumentationen vertreten.

I. Argumente für das Devolutions- und Substitutionsrecht

- Äquivalent zum Instanzenzug

Teilweise wird das Devolutions- und Substitutionsrecht – selbst von den Vertretern der Auffassung, die den Staatsanwaltschaften die richterliche Unabhängigkeit zusprechen wollen – für unbedenklich gehalten und sogar mit dem für die Gerichte geltenden Instanzenzug gleichgesetzt.[744]

Dem wird entgegengehalten, die Rechte der Devolution bzw. Substitution seien schon alleine deswegen nicht mit dem richterlichen Instanzenzug zu vergleichen, da dieser nur dann zum Tragen komme, wenn einer der Prozeßbeteiligten die nächste Instanz anruft. Ein eigenes Initiativrecht kommt den oberen Instanzen jedoch nicht zu.

Die vorgesetzen Staatsanwälte hingegen können unabhängig von einer Anrufung durch die Prozeßbeteiligten tätig werden und sogar ein Verfahren von Anfang an sich ziehen.[745]

- Einheitlichkeit der Anklage- und Einstellungspraxis

Für die Beibehaltung des Devolutions- und Substitutionsrechts wird ebenfalls vorgebracht, daß ohne diese Rechte eine unerwünschte unterschiedliche Anklage- und Einstellungspraxis der Staatsanwälte entstehen würde.[746]

---

744 Löwe/Rosenberg – Schäfer/Boll, §146 GVG, Rn. 18; Wagner, NJW 1963, S. 10

745 Schmidt, S. 190

746 Roxin, DRiZ 1969, S. 385

Allerdings läßt sich eine Einheitlichkeit dieser Anklage- und Einstellungspraxis zum einen ohnehin wirksam nur durch das Devolutionsrecht durchsetzen, da nicht immer vorhersehbar ist, wie der Staatsanwalt letztlich entscheidet, der das Verfahren zu übernehmen hat. Zum anderem könnte auch das Devolutionsrecht allenfalls nur beschränkt auf den jeweiligen OLG-Bezirk zu einer einheitlichen Anklage- und Einstellungspraxis führen, da dem Justizminister unstreitig kein Devolutionrecht zukommt.[747] Damit läßt sich weder in den Ländern, in denen es mehr als einen OLG-Bezirk gibt, noch innerhalb der Bundesrepublik mit Hilfe des Devolutionsrechts eine einheitliche Einstellungs- und Anklagepraxis erzielen.

- Devolutions- und Substitutionsrecht zur Vermeidung staatsanwaltlicher Gewissenskonflikte

Weiterhin wird das Argument angeführt, die Ersetzungsbefugnis des § 145 GVG sei erforderlich, um dem Staatsanwalt den Konflikt zu ersparen, gegen seine Überzeugung eine Weisung auszuführen.[748]

Allerdings werden hierdurch nicht die Probleme gelöst, die das Weisungsrecht der §§ 146 ff GVG aufwirft, da dieses letztlich durch § 145 GVG umgangen werden kann.

- Substitutions- und Devolutionsrecht als Möglichkeit des Ausschlusses und der Ablehnung des als befangen erscheinenden Staatsanwalts

Für die Beibehaltung des Weisungsrechts würde es sprechen, wenn das Substitutions- und Devolutionsrecht derzeit die einzige Möglichkeit wäre, einen befangenen bzw. befangen erscheinenden Staatsanwalt abzulösen oder abzusetzen.

Verbreitet wird das Devolutions- und Substitutionsrecht als unabdingbar angesehen, da es erforderlich sei, um einen befangenen Staatsanwalt abzulösen.[749] Diesem Argument kann jedoch nur dann gefolgt werden, wenn ein Ausschluß des befangenen Staatsanwalts nicht auf anderem Wege möglich ist. Eine direkte Anwendung der §§ 22 ff StPO scheidet aus, da diese unmittelbar nur für den Ausschluß und die Ablehnung von Richtern gelten. Fraglich ist, ob eine analoge Anwendung der §§ 22 ff StPO auf die Staatsanwälte möglich ist.

Teilweise wird eine entsprechende Anwendung der §§ 22 ff StPO auf die Staatsanwälte mit der Begründung bejaht, daß dem Angeklagten ein faires Verfahren gesichert werden müsse.[750]

Demgegenüber wird eine analoge Anwendung verneint.[751] Es fehle zum einen an einer für die Analogie erforderlichen planwidrigen Gesetzeslücke, da der Ge-

747 Vgl. hierzu 2. Kapitel B.

748 Heimeshoff, DRiZ 1966, S. 212; Möller-Dorn, Betrifft JUSTIZ 1991, S. 55

749 Blomeyer, GA 1970, S. 166

750 Arloth, NJW 1983, S. 207 ff; Wolf, §32 II

751 OLG Hamm NJW 1969, S. 808; LG Köln NStZ 1985, S. 1931; LG Mönchengladbach JR 1987, S. 303; BGH NStZ 1991, S. 595; Kleinknecht/Meyer-Goßner, vor §22 StPO, Rn. 3; Karlsruher Kommentar, §22 StPO, Rn. 16

setzgeber es schon mehrfach abgelehnt habe, entsprechende Reformpläne zu verwirklichen.[752] Zum anderen sei eine vergleichbare Interessenlage zum befangenen Richter nicht gegeben, da ein befangener Staatsanwalt aufgrund des Weisungsrechts des § 145 GVG jederzeit durch den Vorgesetzten abgelöst werden könne.[753]

Diese Argumentation ist insoweit ein Zirkelschluß: Wenn das Weisungsrecht wegfällt, dann besteht durchaus eine vergleichbare Interessenlage zu einem befangenen Richter. In diesem Fall würde sich die Gesetzeslage verschieben und eine ausfüllungsbedürftige Gesetzeslücke entstehen.

Zudem könnte bei Abschaffung des Weisungsrechts bzw. der Devolutions- und Substitutionsrechte eine ausdrückliche Befangenheitsregelung geschaffen bzw. der Staatsanwalt in § 22 StPO aufgenommen werden. Darüber hinaus wird durch das Devolutions- und Substitutionsrecht kein umfassender Schutz gegen die Mitwirkung befangener Staatsanwälte erreicht, da kein Anspruch des Angeklagten auf den Austausch eines Staatsanwalts besteht.[754]

- Effektivität der staatsanwaltlichen Arbeitsweise

Für die Beibehaltung des Devolutions- und Substitutionsrecht wird außerdem vorgebracht, dessen Abschaffung würde zur Beseitigung des hierarchischen Aufbaus der Staatsanwaltschaft führen und damit die Effektivität der Staatsanwaltschaft als durchorganisierte Strafverfolgungsbehörde lähmen.[755] Dies würde der gebotenen Zügigkeit des Ermittlungsverfahrens zuwiderlaufen.[756] Insbesondere ermögliche gerade das Substitutionsrecht die Bildung von Sonderkommissionen und den Einsatz von Spezialkenntnissen in Ermittlungsverfahren. So habe sich diese Ersetzungsbefugnis schon oft als Mittel erwiesen, um durch den Einsatz qualifizierter Staatsanwälte ein Ermittlungsverfahren bevorzugt zu fördern und sachgerecht zum Abschluß zu bringen.[757]

II. Argumente gegen das Devolutions- und Substitutionsrecht

- Verfassungswidrigkeit des Devolutions- und Substitutionsrechts

Gegen das Devolutions- und Substitutionsrecht wird – hauptsächlich von den Befürwortern einer unabhängigen Stellung der Staatsanwaltschaften – vorgebracht, das Devolutions- und Substitutionsrecht müsse ebenso wie das Weisungsrecht beseitigt werden. Wenn dem einzelnen Staatsanwalt das Verfahren

752 LG Köln NStZ 1985, S. 231; LG Mönchengladbach JR 1987, S. 304
753 LG Mönchengladbach JR 1987, S. 304
754 Wolf, §32 II 2
755 Schultz, RuP 1977, S. 132
756 Blomeyer, GA 1970, S. 166
757 Kuhlmann, Kriminalistik 1978, S. 200

jederzeit entzogen werden könnte, hätte die staatsanwaltliche Unabhängigkeit nur einen begrenzten Wert.[758]

Wer sich also auf den Standpunkt stellt, den Staatsanwaltschaften müsse eine richterliche Unabhängigkeit zukommen, darf nicht nur die §§ 146, 147 GVG für verfassungswidrig halten, sondern muß auch das Substitutionsrecht des § 145 GVG als verfassungswidrig ansehen.[759]

- Unterdrückung staatsanwaltsinterner Kritik

Desweiteren wird gegen das Devolutions- und Substitutionsrecht die Befürchtung vorgebracht, die Existenz dieser Rechte führe schon im Vorfeld zur Unterbindung von Kritik innerhalb der Staatsanwaltschaft. Hierdurch würden die Staatsanwälte zu Sachbearbeitern, die jede Kritik unterlassen müssten und sich keine eigene Meinung leisten könnten, wenn sie ihr berufliches Fortkommen nicht gefährden wollen. Daher sei das derzeitige Devolutions- und Substitutionsrecht abzulehnen.[760]

III. Stellungnahme

Weisungsrecht einerseits und Devolutions- und Substitutionsrecht andererseits bilden dahingehend eine Schicksalsgemeinschaft, als beide Instrumente derartig eng miteinander verzahnt sind, daß bei Wegfall einer der beiden Institutionen auch die andere ihre Existenzberechtigung verlöre. So macht das Weisungsrecht nur dann einen Sinn, wenn die erteilte Weisung durch entsprechende Maßnahmen – und als äußerste Maßnahme auch durch Entziehung des Verfahrens – durchgesetzt werden kann.[761] Andernfalls würde – im Falle der Nichtdurchsetzbarkeit der Weisung – auch das Weisungsrecht selbst erheblich an Effektivität verlieren.

Umgekehrt würde bei Wegfall des Weisungsrechts auch die Bedeutung des Devolutions- und Substitutionsrechts entfallen. Insbesondere das Devolutionsrecht ist im Hinblick auf das Weisungsrecht die wesentlich weitergehende Maßnahme. Wenn der Vorgesetzte bereits ein komplettes Verfahren an sich ziehen kann, dann muß er, als weniger einschneidende Maßnahme – auch berechtigt sein, einzelne Weisungen zur Behandlung eines Verfahrens zu erteilen. Wenn also das Weisungsrecht wegfallen würde, kann hierin nur der Wille gesehen werden, auch das Devolutionsrecht nicht mehr zuzulassen.

Je nach Einstellung zum Weisungsrecht lassen sich konsequenterweise auch zahlreiche Modifikationen und Alternativvorschläge zum Weisungsrecht vertreten. Dabei muß eine Lösung, die auf Beseitigung des Devolutions- und Substitu-

758 Roxin, DRiZ 1969, S. 388; Blomeyer, GA 1970, S. 166

759 Schmidt, S. 190; Roxin, DRiZ 1969, S. 388; ansatzweise auch Blomeyer, GA 1970, S. 166

760 Schoreit, DRiZ 1970, S. 227

761 Vgl. auch Zuberbier, DRiZ 1988, S. 255

tionsrechts abzielt, berücksichtigen, daß die entsprechenden Funktionen durch andere Mechanismen kompensiert werden.

In diesem Zusammenhang ist auch einzuräumen, daß nach der derzeitigen Rechtslage ein befangener Staatsanwalt nur über das Weisungsrecht in Form des Devolutions- und Substitutionsrechts abgelöst werden kann und aus diesem Grunde im Zuge der Abschaffung des Weisungsrechts bzw. Devolutions- und Substitutionsrechts eine ausdrückliche Befangenheitsregelung geschaffen werden müßte.

K. Schlußfolgerungen und Fazit zum Diskussionsstand der Literatur

Festzuhalten bleibt, daß die Beibehaltung des Weisungsrechts nicht verfassungswidrig ist. Ebenso ist auch eine Abschaffung des Weisungsrechts nicht aus verfassungsrechtlichen Gründen unzulässig.

Für die Beibehaltung des Weisungsrechts spricht vor allem, daß dessen Abschaffung eine gerichtsverfassungsrechtliche und strafprozessuale Umstrukturierung erfordern würde. Insbesondere müßten die Funktionen, die bislang vom Weisungsrecht übernommen werden, auf andere Weise kompensiert werden. Eine Koordination der Ermittlungen und auch eine Kontrolle der dann unabhängigen Staatsanwälte müßte gewährleistet bleiben. Gleiches gilt für den Ausschluß und die Ablehnung des befangenen Staatsanwalts. Zudem sollte die Möglichkeit der Vorschaltbeschwerde im Rahmen des Klageerzwingungsverfahrens erhalten bleiben. Schließlich muß auch ein Korrektiv für die Fälle geschaffen werden, in denen das Klageerzwingungsverfahren derzeit nicht anwendbar ist, etwa durch eine Ausweitung des Klageerzwingungsverfahrens.

Diese Argumente beziehen sich jedoch allesamt auf die Folgen, die eine völlige Beseitigung des Weisungsrechts nach sich ziehen würde. Gegenüber dem externen Weisungsrecht kommt ihnen weniger Bedeutung zu.

Auch die speziell für das externe Weisungsrecht vorgetragenen Begründungen vermögen nicht zu überzeugen, wie im wesentlichen bereits ausgeführt wurde.[762] In Bundesländern mit nur einem OLG-Bezirk wie zum Beispiel in Hessen reicht die Weisungskompetenz des Justizministers nicht weiter als die des Generalstaatsanwalts. Insoweit greift auch das Argument nicht, daß das Weisungsrecht erforderlich ist, um eine Gleichbehandlung zu gewährleisten.

Das externe Weisungsrecht kann auch nicht damit bejaht werden, daß andernfalls ein ministerialfreier Raum entstehen würde. Umstritten ist nämlich in erster Linie das Weisungsrecht im Einzelfall. Gegen die Befugnis, allgemeingültige Richtlinien und Erlasse aufzustellen werden hingegen kaum Bedenken geäußert. Zudem würden die dienstaufsichtsrechtlichen Befugnisse weiterhin beim Justizministerium verbleiben. Es wäre ausreichend, die Fachaufsicht beim Gene-

---

762 Vgl. oben 5. Kapitel H.

ralstaatsanwalt enden zu lassen und gegebenenfalls noch auf andere Weise eine zusätzliche Kontrolle zu etablieren.[763] Damit ist ein externes Weisungsrecht im Einzelfall nicht erforderlich.

Demgegenüber spricht gegen das Weisungsrecht vor allem die Gefahr einer den Augen der Öffentlichkeit entzogenen Einflußnahme auf den staatsanwaltlichen Dezernenten. Zu nennen sind dabei vor allem politische Einflußnahme und die nach außen hin unbemerkte Durchsetzung möglicher Machtinteressen. Zudem besteht gerade bei Verfahren gegen Parlamentarier die Gefahr, daß mit Hilfe des Weisungsrechts Einfluß auf die Ermittlungen genommen und damit strafbare Handlungen von Politikern „unter den Tisch gekehrt" werden. Das Weisungsrecht ist durchaus geeignet, im Innenverhältnis die Findung der materiellen Wahrheit und die staatsanwaltliche Objektivität zu beeinträchtigen.

Zulässig ist in jedem Fall sowohl eine Abschaffung des Weisungsrechts bei gleichzeitiger Einführung alternativer Kontrollmechanismen als auch eine Einschränkung des bestehenden Weisungsrechts. In Betracht kommt dabei eine Beschränkung des Weisungsrechts auf bestimmte Fallgruppen, aber auch eine Kontrolle des Weisungsrechts durch Gremien, gerichtliche Überprüfbarkeit oder verstärkte Transparenz.

Eine Reglementierung des Weisungsrechts ist denkbar, die durch eine Modifikation des Gerichtsverfassungsrechts, aber auch durch eine eigenständige gesetzliche Regelung erreicht werden kann. Ausschlaggebend ist in diesem Zusammenhang daher weniger die Frage nach der rechtlichen Zulässigkeit, als vielmehr nach der Zweckmäßigkeit von Reformmodellen. Daher sollen im folgenden die verschiedenen Reformmodelle dargestellt werden, die bezüglich des Weisungsrechts entwickelt wurden.

---

763 Vgl. später die Reformmodelle im 8. Kapitel

6. Kapitel: Exkurs: Der Generalstaatsanwalt als politischer Beamter?

In engem Zusammenhang mit der Problematik der Weisungsgebundenheit der Staatsanwaltschaft steht nach wohl herrschender Meinung auch die Frage, ob der Generalstaatsanwalt politischer Beamter sein soll.

Teilweise wird ein Zusammenhang zwischen der Stellung als politischer Beamter und der Weisungsgebundenheit grundsätzlich verneint und beide Thematiken weitgehend getrennt behandelt.[764] Demgegenüber werden von anderen Autoren die Diskussion um die Weisungsgebundenheit der Staatsanwaltschaft und die Frage nach der Stellung des Generalstaatsanwalts als politischer Beamter als einheitlicher Themenkomplex gesehen.[765]

Auch wenn die Frage nach der Stellung des Generalstaatsanwalts als politischem Beamten nicht untrennbar mit der Problematik der Weisungsgebundenheit verknüpft ist, so besteht dennoch zwischen beiden Themenkomplexen ein sehr enger Zusammenhang, so daß im Rahmen der vorliegenden Arbeit eine Auseinandersetzung mit diesem Thema nicht fehlen darf.

Der Begriff des politischen Beamten ist seit dem Jahr 1881 gebräuchlich,[766] allerdings war bereits im GVG von 1877 bestimmt, daß sowohl der Oberreichsanwalt als auch die Reichsanwälte durch Kaiserliche Verfügung jederzeit mit Gewährung des gesetzlichen Wartegeldes einstweilig in den Ruhestand versetzt werden können.[767] Heutige rechtliche Grundlage für den Status eines politischen Beamten sind § 31 Beamtenrechtsrahmengesetz, § 36 Bundesbeamtengesetz sowie die entsprechenden Landesgesetze.

Folge des Status als politischer Beamter ist, daß ein Beamter auf Lebenszeit jederzeit in den einstweiligen Ruhestand versetzt werden kann, wenn dieser ein Amt bekleidet, bei dessen Ausübung er in fortdauernder Übereinstimmung mit den grundsätzlichen politischen Ansichten und Zielen der Regierung stehen muß. Dabei müssen für die Versetzung in den einstweiligen Ruhestand keine Gründe angegeben werden.

---

764 Stritzl, 17. Sitzung des Schleswig-Holsteinischen Landtages am 14.02.1989, Landtagsdrucksache 12/217, S. 854 und S. 859; Lauer (Deutscher Richterbund) in der Sachverständigenanhörung zum Gesetzentwurf der CDU- und FDP-Fraktion zur Änderung des Landesbeamtengesetzes Nordrhein-Westfalen, Ausschußprotokoll des Rechtsausschusses des Landtages Nordrhein-Westfalen 10/863 vom 16.03.1988, S. 13

765 Lieber (ÖTV) in der Sachverständigenanhörung zum Gesetzentwurf der CDU- und FDP-Fraktion zur Änderung des Landesbeamtengesetzes Nordrhein-Westfalen, Ausschußprotokoll des Rechtsausschusses des Landtages Nordrhein-Westfalen 10/863 vom 16.03. 1988, S. 3; Reinhard in der Beratung der Sachverständigenanhörung zum Gesetzentwurf der CDU- und FDP-Fraktion zur Änderung des Landesbeamtengesetzes Nordrhein-Westfalen, Ausschußprotokoll des Rechtsausschusses des Landtages Nordrhein-Westfalen 10/917 vom 25.05.1988, S. 11

766 Ulrich, DRiZ 1988, S. 370

767 Kern, DRiZ 1951, S. 121

A. Bundesländer in denen die Generalstaatsanwälte politische Beamte sind

Derzeit sind in der Bundesrepublik die Generalstaatsanwälte in fünf Bundesländern politische Beamte, nämlich in Brandenburg (gemäß § 105 I Brandenburgisches Landesbeamtengesetz), in Mecklenburg-Vorpommern (gemäß § 40 I des Landesbeamtengesetzes von Mecklenburg-Vorpommern), in Nordrhein-Westfalen (gemäß § 38 I des Nordrhein-Westfälischen Landesbeamtengesetzes), in Schleswig-Holstein (gemäß § 48 I Schleswig-Holsteinisches Landesbeamtengesetz) sowie in Thüringen (gemäß § 41 I Thüringisches Beamtengesetz).[768] Auch der Generalbundesanwalt hat den Status eines politischen Beamten inne.[769]

Demgegenüber sind in vier Bundesländern, nämlich in Baden-Württemberg, Bayern, Bremen und Hamburg bereits traditionell die Generalstaatsanwälte keine politischen Beamten.[770]

Desweiteren wurde in weiteren vier Bundesländern, in denen die Generalstaatsanwälte ursprünglich politische Beamte waren, dieser Status durch Änderung der Landesbeamtengesetze beseitigt und die Generalstaatsanwälte zu „normalen" Laufbahnbeamten umqualifiziert. Dies waren im einzelnen Hessen (vgl. Hessisches Gesetz- und Verordnungsblatt 1993, S. 470), Niedersachsen (vgl. Niedersächsisches Gesetz- und Verordnungsblatt 1989, S. 55), Rheinland-Pfalz (Rheinland-Pfälzisches Gesetz- und Verordnungsblatt 1993, S. 647) sowie das Saarland (Saarländisches Amtsblatt 1989, S. 977).[771]

Eine Sonderstellung nahm insoweit Berlin ein, wo der Generalstaatsanwalt beim Kammergericht und der Generalstaatsanwalt beim Landgericht[772] auf Vorschlag des Senats vom Abgeordnetenhaus mit der Mehrheit seiner Mitglieder zu wählen waren und mit dem gleichen Quorum wieder abberufen werden konnten.[773] Es genügte also nicht lediglich die bloße Entschließung des Senats, sondern es bedurfte der ausdrücklichen Beschlußfassung durch das Abgeordnetenhaus.[774] Im Zuge der Modifikation der Berliner Verfassung vom 23.11.1995, nach der eine Wahl der Generalstaatsanwälte nicht vorgesehen ist, war eine Anpassung der einfachen Gesetze erforderlich. Dementsprechend brachte der Berliner Senat im Juni 1999 auf Vorlage des Innensenators einen Gesetzentwurf in

768 Rautenberg, DRiZ 2000, S. 142

769 Rautenberg, DRiZ 2000, S .141

770 Rautenberg, DRiZ 2000, S. 141

771 Rautenberg, DRiZ 2000, S. 141

772 Hierzu ist auszuführen, daß der Leiter der Staatsanwaltschaft beim Berliner Landgericht ebenfalls die Bezeichnung Generalstaatsanwalt trägt, die insoweit in anderen Bundesländern der Bezeichnung Leitender Oberstaatsanwalt entspricht Ulrich, DRiZ 1988, S. 371

773 Rautenberg, DRiZ 2000, S. 141 f

774 Ulrich, DRiZ 1988, S. 371 unter Verweis auf das Gesetz über die Wahl der Präsidenten der oberen Landesgerichte und der Generalstaatsanwälte vom 11.07.1957 – Gesetz- und Verordnungsblatt Berlin, S. 741

das Abgeordnetenhaus ein, mit dem das Recht des Generalstaatsanwalts neu geregelt werden sollte.[775]

B. Absetzungen von Generalstaatsanwälten

In der politischen und wissenschaftlichen Diskussion wurde gelegentlich herausgestellt, daß es keinen Fall gebe, in dem ein Generalstaatsanwalt anläßlich eines Regierungswechsels abgesetzt wurde.[776] Doch die Absetzung des Generalstaatsanwalts Teschke in Schleswig-Holstein im Jahre 1988 und gerade auch jüngere Ereignisse[777] haben gezeigt, daß diese Behauptung nicht mehr aufrecht zu erhalten ist.

Soweit ersichtlich, waren besonders die folgenden Fälle bedeutsam, in denen es zu einer Entlassung eines Generalstaatsanwalts kam, der zugleich politischer Beamter war:

- *Im Jahr 1960 wurde der Generalstaatsanwalt beim Landgericht Berlin auf Vorschlag des Senats durch das Abgeordnetenhaus abberufen und zwar aufgrund einer angeblich zerstörten Vertrauensbasis gegenüber dem Justizsenat. Hintergrund war, daß sieben Staatsanwälte des Korruptionsdezernats unzulässige Eingriffe der Senatsverwaltung behauptet hatten. Obwohl der Generalstaatsanwalt eine solche Einflußnahme zunächst abgestritten hatte, machte er sich später die Ausführungen der Staatsanwälte zu eigen.*[778]
- *Im Zusammenhang mit Vorkommnissen in der damals dem Generalstaatsanwalt Kölns unterstellten Justizvollzugsanstalt Köln-Klingelpütz wurden Vorwürfe gegen den Generalstaatsanwalt erhoben, die im Jahr 1967 dazu führten, daß dieser in den einstweiligen Ruhestand versetzt wurde.*[779] *Konkret handelte es sich um die mangelnde Wahrnehmung von Aufsichtsbefugnissen.*[780]
- *Der ehemalige schleswig-holsteinische Generalstaatsanwalt Teschke wurde im Jahr 1988 viereinhalb Monate vor seiner Pensionierung in den einstweiligen Ruhestand ver-*

775 Rautenberg, DRiZ 2000, S. 141 f

776 Ulrich, DRiZ 1988, S. 371; vgl. auch Klose, Plenarprotokoll des Landtages Nordrhein-Westfalen vom 25.04.1986 10/23, S. 1705; Lanfermann, Plenarprotokoll des Landtages Nordrhein-Westfalen 10/87 vom 12.10.1988, S. 8042

777 Gemeint ist die Entlassung des Generalstaatsanwalts des Landes Mecklenburg-Vorpommern Prechtel am 03.08.1999, auf die im folgenden unter 11. Kapitel C. VII. noch näher eingegangen wird.

778 Ulrich, DRiZ 1988, S .371

779 Ulrich, DRiZ 1988, S. 371; vgl. auch Krumsiek, Plenarprotokoll des Landtages Nordrhein-Westfalen vom 25.04.1986 10/23, S. 1708

780 Lieber (ÖTV) in der Sachverständigenanhörung zum Gesetzentwurf der CDU- und FDP-Fraktion zur Änderung des Landesbeamtengesetzes Nordrhein-Westfalen, Ausschußprotokoll des Rechtsausschusses des Landtages Nordrhein-Westfalen 10/863 vom 16.03.1988, S. 13

setzt.[781] *Die erst seit dem 31.05.1988 im Amt befindliche schleswig-holsteinische Regierung nutzte den Regierungswechsel, um Teschke am 12.07.1988 seines Amtes zu entheben.*[782] *Offizielle Gründe wurden nicht genannt. Der Justizminister zog sich hinter den Gesetzeswortlaut zurück und berief sich darauf, daß bei einer vorzeitigen Zurruhesetzung Gründe nicht angegeben werden müssen.*[783] *Hintergrund war aber wohl, daß man Teschke voreingenommene Ermittlungen im „Fall Barschel" vorwarf.*[784] *Die Absetzung Teschkes war – so wird gemutmaßt – eine Art Vergeltungsmaßnahme der neuen Regierung für die Ereignisse im Zusammenhang mit der Barschel-Affäre.*[785]

- Am 03.08.1999 wurde der mecklenburg-vorpommersche Generalstaatsanwalt Prechtel unmittelbar nach dessen Urlaubsrückkehr in den einstweiligen Ruhestand versetzt. Die „offizielle" Begründung des Ministerpräsidenten für die Entscheidung der Landesregierung beschränkte sich darauf, mitzuteilen, daß das Vertrauensverhältnis zu Prechtel gestört sei. Zugleich bestand er darauf, daß Prechtel noch am gleichen Tage und zwar unter Aufsicht sein Dienstzimmer zu räumen habe.[786]

C. Änderungsbestrebungen in Bezug auf das Amt der Generalstaatsanwälte

Wie umstritten der Status der Generalstaatsanwälte als politische Beamte – nicht nur aus rechtswissenschaftlicher, sondern auch aus rechtstatsächlich-politischer Sicht – ist, zeigen nicht nur die oben bereits dargestellten Änderungen der Landesbeamtengesetze, sondern darüber hinaus auch verschiedene Änderungsanträge und Ansätze, die jedoch letztlich im Sande verliefen. Hier sind etwa zu nennen:

- In Nordrhein-Westfalen wurde am 19.11.1987 durch die CDU- und FDP-Fraktion des Landtages Nordrhein-Westfalen ein Entwurf zur Änderung des Landesbeamtengesetzes eingebracht, in dessen Zuge auch der Status der nordrhein-westfälischen Staatsanwälte als politische Beamte beseitigt werden sollte.[787] *Dieser Anlauf war jedoch letztlich zum Scheitern verurteilt.*[788] *Gleiches gilt für einen zweiten Antrag mit dem gleichen Inhalt, der noch in der gleichen Legislaturperiode gestellt wurde.*[789]

- Auch in Schleswig-Holstein gab es einen Ansatz zur Änderung des Landesbeamtengesetzes. Dieser wurde am 08.09.1988 durch die CDU-Fraktion des Landtages Schleswig-

781 Lanfermann, Plenarprotokoll des Landtages Nordrhein-Westfalen 10/87 vom 12.10. 1988, S. 8045, der sogar den Begriff „aus dem Amt gejagt" wählte.

782 Ulrich, DRiZ 1988, S. 372

783 Ulrich, DRiZ 1988, S. 372

784 Rautenberg, DRiZ 2000, S. 142

785 Ulrich, DRiZ 1988, S. 372

786 Rautenberg, DRiZ 2000, S. 141

787 Ulrich, DRiZ 1988, S. 371 f

788 Ulrich, DRiZ 1988, 372

789 Vgl. Klose, Plenarprotokoll des Landtages Nordrhein-Westfalen 10/87 vom 12.10.1988, S. 8040 und insbesondere Riemer, Plenarprotokoll des Landtages Nordrhein-Westfalen 10/87 vom 12.10.1988, S. 8048

Holstein eingebracht.[790] *Ziel war es, den Generalstaatsanwalt aus dem Kreis der politischen Beamten herauszunehmen. Inhaltliche Modifikationen ließ der Entwurf nicht zu.*[791]

D. Der Status der Generalstaatsanwälte als politische Beamte in der Diskussion

I. Argumente gegen den Status als politischer Beamter

Zahlreiche kritische Stimmen lehnen die Beibehaltung eines Status als politischer Beamter für die Generalstaatsanwälte ab.[792]

Hierfür wird zunächst die Gefahr der Politisierung der Staatsanwaltschaft angeführt. Die Staatsanwaltschaft – so ein inzwischen schon als klassisch anzusehendes Zitat – sei nicht Vollstrecker des politischen Machtwillens der Regierung, sondern sie repräsentiere den Rechtswillen des Staates.[793] Aus diesem Grund wird in der Beibehaltung des Status „politischer Beamter“ für die Generalstaatsanwälte sogar eine Gefahr für den Rechtsstaat gesehen.[794] Diese Gefahr sei darin begründet, daß der politische Beamte nicht nur – wie alle Beamten – loyal gegenüber der Regierung sein muß, sondern er darüber hinaus auch noch verpflichtet ist, das Vertrauen der politischen Führung zu besitzen und sich mit deren Grundauffassungen in Gleichklang zu befinden.[795] Damit entspreche dieser Status nicht mehr dem demokratischen Rechtsdenken.[796]

Weiterhin sei die Pflicht des politischen Beamten in fortdauernder Übereinstimmung mit den grundsätzlichen politischen Ansichten und Zielen der Regierung zu stehen, mit dem Amt des Staatsanwalts und dessen Verpflichtung auf Wahrheit und Gerechtigkeit nicht in Einklang zu bringen.[797]

Demgegenüber sei es aber für die Umsetzung von Regierungsentscheidungen, die sich im Rahmen von Recht und Gesetz halten, gerade nicht erforderlich, daß

---

790 Drucksache des Schleswig-Holsteinischen Landtages 12/31 vom 08.09.1988

791 Aniol, 17. Sitzung des Schleswig-Holsteinischen Landtages am 14.02.1989, Landtagsdrucksache 12/217, S. 852

792 So beispielsweise Vorsitzender des Deutschen Richterbundes Voss anläßlich der Eröffnungsansprache auf dem 17. Deutschen Richtertag in Karlsruhe am 04.10.1999; vgl. bei Rautenberg, DRiZ 2000, S. 142; Böhm, BRV-N 3/2000, S. 3

793 Schmidt, Lehrkommentar, Rn. 395 a; Ulrich, DRiZ 1988, S. 371

794 Vorsitzender des Deutschen Richterbundes Voss anläßlich der Eröffnungsansprache auf dem 17. Deutschen Richtertag in Karlsruhe am 04.10.1999; vgl. bei Rautenberg DRiZ 2000, S. 142

795 Rautenberg, DRiZ 2000, S. 143

796 Gesetzentwurf der CDU- und FDP-Fraktion, Drucksache des Landtages Nordrhein-Westfalen 10/2590 vom 19.11.1987

797 Lanfermann, Plenarprotokoll des Landtages Nordrhein-Westfalen 10/87 vom 12.10. 1988, S. 8044

sich der Generalstaatsanwalt auch noch im Gleichklang mit den grundsätzlichen politischen Ansichten und Zielen der Regierung befindet,[798] im Gegenteil: Es wird dementsprechend gefordert, daß die Generalstaatsanwälte sich den politischen Ansichten und Zielen der Regierung entgegenstellen müßten, um etwa justizfremde Einflußnahmen zu verhindern.[799] Daher müsse die Unabhängigkeit der Staatsanwaltschaften gesichert und ihre Stellung gestärkt werden, um dieser Aufgabe gerecht zu werden.[800] Denn solange die Generalstaatsanwälte mit dem Status des politischen Beamten versehen sind, bestehe die Gefahr, daß eine Beeinflussung der Generalstaatsanwälte erfolgen könnte.[801] Insbesondere sei die Gefahr nicht auszuschließen, daß seitens der Regierung versucht werde, politische Grundsatzentscheidungen der Regierung durchzusetzen, ohne daß die gesetzlichen Grundlagen vollständig geklärt sind.[802]

Aus diesem Grund wenden sich insbesondere die Stimmen, die den Staatsanwalt der Dritten Gewalt zuordnen,[803] gegen den Status als politischer Beamter. Hier wird ein Einbruch in die Unabhängigkeit der Rechtsprechung gesehen. Damit müsse die Position der politischen Beamten auf die reinen Verwaltungsbeamten beschränkt bleiben.[804]

---

798 Rautenberg, DRiZ 2000, S. 145

799 Ruppert, Plenarprotokoll des Landtages Nordrhein-Westfalen 10/63 vom 03.12.1987, S. 5554; Rohde, Plenarprotokoll des Landtages Nordrhein-Westfalen 10/23 vom 25.04. 1986, S. 1697

800 Ruppert, Plenarprotokoll des Landtages Nordrhein-Westfalen 10/63 vom 03.12.1987, S. 5554

801 Treese (Deutscher Richterbund) in der Sachverständigenanhörung zum Gesetzentwurf der CDU- und FDP-Fraktion zur Änderung des Landesbeamtengesetzes Nordrhein-Westfalen, Ausschußprotokoll des Rechtsausschusses des Landtages Nordrhein-Westfalen 10/863 vom 16.03.1988, S. 6

802 Treese (Deutscher Richterbund) in der Sachverständigenanhörung zum Gesetzentwurf der CDU- und FDP-Fraktion zur Änderung des Landesbeamtengesetzes Nordrhein-Westfalen, Ausschußprotokoll des Rechtsausschusses des Landtages Nordrhein-Westfalen 10/863 vom 16.03.1988, S. 7

803 Vgl. hierzu bereits unter 5. Kapitel A. sowie 5. Kapitel B. I. 1.; Treese (Deutscher Richterbund) in der Sachverständigenanhörung zum Gesetzentwurf der CDU- und FDP-Fraktion zur Änderung des Landesbeamtengesetzes Nordrhein-Westfalen, Ausschußprotokoll des Rechtsausschusses des Landtages Nordrhein-Westfalen 10/863 vom 16.03.1988, S. 13; Lauer (Deutscher Richterbund) in der Sachverständigenanhörung zum Gesetzentwurf der CDU- und FDP-Fraktion zur Änderung des Landesbeamtengesetzes Nordrhein-Westfalen, Ausschußprotokoll des Rechtsausschusses des Landtages Nordrhein-Westfalen 10/863 vom 16.03.1988, S. 13; Presseerklärung des Deutschen Richterbundes vom 18.04.1986, DRiZ 1986, S.

804 Treese (Deutscher Richterbund) in der Sachverständigenanhörung zum Gesetzentwurf der CDU- und FDP-Fraktion zur Änderung des Landesbeamtengesetzes Nordrhein-Westfalen, Ausschußprotokoll des Rechtsausschusses des Landtages Nordrhein-Westfalen 10/863 vom 16.03.1988, S. 4

Außerdem wird angeführt, daß den Generalstaatsanwälten durch ihre Einordnung als politische Beamte der institutionelle Schutz zur Wahrung des Legalitätsprinzips fehle.[805]

Zudem wird durch die „politische Abhängigkeit" auch der Anschein einer politischen Beeinflußbarkeit und damit dem Eindringen von sachfremden Erwägungen in die Rechtsfindung Vorschub geleistet.[806] Hierdurch wird in der Öffentlichkeit der Eindruck erweckt, daß die Staatsanwaltschaft nicht Vollstrecker des Rechtswillen des Staates ist, sondern des politischen Machtwillens der Regierung.[807] Es könne sogar der Eindruck entstehen, daß die Staatsanwaltschaft im politischen Machtkampf ein einsetzbares Instrument der Regierung sei.[808] Schon diesem Anschein müsse von Anfang an entgegengewirkt werden.[809]

Ferner wird die kritische Frage gestellt, ob der Generalstaatsanwalt aufgrund seiner Stellung als politischer Beamter dann nicht auch verpflichtet wäre im Rahmen möglicher Ermessenspielräume[810] von vornherein politische beziehungsweise parteipolitische Erwägungen mit einzubeziehen.[811] Ähnliches gilt bezogen auf Schwerpunktsetzungen im Rahmen der Strafverfolgung. Es stellt sich etwa die Frage, welche Prioritäten bei der Bekämpfung bestimmter Deliktsgruppen gesetzt werden, etwa Wirtschaftskriminalität, organisierte Kriminalität, Drogenkriminalität oder Umweltstraftaten.[812] Eine Schwerpunktsetzung in einem Bereich führt gleichzeitig zu verringerten Aktivitäten in einem anderen Be-

805 Vgl. Klose, Plenarprotokoll des Landtages Nordrhein-Westfalen 10/87 vom 12.10.1988, S. 8041

806 Rautenberg, DRiZ 2000, S. 146; Geißler, Plenarprotokoll des Landtages Schleswig-Holstein 12/74 vom 28.02.1991, S. 4352; Ostendorf in „ÖTV in der Rechtspflege" Ausgabe März 1996, S. 4

807 Gesetzentwurf der CDU- und FDP-Fraktion, Drucksache des Landtages Nordrhein-Westfalen 10/2590 vom 19.11.1987; Rautenberg, DRiZ 2000, S. 147

808 Gesetzentwurf der CDU- und FDP-Fraktion, Drucksache des Landtages Nordrhein-Westfalen 10/2590 vom 19.11.1987; vgl. Klose, Plenarprotokoll des Landtages Nordrhein-Westfalen 10/87 vom 12.10.1988, S. 8042

809 Beschlußempfehlung und Bericht zum Gesetzentwurf der CDU- und FDP-Fraktion, Drucksache des Landtages Nordrhein-Westfalen 10/3625 vom 23.09.1988; Geißler, Plenarprotokoll des Landtages Schleswig-Holstein 12/74 vom 28.02.1991, S. 4352

810 Solche ergeben sich wie bereits unter 4. Kapitel A. III. dargestellt insbesondere im Bereich des Opportunitätsprinzips, etwa im Bereich der §§153, 153 a StPO, vgl. hierzu Bericht der Landesregierung zur Entschließung des Schleswig-Holsteinischen Landtages zur Änderung des Landesbeamtengesetzes, Drucksache 12/1236 vom 10.01.1991, S. 31

811 Denzer, Plenarprotokoll des Landtages Nordrhein-Westfalen 10/24 vom 04.06.1986, S. 1805

812 Bericht der Landesregierung zur Entschließung des Schleswig-Holsteinischen Landtages zur Änderung des Landesbeamtengesetzes, Drucksache 12/1236 vom 10.01.1991, S. 31

reich.[813] Auch hier stellt sich die Frage, ob nicht der „politische" Generalstaatsanwalt bei der Setzung entsprechender Prioritäten dazu neigt, statt kriminalpolitischer Zielsetzungen parteipolitische Überlegungen einfließen zu lassen.[814]

Die Kritiker legen dar, daß es hier zahlreiche Konfliktsituationen gebe. Ein Beispiel sei etwa die Einführung eines Methadon-Programmes. Obwohl umstritten war, welche Rechtsnormen als Grundlage für das Versuchsprojekt in Frage kommen, bzw. ob überhaupt eine rechtliche Grundlage vorhanden war, wurde dies von der damaligen Landesregierung Nordrhein-Westfalen eingeführt. Nach Auffassung von Fachkreisen hingegen gab es keine rechtliche Grundlage für diese Versuche.[815] Es stelle sich hier die Frage, ob der Generalstaatsanwalt nun eher der Übereinstimmung mit den politischen Zielen der Landesregierung oder der Prüfung auf ein strafrechtlich-relevantes Verhalten verpflichtet sei.[816] Es sei ein gravierender Unterschied, ob ein Generalstaatsanwalt als politischer Beamter zur Überprüfung dieser Frage berufen sei oder als „normaler" Lebenszeitbeamter, da er als Lebenszeitbeamter nicht einem Loyalitätskonflikt ausgesetzt sei und damit die Prüfung objektiver erfolgen könne.[817]

Gerne wird auch der historische Hintergrund des Status „politischer Beamter" in die Argumentation eingebracht. Doch auch hier sind die Auffassungen streitig: Teilweise wird als ursprünglicher Hintergrund des Status als politischer Beamter der Übergang von der Monarchie zur Weimarer Republik gesehen. Hier mußten die neuen demokratischen Minister die konservativen, monarchietreuen Beamten – die in der Demokratie gleichsam wie Fremdkörper wirkten – auf die

---

813 Bericht der Landesregierung zur Entschließung des Schleswig-Holsteinischen Landtages zur Änderung des Landesbeamtengesetzes, Drucksache 12/1236 vom 10.01.1991, S. 31

814 Sofern eine Unterscheidung zwischen Kriminalpolitik einerseits und Parteipolitik andererseits überhaupt möglich ist. Die Grenze dürfte dort erreicht sein, wo nicht auf langfristige Ziele abgestellt wird, sondern Ereignisse der Tagespolitik zu einer entsprechenden Schwerpunktverlagerung führen. Solche Beispiele sind etwa aus den Bereichen von Straftaten mit politischem Hintergrund bekannt, aber auch im Zusammenhang mit „Kampfhundefällen" etc...

815 Treese (Deutscher Richterbund) in der Sachverständigenanhörung zum Gesetzentwurf der CDU- und FDP-Fraktion zur Änderung des Landesbeamtengesetzes Nordrhein-Westfalen, Ausschußprotokoll des Rechtsausschusses des Landtages Nordrhein-Westfalen 10/863 vom 16.03.1988, S. 7

816 Vgl. Klose, Plenarprotokoll des Landtages Nordrhein-Westfalen 10/87 vom 12.10.1988, S. 8042; Treese (Deutscher Richterbund) in der Sachverständigenanhörung zum Gesetzentwurf der CDU- und FDP-Fraktion zur Änderung des Landesbeamtengesetzes Nordrhein-Westfalen, Ausschußprotokoll des Rechtsausschusses des Landtages Nordrhein-Westfalen 10/863 vom 16.03.1988, S. 4

817 Treese (Deutscher Richterbund) in der Sachverständigenanhörung zum Gesetzentwurf der CDU- und FDP-Fraktion zur Änderung des Landesbeamtengesetzes Nordrhein-Westfalen, Ausschußprotokoll des Rechtsausschusses des Landtages Nordrhein-Westfalen 10/863 vom 16.03.1988, S. 7

veränderte Situation einstimmen. Die jederzeitige Absetzbarkeit diente als Machtmittel, um das neue Regierungssystem umzusetzen und die neuen staatlichen Grundlagen zu etablieren.[818] Es stelle sich daher die Frage, ob in neuerer Zeit, in der nicht mehr die damaligen verfassungspolitischen Diskrepanzen herrschen, noch ein Bedürfnis für die Beibehaltung politischer Beamter und dabei insbesondere von Generalstaatsanwälten als politische Beamte besteht.[819]

Demgegenüber wird auch argumentiert, daß das Instrument des politischen Beamten in der Reaktionszeit in Preußen genutzt wurde, um liberale und freisinnige Beamte, die während der Revolution von 1848/49 in führende Verwaltungsstellungen gelangt waren „in den Griff" zu bekommen.[820]

Im Recht der Bundesrepublik Deutschland sei die Möglichkeit politische Beamte jederzeit in den einstweiligen Ruhestand zu versetzen, aus beamten- und haushaltsrechtlichen Erwägungen eingeführt worden, um es der Regierung zu ermöglichen, zur wirkungsvolleren Durchführung ihrer Politik die politischen Ämter ohne Zeitverlust umzubesetzen.[821]

Kritisch wird auch betrachtet, daß für eine Versetzung in den vorläufigen Ruhestand keine Gründe genannt werden müssen.[822]

Es ist fraglich, ob Gründe für die Absetzung erforderlich sind. Teilweise wird die gesetzliche Regelung der §§ 31 BRRG, 36 BBG sowie der entsprechenden Landesgesetze so verstanden, daß diese nicht besagen, daß überhaupt keine Gründe vorliegen müssen.[823] Es sind nach dieser Auffassung also nach wie vor Gründe erforderlich. Diese müssen allerdings nicht mitgeteilt werden. Würde man dieser Ansicht folgen, dann müßte gefordert werden, diese Gründe mitzuteilen. Es ist kein anerkennenswertes Interesse ersichtlich, die den Justizminister, der einen Generalstaatsanwalt in den einstweiligen Ruhestand versetzt, berechtigen könnte, die öffentliche Mitteilung der erforderlichen Gründe zu verweigern.

Diese Auffassung verkennt jedoch den eindeutigen Wortlaut der §§ 31 BRRG, 36 BBG und der Landesgesetze. Dort heißt es ausdrücklich: „...daß der Beamte jederzeit in den einstweiligen Ruhestand versetzt werden kann..." (§ 31 I BRRG). Vom Vorliegen von Gründen ist hingegen keine Rede. Daher findet die Auffassung, es müßten für die Versetzung in den Ruhestand zwar Gründe vorliegen, diese jedoch nicht genannt werden, keine Anhaltspunkte im Gesetz. Zu-

---

818 Rautenberg, DRiZ 2000, S. 143

819 Rautenberg, DRiZ 2000, S. 143

820 Ruppert, Plenarprotokoll des Landtages Nordrhein-Westfalen 10/63 vom 03.12.1987, S. 5554

821 Klose unter Verweis auf ein Urteil des Bundesverwaltungsgerichts vom 29.10.1964, Plenarprotokoll des Landtages Nordrhein-Westfalen 10/63 vom 03.12.1987, S. 5548

822 So etwa Rautenberg, DRiZ 2000, S. 147; vgl. auch die Medienberichte im Fall „Prechtel" unten im 11. Kapitel C. VII.

823 Ulrich, DRiZ 1988, S. 372

dem würde diese Konstellation auch keinen Sinn ergeben, da das Vorliegen der Gründe ohne Angabe nach außen nicht kontrolliert werden könnte.

Die §§ 31 BRRG, 36 BBG und die Landesgesetze müssen daher so verstanden werden, daß keine Gründe erforderlich sind, um einen politischen Beamten in den einstweiligen Ruhestand zu versetzen.

Ein weiteres Argument lautet dahingehend, daß abgesehen von der tatsächlichen Gefahr einer Einflußnahme nicht einmal ein entsprechender Anschein entstehen dürfe.[824] Dieser bei der Öffentlichkeit hervorgerufene Anschein könne den Verdacht wecken, die politisch Verantwortlichen nutzten die Stellung des Generalstaatsanwalts als politischer Beamter dazu, politische Einflußnahme auf die Staatsanwaltschaft auszuüben.[825]

II. Status der Generalstaatsanwälte im Spannungsverhältnis zum Weisungsrecht

Teilweise wird vorgebracht, daß die Stimmen, welche die Abschaffung des Status „politischer Beamter" für die Generalstaatsanwälte fordern, in Wahrheit nur die Abschaffung der Weisungsgebundenheit der Staatsanwaltschaft verlangen.[826]

Dem wiederum wird entgegengehalten, daß man als Gegner der Stellung des Generalstaatsanwalts als politischer Beamter nicht notwendigerweise die Beseitigung des externen Weisungsrechts verfolgen müsse.[827]

Die enge Verknüpfung von (externem) Weisungsrecht und der Stellung als politischer Beamter wird insbesondere unter dem Hintergrund deutlich, daß keine Weisungen erteilt würden, sondern allenfalls „Wünsche", „Bitten" oder „Empfehlungen". Für das Gewicht eines „Wunsches" kommt es jedoch entscheidend auf das Verhältnis zwischen dem „Wünschenden" und demjenigen an, an den der „Wunsch" geäußert wird. Dies kann gerade zu einer faktischen Weisung führen.[828]

---

824 Geißler in Plenarprotokoll 12/47, 74. Sitzung des Schleswig-Holsteinischen Landtages vom 28.02.1991, S. 4352; Larisika-Ulmke in der 12. Sitzung des Ausschußes für Innere Verwaltung des Landtages Nordrhein-Westfalen vom 20.05.1986, Ausschußprotokoll 10/260, S. 6; Pressemitteilung der Presse- und Informationsstelle der Landesregierung Schleswig-Holstein vom 08.12.1987 (= Information des Landtages Nordrhein-Westfalen 10/311)

825 Larisika-Ulmke in der 12. Sitzung des Ausschußes für Innere Verwaltung des Landtages Nordrhein-Westfalen vom 20.05.1986, Ausschußprotokoll 10/260, S. 8

826 Lichtenberg, Drucksache des Landtages Nordrhein-Westfalen 10/1013 vom 27.05.1986; Dieckmann, Justizminister von Nordrhein-Westfalen in einer Rede am 16.12.1999 anläßlich des Wechsels der Spitze der Generalstaatsanwaltschaft in Hamm; vgl. bei Rautenberg, DRiZ 2000, S. 144

827 Rautenberg, DRiZ 2000, S. 145; Stritzl, 17. Sitzung des Schleswig-Holsteinischen Landtages am 14.02.1989, Landtagsdrucksache 12/217, S. 852

828 Rautenberg, DRiZ 2000, S. 145

Damit wird durch den Status „politischer Beamter" des Generalstaatsanwalts dessen Position gegenüber dem ihm vorgesetzten Justizminister deutlich geschwächt. Unter dem „Damoklesschwert" der jederzeitigen Versetzbarkeit in den Ruhestand wird der Druck auf den Generalstaatsanwalt erhöht und so dessen „vorauseilender Gehorsam" gefördert.[829]

III. Argumente für den Status als politische Beamte

Doch nicht nur gegen, sondern auch für den Status der Generalstaatsanwälte als politische Beamte werden Argumente ins Feld geführt:

Vertreten wird in diesem Zusammenhang die Auffassung, die Möglichkeit einen Generalstaatsanwalt jederzeit in den einstweiligen Ruhestand zu versetzen, sei die Voraussetzung dafür, daß die Justizminister bei der Ausübung ihres externen Weisungsrechts die justizpolitisch wünschenswerte Zurückhaltung üben.[830]

Zudem eröffne die Stellung als politischer Beamter dem Generalstaatsanwalt auch die Möglichkeit, um seine Entlassung zu bitten, wenn er mit den Vorgaben des Justizministers nicht einverstanden ist.[831] Diese Möglichkeit führe zu einer verstärkten Eigenständigkeit.

Vorgebracht wird auch, daß Beamte noch unter ganz anderen Voraussetzungen abgelöst werden könnten, so daß sich das Problem des „politischen Beamten" deutlich relativiere.[832] Die einzige Folge des Status als politischer Beamter sei, daß er jederzeit entlassen werden könne.[833] Der „politische" Generalstaatsanwalt werde abgesetzt, während der „nichtpolitische" ersetzt werde. Dies sei der einzige Unterschied.[834] Aus diesem Grunde komme der Stellung als politischer Beamter keine große Bedeutung zu.

---

829 Vgl. auch Gesetzentwurf der CDU- und FDP-Fraktion, Drucksache des Landtages Nordrhein-Westfalen 10/935 vom 15.04.1986; Rohde, Plenarprotokoll des Landtages Nordrhein-Westfalen 10/23 vom 25.04.1986, S. 1698; Stritzl, 17. Sitzung des Schleswig-Holsteinischen Landtages am 14.02.1989, Landtagsdrucksache 12/217, S. 855; Meyer, 17. Sitzung des Schleswig-Holsteinischen Landtages am 14.02.1989, Landtagsdrucksache 12/217, S. 858

830 Düwel, ÖTV in der Rechtspflege, Heft 45, Juni 1989, S. 7 ff; Bericht der Landesregierung zur Entschließung des Schleswig-Holsteinischen Landtages zur Änderung des Landesbeamtengesetzes, Drucksache 12/1236 vom 10.01.1991, S. 29

831 Klinger, 17. Sitzung des Schleswig-Holsteinischen Landtages am 14.02.1989, Landtagsdrucksache 12/217, S. 862

832 Krumsiek, Plenarprotokoll des Landtages Nordrhein-Westfalen 10/23 vom 25.04.1986, S. 1708

833 Klütsch, Plenarprotokoll des Landtages Nordrhein-Westfalen 10/24 vom 04.06.1986, S. 1804

834 Kötschau, 17. Sitzung des Schleswig-Holsteinischen Landtages am 14.02.1989, Landtagsdrucksache 12/217, S. 860

Die Institution des politischen Beamten habe durchaus seinen Sinn, nämlich die volle Gewähr dafür zu bieten, daß diese Beamten in fortdauernder Übereinstimmung mit den wesentlichen politischen Zielen der Regierung stehen.[835] Dies sei erforderlich, um die rechts- und justizpolitischen Intentionen der Landesregierung in der Praxis durchzusetzen.[836]

Als Hauptargument gegen die Abschaffung des „politischen Beamten" Generalstaatsanwalt wurde in der politischen Diskussion lediglich vorgebracht, daß kein Grund ersichtlich sei, den Status abzuschaffen – so die Befürworter des „politischen Beamten" – „Das war so, das ist so, und das soll so bleiben" ist ein Schlagwort, das die Argumentation der Verfechter des „politischen Beamten" charakterisiert.[837]

Teilweise wird auch die parlamentarische Verantwortung des Justizministers als Argument für die Stellung des Generalstaatsanwalts als politischer Beamter gebraucht.[838]

Ein weiteres Argument wird darin gesehen, daß die problemlose Absetzbarkeit des politischen Beamten eine mögliche Sanktion gegen den Generalstaatsanwalt darstellt, wenn er seinen Verpflichtungen nicht nachkommt. Exemplarisch wird dabei die Nichtwahrnehmung von Aufsichtsbefugnissen im Fall „Klingelpütz" genannt.[839]

Vorgebracht wird auch die Auffassung, daß der „politische Beamte" eine Institution sei, die sich direkt aus den Grundsätzen des Berufsbeamtentums herleite. Es liege auch kein Verfassungsverstoß durch die Existenz dieser Institution vor.[840]

---

835 Klütsch, Plenarprotokoll des Landtages Nordrhein-Westfalen 10/24 vom 04.06.1986, S. 1804

836 Klinger 17. Sitzung des Schleswig-Holsteinischen Landtages am 14.02.1989, Landtagsdrucksache 12/217, S. 862

837 Klütsch, Plenarprotokoll des Landtages Nordrhein-Westfalen 10/24 vom 04.06.1986, S. 1800

838 Kötschau, 17. Sitzung des Schleswig-Holsteinischen Landtages am 14.02.1989, Landtagsdrucksache 12/217, S. 856; Lieber (ÖTV) in der Sachverständigenanhörung zum Gesetzentwurf der CDU- und FDP-Fraktion zur Änderung des Landesbeamtengesetzes Nordrhein-Westfalen, Ausschußprotokoll des Rechtsausschusses des Landtages Nordrhein-Westfalen 10/863 vom 16.03.1988, S. 12

839 Lieber (ÖTV) in der Sachverständigenanhörung zum Gesetzentwurf der CDU- und FDP-Fraktion zur Änderung des Landesbeamtengesetzes Nordrhein-Westfalen, Ausschußprotokoll des Rechtsausschusses des Landtages Nordrhein-Westfalen 10/863 vom 16.03.1988, S. 13

840 Lieber (ÖTV) in der Sachverständigenanhörung zum Gesetzentwurf der CDU- und FDP-Fraktion zur Änderung des Landesbeamtengesetzes Nordrhein-Westfalen, Ausschußprotokoll des Rechtsausschusses des Landtages Nordrhein-Westfalen 10/863 vom 16.03.1988, S. 1

IV. Stellungnahme der Generalstaatsanwälte

Entsprechend den Kritikansätzen am Status „politischer Beamter" haben sich auch die Generalstaatsanwälte gegen die Beibehaltung ausgesprochen.[841] Der Status eines politischen Beamten sei eben mit dem Ruch verbunden, daß dieser seine Entscheidungen unter dem politischen Einfluß von oben treffe.[842]

V. Stellungnahme

Die Ansicht, die Stellung als politischer Beamter sei erforderlich, um eine restriktive Handhabung des Weisungsrechts zu erreichen, ist zweifelhaft. In diesem Fall würde es aufgrund des vorauseilenden Gehorsams nur zu einer „Tarnung" bestimmter Zielsetzungen der Regierung kommen, in denen es aus „kosmetischen" Gründen keiner förmlichen Weisung bedarf, letztlich aber auf das gleiche Ergebnis hinauslaufen. Von einer tatsächlichen Zurückhaltung kann unter diesen Voraussetzungen keine Rede sein.

Die Abhängigkeit des Generalstaatsanwalts von der Landesregierung resultiert weniger aus dessen Stellung als politischer Beamter, sondern wenn überhaupt, dann vielmehr aus der Weisungsgebundenheit im Verhältnis zum Justizminister.[843]

Vor diesem Hintergrund ist auch nicht verständlich, inwieweit die Stellung als politischer Beamter zu einer erhöhten Eigenständigkeit des Generalstaatsanwalt führen soll und diese dazu beitragen könne, Einflußversuche abzuwehren.[844]

Wenn – wie dargelegt wird – dem Status als politischem Beamten keine große Bedeutung zukomme, dann ist auch nicht ersichtlich, wieso diese Stellung beibehalten werden soll.

Auch der Argumentation, der Status des Generalstaatsanwalts als politischer Beamter sei erforderlich, um die parlamentarische Verantwortung des Justizministers abzusichern, kann nicht gefolgt werden. Dem steht entgegen, daß diese

---

841 Jahrestagung der Generalstaatsanwälte vom 06.06. bis 09.06.1977 in Glücksburg vgl. bei Rautenberg, DRiZ 2000, S. 144; in diese Richtung gehen auch die Forderungen des Deutschen Richterbundes in seiner Presseerklärung vom 18.04.1986, DRiZ 1986, S. 236; Stritzl, 17. Sitzung des Schleswig-Holsteinischen Landtages am 14.02.1989, Landtagsdrucksache 12/217, S. 853

842 Geißler in Plenarprotokoll 12/47, 74. Sitzung des Schleswig-Holsteinischen Landtages vom 28.02.1991, S. 4353; Ostendorf in „ÖTV in der Rechtspflege" Ausgabe März 1996, S. 4

843 Geißler in Plenarprotokoll 12/47, 74. Sitzung des Schleswig-Holsteinischen Landtages vom 28.02.1991, S. 4354

844 Bericht der Landesregierung zur Entschließung des Schleswig-Holsteinischen Landtages zur Änderung des Landesbeamtengesetzes, Drucksache 12/1236 vom 10.01.1991, S. 32; auch Geißler, Plenarprotokoll des Landtages Schleswig-Holstein 12/74 vom 28.02.1991, S. 4352

zum einen über das Weisungs- und Substitutionsrecht abgesichert wird[845] und – soweit man sich zudem auch für eine Beseitigung des Weisungsrechts ausspricht – die parlamentarische Verantwortung des Justizministers nicht darin bestehen kann, den Generalstaatsanwalt auszutauschen. Im Falle von Fehlentscheidungen muß der Justizminister vielmehr eigene personelle Konsequenzen ziehen. Sonst würde letztlich nicht der Minister, sondern der Generalstaatsanwalt die politische Verantwortung tragen.[846]

Die Vertreter der Auffassung, die die problemlose Absetzbarkeit des politischen Beamten als mögliche Sanktionsform gegen den Generalstaatsanwalt für erforderlich halten, übersehen, daß bei schwerwiegenden Pflichtverletzungen der Generalstaatsanwalt auch ohne den Status eines politischen Beamten ersetzt oder sogar aus dem Dienst entlassen werden kann (so etwa für Hessen § 5 HDO). Der Unterschied besteht darin, daß der „politische Beamte" jederzeit, ohne das Vorliegen von Gründen und ohne die Durchführung eines förmlichen Disziplinarverfahrens, entlassen werden kann. An der jederzeitigen Entlassung ohne Vorliegen von Gründen besteht jedoch kein berechtigtes Interesse. Wenn aber tatsächlich Gründe vorliegen – etwa aufgrund schwerer Pflichtverletzungen – dann ist nicht nachvollziehbar, wieso die der Entlassungsentscheidung zugrundeliegenden Gründe nicht genannt werden müssen.

Die Staatsanwälte und natürlich auch der Generalstaatsanwalt sind auf Recht und Gesetz verpflichtet und nicht den politischen Interessen der jeweiligen Regierung. Wenn ein Generalstaatsanwalt seinem gesetzlichen Auftrag nicht nachkommt, dann kann er durch Disziplinarmaßnahmen reglementiert werden. Der weitergehende Anspruch auf Entlassung des politischen Beamten dient demgegenüber nicht dazu, die Rechtstreue des Generalstaatsanwalts zu sichern, sondern bietet ersichtlich die Möglichkeit diesen jederzeit aus politischen Erwägungen „abzusägen".

Auch kann aus der Feststellung, daß die Stellung des Generalstaatsanwalts als politischem Beamten mit Verfassungsprinzipien vereinbar ist, – was hier nicht bestritten werden soll – nicht geschlossen werden, daß der Status „politischer Beamter" notwendig ist und insbesondere nicht, daß diese Stellung für den Generalstaatsanwalt zwingend beibehalten werden muß.

Insgesamt ist festzustellen, daß die Argumente derjenigen, die als Verfechter der Beibehaltung des Status „politischer Beamter" für den Generalstaatsanwalt auftreten, letztlich nicht überzeugen und keine Bereitschaft zu sehen ist, den bisherigen Status quo zur Überprüfung zu stellen. Weshalb es notwendig ist, daß

---

845 Krey/Pföhler, NStZ 1985, S. 147; Bericht der Landesregierung zur Entschließung des Schleswig-Holsteinischen Landtages zur Änderung des Landesbeamtengesetzes, Drucksache 12/1236 vom 10.01.1991, S. 28; Geißler, Plenarprotokoll des Landtages Schleswig-Holstein 12/74 vom 28.02.1991, S. 4351

846 Stritzl, 17. Sitzung des Schleswig-Holsteinischen Landtages am 14.02.1989, Landtagsdrucksache 12/217, S. 859

ein Generalstaatsanwalt mit den politischen Ansichten und Zielen der jeweiligen Regierung in Einklang stehen soll, wird nicht herausgearbeitet.

Kennzeichnend für die Lage des Generalstaatsanwalts als „politischer Beamter“ ist auch die Aussage des nordrhein-westfälischen Justizministers Krumsiek, der ausdrücklich zugab, daß es sich bei der Frage, ob der Generalstaatsanwalt einen Status als politischer Beamter habe oder nicht, in beiden Fällen um eine vertretbare Auffassung handele, über die man rechtstheoretisch streiten könne.[847] Der Grund warum die Regierungspartei nicht in die Statusänderung einwilligte, war wohl der, daß die damals regierende SPD in den Anträgen der Oppositionsfraktionen CDU und FDP einen politischen Affront sah, der politischer Effekthascherei diente und damit der SPD unterstellt werde, daß sie den Generalstaatsanwalt als Mittel der Machterhaltung mißbrauche.[848]

Letztlich sprechen aber die besseren Argumente gegen die Beibehaltung des Generalstaatsanwalts als „politischer Beamter“, so daß eine generelle Beseitigung des Status „politischer Beamter“ für die Generalstaatsanwälte angezeigt scheint.

---

847 So auch Faupel, DRiZ 2000, S. 313

848 Krumsiek, Plenarprotokoll des Landtages Nordrhein-Westfalen 10/87 vom 12.10.1988, S. 8046; Schreiber, Plenarprotokoll des Landtages Nordrhein-Westfalen 10/87 vom 12.10.1988, S. 8039

7. Kapitel: Exkurs: Zusammenlegung von Innen- und Justizministerium

Vor wenigen Jahren geriet – neben anderen rechtspolitischen Problemen – auch die Weisungsgebundenheit der Staatsanwaltschaft, vor allem das externe Weisungsrecht, in die Diskussion und zwar im Zusammenhang mit der Zusammenlegung des Innen- und Justizministeriums in Nordrhein-Westfalen. Zur Begründung für diesen Schritt wurden die „Effizienz staatlichen Handelns", „Straffung der Verwaltung" und die „Herbeiführung von Synergieeffekten" genannt.[849]

Nicht nur verfassungsrechtliche und verfassungspolitische Aspekte wie die Gewaltenteilung[850] und Kompatibilitätsfragen verschiedener Ministerien wurden gegen das neugeschaffene „Superministerium" angeführt, sondern auch Fragen des Weisungsrechts.

A. Interessenkonflikte

Als problematisch wurde angesehen, daß sich Konfliktsituationen im Rahmen der Strafjustiz ergeben können, wenn diese gegen Polizeimaßnahmen vorgehen muß, die aufgrund einer zwar fragwürdigen – dennoch aber ministeriell erwünschten – Effektivität an die Grenzen der Legalität geraten.[851] In diesen Fällen sei der zuständige Minister zugleich oberster Dienstherr der Polizei und der Justiz.[852] Als Beispiel wird hierbei der Konfliktfall genannt, der entstehen kann, wenn es zu Spannungen zwischen Opportunitätsprinzip und Legalitätsprinzip kommt. Zu denken sei etwa an eine Großdemonstration, bei der es zu Kollisionen zwischen dem Opportunitätsprinzip im Rahmen präventiven polizeilichen Handelns einerseits und dem Legalitätsprinzip bei der Verfolgung strafbarer Handlungen während der Demonstration andererseits kommt.[853] In Betracht zu ziehen ist auch der Beispielsfall, daß ein Polizist bei einer Verkehrskontrolle seine Kompetenzen überschreitet und ohne rechtfertigenden Grund einem Verkehrsteilnehmer eine Ohrfeige gibt. Dabei muß die Staatsanwaltschaft auch ge-

---

849 Röper, DRiZ 1998, S. 309; Caesar, DRiZ 1998, S. 315

850 So etwa die 50. Tagung der Präsidentinnen und Präsidenten der Oberlandesgerichte der Bundesrepublik Deutschland, des Bayerischen Obersten Landesgerichts und des Bundesgerichtshofs vom 15. bis 17.06.1998 in Oldenburg, DRiZ 1998, S. 280; vgl. auch Prantl, SZ vom 16.06.1998 und DRiZ 1998, S. 281, auch Caesar, DRiZ 1998, S. 315 f; allgemein für politisch verfehlt hält die Zusammenlegung auch Faupel, DRiZ 2000, S. 324

851 Oldiges, Rechtsgutachten: Verfassungsrechtliche und verfassungspolitische Bewertung der Zusammenlegung des Innen- und Justizministeriums in Nordrhein-Westfalen, S. 9

852 Nacken, Landtagsprotokoll NRW 12/92, S. 7605; kritisch wurde die mögliche Annäherung von Justizministerium und Verwaltung bereits von Görcke, ZStrW (73) 1961, S. 564 betrachtet.

853 Günter „Strafverfolgung nach politischen Erwägungen" DRiZ 1998, S. 403

gen Rechtsverstöße der Polizei ermitteln und die Strafverfolgung einleiten.[854] Damit stehe der Minister in Grenz- und Zweifelsfällen gleichzeitig in zwei konträren Lagern. [855] Dies ziehe die Gefahr nach sich, daß der „Superminister“ als oberster Dienstherr der Polizei und der Staatsanwälte der Staatsanwaltschaft gegenüber eine Weisung erteile,[856] das Verfahren nach den §§ 153 ff StPO einzustellen.

Zwar seien ministerielle Weisungen an die Staatsanwaltschaft zugunsten polizeilicher Interessen nicht per se sachwidrig, doch könne bei einem Doppelminister, der dann sowohl für die Staatsanwaltschaft als auch für die Polizei zuständig ist, [857] ein Interessenkonflikt entstehen[858], bei dem sich die Grenze zur Sachwidrigkeit verwische.[859]

Weiterhin bestehe ein Konflikt zwischen den Interessen und Zielsetzungen des Innenministeriums einerseits und des Justizministeriums andererseits. Dieser eröffne sich vor allem im Verhältnis von Polizei und Staatsanwaltschaft, die aufgrund ihrer Weisungsgebundenheit dem neuen Doppelminister unterstehen.[860] Beide Institutionen wirkten auf dasselbe Ziel innerhalb der Strafverfolgung hin, unterscheiden sich hierbei jedoch hinsichtlich der Art der Aufgabenwahrnehmung.[861] Dabei könnten Maximen der Effektivität einerseits und der Rechtswahrung andererseits in Gegensatz zueinander treten.[862] Das Innenministerium sei ein Ressort, das Wert auf eine effektive Durchsetzung der Regierungspolitik setze, während im Justizministerium das Gewicht auf der Kontrolle der Rechtsförmigkeit regierungsamtlichen Handelns liege.[863] Diese Institutionen seien nun in einer einzigen Spitze vereinigt[864] so daß sich der genannte Gegen-

854 Oldiges, Rechtsgutachten: Verfassungsrechtliche und verfassungspolitische Bewertung der Zusammenlegung des Innen- und Justizministeriums in Nordrhein-Westfalen, S. 36

855 Oldiges, Rechtsgutachten: Verfassungsrechtliche und verfassungspolitische Bewertung der Zusammenlegung des Innen- und Justizministeriums in Nordrhein-Westfalen, S. 36

856 Günter in „Kollegen, hört die Signale“, abgedruckt in: Extrablatt zu: „Richter und Staatsanwalt“ (Deutscher Richterbund – Nordrhein-Westfalen) 04/1998, S. 9

857 Oldiges, Rechtsgutachten: Verfassungsrechtliche und verfassungspolitische Bewertung der Zusammenlegung des Innen- und Justizministeriums in Nordrhein-Westfalen, S. 51

858 Caesar in „Ein Verstoß gegen die Kultur der Justiz“, ZRP 1998, S. 369

859 Oldiges, Rechtsgutachten: Verfassungsrechtliche und verfassungspolitische Bewertung der Zusammenlegung des Innen- und Justizministeriums in Nordrhein-Westfalen, S. 51

860 Oldiges, Rechtsgutachten: Verfassungsrechtliche und verfassungspolitische Bewertung der Zusammenlegung des Innen- und Justizministeriums in Nordrhein-Westfalen, S. 36

861 Oldiges, Rechtsgutachten: Verfassungsrechtliche und verfassungspolitische Bewertung der Zusammenlegung des Innen- und Justizministeriums in Nordrhein-Westfalen, S. 36

862 Oldiges, Rechtsgutachten: Verfassungsrechtliche und verfassungspolitische Bewertung der Zusammenlegung des Innen- und Justizministeriums in Nordrhein-Westfalen, S. 36

863 Prantl, SZ vom 16.06.1998, S. 4

864 Prantl, SZ vom 16.06.1998, S. 4

satz aufgrund der Zusammenlegung personalisiere.[865] Der Doppelminister habe dann nicht nur die Belange der Justiz sondern auch die Belange der Polizei zu berücksichtigen, was zwangsläufig zu einer Interessenkollission führe.[866]

Als Konfliktpunkte genannt werden beispielsweise Mittel und Ziele der Strafverfolgung oder die Behandlung von Kleinkriminalität.[867] In derartigen Grenz- und Zweifelfällen könnten sachfremde Interessen in ministerielle Weisungen einfließen und hierdurch deren rechtsstaatlichen Auftrag gefährden.[868]

B. Verstoß gegen das Gewaltenteilungsprinzip

Der Wegfall einer eigenständigen Repräsentanz der Justiz störe die wechselseitige Kontrolle der Gewalten.[869] Insbesondere die Vertreter, welche der Auffassung sind, die Staatsanwaltschaft sei Teil der Dritten Gewalt, sehen in der Zusammenlegung der Ressorts ein Eindringen der Exekutive „mitten in das Haus der 3. Staatsgewalt“.[870]

Hier wird die Weisungsgebundenheit der Staatsanwaltschaft besonders relevant, wobei zugleich die Stellung des in Nordrhein-Westfalen als politischer Beamter ausgestalteten Amtes des Generalstaatsanwalts mit hineinspielt.[871] Unabhängig von der rechtlichen Qualifikation der Staatsanwaltschaft ist unstreitig,

865 Oldiges, Rechtsgutachten: Verfassungsrechtliche und verfassungspolitische Bewertung der Zusammenlegung des Innen- und Justizministeriums in Nordrhein-Westfalen, S. 36

866 Debusmann im Interview „Die Zeit“ vom 02.07.2000, S. 4

867 Oldiges, Rechtsgutachten: Verfassungsrechtliche und verfassungspolitische Bewertung der Zusammenlegung des Innen- und Justizministeriums in Nordrhein-Westfalen, S. 51

868 Oldiges, Rechtsgutachten: Verfassungsrechtliche und verfassungspolitische Bewertung der Zusammenlegung des Innen- und Justizministeriums in Nordrhein-Westfalen, S. 52

869 Konferenz der Präsidenten und Präsidentinnen der Oberlandesgerichte Deutschlands, des Bayerischen Obersten Landesgerichts und des BGH auf der 50. Tagung vom 15. bis 17.06.1998 in Oldenburg DRiZ 1998, S. 280; Günter in „Kollegen, hört die Signale“, abgedruckt in: Extrablatt zu: „Richter und Staatsanwalt“ (Deutscher Richterbund – Nordrhein-Westfalen) 04/1998, S. 8

870 Günter in „Kollegen, hört die Signale“, abgedruckt in: Extrablatt zu: „Richter und Staatsanwalt“ (Deutscher Richterbund – Nordrhein-Westfalen) 04/1998, S. 9; Günter übersieht dabei, daß das Justizministerium, das nur gegenüber den Staatsanwaltschaften, nicht aber gegenüber den Richtern weisungsbefugt ist, nicht in den Kernbereich der Dritten Gewalt eingreift. (vgl. bereits unter 5. Kapitel D.) Daran ändert auch die Zusammenlegung des Innen- und des Justizministeriums dem Grunde nach nichts, da insoweit das Weisungsrecht gegenüber den Staatsanwaltschaften weiterbesteht und sich aus der Funktion des Innenministers noch eine Weisungsbefugnis gegenüber der Polizei ergibt. Auch wenn hiermit sicherlich zahlreiche – insbesondere rechtspolitische – Probleme verbunden sind, kann hierin dennoch kein Eingriff der Exekutive in den Kernbereich der Judikative gesehen werden.

871 Oldiges, Rechtsgutachten: Verfassungsrechtliche und verfassungspolitische Bewertung der Zusammenlegung des Innen- und Justizministeriums in Nordrhein-Westfalen, S. 50

daß sowohl das Justizministerium als auch das Innenministerium unzweifelhaft Exekutivorgane sind. Das wiederum heißt, daß die Zusammenlegung beider Ressorts nur eine Vereinigung zweier Bereiche innerhalb der Exekutive darstellt, aber insoweit keine gewaltenübergreifende Wirkung erfolgt, damit also das Gewaltenteilungsprinzip unmittelbar nicht berührt ist. Diese Wirkung könnte sich aber unter anderem aus dem Weisungsrecht des Justizministers gegenüber den Staatsanwälten ergeben, das dann auf den „Superminister" übergehen würde. Wie bereits gezeigt, kann nicht überzeugend dargelegt werden, daß der Justizminister durch sein Weisungsrecht die Möglichkeit hat in den Kernbereich der Judikative einzugreifen.[872] Dennoch wurde – wenn auch die Zusammenlegung nicht als unmittelbarer Verstoß gegen die Gewaltenteilung qualifiziert werden konnte – zumindest die Trennung von Innen- und Justizressort als Symbol für die Gewaltenteilung angesehen.[873] Daher kam auch der Frage nach dem Weisungsrecht eine entscheidende Bedeutung bei der Zusammenlegung der beiden ministeriellen Ressorts zu.

Auch wenn das ministerielle Weisungsrecht durch das Legalitätsprinzip beschränkt werde, verbleibe in Grenz- und Zweifelsfällen wie auch bei der Steuerung der Ermittlungsverfahren ausreichend Spielraum für Weisungen.[874] Aus der Stellung des Generalstaatsanwalts als politischer Beamter ergebe sich über das formelle Weisungsrecht hinaus noch eine eher informelle Abhängigkeit gegenüber Wünschen und Erwartungen des Ministers.[875] Soweit die staatsanwaltliche Tätigkeit aber einem ministeriellen Weisungsrecht unterliege, komme es aus rechtsstaatlichen Gründen in besonderem Maße darauf an, eine sachfremde Einflußnahme auszuschließen. Daher sei es ein Gebot der Verfassungskultur die Justizverwaltung weitmöglichst nicht in Interessen einzubeziehen, die im Gegensatz zu den Erfordernissen sachgerechter Strafverfolgung stehen könnten.[876]

C. Unterschiedliche (inkompatible) Aufgabenbereiche

Ausgeführt wird auch, daß Justiz- und Innenministerium grundsätzlich unterschiedlich angelegt sind und sich bereits aus diesem Grunde eine Zusammenlegung verbietet. Das Justizministerium sei nach klassischem Verständnis ein unpolitisches Ressort, das nicht vorrangig der Umsetzung der Regierungspolitik durch Exekutivmaßnahmen verpflichtet ist. Gerade dies sei aber Aufgabe des

872 Vgl. unter 5. Kapitel D.

873 Prantl, DRiZ 1999, S. 147

874 Oldiges, Rechtsgutachten: Verfassungsrechtliche und verfassungspolitische Bewertung der Zusammenlegung des Innen- und Justizministeriums in Nordrhein-Westfalen, S. 50

875 Oldiges, Rechtsgutachten: Verfassungsrechtliche und verfassungspolitische Bewertung der Zusammenlegung des Innen- und Justizministeriums in Nordrhein-Westfalen, S. 50

876 Oldiges, Rechtsgutachten: Verfassungsrechtliche und verfassungspolitische Bewertung der Zusammenlegung des Innen- und Justizministeriums in Nordrhein-Westfalen, S. 50

Innenministeriums, was sich in besonders deutlicher Weise in dessen Zuständigkeit für die Bereiche öffentliche Sicherheit und Ordnung und polizeiliche Angelegenheiten manifestiere.[877]

D. Stellungnahme

Es stellt sich die Frage, ob das Justizministerium tatsächlich unpolitisch ist. Das Justizministerium sollte in der Tat unpolitisch sein, da sich hierin und in der damit zusammenhängenden Weisungsgebundenheit der Rechtswille des Staates und nicht dessen Machtwille verkörpern soll.[878] Auffällig ist indes, daß Weisungsfälle oftmals im Zusammenhang mit politisch bedeutsamen Verfahren erscheinen. Dies hat sicherlich zum einen mit der Medienträchtigkeit dieser Fälle zu tun und zum anderen auch mit dem allgemeinen Argwohn, daß hinter Weisungsentscheidungen des Justizministeriums politische Zielsetzungen offen oder versteckt zum Tragen kommen. Gerade aus diesem Grund wird Transparenz für ein wesentliches Element der rechtsstaatlichen Demokratie gehalten,[879] und aus diesem Grund die Zusammenlegung des Justiz- und des Innenministeriums wegen des damit verbundenen Transparenzverlustes für unzulässig gehalten.[880] Es gehöre gerade zu den Errungenschaften eines freiheitlich-demokratischen Rechtsstaates, daß solche Konflikte nicht unterdrückt, sondern offen ausgetragen und entschieden werden.[881] Dies sei bei einer Eingliederung des Justizministeriums in das Innenressort nicht mehr gegeben.[882]

Hieraus ergibt sich aber, daß nicht nur bei einem „Superministerium" ein ausreichender Schutz vor sachwidrigen oder politischen Einflüssen gewährleistet sein muß, sondern auch beim „isolierten" Justizministerium. Der Sache nach ändert sich hinsichtlich den Erfordernissen bezüglich der Transparenz und der politischen Einflußnahme nichts. Beim „Superministerium" werden die Gefahren und Risiken nur deutlicher. Aus diesem Grund muß sich eine Regelung unter Beibehaltung des Weisungsrechts immer daran orientieren, daß ein Schutz vor sachfremden Einflüssen und hinreichende Transparenz gewährleistet sein muß.

Mit Urteil vom 09.02.1999 hat der Nordrhein-Westfälische Verfassungsgerichtshof die Zusammenlegung von Innen- und Justizministerium – allerdings

---

877 Presseerkärung des DRB, DRiZ 1998, S. 280

878 Vgl. Pressemeldung der Arbeitsgemeinschaft sozialdemokratischer Juristinnen und Juristen (AsJ) vom 30.06.1998 veröffentlicht im Internet unter http://www.spd-hessensued.de/presse/1998/pr980630b.htm

879 Oldiges, Rechtsgutachten: Verfassungsrechtliche und verfassungspolitische Bewertung der Zusammenlegung des Innen- und Justizministeriums in Nordrhein-Westfalen, S. 50

880 Oldiges, Rechtsgutachten: Verfassungsrechtliche und verfassungspolitische Bewertung der Zusammenlegung des Innen- und Justizministeriums in Nordrhein-Westfalen, S. 50; so im Ergebnis auch DRB, DRiZ 1998, S. 280

881 DRB, DRiZ 1998, S. 280

882 DRB, DRiZ 1998, S. 280

nicht aus den hier genannten, sondern aus anderen Gründen – für unvereinbar mit der Rechtsordnung erklärt.[883] Die Entscheidung, die Geschäftsbereiche eines herkömmlichen Innenministeriums und eines herkömmlichen Justizministeriums zu einem neuen Ministerium für Inneres und Justiz zusammenzuführen, sei wesentlich im Sinne des Gesetzesvorbehalts.[884] Für eine solche Entscheidung sei eine gesetzgeberische Entscheidung erforderlich, nicht aber lediglich eine politische Entschließung.[885]

Daß es nicht bei diesem Versuch in Nordrhein-Westfalen blieb, zeigte die folgende Entwicklung: Auch in Bremen und Mecklenburg-Vorpommern wurde das Justizressort mit dem Innenressort vereinigt.[886] Auch in Berlin wurde nach den Neuwahlen zum Abgeordnetenhaus die Senatsbehörde für Justiz als eigenständiges Ressort aufgegeben und der Senatskanzlei angegliedert.[887]

883 DRB, DRiZ 1999, S. 99

884 Nordrhein-Westfälischer Verfassungsgerichtshof NJW 1999, S. 1243 ff

885 Nordrhein-Westfälischer Verfassungsgerichtshof NJW 1999, S. 1247

886 DRB, DRiZ 2000, S. 10; Prantl, „Warum es Staatsanwälte gibt“, SZ-Online „Meinungsseite“ vom 11.08.1999, http://www.sueddeutsche.de

887 DRB, DRiZ 2000, S .10

8. Kapitel: Reformansätze zur Änderung des Rechts der Staatsanwaltschaft

Entsprechend den divergierenden Auffassungen hinsichtlich der Recht- und Zweckmäßigkeit des Weisungsrechts wurden in den letzten Jahrzehnten zahlreiche Reformmodelle vorgestellt.

A. Modelle zur Einführung des – mehr oder weniger – unabhängigen Staatsanwalts

Teile der Literatur fordern, dem Staatsanwalt wie dem Richter die Unabhängigkeit zuzubilligen.[888] Hierbei erstreckt sich die Unabhängigkeit teils auf die gesamte Stellung des Staatsanwalts,[889] teils nur auf die sachliche Unabhängigkeit oder nur auf einzelne Bereiche des staatsanwaltlichen Aufgaben- und Entscheidungsgebietes.[890]

Zumeist äußern sich die Vertreter dieser Ansicht nicht dazu, in welcher Weise diese unabhängige Stellung tatsächlich verwirklicht werden soll.[891] Es stellt sich somit die Frage, in welcher Form diese Unabhängigkeit in der Praxis umgesetzt werden kann.

- Einführung eines Instanzenzugs bei der Staatsanwaltschaft

Einige Autoren, die sich für die Unabhängigkeit des Staatsanwalts und die Abschaffung des Weisungsrechts einsetzen, erkennen, daß auch der unabhängige Staatsanwalt nicht ohne jegliche Kontrolle bleiben darf.[892] Es wird daher ein Korrektiv zur Kontrolle der Staatsanwälte gefordert. Dabei wird vorgeschlagen, einen Instanzenzug wie er bisher die Gerichte kennzeichnet auf den dann unabhängigen Staatsanwalt zu übertragen.[893] Die Entscheidung des unabhängigen

888 Hoberg, DRiZ 1953, S. 136; Hofmeister, DRiZ 1958, S. 190; Wagner, JZ 1974, S. 218; Möller-Dorn, Betrifft JUSTIZ 1991, S. 55; Dohmen, ZRP 1996, S. 192; im wesentlichen auch Knobloch, RuP 1969, S. 66, der lediglich allgemeine Richtlinien und Anordnungen für zulässig hält; weitgehend auch Roxin, DRiZ 1969, S. 387. Erste konkrete diesbezügliche Forderungen wurden bereits auf dem 5. Deutschen Juristentag im Jahr 1864 in Braunschweig von v. Freydorf erhoben; vgl. Dünnebier, JZ 1958, S. 417

889 Hoberg, DRiZ 1953, S. 136; Wagner, JZ 1974, S. 218; Dohmen, ZRP 1996, S. 192

890 Roxin, DRiZ 1969, S. 387, der allerdings die Weisungsgebundenheit im Bereich taktisch-technischer Fragen und des Opportunitätsprinzips beibehalten will, da bei diesen Entscheidungen nicht die eigenverantwortliche Orientierung des Staatsanwalts an Wahrheit und Gerechtigkeit im Vordergrund stehe, sondern die Praktikabilität und Effektivität der Strafverfolgung.

891 Hofmeister, DRiZ 1958, S. 190; Knobloch, RuP 1969, S. 66; Wagner, JZ 1974, S. 218; Möller-Dorn, Betrifft JUSTIZ 1991, S. 55; Dohmen, ZRP 1996, S. 192

892 Hoberg, DRiZ 1953, S. 137

893 Hoberg, DRiZ 1953, S. 137; ähnlich Daun, Kriminalistik 1977, S. 481

Staatsanwalts sei dann ein rechtswirksamer Entscheidungsakt, der durch die nächsthöhere Instanz überprüft werden könne.[894]

Vielfach wird jedoch nicht ausgeführt, wie dieser Instanzenzug und insbesondere das Rechtsmittelverfahren gegen die staatsanwaltliche Entscheidung im einzelnen ausgestaltet werden soll.[895] Ein Vorschlag diesbezüglich ist die Einführung eines „Staatsvertreters", dessen Aufgabenbereich von den „gewöhnlichen" staatsanwaltlichen Geschäften abgekoppelt ist und dem es obliegt, gegen fehlerhafte Entscheidungen bei der Staatsanwaltschaft Rechtsmittel bei der nächsthöheren Instanz einzulegen.[896] Vergleichbar hiermit ist auch die Etablierung einer Beschwerdemöglichkeit bei einer mit unabhängigen Staatsanwälten besetzten Staatsanwaltskammer, die selbst die Möglichkeit hat, Anklage zu erheben, wenn sie anderer Ansicht ist als der Staatsanwalt, der das Verfahren eingestellt hat.[897]

- Erweiterung des Klageerzwingungsverfahrens

Vorgeschlagen wird auch, das Weisungsrecht entfallen zu lassen und den reduzierten Einfluß der Regierung auf das Strafverfahren durch eine verstärkte öffentliche Kontrolle zu kompensieren, indem das Klageerzwingungsverfahren vereinfacht und auf den Bereich des Opportunitätsprinzips ausgedehnt wird. Zugleich wird empfohlen, das Klageerzwingungsverfahren von der Verletzteneigenschaft abzukoppeln oder den Kreis der Antragsberechtigten zu erweitern.[898]

In diesem Zusammenhang sind auch weitere Vorschläge zur Umgestaltung des Klageerzwingungsverfahrens zu nennen. Eine Popularklage in den Fällen, in denen die Rechtsgüter der Allgemeinheit betroffen sind, wird dabei jedoch abgelehnt, um dem Querulantentum vorzubeugen. Daher wird eine Ausweitung des Initiativrechts für Fälle des strafrechtlichen Schutzes gemeinschaftsorientierter Rechtsgüter gefordert, indem das Recht zur Erhebung des Klageerzwingungsverfahrens auch auf Parlamentarier übertragen werden soll. Die Abgeordneten von Bundes- und Landtag als Repräsentanten des Volkes und Bürgervertreter sollen mit dem Initiativrecht betraut werden.[899] Bereits die Tatsache, daß die Staatsanwaltschaft in diesen Fällen mit einer Einleitung des Klageerzwingungsverfahrens rechnen müsse, habe eine legalitätsfördernde Wirkung.[900]

Überlegt wird auch, hinsichtlich der Einstellungsverfügungen der Staatsanwaltschaft das Klageerzwingungsverfahren dahingehend umzugestalten, daß das

894 Hoberg, DRiZ 1953, S. 137
895 Hoberg, DRiZ 1953, S. 137
896 Vgl. bei Hoberg, DRiZ 1953, S. 137
897 Daun, Kriminalistik 1972, S. 19; Daun, Kriminalistik 1977, S. 481
898 Meier-Branecke, GA 1956, S. 24; in dieser Richtung auch Daun, Kriminalistik 1972, S. 19; sehr eingehend mit verschiedenen Ausgestaltungsformen des Klageerzwingungsverfahrens als Institut zur Kontrolle der Staatsanwaltschaft auch Ostendorf, RuP 1980, S. 200 ff; vgl. auch Roth, FAZ vom 20.03.2000, S. 12
899 Ostendorf, RuP 1980, S. 200 ff
900 Ostendorf, RuP 1980, S. 203

Justizministerium dieses Verfahren zur Wahrnehmung seines Wächteramtes selbständig betreiben darf.[901]

- Ausweitung disziplinarrechtlicher Konsequenzen

Der Wegfall des Klageerzwingungsverfahrens soll auch durch die Ausweitung disziplinarrechtlicher Konsequenzen kompensiert werden: Auch für Richter gelte eine straf- und disziplinarrechtliche Kontrolle der Amtsführung. Die entsprechenden Kontrollen gegenüber den Staatsanwälten könnten weitgehend an die Sicherungsmechnismen gegenüber den Richtern angeglichen werden. Das fehlende Weisungsrecht der Regierung und der leitenden Staatsanwälte ließe sich durch ein Hinweisrecht ersetzen, das nach den Regeln der Transparenz auszuüben sei.[902]

- Lösung über ein modifiziertes Devolutions- und Substitutionsrecht

Teilweise wird versucht, die Lösung über ein modifiziertes Devolutions- und Substitutionsrecht herbeizuführen. Die Befreiung des Staatsanwalts von der Weisungsgebundenheit sei wertlos bei gleichzeitiger Beibehaltung des vollen Devolutions- und Substitutionsrechts.[903] Dennoch wird gefordert, das Devolutions- und Substitutionsrecht im Grundsatz beizubehalten, um zu verhindern, daß die Anklagepraxis zwischen den Staatsanwälten unterschiedlich gehandhabt wird. Andererseits müsse aber auch eine unkontrollierbare Alleinbeurteilungskompetenz des Vorgesetzten vermieden werden.[904] Daher wird ein Modell vorgeschlagen, bei dem nach Vorbild des Klageerzwingungsverfahrens bei unüberbrückbaren Beurteilungsdifferenzen zwischen dem Staatsanwalt und seinem Vorgesetzten eine Entscheidung des Oberlandesgerichts einzuholen wäre.[905] Hierbei soll das Substitutions- und Devolutionsrecht des Vorgesetzten bis zur Entscheidung des Oberlandesgerichts ausgesetzt werden. Erst bei einer Entscheidung zugunsten der Auffassung des Vorgesetzten dürfte dieser von seinem Recht zur Devolution oder Substitution Gebrauch machen. Andernfalls, bei einer Entscheidung zugunsten des sachbearbeitenden Staatsanwalts, darf dieser seine Auffassung durchsetzen.[906]

Gefordert wird auch die generelle Einschränkung der Substitutionsrechte, indem die Ausübung dieser Befugnisse von vornherein einem Kollegium übertragen oder von diesem kontrolliert werden soll.[907]

---

901 Ellscheid, S. 89; ähnlich für den Behördenleiter Daun, Kriminalistik 1977, S. 482

902 Ellscheid, S. 89

903 Roxin, DRiZ 1969, S. 388

904 Roxin, DRiZ 1969, S. 388

905 Allerdings nur in Rechtsfragen, nicht in taktisch-technischen Fragen oder im Rahmen des Opportunitätsprinzip, da insoweit nicht die Verpflichtung des Staatsanwalts auf die Findung von Wahrheit und Gerechtigkeit im Vordergrund stehe; zustimmend hinsichtlich des Weisungsrechts im Ganzen auch Möller-Dorn, Betrifft JUSTIZ 1991, S. 55

906 Roxin, DRiZ 1969, S. 388

907 Ellscheid, S. 87 ff

- Modifizierte Weisungsfreiheit durch Aufweichung der Hierarchie
Alternativ zur vollständigen Weisungsfreiheit der Staatsanwälte wird auch in Erwägung gezogen, Weisungen lediglich innerhalb einzelner Abteilungen zuzulassen, so daß innerhalb des Behördenaufbaus die einzelnen Abteilungen unabhängige Einheiten bilden würden.[908] Damit würde lediglich ein Weisungsrecht der Abteilungsleiter bestehen, die jedoch ihrerseits nicht weisungsgebunden wären.

- Der gesetzliche Staatsanwalt
Um eine Unabhängigkeit der Staatsanwaltschaft zu sichern, wird die Einführung des „gesetzlichen Staatsanwalts" gefordert und zwar entsprechend dem in Art. 101 I und II GG bestimmten gesetzlichen Richter.[909] Hierdurch soll sichergestellt werden, daß – ähnlich wie bei den Richtern – anhand eines Geschäftsverteilungsplanes eingehende Verfahren jeweils vom gesetzlich zugewiesenen Staatsanwalt bearbeitet werden.

B. Einschränkung des Weisungsrechts

Neben der grundsätzlichen, völligen oder teilweisen Unabhängigkeit des Staatsanwalts wird demgegenüber lediglich eine Beschränkung des Weisungsrechts gefordert.

Hinsichtlich der Forderungen nach Beschränkungen des Weisungsrechts befindet sich gerade das externe Weisungsrechts im Mittelpunkt der Kritik. Daher wird vielfach eine Beschränkung oder auch völlige Beseitigung des externen Weisungsrechts gefordert.

- Einschränkung des externen Weisungsrechts
Eine verbreitete Forderung ist, das externe Weisungsrecht auf sogenannte positive Weisungen zu beschränken, also solche Weisungen, die auf Einleitung eines Verfahrens bzw. auf Anklageerhebung gerichtet sind. Demgegenüber sollen negative Weisungen unzulässig sein, also solche, die auf Nichteinleitung oder Einstellung eines Verfahrens gerichtet sind.[910]

Besonders deutlich wird diese Forderung in einem bisher kaum beachteten Antrag der Fraktion der FDP/DVP im Landtag von Baden-Württemberg:[911]

> *„Der Landtag wolle beschließen, die Landesregierung zu ersuchen, über den Bundesrat darauf hinzuwirken, daß die Vorschriften des Gerichtsverfassungsgesetzes über die weisungsgebundene Tätigkeit der Staatsanwaltschaft (§ 146 GVG) eine neue Gestaltung finden, die eine auf Einstellung des Verfahrens gerichtete dienstliche Anweisung des*

---

908 Ellscheid, S. 88

909 Blomeyer, GA 1970, S. 166; Daun, Kriminalistik 1977, S. 481

910 Meier-Branecke, GA 1956, S. 23; Gaul, SchlHA 1969, S. 87; ähnlich auch Möller-Dorn, Betrifft JUSTIZ 1991, S. 55

911 Antrag der Fraktion der FDP/DVP-Fraktion im Landtag von Baden-Württemberg vom 21.02.1991, Landtagsdrucksache Baden-Württemberg 10/4816

Vorgesetzten grundsätzlich ausschließt, solange keine Regelung wie unter Ziffer 1) beschrieben besteht, durch eine allgemeine Weisung sicherzustellen, daß vom Weisungsrecht gegenüber Staatsanwälten insofern nicht Gebrauch gemacht werden darf, als die dienstliche Weisung sich auf eine Einstellung eines Verfahrens richten soll."

Dieser Antrag wurde entsprechend der Beschlußempfehlung des ständigen Ausschusses vom 26.04.1991[912] in der 71. Landtagssitzung am 20.06.1991 abgelehnt.[913]

Eine andere Auffassung setzt sich für eine Beschränkung des externen Weisungsrechts auf allgemeine Richtlinien ein und fordert eine Beseitigung der ministeriellen Weisungskompetenz für den Einzelfall.[914]

- Beseitigung des externen Weisungsrechts bei gleichzeitiger Beibehaltung des internen Weisungsrechts

Weitergehend wird auch die komplette Beseitigung des externen Weisungsrechts bei gleichzeitiger Beibehaltung der internen Weisungsstrukturen gefordert.[915] Als Gründe werden diesbezüglich die Argumente genannt, welche bereits zur Kritik am externen Weisungsrecht herangezogen wurden.[916]

- Beseitigung des externen Weisungsrechts bei gleichzeitiger Beschränkung des internen Weisungsrechts

Noch weitergehend ist der Vorschlag, nach dem neben der völligen Abschaffung des externen Weisungsrechts eine Umgestaltung der internen Weisungsregelung angestrebt wird. Danach sollen das Weisungsrecht und die Ersetzungsbefugnis des Behördenleiters eingeschränkt werden,[917] indem eine differenzierte Behandlung von positiven und negativen Weisungen erfolgt.[918] Ein Weisungsrecht des Behördenleiters für die Fälle, in denen der Staatsanwalt mit seinem Antrag und seinen Gründen eine richterliche Entscheidung herbeiführen will, wird abgelehnt. Insofern finde eine rechtsförmige Überprüfung der staatsanwaltlichen

912 Landtagsdrucksache Baden-Württemberg 10/5335

913 Mitgeteilt mit Schreiben der FDP/DVP-Fraktion im Landtag von Baden-Württtemberg vom 28.04.1998

914 Kuhlmann, DRiZ 1977, S. 267

915 Leitlinien des Deutschen Richterbundes, Ziff. 34 d; Wagner, DRiZ 1963, S. 10; Görcke, ZStrW (73) 1961, S. 613; Arbeitstagung für Staatsanwälte und Staatsanwältinnen in der NRV im Frühjahr 1990 bei Möller-Dorn, Betrifft JUSTIZ 1991, S. 55; Kommission für die Angelegenheiten der Staatsanwälte im deutschen Richterbund, DRiZ 1968, S. 360

916 Vgl. bereits 5. Kapitel B.

917 Arbeitstagung für Staatsanwälte und Staatsanwältinnen in der NRV im Frühjahr 1990, zitiert nach Möller-Dorn, Betrifft JUSTIZ 1991, S. 55; vorsichtiger: Kommission für die Angelegenheiten der Staatsanwälte im deutschen Richterbund, DRiZ 1968, S. 360

918 Meier-Branecke, GA 1956, S. 23; Arbeitstagung für Staatsanwälte und Staatsanwältinnen in der NRV im Frühjahr 1990, zitiert nach Möller-Dorn, Betrifft JUSTIZ 1991, S. 55; ähnlich auch Kohlhaas, DRiZ 1967, S. 265

Entscheidung durch das Gericht statt.[919] Im entgegengesetzten Fall, wenn also der Staatsanwalt keine Anklage erheben will, würde ohne Weisungsrecht keine gerichtliche Überprüfung erfolgen. In diesem Fall wird ein Weisungsrecht des Behördenleiters zugelassen.[920]

Zum Teil wird dabei dem angewiesenen Staatsanwalt die Möglichkeit eingeräumt, eine Konfliktkommission, etwa aus drei gewählten Staatsanwälten, anzurufen.[921] Als mögliche Kontrollinstanz wird auch die Generalstaatsanwaltschaft in Erwägung gezogen, die ohnehin bereits für die Vorschaltbeschwerde des Klageerzwingungsverfahrens zuständig ist. So könnte man auch staatlichen Behörden bei Verfahrenseinstellungen eine Beschwerdemöglichkeit bei der Generalstaatsanwaltschaft einräumen, wenn das Interesse des Staates und der Exekutive zur Durchsetzung besonderer Interessen betroffen ist.[922]

- Beschränkung des Weisungsrechts für die Hauptverhandlung

Schließlich werden Weisungen für die Hauptverhandlung abgelehnt, soweit diese sich auf die Beweiswürdigung und die Strafzumessung beziehen, da dem Behördenleiter der Kenntnisstand aus dem Inbegriff der Hauptverhandlung fehle.[923] Hierdurch solle die Autorität des Staatsanwalts in dem Bereich gestärkt werden, in dem er in der Öffentlichkeit agiere. Demgegenüber seien Richtlinien für Rechtsfragen grundsätzlich zulässig, soweit diese sich vom Gang der Hauptverhandlung abstrahieren lassen. Gleiches gelte für Entscheidungen nach dem Opportunitätsprinzip und für Rechtsmittelerklärungen.[924]

Diese Auffassung wurde auch im Rahmen einer Dissertation als konkreter Reformvorschlag unterbreitet:[925]

> *„§ 146 GVG*
> *1. Die Beamten der Staatsanwaltschaft haben den dienstlichen Anweisungen ihres Vorgesetzten nachzukommen.*
> *2. Anweisungen, die gegen zwingende Normen des Strafverfahrens- oder Strafrechts, insbesondere gegen das Legalitätsprinzip, verstoßen, sind unzulässig.*

---

919 Arbeitstagung für Staatsanwälte und Staatsanwältinnen in der NRV im Frühjahr 1990, zitiert nach Möller-Dorn, Betrifft JUSTIZ 1991, S. 55; ähnlich auch Kohlhaas, DRiZ 1967, S. 265; Daun, Kriminalistik 1977, S. 481

920 Arbeitstagung für Staatsanwälte und Staatsanwältinnen in der NRV im Frühjahr 1990, zitiert nach Möller-Dorn, Betrifft JUSTIZ 1991, S. 55; ähnlich auch Kohlhaas, DRiZ 1967, S. 265

921 Arbeitstagung für Staatsanwälte und Staatsanwältinnen in der NRV im Frühjahr 1990, zitiert nach Möller-Dorn, Betrifft JUSTIZ 1991, S. 55; Eingeräumt wird jedoch, daß noch ein Modell entwickelt werden müsse, daß die Zusammensetzung dieser Kommission und die Modalitäten ihres Tätigwerdens regelt.

922 Möller-Dorn, Betrifft JUSTIZ 1991, S. 55

923 Leitlinien des Deutschen Richterbunde, Ziff. 34 c

924 Kintzi, DRiZ 1987, S. 462

925 Wunderlich, S. 163

3. In der Hauptverhandlung sind die Beamten der Staatsanwaltschaft hinsichtlich der Würdigung des Beweisergebnisses und der Stellung des Strafantrages an dienstliche Weisungen ihrer Vorgesetzten nicht gebunden.“

C. Kontrollen bei Beibehaltung des bisherigen Weisungsrechts

Vertreten wird auch, das Weisungsrecht grundsätzlich unverändert beizubehalten, jedoch interne Kontrollen einzuführen.[926] Beispielsweise wird vorgeschlagen, auf dem Wege des Dienstrechts festzulegen, daß der Vorgesetzte in Konfliktfällen keine Weisung erteilen, sondern stattdessen von dem ihm ebenfalls zustehenden Devolutions- oder Substitutionsrecht Gebrauch machen solle.[927] Zudem gebe es die Möglichkeit, strittige Fälle durch den Generalstaatsanwalt oder Generalbundesanwalt entscheiden zu lassen.[928]

Einen vergleichbaren Ansatz stellt der Vorschlag dar, eine gesetzlich verankerte Institution zu etablieren, an die sich der Staatsanwalt in Zweifelsfällen, wenn Meinung gegen Meinung steht, wenden könne. Voraussetzung sei, daß diese Institution eine wirklich unabhängige, richterliche Behörde sei, etwa das Präsidium des Oberlandesgerichts.[929] In diesem Zusammenhang wird ausgeführt, daß diese Stelle selten, möglicherweise sogar nie angerufen werden muß. Allerdings könnte bereits die Existenz einer solchen Behörde einen Schutz darstellen.[930]

D. Aufnahme der Staatsanwälte im Richtergesetz

Weiterhin wird gefordert, die Stellung der Staatsanwälte im Richtergesetz zu verankern, wobei verschiedene Ausgestaltungen genannt werden.

- Vorschlag des DRB von 1955 zur Umgestaltung des § 84 DRiG[931]

Der Deutsche Richterbund schlug 1955 vor, die Staatsanwälte in § 84 DRiG gesetzlich zu verankern:

„§ 84 DRiG Staatsanwälte

1. Der Staatsanwalt ist ein notwendiges Organ der Strafrechtspflege und hat die Aufgabe, objektiv die Wahrheit zu ermitteln.

2. Seine Weisungsgebundenheit ist begrenzt durch seine Pflicht zur Verfolgung aller strafbaren Handlungen.

---

926 Selbst an diesem Vorschlag zweifelnd: Geerds, FS für SH, S. 312 f

927 Geerds, FS für SH, S. 312

928 Geerds, FS für SH, S. 313, der jedoch selbst einen Haken seines Lösungsvorschlages darin sieht, daß es zu Problemen kommt, wenn der Generalstaatsanwalt oder Generalbundesanwalt selbst Urheber der streitgegenständlichen Entscheidung ist.

929 Bader, DRiZ 1954, S. 239

930 Bader, DRiZ 1954, S. 239

931 DRB, DRiZ 1955, S. 226

3. Folgende Vorschriften des Richtergesetzes gelten für Staatsanwälte sinngemäß: §§ 5 – 7 (Ausbildung und Prüfungen, Freizügigkeit, Universitätslehrer), 19 Abs. 1, 3 – 4, 21 Abs.1 (Stellung der Gerichtsassessoren), 27 (politische Tätigkeit), 29 Abs. 1, 30 Abs. 1 – 3 (Nebentätigkeiten), 32 (Dienstbezüge), 47 Abs.1 – 3 (Ruhestand), 59, 60 (Dienststrafverfahren).
4. Im übrigen gelten für Staatsanwälte die gesetzlichen Bestimmungen für Beamte."

- Modifizierung dieses Vorschlages[932]
Schmidt will diesen Vorschlag des Deutschen Richterbundes von 1955 in modifizierter Form sehen:

„§ 84 DRiG Staatsanwälte
Der Staatsanwalt ist ein notwendiges Organ der Strafrechtspflege und hat die Aufgabe, objektiv die Wahrheit zu ermitteln und die Rechtsfindung des Gerichtes vorzubereiten und zu unterstützen.
Im Rahmen des § 145 GVG ist er weisungsgebunden, auch hat er den für die technische Seite seines Dienstes ergehenden Weisungen sowie solchen Weisungen Folge zu leisten, die bei den gesetzlichen Ausnahmen von der Verfolgungspflicht die Ausübung eines reinen Ermessens betreffen. Die Verpflichtung des Staatsanwalts, der Findung der Wahrheit und der Anwendung des Rechts zu dienen, darf durch Weisungen nicht beeinflußt werden."

- Aufnahme der Staatsanwälte im Richtergesetz ohne konkreten Fassungsvorschlag
Die Oberstaatsanwälte Dr. Großer, Nerz und Dr. Wolters fordern in einer Stellungnahme im Auftrage des Deutschen Richterbundes[933] ebenfalls die Aufnahme der Staatsanwälte ins Richtergesetz.[934] Thesenhaft umreißen die Verfasser ihre Vorstellung der zukünftigen Stellung der Staatsanwälte im Richtergesetz.

Zunächst wird eine Klarstellung empfohlen, daß der Staatsanwalt kein Beamter der Exekutive, sondern wegen seiner Zugehörigkeit zur Dritten Gewalt ein Beamter sui generis sei.

Weiterhin sei festzulegen, daß die an die Staatsanwälte erteilten Weisungen des Vorgesetzten nicht gegen Gesetz und Recht verstoßen dürfen.[935] Zudem soll die Möglichkeit des Wechsels zwischen Staatsanwalts- und Richteramt ausdrücklich ins Gesetz aufgenommen werden, wobei vorgeschlagen wird, diese Regelung als „Soll"-Vorschrift zu fassen. Hinsichtlich der Ernennung und Be-

---

932 Schmidt, DRiZ 1957, S. 283
933 Großer, Nerz und Wolters im Auftrage des DRB, DRiZ 1954, S. 206
934 Zugleich erkennen die Verfasser aber auch, daß ihre Vorschläge zu einigen Problemen führen werden, deren Lösung nicht ganz einfach ist.
935 Den Verfassern erscheint es hingegen ausdrücklich nicht erforderlich, eine Regelung für den Fall zu treffen, daß ein Staatsanwalt eine ihm erteilte Weisung für gesetzwidrig hält. Zur Begründung wird vorgebracht, daß zum einen ein solcher Fall in der Praxis kaum vorkomme und zum anderen eine diesbezügliche detaillierte Regelung zu umfangreich für das Rahmengesetz sei.

förderung der Staatsanwälte müsse die Entscheidung bei der Landesregierung bleiben. Da die Handhabung des Weisungsrechts mit der Ernennung geeigneter Persönlichkeiten zu Behördenleitern stehe und falle, wird vorgeschlagen, deren Ernennung nicht ausschließlich der Justizverwaltung zu überlassen. Das Gremium, das nach dem Richtergesetz auch bei der Ernennung und Beförderung von Richtern mitwirkt, müsse diesbezüglich ebenfalls ein Mitwirkungsrecht erhalten.

E. Strukturelle Modifikationen, insbesondere Erweiterung des Klageerzwingungsverfahrens

Vorgeschlagen wird, **Weisungen schriftlich** zu erteilen[936] und nur dann als solche anzuerkennen, wenn sie als Weisungen kenntlich gemacht sind.[937] Darüber hinausgehend wird auch eine Begründung der Weisung gefordert,[938] um eine verstärkte Transparenz zu erreichen.[939] Zudem soll hierdurch eine Abgrenzung zum kollegialen Rat und der unverbindlichen Empfehlung erreicht werden. Eine Weisung sei begrifflich nur dann gegeben, wenn sie gegen den erklärten Willen eines Staatsanwalts erfolgt und ausdrücklich von diesem verlangt wird.[940]

Weiterhin wird gefordert, in Bezug auf die Geschäftsverteilung eine **modifizierte Präsidialverfassung** einzuführen. Dabei legt ein gewähltes Präsidium die Geschäftsverteilung fest, es verbleibt jedoch dem Behördenleiter die Möglichkeit, von seinen Devolutions- und Substitutionsrechten Gebrauch zu machen. Demgegenüber bleibt es dem Präsidium vorbehalten, die Einzelmaßnahme rückgängig zu machen, wenn es der Meinung ist, dieser – aus rechtlichen oder tatsächlichen Gründen – nicht zustimmen zu können.[941]

Vorgeschlagen wird auch eine Regelung, nach der der Staatsanwalt von der Rechtswidrigkeit der Weisung überzeugt sein müsse und dies dem Behördenleiter unter Angabe von Gründen schriftlich anzuzeigen habe, um Mißbrauch zu verhindern. Wenn der Staatsanwalt bei seiner Überzeugung bleibe, dann müsse ihn der Vorgesetzte von der Ausführung der Weisung entbinden.[942]

Von Brückner wird ein Lösungsansatz vertreten, der auf strukturellen Veränderungen des staatsanwaltlichen Behördenaufbaus nach **Grundsätzen der Verwaltungsorganisation und Mitarbeiterführung** basiert. Hierbei werden die Führungsgrundsätze, die für verwaltungsorientierte Organisationsmodelle entwickelt wurden, an die Besonderheiten der Staatsanwaltschaft angepaßt. Dabei

---

936 Daun, Kriminalistik 1977, S. 482; Odersky, FS für Bengl, S. 82

937 Leitlinien des Deutschen Richterbundes, Ziff. 34 a; Kuhlmann, DRiZ 1977, S. 267; Kuhlmann, Kriminalistik 1978, S. 200

938 Daun, Kriminalistik 1977, S. 482

939 Groß, RuP 1970, S. 68; Daun, Kriminalistik 1977, S. 482; Kintzi, DRiZ 1987, S. 462

940 Kintzi, DRiZ 1987, S. 462

941 Kuhlmann, DRiZ 1977, S. 269; Kuhlmann, Kriminalistik 1978, S. 200

942 Kintzi, DRiZ 1987, S. 462

favorisiert er das sogenannte Harzburger Modell, das auf einer Beibehaltung des Hierarchieaufbaus unter gleichzeitiger Modifikation der bisherigen Befehlshierarchie in eine Verantwortungshierarchie basieren soll. Ziel ist es, die bisher einseitig dem Vorgesetzten obliegende Verantwortung innerhalb festgelegter Bereiche in eine Handlungsverantwortung des Mitarbeiters einerseits und eine Führungsverantwortung des Vorgesetzten andererseits aufzuteilen.[943]

Zur Verwirklichung dieses Modells umreißt Brückner thesenhaft die Modifikationen des GVG und der OrgStA, die seines Erachtens nach zur Umsetzung dieses Konzeptes erforderlich sind. Den Staatsanwälten sollen Bereiche zugewiesen werden, in denen sie eigenverantwortlich handeln und entscheiden können. Insoweit soll eine Angleichung an die Zuständigkeiten der Richter erfolgen, wobei statt des für die Gerichte geltenden Rechtsmittelverfahrens die Kontrolle der Staatsanwälte durch Weisungen des Vorgesetzten vorgesehen wird. Brückner führt wörtlich aus: „Eine Weisung darf gegeben werden, wenn eine Entscheidung auf einer Verletzung des Gesetzes beruht oder der Staatsanwalt sich nicht richtliniengemäß verhalten hat oder verhält. Im übrigen ist im Einzelfall nur die Weisung zulässig, die Ermittlungen fortzusetzen oder eine gerichtliche Entscheidung herbeizuführen. Weisungen an nicht unmittelbar nachgeordnete Staatsanwälte kann ein Vorgesetzter nur bei Gefahr im Verzug unter gleichzeitiger Unterrichtung der unmittelbar Vorgesetzten erteilen. Der Justizminister (die Landesjustizverwaltung) ist zur Weisung im Einzelfall nicht berechtigt; er (sie) kann jedoch gegen den ablehnenden Bescheid des Generalstaatsanwalts (§ 172 II StPO) binnen eines Monats nach Kenntnisnahme gerichtliche Entscheidung beantragen, wobei bei Privatklagedelikten und in den Fällen der §§ 153 II, 153 a I, 153 b bis 154 I, 154 b und 154 c StPO auch eine Entscheidung über die Rechtmäßigkeit der Verfügungen möglich sein sollte. Weisungen sind schriftlich zu erteilen oder bei Gefahr im Verzug schriftlich zu bestätigen. Der nachgeordnete Staatsanwalt ist verpflichtet, den Weisungen seines Vorgesetzten nachzukommen. Es steht ihm jedoch frei, seine abweichende Meinung in einem Aktenvermerk festzuhalten. Ein Vorgesetzter darf eine Sache nur selbst übernehmen oder einem anderen Staatsanwalt übertragen, wenn der zuständige Staatsanwalt sich weigert, einer Weisung nachzukommen." Hinweise und Ratschläge sollen dabei jedoch nicht als Weisungen gelten. Im weiteren fordert Brückner noch die Anwendung führungsorganisatorischer Grundsätze, die jedoch zwischenzeitlich vom Grundsatz her in der OrgStA festgelegt wurden (vgl. § 4 II OrgStA)

Ein Ende der sechziger Jahre erarbeiteter **Vorschlag der Staatsanwaltskommission des Landesverbandes Hessen des Deutschen Richterbundes und der Fachgruppe Richter und Staatsanwälte der ÖTV, Bezirk Hessen**, strebt eine Lösung an, die ohne Beschränkung des Weisungsrechts im Wege einer inneren

943 Brückner, DRiZ 1972, S. 407

Reform den Staatsanwälten mehr Unabhängigkeit sichern soll.[944] Gleichzeitig sollte eine Überprüfung der staatsanwaltlichen Maßnahmen im Interesse der betroffenen Bürger ermöglicht werden. Deshalb sollten Hierarchiestrukturen durch zeitgemäßere Formen der Zusammenarbeit ersetzt werden. Selbst bei Beibehaltung der zentralistischen Struktur der Staatsanwaltschaften könne dies durch eine Aufteilung der Kontroll- und Entscheidungsbefugnisse ermöglicht werden. Die Leiter der Staatsanwaltschaften sollten weiterhin die Möglichkeit behalten, sachliche Anregungen zu geben, sowie Eilmaßnahmen anzuordnen. Die Entscheidungsbefugnis über andere sachliche Streitfragen bei der Realisierung des Legalitätsprinzips soll hingegen anderen, unabhängigen Staatsanwälten zukommen, die nicht Behördenleiter sind. Diese Entscheidungen könnten in einem übersichtlichen rechtsmittelförmigen Verfahren getroffen werden. Der Reformvorschlag soll eine sachliche Vereinheitlichung dadurch gewährleisten, daß eine noch zu schaffende Dreier-Kommission der Staatsanwaltschaft beim nächsthöheren Gericht zu entscheiden hat.

F. Konkrete Reformvorschläge

I. Vorschlag des DRB von 1962[945]

Der deutsche Richterbund stellte im Jahr 1962 einen Entwurf vor, wie er sich eine Umgestaltung der §§ 146 ff GVG wünscht:

> *„§ 146 GVG*
> *(1) Die Beamten der Staatsanwaltschaft haben den dienstlichen Weisungen ihrer Vorgesetzten nachzukommen. Die Anweisung ist auf Verlangen schriftlich zu erteilen.*
> *(2) Die Pflicht des Staatsanwalts, nach Maßgabe der Gesetze einzuschreiten und die Pflicht von der Strafverfolgung Abstand zu nehmen, wenn kein zureichender Verdacht einer strafbaren Handlung besteht, dürfen durch Anweisungen nicht beeinträchtigt werden.*
> *(3) Behauptet ein Staatsanwalt, die Anweisung sei nicht rechtmäßig, so entscheidet auf seinen Antrag, sofern die Anweisung schriftlich erteilt ist, ein Strafsenat des Oberlandesgerichts, in dessen Bezirk die Staatsanwaltschaft, welcher der Antragsteller angehört, ihren Sitz hat.*

---

944 Dargestellt bei Schoreit, DRiZ 1970, S. 227 ff. Den Wortlaut des Entwurfs konnte der Verfasser allerdings trotz intensiver Bemühungen nicht mehr ausfindig machen. Weder bei der Hauptstelle des Deutschen Richterbundes Bonn, noch bei der Fachgruppe Staatsanwälte waren die doch recht alten Unterlagen noch vorhanden. Selbst der Verfasser des Artikels, Dr. Schoreit, hatte die entsprechenden Unterlagen nicht mehr. Hinzu kommt, daß einige der damals federführenden Staatsanwälte entweder nicht mehr leben, oder sich aufgrund der langen Zeitspanne nicht mehr daran erinnern konnten. Daher muß sich die Darstellung hier auf die recht knappe Wiedergabe der Thesen aus sekundärer Quelle beschränken.

945 DRB, DRiZ 1962, S. 292

(4) Der Antrag ist binnen drei Tagen schriftlich bei dem Dienstvorgesetzten zu stellen und zu begründen. Die Frist beginnt mit dem Zugang der schriftlichen Anweisung. Verbleibt der Dienstvorgesetzte bei der Anweisung, so hat er den Antrag unverzüglich dem Strafsenat mit seiner Stellungnahme vorzulegen.
(5) Die Entscheidung des Strafsenats ist zu begründen; sie ist endgültig. Hält der Senat die Verweigerung für begründet, so hebt er zugleich die Anweisung auf.
(6) Die Absätze 3 bis 5 gelten für die Beamten der Bundesanwaltschaft entsprechend mit der Maßgabe, daß an die Stelle des Oberlandesgerichts ein Strafsenat des Bundesgerichtshofs tritt.
§ 149 a GVG
Staatsanwälte können nicht in den einstweiligen Ruhestand versetzt werden."

II. Vorschlag des DRB von 1970[946]

Acht Jahre später, im Jahr 1970, präsentierte der Deutscher Richterbund einen weiteren Entwurf zur Neufassung der §§ 146 ff GVG:

„§ 146 GVG
Der Staatsanwalt befindet über die Befolgung strafbarer Handlungen nach Gesetz und Recht. Durch dienstliche Anweisungen darf er hierbei nicht beeinträchtigt werden.
§ 147 GVG
(1) Im Einzelfall dürfen Staatsanwälte nur angewiesen werden, die Ermittlungen fortzusetzen oder eine gerichtliche Entscheidung herbeizuführen; insbesondere dürfen nicht die Einstellung des Verfahrens und die Rücknahme einer Anklage oder eines Rechtsmittels angeordnet werden.
(2) Weisungen können nur die Leiter der Staatsanwaltschaften und ihrer Abteilungen sowie deren Vertreter erteilen.
(3) Ergeben sich Meinungsverschiedenheiten zwischen dem Staatsanwalt und einem Vorgesetzten, so soll der nächst höhere Vorgesetzte angerufen werden. Nach Anhörung der Beteiligten wird die Entscheidung mit Stimmenmehrheit getroffen.
§ 148 GVG
In der Hauptverhandlung ist der Staatsanwalt von jeder Weisung frei.
§ 149 GVG
(1) Die Dienstaufsicht steht zu:
1. dem Bundesminister der Justiz hinsichtlich des Generalbundesanwalts und der Sachbearbeiter der Bundesanwaltschaft;
2. der Landesjustizverwaltung hinsichtlich aller Staatsanwälte des Landes;
3. den Leitern der Staatsanwaltschaften hinsichtlich aller Staatsanwälte ihres Geschäftsbereichs.
(2) Die Dienstaufsicht umfaßt nur die Befugnis, auf die gesetz- und ordnungsmäßige Erledigung der Dienstgeschäfte hinzuwirken.
(3) Die Dienstaufsicht der Justizverwaltungen enthält keine Befugnisse nach § 147.
§ 150 GVG
(1) Die Leiter der Staatsanwaltschaften bei den Oberlandesgerichten und den Landgerichten sind befugt, bei allen Gerichten ihres Bezirks die Amtsverrichtungen des Staats-

946 DRiZ 1970, S. 187 ff

anwalts selbst zu übernehmen oder mit ihrer Wahrnehmung einen anderen als den zunächst zuständigen Staatsanwalt zu beauftragen.
(2) Amtsanwälte können die Amtsverrichtungen des Staatsanwalts nur beim Einzelrichter des Amtsgerichts wahrnehmen.
§ 151 GVG
Stellt der Staatsanwalt ein Verfahren wegen Verstoßes gegen die Staatsschutzbestimmungen ein, so ist die Justizverwaltung berechtigt, eine gerichtliche Entscheidung zu beantragen. Die Zuständigkeit des Gerichtes regelt sich nach § 172 Abs. 4 StPO; von den Formvorschriften des § 172 StPO ist die Justizverwaltung frei."

III. Vorschlag der ÖTV von 1970[947]

Im gleichen Jahr trat auch die ÖTV mit einem Reformvorschlag an die Öffentlichkeit. Sie forderte die Unabhängigkeit der Staatsanwälte und wollte eine Gleichstellung mit den Richtern erreichen, die verfassungsrechtlich verankert werden sollte. Vorgeschlagen wurde dabei, das Grundgesetz zu ändern und Art. 92 GG wie folgt neu zu fassen:

„Art. 92 GG
(1) Die rechtsprechende Gewalt ist den Richtern, auf dem Gebiet der Strafrechtspflege auch den Staatsanwälten anvertraut; sie wird durch das Bundesverfassungsgericht, durch die in diesem Grundgesetz genannten Bundesgerichte, durch die Gerichte der Länder und durch die bei den Strafgerichten zu bildenden Staatsanwaltschaften ausgeübt.
(2) Staatsanwälte gelten als Richter im Sinne dieses Grundgesetzes."

IV. Referenten-Entwurf zum StAÄG und Modifikationsvorschläge

Die Reformvorschläge von DRB und ÖTV erzielten insoweit Resonanz, als die Bundesregierung im Jahr 1976 einen Referentenentwurf für ein Staatsanwaltschaftsänderungsgesetz konzipierte. In diesem Zusammenhang erfolgten Anhörungen der Fachverbände im Justizministerium, die teils redaktionelle, teils grundlegende Einwendungen gegen den Entwurf vorbrachten. Insbesondere die ÖTV lehnte die im Referentenentwurf vorgesehene Beibehaltung des Weisungsrechts energisch ab, was schließlich auch zum Scheitern des Entwurfes führte.

---

947 RuP 1970, S. 35

1. Originalfassung des Referentenentwurfs von 1976[948]

Die Originalfassung des Referentenentwurfs von 1976 lautet:

„§ 145 GVG
(1) Die Leiter der Staatsanwaltschaften sind befugt, bei allen Gerichten ihres Bezirks die Amtsverrichtungen der Staatsanwaltschaft selbst zu übernehmen oder mit der Wahrnehmung einen anderen als den zunächst zuständigen Staatsanwalt zu beauftragen. Das gilt auch während der Hauptverhandlung.
(2) Amtsanwälte können das Amt der Staatsanwaltschaft nur bei den Amtsgerichten und nur in anderen als den in § 142 Abs. 2 S. 1 genannten Fällen ausüben.
(3) Die Befugnisse nach Absatz 1 stehen im Rahmen der Zuständigkeit der Bundesanwaltschaft auch dem Generalbundesanwalt zu.
(4) Wird im Fall des Absatzes 1 ein Staatsanwalt beauftragt, der der örtlich zuständigen Staatsanwaltschaft nicht angehört, so erstreckt sich seine örtliche Zuständigkeit im Rahmen seines Auftrags auch auf deren Bezirk.
§ 145 a GVG
(1) Der Staatsanwalt darf keine Amtshandlungen vornehmen,
1. wenn er in der Sache Beschuldigter oder selbst durch die Straftat verletzt ist oder wenn er bei Straftaten, die auf Antrag des Dienstvorgesetzten oder mit Ermächtigung verfolgbar sind (§ 77 a, § 77 e des Strafgesetzbuches), den Strafantrag gestellt oder die Ermächtigung erteilt hat oder als Privat- oder Nebenkläger beteiligt ist;
2. wenn er Ehegatte oder Vormund des Beschuldigten oder des Verletzten ist oder gewesen ist;
3. wenn er mit dem Beschuldigten oder Verletzten in gerader Linie verwandt, verschwägert oder durch Annahme an Kindes Statt verbunden, in der Seitenlinie bis zum dritten Grad verwandt oder bis zum zweiten Grad verschwägert ist, auch wenn die Ehe, durch die die Schwägerschaft begründet ist, nicht mehr besteht;
4. wenn er in der Sache als Richter, als Anwalt des Verletzten oder als Verteidiger tätig geworden ist.
(2) Absatz 1 gilt auch für Amtshandlungen im Rahmen oder zur Vorbereitung des Wiederaufnahmeverfahrens, wenn der Verurteilte einen Antrag auf Wiederaufnahme oder zur Vorbereitung eines Wiederaufnahmeantrages gestellt hat, oder wenn die Staatsanwaltschaft zuungunsten des Verurteilten ein Wiederaufnahmeverfahren betreiben will und wenn der Staatsanwalt an der angefochtenen Entscheidung dadurch mitgewirkt hat, daß er den Hauptverhandlungstermin wahrgenommen, den Strafbefehlsantrag gestellt oder ein Rechtsmittel zuungunsten des Verurteilten eingelegt oder durchgeführt hat.
(3) Liegen bei einem Staatsanwalt Tatsachen vor, die unter Berücksichtigung der Aufgaben und Pflichten des staatsanwaltschaftlichen Amtes die Besorgnis der Befangenheit rechtfertigen, so hat er diese Tatsachen dem Leiter der Staatsanwaltschaft oder, wenn er dieses Amt selbst innehat, dem nächsten Vorgesetzten anzuzeigen und in der Sache keine weiteren Amtshandlungen vorzunehmen.
(4) Eine Amtshandlung ist nicht deshalb ungültig, weil sie entgegen den Vorschriften der Absätze 1 bis 3 vorgenommen worden ist.

---

948 Referenten-Entwurf eines Gesetzes zur Änderung des Rechts der Staatsanwaltschaft (StAÄG) vom 02.12.1976

(5) Die vorstehenden Absätze gelten für die § 142 Abs. 4 Satz 2 bezeichneten Personen entsprechend.

§ 146 GVG

(1) Die Staatsanwälte erfüllen die ihnen übertragenen Aufgaben selbständig und in eigener Verantwortung im Rahmen der dienstlichen Anweisungen ihrer Vorgesetzten.

(2) Weisungen zur Sachbehandlung in einzelnen Verfahren im Bereich der Strafverfolgung sind ihnen schriftlich zu erteilen; ist das aus besonderen Gründen nicht möglich, so ist die mündlich erteilte Weisung binnen 48 Stunden schriftlich zu bestätigen.

§ 146 a GVG

(1) Der Staatsanwalt, der Bedenken gegen die Rechtmäßigkeit einer ihm erteilten Weisung zur Sachbehandlung in einem einzelnen Verfahren im Bereich der Strafverfolgung hat oder von der Rechtswidrigkeit einer solchen Weisung überzeugt ist, hat dies seinem unmittelbaren Vorgesetzten unter Angabe der Gründe schriftlich anzuzeigen und seine Rechtsauffassung mit ihm mündlich zu erörtern. Erklärt der Staatsanwalt danach, er sei überzeugt, daß das geforderte Verhalten rechtswidrig, insbesondere daß es strafbar oder ordnungswidrig ist oder die Würde des Menschen verletzt oder daß die zugrundeliegende tatsächliche oder rechtliche Würdigung der zu verfolgenden Straftat zur Rechtswidrigkeit des von ihm geforderten Verhaltens führe, so muß ihn der Vorgesetzte von der Ausführung der Weisung entbinden. In den übrigen Fällen muß der Staatsanwalt die Weisung ausführen.

(2) Wird von einem Staatsanwalt die sofortige Ausführung einer Weisung verlangt, weil Gefahr im Verzuge besteht, so gelten, wenn der Staatsanwalt von der Rechtswidrigkeit des ihm aufgetragenen Verhaltens überzeugt ist, Absatz 1 Satz 1 und 2 mit der Maßgabe, daß es einer Erörterung mit dem unmittelbaren Vorgesetzten nicht bedarf. In den übrigen Fällen muß der Staatsanwalt die Weisung ausführen. Absatz 1 ist insoweit nicht anzuwenden.

§ 146 b GVG

(1) In der Hauptverhandlung ist der Staatsanwalt von jeder Weisung frei. Das gilt nicht für die Weisung, die Klage in den Fällen des § 153 c Absatz 3 und 4 sowie des § 153 d Absatz 2 der Strafprozeßordnung zurückzunehmen oder nicht zurückzunehmen oder der Einstellung des Verfahrens im Falle des § 153 e Absatz 2 der Strafprozeßordnung zuzustimmen oder nicht zuzustimmen.

(2) Die Weisung, auf Rechtsmittel gegen ein Urteil nicht zu verzichten[949] *oder ein solches Rechtsmittel einzulegen, ist zulässig: im übrigen kann der Staatsanwalt nicht angewiesen werden, gegen seine Überzeugung ein Rechtsmittel durchzuführen, zurückzunehmen oder nicht einzulegen.*

§ 147 GVG

(1) Das Recht der Aufsicht und Leitung steht zu:

1. dem Bundesminister der Justiz hinsichtlich des Generalbundesanwalts und der Bundesanwälte;

2. dem Generalbundesanwalt hinsichtlich der Bundesanwälte;

3. der Landesjustizverwaltung hinsichtlich aller Staatsanwälte des betreffenden Landes;

4. den Leitern der Staatsanwaltschaften bei den Oberlandesgerichten und den Landgerichten hinsichtlich aller Staatsanwälte ihres Bezirks.

(2) Die Landesjustizverwaltungen richten Weisungen bezüglich der Sachbehandlung in einzelnen Verfahren im Bereich der Strafverfolgung oder bezüglich der Ausübung der in § 145 Abs.1 genannten Befugnisse an den Leiter der Staatsanwaltschaft bei dem Ober-

---

949 Zustimmend auch Kuhlmann, Kriminalistik 1978, S. 199

landesgericht. Dieser leitet sie, sofern er ihnen nicht selbst entspricht, als eigene weiter. Die Landesjustizverwaltungen dürfen an die anderen, ihnen nachgeordneten, Staatsanwälte Weisungen unmittelbar nur richten, wenn
1. der Leiter der Staatsanwaltschaft bei dem Oberlandesgericht und sein Vertreter nicht erreichbar sind und der Weisungserfolg durch Verzögerung gefährdet würde oder
2. der Leiter der Staatsanwaltschaft bei dem Oberlandesgericht die Weisung für rechtswidrig hält und deshalb ihre Weitergabe verweigert (§ 146 a Abs. 1 S. 1 und 2)
(3) Die Landesjustizverwaltungen dürfen unmittelbar einen anderen als den zunächst zuständigen Staatsanwalt mit einer Amtsverrichtung nur beauftragen, wenn
1. die Voraussetzungen des Absatzes 2 Satz 3 Nr. 1 vorliegen, oder
2. nach dem Gegenstand der Untersuchung eine örtliche Zuständigkeit in mehreren Oberlandesgerichtsbezirken begründet und eine einheitliche Verfolgung sachdienlich ist. § 145 Abs. 4 gilt entsprechend.
(4) Für das Aufsichts- und Leitungsrecht des Bundesministers der Justiz gelten Absätze 2, 3 Satz 1 Nr.1 entsprechend.

2. Stellungnahme und Änderungsvorschläge durch den deutschen Richterbund[950]

Mit Schreiben vom 25.06.1977 und 31.05.1977 schlug das Dezernat „Angelegenheiten der Staatsanwaltschaft im Bund der Richter und Staatsanwälte“ verschiedene Änderungen am Entwurf des Staatsanwaltsänderungsgesetzes vor:

Der Deutsche Richterbund hält § 145 Abs. 2 des Entwurfs für entbehrlich. Es sei selbstverständlich, daß auch bei Ausübung des Substitutions- und Devolutionsrechts die Grenzen des § 142 Abs. 1 Nr. 3 u. Abs. 2 einzuhalten seien. Zumindest fordert der Deutsche Richterbund § 145 Abs. 2 wie folgt zu fassen:

> *„Amtsanwälte können das Amt der Staatsanwaltschaft nur bei den Amtsgerichten und nur in den in § 142 Abs. 2 Satz 1 bezeichneten Fällen ausüben.“*

Zudem wird eine Änderung des § 145 a gefordert. § 145 a Abs. 1 Nr. 1 sei zu perfektionistisch und sollte daher wie folgt gefaßt werden:

> *„...wenn er in derselben Sache Beschuldigter oder unmittelbar durch die Straftat verletzt ist, in eigener Sache Strafantrag gestellt hat oder als Privat- oder Nebenkläger beteiligt ist.“*

Desweiteren solle § 145 a Abs. 1 Nr. 4 enger gefaßt und dahingehend geändert werden, daß nur die Tätigkeit als „erkennender“ Richter, als Anwalt des Verletzten oder als Verteidiger zum Ausschluß führt. Es sei nicht ersichtlich, inwieweit die Effektivität des Staatsanwalts dadurch beeinträchtigt werde, daß er früher als Richter einen Hauptverhandlungstermin verlegt oder einer Versicherung Akteneinsicht gewährt habe.

---

950 Unveröffentlichte Schreiben des Deutschen Richterbundes – Referat: Angelegenheiten der Staatsanwälte – vom 31.05.1977 und 25.06.1977 an das Bundesjustizministerium

Desweiteren solle § 145 a Abs. 2 des Entwurfs entweder gestrichen oder entsprechend Nr. 170 Abs. 1 RiStBV als „Soll"-Vorschrift ausgestaltet werden. Es sei sachgerecht, daß in umfangreichen Verfahren der Staatsanwalt, der bereits über umfassende Sachkunde verfügt, weiter tätig wird.

§ 145 a Abs. 3 solle gestrichen und § 145 a Abs. 4 um einen Satz 2 wie folgt ergänzt werden:

„Darüber, ob der Staatsanwalt aus den in Abs. 1 und 2 genannten Gründen gehindert ist, Amtshandlungen vorzunehmen, entscheidet der Leiter der Staatsanwaltschaft abschließend."

Hiermit soll klargestellt werden, daß es keine isolierte Anrufung des Gerichts geben kann, um während des Ermittlungs- oder Hauptverfahrens den Ausschluß eines nicht genehmen Staatsanwalts herbeizuführen.

Hinsichtlich des internen Weisungsrechts begrüßt der Deutsche Richterbund die vorgesehene Regelung und hat diesbezüglich redaktionelle Änderungen vorzuschlagen. So soll § 146 Abs. 2 wie folgt gefaßt werden:

„Weisungen zur Sachbehandlung in einzelnen Verfahren im Bereich der Strafverfolgung sind auf Verlangen schriftlich zu erteilen, wenn der Vorgesetzte entgegen dem erklärten Willen des Staatsanwalts entscheidet; ist das aus besonderen Gründen nicht möglich, so ist die mündlich erteilte Weisung unverzüglich schriftlich zu bestätigen."

Auch § 146 a Abs. 1 sei zu perfektionistisch gefaßt. Der Staatsanwalt, der lediglich Bedenken gegen eine ihm erteilte Weisung hat, sich also nicht in einem Konflikt befindet, soll von § 146 a nicht erfaßt werden. Vorgeschlagen wird daher folgende Fassung:

„Der Staatsanwalt, der von der Rechtswidrigkeit einer ihm erteilten Weisung überzeugt ist, hat dies seinem Vorgesetzten unter Angabe der Gründe schriftlich anzuzeigen und seine Rechtsauffassung vorzutragen. Beharrt er auf seiner Überzeugung, so muß ihn der Vorgesetzte von der Ausführung der Weisung entbinden."

§ 146 a Abs. 2 Satz 2 sei damit überflüssig und solle gestrichen werden.
Für § 146 b wird folgende Fassung vorgeschlagen:

„(1) In der Hauptverhandlung ist der Staatsanwalt von Weisungen frei. Das gilt nicht für die Weisung, die Klage in den Fällen des § 153 c Abs. 3 u.4 sowie des § 153 d Abs. 2 der StPO zurückzunehmen oder nicht zurückzunehmen oder der Einstellung des Verfahrens im Fall der §§ 153, 153 a, 153 e Abs. 2 der StPO zuzustimmen oder nicht zuzustimmen oder die Einstellung des Verfahrens im Falle des § 154 Abs. 2 der StPO zu beantragen oder nicht zu beantragen.
(2) Die Weisung, in der Hauptverhandlung auf Rechtsmittel nicht zu verzichten, ist zulässig. Der Staatsanwalt kann nicht angewiesen werden, gegen seine Überzeugung kein Rechtsmittel einzulegen oder ein Rechtsmittel zu vertreten oder zurückzunehmen."

Die Änderung des § 146 b Abs. 1 Satz 1 trage dem Umstand Rechnung, daß der Staatsanwalt gerade nicht von jeder Weisung frei sei. Es sei erforderlich, den Kreis der in der Hauptverhandlung zulässigen Weisungen zu erweitern. Es sei widersprüchlich, wenn derselbe Staatsanwalt zwar während des Ermittlungsverfahrens und außerhalb der Hauptverhandlung, nicht aber innerhalb der Hauptverhandlung angewiesen werden könnte, nach den §§ 153, 153 a und 154 StPO zu verfahren oder nicht zu verfahren.

§ 146 b Abs. 2 des Referentenentwurfs sei zu perfektionistisch, da die Weisung, ein Rechtsmittel einzulegen oder zurückzunehmen in der Praxis nicht vorkomme, da der Vorgesetzte diese Maßnahme selbst ergreifen könne.

Weiterhin soll in § 147 Abs. 1 klargestellt werden, daß auch den Abteilungsleitern und Hauptabteilungsleitern ein Weisungsrecht zusteht, indem eine zusätzliche Ziffer eingefügt wird:

> *„Den Hauptabteilungsleitern und Abteilungsleitern hinsichtlich aller Staatsanwälte ihrer Hauptabteilung oder Abteilung."*

Obwohl der Deutsche Richterbund die Beibehaltung des externen Weisungsrechts (zumindest im Einzelfall) weiterhin ablehnt, nahm er zu den entsprechenden Bestimmungen in § 147 vorsorglich Stellung. § 147 Abs. 3 sei zu streichen und § 147 Abs. 2 S. 3 und 4 wie folgt neu zu fassen:

> *„Die Landesjustizverwaltungen dürfen an die Leitung sonstiger, ihnen nachgeordneter, Staatsanwaltschaften Weisungen unmittelbar nur richten, wenn*
> *1. der Leiter der Staatsanwaltschaft bei dem Oberlandesgericht und Vertreter nicht erreichbar sind oder der Weisungserfolg durch Verzögerung gefährdet würde oder*
> *2. der Leiter der Staatsanwaltschaft bei dem Oberlandesgericht die Weisung für rechtswidrig hält und deshalb ihre Weitergabe verweigert (§ 146 a Abs. 1 Satz 1 u. 2).*
> *In den Fällen des Satzes 3 ist anzugeben, aus welchem Grund die Weisung unmittelbar erteilt wird."*

Durch diese Formulierung solle verhindert werden, daß die Landesjustizverwaltungen sich den Staatsanwalt selbst aussuchen könnten, an den sie ihre Weisungen richten.

§ 147 Abs. 3 schließlich erscheine teils überflüssig, teils verfehlt.

3. Fassungsvorschlag der Generalstaatsanwälte und des Generalbundesanwaltes[951]

Die Generalstaatsanwälte wollten – ebenso wie der Generalbundesanwalt – den Referentenentwurf in einzelnen Punkten abändern:

---

951 Dargestellt bei Kintzi, FS für Wassermann, S. 899

„§ 146 II GVG
Weisungen zur Sachbehandlung in einzelnen Verfahren im Bereich der Strafverfolgung sind schriftlich zu erteilen, wenn die Entscheidung gegen den erklärten Willen des Staatsanwalts geht und dieser eine schriftliche Weisung verlangt.
§ 146 a I GVG
Der Staatsanwalt, der von der Rechtswidrigkeit einer ihm erteilten Weisung überzeugt ist, hat dies dem Behördenleiter unter Angabe der Gründe schriftlich anzuzeigen und ihm seine Rechtsauffassung vorzutragen. Beharrt er auf seiner Überzeugung, so muß ihn der Vorgesetzte von der Ausführung der Weisung entbinden. In den übrigen Fällen muß der Staatsanwalt die Weisung ausführen.
§ 146 b GVG
Für die Hauptverhandlung sollten keine Weisungen zulässig sein, die sich auf die Beweiswürdigung oder die Strafzumessung beziehen. Richtlinien, sowohl für Rechtsfragen als auch für Grundsätze der Strafzumessung sowie Weisungen hinsichtlich der Einstellung nach §§ 153 ff StPO und der Rechtsmittelerklärung sind zulässig."

4. Modifikation durch Kuhlmann[952]

Neben weiteren Kritikpunkten[953] schlägt Kuhlmann eine Modifikation des § 146 II des Referentenentwurfs wie folgt vor:

„Weisungen zur Sachbehandlung in einzelnen Verfahren im Bereich der Strafverfolgung sind schriftlich zu erteilen und als solche ausdrücklich zu bezeichnen. Weisungen des Behördenleiters an Staatsanwälte seiner Behörde bedürfen nur dann der Schriftform, wenn der Behördenleiter entgegen dem erklärten Willen des Staatsanwalts entscheidet."

5. Stellungnahme des Deutschen Amtsanwaltsvereins[954]

Der Deutsche Amtsanwaltsverein begrüßte die Vorlage des Referentenentwurfs, da die geltenden gesetzlichen Vorschriften den gesamtrechtsstaatlichen Auffassungen für diesen Bereich der Dritten Gewalt nicht mehr gerecht würden. Dennoch lehnt er im Ergebnis den Entwurf ab.

Die Gründe hierfür lagen jedoch in der besonderen Stellung der Amtsanwaltschaft und betrafen nicht die konkreten Regelungen der §§ 144 ff. Zur Neuordnung des Weisungsrechts wurde lediglich angemerkt, daß der Beibehaltung des Weisungsrechts im Grundsatz zugestimmt werde, die Möglichkeit der Weisung jedoch auf das unbedingt notwendige Maß beschränkt werden müsse und jeder Mißbrauch auszuschließen sei. Wie diese Vorstellungen allerdings konkret umgesetzt werden sollen, ließ der Amtsanwaltsverein offen.

---

952 Kuhlmann, DRiZ 1977, S. 267
953 Kuhlmann, DRiZ 1977, S. 266 ff
954 Unveröffentlichtes Schreiben des Deutschen Amtsanwaltsvereins vom 18.05.1977 an das Bundesministerium der Justiz

6. Stellungnahme der ÖTV[955]

Die ÖTV lehnt sowohl das Weisungsrecht und zwar sowohl das interne als auch das externe sowie die Rechte der Substitution und Devolution entschieden ab. Der Referentenentwurf halte am Weisungsrecht als einem hierarchischen Relikt überholter Vorstellungen weitgehend fest. Die vorgeschlagenen Verbesserungen hätten einen dermaßen geringen Stellenwert, daß man sie nicht als Reform bezeichnen könne.

Wenn das Weisungsrecht in der täglichen Praxis im Regelfall als nicht erforderlich zu bewerten sei, dann sei auch nicht einzusehen, daß aufsichtsrechtliche Möglichkeiten bestehen bleiben sollen, die eine mittelbare Disziplinierung des Staatsanwalts ermöglichen. Das Weisungsrecht sei nicht erforderlich, da dienstaufsichtsrechtliche Maßnahmen völlig ausreichend seien, zumal Staatsanwälte im Gegensatz zu Richtern keinen Einschränkungen der Dienstaufsicht unterliegen. Zudem diene eine unmittelbare Einflußnahme bestimmter Kreise der Gesellschaft oder des Staates auf die Justizverwaltung nicht den rechtsstaatlichen Verhältnissen im Strafverfahren. Das Weisungsrecht sei auch nicht erforderlich, um die Einheitlichkeit der Rechtsprechung, die Rechtsgleichheit und die Einzelfallgerechtigkeit zu garantieren, da dies bereits durch die Gerichte und insbesondere die Obergerichte ausreichend gesichert sei.

Dennoch gibt auch die ÖTV zu, daß bei einer Beibehaltung der Prinzipien und Formalien des geltenden Klageerzwingungsverfahrens eine weitgehende Überprüfung der Einstellungsentscheidung des Staatsanwalts nicht gewährleistet sei. Doch niemand könne einfach behaupten, daß ein höhergestellter Staatsanwalt im Besitz besserer Erkenntnisquellen sei, als der angewiesene Staatsanwalt. Die Überprüfung einer Einstellungsentscheidung durch den Abteilungs- oder Behördenleiter bzw. die Generalstaatsanwaltschaft stelle demnach keine befriedigende Lösung des Problems dar und beinhalte einschneidende disziplinierende Momente.

Die ÖTV schlägt daher vor, zur Gewährleistung der Einzelfallgerechtigkeit und Rechtsgleichheit die generelle Überprüfung der staatsanwaltlichen Entscheidungen, auch der Einstellungsentscheidungen, einem Kollegialgericht (Große Strafkammer) zu unterwerfen, wobei das Verfahren nicht an besondere Formalien geknüpft werden solle. Einer solchen gerichtlichen Kollegialentscheidung könne sich der einzelne Staatsanwalt ohne Gewissenskonflikte unterwerfen. Zum anderen werde dadurch dem rechtsstaatlichen Prinzip Rechnung getragen, daß Entscheidungen generell gerichtlich überprüfbar sein müßten.

Die ÖTV führt weitergehend aus, daß es Teilbereiche der Strafrechtspflege gebe, in denen die Staatsanwaltschaft nicht völlig ohne Einwirkungsmöglichkeit durch politische Instanzen wie den Justizministerien tätig sein dürfe. Die Politik

---

955 Unveröffentlichtes Schreiben der Gewerkschaft Öffentliche Dienste, Transport und Verkehr vom 16.05.1977 an das Bundesministerium der Justiz

habe ein berechtigtes Anliegen gegenüber der Rechtsgewährung. Dies sei etwa dann der Fall, wenn außerpolitische oder sonstige schwerwiegende politische Belange gegenüber dem Legalitätsprinzip bei einer Werteabwägung überwiegen. Diese in Betracht kommenden Fälle seien jedoch – soweit möglich – enumerativ gesetzlich zu erfassen. Sofern dies nicht verwirklicht werden könne, müsse ein Verfahren geschaffen werden, indem bestimmt werde, ob ein konkretes politisches Interesse die Zubilligung eines Weisungsrechts für den jeweiligen Justizminister rechtfertige.

Den staatsanwaltschaftlichen Behördenleitern stehe in diesem Zusammenhang ein Weisungsrecht jedoch nicht zu, da sie keine Vertreter politischer Interessen seien. Sie seien lediglich als Ausführungsorgane des Justizministers berechtigt, auf dem Dienstwege beim Justizminister anzuregen, sein Weisungsrecht geltend zu machen. Aus verschiedenen Gründen lehnt die ÖTV auch das Substitutions- und Devolutionsrecht ab, da diese Rechte den einzelnen Staatsanwalt zur Marionette der Behörde und einer behördlichen Hierarchie machten.

Darüber hinaus wird die Befangenheitsregelung des § 145 a für nicht ausreichend gehalten, da dieser Entwurf lediglich die in der Praxis bereits angewandten gesetzlichen Ausschließungsgründe für das Tätigwerden eines befangenen Staatsanwalts enthalte.

Die ÖTV verlangt zusätzlich die Möglichkeit, einen Staatsanwalt wegen tatsächlicher Befangenheit auf Antrag abzulehnen. Dies entspreche dem dringenden Bedürfnis, das sich aus der Forderung nach Abschaffung des Weisungsrechts, sowie des Substitutions- und des Devolutionsrechts ergibt. Die Möglichkeit der Ablehnung wegen Befangenheit sei zudem ein notwendiges und sinnvolles Regulativ zur Gewährung einer korrekten Strafverfolgung.

Diese müsse auch schon für das Ermittlungsverfahren gegeben sein, in dem oft entscheidende und tiefgreifende Eingriffe erfolgen, die für den Ausgang des Verfahrens bestimmend sein könnten. Um die Funktionsfähigkeit des Ermittlungsverfahrens jedoch zu gewährleisten, solle nicht schon die Besorgnis der Befangenheit ausreichend sein, sondern es müsse auf die tatsächlich eingetretene Befangenheit abgestellt werden. Hierdurch dürften aber notwendige Eilmaßnahmen nicht verhindert werden, da anderenfalls der Zweck von Ermittlungshandlungen leicht zu unterminieren wäre. Über die Ablehnung eines Staatsanwalts wegen Befangenheit habe unverzüglich ein Gericht zu entscheiden. Dies könne im Ermittlungsverfahren das Landgericht am Sitz der Staatsanwaltschaft sein, in der Hauptverhandlung das erkennende Gericht.

7. Umgestaltungsvorschlag von Simgen[956]

Simgen setzte sich in seiner Dissertation ebenfalls mit dem Referententwurf auseinander. Letztlich vertrat er die Auffassung, eine Neugestaltung des Weisungsrechts solle sich am Referentenentwurf von 1976 orientieren, wobei er ebenfalls einige Modifikationen vorschlug, die im folgenden durch Fettdruck (für Ergänzungen) bzw. Einklammerung (für Entfernungen) kenntlich gemacht sind.

„§ 146 GVG
(1) Die Staatsanwälte erfüllen die ihnen übertragenen Aufgaben selbständig und in eigener Verantwortung im Rahmen der dienstlichen Anweisungen ihrer Vorgesetzten.
(2) ***Weisungen zur Sachbehandlung in einzelnen Verfahren sind auf Verlangen schriftlich zu bestätigen.***
§ 146 a GVG
Der Staatsanwalt, der Bedenken gegen die Rechtmäßigkeit einer ihm erteilten Weisung zur Sachbehandlung in einem einzelnen Verfahren hat oder von der Rechtswidrigkeit einer solchen Weisung überzeugt ist, hat dies seinem unmittelbaren Vorgesetzten unter Angabe der Gründe anzuzeigen und auf Verlangen seine Rechtsauffassung mit ihm mündlich zu erörtern. Erklärt der Staatsanwalt danach, er sei überzeugt, daß das geforderte Verhalten rechtswidrig, insbesondere daß es strafbar oder ordnungswidrig ist oder die Würde des Menschen verletzt oder daß die zugrundeliegende tatsächliche oder rechtliche Würdigung der zu verfolgenden Straftat zur Rechtswidrigkeit des von ihm geforderten Verhaltens führe, so muß ihn der Vorgesetzte von der Ausführung der Weisung entbinden. In den übrigen Fällen muß der Staatsanwalt die Weisung ausführen.
§ 146 b GVG
(1) In der Hauptverhandlung ist der Staatsanwalt von jeder Weisung frei. Das gilt nicht für die Weisung, die Klage in den Fällen des § 153 c Absatz 3 und 4 sowie des § 153 d Absatz 2 der Strafprozeßordnung zurückzunehmen oder nicht zurückzunehmen oder der Einstellung des Verfahrens im Falle des § 153 e Absatz 2 der Strafprozeßordnung zuzustimmen oder nicht zuzustimmen.
(2) ***Die Weisung, auf Rechtsmittel gegen ein Urteil nicht zu verzichten oder ein solches Rechtsmittel einzulegen, ist zulässig; im übrigen kann der Staatsanwalt nicht angewiesen werden gegen seine Überzeugung ein Rechtsmittel durchzuführen.***
§ 147 GVG
(1) Das Recht der Aufsicht und Leitung steht zu:
1. dem Bundesminister der Justiz hinsichtlich des Generalbundesanwalts und der Bundesanwälte;
2. dem Generalbundesanwalt hinsichtlich der Bundesanwälte;
3. der Landesjustizverwaltung hinsichtlich aller Staatsanwälte des betreffenden Landes;
4. den Leitern der Staatsanwaltschaften bei den Oberlandesgerichten und den Landgerichten hinsichtlich aller Staatsanwälte ihres Bezirks.
(2) Die Landesjustizverwaltungen richten Weisungen bezüglich der Sachbehandlung in einzelnen Verfahren (im Bereich der Strafverfolgung) oder bezüglich der Ausübung der in § 145 Absatz 1 genannten Befugnisse an den Leiter der Staatsanwaltschaft bei dem Oberlandesgericht. Dieser leitet sie, sofern er ihnen nicht selbst entspricht, als eigene

956 Simgen, S. 342 f

weiter. Die Landesjustizverwaltungen dürfen an die anderen ihnen nachgeordneten Staatsanwälte Weisungen unmittelbar nur richten, wenn
1. der Leiter der Staatsanwaltschaft bei dem Oberlandesgericht und sein Vertreter nicht erreichbar sind und der Weisungserfolg durch Verzögerung gefährdet würde oder
2. der Leiter der Staatsanwaltschaft bei dem Oberlandesgericht die Weisung für rechtswidrig hält und deshalb ihre Weitergabe verweigert (§ 146 a Abs.1 S. 1 und 2)"

G. Kritik und Stellungnahme

Festzustellen ist zunächst, daß das Devolutions- und Substitutionsrecht des § 145 GVG so eng mit den Weisungsrechten der §§ 146, 147 GVG verbunden ist, daß sich eine uneinheitliche Behandlung verbietet.

Bei ersatzlosem Wegfall der Weisungs-, Devolutions- und Substitutionsrechte wäre eine Ablösung eines befangenen Staatsanwalts nicht mehr möglich. Gravierende Einschnitte würde auch der weite Regelungsbereich der allgemeinen Weisungen erfahren. Seien es konkretisierende Richtlinien im Bereich der Einstellungsvorschriften oder auch die bundeseinheitlich geltenden Richtlinien für das Straf- und Bußgeldverfahren – sämtliche allgemeinen Weisungen in Form von Richtlinien, Hausverfügungen oder Runderlassen wären mit einem Schlage völlig unverbindlich. Die bloße Abschaffung der Weisungs-, Devolutions- und Substitutionsbefugnisse bei gleichzeitiger Beibehaltung der monokratisch-hierarchischen Struktur würde daher zu einem Auseinanderklaffen des „pyramidenförmigen" Behördenaufbaus gegenüber den tatsächlichen Einwirkungsmöglichkeiten führen. Da die monokratisch-hierarchische Struktur in engem Zusammenhang zu den Weisungsbefugnissen steht, beide Einrichtungen de lege lata gewissermaßen eine Einheit bilden, kann das Weisungsrecht nicht abgeschafft werden, ohne daß gleichzeitig Veränderungen oder Ergänzungen an der Behördenstruktur vorgenommen werden.

Zu prüfen ist, welche der oben vorgeschlagenen Lösungsansätze zweckmäßig im Hinblick auf eine praktische Umsetzung sind.

Dem Modell „Instanzenzug" wird in der Literatur entgegengehalten, das Handeln der Staatsanwaltschaft würde zu schwerfällig. Gegenseitige Kontrollen und Instanzenzüge würden dazu führen, daß die Flexibilität der Staatsanwaltschaft verlorengeht.[957]

Diese Kritik übersieht jedoch ihrerseits, daß sich das Instanzenmodell vor allem auf die Entscheidung über die Anklageerhebung bezieht und weniger auf die Ermittlungstätigkeit. In Bezug auf die Anklageerhebung ist jedoch der genannte Einfluß auf die Flexibilität kein durchschlagendes Argument. Zum einen würde das Instanzenmodell ohnehin nur in Konfliktfällen eingreifen, so daß es jedenfalls hierdurch meistens ohnehin nicht zu einer Verzögerung kommen

957 Kuhlmann, Kriminalistik 1978, S. 199

würde. Wenn aber ein solcher Konflíktfall eintritt, dann ist eine Verzögerung, die durch Anrufung einer übergeordneten Instanz eintreten würde, hinnehmbar.

Aus dem gleichen Grunde ist gegen die Kontrolle der Weisungs-, Devolutions- und Substitutionsrechte durch staatsanwaltliche Gremien oder Konfliktkommissionen nichts einzuwenden, jedenfalls dann nicht, wenn neben dem Weisungsrecht auch jeweils das Devolutions- und Substitutionsrecht der Kontrolle unterzogen werden. Hierdurch wird das Legalitätsprinzip gesichert und eine zusätzliche interne Kontrolle geschaffen. Der Vorschlag einer „modifizierten Präsidialverfassung" ist daher ebenfalls nicht zu beanstanden.

Auch der Erweiterung des Klageerzwingungsverfahrens wird in der Literatur Kritik entgegengebracht. Ein Klageerzwingungsverfahren zugunsten der Justizverwaltung in den Fällen, in denen es keinen Verletzten gibt, sei praktisch undurchführbar, da der Staat besondere Referenten benötigen würde, die die Staatsanwälte überwachen und bei Meinungsverschiedenheiten die Gerichte zur Entscheidung anrufen. Solche „Regierungsanwälte" müßten die gleichen Arbeitsgänge wie die Staatsanwälte nachvollziehen. Es käme sowohl zu einem umfangreichen Aktenumlauf als auch zu langen Verfahrensdauern.[958] Außerdem sei das Weisungsrecht Voraussetzung für das Klageerzwingungsverfahren. Die Beseitigung des Weisungsrechts könne nicht durch eine Ausweitung des § 172 StPO kompensiert werden, sondern müsse im Gegenteil dessen Abschaffung zur Folge haben.[959] Auch diese Kritik kann letztlich nicht überzeugen. Die Erweiterung des Klageerzwingungsverfahrens würde dem staatlichen Strafanspruch Rechnung tragen, der nicht aus Gründen der Kostenersparnis beschränkt werden darf. Würde man Aufwand und Kosten berücksichtigen, müßte man das gesamte Strafsystem in Frage stellen. Zudem wäre der Staat nicht gezwungen, in jedem Fall von seiner Befugnis des Klageerzwingungsverfahrens Gebrauch zu machen, genauso wie auch der „normale" Verletzte nicht in jedem Fall das Klageerzwingungsverfahren betreibt. Die Auffassung, das Weisungsrecht sei Voraussetzung für das Klageerzwingungsverfahren, geht fehl. Aus § 175 StPO ergibt sich, daß nicht vorgesetzte Staatsanwälte oder der Justizminister, sondern das Gericht die Erhebung der öffentlichen Klage beschließt. Da dem Gericht gegenüber der Staatsanwaltschaft ohnehin kein Weisungsrecht zusteht, kann dies auch nicht als Voraussetzung für das Klageerzwingungsverfahren angesehen werden.

Die Vorschläge, den Staatsanwalt ins Richtergesetz aufzunehmen,[960] sind zwar nicht negativ zu bewerten, es ist jedoch nicht ersichtlich, inwieweit dies dazu beitragen soll, die Probleme der Weisungsgebundenheit zu beseitigen. Gleiches gilt für den Vorschlag, das Remonstrationsrecht dahingehend zu erweitern, daß der Staatsanwalt von dem konkreten Fall entbunden werden kann, wenn er eine andere Auffassung hat als der Vorgesetzte. Der letztgenannte Vorschlag würde

958 Schultz, RuP 1971, S. 63
959 Bucher, JZ 1975, S. 107
960 Vgl. oben 8. Kapitel D.

die Probleme des Weisungsrechts nicht beseitigen, sondern allenfalls vertuschen. Zudem wird hier zwar die persönliche Überzeugung des Staatsanwalts gesichert, nicht aber das Interesse der Öffentlichkeit am Schutz vor rechtswidrigen oder gar politisch motivierten Weisungen.

Gegen den Vorschlag, für Staatsanwälte ähnliche disziplinarrechtliche Maßnahmen zu etablieren, wie sie auch für Richter vorgesehen sind, um auf diese Weise Mißbrauch entgegenzuwirken, bestehen keine Bedenken. Gleiches gilt für eine feste Geschäftsverteilung („gesetzlicher Staatsanwalt“). Das Argument, eine feststehende Geschäftsverteilung würde die Bildung von Sonderkommissionen (etwa für Wirtschaftsdelikte) verhindern, greift nicht.

Zum einen könnten diese Fälle bereits bei der Festlegung der Geschäftsverteilung berücksichtigt werden, zum anderen müßte der „gesetzliche Staatsanwalt“ nicht genauso streng festgelegt werden wie der „gesetzliche Richter“, indem man noch gewisse Spielräume beläßt.

Wie bereits dargestellt, sind die Argumente für die Beibehaltung des externen Weisungsrechts nicht überzeugend. Daher sind die entsprechenden Reformvorschläge, die auf eine Beschränkung oder gar Beseitigung des externen Weisungsrechts hinauslaufen, grundsätzlich als positiv zu bewerten. Nicht zu folgen ist in diesem Zusammenhang der Differenzierung zwischen positiven und negativen Weisungen. Diese Unterscheidung ist nicht nur hinsichtlich des externen Weisungsrechts, sondern generell abzulehnen. Für den einzelnen Staatsanwalt spielt es keine Rolle, ob ihm gegenüber eine positive oder negative Weisung erteilt wird. Es besteht insoweit kein sachlicher Unterschied.[961] Zudem wurde bereits dargelegt, daß auch eine unberechtigte Anklageerhebung selbst bei einem späteren Freispruch gravierende negative Folgen für den Angeklagten haben kann,[962] ganz zu schweigen von der psychischen und zeitlichen Belastung, die der vermeintliche Straftäter über sich ergehen lassen muß.

Auch die Ablehnung des Weisungsrechts in der Hauptverhandlung läßt sich mit guten Gründen bejahen. Diesbezüglich ist auf die Ausführungen zu Umfang und Grenzen des Weisungsrechts zu verweisen. Sofern man sich gegen ein Weisungsrecht ausspricht, muß auch das Weisungsrecht in der Hauptverhandlung entfallen. Bejaht man hingegen grundsätzlich ein Weisungsrecht, dann ist darauf zu achten, daß die Schuldfrage aus dem Inbegriff der Hauptverhandlung geschöpft werden muß. Diese Kenntnis vom Gang der Verhandlung und dem Verhalten des Angeklagten kann jedoch normalerweise nur der Staatsanwalt haben, der auch als Sitzungsvertreter an der Verhandlung teilgenommen hat.

Zuzustimmen ist dem Vorschlag, für Weisungen die Schriftform einzuführen. Hierdurch wird eine gewisse Verbindlichkeit und auch Nachweisbarkeit der Weisung erreicht, die aus Gründen der Klarheit und Rechtssicherheit als positiv zu bewerten ist.

---

961 Schultz, RuP 1971, S. 64 f

962 Vgl. hierzu unter 5. Kapitel E. VI.

Dem führungsorganisatorischen Modell von Brückner ist insoweit zuzustimmen, als er die Einführung der Schriftform fordert. Positiv zu bewerten ist auch der Ausschluß des externen Weisungsrechts für den Einzelfall. Die hierfür sprechenden Gründe wurden bereits dargelegt. Abzulehnen ist auch hier die Differenzierung zwischen positiven und negativen Weisungen. Was die Grundprinzipien der Mitarbeiterführung betrifft, bringt Brückners Vorschlag letztlich keine entscheidenden Verbesserungen. Zum einen enthält die OrgStA inzwischen einen entsprechenden Hinweis, zum anderen lassen sich die Prinzipien der Mitarbeiterführung kaum im Wege einer Richtlinie anordnen, sondern diese Mechanismen sind sehr vom Typus des jeweiligen Vorgesetzten abhängig.[963]

Der hessische Reformvorschlag führt im wesentlichen eine Kontrolle des Weisungsrechts durch ein Dreiergremium bei Beibehaltung der bisherigen Weisungsstrukturen ein. Diese Lösung ist durchaus vertretbar und nicht zu beanstanden.

Der Vorschlag des Deutschen Richterbundes von 1962 geht in eine vergleichbare Richtung. Zum einen wird festgelegt, daß Weisungen auf Verlangen schriftlich zu bestätigen sind, was aus den genannten Gründen zu begrüßen ist. Weiterhin soll durch eine Konfliktkommission die Möglichkeit geschaffen werden, Weisungen überprüfen zu lassen. Sofern hier „Weisungen“ in einem weiten Sinne verstanden werden und damit auch Devolutions- und Substitutionsrechte der Kontrolle unterliegen, so daß eine Umgehung der Kontrolle ausgeschlossen ist, stellt dieses Modell eine nachvollziehbare Gestaltungsform dar.

Der Vorschlag des Deutschen Richterbundes von 1970 rückt von seinem acht Jahre älteren Vorgänger deutlich ab. Richtungsweisend ist die Abschaffung des externen Weisungsrechts. Praktikabel ist weiterhin der Ansatz, bei Meinungsdifferenzen zwischen Staatsanwalt und Vorgesetztem den nächsthöheren Vorgesetzten anzurufen und der Stimmenmehrheit den Ausschlag geben zu lassen. Dieser Vorschlag ist im Grunde mit den Entwürfen zu vergleichen, die eine Konfliktkommission vorsehen, wobei die Entscheidung des Gremiums jedoch durch das Abstimmungsergebnis ersetzt wird. Abzulehnen ist beim Konzept des DRB von 1970 jedoch die sachlich nicht gerechtfertigte Unterscheidung in positive und negative Weisungen.

Das Konzept der ÖTV aus dem Jahr 1970 geht hingegen in nahezu revolutionärer Weise einen völlig anderen Weg. Gefordert wird die Gleichstellung der Staatsanwälte mit den Richtern und damit die Unabhängigkeit der Staatsanwaltschaft. Aufgrund der eingangs geschilderten Bedenken gegen eine Beseitigung des Weisungsrechts, ohne gleichzeitige strukturelle Veränderungen, muß der Vorschlag der ÖTV aber abgelehnt werden.

Nur wenige Neuerungen gegenüber der geltenden Rechtslage sah der Referentenentwurf von 1976 vor. Positiv zu erwähnen ist die ausdrückliche Befangen-

963 Vgl. 10. Kapitel B.

heitsregelung für Staatsanwälte, da aufgrund der Eingriffsbefugnisse sowie der Gefahren einer unbegründeten Anklageerhebung, aber auch einer unsachlichen Bewertung des Strafmaßes, Amtshandlungen eines befangenen Staatsanwalts verhindert werden müssen. Zu begrüßen ist auch hier die Neuregelung, nach der Weisungen schriftlich erteilt oder zumindest schriftlich bestätigt werden müssen. Grundsätzlich zuzustimmen ist der gesetzlichen Konkretisierung des staatsanwaltlichen Remonstrationsrechts, wobei die im Referentenentwurf vorgesehene Möglichkeit, bei Überzeugungskonflikten den Staatsanwalt von einem Verfahren zu entbinden, im Hinblick auf die Interessen der Öffentlichkeit, letztlich nur wenig sachdienlich ist. Die im Referentenentwurf vorgesehene grundsätzliche Weisungsfreiheit für die Hauptverhandlung trägt den Forderungen der Literatur Rechnung, da im Grunde nur der Sitzungsvertreter selbst einen ausreichenden Gesamteindruck gewinnen kann, um den Schuldvorwurf aus dem Inbegriff der Hauptverhandlung zu bewerten. Die Regelung, daß der Justizminister Weisungen generell an den Generalstaatsanwalt zu richten hat, ist lediglich eine Klarstellung der bestehenden Praxis und stellt keine hervorzuhebende Neuerung dar.

Die Kritik der Literatur und Fachverbände am Referentenentwurf beschränkt sich – abgesehen von den nachfolgend dargestellten Ausnahmen – auf redaktionelle Änderungen, die sich mehr oder weniger auf einzelne Formulierungen bezogen oder hinsichtlich einzelner Positionen andere Schwerpunkte setzten.

Deutliche Kritik am Referentenentwurf äußerte jedoch der Deutsche Richterbund, der entsprechend seinem Vorschlag von 1970 weiterhin ein externes Weisungsrecht der Justizminister ablehnte. Diese Kritik ist konsequent und der Forderung des Deutschen Richterbundes ist im Hinblick auf die Argumente gegen das externe Weisungsrecht und die von diesem ausgehenden Gefahren zuzustimmen.

Auch die ÖTV blieb im wesentlichen ihrer Forderung von 1970 treu, indem sie weiterhin das Weisungsrecht völlig ablehnte und sich für die Unabhängigkeit des Staatsanwalts einsetzte. Allerdings vertrat die ÖTV die früheren Forderungen nicht mehr in der gleichen Konsequenz, indem sie einräumte, daß in bestimmten Fallgruppen Einflußmöglichkeiten durch das Justizministerium geschaffen werden könnten. Zudem sprach sich die ÖTV nunmehr ebenfalls für eine Kontrollinstanz aus, welche die Entscheidungen der unabhängigen Staatsanwälte korrigieren könnte. Damit rückt die ÖTV in die Nähe der Auffassungen, die sich für einen Instanzenzug einsetzen.

Insgesamt ist festzustellen, daß zwei grundlegende Modelle im Raum stehen, die sich einander nähern: Zum einen ist es möglich, bei Beibehaltung des bisherigen Weisungsrechts zusätzliche Kontrollen, etwa durch Konfliktkommissionen oder Gremien, zu schaffen. Zum anderen kann bei grundsätzlicher Unabhängigkeit des Staatsanwalts der Wegfall des Weisungsrechts durch andere Mechanismen, etwa einem Instanzenzug kompensiert werden. Welcher Weg gewählt wird ist letztlich eine Frage der Praktikabilität.

3. Teil: Rechtsvergleichung

9. Kapitel: Systemvergleich der Weisungsgebundenheit der Staatsanwaltschaft in der Bundesrepublik Deutschland mit Österreich

Die Strafrechtsvergleichung fristet innerhalb der Rechtsvergleichung eher ein Schattendasein.[964] Dennoch gilt sie im Bereich der Rechtsgestaltung und im Zusammenhang mit Gesetzgebungsverfahren als mehr oder weniger häufig genutzte Ideenquelle.[965] Daher bietet es sich gerade im Rahmen der vorliegenden Arbeit an, einen „Blick über den Tellerrand“ zu wagen, um hieraus Erkenntnisse für neue Lösungsmodelle und Reformvorschläge ziehen zu können. Im Bereich des Strafverfahrensrechts stellt sich die Frage, welches Rechtssystem zum Vergleich herangezogen werden soll. Von der Sprachenfrage abgesehen eignen sich die unterschiedlichen Rechtssysteme nicht in beliebiger Weise zum Vergleich. Für den Bereich der Strafrechtspflege wird eine Vorunterscheidung in Prozeßmodelle des anglo-amerikanischen Rechtskreises einerseits und dem kontinental-europäischen Rechtskreis andererseits empfohlen.[966] Aufgrund der fehlenden gemeinsamen Wurzeln und dem unterschiedlichen Systemansatz ist hinsichtlich der Problematik der Weisungsgebundenheit der Staatsanwaltschaft ein Vergleich mit dem anglo-amerikanischen Rechtssystem nicht geeignet. Im Rahmen der kontinentaleuropäischen Modelle spricht für die Auswahl Österreichs – neben der historischen Verwandtschaft beider Rechtssysteme [967] – vor allem die Einführung des Österreichischen Staatsanwaltsgesetzes im Jahr 1986.

Sowohl im heutigen Österreich als auch in der heutigen Bundesrepublik liegen die gemeinsamen Wurzeln des Strafverfahrens und damit auch der Staatsanwaltschaft in der Märzrevolution der Jahre 1848/1849 und der Einführung der Staatsanwaltschaft nach französischem Vorbild.[968] Das österreichische Prozeßrecht orientiert sich jedoch mehr an den historischen Verfahrensgesetzen als das deutsche.[969] Hieraus ergeben sich grundsätzliche Unterschiede beider Verfahrensrechte,[970] die auch in der Stellung der Staatsanwaltschaft und damit auch in der Umsetzung und Bedeutung des Weisungsrechts deutlich werden. Dies zeigt sich beispielsweise darin, daß sich die Regelungen hinsichtlich der Weisungsgebundenheit der Staatsanwaltschaft und deren Funktion und Aufbau primär im

---

964 Nachweise bei Jung, JuS 1998, S. 1; dies gilt insbesondere auch für die Strafverfahrensvergleichung

965 Jung, JuS 1998, S. 6

966 Jung, JuS 1998, S. 3

967 Moos spricht sogar von einer „Rechtsfamilie“; vgl. Moos/Steininger, S. 7

968 Moos „Grundlinien und Standortbestimmung“, S. 48; vgl. Blankenburg/Treiber, Leviathan 1978, S. 168 ff

969 Moos „Grundlinien und Standortbestimmung“, S. 48

970 Moos „Grundlinien und Standortbestimmung“, S. 48

Gerichtsverfassungsgesetz finden, während die vergleichbaren österreichischen Normen in der Strafprozeßordnung verankert sind. Diese Regelungen der Strafprozeßordnung wurden später durch das Österreichische Staatsanwaltschaftsgesetz[971] ergänzt und konkretisiert, was auch deutliche Neuerungen bezüglich der Umsetzung von Weisungen des staatsanwaltschaftlichen Vorgesetzten mit sich brachte.

Gerade dieses Staatsanwaltschaftsgesetz als Reaktion auf den dogmatischen Streit um das Weisungsrecht macht das österreichische Recht der Staatsanwaltschaft zu einer Ideenquelle und gegebenenfalls zu einem möglicherweise auf die Bundesrepublik übertragbaren Reformmodell.

Ziel des folgenden Kapitels ist es, die Regelungen der Weisungsgebundenheit der österreichischen Staatsanwälte sowie den Diskussionsstand in der österreichischen Literatur darzustellen, um zu überprüfen, ob die Erkenntnisse in Österreich auf die Bundesrepublik Anwendung finden können und inwieweit diese für künftige Reformvorschläge in der Bundesrepublik dienlich sein könnten.

A. Stellung und Funktion der Staatsanwaltschaft in Österreich

Um die Unterschiede und Gemeinsamkeiten zwischen der Position der Staatsanwaltschaft in Deutschland und Österreich deutlich zu machen, ist es zunächst notwendig, darzulegen, welche Prinzipien die Anklageerhebung im österreichischen Strafverfahren kennzeichnen und welche Rolle den Verfahrensbeteiligten diesbezüglich zukommen kann.

I. Prinzipien der Anklageerhebung in Österreich

Grundprinzip des österreichischen Strafverfahrens ist – ebenso wie in der Bundesrepublik – der Anklagegrundsatz. Nach § 2 Abs. 1 ÖStPO dürfen die Gerichte Strafverfahren nur auf Antrag eines Anklägers einleiten. In erster Linie ist dieser Ankläger der Staatsanwalt.

Eine Ausnahme von dem Grundsatz, daß Anklage durch den Staatsanwalt erhoben wird, stellt die Privatanklage dar. Der Privatankläger nach § 46 ÖStPO hat im Verfahren über die Privatanklage weitgehend die rechtliche Stellung die sonst nur dem Staatsanwalt vorbehalten bleibt.[972] Allerdings ist er nicht zur Objektivität verpflichtet,[973] und es gibt für ihn auch keine Ausschließungsgründe.[974]

Als Privatanklagedelikte kommen bestimmte Taten in Betracht, die im materiellen Recht des ÖStGB bezeichnet sind. Geschützt sind in erster Linie Rechts-

971 Bereits im Jahr 1849 gab Kaiser Franz Joseph den Erlaß eines Staatsanwaltschaftsgesetzes in Auftrag; vgl. Loebenstein, ÖJZ 1989, S. 17 ff.

972 Bertel, Rn. 236

973 Platzgummer, S. 56

974 Platzgummer, S. 56

güter, die dem Schutz privater Interessen dienen. Diese überschneiden sich teilweise mit den Privatklagedelikten in der Bundesrepublik. Jedoch sind die gefährliche Drohung, der Hausfriedensbruch, die Körperverletzung und die Sachbeschädigung nur nach deutschem, nicht nach österreichischem Recht Privat(an)klagedelikte. Umgekehrt kann wegen Verletzungen der Privatsphäre und bestimmter Berufsgeheimnisse, bei eigenmächtiger Heilbehandlung, Kreditschädigung und bestimmten Delikten gegen die Ehe zwar in Österreich, nicht aber in Deutschland die Privat(an)klage erhoben werden.[975]

Im Gegensatz zur deutschen Strafprozeßordnung, in der nach §§ 376, 377 StPO die Privatklage eine Ausgestaltungsform des Opportunitätsprinzips ist und die Staatsanwaltschaft nur dann selbst Anklage erhebt, wenn ein öffentliches Verfolgungsinteresse gegeben ist, ist dieses Verfahren im österreichischen Strafprozeß anders ausgestaltet. Während der deutsche Staatsanwalt durch Bejahung des öffentlichen Verfolgungsinteresses die Delikte dem Privatkläger entziehen kann, gibt es diese Möglichkeit in Österreich nicht.[976] Dem Staatsanwalt kommt kein konkurrierendes Verfolgungsrecht zu, sondern das „öffentliche Verfolgungsinteresse“ ist von vornherein ausgeschlossen.[977] Erst nach Erhebung der Privatanklage durch einen Privatankläger kann der Staatsanwalt tätig werden.[978]

Innerhalb einer Frist von sechs Wochen nach Kenntniserlangung der Umstände, die eine Person des Privatanklagedelikts hinreichend verdächtig machen (§ 46 I ÖStPO), muß der Privatankläger einen Strafantrag (§ 451 I, § 438 ÖStPO) oder einen Antrag auf Vernehmung stellen (§ 38 II ÖStPO). Das Recht zur Privatanklage erlischt nach § 46 I ÖStPO jedoch unwiderruflich dann, wenn der Berechtigte dem Täter vor Anklageerhebung die Tat verzeiht.[979]

Auch in Österreich gilt das Legalitätsprinzip. Das heißt: bei Vorliegen entsprechender Anhaltspunkte ist die Staatsanwaltschaft zum Einschreiten verpflichtet. Die entsprechende Regelung findet sich in § 34 Abs. 1 ÖStPO. Doch auch in Österreich wird das Legalitätsprinzip durchbrochen, so etwa in Fällen der Geringfügigkeit (§ 34 II Nr. 1 ÖStPO).[980] Soweit die Staatsanwaltschaft nicht von sich aus tätig wird, kann – ähnlich dem deutschen Klageerzwingungsverfahren – in bestimmten Fällen eine Tat auch durch den Bürger zur Anklage gebracht werden. Hierfür steht die nachfolgend beschriebene Subsidiaranklage zur Verfügung.

Stellt der Staatsanwalt ein Verfahren ein oder nimmt er erst gar nicht die Strafverfolgung auf, kann der Privatbeteiligte statt des Staatsanwalts die Ankla-

975 Driendl „Funktion“, S. 228
976 Moos „Grundlinien und Standortbestimmung“, S. 69
977 Moos, Schweizerische Zeitschrift für Strafrecht (118) 1991, S. 157
978 Driendl „Funktion“, S. 228
979 Bertel, Rn. 243
980 Vgl. hierzu insgesamt Steininger, ÖJBl 1986, S. 223 f

ge als Subsidiarankläger erheben.[981] Als Subsidiarankläger kommt ausschließlich der Privatbeteiligte in Betracht.

Privatbeteiligter ist ein Verletzter, der sich dem Strafverfahren anschließt. Dieser erhält gewisse Parteirechte, die ihm bei der Durchsetzung seiner privatrechtlichen Ansprüche helfen sollen. Demgemäß kann nur derjenige Privatbeteiligter sein, der Verletzter durch ein Offizialdelikt ist (§ 47 I), also derjenige, der durch die Tat einen Nachteil erlitten hat.[982] Der Privatbeteiligte muß darüber hinaus aus dem erlittenen Nachteil einen Anspruch ableiten, für den der Zivilrechtsweg zulässig ist (§ 47 I ÖStPO), also in der Regel einen Vermögensschaden.[983] Eine konkrete Anspruchsbegründung ist hierzu nicht erforderlich.[984]

Bei der Subsidiaranklage muß dem Strafantrag oder der Anklageschrift eine Voruntersuchung vorausgehen (§ 48 Nr. 1 ÖStPO). Dabei entscheidet eine Ratskammer mit einem unanfechtbaren Beschluß über die Einleitung der Voruntersuchung.[985] Das weitere Verfahren wird nicht wie beim deutschen Klageerzwingungsverfahren dem Staatsanwalt aufgetragen, sondern bleibt in den Händen des Subsidiaranklägers.[986]

Der Staatsanwalt kann aber bis zum Schluß des Subsidiarklageverfahrens wieder in die Verfolgung eintreten (§ 49 I ÖStPO). Dann wird das Verfahren so fortgesetzt, als ob der Staatsanwalt die Verfolgung niemals aufgegeben hätte.[987]

Die Rechtsmittel des Subsidiaranklägers sind begrenzt. Ein Urteil kann der Subsidiarankläger nicht anfechten, wenn das Gericht den Beschuldigten zu Unrecht freigesprochen hat, sondern er wird dann auf den Zivilrechtsweg verwiesen.[988]

Allerdings wird der Subsidiaranklage Kritik entgegengebracht: Nur vereinzelt wird die Auffassung vertreten, das Legalitätsprinzip sei durch die Subsidiaranklage ausreichend abgesichert.[989] Nach hM gilt die Stellung des Subsidiaranklägers nach den Vorschriften der ÖStPO und die Umsetzung in der Rechtspraxis als unzureichend. Als effektive Strafverfolgungsmöglichkeit wird sie für ungeeignet gehalten.[990]

Die Subsidiaranklage dient in der derzeitigen Form weniger der Absicherung des Legalitätsprinzips als vielmehr der Erlangung eines zivilrechtlichen Titels

---

981 Bertel, Rn. 263
982 Bertel, Rn. 249; Platzgummer, S. 57
983 Moos „Reform", S. 123
984 Bertel, Rn. 252
985 Bertel, Rn. 269; Seiler, ÖJBl 1965, S. 16
986 Seiler, ÖJBl 1965, S. 16
987 Bertel, Rn. 270
988 Bertel, Rn. 269
989 Fischlschweiger, ÖJZ 1967, S. 421
990 Moos/Steininger, S. 188; Moos „Reform", S. 123 mwN; Matousek „Modern", S. 26; Driendl „Funktion", S. 230; Seiler, ÖJBl 1965, S. 14; Lambauer, ÖJBl 1985, S. 329; Matousek, Stellungnahme vor der Rechtsakademie in Wustrau, S. 8 (unveröffentlicht)

durch die Strafgerichte.[991] Auch nach der gesetzlichen Intention war das primäre legislatorische Ziel die Durchsetzung eines zivilrechtlichen Anspruches, nicht jedoch die Kontrolle der Staatsanwaltschaft.[992] Die Subsidiaranklage wird nur einem Opfer gewährt, das einen Vermögensschaden erlitten hat.[993] Dieser Personenkreis ist jedoch viel zu eng, um die Fälle unberechtigter Einstellung ausreichend absichern zu können.[994] Daher wird gefordert, daß der zur Erhebung der Subsidiaranklage berechtigte Personenkreis erweitert werden müsse.[995] Nicht nur der materiell Geschädigte soll zur Erhebung der Subsidiaranklage berechtigt sein, sondern jeder, der durch die Nichterhebung der Anklage in seinen von der Strafrechtsordnung anerkannten Interessen verletzt wurde.[996]

Der Staatsanwalt ist auch in Österreich zur Objektivität verpflichtet. Dies ergibt sich unmittelbar aus § 3 ÖStPO. Danach haben die im Strafverfahren tätigen Behörden alle zur Belastung und zur Verteidigung des Beschuldigten dienenden Umstände mit gleicher Sorgfalt zu berücksichtigen. Sie sind verpflichtet, den Beschuldigten über seine Rechte zu belehren, auch wenn es nicht ausdrücklich vorgeschrieben ist. Das Gebot der Objektivität ist zudem in § 18 I B-VG abgesichert, wonach die gesamte staatliche Verwaltung nur aufgrund der Gesetze ausgeübt werden darf. Diesem Gesetzlichkeitsgebot unterliegt der Staatsanwalt wie jedes andere Exekutivorgan auch.[997] Demgemäß ist der österreichische Staatsanwalt auch zur Ergreifung von Rechtsmitteln zugunsten des Beschuldigten befugt.[998]

II. Verfassungsrechtliche Stellung der Staatsanwaltschaft

Die verfassungsrechtliche Stellung der Staatsanwaltschaft ist auch in Österreich umstritten. Sie wird im Spannungsbereich zwischen Exekutive und Judikative eingeordnet.

1. Zugehörigkeit der Staatsanwaltschaft zur Verwaltung

Teilweise wird die Staatsanwaltschaft dem Bereich der Verwaltung zugeordnet.[999] Die Staatsanwaltschaft sei als Verwaltungsbehörde eingerichtet,[1000] die

991 Moos „Reform", S. 123
992 Moos „Grundlinien und Standortbestimmung", S. 63
993 Moos „Reform", S. 123
994 Seiler, ÖJBl 1965, S. 14
995 Matousek „Modern", S. 26; Moos „Grundsatzfragen", S. 64; Seiler, ÖJBl 1965, S. 14
996 Matousek „Modern", S. 26
997 Kodek, ÖRiZ 1985, S. 215
998 Kodek, ÖRiZ 1985, S. 215
999 Lambauer, ÖJBl 1985, S. 332
1000 Fischlschweiger, ÖJZ 1967, S. 421

von den Gerichten unabhängig ist.[1001] Die Weisungsregelung und die Gehorsamspflicht sei sowohl bei der Staatsanwaltschaft als auch bei anderen Verwaltungsorganen nach Art. 20 B-VG gleich konstruiert.[1002]

2. Zuordnung der Staatsanwaltschaft zur Rechtsprechung

Andere Auffassungen gehen davon aus, daß die Staatsanwaltschaft durchaus formell als Verwaltungsbehörde einzuordnen sei, materiell aber Belange der Rechtsprechung wahrnehme.[1003] Hierfür wird die Macht der Staatsanwaltschaft im Rahmen der Verfahrenseinstellung vorgebracht.

Im Vorverfahren und auch in der Hauptverhandlung werde diese Funktion des Staatsanwalts deutlich. Hier sei die Staatsanwaltschaft nicht mehr auf die Entscheidung über die Anklage beschränkt, sondern verfolge mit dem Gericht das gemeinsame Ziel der hoheitlichen Wahrheitsermittlung. Zudem könne der Staatsanwalt, obwohl nicht Richter,[1004] in einer richterähnlichen Funktion auf Freispruch erkennen.[1005]

Darüberhinaus obliegt allein der Staatsanwaltschaft die Entscheidung, ob ein Strafverfahren eingeleitet und ob oder wie lange es fortgesetzt wird.[1006] Der Immutabilitätsgrundsatz gilt nur sehr eingeschränkt.[1007] Dies wird auch dadurch deutlich, daß das österreichische Strafverfahren keinen Eröffnungsbeschluß kennt.[1008] Der Staatsanwaltschaft kommt eine sehr umfassende und weitreichende Dispositionsmöglichkeit über die Anklage zu, nämlich praktisch bis zum Ende der Hauptverhandlung.[1009] Sogar noch unmittelbar, bevor sich das Gericht zur Beschlußfassung zurückzieht, kann der Staatsanwalt von der Verfolgung zurücktreten.[1010]

1001 Müller „Gesamtreform“, S. 137

1002 Fischlschweiger, ÖJZ 1967, S. 421

1003 Moos „Reform“, S. 101

1004 Lambauer, ÖJBl 1985, S. 332

1005 Dabei wird der Antrag auf Freispruch in einen Rücktritt von der Anklage umgedeutet, da es vom Anklageprinzip her als Widerspruch angesehen wird, wenn der Staatsanwalt zwar einerseits die Verfolgung aufrecht erhält, aber zugleich Freispruch beantragt. Hier wird auch deutlich, daß die Funktion des Staatsanwalts nicht richterliche Rechtsprechung darstellt, sondern dies mit der Anklagerolle in Verbindung gebracht wird; vgl. Moos „Vergleichung“, S. 45

1006 Moos „Grundlinien und Standortbestimmung“, S. 63; Liebscher, ÖRiZ 1979, S. 133

1007 Hönigschmied, S. 16; Strasser, ÖRiZ 1989, S. 100 ; Pallin, ÖRiZ 1966, S. 191

1008 Moos „Grundlinien und Standortbestimmung“, S. 65

1009 Moos „Vergleichung“, S. 42; Pallin, ÖRiZ 1966, S. 191; Strasser, ÖRiZ 1989, S. 100

1010 Hönigschmied, S. 16; Liebscher, ÖRiZ 1979, S. 133

Zudem habe eine Verfahrenseinstellung de facto die Wirkung eines Freispruchs, so daß der Staatsanwalt insoweit eine quasirichterliche Aufgabe wahrnehme.[1011]

Eine Einstellung kann durch „Zurücklegen der Anzeige" nach § 90 ÖStPO oder entsprechende Erklärungen gegenüber dem Gericht (§§ 90, 109 ÖStPO) erfolgen, wobei diese Einstellungserklärungen vom Gericht ohne eigene Entscheidungsbefugnis in deklaratorische Einstellungsbeschlüsse umgewandelt werden müssen. Diese haben wie ein Urteil Sperrwirkung, wenn bereits eine bestimmte Person als Beschuldigter behandelt wurde.[1012] Nach einer Verfahrenseinstellung kann aufgrund der §§ 38, 352, 363 ÖStPO der Fall nur im Wege einer ordentlichen Wiederaufnahme neu aufgerollt werden.[1013] Die Gesetzmäßigkeit dieser staatsanwaltschaftlichen Einstellungsentscheidungen kann anders als bei den Gerichten nicht durch Rechtsmittel überprüft werden. Abgesehen von der als unzureichend angesehenen[1014] Subsidiaranklage gibt es keine Möglichkeit, von außen die Anklageerhebung zu erreichen.[1015] Nicht einmal eine förmliche Beschwerde gegen die Verfahrenseinstellung ist vorgesehen.[1016] Mithin sei diesbezüglich die Entscheidung der Staatsanwaltschaft eine Form der „negativen Rechtsprechung".[1017] Die Stellung des Staatsanwalts wird teilweise sogar noch stärker als die des Richters angesehen, da es gegen eine richterliche Entscheidung ein Rechtsmittel gebe, jedoch (abgesehen von der Subsidiaranklage) nicht gegen die Einstellungsverfügung des Staatsanwalts.[1018]

3. Staatsanwaltschaft als Organ sui generis

Eine weitere Auffassung ordnet die Staatsanwaltschaft als Organ sui generis ein.[1019] Organisatorisch sei die Staatsanwaltschaft eine selbständige, vom Gericht getrennte Justizverwaltungsbehörde.[1020]

1011 Müller „Gesamtreform", S. 137; Liebscher, FS für Klecatsky, S. 563; Steininger, ÖJBl 1986, S. 295; Schmidt, ÖJBl 1991, S. 92

1012 Kodek, ÖRiZ 1985, S. 215

1013 Liebscher, FS für Klecatsky, S. 563 f

1014 Vgl. hierzu unter 9. Kapitel A. II.

1015 Moos „Grundsatzfragen", S. 64; Seiler, ÖJBl 1965, S. 13; Strasser, ÖRiZ 1984, S. 167; Schuhmann, ÖRiZ 1981, 122; Lambauer, ÖJBl 1985, S. 329; Kodek, ÖRiZ 1985, S. 216,

1016 Moos „Grundlinien und Standortbestimmung", S. 63

1017 Matousek „Modern", S. 25; Moos „Grundsatzfragen", S. 64; Matousek „Stellung und Verantwortung", S. 169; Moos „Grundlinien und Standortbestimmung", S. 63; Schuhmann, ÖRiZ 1981, S. 122

1018 Seiler, ÖJBl 1965, S. 13

1019 Matousek „Modern", S. 17, Schuhmann, ÖRiZ 1981, S. 123; Strasser, ÖRiZ 1982, S. 228; Strasser, ÖRiZ 1984, S. 167 f;

1020 Schick „Modern", S. 42; Platzgummer, S. 52; Müller „Gesamtreform", S. 137; Driendl „Funktion", S. 199

Gegen die Einordnung als Verwaltungsorgan wird angeführt, daß die Staatsanwaltschaft weder Bescheide erlassen könne, noch der Kontrolle des Verwaltungsgerichtshofs unterliege.[1021]

Auch der Einordnung der Staatsanwaltschaft als Rechtsprechungsorgan könne nicht gefolgt werden, da die Möglichkeit der autonomen Verfahrenseinstellungen nicht als Rechtsprechung zu werten sei, denn sie sei durchaus mit dem für die Staatsanwaltschaft geltenden Anklageprinzip zu vereinbaren. Der Staatsanwalt verhänge keine Sanktionen, Repressivmaßnahmen und Grundrechtseingriffe.[1022]

Hieraus wird gefolgert, daß die Staatsanwaltschaft nicht der Verwaltung zugerechnet werden könne, sondern die Staatsanwaltschaften übten vielmehr eine zwar nicht richterliche, aber eindeutig justizielle Tätigkeit aus, die in die Gerichtskompetenz falle. Daher seien die Staatsanwaltschaften Staatsorgane eigener Art, die man weder in den Bereich der Gerichte noch in den der Verwaltung einordnen könne.[1023]

III. Parteistellung der Staatsanwaltschaft

Nach der herrschenden Auffassung der österreichischen Literatur kommt der Staatsanwaltschaft eine Parteistellung zu,[1024] da sie wie andere Prozeßparteien auch durch Anträge und Erklärungen den Gang des Verfahrens beeinflusse.[1025]

Die Parteistellung mache sich durch den besonders ausgeprägten Anklagegrundsatz der Österreichischen Strafprozeßordnung deutlich.[1026] Das Verständnis des Strafprozesses als Parteiprozeß[1027] resultiere dabei daraus, daß das gerichtliche Verfahren ausschließlich von der Erhebung der Anklage abhängig ist. Der Strafprozeß komme demnach wie der Zivilprozeß erst dann zustande, wenn

1021 Driendl „Funktion“, S. 199; Lambauer, ÖJBl 1985, S. 332;

1022 Müller „Gesamtreform“, S. 137

1023 Driendl „Funktion“, S. 199; Kodek, ÖRiZ 1985, S. 216

1024 Müller „Gesamtreform“, S. 137; Lambauer, ÖRiZ 1977, S. 139; Moos, Schweizerische Zeitschrift für Strafrecht 108 (1991), S. 154; Schmidt, ÖJBl 1991, S. 93; Dabei ist der Begriff „Partei“ jedoch wohl ebenfalls eher in der Bedeutung von „Prozeßbeteiligter“ zu verstehen, da der Staatsanwalt wie dargestellt zur Objektivität verpflichtet ist. Trotz dieser als Parteistellung bezeichneten Rolle ist die Aufgabe des Staatsanwalts wie auch die des Richters nur die Wahrheitsermittlung. Der Staatsanwalt hat weder die Beweislast für die Anklage zu tragen, noch bezeichnet man eine Verurteilung des Angeklagten in der Hauptsache als „Sieg“ der Staatsanwaltschaft; vgl. Moos „Reform“, S. 113

1025 Bertel, Rn. 233 ; Platzgummer, S. 54

1026 Bertel, Rn. 233; Moos „Grundlinien und Standortbestimmung“, S. 63; Moos „Vergleichung“, S. 39

1027 Moos „Grundlinien und Standortbestimmung“, S. 63; Moos „Grundlinien und Standortbestimmung“, S. 63

eine Partei gegen die andere vor Gericht Klage erhebe.[1028] Hierdurch nehme die Staatsanwaltschaft die Interessen der Exekutive gegenüber der Rechtsprechung wahr.[1029]

Diese Parteistellung habe jedoch nichts mit dem aus dem anglo-amerikanischen Rechtsbereich bekannten Parteiprozeß zu tun, da keine kontradiktorische Auseinandersetzung um die Urteilsfindung besteht.[1030]

B. Aufbau und Struktur der Staatsanwaltschaften in Österreich

Ähnlich wie in der Bundesrepublik orientiert sich die Einteilung der Staatsanwaltschaftshierarchie am Gerichtsaufbau.

Gemäß § 8 Abs. 1 ÖStPO sind zur Gerichtsbarkeit in Strafsachen die Bezirksgerichte, die Gerichtshöfe erster Instanz, die Geschworenengerichte, die Gerichtshöfe zweiter Instanz und der Oberste Gerichtshof berufen. Gemäß § 8 Abs. 2 richtet sich die örtliche Zuständigkeit eines jeden Strafgerichts auf seinen ganzen Bezirk, sofern nicht ausdrücklich eine Ausnahme angeordnet wird.

I. Die Bezirksgerichte und Gerichtshöfe erster Instanz sowie deren Staatsanwaltschaften

Den Bezirksgerichten obliegt nach § 9 ÖStPO das Strafverfahren für Vergehen, für die eine Höchstfreiheitsstrafe von nicht über sechs Monate angedroht ist, sofern diese nicht dem Geschworenengericht zugeordnet sind (Abs. 1). Den Gerichtshöfen erster Instanz[1031] obliegt nach § 10 Abs. 2 ÖStPO die Hauptverhandlung und Urteilsfällung wegen aller Verbrechen und Vergehen, die weder den Geschworenengerichten noch den Bezirksgerichten zur Aburteilung zugewiesen sind (Abs. 2). Schließlich sind die Gerichtshöfe erster Instanz für die Verhandlung und Entscheidung über Berufungen gegen Urteile, Beschwerden und gegen Beschlüsse der Bezirksgerichte zuständig (Abs. 3).

Den Geschworenengerichten beim Gerichtshof erster Instanz obliegt gemäß § 14 ÖStPO die Hauptverhandlung und Urteilsfällung bestimmter katalogmäßig aufgeführter Verbrechen und Vergehen. Dies sind in erster Linie staatsgefährdende Delikte (Abs. 1 Nr. 1 bis 10), sowie Verbrechen mit lebenslanger Freiheitsstrafe beziehungsweise einer zeitigen Freiheitsstrafe, deren Untergrenze nicht weniger als fünf Jahre und deren Obergrenze mehr als zehn Jahre beträgt. (Abs. 1 Nr. 11).

1028 Moos „Grundsatzfragen“, S. 50; vgl. auch Moos „Vergleichung“, S. 38

1029 Moos, Schweizerische Zeitschrift für Strafrecht 108 (1991), S. 153

1030 Moos „Grundsatzfragen“, S. 50

1031 Diese werden auch Landgerichte genannt; vgl. Bertel, Rn. 230

Gemäß § 29 Abs. 1 ÖStPO wird bei jedem Gerichtshof erster Instanz eine Staatsanwaltschaft mit der erforderlichen Anzahl von Stellvertretern bestellt. § 2 ÖStAG stellt dementsprechend klar, daß bei jedem in Strafsachen tätigen Gerichtshof erster Instanz eine Staatsanwaltschaft besteht.

Der Staatsanwaltschaft bei dem in Strafsachen tätigen Gerichtshof erster Instanz obliegt gemäß § 4 Abs. 1 S. 1 ÖStAG auch die Anklageerhebung vor den Bezirksgerichten im Sprengel dieses Gerichtshofes. Gemäß § 4 Abs. 1 S. 2 ÖStAG kann diese Aufgabe jedoch auch von Bezirksanwälten versehen werden. Dabei handelt es sich um Beamte des Fachdienstes oder in gleichartiger Verwendung stehende Vertragsbedienstete (§ 4 Abs. 2 ÖStAG), die unter der Aufsicht und Leitung von Staatsanwälten stehen. Wenn der Bezirksanwalt verhindert ist, sich an der Hauptverhandlung zu beteiligen, kann der Leiter der Staatsanwaltschaft auch eine andere geeignete Person mit deren Zustimmung zum Anklagevertreter bestellen.[1032]

II. Die Gerichtshöfe zweiter Instanz und deren Staatsanwaltschaften

Die Gerichtshöfe in zweiter Instanz[1033] entscheiden nach § 15 ÖStPO über Einsprüche gegen die Versetzung in den Anklagestand und über Berufungen gegen die Urteile der Geschworenengerichte, Schöffengerichte und Einzelrichter des Gerichtshofes erster Instanz. Die Gerichtshöfe zweiter Instanz fassen ihre Beschlüsse, soweit nicht anders vorgeschrieben, in Versammlungen von drei Richtern.

Beim Gerichtshof zweiter Instanz wird gemäß § 29 Abs. 1 ÖStPO ein Oberstaatsanwalt mit der erforderlichen Anzahl an Stellvertretern bestellt. Entsprechend besteht nach § 2 ÖStAG bei den Gerichtshöfen zweiter Instanz eine Oberstaatsanwaltschaft.

III. Der Oberste Gerichtshof und die Generalprokuratur

Das höchste österreichische Strafgericht ist der Oberste Gerichtshof, der in etwa dem deutschen Bundesgerichtshof entspricht. Dieser hat gemäß § 16 ÖStPO über die nach der Strafprozeßordnung für zulässig erklärten Nichtigkeitsbeschwerden und über Berufungen gegen Urteile der Geschworenengerichte und Schöffengerichte zu entscheiden.

1032 Hierunter fallen in der Praxis Rechtspraktikanten, Gerichtsbedienstete oder Angehörige von Sicherheitsbehörden, wobei vom Leitenden Staatsanwalt stets auch das Einvernehmen des Bezirksgerichtes oder dem Dienstvorgesetzten des Bediensteten herzustellen ist, dem der ersatzweise zu bestimmende Anklagevertreter angehört; vgl. Schindler/Pöll, §4 ÖStAG, Anm. 3

1033 Diese werden auch als Oberlandesgerichte bezeichnet; vgl. Platzgummer, S. 52; Bertel, Rn. 230

Beim Obersten Gerichtshof wird nach § 29 Abs. 1 ÖStPO ein Generalprokurator sowie die erforderliche Anzahl von Stellvertretern bestellt.

Während der mit dem Generalprokurator vergleichbare deutsche Generalbundesanwalt eine echte Anklagefunktion in Friedens-, Hoch- und Landesverratssachen ausübt, ist der österreichische Generalprokurator aus der Strafverfolgung ausgeklammert. Er nimmt die Rolle eines „obersten Hüters" der Strafrechtspflege ein. Diese Aufgabe nimmt er durch die Nichtigkeitsbeschwerde zur Wahrung des Gesetzes wahr.[1034] Damit gilt der Generalprokurator zwar als staatsanwaltschaftliche Behörde, er ist aber im Gegensatz zur Staatsanwaltschaft weder Anklagebehörde noch Prozeßpartei.[1035]

C. Hierarchieverhältnisse der österreichischen Staatsanwaltschaften

Organisatorisch ist die Staatsanwaltschaft in Österreich eine streng monokratische Behörde, die hierarchisch gegliedert ist.[1036] An der Spitze steht die Generalprokuratur, gefolgt von den Oberstaatsanwälten beim Gerichtshof zweiter Instanz und schließlich den Staatsanwälten beim Gerichtshof erster Instanz.

Soweit die Staatsanwälte, Oberstaatsanwälte und der Generalprokurator vertreten werden, sind die Stellvertreter nach § 29 S. 2 ÖStPO zu allen Amtshandlungen des Vertretenen gesetzlich berechtigt.

I. Das Weisungsrecht vorgesetzter Behörden

Gemäß § 2 Abs. 1 S. 2 ÖStAG sind die Staatsanwaltschaften den Oberstaatsanwaltschaften unmittelbar untergeordnet.

Die Weisungsbefugnis des Oberstaatsanwalts wird auch in § 32 Abs. 2 ÖStPO zum Ausdruck gebracht, wonach diesem die Aufsicht über alle in seinem Sprengel bei den Gerichtshöfen erster Instanz und bei den Bezirksgerichten bestellten Organen zusteht. Der Oberstaatsanwalt ist berechtigt, sich an jeder zu seinem Geschäftskreis gehörenden Strafsache persönlich oder durch einen Stellvertreter zu beteiligen (§ 32 Abs. 2 S. 2).[1037]

Die Oberstaatsanwälte unterstehen ihrerseits nach § 2 Abs. 1 S. 2 ÖStAG – ebenso wie die Generalprokuratur – dem Bundesministerium für Justiz. Zu beachten ist dabei, daß der Generalprokurator dem Oberstaatsanwalt gleichgestellt ist und es damit zwischen diesen beiden kein Aufsichts- und Weisungsrecht

---

1034 Liebscher, ÖRiZ 1979, S. 133

1035 Foregger, §29 ÖStPO, Anm. II; Matousek, Stellungnahme vor der Rechtsakademie in Wustrau, S. 8 (unveröffentlicht)

1036 Foregger/Sereni, §29 ÖStPO, Anm. I; Platzgummer, S. 52; Roeder, S. 68; Schick „Modern", S. 43; Müller „Gesamtreform", S. 137; Driendl „Funktion", S. 199; Seiler, ÖJBl 1965, S. 5; Keller, Zukunft 1980, S. 16

1037 Bertel, Rn. 232; Platzgummer, S. 53

gibt.[1038] Auch gegenüber den Staatsanwaltschaften steht dem Generalprokurator im Gegensatz zur Oberstaatsanwaltschaft kein Weisungsrecht zu.[1039] Das Weisungsrecht vorgesetzter Behörden wird in § 29 ÖStAG näher spezifiziert.

II. Das Weisungsrecht innerhalb der einzelnen staatsanwaltschaftlichen Behörden

Die Staatsanwaltschaft ist nicht als Kollegialbehörde ausgestaltet, sondern wird bei jedem Gericht nur von einer Person verkörpert, so daß die übrigen Beamten der Behörde lediglich als Stellvertreter auftreten.[1040]

Dementsprechend steht nach § 2 Abs. 2 S. 1 ÖStAG den Staatsanwaltschaften, Oberstaatsanwaltschaften und der Generalprokuratur jeweils ein Leiter vor. Nach § 2 Abs. 2 S. 2 ÖStAG vertritt dieser die Behörde nach außen, beaufsichtigt die Tätigkeiten der ihm unterstehenden Organe und erteilt ihnen erforderlichenfalls Weisungen.

Die Behördenleiter haben insbesondere gemäß § 3 DV-ÖStAG[1041] im Rahmen ihrer allgemeinen dienstrechtlich bestimmten Leitungsaufgaben dafür Sorge zu tragen, daß sie über den Anfall aller wichtigen, schwierigen oder außergewöhnlichen Strafsachen unverzüglich unterrichtet werden und daß in solchen Strafsachen vor ihrer Unterrichtung möglichst keine Verfügung getroffen wird.

III. Anordnung von Berichtspflichten

Von diesen oben genannten Weisungen streng zu unterscheiden[1042] ist die Möglichkeit der Anordnung von Berichtspflichten[1043] nach § 8 Abs. 2 ÖStAG: Der

---

1038 Seiler, S. 46

1039 Foregger/Sereni, §33 ÖStPO, Anm. I

1040 Roeder, S. 69

1041 Verordnung des Bundesministers für Justiz zur Durchführung des Staatsanwaltsgesetzes, BGBl. 1986/338

1042 Vgl. hierzu auch den Erlaß des Österreichischen Bundesministeriums der Justiz vom 11.07.1989 zur Handhabung des Berichtswesens und des Weisungsrechtes nach dem Staatsanwaltschaftsgesetz, JABl 1989/36 unter Nr.3

1043 Eine generelle Berichtspflicht der Staatsanwaltschaften an die Oberstaatsanwaltschaften ergibt sich bereits aus §8 Abs. 1 ÖStAG. Danach haben diese staatsanwaltschaftlichen Behörden ohnehin über Strafsachen, die von besonderem öffentlichen Interesse sind oder bei denen noch nicht hinreichend geklärte Rechtsfragen von grundsätzlicher Bedeutung beurteilt werden müssen, unter Mitteilung der etwa schon getroffenen Verfügungen zu berichten und zum beabsichtigten weiteren Vorgehen Stellung zu nehmen. Die Oberstaatsanwaltschaften haben dem Bundesministerium für Justiz in den Fällen zu berichten, soweit diese – bereits für die Staatsanwaltschaften beschriebenen – Strafsachen nicht nur von räumlich begrenzter Bedeutung sind. Zudem ist über Strafanzeigen gegen Mitglieder eines allgemeinen Vertretungskörpers jedenfalls dann

Bundesminister für Justiz und die Oberstaatsanwaltschaften können in Wahrnehmung ihrer Aufsichts- und Weisungsbefugnisse anordnen, daß ihnen über bestimmte Gruppen von Straf- und Disziplinarsachen Bericht erstattet wird. Zudem wird ihnen auch die Möglichkeit eröffnet, in einzelnen Fällen Berichte anzufordern. Diese Vorschrift enthält damit die Rechtsgrundlage sowohl für allgemeine Berichtspflichten als auch für Berichtsanordnungen im Einzelfall. Zur Anordnung allgemeiner Berichtspflichten und Erteilung von Einzelberichtsaufträgen ist sowohl das Österreichische Bundesministerium der Justiz (für alle vier Oberstaatsanwaltschafts-Sprengel) als auch jede dieser Oberstaatsanwaltschaften für ihren Zuständigkeitsbereich berechtigt.[1044]

Das Berichtswesen stellt das Gegenstück zum Weisungsrecht dar. Berichte erfüllen einen Doppelzweck: Sie sollen zum einen das Informationsbedürfnis der vorgesetzten Behörde befriedigen und zum anderen die zweckentsprechende Ausübung des Weisungsrechts, die Beantwortung parlamentarischer Anfragen und die Behandlung von Rechtsschutzgesuchen ermöglichen.[1045] Dies verdeutlicht den sachlichen Unterschied von Berichtsanordnung und Weisung. Ein Auftrag zur Berichterstattung im Sinne des § 8 Abs. 2 ÖStAG stellt keine Weisung zur Sachbehandlung im Sinne des § 29 ÖStAG dar.

IV. Devolutions- und Substitutionsrecht

Der Behördenleiter ist gemäß § 2 Abs. 2 S. 3 ÖStAG im Einzelfall befugt, die Amtsverrichtungen aller ihm untergeordneten Organe selbst zu übernehmen oder mit der Wahrnehmung staatsanwaltschaftlicher Aufgaben aus schwerwiegenden Gründen einen anderen als den nach der Geschäftsverteilung zuständigen Staatsanwalt zu betrauen.[1046] Dieses Devolutions- und Substitutionsrecht wird auch aus § 29 ÖStPO hergeleitet, wonach die Beamten der staatsanwaltschaftlichen Behörden jeweils Stellvertreter des Behördenleiters sind.[1047] Demnach sind Generalprokurator, Oberstaatsanwalt und die Leiter der Staatsanwaltschaften berechtigt, sich bei ihren Amtsverrichtungen eines Stellvertreters zu bedienen und im Einzelfall die einem untergeordneten staatsanwaltschaftlichen Organ obliegenden Amtsverrichtungen an sich zu ziehen.[1048]

---

zu berichten, wenn ein Zusammenhang mit der politischen Tätigkeit des Mitglieds nicht auszuschließen ist.

1044 Schindler/Pöll, §8 ÖStAG, Anm. 2

1045 Erlaß des Österreichischen Bundesministeriums der Justiz vom 11.07.1989 zur Handhabung des Berichtswesens und des Weisungsrechtes nach dem Staatsanwaltschaftsgesetz, JABl 1989/36 unter Nr. 4; auch Platzgummer, S. 54; Roeder, S. 68

1046 Vgl. auch Bertel, Rn. 232

1047 Vgl. auch Foregger, §29 ÖStPO, Anm. II

1048 Foregger, §29 ÖStPO, Anm. II

Während sich diese Rechte auf die Devolution und Substitution innerhalb der einzelnen staatsanwaltlichen Behörden beziehen, ergibt sich aus § 32 Abs. 2 ÖStPO ein Devolutionsrecht des Oberstaatsanwalts, das diesen berechtigt, Geschäfte der ihm nachgeordneten Staatsanwälte an sich zu ziehen und an ihrer Stelle zu erledigen.[1049]

D. Konkrete Ausgestaltung des Weisungsrechts

Weisungen können generell, aber auch für den Einzelfall ergehen.[1050] Sie können sowohl auf Anklageerhebung als auch auf Einstellung gerichtet sein.[1051] Hinsichtlich der konkreten Ausgestaltung des Weisungsrechts sind im ÖStAG entsprechende Regelungen vorgesehen.

I. Schriftformerfordernis

Zwar kann grundsätzlich eine Weisung (innerhalb einer staatsanwaltlichen Behörde) auch mündlich erteilt werden, jedoch ist unter den Voraussetzungen des § 30 Abs. 2 ÖStAG eine schriftliche Weisung zwingend erforderlich: Wenn ein Staatsanwalt eine Weisung für rechtswidrig hält oder eine schriftliche Weisung verlangt, hat der Vorgesetzte die Weisung schriftlich zu erteilen beziehungsweise für den Fall, daß sie zuvor mündlich erteilt worden ist, schriftlich zu wiederholen (Abs. 2 S. 1). Sofern die schriftliche Wiederholung der Weisung unterbleibt, gilt die Weisung als zurückgezogen (Abs. 2 S. 2).

Anders verhält es sich beim Weisungsrecht vorgesetzter Behörden: Nach § 29 Abs. 1 S. 1 ÖStAG sind Weisungen vorgesetzter Behörden zur Sachbehandlung in einem bestimmten Verfahren den staatsanwaltlichen Behörden schriftlich und unter Bezugnahme auf § 29 Abs. 1 ÖStAG zu erteilen[1052] und zu begründen. Hierdurch soll die Transparenz im Umfeld der Weisungen deutlich verstärkt werden.[1053] Unter einer Weisung ist hierbei jede Art der rechtsverbindlichen Anordnung zu verstehen.[1054] Eine Weisung erfolgt dann zur Sachbehandlung, wenn es sich um ein Vorgehen handelt, das inhaltlich auf die Strafverfolgung,

---

1049 Bertel, Rn. 232; Platzgummer S .53

1050 Roeder, S. 69; Keller, ÖRiZ 1980, S. 236; Keller, Zukunft 1980, S. 17

1051 Keller, Zukunft 1980, S. 17; Keller, ÖRiZ 1980, S. 236; Seiler, ÖJBl 1965, S. 5;

1052 Durch die Bezugnahme auf §29 Abs. 1 ÖStAG soll der Weisungscharakter einer Anordnung klargestellt werden; vgl. Schindler/Pöll, §29 ÖStAG, Anm. 1 sowie den Erlaß des Österreichischen Bundesministeriums der Justiz vom 11.07.1989 zur Handhabung des Berichtswesens und des Weisungsrechtes nach dem Staatsanwaltschaftsgesetz, JABl 1989/36 unter Nr. 5

1053 Waldheim, ÖRiZ 1989, S. 101

1054 Erlaß des Österreichischen Bundesministeriums der Justiz vom 11.07.1989 zur Handhabung des Berichtswesens und des Weisungsrechtes nach dem Staatsanwaltschaftsgesetz, JABl 1989/36 unter Nr. 5

die Herbeiführung von Verfahrenshandlungen des Gerichts oder die Herbeiführung von Verfahrenshandlungen der Sicherheitsbehörde bezogen ist.[1055] Sofern aus besonderen Gründen, insbesondere bei Gefahr im Verzug, die Erteilung einer schriftlichen Weisung nicht möglich ist, kann nach § 29 Abs. 1 S. 2 ÖStAG ausnahmsweise eine Weisung auch mündlich erteilt werden, die jedoch so bald wie möglich schriftlich zu bestätigen ist.

Im Falle mündlicher Dienstbesprechungen (also nicht einer Weisungserteilung im „klassischen" Sinn) zwischen den Behörden können unter bestimmten Voraussetzungen ausdrückliche, schriftliche Weisungen entbehrlich sein. § 29 Abs. 2 ÖStAG sieht vor, daß das Ergebnis einer solchen Dienstbesprechung in einer Niederschrift festzuhalten und allen beteiligten Behörden zugänglich zu machen ist, sofern die Sachbehandlung in einem bestimmten Verfahren von den beteiligten Behörden mündlich erörtert wird. Wenn die Staatsanwaltschaft an der Erörterung beteiligt war, so hat sie die Niederschrift dem Tagebuch anzuschließen.

Hierbei legt der Zweck der Regelung des § 29 Abs. 2 ÖStAG nahe, auch das Ergebnis fernmündlicher Besprechungen schriftlich festzuhalten, wofür sich die Form von Aktennotizen der Gesprächspartner eignet.[1056]

Eine schriftliche Weisung ist grundsätzlich nicht erforderlich, wenn bei diesen Dienstbesprechungen von den beteiligten Behörden übereinstimmende Auffassungen vertreten werden (Abs. 2 S. 3). Nach § 29 Abs. 4 S. 4 ÖStAG ist jedoch auch für den Fall, daß die beteiligten Behörden eine übereinstimmende Auffassung vertreten, eine schriftliche Weisung zu erteilen, wenn eine der beteiligten Behörden die Erteilung einer Weisung für zweckmäßig hält oder ein beteiligtes staatsanwaltschaftliches Organ sie verlangt.[1057]

II. Bekanntgabe von Weisungen

Die Möglichkeit der Bekanntgabe von Weisungen eröffnet § 31 ÖStAG. Über Weisungen, deren Befolgung auf die Herbeiführung einer gerichtlichen Entscheidung abzielt, dürfen vor dieser Entscheidung nur der Behördenleiter und die ihm vorgesetzten Stellen Mitteilung machen (S. 1). Nach der gerichtlichen

---

1055 Erlaß des Österreichischen Bundesministeriums der Justiz vom 11.07.1989 zur Handhabung des Berichtswesens und des Weisungsrechtes nach dem Staatsanwaltschaftsgesetz, JABl 1989/36 unter Nr. 5

1056 Erlaß des Österreichischen Bundesministeriums der Justiz vom 11.07.1989 zur Handhabung des Berichtswesens und des Weisungsrechtes nach dem Staatsanwaltschaftsgesetz, JABl 1989/36 unter Nr. 6

1057 Dies kommt beispielsweise in Betracht, wenn unterstrichen werden soll, daß die Erledigung der Hauptsache auf die von der weisungsgebenden Behörde entwickelten Intentionen zurückgeht oder etwa der Staatsanwalt nach außen hin deutlich machen will, daß betreffende Erledigung unter Mitwirkung weisungsberechtigter Oberbehörden zustandegekommen ist; vgl. Schindler/Pöll, §29 ÖStAG, Anm. 2

Entscheidung wird durch die bloße Mitteilung darüber, von welcher Behörde und in welcher Richtung eine Weisung zur Sachbehandlung erteilt worden ist, die Pflicht zur Amtsverschwiegenheit nicht verletzt (S. 2). Damit öffnet § 31 ÖStAG einen Bereich, in dem die Offenlegung von Weisungen von der Pflicht zur Amtsverschwiegenheit ausgenommen ist. Hierdurch soll die Kontrolle der Staatsanwaltschaft durch die Öffentlichkeit erleichtert werden.[1058] Sofern jedoch bei Weisungssachen Äußerungen über diesen Umfang hinausgehen, ist im Einzelfall zu prüfen, ob durch die Mitteilung die Amtsverschwiegenheit verletzt wird.[1059]

III. Remonstrationsmöglichkeit

Die Reaktionsmöglichkeiten des Staatsanwalts auf eine ihm gegenüber ergangene Weisung seines Vorgesetzten sind in § 30 ÖStAG verankert.

Ein Staatsanwalt, der eine ihm erteilte Weisung zur Sachbehandlung in einem bestimmten Verfahren für rechtswidrig hält, muß dies gemäß § 30 Abs.1 S.1 ÖStAG dem Vorgesetzten mitteilen. Sofern es sich nicht wegen Gefahr im Verzug um eine unaufschiebbare Maßnahme handelt, hat diese Mitteilung an den Vorgesetzten vor Befolgung der Weisung zu erfolgen. Wenn ein Staatsanwalt sonstige Bedenken gegen eine Weisung hat, soll er diese Bedenken seinem Vorgesetzten mitteilen (Abs. 1 S. 2). Hierdurch soll dem Staatsanwalt, der in einem bestimmten Verfahren eine Sachweisung erhält, die Möglichkeit eröffnet werden, durch Mitteilung seiner Bedenken an den Vorgesetzten eine Überprüfung der Weisung unter Berücksichtigung seines Standpunktes zu erreichen. Auch in Österreich wird dieser Vorgang als Remonstration bezeichnet.[1060]

Wenn der Staatsanwalt mit seinem Remonstrationsrecht nach § 30 Abs. 1 ÖStAG nicht durchdringt oder andere Gründe vorliegen, die der Vornahme eines von ihm geforderten Verhaltens entgegenstehen, hat er die Rechte des § 30 Abs. 3 ÖStAG. Danach kann ein Staatsanwalt, der von der Rechtswidrigkeit oder Unvertretbarkeit des von ihm geforderten Verhaltens überzeugt ist, oder wenn sonstige berücksichtigungswürdige Gründe vorliegen, sich vom Behördenleiter von der weiteren Bearbeitung des Verfahrens entbinden lassen. Dieser hat den Staatsanwalt auf schriftliches und ausreichend begründetes Verlangen von der weiteren Behandlung der Sache zu entbinden, wenn und soweit es sich nicht wegen Gefahr im Verzug um eine unaufschiebbare Maßnahme handelt. Diese Vorschrift soll der Verwirklichung des Gewissenschutzes der Staatsanwälte dienen.[1061]

1058 Kodek, ÖRiZ 1985, S. 216; Waldheim, ÖRiZ 1989, S. 101

1059 Schindler/Pöll, §31 ÖStAG

1060 Schindler/Pöll, §29 ÖStAG, Anm. 1

1061 Schindler/Pöll, §29 ÖStAG, Anm. 3; Kodek, ÖRiZ 1985, S. 216;

E. Wirkungen von Weisungen

Im Innenverhältnis sind rechtmäßige Weisungen bindend. Es handelt sich dabei um solche Anordnungen, die rechtlich vertretbar sind, also bei Vorhandensein mehrerer Auslegungsmöglichkeiten jede Weisung, die sich innerhalb dieses Rahmens bewegt.[1062]

Ein Problem im Zusammenhang mit der Weisungsgebundenheit ist die Frage, ob eine rechtswidrige Weisung Bindungswirkung entfaltet. In der Zeit vor 1925 wurde die Verbindlichkeit rechtswidriger Weisungen in Österreich in der strafprozessualen Literatur nicht in Frage gestellt.[1063] Mit der Bundesverfassungsnovelle des Jahres 1925 erhielt jedoch Art. 20 B-VG seine heutige Fassung. Nach Art. 20 Abs. 1 S. 3 B-VG kann das nachgeordnete Organ die Befolgung einer Weisung ablehnen, wenn die Weisung entweder von einem unzuständigen Organ erteilt wurde oder die Befolgung gegen strafgesetzliche Vorschriften verstoßen würde.

Eine solche unzulässige Weisung ist ohne weiteres unverbindlich.[1064] Dabei kommt es nicht darauf an, ob der Weisungsgeber gegen strafgesetzliche Vorschriften verstößt, sondern ausschließlich, ob sich der Angewiesene bei Ausführung der Weisung strafbar machen würde.[1065]

Damit gilt bei Weisungen, die eine Strafbarkeit des angewiesenen Staatsanwalts zur Folge hätten, die Regelung des § 20 Abs. 1 S. 3 B-VG, nach der er diese Weisung nicht zu befolgen braucht.[1066] Zudem ergibt sich aus § 44 II ÖBDG sogar eine Verpflichtung des Staatsanwalts, Weisungen abzulehnen, die gegen strafgesetzliche Vorschriften verstoßen.[1067]

Sofern es sich um eine rechtswidrige Weisung handelt, ohne daß deren Befolgung zu einer Strafbarkeit des Angewiesenen führt, gilt § 30 ÖStAG.[1068] Da nach dieser Vorschrift der Staatsanwalt bei Gefahr im Verzug zur Durchführung einer auch rechtswidrigen Weisung verpflichtet ist, ergibt sich, daß rechtswidrige Weisungen für den angewiesenen Staatsanwalt bindend sind, solange der Staatsanwalt nicht von seinem Vorgesetzten von der weiteren Sachbehandlung entbunden worden ist.

Sofern ein Staatsanwalt entgegen einer rechtmäßigen (und damit für ihn verbindlichen Weisung) handelt, bleibt seine weisungswidrige Prozeßhandlung im

---

1062 Foregger/Sereni, §29 ÖStPO, Anm. I

1063 Pallin, ÖRiZ 1966, S. 191

1064 Foregger/Sereni, §29 ÖStPO, Anm. I

1065 Adamovich, Kap. 25 VII

1066 Vgl. Foregger/Sereni, §29 ÖStPO, Anm. I; vgl. auch Walter, §180 III; Adamovich/Funk, Kap. 25 V 1

1067 Lambauer, ÖJBl 1985, S. 330

1068 Vgl. hierzu bereits oben 9. Kapitel D. III.

Außenverhältnis dennoch wirksam.[1069] Allerdings können auf den Staatsanwalt disziplinarrechtliche und unter Umständen sogar strafrechtliche Konsequenzen zukommen.[1070]

Eine gerichtliche Überprüfung von Weisungen ist in Österreich ebenso wie in der Bundesrepublik Deutschland nicht vorgesehen. Insbesondere kommt eine Anrufung des Verwaltungsgerichtshofes nicht in Betracht.[1071]

F. Rechtstatsächliche Gegebenheiten hinsichtlich des Weisungsrechts in Österreich

In österreichischen Publikationen wird eingeräumt, daß Weisungen eine praktische Bedeutung zukommt.[1072] Zwar werde – gemessen an der Anzahl der anfallenden Aufgaben – der weitaus größere Teil der Aufgaben ohne Weisungen erledigt, doch werde vom Weisungsrecht durchaus Gebrauch gemacht. Die Aktenzuleitung an die Gruppenleiter und das Berichtswesen hätten vor allem die Aufgabe der Information und ermöglichten so auch Weisungen. Gerade Weisungen des Gruppenleiters kämen in der Praxis vor. Weisungen des Behördenleiters hingegen seien seltener. Noch weniger Weisungen gingen vom Oberstaatsanwalt aus. Der Justizminister schließlich erteile nur äußerst selten Weisungen zur Sachbehandlung.[1073]

Während in der Bundesrepublik bislang noch keine empirische Untersuchung zum Weisungsrecht existierte, war die diesbezügliche Diskussion in Österreich Anlaß für den Verein österreichischer Staatsanwälte, eine entsprechende Untersuchung durchzuführen.[1074] Hierbei wurde anhand eines „Fragenschemas zur Frage der Weisungsgebundenheit der Staatsanwälte“ unter den Staatsanwälten Österreichs analysiert, ob und aus welchem Grund es ein Streben der Staatsanwälte nach größerer Eigenständigkeit und insbesondere nach einer teilweisen Aufhebung der Weisungsgebundenheit gibt. Insgesamt wurden 172 Staatsanwälte befragt. Davon sprachen sich lediglich 17 Staatsanwälte für die unbeschränkte Zulässigkeit von Weisungen des Bundesministeriums der Justiz aus, die auf Strafverfolgung hinauslaufen. Demgegenüber wollten 87 Staatsanwälte ein Weisungsrecht des Justizministeriums bezüglich der Strafverfolgung nur dann zulassen, falls es im Vorfeld zu gegensätzlichen Stellungnahmen der staatsanwaltlichen Behörden (etwa Staatsanwaltschaft versus Oberstaatsanwaltschaft) gekommen ist.

1069 Foregger/Sereni, §29 ÖStPO, Anm. I; Platzgummer, S. 52

1070 Foregger/Sereni, §29 ÖStPO, Anm. I

1071 Liebscher, FS für Klecatsky, S. 553

1072 Foregger, ÖRiZ 1989, S. 103

1073 Foregger, ÖRiZ 1989, S. 103 ; so auch Liebscher, ÖRiZ 1979, S. 136; Lambauer, ÖRiZ 1980, S. 232

1074 Strasser, ÖRiZ 1982, S. 228

G. Diskussion hinsichtlich der Weisungsgebundenheit der Staatsanwaltschaft in Österreich

Nicht nur in Deutschland, sondern auch in Österreich sind Weisungsrecht und Weisungsgebundenheit heftig umstritten, wobei sich die Kritik in Österreich primär gegen das Weisungsrecht des Justizministers richtet. Die interne Weisungshierarchie, die in direktem Zusammenhang zu den Devolutions- und Substitutionsrechten steht, sieht sich nicht in gleichem Maß der Kritik ausgesetzt.[1075]

Wenn Argumente gegen das interne Weisungsrecht vorgebracht werden, stehen diese zumeist in Zusammenhang mit der Anklage- bzw. Einstellungstätigkeit der Staatsanwaltschaften, die einen richterlichen Schuldspruch überhaupt erst ermöglicht oder verhindert.[1076] Zwar wird kaum der Vorwurf erhoben, daß durch unsachliche Weisungen unbegründete Anklagen erhoben werden, dafür wird umso öfter kritisiert, daß Staatsanwälte durch Weisungen von der Strafverfolgung abgehalten werden.[1077]

I. Argumente für die Beibehaltung des Weisungsrechts bzw. Unbedenklichkeit des Weisungsrechts

- Gleichbehandlungsargument

Für die Beibehaltung des Weisungsrechts in Österreich wird vorgebracht, daß der monokratische Aufbau der Anklagebehörde für eine gleichmäßige Rechtsanwendung (auch im Bereich der Rechtsmittel) zwingend erforderlich sei.[1078] Die sich aus dem Wegfall des Weisungsrechts ergebende Unabhängigkeit der einzelnen Staatsanwälte würde zwangsläufig zu einer Ungleichbehandlung gleichgelagerter Sachverhalte führen, was sich insbesondere auf die Auslegung auslegungsbedürftiger Begriffe auswirken würde. Hierdurch fielen die Garantien für Rechtssicherheit und Rechtsgleichheit weg.[1079]

- Korrektiv gegenüber den Einstellungsbefugnissen der Staatsanwaltschaft

Auch aus der Tatsache, daß gerade die Einstellungsbefugnisse des Staatsanwalts nur äußerst eingeschränkt von außen überprüft werden können,[1080] wird eine Notwendigkeit der Weisungsgebundenheit der Staatsanwaltschaft hergeleitet. Aufgrund der fehlenden Kontrolle von außen komme der behördeninternen Kontrolle eine umso größere Bedeutung zu.[1081] Andernfalls wäre jeder Kon-

1075 Liebscher, ÖRiZ 1979, S. 136
1076 Lambauer, ÖRiZ 1980, S. 231
1077 Escher „Modern“, S. 37; Lambauer, ÖRiZ 1980, S. 231;
1078 Keller, Zukunft 1980, S. 17; Keller, ÖRiZ 1980, S. 237; Foregger, ÖRiZ 1989, S. 104
1079 Pallin, ÖRiZ 1966, S. 193
1080 Vgl. oben unter 9. Kapitel E.; Foregger, ÖRiZ 1989, S. 104
1081 So auch Foregger, ÖRiZ 1989, S. 104

trollmechanismus ausgeschaltet,[1082] und der Staatsanwalt wäre bei Abschaffung des Weisungsrechts noch freier als ein Richter.[1083] Es bestehe sogar die Gefahr, daß der einzelne Staatsanwalt eine schrankenlose Macht erhalte.[1084] Gerade bei hochkomplexen politischen und wirtschaftlichen Korruptionsaffären, die für die Öffentlichkeit nicht ohne weiteres zu durchschauen sind, könnte der entsprechende Sachbearbeiter bei Fehlen des Weisungsrechts unkontrolliert und unkontrollierbar seine Entscheidungen treffen und durch Nichtverfolgung verdächtige Straftäter „freisprechen".[1085]

- Absicherung des Legalitätsprinzips

Vorgebracht wird, daß auch die vorgesetzten Behörden – einschließlich des Bundesjustizministeriums[1086] – an das Legalitätsprinzip gebunden seien.[1087] Durch diese Bindung werde das Eindringen sachfremder Einflüsse bei der Verfolgung von Straftaten verhindert und die Unbeirrbarkeit der Rechtsprechung gewährleistet.[1088] Im Gegenteil wird sogar das Weisungsrecht als notwendig für die Absicherung des Legalitätsprinzips gehalten, da die Existenz des Legalitätsprinzips als solches noch nicht seine Einhaltung garantieren könne.[1089] Durch das Weisungsrecht hingegen könnten die Entscheidungen des Staatsanwalts korrigiert und gesetzeskonform geleitet werden.[1090]

- Keine Gefahr justizfremder Einflüsse

Die Beibehaltung des Weisungsrechts wird als unbedenklich angesehen, da eine Gefahr durch justizfremde Einflüsse auf die Rechtsprechung über die Staatsanwaltschaften verneint wird. Die dem österreichischen Staatsanwalt zustehenden Rechte seien nicht geeignet, die Gerichte zu beeinflussen. Die Unabhängigkeit

---

1082 Lambauer, ÖJBl 1985, S. 329

1083 Matousek „Modern", S. 26; Lambauer, ÖRiZ 1980, S. 232; Foregger, ÖRiZ 1989, S. 104

1084 Fischlschweiger, ÖJZ 1967, S. 421

1085 Lambauer, ÖRiZ 1980, S. 232

1086 Für eine Bindung des Justizministeriums an das Legalitätsprinzip Foregger/Sereni, §34 ÖStPO, Anm. I; Liebscher, FS für Klecatsky, S. 558; Seiler, ÖJBl 1965, S. 5; Keller, Zukunft 80, S. 17; Kodek, ÖRiZ 1985, S. 216, der darlegt, daß andernfalls die Statuierung des Legalitätsprinzips ihren Sinn verliere, wenn die der Staatsanwaltschaft übergeordnete Behörde nicht daran gebunden ist; Pallin, ÖRiZ 1966, S. 188; Lambauer, ÖRiZ 1977, S. 138; Keller, ÖRiZ 1980, S. 236; Foregger, ÖRiZ 1989, S. 104; Strasser, ÖRiZ 1991, S. 270

1087 Moos „Reform", S. 102; Pallin, ÖRiZ 1966, S. 188; Moos, ÖRiZ 1975, S. 82; Kodek, ÖRiZ 1985, S. 216; Foregger, ÖRiZ 1989, S. 104

1088 Pallin, ÖRiZ 1966, S. 187

1089 Lambauer, ÖRiZ 1977, S. 138

1090 Moos/Steininger, S. 187; Lambauer, ÖRiZ 1977, S. 137, der vorbringt, daß die Anklageerhebung den Betroffenen oftmals genauso schwer belaste, wie die gerichtliche Entscheidung. Dabei kritisiert er, daß diese folgenschwere Entscheidung weder durch ein Kollegialorgan gefaßt werde, noch von einem Vorgesetzten korrigiert werden könne; vgl. auch Keller, ÖRiZ 1980, S. 237

des Richters werde durch auf falsche Beweise gestützte Prozeßbehauptungen oder Antragstellungen nicht gefährdet. Daher stelle selbst ein durch Weisungen gelenkter Antrag der Staatsanwaltschaft keine Gefahr für die Unabhängigkeit der Gerichte dar. Auch die Unterlassung von Anträgen – etwa wegen Verfahrenseinstellungen – berühre das Gericht nicht. Das Gericht habe ausschließlich das Recht und die Pflicht, über eine Sache zu entscheiden, wenn sie bei ihm anhängig ist.[1091]

Zudem sei die Bedeutung des Weisungsrechts eher theoretisch, da die fachliche und menschliche Eignung der Behördenleiter in aller Regel auch bei den Untergebenen unbestritten sei. Die Erteilung von Weisungen bedeute nicht Machtausübung oder Willkür, sondern fachliche Autorität, Hilfestellung und Rückendeckung. Die Untergebenen hätten immer noch einen ausreichenden Handlungsspielraum, die Weisungsbefugnis diene vielmehr als „Sicherheitsleine". Wie lange diese Leine sei, hänge davon ab, wer am einen und wer am anderen Ende hänge. Allerdings wird in diesem Zusammenhang auch eingeräumt, daß vorauseilender Gehorsam mitunter der Karriere dienlicher sei.[1092]

- Politische bzw. Parlamentarische Verantwortung

Als weiteres Argument für die derzeitige Weisungsregelung und als Maßstab für mögliche Änderungen der Weisungsstrukturen wird die politische Verantwortung des Justizministers gegenüber dem Nationalrat für die staatsanwaltschaftliche Tätigkeit vorgebracht,[1093] die sich für Österreich aus den Art. 74, 76 und 142 B-VG ergibt.[1094] Zudem ergebe sich für das Justizministerium, wie auch für die übrigen Ministerien, nach § 4 Bundesministeriengesetz die Verpflichtung für die gesetzmäßige, zweckmäßige, wirtschaftliche und sparsame Geschäftsführung der nachgeordneten Behörde Sorge zu tragen und Mißstände abzustellen.[1095] Diese oberste Dienstaufsicht müsse unangetastet bleiben. Hierzu sei aber das ungeschmälerte Recht zu genereller Einflußnahme durch allgemeine Verordnungen und Erlasse zur Überwachung des Ganges der Strafrechtspflege unerläßlich. Das Justizministerium müsse in die Lage versetzt werden, sich Akten vorlegen zu lassen, Weisungen hinsichtlich des Einschreitens und Vorgehens der Staatsanwaltschaften im Allgemeinen und in Einzelfällen zu erteilen und An-

---

1091 Pallin, ÖRiZ 1966, S. 189; zustimmend Lambauer, ÖJBl 1985, S. 332

1092 Klingler „Modern", S. 77; Zitta, Salzburger Nachrichten vom 16.06.2001, S. 7; interessant sind in diesem Zusammenhang auch die Ausführungen Klecatskys, der ausführt, er habe seit seinem Amtsantritt als Justizminister keine einzige Weisung erteilt. Hierzu habe auch kein Anlaß bestanden, weil die ausgezeichneten österreichischen Staatsanwälte von sich aus alles getan hätten, was gesetzmäßigerweise zu tun gewesen sei; vgl. Klecatsky, Staatsbürger 1989 Folge 9, S. 2

1093 Michalek „Modern", S. 11; Keller, ÖRiZ 1980, S. 237; Keller, Zukunft 1980, S. 17; Schuhmann, ÖRiZ 1981, S. 122; Lambauer, ÖJBl 1985, S. 329

1094 Schuhmann, ÖRiZ 1981, S. 122

1095 Schuhmann, ÖRiZ 1981, S. 122

sichten über Rechtsmeinungen sowie zur Zweckmäßigkeit des Vorgehens einzubringen.[1096]

II. Argumente gegen die Beibehaltung des Weisungsrechts

- Kein akzeptables Kontrollsystem

Der Beibehaltung des Weisungsrechts und insbesondere der Argumentation, das Weisungsrecht sei als Kontrolle der staatsanwaltlichen Tätigkeit notwendig, wird entgegengehalten, daß ein Kontrollsystem, das im zu kontrollierenden System selbst installiert ist, in den Augen der Öffentlichkeit suspekt wirke und daher nicht als ausreichender Kontrollmechanismus anerkannt werden könne.[1097] Zudem habe gerade in öffentlich brisanten Fällen die Existenz des Weisungsrechts eher zu einer Verletzung des Legalitätsprinzips als zu dessen Einhaltung geführt.[1098]

- Kein Ausschluß des Mißbrauchs des Weisungsrechts durch das Legalitätsprinzip

Auch könne man nicht argumentieren, daß ein Mißbrauch des Weisungsrechts bereits durch das Legalitätsprinzip ausgeschlossen sein soll. Ein Sachverhalt könne schließlich sowohl in rechtlicher als auch in tatsächlicher Hinsicht verschieden beurteilt werden. Daher hätten die Weisungsberechtigten trotz des Legalitätsprinzips die Möglichkeit, ohne eklatante oder merkliche Verletzung des Legalitätsprinzips Einfluß zu nehmen.[1099]

Gefahren werden auch in einem gesetzwidrig ausgeübten, auf politischen Erwägungen oder auf angebliche Staatsräson gegründetes Weisungsrecht gesehen.[1100]

- Gefahr von Willkürakten

Insoweit wird auch die fehlende verfassungsrechtliche Absicherung des Legalitätsprinzips angesichts der starken Stellung des Staatsanwalts für bedenklich gehalten.[1101] Aufgrund der uneingeschränkten Weisungsbefugnis des Justizministers und der starken Stellung des Staatsanwalts bestehe eine erhebliche Gefahr für den Rechtsstaat durch die Möglichkeit von Willkürakten.[1102] Dies sei im

---

1096 Schuhmann, ÖRiZ 1981, S. 122

1097 Moos/Steininger, S. 187

1098 Moos/Steininger, S. 187

1099 Lambauer, ÖRiZ 1977, S. 138

1100 Wenn auch selbst dieses Argument ablehnend Pallin, ÖRiZ 1966, S. 189

1101 Schuhmann, ÖRiZ 1981, S. 122; Strasser, ÖRiZ 1989, S. 100; zustimmend Foregger, ÖRiZ 1989, S. 104; in diesem Zusammenhang wird insbesondere die verfassungsrechtliche Fixierung einer Bindung des Justizministers an das Legalitätsprinzip gefordert; vgl. Strasser, ÖRiZ 1989, S. 100; Foregger, ÖRiZ 1989, S. 104; für eine Stärkung und Präzisierung des Legalitätsprinzips der ÖStPO Moos/Steininger, S. 188; Moos „Reform", S. 103

1102 Strasser, ÖRiZ 1989, S. 100

Hinblick auf die leidvollen Erfahrungen des österreichischen Volkes im 20. Jahrhundert unerträglich.[1103]

- Spannungsverhältnis zu Art. 6 MRK

Gegen das Weisungsrecht wird auch mit Art. 6 MRK argumentiert. Nach dieser Vorschrift hat in Strafsachen gegen eine Einzelperson ein unabhängiges, unparteiisches und auf Gesetz beruhendes Gericht die letzte Entscheidung zu fällen. Durch die Einflußmöglichkeiten des Justizministers auf die Staatsanwaltschaft werde aber insbesondere in Einstellungsfällen die letzte Entscheidung durch ein Verwaltungsorgan über den Umweg der Anklagebehörde getroffen.[1104]

Dem wird entgegengehalten, daß das Weisungsrecht im Hinblick auf Art. 6 MRK nicht zu beanstanden sei.[1105] Dies gelte auch in den Fällen, in denen die Staatsanwaltschaft ein Verfahren einstellt. Art. 6 MRK garantiert einen Anspruch auf gerichtliche Aburteilung nur unter der Voraussetzung, daß überhaupt eine strafrechtliche Anklage erhoben wurde.[1106] Wenn aber die Staatsanwaltschaft ein Verfahren einstellt, fehlt eine Anklageerhebung von Anfang an.

- Untergrabung der staatsanwaltlichen Eigenverantwortlichkeit

Ein weiterer Kritikpunkt ist, daß durch die Weisungsgebundenheit die Gefahr bestehe, die Eigenverantwortlichkeit des Staatsanwalts aufs Spiel zu setzen. Es könne leicht die Neigung entstehen, aus Gründen der Rückendeckung eine Weisung für die zu wählenden Prozeßschritte von der übergeordneten Stelle einzuholen.[1107]

- Wegfall des historischen Zwecks

Kritik wird an der Weisungsgebundenheit auch mit dem Argument geübt, der historische Zweck sei weggefallen.[1108] Zur Zeit der Entstehung der Staatsanwaltschaften herrschte eine Furcht vor einem ungewissen Machtfaktor neben den unabhängigen Gerichten und ein Mißtrauen dahingehend, ob das Legalitätsprinzip von der Staatsanwaltschaft eingehalten werde. Diese Furcht und das Mißtrauen waren der Grund dafür, die neugeschaffene Staatsanwaltschaft ausnahmslos der Zentralgewalt des Staates zu unterwerfen. Dieses Mißtrauen gegenüber der Staatsanwaltschaft sei inzwischen aber einem Mißtrauen gegenüber dem Staat gewichen. Dies sei darin begründet, daß der österreichische Staat von heute nicht mehr mit der Situation des Jahres 1873 zu vergleichen sei. Die heutigen österreichischen Gebietskörperschaften seien dadurch geprägt, daß die obersten Verwaltungsorgane zumeist von Funktionären politischer Parteien besetzt seien, die vielfach über entsprechende parlamentarische Majoritäten verfügen. Ande-

1103 Strasser, ÖRiZ 1989, S. 100

1104 Matousek „Modern“, S. 26; Matousek, Stellungnahme vor der Rechtsakademie in Wustrau, S. 8 (unveröffentlicht)

1105 Pallin, ÖRiZ 1966, S. 189; Schuhmann, ÖRiZ 1981, S. 124

1106 Pallin, ÖRiZ 1966, S. 189

1107 Seiler, ÖJBl 1965, S. 13

1108 Strasser, ÖRiZ 1982, S. 228

rerseits seien die Gebietskörperschaften teils mittelbar, teils unmittelbar an volkswirtschaftlich bedeutsamen Unternehmungen beteiligt, deren Manager häufig in den staatstragenden politischen Parteien verwurzelt seien. Durch diese Sachlage sei die gegenseitige Kontrolle zwischen den Staatsgewalten ohnehin schwieriger geworden. Auch aus dieser erschwerten Kontrolle und den damit verbundenen Risiken resultiere ein Bedürfnis für eine größere Eigenständigkeit der Staatsanwaltschaft.[1109]

- Parlamentarische Verantwortung kein ausreichendes Argument

Die parlamentarische Verantwortung wird nicht als ausreichendes Argument für die uneingeschränkte Beibehaltung des Weisungsrechts angesehen. Wenn man dem Justizminister das Recht zu genereller Einflußnahme durch allgemeine Verordnungen, Erlasse, der Einholung von Wahrnehmungsberichten, durch Aktenvorlage und der Eröffnung von Rechtsmeinungen belasse, sei die parlamentarische Verantwortung des Justizministers gegenüber dem Nationalrat ausreichend gesichert. Es sei hierzu nicht erforderlich, daß der Justizminister Anweisungen gibt, welche Sachentscheidung in einer Einzelstrafsache von der Staatsanwaltschaft zu treffen ist, wie die Beweise zu würdigen und die Gesetze auszulegen sind.[1110]

- Vermeidung justizfremder Einflüsse und Verstoß gegen die Gewaltenteilung

Die Autoren, welche die Staatsanwaltschaft als der Gerichtsbarkeit zugehörige Organe sui generis bzw. sogar als Teile der Rechtsprechung einordnen, sehen im Weisungsrecht des Justizministers Gefahren für den Rechtsstaat.[1111] Jede Einflußnahme eines Verwaltungsorgans auf die Staatsanwaltschaft sei als eine Einflußnahme auf die Rechtsprechung und damit als Verstoß gegen den Grundsatz der Gewaltenteilung zu werten.[1112] Schon alleine die Möglichkeit, daß durch sachfremde Einflüsse über das Weisungsrecht des Justizministeriums ein Einbruch in die Strafrechtspflege erfolge, müsse verhindert werden. Deshalb müsse die Stellung der Staatsanwaltschaft gestärkt werden, indem ihr größere Selbständigkeit gewährt wird.[1113]

H. Reformforderungen zum Weisungsrecht in Österreich

Angesichts der dargestellten Kritikpunkte werden auch in Österreich zahlreiche Reformmodelle hinsichtlich der Stellung der Staatsanwälte vertreten:[1114]

1109 Strasser, ÖRiZ 1982, S. 228

1110 Matousek „Modern“, S. 25

1111 Strasser, ÖRiZ 1984, S. 168

1112 Klecatsky, zit. bei Matousek „Modern“, S. 26; zustimmend Matousek „Modern“, S. 26; vgl. auch Seiler, ÖJBl 1965, S. 5; Klecatsky, Staatsbürger 1989 Folge 9, S. 2

1113 Strasser, ÖRiZ 1984, S. 168

1114 Vgl. zum Überblick Zitta, Salzburger Nachrichten vom 16.06.2001, S. 7

I. Unabhängigkeit des Staatsanwalts

Teilweise wird die völlige Unabhängigkeit der Staatsanwaltschaften gefordert.[1115] Die immer weiter zunehmenden richterlichen Funktionen des Staatsanwalts und die von ihm ausgeübte "negative Rechtsprechung“[1116] machen es notwendig, daß auch der Staatsanwaltschaft eine richtergleiche Unabhängigkeit zukommt.[1117]

In diesem Zusammenhang wird weitergehend der „gesetzliche Staatsanwalt“ gefordert, also eine der Richterschaft ähnliche Geschäftsverteilung. Andernfalls wäre die Weisungsfreiheit nur noch Makulatur, wenn der Amtsleiter die Bearbeitung einzelner Straffälle durch bestimmte Mitarbeiter „steuern“ könnte.[1118]

II. Beschränkung des externen Weisungsrechts

Weniger weitgehend als die völlige Unabhängigkeit des Staatsanwalts ist die Beschränkung des externen Weisungsrechts. Grundsätzlich sei die parlamentarische Verantwortung des Bundesministers Grenze für Reformen des Weisungsrechts. Dennoch werden Anweisungen des Justizministers, welche Sachentscheidung in Einzelstrafsachen von der Staatsanwaltschaft zu treffen sei, nicht für erforderlich gehalten, um der politischen Verantwortung gerecht zu werden. Es wird daher folgende Regelung gefordert:

> *„Dem Bundesminister für Justiz obliegt die unmittelbare Aufsicht über die Generalprokuratur und die Oberstaatsanwaltschaften. In Einzelstrafsachen erteilt er außer in den im Gesetze besonders angeführten Fällen keine Weisungen, kann jedoch jederzeit Berichte über den Gang des Verfahrens einholen, hierüber Anordnungen geben, sich gutachterlich über alle Fragen äußern oder eine gutachterliche Äußerung des Generalprokurators veranlassen.“*[1119]

III. Abkoppelung der Staatsanwaltschaft bzw. Einführung eines Parlamentsanwalts

Gefordert wird zum Teil in Bezug auf das Weisungsrecht auch eine Abkoppelung der Staatsanwaltschaft von den obersten politischen Organen.[1120]

Doch auch dieses Modell stößt auf Kritik. Würde man das Weisungsrecht bei den Oberstaatsanwaltschaften enden lassen, würde sich hierdurch ein in den einzelnen Oberlandesgerichtssprengeln voneinander differierendes Staatsanwalt-

1115 Matousek „Modern“, S. 24
1116 Vgl. hierzu oben 9. Kapitel A. II.
1117 Matousek „Modern“, S. 24
1118 Lambauer, ÖRiZ 1980, S. 233; Lambauer, ÖJBl 1985, S. 329
1119 Schuhmann, ÖRiZ 1981, S. 123
1120 Schick „Modern“, S. 53

schaftsrecht herausbilden. Die Loslösung der Oberstaatsanwälte von der politischen Spitze bei gleichzeitiger Unterstellung der Oberstaatsanwälte in Straffragen unter einen Generalstaatsanwalt sei nur dann sinnvoll, wenn dieser dem Parlament gegenüber verantwortlich sei. Andernfalls sei die parlamentarische Kontrolle der Verwaltungstätigkeit über die obersten Exekutivorgane nicht mehr gewährleistet, obwohl dies ein unveräußerliches Recht des Volkes sei. Dieses Recht sei gerade auf dem Gebiet der Staatsanwaltschaft unverzichtbar, da die Entscheidungen der Staatsanwälte im Gegensatz zu anderen Verwaltungsorganen nicht der Kontrolle durch die Verwaltungsgerichte unterliege.[1121]

In eine vergleichbare Richtung geht die Übertragung des Weisungsrechts auf einen Parlamentsanwalt.[1122] Diese Idee basiert auf dem Gedanken, daß eine Absicherung der staatsanwaltlichen Position nur dann möglich ist, wenn Rechtskontrolle in Form der Weisungsgebundenheit und Personalhoheit in Form der Versetzbarkeit nicht in einer Hand vereinigt, sondern getrennt sind. Der vom Parlament zu wählende Parlamentsanwalt hätte das bislang dem Justizminister zustehende Weisungsrecht inne, während dem Justizminister die übrige – die Staatsanwaltschaften betreffende – Justizverwaltung verbleibe.[1123]

Um aber die parlamentarische Verantwortung zu sichern, müsse der vom Justizministerium unabhängige „Generalstaatsanwalt“ oder „Parlamentsanwalt“ selbst dem Parlament gegenüber verantwortlich sein. Damit würde auch der „Parlamentsanwalt“ – wie derzeit der Justizminister – nach parteipolitischen Erwägungen ausgewählt werden, so daß sich kein wesentlicher Unterschied zur derzeitigen Regelung ergebe.[1124]

IV. Kontrolle durch Transparenz

Im Hinblick auf die parlamentarische Verantwortlichkeit des Justizministers[1125] und auch zur Absicherung des Legalitätsprinzips[1126] wird statt deren Abbau eine Verstärkung von Kontrollen der Staatsanwaltschaft gefordert.[1127] Vorgeschlagen wird dabei eine Kontrolle der Exekutive durch Publizierung der Akten beziehungsweise eine erhöhte Transparenz[1128] durch ein allgemeines Akteneinsichtsrecht in Unterlagen der Verwaltung. Dies sei nicht nur ein Mittel, um die Exekutive ans Legalitätsprinzip zu binden, sondern gleichzeitig ein Weg, um das Ver-

1121 Pallin, ÖRiZ 1966, S. 193
1122 Keller, Zukunft 1980, S. 19; Keller, ÖRiZ 1980, S. 237
1123 Keller, Zukunft 1980, S. 19; Keller, ÖRiZ 1980, S. 237
1124 Lambauer, ÖRiZ 1980, S. 233; Lambauer, ÖJBl 1985, S. 329
1125 Lambauer, ÖRiZ 1980, S. 234; Lambauer, ÖJBl 1985, S. 329
1126 Schuhmann, ÖRiZ 1981, S. 122
1127 Moos „Gesamtreform“, S. 161; Lambauer, ÖRiZ 1980, S. 234; Schuhmann, ÖRiZ 1981, S. 122
1128 Moos „Grundlinien und Standortbestimmung“, S. 79; Lambauer, ÖRiZ 1977, S. 140; Lambauer, ÖJBl 1985, S. 330

trauen der Bevölkerung in die Gesetzmäßigkeit der Verwaltung zu stärken.[1129] Gerade aus der Tatsache, daß andernfalls eine „graue Eminenz" im Hintergrund die Fäden ziehen könne, resultiere ein Mißtrauen gegenüber dem Weisungsrecht.[1130] Es müsse mit dienstlichen Anweisungen eine fragwürdige Bewandtnis haben, wenn man diesbezüglich das Licht der Öffentlichkeit scheue.[1131]

Bei der Offenlegung der Akten kämen allerdings nur solche Akten in Betracht, bei denen das öffentliche Interesse die Belange des Beschuldigten übersteige. Zu denken sei vor allem an politische Verfahren, Pressesachen von allgemeinem Interesse, Strafsachen im Zusammenhang mit Wahlen und Amtsmißbrauch. Gerade in den Einstellungsfällen bestehe keinerlei Notwendigkeit, die Weisungen geheimzuhalten.[1132] Da sowohl der Justizminister als auch alle Staatsanwälte an das Gesetz gebunden seien, würden staatliche Interessen nicht verletzt, wenn man sich nicht auf die Amtsverschwiegenheit berufe, sondern den Urheber der Weisung offenlege. Wenn eine vorgesetzte Behörde zur Wahrung des Legalitätsprinzips eine Entscheidung einer untergebenen Behörde korrigiere, sei kein Grund ersichtlich, dies nicht öffentlich zu dokumentieren.[1133] Hierdurch würde den internen Vorgängen zwischen Justizministerium, Oberstaatsanwaltschaften und Staatsanwaltschaften der Anschein der „Kabinettsjustiz" genommen.[1134] Bei der Offenlegung müßten schließlich nicht alle Einzelheiten preisgegeben werden, die unter Umständen private Interessen berühren oder verletzen könnten. In Strafsachen, in denen ein Staatsanwalt nicht zur Verfahrenseinstellung angewiesen, sondern im Gegenteil zur Verfolgung einer Straftat entgegen seiner Meinung angehalten wird, sei es allerdings erforderlich, daß die Weisung erst einmal verschwiegen werde, da in diesem Fall wesentliche Interessen der Justiz beeinträchtigt werden könnten. Zu denken sei dabei auch an Rechte des Beschuldigten bzw. Angeklagten etwa im Hinblick auf eine sachlich richtige Beweiswürdigung in der Hauptverhandlung, insbesondere durch Laienrichter.[1135] Hier bestehe die Gefahr, daß diese sich vor dem Hintergrund einer durch vorgesetzte Behörden oder gar des Justizministeriums erteilten Weisung in ihrer Meinungsbildung beeindrucken lassen. Diese Bedenken entfielen aber nach rechts-

---

1129 Pallin, ÖRiZ 1966, S. 194

1130 Lambauer, ÖRiZ 1977, S. 137; ähnlich auch bereits Seiler, ÖJBl 1965, S. 13

1131 Lambauer, ÖRiZ 1977, S. 140

1132 Pallin, ÖRiZ 1966, S. 194; Fischlschweiger hingegen kritisierte diesen Vorschlag hinsichtlich der Verfahren, die eingestellt werden. Denn gerade im Fall einer Einstellung sei die Intimsphäre der Beteiligten zu schützen, Fischlschweiger zit. bei Lambauer, ÖRiZ, 1977, S. 140. Hieraus folgert Lambauer, ÖRiZ 1977, S. 140, daß dann konsequenterweise in den Fällen, in denen es zur Anklageerhebung kommt, volle Akteneinsicht zu fordern sei. Denn sobald der Sachverhalt Gegenstand einer öffentlichen Verhandlung sei, hätten private Interessen an der Geheimhaltung zurückzustehen.

1133 Lambauer, ÖRiZ 1980, S. 234; Lambauer, ÖRiZ 1977, S. 140

1134 Lambauer, ÖRiZ 1980, S. 234; Lambauer, ÖRiZ 1977, S. 140

1135 Lambauer, ÖRiZ 1980, S. 234; Lambauer, ÖRiZ 1977, S. 140

kräftiger Beendigung des Verfahrens, so daß dann vor der Entscheidung ergangene Weisungen nicht mehr verheimlicht zu werden brauchten.[1136] Diese Publizitätsforderung wird teilweise auf "externe" Weisungen der vorgesetzten Behörden beschränkt.[1137] Innerhalb der einzelnen Behörden selbst bestehe keine Notwendigkeit, die Anweisungen des Vorgesetzten offenzulegen, da dieser sowohl Einstellung als auch Anklage selbst unterzeichnen könne, womit er auch nach außen als Verantwortlicher erscheine.[1138]

Die fehlende Transparenz staatsanwaltschaftlicher Entscheidungen wird vor allem im Bereich der Einstellungen kritisiert. Derzeit muß die Staatsanwaltschaft, etwa bei Nichtverfolgung eines Betroffenen, ihre Gründe nicht mitteilen.[1139] Damit kann nicht überprüft werden, warum ein bestimmter Verdächtiger nicht angeklagt wird. Den Forderungen nach mehr Transparenz wurde mit dem Staatsanwaltsgesetzes von 1986 Rechnung getragen, indem nach § 31 ÖStAG unter bestimmten Voraussetzungen eine Bekanntmachung von Weisungen ermöglicht wird.[1140]

V. Sicherung der Staatsanwälte gegen Versetzbarkeit

Weiterhin sei es erforderlich, die Weigerungs- und Remonstrationsrechte der Staatsanwälte stärker abzusichern. Solange ein Staatsanwalt jederzeit versetzt werden könne, hätten diese Rechte nur einen äußerst eingeschränkten Anwendungsbereich.[1141] Wie eine solche Absicherung jedoch in der Praxis umgesetzt werden soll, bleibt offen.

VI. Ausschluß negativer Weisungen / Beschränkung auf positive Weisungen

Darüber hinaus wird der Ausschluß sogenannter negativer Weisungen des Justizministeriums[1142] und auch der staatsanwaltschaftlichen Behörden[1143] gefordert. Der Justizminister sollte der Justiz nicht dadurch in den Rücken fallen können, indem er eine Weisung dahingehend erteilt, durch welche die Einleitung

---

1136 Lambauer, ÖRiZ 1980, S. 234
1137 Lambauer, ÖRiZ 1980, S. 234
1138 Lambauer, ÖRiZ 1980, S. 234
1139 Lambauer, ÖRiZ 1977, S. 140; Moos „Grundsatzfragen", S. 64; Driendl „Funktion", S. 230
1140 Vgl. hierzu auch Matousek, Stellungnahme vor der Rechtsakademie in Wustrau, S. 8 (unveröffentlicht)
1141 Pallin, ÖRiZ 1966, S. 194
1142 Moos „Grundsatzfragen", S. 64; Matousek „Stellung und Verantwortung", S. 174; Ofner, zitiert bei Strasser, ÖRiZ 1984, S. 167; zustimmend Strasser, ÖRiZ 1984, S. 167 f; Strasser, ÖRiZ 1991, S. 271
1143 Schick „Modern", S. 53; Ainedter „Modern", S. 70; Moos „Grundsatzfragen", S. 64

oder Fortführung eines Verfahrens verhindert wird.[1144] Schließlich könnten Weisungen zu Einstellungen von Verfahren trotz der Bindung des Justizministeriums an das Legalitätsprinzip politisch motiviert sein.[1145] Daher soll die bisherige absolute Weisungsbefugnis[1146] auf die Fälle der Strafverfolgung beschränkt werden.[1147]

Dieser Ansicht wird entgegengehalten, daß dann der eigentliche Tätigkeitsbereich der Staatsanwaltschaft, nämlich die Entscheidung über Einstellung oder Anklage, nur noch zum Teil kontrolliert werden könne.[1148] Die übergroße Machtfülle der Staatsanwaltschaft durch einen „Quasifreispruch" in den Einstellungsfällen[1149] werde hierdurch nicht beseitigt.[1150] Weiterhin könnten auch durch eine unberechtigte Anklageerhebung schwerwiegende Folgen auf den Angeklagten zukommen,[1151] zumal einige Prozesse durch die Medien regelmäßig einer breiteren Öffentlichkeit zugänglich gemacht werden.[1152]

VII. Forderung nach Schriftlichkeit

Gefordert wird weiterhin, daß Weisungen nur in schriftlicher Form zulässig sein sollen[1153] und begründet werden müssen.[1154] In diesem Zusammenhang wird auch der Ruf nach einer Regelung über die Absetzbarkeit, Versetzbarkeit und Zuständigkeit jedes Staatsanwalts laut,[1155] da andernfalls die erforderliche Transparenz nicht gewährleistet sei. Ansonsten hätte der Vorgesetzte weiterhin die Möglichkeit, dem Untergebenen „durch die Blume" mitzuteilen, was er von

1144 Ofner, zitiert bei Strasser, ÖRiZ 1984, S. 167; zustimmend Strasser, ÖRiZ 1984, S. 167 f; so auch grundsätzlich Schick „Modern", S. 53

1145 Moos „Grundsatzfragen", S. 64

1146 Z. T. unter Beibehaltung dessen genereller Aufsichts- und Kontrollkompetenz, so Strasser, ÖRiZ 1984, S. 168

1147 Strasser, ÖRiZ 1984, S. 168

1148 Lambauer, ÖRiZ 1980, S. 233

1149 Vgl. bereits oben unter 9. Kapitel A. II. 2.

1150 Lambauer, ÖRiZ 1977, S. 139

1151 Keller, ÖRiZ 1980, S. 237; Lambauer, ÖJBl 1985, S. 330

1152 Lambauer, ÖJBl 1985, S. 330

1153 Fischlschweiger, ÖJZ 1967, S. 421; Keller, ÖRiZ 1980, S. 237; Keller, Zukunft 1980, S. 19; Ofner, zitiert bei Strasser ÖRiZ 1984, S. 167; zustimmend Strasser, ÖRiZ 1984, S. 167; Zitta, Salzburger Nachrichten vom 16.06.2001, S. 7; auch Lambauer, ÖRiZ 1977, S. 138, der insbesondere auf gemeinsame Chefbesprechungen während der national-sozialistischen Ära im Reichsjustizministerium hinweist, bei denen den Generalstaatsanwälten mündliche Weisungen erteilt wurden, die diese wiederum mündlich an die Untergebenen weiterleiteten; zustimmend auch Seiler, ÖJBl 1965, S. 5, 13 der herausstellt, daß derartige politische Einflußnahme nicht nur in einem totalitären Regime denkbar ist.

1154 Keller, ÖRiZ 1980, S. 236; Zitta, Salzburger Nachrichten vom 16.06.2001, S. 7

1155 Keller, ÖRiZ 1980, S. 236

ihm erwarte. Ein Mittel hierzu seien etwa wiederholt angeforderte Vorlageberichte mit entsprechenden Ausführungen zur Rechts- und Tatfrage.[1156]

Der Forderung nach Schriftlichkeit hat die Novellierung des Rechts der Staatsanwaltschaft durch das Staatsanwaltschaftsgesetz weitgehend Rechnung getragen. Was die Forderungen nach Begründungspflichten und Einschränkungen der Versetzbarkeit anbelangt, enthält das ÖStAG keine Regelungen.

VIII. Einführung eines Kollegialorgans

Vorgeschlagen wird als Alternative zur derzeitigen Weisungskompetenz des Justizministeriums die Einführung eines zentralen Kollegialorganes. Sofern alle größeren Parteien in diesem Kollegialorgan vertreten wären, könne der Vorwurf parteipolitischer Bevorzugung oder Benachteiligung bei der Verfolgungstätigkeit der Staatsanwaltschaften abgeschwächt werden.[1157]

In diese Richtung zielt auch der Vorschlag, eine unabhängige Kontrollinstanz, eine „Appellationskommission der Oberstaatsanwaltschaften", einzuführen.[1158] Hintergrund dieser Überlegung ist, daß nicht nur ungerechtfertigte Einstellungen gegen das Legalitätsprinzip verstoßen können, sondern auch unbegründete und leichtfertige Anklageerhebungen. Zudem können letztere auch zu einer irreparablen Schädigung der Betroffenen in materieller und ideeller Hinsicht führen.[1159] Diese Kommission soll für den Fall, daß der Staatsanwalt am Gerichtshof erster Instanz und der Oberstaatsanwalt hinsichtlich Einstellung oder Anzeigerückziehung unterschiedlicher Auffassung sind und sich der Oberstaatsanwalt entgegen dem Staatsanwalt für eine Abstandnahme von der Strafverfolgung einsetzt, über das weitere Vorgehen entscheiden. Vorgeschlagen wird daher eine Ergänzung der Regelungen des Weisungsrechts wie folgt:

> *„Bestehen Meinungsverschiedenheiten zwischen dem Staatsanwalt und dem Oberstaatsanwalt darüber, ob die Veranlassung des Strafverfahrens genügend begründet sei, ob das Begehren nach strafrechtlicher Verfolgung zurückzuziehen oder zu erklären sei, daß kein Grund zur weiteren gerichtlichen Verfolgung bestehe oder ob nach Versetzung in den Anklagestand und vor Beginn der Hauptverhandlung von der Anklage zurückzutreten sei, so ist die Entscheidung der Appellationskomission der Oberstaatsanwaltschaften einzuholen, wenn der Oberstaatsanwalt für die Abstandnahme von der gerichtlichen Verfolgung oder für die Rückziehung der Anklage eintritt. Die Entscheidung hat sich auf die Genehmigung oder Nichtgenehmigung der Verfahrenseinstellung zu beschränken und ist zu begründen. Der Staatsanwalt beim Gerichtshof erster Instanz hat hierauf die dieser Entscheidung entsprechenden Veranlassungen zu treffen. Die Appellationskommission besteht aus den Leitern oder Vertretern der übrigen drei Ober-*

1156 Lambauer, ÖRiZ 1977, S. 139

1157 Keller, Zukunft 1980, S. 18; Lambauer, ÖRiZ 1980, S. 233; Lambauer, ÖJBl 1985, S. 329;

1158 Schuhmann, ÖRiZ 1981, S. 125

1159 Schuhmann, ÖRiZ 1981, S. 124

staatsanwaltschaften, von denen eine den Vorsitz führt. Die Mitglieder der Appellationskommission sind bei der Ausübung ihres Amtes an keine Weisungen gebunden."[1160]

Auch an diesem Modell wird Kritik geübt. Bei brisanten Straffällen könne sich die Meinungsbildung schwierig gestalten, weil das Zentralorgan mit einer gewissen Schwerfälligkeit verbunden sei, [1161] was letztlich zum Erliegen der Strafrechtspflege führen könnte.[1162]

IX. Koppelung des externen Weisungsrechts an Parteienbeschwerde

Vorgeschlagen wird auch, die Leitungsbefugnis des Ministers im Prinzip zu belassen, die Ausübung dieser Befugnis aber an das Vorliegen einer entsprechenden Parteienbeschwerde über den Staatsanwalt an das Justizministerium zu binden. Auf diese Weise könnte der Justizminister sein Weisungsrecht nicht mehr von sich aus ausüben, sondern nur dann, wenn sich ein Beschuldigter oder auch ein Richter über die (Un-) Tätigkeit eines Staatsanwalts beschwert. Dieses Beschwerderecht soll auch für den Privatbeteiligten bestehen.[1163]

X. Verbesserung der Möglichkeiten der Klageerzwingung

Es wird für erforderlich gehalten, das Legalitätsprinzip abzusichern. Dies sei nur dann möglich, wenn die schwache Stellung des Subsidiaranklägers weiter ausgebildet und / oder der Staatsanwalt vor rechtswidrigen Weisungen und internen Maßnahmen besser geschützt werde.

Zur Umsetzung dieses Vorschlags könnte eine zweite, subsidiäre Anklagebehörde eingerichtet werden, die im Gegensatz zur Staatsanwaltschaft mit einer richterähnlichen Unabhängigkeit und Weisungsfreiheit ausgestattet ist. Mit Subsidiarität dieser Anklagebehörde ist gemeint, daß sie dann zum Zuge kommen soll, wenn die „normale Staatsanwaltschaft" ein Verfahren eingestellt hat. In diesem Fall könnte der Subsidiarbehörde ein Rechtsmittel zur Oberstaatsanwaltschaft zur Verfügung gestellt werden. Für den Fall einer negativen Entscheidung der Oberstaatsanwaltschaft soll der subsidiären Anklagebehörde das Recht auf weitere Verfolgung zukommen. Hierdurch ließen sich zwar einerseits Popularklagen verhindern, aber andererseits können Beschwerden von jedermann vorgebracht werden.[1164]

Eine abgewandelte Form dieses Modells sieht vor, daß dem Verletzten gegen die Einstellungsentscheidung der Staatsanwaltschaft eine förmliche Beschwerde

---

1160 Schuhmann, ÖRiZ 1981, S. 125

1161 Keller, Zukunft 1980, S. 18; Lambauer, ÖRiZ 1980, S. 233; Lambauer, ÖJBl 1985, S. 329

1162 Keller, ÖRiZ 1980, S. 237

1163 Ainedter „Modern", S. 71

1164 Moos/Steininger, S. 189

zum Oberstaatsanwalt eingeräumt wird. Der Oberstaatsanwalt soll daraufhin entweder einen genau begründeten Einstellungsbescheid erlassen oder die Erhebung einer Anklage verfügen.[1165]

Auch dieser Lösung werden verschiedene Kritikpunkte entgegengehalten. Dieser Vorschlag führe dazu, daß der Staatsanwalt tatsächlich zur Strafverfolgung gezwungen werde, was in schwierigen und subtilen Straffällen nicht zur Steigerung seiner Einsatzfreudigkeit beitrage. Zum anderen stelle diese Lösung keinen Fortschritt sondern einen gravierenden Eingriff in den österreichischen Anklagegrundsatz[1166] und damit einen Rückfall in das Zeitalter des Inquisitionsprozesses dar.[1167] Dies widerspreche den verfassungsrechtlichen Grundsätzen des Anklageprozesses, sowie der Trennung und gegenseitigen Unabhängigkeit von Staatsanwaltschaft und Gericht.[1168]

Vergleichbar ist auch die vorgeschlagene Lösung über den Ausbau der Subsidiaranklage,[1169] die mit einem geringen legislatorischen Aufwand verbunden sei.[1170] Indem die Subsidiaranklage auch bei befriedigten privatrechtlichen Ansprüchen dem Geschädigten oder gar den Interessenvertretungen eröffnet werde, könne man eine weitere Kontrollmöglichkeit schaffen.[1171] Noch weitergehend ist der Vorschlag, eine Koppelung an privatrechtliche Ansprüche gänzlich abzuschaffen.[1172]

XI. „Linzer Entwurf" und Tagungsergebnisse in Lindabrunn

Daß die Diskussion um das Weisungsrecht nicht nur in den Universitäten und der Lehre ausgetragen wird, zeigt vor allem die Klausurtagung des Vereins österreichischer Staatsanwälte in Lindabrunn im Jahr 1981.[1173]

Der im Rahmen dieser Tagung vorgestellte „Linzer Entwurf" sah vor, wie auch in der Literatur gefordert,[1174] daß Weisungen, die auf ein Absehen von der Strafverfolgung gerichtet sind, nicht mehr erteilt werden dürfen. Diese Umsetzung sei ohne grundlegende Änderungen der Österreichischen Strafprozeßord-

1165 Moos „Reform", S. 123
1166 Moos „Reform", S. 123
1167 Lambauer „Modern", S. 3; Lambauer, ÖRiZ 1980, S. 233
1168 Schuhmann, ÖRiZ 1981, S. 123
1169 Lambauer, ÖRiZ 1980, S. 33; Lambauer, ÖRiZ 1977, S. 140
1170 Lambauer, ÖRiZ 1980, S. 234; Lambauer, ÖRiZ 1977, S. 140; Ainedter „Modern", S. 71
1171 Lambauer, ÖRiZ 1980, S. 234
1172 Moos „Reform", S. 123; Moos „Grundsatzfragen", S. 64
1173 Der Verein österreichischer Staatsanwälte beschäftigte sich im Rahmen dieser Klausurtagung vom 15.01.1981 bis zum 17.01.1981 in Lindabrunn mit aktuellen Fragen des Dienst- und Organisationsrechts der Staatsanwälte, und dabei schwerpunktmäßig auch mit der Problematik der Weisungsgebundenheit der Staatsanwaltschaft.
1174 Vgl. oben unter 9. Kapitel H. VI.

nung möglich, da dieser Gedanke der österreichischen Rechtsordnung nicht völlig fremd sei.[1175]

Neben dem „Linzer Entwurf" wurden auf der Tagung in Lindabrunn auch die Lösungsmodelle weiterer staatsanwaltlicher Arbeitsgemeinschaften diskutiert:

Teilweise wurde die Auffassung vertreten, daß das Weisungsrecht nicht mehr beim Justizminister, sondern beim Oberstaatsanwalt bzw. einem Kollegialorgan aus Staatsanwälten enden solle. Dabei wurde auch über eine Beschränkung dieser Lösung auf Weisungen zur Verfahrenseinstellung nachgedacht.[1176]

Der in der Literatur vertretene Vorschlag, das Weisungsrecht auf einen Generalstaatsanwalt bzw. Parlamentsanwalt zu übertragen, fand im Rahmen dieser Praktikertagung keine Unterstützung.[1177]

Neben diesen Hauptvorschlägen gab es zahlreiche Einzellösungen, die von der Beibehaltung des bisherigen Zustandes[1178] bis hin zur völligen Weisungsfreiheit differierten.[1179]

Dieser Tagung ging eine Aussprache der staatsanwaltschaftlichen Standes- und Personalvertreter mit dem österreichischen Bundesjustizminister voraus, in der dieser mitteilte, daß er eine Verfassungsänderung aus grundsätzlichen Erwägungen ausschließe. Zudem vertrat der Justizminister die Auffassung, daß die politischen Parteien im Nationalrat einer Änderung des Weisungsrechts ablehnend gegenüberstünden.[1180]

Ergebnis der Klausurtagung in Lindabrunn war die Forderung der staatsanwaltschaftlichen Personal- und Standesvertreter nach einer strukturellen und substantiellen Neugestaltung des Weisungsrechts im Rahmen des Legalitätsprinzips. Hierzu sollten generelle Weisungen uneingeschränkt zulässig bleiben. Dagegen sollten Weisungen auf Verfahrenseinstellung im Einzelfall unzulässig sein. Der Bundesjustizminister sollte jedoch befugt sein, Weisungen zur Anklageerhebung zu erteilen, es sei denn die übergeordneten Instanzen lehnten übereinstimmend eine weitere Verfolgung ab. In diesem Zusammenhang sollte eine den spezifischen Belangen der Staatsanwälte Rechnung tragende feste Geschäftsverteilung erstellt werden.[1181]

1175 Linzer Staatsanwälte, zitiert nach Komar, ÖRiZ 1981, S. 34

1176 Grazer Staatsanwälte, zitiert nach Komar, ÖRiZ 1981, S. 34

1177 Komar, ÖRiZ 1981, S. 34

1178 So die Innsbrucker Staatsanwälte, zitiert nach Komar, ÖRiZ 1981, S. 34

1179 So vor allem von Staatsanwälten aus dem Gerichtssprengel Wien, zitiert nach Komar, ÖRiZ 1981, S. 34

1180 Komar, ÖRiZ 1981, S. 34

1181 Komar, ÖRiZ 1981, S. 34

J. Ergebnis

Der deutsche und der österreichische Strafprozeß unterscheiden sich trotz gleicher historischer Wurzeln in wesentlichen Details. Dem österreichischen Staatsanwalt kommt im Strafverfahren gegenüber dem Angeklagten eine stärkere Stellung zu als dem deutschen Pendant.[1182] Deutlich wird dies vor allem bei der Entscheidung über Anklage oder Einstellung des Verfahrens. Die österreichische Staatsanwaltschaft kann die Anklage noch bis zum Schluß des Verfahrens zurücknehmen. Dem deutschen Staatsanwalt ist dies aufgrund des Immutabilitätsgrundsatzes (§ 156 StPO) verwehrt, da die Staatsanwaltschaft mit der Eröffnung des Hauptverfahrens die Dispositionsbefugnis über die Anklage verliert.[1183]

Auch vor Eröffnung des Hauptverfahrens kommt den Entscheidungen des österreichischen Staatsanwalts eine höhere Bedeutung zu. Während im deutschen Strafverfahren nach einer Verfahrenseinstellung mangels hinreichender Verdachtsmomente (§ 170 II StPO) das Verfahren jederzeit formlos wieder aufgenommern werden kann,[1184] ist in Österreich ein förmlicher Einstellungsbeschluß erforderlich.

Auch wenn alleine mit dieser Begründung der Staatsanwalt nicht mit dem Richter gleichgesetzt werden kann, so kommt die Einstellungsentscheidung des österreichischen Staatsanwalts einem „Quasifreispruch" deutlich näher als die des deutschen Staatsanwalts.

Von daher verwundert es, daß in der Diskussion, die in beiden Ländern im Wesentlichen parallel verläuft, das Argument, durch das Weisungsrecht könne die Gewaltenteilung[1185] verletzt werden, in Österreich gegenüber Deutschland kaum eine Rolle spielt.

Der Grund hierfür liegt möglicherweise darin, daß Gewaltenteilung in Österreich nicht wie in Deutschland als eine inhaltliche Trennung von Rechtserkenntnis und übrigem Gesetzesvollzug interpretiert wird. Es herrscht stattdessen ein formal-organisatorisches Verständnis in dem Sinne, daß der Verwaltung (also auch der Justizverwaltung) Rechtsprechungsaufgaben zugewiesen werden können, sie aber nicht in der gleichen Sache von einem Gericht kontrolliert werden darf.[1186]

Zweischneidig zu beurteilen ist die nur schwach ausgestaltete Möglichkeit der Subsidiaranklage. Die österreichische Subsidiaranklage ist in einem wesentlich engeren Anwendungsbereich zulässig als das deutsche Klageerzwingungsver-

1182 So auch Bertel, Rn. 233

1183 Kleinknecht/Meyer-Goßner, §156 StPO, Rn. 1

1184 Kleinknecht/Meyer-Goßner, §170 StPO, Rn. 9

1185 Das Gewaltenteilungsprinzip gilt auch in Österreich; vgl. Fischlschweiger, ZStrW (91) 1979, S. 749 ff

1186 Vgl. Moos „Vergleichung", S. 41

fahren. Aus diesem Grunde wiegt das Argument sehr viel schwerer, daß das Weisungsrecht erforderlich ist, um ein Korrektiv zu der fehlenden Absicherung des Legalitätsprinzips durch Klageerzwingung zu bieten. Wenn ein Staatsanwalt ein Verfahren rechtswidrig einstellt, kann dieser Fehler durch eine entsprechende Weisung korrigiert werden. Umgekehrt kann jedoch auch die Auffassung vertreten werden, daß diese Situation gerade gegen das Weisungsrecht spricht. Wenn ein Vorgesetzter die Weisung erteilen würde, ein bestimmtes Verfahren einzustellen, dann könnte diese Entscheidung von außen nicht korrigiert werden.

Trotz vergleichbarer Ausgangssituation und einer parallel verlaufenden kritischen Diskussion hat sich die Ausgestaltung des Rechts der Staatsanwaltschaft und dabei gerade des Weisungsrechts in den letzten 20 Jahren in Deutschland und Österreich unterschiedlich entwickelt. Während die Arbeiten am Referentenentwurf des deutschen Staatsanwaltsgesetzes von 1976 nicht mehr fortgeführt wurden, trat im Jahr 1986 das Österreichische Staatsanwaltsgesetz[1187] in Kraft. Den Forderungen der Literatur und Praxis nach einer Neustrukturierung der Staatsanwaltschaften und kompletten Neugestaltung des Weisungsrechts wurde dabei allerdings nicht Rechnung getragen.[1188] Aufgegriffen wurde aber der Ruf nach mehr Transparenz, so daß im ÖStAG die Form der Weisungserteilung genauer umrissen und eine Bekanntgabe nach außen ermöglicht wurde. So sieht insbesondere § 29 ÖStAG die Schriftform und Begründungspflichten für Weisungen vorgesetzter Behörden vor. Auch Weisungen innerhalb staatsanwaltlicher Behörden sind nach § 30 ÖStAG auf Verlangen schriftlich zu erteilen. Durch dieses Schriftformgebot wird die andernfalls nicht immer eindeutige Grenzziehung zwischen verbindlicher Weisung und unverbindlichem Rat gezogen. Um diese Klarstellung nicht nur im Innenverhältnis zu gewährleisten, sondern auch im Außenverhältnis für entsprechende Transparenz zu sorgen, ermöglicht § 31 ÖStAG darüber hinaus die Bekanntgabe von Weisungen. Die wesent-

1187 Bundesgesetzblatt für die Republik Österreich vom 25.03.1986, 62. Stück, Nr. 164

1188 Daher lebte auch erst vor kurzem im Rahmen der geplanten Neuregelung des strafprozessualen Vorverfahrens die Diskussion über die Weisungsgebundenheit der Staatsanwälte neu auf. Während der am 25.04.2001 vorgestellte Ministerialentwurf an der Weisungsgebundenheit festhält (http://www.bmj.gv.at/gesetzes/vorverfahren2.html; Text: http://www.bmj.gv.at/gesetzes/download/strafproz_vorverf.pdf; Erläuterungen: http://www.bmj.gv.at/gesetzes/download/erl_strafproz_vorverf.pdf), wird im Rahmen der aktuellen Diskussion teilweise immer noch die Abschaffung der Weisungsgebundenheit gefordert (Woratsch, Günter, zit. nach APA, Der Standard vom 15.02.1999, S. 10; speziell für das externe Weisungsrecht: Matousek, Der Standard vom 08.04. 1999, S. 13; Woratsch, Günter, zit. nach Escher, Salzburger Nachrichten vom 27.03. 2001, S. 7). Diesen Forderungen wird jedoch entgegengehalten, daß eine Abschaffung der Weisungsgebundenheit nicht angezeigt sei, da das Weisungsrecht in Österreich äußerst transparent gehandhabt werde (Böhmdörfer, Dieter, zit. nach Salzburger Nachrichten vom 26.04.2001; Litzka, Gerhard zit. nach APA, Der Standard vom 16.02. 1999, S. 10).

lichen Errungenschaften des ÖStAG liegen daher darin, daß eine „geheime und versteckte“ Weisungserteilung verhindert werden soll. Hierdurch werden der Verdacht einer verdeckten Einflußnahme und die „Anrüchigkeit“ einer „hinter verschlossenen Türen“ erteilten Weisung abgeschwächt und der Weg für eine entsprechende Kontrolle durch die Öffentlichkeit geebnet.

4. Teil: Rechtstatsachenanalyse

10. Kapitel: Wann wird aus einer Bitte ein Befehl?

Von den bereits dargestellten rechtlichen Grundlagen des Weisungsrechts ist die tatsächliche Umsetzung staatsanwaltlicher Anweisungsprozesse zu unterscheiden. Dieser Bereich wurde bislang noch nicht untersucht. Um aber die tatsächlichen Erscheinungsformen der Weisung empirisch ermitteln zu können, ist es erforderlich, sich zunächst mit der Frage zu befassen, wie Anweisungen praktisch umgesetzt werden.

A. Gesetzliches Leitbild des Staatsanwaltschaftsaufbaus nach dem GVG

Wie bereits dargestellt, geht das GVG von einem streng monokratisch-hierarchischen Aufbau aus. Anhaltspunkte darüber, wie das Hierarchieprinzip in der Praxis umzusetzen ist, lassen sich den Regelungen des GVG nicht entnehmen. Auch die bundeseinheitlich für die Staatsanwaltschaften erlassene „Anordnung über Organisation und Dienstbetrieb der Staatsanwaltschaft" hilft nur eingeschränkt weiter. Die OrgStA gibt vor, wie der interne Behördenaufbau grundsätzlich zu strukturieren ist. Sie geht davon aus, daß jeder Dezernent innerhalb des ihm zugewiesenen Geschäftsbereiches die Aufgaben in eigener Verantwortung erledigt und, soweit nicht anders bestimmt ist, selbst zeichnet (§ 12 OrgStA). Zugleich eröffnet die OrgStA aber auch einen umfangreichen Ausnahmekatalog, der eine Zeichnung des Behörden- bzw. Abteilungsleiters erfordert (§§ 13, 14, 15 OrgStA). Zudem steht der weitgehend selbständig angelegten Geschäftsabwicklung ein umfassendes Aufsichts- und Leitungsrecht des Behördenleiters (§ 4 OrgStA) bzw. des Abteilungsleiters (§ 5 OrgStA) gegenüber. Insbesondere haben der Behördenleiter und die Abteilungsleiter nach § 4 I Nr.6 OrgStA bzw. § 5 OrgStA dafür zu sorgen, daß sie über alle bedeutsamen Angelegenheiten unterrichtet werden und in diesen Sachen Maßnahmen nicht ohne ihre Kenntnis getroffen werden.

Wie allerdings Dienstaufsicht und Leitung tatsächlich durchzuführen sind, wird weder in der OrgStA noch im GVG festgelegt. Zwar enthält § 4 II OrgStA für die Behördenleiter und über § 5 OrgStA auch für die Abteilungsleiter die Maßgabe, daß bei der Durchführung der Leitung die Erkenntnisse der Organisationslehre und Prinzipien einer modernen Personalführung zu berücksichtigen sind. Die OrgStA enthält jedoch weder genaue Vorgaben hinsichtlich der Führungsgrundsätze noch Richtlinien, wie das Vorgesetzten-Untergebenen-Verhältnis konkret auszugestalten ist. Da nach der modernen Personalführung verschiedene Führungsstile möglich sind und die Ausgestaltung der Mitarbeiterführung letztlich von dem jeweiligen Behörden- bzw. Abteilungsleiter individuell umgesetzt werden muß, kann § 4 II OrgStA allenfalls als Programmsatz eingeordnet werden, nicht aber als konkrete – geschweige denn verbindliche – Vorgabe.

B. Verschiedene Führungsstile

Da das Gesetz keine Führungsgrundsätze vorgibt, ist zu untersuchen, wie das Führungsverhältnis in der Vorgesetzten-Untergebenen-Beziehung tatsächlich ausgestaltet werden kann. Hilfreich sind dabei Studien über Personalmanagement, Mitarbeiterführung und Unternehmensleitung. Diese sind jedoch überwiegend auf den Bereich der Privatwirtschaft abgestimmt. Lediglich vereinzelt beschäftigen sich solche Darstellungen mit Führungsstilen innerhalb der öffentlichen Verwaltung. Daher bietet es sich an, ausgehend von den Studien zum marktwirtschaftlichen Mitarbeitermanagement zu prüfen, ob und inwieweit eine Adaption dieser Grundsätze auf die Staatsanwaltschaften möglich ist.

Es gibt eine Vielzahl von Führungsstilen, die nicht gleichermaßen praktisch relevant oder nahezu deckungsgleich sind. Daher konzentriert sich die folgende Darstellung auf die Hauptführungsstile.

Im Wesentlichen werden vier praktisch relevante Führungsstile[1189] unterschieden, nämlich der autokratische, der patriarchalische, der bürokratische und der demokratische Stil.

Der **autokratische Führungsstil** sieht vor, daß eine Führungskraft über alle Handlungsschritte einer Gruppe allein entscheidet und Anordnungen trifft, ohne die nachgeordneten Gruppenmitglieder nach ihrer Ansicht zu fragen oder auch nur über die Entscheidungsgründe zu informieren.[1190] Dieser Stil ist ohne Mitwirkungsmöglichkeit der Untergebenen auf Befehl und Gehorsam ausgerichtet.[1191] Es wird streng zwischen Führung und Ausführung unterschieden, so daß im äußersten Fall ein Ausführender auch gegen die eigene Meinung zu handeln hat.[1192] Der autokratische Stil ist häufig in hierarchischen bzw. zentralistischen Organisationsstrukturen anzutreffen. Hier kommt dem Vorgesetzten bereits aufgrund seiner Position die Amtsautorität zu.[1193]

Der **patriarchalische Führungsstil** geht von einem Typus aus, bei dem sich die „Macht" vom Eigentum am Unternehmen ableitet und die Angestellten vom Unternehmer abhängig sind, der gleichsam als „Vater" über die „Familie" herrscht.[1194] Wie beim autokratischen Führungsstil besteht eine Trennung zwischen Führung und Ausführung. Jedoch ist eine vergleichbar straffe Anordnungs- und Kontrollfunktion nicht erforderlich, da die Abhängigkeit im Vorder-

---

1189 Liegert, S. 30
1190 Liegert, S. 30
1191 Althoff, S. 163
1192 Liegert, S. 30
1193 Althoff, S. 163
1194 Liegert, S. 30, Althoff, S. 166

grund steht. Hierdurch sind eigene Meinungen der Angestellten möglich, die vom Chef geprüft und gegebenenfalls nach Genehmigung freigegeben werden.

Beim **bürokratischen Führungsstil** handelt der Vorgesetzte nach und unter Bezugnahme auf Geschäftsordnung und Dienstanweisung, so daß jede Handlung durch eine Vorschrift gedeckt ist. Auch die Mitarbeiter haben die bürokratisch vorgegebenen Anweisungen einzuhalten und sich hieran zu orientieren.

Der **demokratische Führungsstil** ist dadurch gekennzeichnet, daß die zur Realisierung des gemeinsamen Gruppenziels erforderlichen Handlungen innerhalb der Gruppe zur Diskussion gestellt werden und eine Mehrheit von Gruppenmitgliedern bestimmt.[1195] Die Mitarbeiter haben hier also im Gegensatz zu den oben dargestellten Führungsstilen die Möglichkeit, am Willensbildungsprozeß teilzuhaben, da eine pluralistische Entscheidungsfindung erfolgt.[1196]

Eine Abwandlung dieses demokratischen Führungsstils ist die sehr viel weitergehende Variante des kollektiven Führungsstils. Hier werden nicht nur die Entscheidungen zur Diskussion gestellt, sondern die Führung erfolgt durch die Gruppe selbst.[1197]

Innerhalb der Führungsstile lassen sich zwei Hauptrichtungen unterscheiden, nämlich der direktive Führungsstil[1198] einerseits und der kooperative Führungsstil[1199] andererseits.[1200] Von der Führungsmethodik her lassen sich der autokratische, der patriarchalische und der bürokratische Führungsstil am ehesten dem direktiven Führungsstil zuordnen.[1201] All diese Stile sind sehr repressiv und wenig auf den Willen und die Bedürfnisse der Mitarbeiter bezogen. Sie unterscheiden sich letztlich durch die Art der Legitimierung. Der Machtanspruch leitet sich entweder aus dem Vorgesetztenstatus (autokratischer Stil), dem Versorgerstatus (patriarchalischer Stil) oder der gesetzlichen bzw. institutionellen Verankerung (bürokratischer Stil) ab.

Der demokratische Stil, der den Mitarbeitern die Möglichkeit gibt, selbst auf Entscheidungsprozesse mit Einfluß zu nehmen, ist hingegen eine Form des nondirektiven, kooperativen Führungsstils.

C. Anwendbarkeit dieser Führungsstile auf die Staatsanwaltschaft

Bei der Frage, inwieweit die genannten Führungsstile auf die Staatsanwaltschaft Anwendung finden können, muß unterschieden werden: Zum einen ist zu klären, ob der jeweilige Führungsstil auf die Gesamtstruktur der Staatsanwaltschaft an-

---

1195 Liegert, S. 30
1196 Althoff, S. 163
1197 Althoff, S. 167
1198 Von Lay auch als „Außen-Stil“ bezeichnet, vgl. Lay, S. 261
1199 Von Lay auch als „Innen-Stil“ bezeichnet, vgl. Lay, S. 261
1200 Althoff, S. 166
1201 Vgl. hierzu auch Althoff, S. 167

wendbar ist, also auf die funktionalen Beziehungen Justizminister – Generalstaatsanwalt – Leitender Oberstaatsanwalt – Abteilungsleiter – Dezernent. Zum anderen muß geprüft werden, welche Führungsstile innerhalb der individuellen Zusammenarbeit direkt zwischen Vorgesetzten und Untergebenen eingesetzt werden können.

Das rein demokratische Prinzip ist schon allein aufgrund der rechtlichen und tatsächlichen Gegebenheiten innerhalb der Staatsanwaltschaft nicht denkbar. Die §§ 144 ff GVG sehen – wie bereits gezeigt[1202] – keine demokratischen Elemente vor. Diese Vorschriften gehen von einer dem Wortlaut nach uneingeschränkten[1203] Weisungsbefugnis der Vorgesetzten und einer entsprechend umfassenden Weisungsgebundenheit der „Untergebenen" aus. Ein rein demokratischer Führungs- und Arbeitsstil stünde auch im Widerspruch zur Struktur der Staatsanwaltschaft. Die Mitbestimmung mehrerer Staatsanwälte bzw. ein Entscheidungsprozeß in der Gruppe würde sich mit der Aufteilung in Dezernate, etwa nach den Anfangsbuchstaben des Beschuldigtennamens bzw. Sonderdezernaten für wirtschaftliche, politische oder drogenbezogene Kriminalität nicht vereinbaren lassen. Innerhalb seines Aufgabenbereichs ist der jeweilige Dezernent als Sachbearbeiter zuständig und bearbeitet grundsätzlich seine Fälle eigenständig. Angesichts der Flut zu bearbeitender Fälle wäre eine demokratische Bearbeitung nicht praktikabel. Die kollektive Entscheidung jedes Konfliktfalles ließe sich in der Praxis nicht realisieren. Voraussetzung hierfür wäre, daß sämtliche an der Entscheidung beteiligten Staatsanwälte annähernd vergleichbar über den Fall informiert sind. Das ist schon allein aufgrund der Masse der Fälle nicht möglich.

Fraglich ist, ob in einzelnen Teilbereichen demokratische Elemente zum Tragen kommen. Denkbar wäre eine Anwendung des demokratischen Prinzips auf weisungsrelevante Fälle. Man könnte daran denken, in diesem Fall ein speziell für diesen Zweck eingesetztes Gremium über die Recht- und Zweckmäßigkeit der geplanten Weisung entscheiden zu lassen. Dies ist jedoch im GVG nach geltendem Recht nicht vorgesehen. Damit läßt sich das gesetzliche Leitbild des Weisungsrechts nicht mit dem demokratischen Prinzip in Einklang bringen.

Auch der patriarchalische Führungsstil läßt sich nicht auf die Situation der Staatsanwaltschaft übertragen. Die „Macht" des Behördenleiters resultiert nicht aus einer wirtschaftlichen oder anders gearteten Abhängigkeit der Staatsanwälte. Insbesondere ist der Staatsanwalt bei der Äußerung und Umsetzung eigener Meinungen nicht von einer Genehmigung des Vorgesetzten abhängig.

Der autokratische Führungsstil läßt sich auf das System der Staatsanwaltschaft nur eingeschränkt übertragen. Beim rein autokratischen Führungsstil würde der Behördenleiter über alle erforderlichen Handlungsschritte der Gruppe entscheiden. Bei der Staatsanwaltschaft hingegen handelt nach § 144 GVG jeder Staatsanwalt als Vertreter des Behördenleiters. Somit wird deutlich, daß jedem Staats-

1202 Vgl. hierzu 10. Kapitel A.

1203 Vgl. aber zu den Einschränkungen 4. Kapitel

anwalt innerhalb seines Dezernats ein Handlungs- und Ausführungsspielraum zusteht und die insoweit getroffenen Entscheidungen dem Behördenleiter zugerechnet werden. Wird hingegen eine Weisung erteilt, kann der Behördenleiter über einzelne Handlungsschritte verbindlich entscheiden und sich über die Entscheidung des Staatsanwalts hinwegsetzen. Insoweit würde dies ein Element autokratischen Führungsverhaltens darstellen.

Dem Leitbild der monokratisch-hierarchischen Struktur der Staatsanwaltschaft entspricht am ehesten der bürokratische Führungsstil mit seiner Orientierung an Geschäftsordnungen und Dienstanweisungen. Dies gilt jedenfalls, soweit es den grundsätzlichen internen Ablauf betrifft, der sich an diesen administrativen Vorgaben orientiert. Das Weisungsrecht im Einzelfall wird hiervon nicht erfaßt, da für den Einzelfall gerade die abstrakt-generellen Richtlinien nicht einschlägig sind, sondern ein konkret-individuelles Verhalten des Vorgesetzten erforderlich ist. Diesbezüglich kommt es nicht auf die hier erörterte Anwendbarkeit der Führungsgrundsätze auf die Gesamtstruktur an, sondern auf die Ausgestaltung des direkten Vorgesetzten-Untergebenen-Verhältnisses.

Das gesetzliche Leitbild des staatsanwaltschaftlichen Aufbaus enthält – wie gezeigt – in erster Linie Elemente des autoritären und bürokratischen Führungsstils.

Von dieser Thematik zu unterscheiden, ist die Frage, ob und wie die unterschiedlichen Führungsstile im jeweiligen Vorgesetzten-Untergebenen-Verhältnis eingesetzt werden können. Für die Ausgestaltung der konkreten Mitarbeiterführung enthalten weder die OrgStA noch andere Vorschriften Vorgaben.

Im Vergleich zur staatsanwaltlichen Gesamtstruktur ist die Zusammenarbeit innerhalb der Abteilungen, also zwischen Vorgesetzten und Untergebenen, naturgemäß sehr viel enger und intensiver als die Zusammenarbeit zwischen Behördenleiter und Staatsanwälten bzw. zwischen Behördenleiter und den Abteilungen oder gar zwischen Ministerium und Staatsanwaltschaft. Der Behördenleiter hat die Behörde im Ganzen zu führen und ist daher darauf beschränkt, sich mit den für die Gesamtbehörde relevantesten Fällen zu befassen. Der Abteilungsleiter kann sich den Fällen widmen, die in der jeweiligen Abteilung am brisantesten sind. Damit „rückt" der Abteilungsleiter näher an die einzelnen Staatsanwälte heran. Zudem bildet die einzelne Abteilung oft eine organisatorische Einheit, die vielfach schon aufgrund des zugewiesenen Sachgebiets eine Verbindung zwischen den Dezernenten herstellt (vgl. etwa die Sachgebietsaufteilungen nach § 9 OrgStA). Diese Verbindung wird regelmäßig auch durch eine räumliche Zusammenlegung der Büros zum Ausdruck gebracht.

Aufgrund dieser Nähe und engeren Zusammenarbeit lassen sich innerhalb der Abteilung demokratische Entscheidungsformen eher verwirklichen, als bezüglich der staatsanwaltlichen Organisation im Ganzen. Auch wenn das Gesetz hier ebenfalls keine demokratischen Elemente vorsieht, wird ein Meinungsaustausch innerhalb der Abteilung aufgrund der genannten Umstände eher ermöglicht als innerhalb der Gesamthierarchie.

Im staatsanwaltlichen Alltag gibt es daher Abweichungen vom gesetzlichen Leitbild. So wird immer wieder geschildert, daß es „echte Weisungen" de facto in der Praxis nicht gebe. Sämtliche Konfliktsituationen oder Grenzfälle würden über Gespräche und Diskussionen gelöst. Auch in Gesprächen, die der Verfasser während der Untersuchung mit einem Leitenden Oberstaatsanwalt bei der Generalstaatsanwaltschaft, einem Oberstaatsanwalt bei der Generalstaatsanwaltschaft, einem früheren Bundesanwalt und einem Staatsanwalt mit Arbeitsschwerpunkt im Wirtschaftsstrafrecht führte, wurde die Situation in der dargestellten Weise geschildert.[1204] Diese Auffassung spiegelt sich zudem in zahlreichen Publikationen und Mitteilungen wider.[1205]

So kann den Stellungnahmen der Justizministerien entnommen werden, daß in der Praxis anstatt Weisungen „kritische Erörterung und überzeugende Ratschläge"[1206] dominieren.

Diese Erkenntnis wurde durch die Schilderung eines Oberstaatsanwalts untermauert, der die staatsanwaltliche Entscheidungspraxis wie folgt erläuterte: Eine Besonderheit der Staatsanwaltschaft sei das Phänomen, daß jeder Sachbearbeiter jeden anderen Staatsanwalt zu Rate ziehen könne. Diese Kollegialität finde man in Behörden oder gar bei Gericht nicht. Wenn also ein Staatsanwalt auf ein Problem stoße oder eine Zweifelsfrage auftauche, könne er jederzeit an die Tür eines Kollegen klopfen und mit diesem die Sach- und Rechtslage erörtern. Diesen Vorgang findet man auch in Kaffeerunden wieder, in denen oftmals Fälle in einer Art Plenum erörtert werden.[1207] Wenn diese Diskussion nicht fruchte, werde oftmals der Abteilungsleiter, gegebenenfalls sogar mit diesem

---

1204 Zwar können und sollen diese Eindrücke in keiner Weise repräsentativ sein, sondern lediglich ausschnittweise den subjektiven Eindruck wiedergeben. Keiner der Gesprächspartner hatte nach seinen eigenen Angaben jemals eine „echte" Weisung erhalten. Dennoch wurde von allen Beteiligten eingeräumt, daß es durchaus auch in mehr oder weniger direkter Form Weisungen geben könne.

1205 Odersky, FS für Bengl, S. 78; Solche „unverbindlichen" weisenden Gespräche werden gerade für „gefährlich" gehalten; vgl. Günther, S. 140, zustimmend Keller, ÖRiZ 1980, S. 237

1206 Schreiben des Niedersächsischen Ministeriums der Justiz und für Europaangelegenheiten vom 16.06.1997

1207 Dieser Vorgang wurde von anderen Staatsanwälten bestätigt und auch dem Verfasser selbst während seiner Referendarausbildung bei der Staatsanwaltschaft deutlich. Derartige Kaffeerunden dienen nicht lediglich dem rein unterhaltenden Austausch von Fällen, sondern werden immer wieder zu konstruktiven, kollegialen Problemlösungen genutzt. Daß es sicherlich auch Staatsanwaltschaften gibt, in denen keine derartige Kollegialität herrscht bzw. einzelne Staatsanwälte nicht an dieser Form des Gedankenaustauschs teilnehmen, läßt sich nicht bestreiten. Dennoch ist dieser Vorgang des „Gedankenaustauschs auf dem Behördenflur" ein Stück Praxis, das nicht unberücksichtigt bleiben darf.

zusammen der Behördenleiter um seinen Rat und Meinung gefragt. So werde gewissermaßen in einem interaktiven Prozeß gemeinsam eine Lösung erarbeitet, wobei sicherlich der Rat des Vorgesetzten einen gewissen Stellenwert habe.

Solche Mechanismen entstehen aber nur durch ein „in der Praxis gewachsenes Betriebsklima“. Der konkrete Umgang der Vorgesetzten mit den untergeordneten Staatsanwälten ist letztlich vom persönlichen Typus des Behördenleiters abhängig, so daß dieses Verhältnis äußerst streng im Sinne einer autokratischen Führung, aber auch sehr „locker“ bis hin zu völliger Gleichgültigkeit, dem sogenannten „laisser-faire“-Stil, geprägt sein kann.

Auch hinsichtlich des Umfangs der Kontrolle ist zu unterscheiden: Denkbar sind sowohl Vorgesetzter-Staatsanwalt-Beziehungen, in denen sich die Dienstleitung und Mitarbeiterführung auf absolute Extremfälle beschränkt, der Behördenleiter also lediglich dann einschreitet, wenn sich ein gesetzwidriges Handeln des Staatsanwalts abzeichnet, andererseits aber auch Strukturen, in denen der Vorgesetzte exzessiv von seinem Kontroll- und Leitungsrecht Gebrauch macht.

Jedoch kann auch hinter einem scheinbar „unverbindlichen“ Gespräch das Bestreben des Vorgesetzten stehen, den Staatsanwalt zu einem bestimmten Vorgehen zu veranlassen. So wurde in Vorgesprächen mit verschiedenen Staatsanwälten auch erwähnt, daß oftmals in diesen „informellen Gesprächen“ Weisungen „verborgen“ seien. Zwar werde die Weisung nicht klar und eindeutig ausgesprochen, aber man wisse in der Regel, was der Vorgesetzte erwarte und wie man sich zu verhalten habe. Dies wurde auch von Vorgesetzten bestätigt. Bei einer ordentlichen Mitarbeiterführung sei es nicht erforderlich, direkte Weisungen auszusprechen. Besonders deutlich wurde dies an einem Beispiel, das ein Oberstaatsanwalt schilderte: Er versehe Akten der Staatsanwälte gelegentlich mit stichwortartigen Arbeitshinweisen, wie ein Verfahren weiterbearbeitet werden soll. Regelmäßig würden diese Vermerke auch umgesetzt. So habe eine Dezernentin, die zuvor einer anderen Auffassung war, reagiert, indem sie dem Hinweis nachkam und die Notiz ihrerseits mit dem Vermerk „Na gut...!“ versah.

Daher kommen Besprechungen zwischen Vorgesetztem und „Untergebenen“ gerade nicht einem unverbindlichen Meinungsaustausch gleich.[1208]

Auch Generalstaatsanwälte räumen ein, daß es unterhalb von förmlichen Weisungen eine nicht genau beschreib- und faßbare Erwartungshaltung gebe, die das staatsanwaltliche Handeln sehr beeinflusse. Man könne sehr genau spüren, daß ein bestimmter Verfahrensabschluß erwünschter ist als ein anderer.[1209]

1208 Odersky, FS für Bengl, S. 78

1209 Schaefer in „Quo Vadis“, S. 73; Schaefer in „Staatsanwaltschaft – ein politisches Instrument?“, unveröffentlichter Vortrag vor der Juristischen Gesellschaft in Frankfurt am Main am 20.04.1988, S. 20. Hierbei betont Schaefer nochmals die Bedeutung von Berichtsanordnungen, sowie Begründungsaufforderungen durch die diese Erwartungshaltung miterzeugt wird; Schaefer in „Staatsanwaltschaft – ein politisches Instru-

Im Regelfall entspricht daher das Vorgesetzten-Untergebenen-Verhältnis innerhalb der Staatsanwaltschaft nicht dem strengen gesetzlichen Leitbild, sondern wird durch Mechanismen der Mitarbeiterführung „aufgeweicht“. Dennoch können Weisungen auch ohne eine ausdrückliche Befehlserteilung ausgesprochen werden.

D. Begriffsbestimmung der „Weisung“

Weil das Verhältnis Vorgesetzter-Untergebener unterschiedlich streng ausgestaltet sein kann, muß untersucht werden, wie Führungsmechanismen tatsächlich umgesetzt und wie Weisungen erteilt werden können. Es ist daher zunächst zu klären, wie der Begriff Weisung zu definieren ist.

I. Juristische Definition

Eine gesetzliche Definition, wie die Weisung im Sinne der §§ 145 ff GVG zu verstehen ist, existiert nicht. Auch die entsprechenden Kommentierungen zu den §§ 145 ff GVG setzen sich regelmäßig nicht mit dem Begriff auseinander.

Dennoch wurden in der Literatur verschiedentlich Versuche unternommen, den Weisungsbegriff zu definieren.

Teils wird als Weisung jede Verfügung angesehen, die ein vorgesetzter Beamter einem ihm unterstellten Amtsträger in dienstlicher Eigenschaft erteilt.[1210] Teilweise wird weitergehend gefordert, daß nur die Fälle erfaßt sein sollen, in denen der Vorgesetzte durch seine Anweisung bewirkt, daß der Nachgeordnete anders handelt, als er es von sich aus (ohne Weisung) tun würde.[1211]

Diese Definitionsversuche sind jedoch subjektive Abgrenzungen der jeweiligen Autoren, die nicht begründet werden. Weiterhin sind sie auch nicht geeignet eine eindeutige Bestimmung des Weisungsbegriffs zu erreichen. Daher ist es erforderlich, den Begriff „Weisung“ mittels anderer Abgrenzungskriterien entsprechend zu bestimmen.

II. Sprachliche Definition

Eine eindeutige sprachliche Zuordnung des Begriffes Weisung liegt nicht vor. Dies wird deutlich, da im Zusammenhang mit dem Begriff Weisung zahlreiche sinn- und sachverwandte Begriffe auftauchen.

„Weisung“ wird in Verbindung gebracht mit: Auftrag, Anweisung, Direktive, Verhaltensmaßregel, Verhaltungsmaßregel (veraltet), Ukas, Order, Unterrich-

---

ment?“, unveröffentlichter Vortrag vor der Juristischen Gesellschaft in Frankfurt am Main am 20.04.1988, S. 22

1210 Geerds, FS für SH, S. 299

1211 Schairer, FS für Lenckner, S. 746; Odersky, FS für Bengl, S. 78

tung, Belehrung, Instruktion, Reglement, Gebot, Geheiß, Aufforderung, Satzung, Statut, Anordnung, Diktat, Befehl, Kommando, Gesetz, Lex, Wegleitung (schweiz.), Vorschrift, Mußvorschrift, Kannvorschrift, Verordnung, Notverordnung, Regulativ, Edikt, Erlaß, Bestimmung, Mußbestimmung, Sollbestimmung, Kannbestimmung, Verfügung, Reskript, Dekret.[1212] Auffallend ist, daß sich diese Begriffe in Direktheit und Verbindlichkeit deutlich unterscheiden. Greift man beispielsweise die Begriffe „Auftrag", „Anweisung", „Anordnung" und „Befehl" heraus, so wird deutlich, daß zunehmend mehr Intensität und Verbindlichkeit ausgedrückt wird

„Bitten", „Wünsche" und „Ratschläge" werden hingegen nicht im Zusammenhang mit der „Weisung" genannt. Im Zusammenhang mit einer „Bitte", werden auch die Begriffe Wunsch, Anliegen, Ersuchen, Ansuchen genannt.[1213]

Es liegt nahe, daß es gerade entscheidend auf die Abgrenzung zwischen „Weisungen" im weiteren Sinne und „Bitten" im weiteren Sinne bzw. den „Ratschlägen" ankommt.

Weitere Ausdrucksmöglichkeiten neben Weisungen und Bitten finden sich auch in Fragen, Ratschlägen und Aussagen. Fragen sind regelmäßig darauf gerichtet, eine Information zu erhalten. Aussagen dienen dazu, eine Information weiterzugeben. Ratschläge schließlich sollen dem Gesprächspartner Hinweise und Vorschläge zu einer Vorgehensweise übermitteln.

Diese Unterscheidung macht deutlich, daß jeder sprachliche Typus eine andere „Stoßrichtung" aufweist. Ansatzpunkt, um Weisungen von unverbindlicheren Äußerungsformen zu unterscheiden, kann daher gerade diese typische Stoßrichtung einer Äußerung sein.

Zu beachten ist hierbei, daß die „äußere Stoßrichtung" einer Äußerung, also die objektive Äußerungsform nicht immer mit der „inneren Stoßrichtung" also dem subjektiven Äußerungswillen übereinstimmen muß:

Will beispielsweise jemand wissen, wieviel Uhr es ist, müßte er, um dies als „echte" Bitte zu formulieren, auffordern: „Bitte sagen Sie mir, wieviel Uhr es ist". Tatsächlich wird aber vielfach die Formulierung gewählt: „Können Sie mir sagen, wieviel Uhr es ist?". Regelmäßig versteht der Angesprochene die Frage so, wie sie beabsichtigt war, nämlich als Bitte und teilt daraufhin die Uhrzeit mit. Würde er sich jedoch an der sprachlichen Form festhalten, müßte er mit „Ja", antworten, wenn er die Uhrzeit kennt, und mit „Nein", wenn er sie nicht kennt, denn eigentlich wurde er nur gefragt, ob er die Möglichkeit hat, die Uhrzeit mitzuteilen.

Vergleichbare Beispiele gibt es in allen Bereichen sprachlicher Äußerungen. Auch Weisungen können als Aufforderung vorliegen, selbst wenn der Sprecher die sprachliche Form einer Bitte, Frage oder Aussage wählt.[1214]

1212 Duden der sinn- und sachverwandten Wörter unter dem Stichwort „Weisung"

1213 Duden der sinn- und sachverwandten Wörter unter dem Stichwort „Bitte"

1214 Schmelz, S. 103

Abzugrenzen sind die sprachlichen Äußerungsakte daher zunächst nicht anhand ihrer äußeren Form, sondern durch die beabsichtigte Reaktion. Wenn dies geklärt ist, ist in einem nächsten Schritt zu untersuchen, durch welche sprachlichen Formen diese Äußerungen realisiert werden können.

Bereits vom „normalen" Wortsinn her wird deutlich, daß Fragen oder Aussagen in der rein sprachlichen Form in erster Linie auf den Austausch von Informationen gerichtet sind. Weisungen und Bitten hingegen dienen mehr dazu, beim Empfänger ein bestimmtes Verhalten hervorzurufen, sind also darauf gerichtet, den Gesprächspartner zu einem Tun oder Unterlassen zu bewegen. Gemeinsam haben Weisungen und Bitten daher, daß sie dem generellen Typus „Aufforderung" zuzurechnen sind.

Unter „Weisung" ist dabei eher ein verbindlicher, unbedingter Vorgang zu verstehen, wobei sich der Grad der Direktheit im einzelnen noch unterscheiden läßt, während „Bitten" mehr mit dem Charakter des Unverbindlichen behaftet sind.

Entsprechend diesem Direktheitsgrad und den bereits dargestellten Führungsstilen[1215] gibt es verschiedene Gesprächsstile, mit denen der Vorgesetzte den „Untergebenen" ein gewünschtes Verhalten antragen kann.

Abgesehen von dem praktisch wenig relevanten Streßgespräch,[1216] unterscheidet man im Wesentlichen zwischen dem direktiven Gespräch und dem mitarbeiterzentrierten Gespräch.[1217]

Bei der direktiven Gesprächsführung lenkt, entscheidet und dirigiert der Vorgesetzte allein.[1218] Bereits vor dem Gespräch hat der Vorgesetzte eine Entscheidung getroffen, die er jetzt nur noch dem Untergebenen vermittelt. In jedem Fall aber lenkt und dirigiert der Vorgesetzte das Gespräch, das auf Unterbindung von Eigeninitiative zielt und den Untergebenen zur Zustimmung veranlassen soll.[1219] Hierzu hat er verschiedene Möglichkeiten, etwa indem er den Mitarbeiter überzeugt, überredet oder überfährt.[1220] Daher kann der Vorgesetzte seine Entscheidung sowohl direkt-autoritär als auch eingekleidet in verbindliches Entgegenkommen weitergeben.[1221] Es stehen ihm hierfür verschiedene Gesprächstechniken zur Verfügung. Dabei unterscheiden sich indirekte Manipulationstechniken gegenüber direkten Gesprächsanweisungen. Zu der ersten Gruppe, der tendenziell eher indirekten Kommunikationsmanipulation, gehören Techniken wie aus-

1215 Vgl. 10. Kapitel B.

1216 Dieses wurde primär als Technik zur Personalauslese entwickelt und basiert darauf, eine Diskussion durch gezieltes Steigern von Druck und Spannung zu manipulieren und die Reaktionen der Gesprächspartner zu testen; vgl. Neuberger, S. 141 f

1217 Vgl. Neuberger, S. 140 f; zwar gibt es noch zahlreiche andere Klassifizierungen, doch im wesentlichen lassen sich deren Kategorien unter den zwei Hauptformen einordnen.

1218 Neuberger, S. 143

1219 Althoff, S. 209

1220 Neuberger, S. 144

1221 Neuberger, S. 144

führliches Sprechen, Auswählen, Verschweigen, Übertreiben, Vereinfachen, Einsatz von Status und/oder Prestige etc... Zur zweiten Gruppe, der direktiven Gesprächsführung, zählen das Befehlen, Anordnen, die Erteilung von Weisungen, das Aussprechen von Empfehlungen oder rückäußerungspflichtige Anregungen.[1222]

Beim mitarbeiterzentrierten Gespräch, auch nondirektive Gesprächsführung[1223] genannt, hingegen sollte der vorgesetzte Sprecher seinem Gegenüber geduldig-freundlich, aber prüfend zuhören, keinerlei Autorität zu Schau stellen, keine Ratschläge oder moralische Ermahnung geben, nicht mit seinem Gegenüber streiten und den Untergebenen durch Fragen, Lob oder aufmunternde Worte motivieren.[1224]

Deutlich wird, daß dem Vorgesetzten ein breites Spektrum zur Verfügung steht, um den Staatsanwalt zu dem gewünschten Verhalten zu veranlassen. Das kann in mehr oder weniger intensiver und direkter Form geschehen. Aus diesem Grund stellt sich die für eine rechtstatsächliche Untersuchung wichtige Frage, ab welcher Intensität ein anscheinend unverbindlich formulierter Wunsch die Qualität einer auf Beeinflussung einer Sachentscheidung gerichtete Anweisung erreicht. Es muß also definiert werden, an welchem Punkt der echte beratende Hinweis in den Bereich der Beeinflussung umschlägt – mit anderen Worten, wann aus einer Bitte ein Befehl wird.

E. Kommunikationswissenschaftliche Darstellung

Es wurde bereits festgestellt, daß der Begriff Weisung nicht legaldefiniert ist. Da sich auch keine eindeutige sprachliche Zuordnung treffen läßt, muß der Begriff Weisung im weiten Spannungsbereich zwischen Verbindlichkeit und Unverbindlichkeit eingeordnet werden. Daher soll versucht werden, diesen Begriff interdisziplinär zu untersuchen und mit Hilfe der Kommunikationswissenschaft, der Sprachwissenschaft und der Psychologie einzugrenzen.

Wichtigstes Instrument der Mitarbeiterführung ist die Kommunikation.[1225] Erst der Kommunikationsprozeß ermöglicht Führungsmechanismen. Daher versteht man unter Führung jede zielbezogene, interpersonelle Verhaltensbeeinflussung mit Hilfe von Kommunikationsprozessen.[1226] Die Kommunikation läßt sich, wie im folgenden zu zeigen sein wird, auf unterschiedlichen Wegen in unterschiedlicher Intensität praktizieren. Die Weisung als Führungsinstrument ist zugleich eine Form der Kommunikation.

1222 Neuberger, S. 144
1223 Althoff, S. 209
1224 Neuberger, S. 146 f; Althoff, S. 209
1225 Lay, S. 148
1226 Vgl. Winterhoff-Spurk/Geißler/Grabowski-Gellert, S. 55

Wichtigstes Kommunikationsmedium ist das gesprochene Wort. Es bietet sich daher an, zunächst zu überprüfen, ob sich sprachlich eine Grenze zwischen Verbindlichkeit und Unverbindlichkeit einer Äußerung ziehen läßt und insoweit Bitten und Befehle voneinander abgegrenzt werden können.

I. Grundbegriffe der Sprechakttheorie

In der Kommunikations- bzw. Sprachwissenschaft wird unter einer Weisung eine Aufforderung verstanden, die eine durch Vertrag eingegangene Verpflichtung des Angewiesenen beinhaltet und in Behörden oder Unternehmen von Vorgesetzten an Untergebene gerichtet wird.[1227] Eine echte Bitte soll demgegenüber eine Aufforderung mit Sprecherpräferenz sein. Hierunter versteht man, daß die Umsetzung der sprachlichen Äußerung in erster Linie im Interesse des Sprechers liegt. Dabei hat dieser, anders als bei der Weisung, weder ein Recht auf die Ausführung, noch stehen ihm Sanktionsmöglichkeiten zu.[1228]

Es stellt sich nunmehr konkret die Frage, wann rein sprachlich, also ausgehend von Satzbau und Satzstellung, eine scheinbar unverbindliche Äußerung aus der Sicht des Angesprochenen diese Unverbindlichkeit verliert und stattdessen für diesen die Anordnung eines bestimmten Verhaltens darstellt.[1229] Dabei sind verschiedene Direktheitsgrade zu unterscheiden, durch die aber jeweils die gleiche Aussage übermittelt werden kann.

Wenn jemand grüßt, fragt, bittet, Vorschläge macht etc., aber auch einfach Laute hervorbringt, spricht man von einem Äußerungsakt.[1230]

Wenn diese Äußerungsakte vollzogen werden, um kommunikative Bedürfnisse zu befriedigen, also eben nicht lediglich sinnlose Laute oder Wortfetzen geäußert werden, nennt man einen solchen Sprechakt einen illokutionären Akt.[1231]

1227 Schmelz, S. 103

1228 Schmelz, S. 104

1229 Auch hier läßt sich keine Verallgemeinerung treffen. Die Auswirkungen interaktiver Kommunikationsprozesse sind keineswegs vollständig untersucht. Die bisherigen Veröffentlichungen orientieren sich meist an homogenen Untersuchungsgruppen, von denen man ein deutlich unterscheidbares Reaktionsmuster erwartete. So wurde die von Winterhoff-Spurk/Geißler/Grabowski-Gellert durchgeführte Studie am Beispiel einer Gruppe Vorarbeiter und einer Gruppe Studenten durchgeführt. Es ist daher nicht auszuschließen, daß sich andere Untersuchungsgruppen in ihrem Umfeld anders verhalten. Die vorliegende Analyse greift jedoch nicht auf gruppenspezifische Verhaltensmuster zurück, sondern überprüft, ob generell kommunikative Beziehungen zu einer unterschiedlichen Gewichtung kommunikativer Äußerungen führen können und wie sich daher staatsanwaltliche Weisungen in der Praxis darstellen können.

1230 Hindelang, Einführung, S. 7

1231 Austin, S. 116 ff; Hindelang, Einführung, S. 8

Beispiele sind das Stellen einer Frage, das Aussprechen einer Behauptung oder das Vorbringen einer Bitte.[1232]

Wenn eine sprachliche Äußerung eine bestimmte Wirkung beim Gesprächspartner hervorruft, dann wird dies in der Sprechakttheorie als perlokutionärer Akt bezeichnet.[1233] Beispiele hierfür liegen vor, wenn jemand seinen Gesprächspartner gekränkt, verunsichert, erheitert oder von etwas überzeugt hat.[1234]

Während der illokutionäre Akt bereits mit seiner Äußerung vollzogen ist, hängt das Vorliegen eines perlokutionären Aktes davon ab, daß überhaupt eine bestimmte Wirkung beim Hörer eingetreten ist, indem bei ihm bestimmte Gefühle hervorgerufen werden oder er zu einem Tun oder Unterlassen veranlaßt wird. Ist dies der Fall, dann hat eine sprachliche Handlung einen bestimmten perlokutionären Effekt.[1235]

Bittet jemand einen anderen, ihm die Uhrzeit zu nennen, und der Angesprochene teilt die Uhrzeit mit, dann ist diese Erfüllung der Bitte der perlokutionäre Effekt des illokutionären Aktes „Bitten".[1236]

Fast alle illokutionären Akte zielen mehr oder weniger auf einen perlokutionären Effekt ab. Ob dieser Effekt jedoch eintritt, ist von der Reaktion des Angesprochenen abhängig. Während man durch die Wahl eines bestimmten Äußerungsaktes einen entsprechenden illokutionären Akt vollzieht, kann man als Sprecher immer nur versuchen, einen bestimmten perlokutiven Akt zu erwirken. Der Sprecher erreicht beim Gesprächspartner jedoch nur dann eine perlokutive Wirkung, wenn der Angesprochene dem gewünschten Verhalten nachkommt.[1237]

Ein wichtiges Abgrenzungskriterium liegt in der performativen Verwendung eines Verbs. Ein Verb wird dann performativ verwendet, wenn es in der 1. Person Singular Indikativ Präsens verwendet werden kann.[1238]

Fast alle illokutionären Akte können performativ verwendet werden.[1239] Beispiele hierfür sind: „Ich fordere Dich auf, mein Haus zu verlassen." oder „Ich rate Ihnen, die Ermittlungen nicht weiter zu betreiben."

Perlokutive Akte hingegen können nicht mittels des performativen Gebrauchs eines Verbs umgesetzt werden. Es wäre beispielsweise nicht denkbar zu sagen: „Ich verunsichere Dich hiermit" oder „Ich tröste Dich hiermit".[1240]

1232 Hindelang, Einführung, S. 8
1233 Austin, S. 119 ff; Hindelang, Einführung, S. 11
1234 Hindelang, Einführung, S. 11
1235 Hindelang, Einführung, S. 11
1236 Hindelang, Einführung, S. 11
1237 Austin, S. 147 ff; Hindelang, Einführung, S. 11
1238 Austin, S. 28 ff; Hindelang, Einführung, S. 12
1239 Searle „Eine Klassifikation der Sprechakte", S. 88
1240 Hindelang, Einführung, S. 12

II. Beziehung zwischen Äußerungsakt und illokutionärem Akt

Die Beziehung zwischen Äußerungsakt und illokutionärem Akt ist von Konventionen bestimmt, also abhängig von bestimmten Regeln, die allerdings im Grad ihrer Konventionalität abweichen können.

Die stärkste Form der Konventionalität besteht, wenn eine Äußerungsform lediglich für einen einzigen illokutionären Akt verwendet werden kann. So kann die Äußerung „Ach, sei so nett und bring mir doch bitte eben die Zeitung" nur für den illokutionären Akt „Bitten" verwendet werden.

Andererseits gibt es aber zahlreiche Äußerungen, die zwar dem äußeren Typus nach einen bestimmten illokutionären Akt repräsentieren, aber auf eine andere perlokutive Wirkung gerichtet sind. So kann der Satz „Ich komme morgen wieder", je nach den Handlungsbedingungen sowohl zum Vollzug einer Drohung als auch zum Vollzug eines Versprechens verwendet werden.[1241]

III. „Störungsanfälligkeit" zwischen illokutionärem Akt und perlokutiver Wirkung

Es kann durchaus zu Mißverständnissen kommen, wenn etwa im Beispiel der Sprecher den Satz „Ich komme morgen wieder" als illokutionären Akt „Versprechen" wählt, der Angesprochene aber die perlokutive Wirkung einer „Drohung" empfindet.[1242]

Teilweise wird daher diesbezüglich zwischen dem primären und dem sekundären (sog. wörtlichen) Illokutionsakt unterschieden.[1243]

Beispiel dafür ist etwa die Äußerung: „Kannst Du mir das Salz reichen?" Der primäre Illokutionsakt ist hierbei eine Bitte. Der sekundäre eine Frage.
Ähnlich verhält es sich bei der Aussage: „Sie müssen die Ermittlungen so schnell wie möglich abschließen!" Der primäre Illokutionsakt zielt auf eine Weisung. Sekundär wird eine Feststellung getroffen.

Probleme entstehen, wenn primärer und sekundärer Illokutionsakt Weisung und Bitte darstellen: Wenn die Aussage „Bringen Sie mir bitte einen Kaffee mit" unter gleichberechtigten Kollegen getroffen wird, liegt sowohl primär als auch sekundär eine Bitte vor. Fordert hingegen der Chef eine Aushilfe in dieser Weise auf, ist der primäre Illokutionsakt eine Weisung, der sekundäre nach wie vor eine Bitte.

Äußert der Staatsanwalt gegenüber seinem (gleichgeordneten) Kollegen: „Führe bitte die Ermittlungen weiter", dann liegt aufgrund des Gleichordnungs-

1241 Hindelang, Einführung, S. 15

1242 Vgl. Hindelang, Einführung, S. 15; vgl. auch Searle „Indirekte Sprechakte", S. 130; auch Meyer-Hermann, Deutsche Sprache 1976, Heft 1, S. 17

1243 Searle „Indirekte Sprechakte", S. 130

verhältnisses regelmäßig sowohl primär als auch sekundär eine Bitte vor. Fordert der Oberstaatsanwalt hingegen den untergeordneten Staatsanwalt in gleicher Weise auf, ist der sekundäre Illokutionsakt immer noch eine Bitte. Der primäre Illokutionsakt hingegen kann – je nach den konkreten Umständen – eine Bitte oder eine Weisung sein. Hier sind bewußte und unbewußte Verwechslungen möglich.

Es kommt daher oft entscheidend auf die Handlungsfaktoren an, wie ein Äußerungsakt zu verstehen ist. Deutlich wird aber auch, daß zunächst eine Abgrenzung erfolgen muß, welche spezifische Wirkung den einzelnen illokutionären Äußerungen zukommt.

IV. Wirkungsweise illokutiver Verben

In der Sprachwissenschaft geht man davon aus, daß es verschiedene illokutive Verben gibt, welche auf Vornahme eines bestimmten künftigen Verhaltens gerichtet sind.[1244] Mit diesen Aussagen teilt ein Sprecher einem anderen mit, zu welchem Verhalten er ihn bewegen will.[1245]

Diese Sprechakte werden als sogenannte „mands" oder „direktives" bezeichnet.[1246] Hierzu gehören Aufforderungen, Anweisungen, Bitten, Befehle.[1247] Diese illokutionären Verben sind darauf gerichtet beim Angesprochenen ein Tun oder Unterlassen hervorzurufen. Sie zielen darauf ab, eine perlokutive Wirkung dahingehend zu erreichen, daß der Angesprochene dem vom Sprecher geäußerten illokutionären Akt nachkommt. [1248]

Direktive Sprechhandlungen sind maßgeblich für den Zusammenhang zwischen den oben dargelegten Führungsstilen und sprachlichen Indikatoren des Führungsverhaltens.[1249] Bei den direktiven Sprechhandlungen, durch die der Hörer (im Falle dieser Untersuchung der Staatsanwalt) vom Sprecher (hier der vorgesetzte Staatsanwalt) zu einer Handlung veranlaßt werden soll, besteht sowohl die Möglichkeit der direkten als auch der indirekten Formulierung. Direkt ist dies entweder durch den Gebrauch des Imperativs oder durch die performative Verwendung bestimmter Verben („befehlen", „auffordern", „bitten", „ersuchen" etc.) möglich.[1250] Ein „mand" oder „directive" kann jedoch ebenso indirekt in

---

1244 Edmondson, S. 25

1245 Hindelang, S. 49 f

1246 Vgl. Edmondson, S. 25; Kohl/Kranz, MLL 2, 1992, S. 4; vgl. auch Searle bei Hindelang, Einführung, S. 46, 47, 49

1247 Winterhoff-Spurk/Geißler/Grabowski-Gellert, S. 55

1248 Vgl. auch Searle „Eine Klassifikation der Sprechakte", S. 88

1249 Winterhoff-Spurk/Geißler/Grabowski-Gellert, S. 55

1250 Meyer-Hermann, Deutsche Sprache 1976, Heft 1, S. 1; vgl. auch Searle „Eine Klassifikation der Sprechakte", S. 88

Form einer Aussage, Behauptung, Mitteilung oder Frage ergehen.[1251] Der Satzgehalt kann daher auch bei Veränderung des Kommunikationsmodus beibehalten werden. Es ist also durchaus möglich, eine Frage in einen Befehl umzuformen, ohne den Satzgehalt einer Aussage zu verändern.[1252]

Es gibt dementsprechend verschiedene Erscheinungsformen der „directives". Möchte beispielsweise ein staatsanwaltlicher Vorgesetzter erreichen, daß ein Verfahren eingestellt wird, wäre ein kommunikativer Akt in verschiedenen Erscheinungsformen möglich, wie z. B.:

„Stellen Sie das Verfahren ein!"
„Bitte stellen Sie das Verfahren ein!"
„Würden Sie bitte das Verfahren einstellen?"
„Was spricht dagegen, das Verfahren einzustellen?"
„Wären Sie so gütig, das Verfahren einzustellen?"
„Man könnte ja das Verfahren auch einstellen!"
„Ich an Ihrer Stelle würde das Verfahren einstellen!"
„Denken Sie doch einmal darüber nach, ob es nicht sinnvoll wäre, das Verfahren einzustellen..."
„Wenn Sie das Verfahren nicht einstellen, dann...."
„Da bleibt Ihnen wohl nichts anderes übrig, als das Verfahren einzustellen..."
„Könnten Sie das Verfahren nicht einstellen?"

Bereits diese grobe und nur äußerst exemplarische Darstellung isolierter kommunikativer Formulierungen offenbart ein weites Spektrum möglicher Ausdrucksformen, die letztlich alle – mit mehr oder weniger Intensität – auf das gleiche Ziel, nämlich die Einstellung des Verfahrens, gerichtet sind.

Eine wesentlich präzisere Aufschlüsselung findet sich bei Hindelang,[1253] der verschiedene semantische Muster unterscheidet und so eine Äußerungs-Systematik entwickelt, wie sich sprachlich Aufforderungen realisieren lassen. Demnach gibt es elf grundsätzliche semantische Muster mit denen ein Sprecher (Sp1) einen anderen Sprecher (Sp2) zu einer Handlung (X) auffordern kann, um ein Ergebnis (p) zu erzielen. Diese eröffnen jeweils weitere semantische Untermuster.[1254]

1251 Winterhoff-Spurk/Geißler/Grabowski-Gellert, S. 55; Searle „Indirekte Sprechakte", S. 128

1252 Habermas, S. 106

1253 Hindelang, Einführung, S. 74 ff

1254 Noch genauer unterscheidet Hindelang Sprechakttheorie, S. 187 ff hinsichtlich möglicher Erscheinungsformen von Weisungen. Eine Darstellung dieses äußerst umfassenden Kataloges semantischer Haupt- und Untermuster würde jedoch den Rahmen der vorliegenden Arbeit sprengen, so daß die folgende Darstellung auf die wesentlichen semantischen Muster beschränkt bleibt.

Hauptmuster: Präferenzhinweis
Sp1 sagt, daß er will, daß Sp2 X-t.
Semantische Untermuster:
Sp1 sagt, daß er will, daß Sp2 X-t. (Hauptmustergrundform)
Ich will, daß Sie das Verfahren einstellen.
Sp1 sagt, daß er will daß ge-Xt wird.
Ich will, daß das Verfahren eingestellt wird.
Sp1 sagt daß er will, daß p realisiert wird.
Ich will, daß es zu einer Einstellung des Verfahrens kommt.
Sp1 sagt, daß es positiv wäre, wenn Sp2 X-en würde.
Es wäre gut, wenn Sie das Verfahren einstellen würden.
Sp1 sagt, daß es positiv wäre, wenn ge-Xt würde.
Es wäre gut, wenn das Verfahren eingestellt würde.

Hauptmuster: Präferenzfrage
Sp1 fragt, ob Sp2 X-en will.
Semantische Untermuster:
Sp1 fragt, ob Sp2 X-en will. (Hauptmustergrundform)
Wollen Sie das Verfahren einstellen?
Sp1 fragt, ob Sp2 X-en negativ bewertet.
Würden Sie es schlecht finden, das Verfahren einzustellen?

Hauptmuster: Befolgungsfestlegung
Sp1 sagt, daß Sp2 X-en wird.
Semantische Untermuster:
Sp1 sagt, daß Sp2 X-en wird. (Hauptmustergrundform)
Sie werden das Verfahren einstellen.
Sp1 sagt, daß ge-Xt wird.
Das Verfahren wird eingestellt.
Sp1 sagt, daß p realisiert sein wird.
Das Verfahren wird eingestellt sein.

Hauptmuster: Befolgungsfrage
Sp1 fragt, ob Sp2 X-en wird.
Semantische Untermuster:
Sp1 fragt, ob Sp2 X-en wird. (Hauptmustergrundform)
Werden Sie das Verfahren einstellen?
Sp1 fragt, ob p realisiert sein wird.
Wird das Verfahren eingestellt sein?

Hauptmuster: Deontischer Hinweis
Sp1 sagt, daß Sp2 X-en muß.
Semantische Untermuster:
Sp1 sagt, daß Sp2 X-en muß. (Hauptmustergrundform)
Sie müssen das Verfahren einstellen.
Sp1 sagt, daß ge-Xt werden muß.
Das Verfahren muß eingestellt werden.
Sp1 sagt, daß Sp2 p realisieren muß.
Sie müssen für eine Einstellung des Verfahrens sorgen.

Sp1 sagt, daß p realisiert werden muß.
Es muß zu einer Einstellung des Verfahrens kommen.

Hauptmuster: Deontische Frage
Sp1 fragt, ob Sp2 nicht X-en muß.
Müssen Sie nicht das Verfahren einstellen?

Hauptmuster: Kompetenzhinweis
Sp1 sagt, daß Sp2 X-en kann.
Semantische Untermuster:
Sp1 sagt, daß Sp2 X-en kann. (Hauptmustergrundform)
Sie können das Verfahren einstellen.
Sp1 sagt, daß ge-Xt werden kann.
Das Verfahren kann eingestellt werden.

Hauptmuster: Kompetenzfrage
Sp1 fragt, ob Sp2 X-en kann.
Semantische Untermuster:
Sp1 fragt, ob Sp2 X-en kann. (Hauptmustergrundform)
Können Sie das Verfahren einstellen?
Sp1 fragt, ob ge-Xt werden kann.
Kann das Verfahren eingestellt werden?

Hauptmuster: Imperative Handlungszuweisung
Sp1 äußert gegenüber Sp2 einen Imperativsatz.
Stellen Sie das Verfahren ein!

Hauptmuster: Performative Handlungszuweisung
Sp1 wählt gegenüber Sp2 eine explizit performative Äußerung.
Ich rate Ihnen, das Verfahren einzustellen.

Hauptmuster: Kommandoausdruck
Sp1 verwendet gegenüber Sp2 die Infinitivform oder Partizip-Perfekt-Form des Handlungsverbs für X
Verfahren einstellen!

Die illokutionäre Bedeutung einer Äußerung kann zudem in weitem Maß durch abschwächende und verstärkende Elemente variiert werden. Insbesondere kommen dabei Füllwörter wie „doch“, „mal“ oder „eben“ in Betracht, die zu einer Abschwächung einer Äußerung führen und als „Abtönungspartikel“ bezeichnet werden.[1255] Eine Rolle spielen zudem auch Floskeln wie „ach sei so nett“ oder auch die ausdrückliche Verwendung des Wortes „bitte“.[1256]

Dieser Effekt läßt sich noch erweitern, indem man sich verschiedene Einleitungsgesprächsituationen vorstellt, in welche die Frage oder Bitte eingebettet ist.

1255 Hindelang, S. 15; auch als „Upgrader“ bzw. „Downgrader“ bezeichnet, vgl. Winterhoff-Spurk/Herrmann/Funk-Müldner, Sp. 1980

1256 Hindelang, S. 15

Damit hat das Vor- und Rahmengespräch entscheidende Bedeutung.[1257] Zudem können Weisungen nicht nur als Ein-Satz-Äußerungen erteilt werden, sondern gerade auch aus komplexen Äußerungen mit mehreren Sätzen bestehen.[1258]

In dem einleitenden Gespräch läßt sich eine bestimmte Erwartungshaltung aufbauen, die der anschließenden Fragestellung ein bestimmtes Gepräge gibt. Hierdurch wird die Aussage ver- oder entschärft und führt damit eine scheinbar unverbindliche Äußerung näher in den Bereich der Anweisung. Möglich ist es auch, die performativen Äußerungen in hinführende Fragen einzukleiden, durch die das Gesprächsthema vorgegeben wird.[1259] Einleitende Gesprächselemente könnten etwa sein:

„Herr X – Ich habe mir Gedanken über den Fall Y gemacht. Mir ist einmal eine vergleichbare Situation untergekommen. Wenn ich mich recht entsinne, habe ich damals folgendermaßen gehandelt..., weil...“
„Herr X – Wir müssen uns unbedingt einmal über den Fall Y unterhalten...“
„Herr X – Was denken Sie sich eigentlich dabei im Fall Y...“
„Herr X – Sie bearbeiten doch den Fall Y. Mit Herrn Y bin ich gut befreundet...“

Die Wirkung dieser Aussagen läßt sich durch sprachliche Variationen noch weiter potenzieren. Eine Stimme kann ärgerlich, ängstlich, müde, liebevoll, beruhigend oder aufgeregt klingen, um nur einige Beispiele zu nennen.[1260] So tendiert eine in scharfem oder lautem Ton gehaltene Aussage eher zu einem Befehl, als wenn sie in einem ruhigen, sanften und freundlichen Ton vorgebracht wird.

Durch Frageintonation etwa kann eine verbal sehr direkte Aufforderung abgemildert werden, während eine verbal sehr indirekte Aufforderung durch Befehlsintonation verdeutlicht werden kann.[1261]

Anzumerken ist dabei, daß gerade die Intonation ein wesentlicher Faktor ist, dessen Bedeutung hier jedoch nur unzureichend wiedergegeben werden kann. Die Intonationsverhältnisse sind bislang kaum erforscht,[1262] so daß hier eine weite Spanne von Modulationsmöglichkeiten eröffnet wird, die sich nicht kategorisieren lassen.

V. Situationsgebundenheit von Aufforderungen

Auch die räumliche Gesprächsumgebung ist von Bedeutung für den Gesprächskontext.[1263] Gleiches gilt für die Verwendung bestimmter Kommunikationswe-

---

1257 Gößl, Rn. 501
1258 Winterhoff-Spurk, S. 291
1259 Althoff, S. 204
1260 Althoff, S. 195
1261 Winterhoff-Spurk, S. 290
1262 Vgl. hierzu Hindelang, Einführung, S. 15
1263 Gößl, Rn. 505

ge. Eine schriftliche Weisung hat naturgemäß aufgrund der höheren Verbindlichkeit mehr Gewicht als eine mündliche Weisung.[1264] Ein Gespräch im Büro ist förmlicher als eine Besprechung auf dem Golfplatz. Das Zimmer des Vorgesetzten wirkt in der Regel verkrampfend und macht den Gesprächsanlaß zu einem „offiziellen".[1265]

Betrachtet man die bisher dargestellten Möglichkeiten noch im Zusammenhang mit verschiedenen räumlichen Gesprächssituationen und variierenden Kommunikationswegen bzw. Kommunikationsmedien, so kann die Anweisungsintensität weiter verstärkt oder abgeschwächt werden. Denkbare Gesprächssituationen am Beispiel der Staatsanwaltschaft sind etwa:

- Informelles Gespräch am Rande der „Kaffeerunde"
- Informelles Gespräch auf dem Behördenflur

Bei diesen beiden Varianten läßt sich die Situation des Zweier-Gesprächs und das Gespräch in der Anwesenheit von Kollegen unterscheiden. Das „Vier-Augen-Gespräch" zeichnet sich durch andere Erwartungshaltungen und Manipulierbarkeit aus als ein Gespräch im Beisein von Kollegen.

- Informelles Gespräch im Büro des Anweisenden
- Informelles Gespräch im Büro des Angewiesenen
- Informelles Telefongespräch

Wesentlich ist bei diesen Formen, ob das Gespräch durch den Vorgesetzten oder den Untergebenen initiiert wird. In der Regel beruht ein Gespräch, das der potentiell Angewiesene selbst initiiert, mehr auf dem Prinzip der Freiwilligkeit und damit auf einer gleichwertigen Kommunikation, als ein durch den Vorgesetzten initiiertes Gespräch. Letzteres weist alleine schon durch den Initialisierungsimpuls eine stärker hierarchisch geprägte Motivation auf.

- Formelles Gespräch im Büro des Vorgesetzten
- Formelles Gespräch im Büro des Untergebenen
- Formelles Gespräch am Telefon
- Schriftliche Anweisung

Ein weiterer Faktor, durch den die Intention einer Aussage geprägt wird, ist auch das Statusverhältnis der Gesprächspartner.[1266] Wenn ein direkter Vorgesetzter, etwa ein Abteilungsleiter, mit einem Staatsanwalt spricht, fällt die Qualität der Aussagen sicherlich weniger formell aus als bei einem Gespräch, das ein höherer Vorgesetzter führt, etwa der Leitende Oberstaatsanwalt als Behördenleiter.

1264 Althoff, S. 193

1265 Althoff, S. 198; Hohenforst, S. 211

1266 Mohr/Mohr/Engelkamp, S. 211 f

Das Statusverhältnis der Gesprächspartner wirkt sich auch auf die Einordnung von Äußerungen als Weisung aus.

Eine Weisung liegt im Sinne der Sprechakttheorie dann vor, wenn der Untergebene aufgrund seiner arbeitsvertraglichen oder einer sonstigen Verpflichtung dem Verlangen des Vorgesetzten Folge zu leisten hat, deren Nichtbefolgung geahndet werden kann.[1267] Werden die bereits dargestellten direktiven Sprechakte von einem Vorgesetzten (Sp1) gegenüber einem Untergebenen (Sp2) dienstlich geäußert, dann liegt regelmäßig das Äußerungsmuster „Weisung" vor. Dann spielt es keine Rolle, ob der Vorgesetzte eine Formulierung verwendet, die auch für eine Bitte verwendet wird oder ob eine sehr direkte Weisung ergeht.

Diese Weisungsdefinition der Sprechakttheorie kann nicht uneingeschränkt auf die Staatsanwaltschaft übertragen werden. Der Untergebene ist zwar einerseits im Rahmen der Weisungsgebundenheit verpflichtet, den Anweisungen des Vorgesetzten nachzukommen. Andererseits besteht aber auch eine Verpflichtung gegenüber Recht und Gesetz. Zudem wurden die genannten Beispiele zum Vorgesetzten-Untergebenen-Verhältnis anhand klassischer Über-, Unterordnungs- und Abhängigkeitsverhältnissen wie zwischen Sekretärin und Chef entwickelt. Im Rahmen der Staatsanwaltschaft verhält sich die Situation anders. Durch die Verbeamtung auf Lebenszeit besteht nicht so eine deutliche Abhängigkeit wie im privatwirtschaftlichen Bereich. Zudem weisen Staatsanwälte zumeist die gleichen Ausbildungsqualifikationen auf wie der Vorgesetzte. Insoweit besteht eine wesentlich geringere Statusdiskrepanz. Schließlich handelt es sich bei Staatsanwälten um Beamte, die alleine aufgrund ihrer Ausbildung gewohnt sind eigene Auffassungen zu vertreten, eher als etwa im oben genannten Beispiel die Sekretärin.

Damit kann im Bereich Staatsanwaltschaft keineswegs eindeutig gesagt werden, daß im Rahmen des Vorgesetzten-Untergebenen-Verhältnisses, jede direktive Äußerung als Weisung zu verstehen ist, da in diesem Bereich primäre und sekundäre Illokutionsakte wesentlich leichter vermischt werden können.

VI. Nonverbale Kommunikationselemente

Eine Rolle spielen auch nonverbale Signale. Kommunikatives Verhalten beschränkt sich nur selten ausschließlich auf den rein sprachlich-verbalen Bereich, sondern wird zumeist sprechbegleitend durch nonverbale Signale bzw. nonverbales Verhalten ergänzt.[1268] Um die Funktion einer Äußerung bestimmen zu können müssen verbale und nonverbale Elemente gemeinsam berücksichtigt

1267 Kohl/Kranz, MLL 2, 1992, S. 12

1268 Vgl. Winterhoff-Spurk/Geißler/Grabowski-Gellert, S. 56

werden.[1269] Diesem nonverbalen Bereich sind Mimik, Gestik, Körperhaltung u.ä. zuzuordnen.[1270]

So kann einer Äußerung entsprechender Nachdruck durch Verlängerung oder Intensivierung des Blickkontaktes verliehen werden.[1271] So kann durch ein Lächeln eine verbal sehr direkte Aufforderung nonverbal abgemildert werden, während eine verbal sehr indirekte Aufforderung nonverbal durch scharfen Blickkontakt verdeutlicht werden kann.[1272]

Auch durch das Gesprächsverhalten werden Signale übermittelt. Eine verkrampfte Körperhaltung deutet beispielweise auf Unsicherheit hin.[1273]

So kann eine rein sprachlich als Bitte einzuordnende Äußerung durch Einsatz entsprechenden Blickkontaktes zu einem Befehl qualifiziert werden, während umgekehrt eine als Befehl formulierte Äußerung durch Mimik oder Lächeln zu einer Bitte abgemildert sein kann.

VII. Mehrfaktorenmodelle kommunikationswissenschaftlicher Zusammenhänge und deren Zusammenspiel

Es läßt sich erkennen, daß sich die Intention einer Äußerung des vorgesetzten Staatsanwalts aus verschiedenen Faktoren ermitteln läßt. Entscheidende Bedeutung haben – wie dargestellt – die Form der sprachlichen Äußerung, der Gesprächskontext, das Statusverhältnis der Gesprächspartner, die räumliche Umgebung, die Gesprächssituation, die Betonung sowie nonverbale Elemente, d.h. :

- Verbale Satzkonstruktion der konkreten Äußerung
- Verbale Konstruktion des Gesamtgesprächs in das die Äußerung eingebettet ist.
- Tonfall
- Nonverbale Signalgebung
- Gesprächsumgebung und Art der Gesprächsgestaltung (schriftlich/mündlich; formell/informell; „offizielle" Gesprächsatmosphäre/ „inoffizielle" Gesprächsatmosphäre)
- Statusverhältnis der Gesprächspartner

Diese Faktoren eröffnen ein weites Äußerungsspektrums. Dies hat zur Folge, daß die unterschiedlichen Bedeutungen einer Aussage fließend ineinander übergehen. Da eine eindeutige Trennlinie nicht gezogen werden kann, können nur

1269 Winterhoff-Spurk/Herrmann/Funk-Müldner, Sp. 1979

1270 Scherer, S. 70 f; vgl. Winterhoff-Spurk/Geißler/Grabowski-Gellert, S. 56; Winterhoff-Spurk/Herrmann/Funk-Müldner, Sp. 1979

1271 Vgl. Winterhoff-Spurk/Geißler/Grabowski-Gellert, S. 56/57

1272 Winterhoff-Spurk, S. 290

1273 Althoff, S. 194

Modelle entwickelt werden, wie sich das sprachliche Verhalten in Bezug auf die Direktheit der Kommunikation auswirkt. Dabei handelt es sich um empirische Erkenntnisse, das heißt, es werden Erfahrungssätze aufgestellt, die auf eine gewisse Allgemeingültigkeit schließen lassen.

Bestimmte Erfahrungssätze hinsichtlich der Verbindlichkeit von Äußerungen lassen sich anhand der allgemeinen Lebenserfahrung aufstellen, z. B.:

1) Je direkter eine Aufforderung geäußert wird, desto verbindlicher ist sie.
2) Eine klar und sicher vorgetragene Aufforderung ist verbindlicher als eine zögerlich geäußerte.
3) Äußerungen im Rahmen eines formellen Gesprächs sind verbindlicher als solche in einem privaten Gespräch.
4) Aufforderungen in einem energischen oder „scharfen" Tonfall sind verbindlicher als zurückhaltend oder „mild" geäußerte.
5) Aufforderungen eines Vorgesetzten sind verbindlicher als Aufforderungen eines „Gleichrangigen".
6) Schriftliche Aufforderungen sind verbindlicher als mündliche.

Darüber hinaus wurden diese Zusammenhänge in verschiedenen Theorien dargelegt. Dabei berücksichtigt keine Theorie sämtliche Aspekte der Kommunikation. Im folgenden werden daher einige ausgewählte Ansätze dargestellt, die versuchen, aus dem sprachlichen Verhalten Rückschlüsse auf den Grad der Direktheit zu ziehen. Es soll geklärt werden, unter welchen Voraussetzungen eine Äußerung dem Bereich „Anordnung, Befehl, Weisung" zuzuordnen ist bzw. noch als „Ratschlag, Bitte oder Empfehlung" eingeordnet werden kann.

1. Ansatz nach Edmonson

Edmonson untersucht die Abgrenzung von Bitte und Befehl innerhalb der „mands" oder „directives" mit Hilfe eines Drei-Schritte-Modells.

Hierbei geht er in der ersten Stufe davon aus, daß verschiedene soziale Bedingungen, wie soziale Rollenkonstellation, soziale Strukturen und situationsgebundene Erwartungen, die er als „soziale Umgebung" bezeichnet, die Wahrnehmung einer Äußerung vorgeben. Dieser Stufe lassen sich die anhand des Beispiels Staatsanwaltschaft ermittelten Faktoren „Gesprächsumgebung und Art der Gesprächsgestaltung" sowie „Statusverhältnis der Gesprächspartner" zuordnen. Das heißt, daß eine bestimmte soziale Umgebung (z. B. ein Hierarchieverhältnis) bestimmte Erwartungen festlegt, wie Äußerungen in dieser sozialen Umgebung zu verstehen sind, also als Bitte oder Befehl.

In der zweiten Stufe fragt Edmondson nach der verbalen Konventionalisierung. Damit ist gemeint, daß sich bestimmte Äußerungen und sprachliche Erscheinungsformen mit bestimmten illokutiven Begriffen verbinden lassen. Regelmäßig werden „mands“ bzw. „directives“, die eigentlich der Befehlskategorie zuzurechnen sind, aus Gründen der Höflichkeit und des Taktes moduliert, um den Gesprächspartner nicht zu beleidigen. Den Grund hierfür sieht Edmonson darin, daß die „mands“ oder “directives“ andernfalls eine Zumutung für den Gesprächspartner implizieren. Denn der Sprecher erstrebt in diesen Fällen eine Handlung, die in seinem eigenen Interesse und nicht im Interesse des Angesprochenen liegt. Damit soll der Angesprochene letztlich eine Handlung ausführen, die nicht seinem Interesse dient, sondern einem Dritten zugute kommt.[1274] Hierin liegt eine Beschränkung des Freiheitsspielraums, was zu erheblichen Spannungen und im Extremfall sogar zu einer Verweigerungshaltung führen kann.[1275]

Die Äußerung von „mands“ oder „directives“ in höflichen oder indirekten Formen eröffnet dem Äußerungsempfänger hingegen einen Spielraum mit alternativen Interpretationsmöglichkeiten.[1276] Dennoch bedeutet dies nicht notwendigerweise, daß die Wahl einer indirekten Formulierung zu Lasten der Effizienz gehen muß. An diesem Punkt besteht eine Kopplung an die im ersten Schritt geschilderte „soziale Umgebung“. Durch die soziale Umgebung wird eine Erwartungshaltung vorgegeben, wie eine Äußerung zu interpretieren ist. Umgekehrt führen Hierarchieebenen und verschiedene soziale Sphären zu einer Erwartungshaltung, was den Grad an Direktheit und Formalität einer Äußerung angeht.[1277]

Dieser im zweiten Schritt erläuterten verbalen Modulation entsprechen die am Beispiel „Staatsanwaltschaft“ erarbeiteten Beeinflussungsfaktoren „Verbale Satzkonstruktion der konkreten Äußerung“, „Verbale Konstruktion des Gesamtgesprächs, in das die Äußerung eingebettet ist“, „Tonfall“ und „nonverbale Signalgebung“.

Im dritten Schritt geht Edmondson davon aus, daß es zur Durchbrechung von sprachlichen Konventionen kommen kann. Hierdurch wird das Phänomen umschrieben, daß sich im sozialen Kontext zweier Gesprächspartner eine eigenständige Gesprächsebene herausbilden kann.

Das ist etwa dann der Fall, wenn Äußerungen in einem situativen Kontext verwendet werden, den der Angesprochene nicht erwartet. Dies kann beispielsweise zu einem Sprech- und Kommunikationsverhalten führen, in dem der Sprecher eine verbal als „Befehl“ einzuordnende Äußerung an den Empfänger richtet, die jedoch als Bitte gemeint ist und vom Gegenüber auch als solche verstanden wird. Als Beispiel führt Edmondson den Fall an, daß ein heranwachsender Sohn seinen Vater bittet „Hol’ mir doch was zu trinken“. Obwohl diese Äußerung eigentlich als „Befehl“ einzuordnen wäre, ist die soziale Umgebung (Vater-

1274 Edmonson, S. 26
1275 Winterhoff-Spurk/Geißler/Grabowski-Gellert, S. 56, 61
1276 Edmonson, S. 27; vgl. hierzu auch Mohr/Mohr/Engelkamp, S. 219
1277 Edmondson, S. 27

Sohn-Beziehung) nicht geeignet, daß der Vater Befehle von seinem Sohn erwartet.

Damit wird deutlich, daß eine bestimmte soziale Umgebung bzw. ein Statusverhältnis eine Vorgabe darstellen kann, wie eine Äußerung zu interpretieren ist. Insbesondere wird durch ein Hierarchieverhältnis eine bestimmte Erwartungshaltung vorgegeben. Dieser Schluß ist jedoch keinesfalls zwingend und auf Staatsanwaltschaften nur bedingt zutreffend. Eine besondere Rolle spielt in diesem Zusammenhang, wie bereits ausgeführt, daß die Statusdiskrepanz bei der Staatsanwaltschaft weniger ausgeprägt ist.

Ausgehend von Edmondsons Ansatz läßt sich festhalten, daß in einer Hierarchie wie der Staatsanwaltschaft bestimmte Erwartungshaltungen bestehen, die bei der Interpretation von Äußerungen zu berücksichtigen sind. Dadurch besteht eine Grundtendenz hin zur Verbindlichkeit. Allerdings stellt aufgrund der wenig ausgeprägten Statusdiskrepanz nicht jede direktive Aufforderung eine Weisung dar, sondern es kann sich durchaus auch um einen (unverbindlichen) Rat oder eine kollegiale Empfehlung handeln.

2. Untersuchung von Winterhoff-Spurk

Winterhoff-Spurk[1278] unterscheidet im Bereich der Aufforderungen vier Hauptvarianten, die von ihm als I-, V-, A- und E-Aufforderungen bezeichnet werden.

Bei den **I-Aufforderungen** wird die vom Sprecher gewünschte Handlung des Gesprächspartners als Imperativ- oder Performativkonstruktion unmittelbar angesprochen.[1279]

Beispiel: Frau M,, bitte kommen Sie zum Diktat.[1280] Entsprechend könnte für den Bereich der Staatsanwaltschaft eine I-Aufforderung ergehen, indem der Vorgesetzte gegenüber dem Untergebenen um die Erstattung eines Berichts bittet: „Herr S., bitte erstatten Sie mir im Verfahren X Bericht."

Die **V-Aufforderungen** zeichnen sich dadurch aus, daß in ihnen die normativen und rechtlichen Legitimationsgrundlagen der Aufforderung angesprochen werden, die dem Sprecher das Recht geben seinen Gesprächspartner zu einem bestimmten Verhalten aufzufordern.[1281]

Beispiel: Frau M., als Abteilungsleiter kann ich wohl von Ihnen verlangen, daß Sie meine Briefe aufnehmen.[1282] Eine staatsanwaltschaftliche V-Aufforderung könnte lauten: „Herr S., als Abteilungsleiter kann ich erwarten, daß Sie mir im Verfahren X Bericht erstatten."

1278 Winterhoff-Spurk, S. 289; Winterhoff-Spurk/Geißler/Grabowski-Gellert, S. 56, 61
1279 Mohr/Mohr/Engelkamp, S. 210; Winterhoff-Spurk, S. 289
1280 Winterhoff-Spurk, S. 289
1281 Mohr/Mohr/Engelkamp, S. 210; Winterhoff-Spurk, S. 289
1282 Winterhoff-Spurk, S. 289

In **A-Aufforderungen** wird das Verhalten angesprochen, das der Sprecher vom Hörer wünscht.[1283]

Beispiel: „Frau M., können Sie mal zum Diktat kommen?“[1284] *Für den Bereich der Staatsanwaltschaft hieße das: „Herr S., könnten Sie mir im Verfahren X Bericht erstatten?“*

Schließlich werden noch die **E-Aufforderungen** genannt, in denen der Sprecher sein eigentliches Ziel, also die Ursache für die Aufforderung, gegenüber dem Hörer anspricht.[1285]

Beispiel: Frau M. ich möchte etwas diktieren.[1286] *Für den Bereich der Staatsanwaltschaft könnte das Beispiel lauten: „Herr S., ich benötige einen Bericht im Verfahren X“*

Es wird deutlich, daß all diese sprachlichen Varianten letztlich auf das gleiche Ziel gerichtet sind, nämlich Frau M. einen Brief zu diktieren, bzw. den Staatsanwalt S. dazu zu veranlassen, seinem Vorgesetzten einen Bericht in einem bestimmten Verfahren zu erstatten. Trotzdem weisen sie erhebliche Unterschiede hinsichtlich ihrer sprachlichen Direktheit auf.

Dabei gelten die I- und V-Aufforderungen als sehr direkte Aufforderungsvarianten, den A-Aufforderungen kommt ein Grad mittlerer Direktheit zu, während E-Aufforderungen als indirekt gelten.[1287]

Weiterhin unterscheidet Winterhoff-Spurk zwischen sogenannten Standardsituationen und Nichtstandardsituationen.

Standardsituationen zeichnen sich dadurch aus, daß die Aufforderungsbedingungen, etwa die Legitimation des Sprechers einerseits oder die grundsätzliche Handlungsbereitschaft des Hörers andererseits, beiderseits eindeutig definiert sind und positiv vorliegen.[1288] Hier werden in besonders starkem Maße E-Aufforderungen verwendet.[1289]

In Nichtstandardsituationen hingegen, in denen der Sprecher als Vorgesetzter höher gestellt ist, der Hörer aber nicht sonderlich bereit ist, der vom Sprecher erwünschten Handlung nachzukommen, spielen die situativen Randbedingung eine stärkere Rolle. Auch hohe Dringlichkeit veranlaßt den Sprecher häufig zu größerer Direktheit.[1290]

1283 Mohr/Mohr/Engelkamp, S. 210; Winterhoff-Spurk, S. 289
1284 Winterhoff-Spurk, S. 289
1285 Mohr/Mohr/Engelkamp, S. 210; Winterhoff-Spurk, S. 289
1286 Winterhoff-Spurk, S. 289
1287 Winterhoff-Spurk, S. 289
1288 Winterhoff-Spurk, S. 289
1289 Winterhoff-Spurk, S. 289
1290 Winterhoff-Spurk, S. 289

VIII. Gründe für die Vermeidung ausdrücklicher („echter") Weisungen

Auch mit Hilfe der Kommunikationswissenschaft kann eine klare Grenzziehung zwischen „Bitte" und „Weisung" nicht gezogen werden. Es besteht also durchaus die Möglichkeit eine subjektiv als „Weisung" gemeinte Aufforderung in eine Bitte einzukleiden, aber umgekehrt auch eine objektiv als „Weisung" formulierte Aufforderung als „Bitte" zu verstehen. Tatsächlich werden in der Praxis „Weisungen" auch weniger als „Befehl" formuliert, sondern eher als „Bitte".[1291]

Es stellt sich daher die Frage, wieso Sprecher oftmals davor zurückscheuen, statt einer direkten Anweisung die verbrämtere sprachliche Variante einer „Bitte" oder eines „Ratschlags" zu wählen, die jedoch letztlich auf das gleiche Ziel hinausläuft. Hierzu ist es erforderlich zu klären, welche Funktionen Kommunikation überhaupt hat.

Moderne psychologische Kommunikationsmodelle gehen davon aus, daß der Kommunikationsprozeß mit vier Funktionen verbunden ist,[1292] nämlich mit dem Übermittlungsaspekt, dem Selbstoffenbarungsaspekt, dem Appellaspekt und dem Beziehungsaspekt.

Bekannteste Funktion der Kommunikation ist die Übermittlung des Sachinhalts. Ein Gedanke, eine Mitteilung oder eine Nachricht wird von einem Gesprächsteilnehmer an den Gesprächspartner übermittelt.[1293]

Hinzu kommt der Aspekt der Selbstoffenbarung. Neben der reinen Sachinformation übermittelt der Sender auch Informationen über sich selbst, indem er sich selbst darstellt oder versucht, sich selbst darzustellen.[1294]

Ein weiterer Kommunikationsaspekt ist der Appell, der für die vorliegende Untersuchung besonders von Bedeutung ist. Oftmals dient die Übermittlung der Sachinformation dazu, daß der Sender auf den Empfänger Einfluß nehmen will.[1295] Der Sender beabsichtigt, den Empfänger zu einem Tun oder Unterlassen zu bewegen.[1296] In diesem Bereich ist einzuordnen, ob ein Kommunikationsprozeß auf den Appell „Bitte" oder den Appell „Weisung" hinzielt.

Schließlich enthält jede Kommunikation einen Beziehungsapekt.[1297] Je nachdem wie der Sender den Gesprächspartner anspricht, bringt der Sprecher zum Ausdruck, was er von seinem Gegenüber hält. Der Empfänger empfindet die Aussage des Senders als Akzeptanz oder Bevormundung, als vollwertige Be-

---

1291 Vgl. insbesondere auch die Feststellungen im Rahmen der empirischen Untersuchung im 12. Kapitel

1292 Lay, S. 148 ff; Althoff, S. 196; Schulz von Thun, Bd.1, S. 25 ff; Hohenforst, S. 206 ff

1293 Althoff, S. 196; Breig, S. 196; Schulz von Thun, Bd.1, S. 25; Hohenforst, S. 208

1294 Althoff, S. 196; Breig, S. 196; Schulz von Thun, Bd.1, S. 25; Hohenforst, S. 207

1295 Althoff, S. 196; Breig, S. 196; Schulz von Thun, Bd.1, S. 29; Hohenforst, S. 209

1296 Breig, S. 196

1297 Schulz von Thun, Bd.1, S. 27; Hohenforst, S. 209

handlung oder Herabsetzung.[1298] Dieser Beziehungsaspekt geht als wesentliche Variable in den Kommunikationsprozeß ein.[1299]

Innerhalb dieser vierdimensionalen Kommunikationsstruktur haben Psychologen dargelegt, daß vielfach die eigentliche Information sogar hinter den Begleitfaktoren zurückbleibt.[1300] Da jedoch die Kommunikation einen einheitlichen Komplex bildet, übermittelt jeder Sender gleichzeitig mit der Sachinformation weitere Botschaften.

Eine Botschaft, die mit einer zu klaren Sachaussage transportiert wird, kann leicht als schroff oder abweisend interpretiert werden. Höflichkeitskonventionen verbieten daher normalerweise den Gebrauch direkter Imperativ-Formulierungen. Deshalb besteht normalerweise das Bestreben, Absichten durch die Verwendung indirekter Formulierungen deutlich zu machen.[1301] Von entscheidender Bedeutung ist dabei der Beziehungsaspekt der Kommunikation. Hierdurch teilt der Sprecher dem Gesprächspartner mit, wie er ihn einschätzt. Der Empfänger empfindet diese Komponente als Bewertung oder Beurteilung durch den Sprecher („Wie redet der denn mit mir? Was glaubt er eigentlich wer ich bin?)[1302] Durch die Erteilung einer direkten von der beabsichtigten Vorgehensweise des Staatsanwalts abweichenden Weisung des Vorgesetzten, wird Kritik impliziert, zumindest aber, daß der Vorgesetzte die Vorgehensweise nicht akzeptiert.

Kritik – zumal wenn sie eventuell sogar noch im Beisein von Dritten geäußert wird oder diesen zur Kenntnis kommt – führt jedoch zu schwerwiegendem Gesichtsverlust (bzw. Autoritätsverlust) des kritisierten, weil angewiesenen, untergebenen Staatsanwalts.[1303] In jeder Führungsmaßnahme liegt auch ein Element der Fremdsteuerung. Dabei ist jedoch das Gefühl, fremdgesteuert zu werden, ein erheblicher Demotivator. Zwar überprüft in der Regel der Gesteuerte den Fremdanspruch kritisch und übernimmt ihn, soweit er ihm nützlich oder einsichtig erscheint. Erforderlich ist hierfür, daß dem Gesteuerten noch ein Kritikspielraum verbleibt. Schaltet die Außensteuerung hingegen die kritische Distanz des Gesteuerten aus, wird der Betroffene in seiner Selbstsicherheit verletzt oder er reagiert als völlig normale psychische Schutzmaßnahme mit Abwehr, falls er das Ziel des Einflußnehmenden erkennt.[1304]

Bei einer direkten Aufforderung, wie sie etwa die „echte" Weisung darstellt, besteht die Gefahr negativer Reaktionen des aufgeforderten Hörers.[1305] Bei einer „gelungenen" indirekten Aufforderung erreicht der Sprecher sein Ziel, ohne daß

1298 Althoff, S. 196; Breig, S. 196
1299 Breig, S. 196
1300 Althoff, S. 196
1301 Searle „Indirekte Sprechakte", S. 132
1302 Althoff, S. 197
1303 Vgl. Althoff, S. 215
1304 Lay, S. 43 f
1305 Winterhoff-Spurk, S. 289

dem Angesprochenen die Beeinträchtigung seines Freiheitsspielraumes konkret bewußt wird.[1306]

Durch die Einkleidung einer Weisung in Form einer Bitte, wird dem Angewiesenen scheinbar ein Entscheidungsspielraum eröffnet. Hierdurch tritt die Fremdsteuerung nicht in aller Deutlichkeit zu Tage. Der Angewiesene wird daher weniger verletzt als durch die Erteilung einer sehr direkten oder gar schroffen Weisung.

Ein weiterer Grund für eine weniger direkte und eher implizite Kommunikation, also das Vermeiden konkreter Aussagen, wie beispielsweise eine „echte" Weisung, ist die Nähe zur Unverbindlichkeit. Wenn der Sender die eigentliche Hauptmitteilung implizit sendet, kann er immer dementieren.[1307] Dieser Aspekt ist heute von entscheidender Bedeutung, da es aufgrund der immer komplexer werdenden Alltagsvorgänge und insbesondere natürlich auch der Komplexität der Vorgänge innerhalb der Staatsanwaltschaft naheliegt, daß eine konkrete Weisung und die damit verbundene Verantwortung eher vermieden wird. Das Erteilen einer Weisung bedeutet immer auch die Übernahme von Verantwortung.

IX. Schlußfolgerung

Eine klare Grenzlinie zwischen Bitte und Weisung läßt sich nicht ziehen. Auch die oben dargestellten Mehrfaktorenmodelle stellen lediglich den Versuch dar, Zusammenhänge zwischen Äußerungsakten und deren Direktheit herzustellen. Es können allenfalls Kriterien angegeben werden, welche die sprachliche Direktheit beeinflussen und in welcher Weise dieser Einfluß erfolgt. Ein klares Schema, mit dem sich eindeutig und verbindlich festlegen läßt, wann eine Äußerung als Bitte oder Ratschlag, wann als Befehl oder Weisung einzuordnen ist, konnte bislang noch nicht gefunden werden. Daher bleibt immer ein Unsicherheitsfaktor bestehen.

F. Zwischenergebnis und Stellungnahme

Wie die bisherige Untersuchung gezeigt hat, besteht vielfach eine Diskrepanz zwischen dem gesetzlichen Leitbild des hierarchischen Behördenaufbaus, das von der Struktur her eher eine direkte Kommunikationsform als Befehl oder (anders bezeichnet) als Weisung voraussetzt, und der aus führungspsychologischer und menschlicher Sicht naheliegenderen Weisung in Form einer Bitte oder Empfehlung. Eine Botschaft wie etwa die Weisung kann sowohl explizit durch eine ausdrückliche Formulierung erfolgen, aber auch implizit in einer Aussage

1306 Winterhoff-Spurk, S. 290
1307 Breig, S. 198

enthalten sein, also „hineingelegt“ werden.[1308] Aufgrund dieser Diskrepanz wird aber ein Spielraum für Mißverständnisse eröffnet, und der Grenzbereich Bitte / Weisung bleibt in besonders starkem Maße mit einer Unschärfe behaftet. Gerade versteckte Appelle, wie sie im Grenzbereich Ratschlag / Empfehlung / Bitte / Weisung von äußerster Bedeutung sind, führen zu einer deutlichen Beeinträchtigung der Kommunikation und zu vermehrtem Auftreten von Mißverständnissen.[1309]

Angesichts der Situation, daß Weisungen nicht direkt erteilt werden, ist ein Umdenken erforderlich. Offenbar scheinen die Autoren, welche die Ansicht vertreten, es würden nur äußerst selten Weisungen erteilt, „Ratschläge“ und „Empfehlungen“ nicht als Weisungen anzusehen. Dennoch kann eine Weisung im Sinne eines Verhaltens, durch das auf eine Sachentscheidung eingewirkt werden soll, auch in dieser scheinbar unverbindlichen Form erfolgen.

Auch kann bereits durch eine Aufforderung zum Bericht Einfluß auf ein Verfahren genommen werden. Es läßt sich nicht ausschließen, daß es – ausgelöst durch die Bitte des Justizministers, ergänzend oder erläuternd zum bisherigen Verfahren zu berichten – zu mittelbaren Auswirkungen kommt, die die Staatsanwaltschaften zu einer Überprüfung und Korrektur eines Verfahrens veranlassen können.[1310]

Es ist daher erforderlich einen „weiten“ Weisungsbegriff zugrundezulegen. Zum einen können bereits unterhalb der Weisungsgrenze durch die beschriebenen, subtilen führungstechnischen Mechanismen beeinflussende Faktoren zum Tragen kommen. Zum anderen muß auch eine Weisung nicht immer direkt und in aller Deutlichkeit erteilt werden. Auch indirektere und versteckte Aufforderungen sind unter den Weisungsbegriff zu subsumieren. Demgemäß wird auch in der Kommentarliteratur nunmehr erkannt, daß eine „Bitte“ eine Weisung im Sinne der §§ 146 ff GVG sein kann.[1311]

Doch gerade hier liegt das nicht zu unterschätzende Problem von Weisungen „durch die Hintertür“. In solchen „Wünschen“, die in mehr oder weniger offener bzw. mehr oder weniger versteckter Form an den Staatsanwalt herangetragen werden, wird ein besonderes Gefahrenpotential gesehen. Aus rein psychologi-

---

1308 Breig, S. 197; Zitta, Salzburger Nachrichten vom 16.06.2001, S. 7 weist in diesem Zusammenhang auf den „Wink mit dem Zaunpfahl“ hin.

1309 Hohenforst, S. 210; im Ergebnis wohl auch Winterhoff-Spurk, S. 289, der darauf hinweist, daß gerade die sehr indirekten, von ihm als E-Aufforderung bezeichneten Aufforderungsvarianten, das Risiko mit sich bringen, daß der aufgeforderte Hörer die eigentlich als Aufforderung gewollte Äußerung tatsächlich oder vorgeblich als bloße Mitteilung mißversteht.

1310 Frankfurter Arbeitskreis Strafrecht, StV 2000, S. 462; Schreiben des Justizministeriums Mecklenburg-Vorpommern an den Verfasser vom 25.06.1997. Allerdings sah der Sachbearbeiter des Justizministeriums diese von ihm als mittelbar bezeichneten Auswirkungen nicht als Weisungen oder Vorgaben an.

1311 Kissel, §146 GVG, Rn. 8

schen Gründen fühle sich ein Dezernent unter Umständen – insbesondere wenn er nicht ganz sattelfest sei – unsicher oder sei ihnen gar mehr oder weniger hilflos ausgeliefert.[1312]

1312 Günter, S. 140

11. Kapitel: Einzelfälle der Einflußnahme

Bei den Vorbereitungen zu dieser Arbeit und auch aufgrund persönlicher Erfahrungen und Kontakte wurde der Verfasser vielfach auf Einzelfälle aufmerksam, in denen das Weisungsrecht eine gravierende Rolle spielte und die im Rahmen dieses Kapitels dargestellt werden.

A. Persönliche Erfahrungen

Am Rande der Untersuchung wurden dem Verfasser mehrfach Fälle von Weisungen berichtet. Darüber hinaus wurde der Verfasser selbst bei der Durchführung der Untersuchung mit dem staatsanwaltschaftlichen Weisungsrecht konfrontiert und erlangte auch im Rahmen seiner Tätigkeit als Rechtsanwalt Kenntnis von der Weisungspraxis. Diese Fälle, die einen Einblick in die praktische Relevanz des Weisungsrechts geben, sollen im folgenden kurz dargestellt werden.

I. Begebenheit im Vorfeld der Untersuchung

Im Rahmen der Untersuchung war zunächst geplant, verschiedene allgemeine Weisungen – so auch die Behandlung von Bagatellkriminalität – zwischen den Bundesländern zu vergleichen.

Im August 1998 bat der Verfasser daher sämtliche Generalstaatsanwaltschaften um Überlassung allgemeiner Richtlinien, insbesondere auch diejenigen zur Auslegung der §§ 153, 153 a StPO. Während zahlreiche Generalstaatsanwaltschaften dieser Bitte nachkamen, teilte die Generalstaatsanwaltschaft Rostock mit Schreiben vom 14.01.1999 mit, daß das Justizministerium aufgrund eines angeblich dienstinternen Charakters „gebeten" habe, die entsprechenden Regelungen nicht herauszugeben. Im Zuge des späteren Regierungswechsels wurden jedoch in einer Meldung der Deutschen Presseagentur Einzelheiten über die Handhabung der §§ 153 ff StPO veröffentlicht und zwar unter dem Stichwort des sogenannten „Eierdieberlaß". Hierdurch sollte die Geringwertigkeitsgrenze bei 100,- DM angesetzt werden, obwohl diese nach der Rechtsprechung regelmäßig bei Beträgen unter 50,- DM angesetzt wird.[1313] Der Erlaß scheint eine politisch motivierte Reaktion auf das Verfahren der PDS-Abgeordneten Muth zu sein, die eines Ladendiebstahls überführt wurde.[1314]

Nach Bekanntwerden dieser Meldungen wandte sich der Verfasser an das Justizministerium Mecklenburg-Vorpommern. Unter Bezugnahme darauf, daß es

1313 So ließ sich einer dpa-Meldung entnehmen, daß die Wertgrenze durch den „Eierdieberlaß von 50,- auf 100,- DM erhöht wurde; vgl. auch Tröndle/Fischer §248 a StPO, Rn. 5

1314 Vgl. im einzelnen unten im Fall „Prechtel" unter 11. Kapitel C. VII.

schwer nachvollziehbar sei, wieso Journalisten der Inhalt der Regelung bekannt gemacht wird, eine Herausgabe zu wissenschaftlichen Zwecken jedoch unterbleibt, bat er erneut um Übersendung des Erlasses. Daraufhin wurde seitens des Justizministeriums eingeräumt, daß die Verweigerung der Generalstaatsanwaltschaft tatsächlich auf eine Weisung des Justizministeriums zurückzuführen war.[1315] Aufgrund des zwischenzeitlichen öffentlichen Interesses habe sich die Sachlage geändert, so daß man nun bereit war, die entsprechende Dienstanweisung herauszugeben.

Hier wird das Bemühen der SPD/PDS-Regierung deutlich, die von ihr getroffene Regelung vor den Augen der Öffentlichkeit geheimzuhalten. Erst als die Öffentlichkeit durch den genannten Vorfall und die damit verbundene Medienberichterstattung auf den „Eierdieberlaß" aufmerksam wurde, schien die Fortsetzung der Geheimhaltung keinen Sinn mehr zu machen, so daß dann der Erlaß freigegeben wurde. Es drängt sich die Vermutung auf, daß die Regierung einen möglichen Zusammenhang zwischen dem „Muth-Verfahren" und dem „Eierdieberlaß" nicht publik machen wollte.

II. Begebenheit während der Fragebogenuntersuchung

Auch wenn diesbezüglich keine konkrete Weisung nachgewiesen werden kann, fiel bereits während der Untersuchung ein Fall besonders auf: Ein Behördenleiter war bei einem Telefonat dem Projekt gegenüber sehr negativ eingestellt und zeigte nahezu keine Bereitschaft die Untersuchung zu unterstützen. Insbesondere versicherte er sich sogleich, ob der Verfasser einen Vergleich über die Weisungshäufigkeit zwischen den einzelnen Staatsanwaltschaften plane. Obwohl der Verfasser dies verneinte, zeigte sich der Behördenleiter weiterhin negativ und legte dem Verfasser nahe, über ein anderes Thema zu promovieren. Dennoch konnte der Verfasser schließlich die Genehmigung der Umfrage erreichen.

Allerdings bestand der Behördenleiter darauf, ein ihm vorab zugesandtes Exemplar selbst zu vervielfältigten und an die teilnahmebereiten Staatsanwälte (nach Aussage des Behördenleiters waren dies vier Staatsanwälte) zu verteilen. Die Verteilung durch den Verfasser ließ der Behördenleiter nicht zu. Bereits im Telefonat wies er darauf hin, daß seiner Auffassung nach sämtliche Staatsanwälte ankreuzen werden, sie würden niemals Weisungen bekommen. Da die Fragebögen aufgrund der Selbstvervielfältigung (und daher ohne Rückumschläge) unverschlossen waren, hatte der Behördenleiter leider die Möglichkeit, den Inhalt der ausgefüllten Bögen zur Kenntnis zu nehmen. Bezeichnend ist, daß auf drei der vier Bögen, die offen zurückgesandt wurden, keine bzw. nur wenige Weisungen angegeben waren. Der vierte Staatsanwalt hatte den Bogen jedoch selbst in einen Umschlag gesteckt und diesen zugeklebt. Erstaunlicherweise gab

---

1315 Schreiben des Justizministeriums Mecklenburg-Vorpommern an den Verfasser vom 25.10.1999 dieser Staatsanwalt an, eine sehr hohe Fremdbeeinflussung zu erfahren und auch Weisungen zu erhalten.

III. Beispiel aus der Rechtsanwaltspraxis

Ein weiteres Beispiel für die Auswirkung des Weisungsrechts in der Praxis wurde dem Verfasser im Rahmen seiner anwaltlichen Tätigkeit bekannt. Anläßlich einer Strafverteidigung wegen Beleidigungsdelikten setzte sich der Verfasser mit dem zuständigen Richter in Verbindung, um eine Verfahrenseinstellung nach § 153 a StPO anzuregen. Dabei teilte der Richter mit, er persönlich habe nichts gegen eine vorläufige Einstellung nach § 153 a Abs. 2 StPO einzuwenden, er stehe aber mit der Staatsanwaltschaft auf „Kriegsfuß" und es sei aus diesem Grunde seitens der Behördenleitung der Staatsanwaltschaft eine Weisung erteilt worden, bei ihm keinerlei Zustimmung nach § 153 a Abs. 2 StPO zu erteilen. Dieser Sachverhalt wurde dem Verfasser auch bei einem späteren Gespräch mit dem zuständigen Staatsanwalt so bestätigt.

B. Mitgeteilte Einzelfälle aus der Praxis

I. Verhältnisse in den 60er-Jahren

Im Zuge der Untersuchung führte der Verfasser zahlreiche Korrespondenzen und Gespräche im ganzen Bundesgebiet. Dabei wurde ihm der Führungsstil eines Generalstaatsanwalts in den 60er Jahren an der Generalstaatsanwaltschaft X[1316] geschildert.

Dieser habe die Verhältnisse in einer dominanten Weise "im Griff gehabt". Hierzu habe er sich einer Fülle von Weisungen bedient, die sich selbst auf Zeilenabstand, Sprachstil, Wortwahl und Zeichensetzung bezogen haben. Die Folge war, daß gerade jüngere Dezernenten gegen diese Weisungspraxis aufbegehrt haben und in Arbeitsgruppen über die Grenzen des Weisungsrechts diskutierten. Hierdurch habe man eine Überarbeitung der allgemeinen Verfügungen und eine Stärkung der Eigenverantwortlichkeit der einzelnen Dezernenten erreichen können.

II. Weisungsfall in Baden-Württemberg

Aus Baden-Württemberg wurde dem Verfasser ein Fall berichtet, in dem der Justizminister unter Zugrundelegung einer unzutreffenden Rechtsauffassung die Einstellungsverfügung eines Staatsanwalts angegriffen und sich dafür verwendet habe, eine Anklage zu erheben. Dies hatte zur Folge, daß sich der baden-

1316 Der Informant bat den Verfasser um weitmöglichste Anonymität.

württembergische Richterbund in einem Schreiben gegen den Minister stellte. Weitere Einzelheiten wurden dem Verfasser aus datenschutzrechtlichen Gründen nicht genannt.

C. Brisante Verfahren aus Medien und parlamentarischen Materialien

Vielfach wird das Weisungsrecht zum Gegenstand der Medienberichterstattung, aber auch von Untersuchungsausschüssen und parlamentarischen Diskussionen.

I. Weinpanscherfall in Rheinland-Pfalz

Im Jahr 1985 haben in Rheinland-Pfalz fünf Staatsanwälte um ihre Versetzung in andere Dezernate gebeten,[1317] nachdem schon zuvor auf sie Druck ausgeübt wurde. Die Staatsanwälte waren Mitglieder der „Zentralstelle für Weinstrafsachen“ und als solche auf die Verfolgung von Verstößen gegen das Weingesetz spezialisiert. Sie beharrten auf einer Auslegung des Weingesetzes, nach der es Winzern verboten ist, Moste von billigster Tafelweinqualität durch geschicktes Mischen mit einer relativ geringen Menge edlen Mostes in riesigen Gärtanks zur Ausgangsbasis für Qualitätswein zu machen. Als die Staatsanwälte die von ihnen ermittelten Fälle vor Gericht bringen wollten, um die von ihnen vertretene Rechtsauffassung gerichtlich klären zu lassen, wurde ihnen dies jedoch vom Justizminister im Einvernehmen mit dem Minister des Weinbauressorts untersagt.[1318] Dabei entschied der Justizminister die Auslegung der Rechtsfrage, die zwischen den Staatsanwälten einerseits und dem Weinbauministerium andererseits streitig war, im Sinne des Weinbauministeriums.[1319] Zur Begründung wurde angeführt, daß hierdurch eine drohende Prozeßlawine gegen tausende rheinland-pfälzische Winzer verhindert worden sei.[1320] Als sich der Generalstaatsanwalt in Koblenz vor die Staatsanwälte stellen wollte, wurde aus den Reihen des Landtages dessen Entlassung gefordert.[1321] Dieser Forderung wurde jedoch nicht nachgegeben.[1322]

II. Glykolskandal in Rheinland-Pfalz

Ein weiterer aufsehenserregender Fall erfolgte in Rheinland-Pfalz bei der Staatsanwaltschaft Bad Kreuznach im Zusammenhang mit dem Glykolskandal.[1323]

1317 Schueler, DRiZ 1985, S. 445; DRB, DRiZ 1985, S. 449
1318 Schueler, DRiZ 1985, S. 445
1319 DRB, DRiZ 1985, S. 449
1320 DRB, DRiZ 1985, S. 449
1321 DRB, DRiZ 1985, S. 449
1322 DRB, DRiZ 1985, S. 449
1323 Wille, FS für SH, S. 318

Dort wurde eine ganze Ermittlungskommission von fünf spezialisierten Staatsanwälten nach intensiver Ermittlungsarbeit mit ausdrücklicher Billigung des Justizministers[1324] aus einem Verfahren abgelöst, nachdem sie mit gerichtlicher Zustimmung beim Chef der Staatskanzlei eine Durchsuchung vornehmen wollten. Durch die Ablösung wurde dieser Durchsuchung entgegengewirkt.[1325] Der zuständige Justizminister konnte den ihm diesbezüglich entgegengebrachten Vorwürfen nicht mit einer überzeugenden Darstellung entgegnen.[1326]

III. Weisungsrecht in Baden-Württemberg

Im Zusammenhang mit einem Untersuchungsausschuß zur Unabhängigkeit der Ermittlungsbehörden[1327] wurden die Berichtsakten, die in den Jahren 1985 und 1989 beim baden-württembergischen Justizminister anfielen, daraufhin durchsucht, ob Weisungen erteilt wurden.

Lediglich in wenigen Einzelfällen (1985 in fünf Fällen und 1989 in vier Fällen) seien der Generalstaatsanwalt oder die Staatsanwaltschaften im Rahmen der Dienstaufsicht gebeten worden, die beabsichtigte oder bereits ergangene Abschlußverfügung oder sonstige Prozeßhandlung (z. B. Rechtsmitteleinlegung oder -rücknahme, Beantragung der Wiederaufnahme des Verfahrens u.ä.) unter Berücksichtigung der vom Justizministerium zugrunde gelegten rechtlichen und tatsächlichen Erwägungen zu überprüfen. In der Regel hätten die Generalstaatsanwälte oder die Staatsanwaltschaften jedoch nach nochmaliger Überprüfung der beabsichtigten oder bereits ergriffenen Maßnahme an ihrer Entscheidung festgehalten, woraus sich bereits ergebe, daß Prüfungsbitten des Justizministeriums im Vorfeld einer verbindlichen Anweisung anzusiedeln seien und nicht den für eine Weisung kennzeichnenden zwingenden Charakter hätten.

Das Weisungsrecht wurde ein weiteres Mal Gegenstand einer parlamentarischen Auseinandersetzung, als im Jahr 1993 die Fraktion der Republikaner des Landtages von Baden-Württemberg den Antrag stellte, einen Bericht der Landesregierung einzuholen, wie oft, wann und in welcher Form, aus welchen Gründen oder Absichten es seit Januar 1991 Versuche des Justizministeriums gegeben habe, Einfluß auf Entscheidungen der Staatsanwaltschaften zu nehmen und in wievielen Fällen und in welchen Fällen Staatsanwaltschaften den Weisungen und Anordnungen aus dem Justizministerium nachkommen mußten.[1328]

In der Stellungnahme des Justizministeriums wurde deutlich gemacht, daß man generelle und förmliche Weisungen unterscheide, aber Prüfungsbitten zur

---

1324 Wille, FS für SH, S. 318

1325 Klinger in Plenarprotokoll 12/47, 74. Sitzung des Schleswig-Holsteinischen Landtages vom 28.02.1991, S. 4349

1326 Wille, FS für SH, S. 318

1327 Vgl. Drucksache des Landtages Baden-Württemberg, DS 10/6666, S. 323

1328 Vgl. Landtagsdrucksache Baden Württemberg 11/3117 vom 10.12.1993

Klärung von Rechtsfragen bei allgemeiner oder einzelfallbezogener Sachbehandlung, sowie die Erörterung von Zweifelsfragen nicht als Weisungen ansehe. Zudem würden diese auch zahlenmäßig nicht erfaßt.

Innerhalb des angefragten Zeitraums habe man nur drei förmliche Weisungen feststellen können:

- In einem Strafverfahren wegen eines Brandanschlags auf ein Asylbewerberwohnheim sei der Generalstaatsanwalt vom Justizministerium gebeten worden, die zuständige Staatsanwaltschaft anzuweisen, die gegen das amtsgerichtliche Urteil eingelegte Berufung nicht zurückzunehmen. Das Rechtsmittel der Staatsanwaltschaft habe Erfolg gehabt. Das Landgericht habe den Haupttäter zu einem Jahr und sechs Monaten Jugendstrafe ohne Bewährung und die Mittäter zu Jugendstrafen mit Bewährung verurteilt.

- Im Zusammenhang mit der Veröffentlichung einer Druckschrift im Dezember 1992 habe das Justizministerium den Generalstaatsanwalt gebeten, die zuständige Staatsanwaltschaft anzuweisen, den Vorwurf der Volksverhetzung gemäß § 130 StGB in einem förmlichen Ermittlungsverfahren zu klären. Nach einer detaillierten strafrechtlichen Überprüfung sei das Ermittlungsverfahren von der Staatsanwaltschaft im April 1993 eingestellt worden. Zu weiteren dienstaufsichtsrechtlichen Maßnahmen habe das Justizministerium in diesem Zusammenhang keinen Anlaß gesehen.

- Aufgrund einer Strafanzeige habe eine Staatsanwaltschaft im Juni 1993 gegen einen Polizeibeamten ein Ermittlungsverfahren wegen des Verdachts der Verfolgung Unschuldiger eingeleitet. Dem Beamten wurde vorgeworfen, Bilder und Plakate mit rechtsextremistischen Darstellungen rechtswidrig beschlagnahmt zu haben. Der Generalstaatsanwalt in Karlsruhe habe nach entsprechender Vorerörterung mit dem Justizministerium die betreffende Staatsanwaltschaft angewiesen, das Ermittlungsverfahren gemäß § 170 Abs. 2 StPO einzustellen. Nach übereinstimmender Rechtsauffassung des Justizministeriums und des Generalstaatsanwalts in Karlsruhe habe man ausreichende tatsächliche Anhaltspunkte für ein strafbares Verhalten des Polizeibeamten nicht erkennen können.

Die Ausführungen des Justizministeriums Baden-Württemberg werfen Fragen auf. Durch die Aussage, in den Jahren 1985 und 1989 seien keine schriftlichen Weisungen in den Akten festgestellt worden, sondern es seien lediglich in Einzelfällen „Prüfungsbitten“ erteilt worden, wird der Eindruck erweckt, dem Weisungsrecht komme keine praktische Bedeutung zu. Dies steht jedoch im Kontrast zu der Feststellung, daß von Anfang 1991 bis Ende 1993 drei Fälle förmlicher Weisungen benannt werden.

Es stellt sich ohnehin die Frage, ob diese vermeintlich geringe Zahl von Weisungen nicht vielmehr darauf zurückzuführen ist, daß an den Begriff „Weisung“ zu strenge Anforderungen gestellt werden. Dies wird bereits aus der Unterscheidung zwischen förmlichen Weisungen und Prüfungsbitten deutlich. Auch sogenannte Prüfungsbitten können einen Grad an Verbindlichkeit erreichen, der durchaus als Weisung anzusehen ist. Zudem können Einzelfallweisungen auch mündlich erteilt werden, ohne daß sie schriftlich festgehalten werden. Weisungen, die nicht schriftlich erteilt werden, können auch bei der Durchsicht der Akten nicht gefunden werden.

Weiterhin werden Weisungen, wie bereits dargestellt, oftmals als Bitten, Anregungen etc. formuliert. Es ist daher fraglich, welche Kriterien das Justizministerium Baden-Württemberg bei der Auswertung der Berichtsakten an das Vorliegen einer Weisung gestellt hat. Aus diesen Gründen sind diese Stellungnahmen des baden-württembergischen Justizministeriums wenig aussagekräftig. Auch die drei eingeräumten Einzelfallweisungen offenbaren, daß hier in bedenklicher Weise Einfluß genommen wurde.

In Bezug auf den Fall „Asylbewerberwohnheim" stellt sich die Frage, woher der Justizminister, der selbst kein Jurist zu sein braucht, die Kompetenz nimmt, beurteilen zu können, ob ein Rechtsmittel eingelegt werden soll oder nicht.[1329] Gleiches gilt für die Frage, ob der Justizminister beurteilen kann, ob die Nichteinleitung eines Verfahrens gegen das Legalitätsprinzip verstößt (so im Fall „volksverhetzende Druckschrift").

Bedenklich sind auch die sogenannten „Prüfungsbitten". Im Rahmen der Anfrage der Fraktion „Die Republikaner" räumte das Justizministerium ein, daß bei bestimmten politischen Verfahren Prüfungsbitten geäußert wurden. So sollte z.B. bei Brandanschlägen auf Asylunterkünfte die strafrechtliche Verantwortlichkeit der Täter auch unter dem Gesichtspunkt eines versuchten Tötungsdelikts geprüft werden. Diese „Prüfungsbitte" wurde auch auf die Anschläge von Steinewerfern auf Asylbewerber erstreckt.[1330] Es ist kein Grund ersichtlich, warum bei diesen Delikten eine andere Prüfung durchgeführt werden sollte, als bei einem nichtpolitischen Verfahren. Die Staatsanwaltschaft ist auf Recht und Gesetz verpflichtet und muß Straftaten unter allen rechtlichen Gesichtspunkten prüfen. Wenn also ein versuchtes Tötungsdelikt im Raume steht, dann muß die Staatsanwaltschaft dies ungeachtet einer sogenannten Prüfungsbitte beachten. Dies gilt unabhängig davon, ob es sich um einen Anschlag auf ein Asylbewerberwohnheim oder um einen Anschlag auf eine „normale" Mietwohnung handelt. Ein sachlicher Grund für diese abweichende Behandlung ist nicht ersichtlich. Zudem ist mehr als fraglich, ob diese Prüfungsbitten nicht eine gewisse Vorbelastungstendenz zur Folge haben. Daher wird möglicherweise in diesen Fällen eher eine Anklage wegen eines versuchten Tötungsdelikts erhoben als ohne eine entsprechende „Prüfungsbitte". Dies hat eine Ungleichbehandlung von Anschlägen auf Asylbewerberwohnheime gegenüber Anschlägen auf Wohnblöcke zur Folge.

Es ist daher zweifelhaft, ob die „Prüfungsbitte" des Justizministeriums noch justizgemäßen Zwecken dient oder nicht vielmehr der Durchsetzung politischer Zielsetzungen. Angesichts der öffentlichen Aufmerksamkeit hinsichtlich rechtsextremistischer und fremdenfeindlicher Ausschreitungen liegt es nahe, daß die „Prüfungsbitten" eher einer Darstellung des Justizministeriums gegenüber der

1329 Vgl. Schairer, FS für Lenckner, S. 742

1330 Vgl. Drucksache des Landtages Baden-Württemberg, DS 11/3117

Öffentlichkeit dienen sollten, ohne daß hier wirklich justizgemäße Zwecke im eigentlichen Sinne verfolgt wurden.

IV. Steueraffäre „Kirch“

Weisungen werden nicht nur kritisiert, sondern es werden auch gerade in der Politik Forderungen gegenüber den Justizministern laut, in Einzelfällen von ihrem Weisungsrecht Gebrauch zu machen. In diesem Zusammenhang ist etwa die Forderung des bayerischen Landtagsabgeordneten und früheren Münchner Oberbürgermeisters Gerhard Kronawitter zu nennen. Nachdem die Münchner Staatsanwaltschaft Ermittlungen gegen den Medienmogul Leo Kirch wegen des Verdachts auf Steuerbetrug in der Schweiz bestätigt hatte, stellte Kronawitter eine Anfrage an die bayerische Staatsregierung, warum der bayerische Justizminister Hermann Leeb keine Weisung an die Staatsanwaltschaft erteilt habe, Kirch sofort in Untersuchungshaft zu nehmen. Es sei Aufgabe der Staatsregierung, den Verdacht zu entkräften, bei großen Steuersündern mit Verbindung zu CSU-Spitzenpolitikern werden beide Augen zugedrückt. Das Justizministerium wies die Vorwürfe zurück und verwies darauf, daß für das Ermittlungsverfahren die Staatsanwaltschaft zuständig sei.[1331]

V. Untersuchungsausschuß „Henrichs“[1332]

Eine politische Einflußnahme wurde dem hessischem Justizministerium in der sogenannten „Henrichs-Affäre“ unterstellt. Hintergrund war die Nebentätigkeitsgenehmigung des damaligen Frankfurter OLG-Präsidenten Henrichs für die Erstellung eines Gutachtens im Auftrag der Industriegewerkschaft Metall und einem damit verbundenen Honorar in Millionenhöhe.

Da diese Nebentätigkeitsgenehmigung aufgrund behördenintern manipulierter Akten erteilt worden sein soll, wurde ein staatsanwaltschaftliches Ermittlungsverfahren eingeleitet, bei dem eine Einflußnahme aus dem hessischen Justizministerium vermutet wurde. Ein hierauf eingesetzter Untersuchungsausschuß kam zu dem Ergebnis, daß die Nebentätigkeitsgenehmigung letztlich in rechtmäßiger Weise zustande gekommen sei.

Allerdings wurde auch festgestellt, daß an den Unterlagen Veränderungen durchgeführt und diese teilweise beseitigt wurden. Nach Bekanntwerden der strafrechtlichen Ermittlungen bat das Justizministerium darum, ausschließlich an den Generalstaatsanwalt Bericht zu erstatten und diesen nicht an das Justizministerium weiterzuleiten. Im Laufe der Ermittlungen bat der hessische General-

1331 Vgl. Main-Echo vom 27.08.1997

1332 Vgl. hierzu auch: Bericht des Untersuchungsausschusses 14/2 zu Drucksachen 14/2542, 14/2549 und 14/2865, abgedruckt als Drucksache des Hessischen Landtages 14/3092 vom 05.08.1997; weiterhin Heptner, FAZ vom 09.05.1997, S. 3

staatsanwalt darum, über jeden wichtigen Schritt im Ermittlungsverfahren unterrichtet zu werden und forderte den ermittelnden Staatsanwalt auf, vor Verfahrensabschluß Bericht zu erstatten. Als abzusehen war, daß sich ein konkreter Täter nicht ermitteln ließ, aber möglicherweise Verdachtsmomente auf eine bestimmte Tätergruppe hindeuteten, bat der Generalstaatsanwalt um Vorlage eines Entwurfes der Einstellungsverfügung, was sehr ungewöhnlich war. Zugleich wies er darauf hin, es dürfe bei einer Einstellungsverfügung, die mit einem „non liquet" ende, nicht Schicksal gespielt werden.

Da die Einstellungsverfügung des ermittelnden Staatsanwalts dennoch Hinweise auf einen bestimmten Verdächtigen enthielt, wurde seitens des Generalstaatsanwalts Wert auf verschiedene Formulierungsänderungen gelegt. Der Entwurf wurde dahingehend geändert, daß er die Konkretisierung des Tatverdachts auf einen bestimmten Verdächtigen nicht mehr enthielt. Auch wurde die Feststellung des Staatsanwalts deutlich abgeschwächt, eine absichtliche Vernichtung der Unterlagen sei wahrscheinlicher als ein zufälliges Abhandenkommen. Eine ausdrückliche Weisung, die Einstellungsverfügung nach seinem Entwurf umzusetzen, erteilte der Generalstaatsanwalt nicht. Dies wurde aber dem ermittelnden Staatsanwalt empfohlen und die Bereitschaft zu weiteren Gesprächen angezeigt. Insgesamt gab es nach mehreren Gesprächen sieben verschiedene Fassungen der Einstellungsverfügung.

Der ermittelnde Staatsanwalt bewertete das Vorgehen der Generalstaatsanwaltschaft als äußerst unüblich; ein solches sei seiner Erinnerung nach in seinem Tätigkeitsbereich bisher nicht vorgekommen. Der Generalstaatsanwalt räumte bei seiner Zeugenaussage ein, es sei bereits in anderen politisch bedeutsamen Ermittlungsverfahren seitens der Generalstaatsanwaltschaft eingegriffen worden, indem man sich Anklageentwürfe vorlegen ließ oder die Einstellungsverfügung mit der zuständigen Staatsanwaltschaft wiederholt erörterte.

In einem abweichenden Votum der CDU- und FDP-Fraktion im Untersuchungsausschuß wurde die Vorgehensweise des Generalstaatsanwalts allerdings als Einflußnahme auf das Ermittlungsverfahren interpretiert. Ihrer Ansicht nach sei der Vorwurf der Aktenmanipulation als solcher bestätigt worden, lediglich den Täter habe man nicht ermitteln können. Dabei habe es offenbar deutliche Hinweise und Verdachtsmomente gegen einen Mitarbeiter des Justizministeriums und späteren Präsidenten des Frankfurter Landgerichts gegeben.

Für die Vernichtung des Aktenvermerks seien verschiedene Tätergruppen in Betracht gekommen. Durch die Änderung der Einstellungsverfügung habe man für einen Teil des größeren Täterkreises die Entlastung verhindert.

Ziel des Generalstaatsanwalts sei es gewesen, Einfluß dahingehend zu nehmen, daß die Wahrscheinlichkeit der Tatbegehung durch eine bestimmte Tätergruppe nicht deutlich werde.

Dies werde auch dadurch belegt, daß bereits vor Entwurf der Einstellungsverfügung ein Hinweis durch den Generalstaatsanwalt erteilt wurde, man dürfe nicht „Schicksal spielen".

VI. Der Fall „Starzacher"

Besonders deutlich wurden die Auswirkungen und Möglichkeiten des (externen) Weisungsrechts in einem medienwirksamen Verfahren gegen den damaligen hessischen Finanzminister Starzacher (SPD). Hintergrund waren Durchsuchungen mehrerer Geldinstitute durch Mitarbeiter der hessischen Steuerfahndung im Zusammenhang mit möglichen Schwarzgeldtransfers.[1333] Dabei wurde der Vorwurf erhoben, einige Sparkassen – darunter auch die Hessische Landesbank, deren Verwaltungsrat Starzacher angehörte [1334] – seien vorab von den beabsichtigten Durchsuchungen unterrichtet worden, während andere Bankinstitute unangemeldet durchsucht wurden.[1335] Hierauf wurde gegen Starzacher als oberstem Dienstherrn Strafanzeige wegen Strafvereitelung im Amt erstattet.[1336] Der zuständige Oberstaatsanwalt Greth nahm die Ermittlungen auf[1337] und teilte dem Justizministerium mit, die Vorwürfe gegen den Minister seien wohl nicht haltbar, da die Vorabinformationen durch die Steuerfahnder nicht ministeriell abgesegnet waren.[1338] Dieser Bericht wurde jedoch zunächst fehlgeleitet und ging nicht zum Justizministerium, sondern zum hessischen Finanzministerium.[1339]

Dennoch äußerte sich Greth, der zugleich Pressesprecher der Wiesbadener Staatsanwaltschaft war, dahingehend, daß die Hinweise der Steuerfahndung „ungewöhnlich" seien und wies auf eine Ungleichbehandlung gegenüber anderen „Steuersündern" hin.[1340] Daraufhin griff Finanzminister Starzacher in einer Sitzung des Landtages Oberstaatsanwalt Greth persönlich an und warf diesem vor, er habe ihn der Vorverurteilung ausgesetzt.[1341] Danach traf – mit knapp einwöchiger Verspätung – erst Greths Bericht im Justizministerium ein.[1342] Als

---

1333 Scherer, Die Welt vom 24.11.1997; Rudolph, NJW 1998, S. 1205; Mitteilungen des Hessischen Richterbundes, 1/1998, S. 1 ff

1334 Rudolph, NJW 1998, S. 1205

1335 Rudolph, NJW 1998, S. 1205; Mitteilungen des Hessischen Richterbundes, 1/1998, S. 2

1336 Rudolph, NJW 1998, S. 1205; Scherer, Die Welt vom 24.11.1997

1337 Mitteilungen des Hessischen Richterbundes, 1/1998, S. 2

1338 Rudolph, NJW 1998, S. 1205

1339 Mitteilungen des Hessischen Richterbundes, 1/1998, S. 2; Rudolph, NJW 1998, S. 1205

1340 Mitteilungen des Hessischen Richterbundes, 1/1998, S. 2

1341 Mitteilungen des Hessischen Richterbundes, 1/1998, S. 2

1342 Scherer, Die Welt vom 24.11.1997

Reaktion hierauf[1343] entzog der hessische Justizminister von Plottnitz (Bündnis 90 / Grüne) Greth die Ermittlungen. Dabei überging er – entgegen der üblichen Vorgehensweise – den Generalstaatsanwalt, der sich noch am gleichen Morgen schützend vor Greth gestellt hatte.[1344] Zur Begründung gab von Plottnitz an, Greth habe durch seine Äußerungen den Anschein der Befangenheit entstehen lassen.[1345] Eine Gelegenheit zur Stellungnahme erhielt Greth nicht. Die angeblichen Gründe seiner Ablösung mußte er aus der Presse erfahren.[1346]

Nicht nur die Medien, sondern auch die Opposition protestierten gegen dieses Vorgehen.[1347] Der Generalstaatsanwalt beanstandete, er sei vom Justizminister – obwohl er erreichbar war – nicht gehört worden und legte Wert auf die Feststellung, daß er die Entscheidung so nicht getroffen hätte.[1348] Auch die Opposition (CDU-Fraktion) setzte von Plottnitz eine Frist, um Greth zu rehabilitieren.[1349]

Der Rechtsanwalt, der Starzacher angezeigt hatte, stellte Strafanzeige gegen von Plottnitz wegen Strafvereitelung im Amt, da dieser Greth aus justizfremden Gesichtspunkten abgesetzt habe.[1350]

Daraufhin erklärte von Plottnitz, er sehe keinen Anlaß mehr die erfolgte Ablösungsmaßnahme aufrecht zu erhalten, so daß die weitere Bearbeitung des Falles wieder auf Greth übertragen wurde.[1351]

An diesem Beispiel wird deutlich, daß das Weisungsrecht gegenüber der Staatsanwaltschaft und insbesondere auch das externe Weisungrecht nach wie vor Bedeutung hat.

Durch diesen spektakulären Fall wurde erneut die Forderung laut, es müsse dafür Sorge getragen werden, daß sich die Justizverwaltungen bei der Wahrnehmung ihrer Aufsichtsbefugnis nicht von justizfremden oder politischen Erwägungen leiten lassen. Die Staatsanwaltschaft müsse die Möglichkeit haben, politisch motivierte Einwirkungen abzuwehren.[1352]

Ohne über die Motive des Justizministers von Plottnitz zu spekulieren oder diese zu bewerten, läßt sich in jedem Fall feststellen, daß hier der Anschein ei-

---

1343 Vermutet wurde auch, daß von Plottniz durch den irregeleiteten Bericht gegenüber dem Finanzminister unter Druck geriet und er daher zum Handeln gezwungen war, da in der Stellungnahme Greths ausgesprochen wurde, daß sich die Vorwürfe gegen Starzacher letztlich wohl als haltlos herausstellen würden; vgl. Mitteilungen des Hessischen Richterbundes, 1/1998, S. 2

1344 Mitteilungen des Hessischen Richterbundes, 1/1998, S. 2

1345 Rudolph, NJW 1998, S. 1205

1346 Mitteilungen des Hessischen Richterbundes, 1/1998, S. 2

1347 Rudolph, NJW 1998, 1205; Mitteilungen des Hessischen Richterbundes, 1/1998, S. 2

1348 Mitteilungen des Hessischen Richterbundes, 1/1998, S. 2

1349 Scherer, Die Welt vom 24.11.1997; Mitteilungen des Hessischen Richterbundes, 1/1998, S. 2

1350 Rudolph, NJW 1998, S. 1205

1351 Mitteilungen des Hessischen Richterbundes, 1/1998, S. 2

1352 Mitteilungen des Hessischen Richterbundes, 1/1998, S. 2

ner politisch motivierten Einflußnahme entstand. Untragbar ist auch die Tatsache, daß Greth über die Motive der Verfahrensentziehung im unklaren gelassen wurde und nicht einmal angehört worden ist. Nicht hinnehmbar ist es, einen Staatsanwalt lediglich mündlich von einem Verfahren zu entbinden und ihm keinen schriftlichen Beleg für den in die staatsanwaltliche Tätigkeit eingreifenden Vorgang zukommen zu lassen.[1353]

Formal war von Plottnitz berechtigt, eine Weisung direkt gegenüber der Staatsanwaltschaft unter Umgehung der Generalstaatsanwaltschaft zu äußern. Jedenfalls ist sein Verhalten vom Gesetzeswortlaut der §§ 145 ff GVG gedeckt. Dennoch handelte es sich bei diesem Eingriff um einen in der Justizpraxis absolut unüblichen Vorgang,[1354] der zurecht für heftige Medienresonanz sorgte. Es drängt sich der Verdacht auf, der hessische Generalstaatsanwalt sollte bewußt „ausgeschaltet" werden.

VII. Der Fall „Prechtel"

Im August 1999 meldete sich der damalige Generalstaatsanwalt in Mecklenburg-Vorpommern Alexander Prechtel nach seiner Urlaubsrückkehr routinemäßig beim Justizminister Harald Ringstorff (SPD) in Schwerin zurück. Dort erhielt er völlig unerwartet seine Entlassungsurkunde und wurde mit sofortiger Wirkung in den vorläufigen Ruhestand versetzt. Er wurde aufgefordert, sein Büro innerhalb von drei Stunden unter Aufsicht zu räumen. Zudem wurden ihm die Büroschlüssel abgenommen und ihm untersagt die Dienststelle nochmals zu betreten.[1355]

Prechtel, der als politischer Beamter jederzeit ohne Angabe von Gründen in den Ruhestand versetzt werden konnte, erhielt keinerlei Erklärung für seine Entlassung.[1356] Lediglich ein „gestörtes Vertrauensverhältnis" nannte Ringstorff als

1353 Demgegenüber hält Rudolph, NJW 1998, S. 1205 nicht die Art und Weise, wie in die Ermittlungen eingegriffen wurde, für relevant, sondern vielmehr die Tatsache, daß der Justizminister überhaupt in die Ermittlungen eingegriffen hat.

1354 Jedenfalls hat der Verfasser keine Kenntnis von vergleichbaren Fällen und auch in der Literatur sind keine Beispiele dokumentiert. Allerdings ist insoweit anzumerken, daß das Weisungsverhalten der Justizministerien, wie im 12. Kapitel B. gezeigt wird, recht intransparent ist und eine schriftliche Dokumentation nicht stattfindet. Daher ist eine sichere Gewähr dafür, daß vergleichbare Fälle „nach außen" gedrungen wären, nicht gegeben.

1355 Hamburger Abendblatt, Online-Ausgabe vom 06.08.1999

1356 Guth, Nordkurier, Online-Ausgabe vom 04.08.1999

Grund für seine Entscheidung;[1357] konkrete Ereignisse, die das Vertrauen zerstört haben sollen, habe es jedoch nicht gegeben.[1358]

Es wird allerdings vermutet, die Absetzung Prechtels stehe im Zusammenhang mit dem vorausgegangenen Regierungswechsel. Insbesondere die CDU-Opposition sah hierin einen politischen Willkürakt.[1359] Auch die Medien vermuteten, der Sturz Prechtels sei von langer Hand vorbereitet gewesen.[1360] Man habe sich jedoch offenbar nicht getraut, ihn unmittelbar nach dem Regierungswechsel abzulösen und daher eine „Schamfrist" von 10 Monaten eingehalten.[1361] CDU-Mitglied Prechtel soll dem neuen Regierungsmitglied PDS ein Dorn im Auge gewesen sein.[1362] Prechtel wurde im Dezember 1990 von der damaligen CDU/FDP-Regierung als Generalstaatsanwalt eingesetzt.[1363] Als sich eine PDS/SPD-Regierung anbahnte, hatte die PDS schon bei den Koalitionsverhandlungen im Herbst 1998 auf Prechtels Entlassung gedrungen.[1364] Als dann unter Prechtels Führung seitens der mecklenburg-vorpommerschen Staatsanwaltschaft noch gegen vier PDS-Abgeordnete Ermittlungsverfahren betrieben wurden, erhöhte die PDS den Druck auf den Koalitionspartner SPD.[1365] Unter anderem ließ Prechtel, der als „Law-and-Order"-Mann bekannt war und sich vehement gegen die Straffreiheit sogenannter Bagatelldiebstähle einsetzte,[1366] gegen die PDS-Fraktionsvorsitzende Muth ermitteln, die beim Ladendiebtahl ertappt worden war,[1367] als sie Wimperntusche und andere Kosmetikartikel im Wert von 22,90 DM entwendete.[1368] Muth wurde daraufhin wegen des von ihr begangenen Diebstahls auch verurteilt.[1369] Prechtel selbst sieht in diesem Ermittlungsverfahren und dem da-

1357 Zehnder, Süddeutsche Zeitung vom 05.08.1999, S. 4; Hamburger Abendblatt, Online-Ausgabe vom 06.08.1999; Guth, Nordkurier, Online-Ausgabe vom 04.08.1999; Leithold, Frankfurter Neue Presse, Online-Ausgabe vom 06.08.1999

1358 Hamburger Abendblatt, Online-Ausgabe vom 06.08.1999

1359 Guth, Nordkurier, Online-Ausgabe vom 03.08.1999

1360 Guth, Nordkurier, Online-Ausgabe vom 03.08.1999

1361 Guth, Nordkurier, Online-Ausgabe vom 03.08.1999

1362 Bommarius, Berliner Zeitung (Berlin Online) vom 13.08.1999, S. 3; Guth, Nordkurier, Online-Ausgabe vom 03.08.1999; Zehnder, Süddeutsche Zeitung vom 05.08.1999, S. 3

1363 Bommarius, Berliner Zeitung (Berlin Online) vom 13.08.1999, S. 3; Zehnder, Süddeutsche Zeitung vom 05.08.1999, S. 3

1364 Bommarius, Berliner Zeitung (Berlin Online) vom 13.08.1999, S. 3; Hamburger Abendblatt, Online-Ausgabe vom 06.08.1999

1365 Hamburger Abendblatt, Online-Ausgabe vom 06.08.1999; Leithold, Frankfurter Neue Presse, Online-Ausgabe vom 06.08.1999

1366 Guth, Nordkurier, Online-Ausgabe vom 03.08.1999

1367 Hamburger Abendblatt, Online-Ausgabe vom 06.08.1999

1368 Zehnder, Süddeutsche Zeitung vom 05.08.1999, S. 3

1369 Bommarius, Berliner Zeitung (Berlin Online) vom 13.08.1999, S. 3

mit verbundenen Druck der PDS auf den SPD-Koalitionspartner den wirklichen Grund für seine Entlassung.[1370]

Dies gilt umso mehr, als die SPD/PDS-Koalition kurze Zeit nach der Diebstahlsaffäre um Muth den sogenannten „Eierdieberlaß" ins Leben rief,[1371] der vorsieht, daß Kleinkriminelle bei Diebstählen geringwertiger Sachen strafrechtlich nicht verfolgt werden. Dabei wurde die Geringwertigkeitsgrenze auf 100,- DM erhöht.[1372] Gegen diesen Erlaß lief Prechtel Sturm.[1373] Prechtel verkündete, die Staatsanwaltschaften würden trotz des „Eierdieberlasses" weiter unnachgiebig arbeiten.[1374]

Prechtel distanzierte sich von dem Vorwurf, seine Anklagepraxis weise eine gegen die PDS gerichtete Tendenz auf. In diesem Zusammenhang betonte er, er habe bereits früher Politiker anklagen lassen, die gegen Gesetze verstießen. Dazu hätten unter anderem der Chef des Verfassungsschutzes und ein CDU-Abgeordneter gehört.[1375]

Der Fall Prechtel ließ die Diskussion um den politischen Beamten und damit um die Möglichkeiten einer politischen Einflußnahme auch in der Öffentlichkeit neu aufleben.

Ein enger Zusammenhang zwischen dem „Eierdieberlaß" und den Vorfällen um die PDS-Abgeordnete Muth läßt sich wohl kaum leugnen. Daher kann auch der Verdacht, daß die Entlassung Prechtels dazu diente, den hart durchgreifenden Generalstaatsanwalt „kaltzustellen", nur schwer ausgeräumt werden. Diese Vorkommnisse geben letztlich den Autoren recht, die sich gegen den Generalstaatsanwalt als politischem Beamten aussprechen. Die Position „politischer Beamter" ist für eine Einflußnahme der Regierung auf die Staatsanwaltschaft geradezu prädestiniert.

VIII. Der Fall „Barschel"

Fragen des Weisungsrechts und der Möglichkeit politischer Einflußnahme spielten auch im medienwirksamen Fall hinsichtlich des Todes des ehemaligen schleswig-holsteinischen Ministerpräsident Dr. Uwe Barschel (CDU) eine Rolle.

Am 11.10.1987 wurde die Leiche des früheren Ministerpräsidenten in einem Genfer Hotel entdeckt. Die Obduktion ergab als Todesursache eine Vergiftung. Mysteriöse Begleitumstände sowie die mutmaßliche Verstrickung des Politikers in zweifelhafte Machenschaften und politische Verwicklungen führten zum Auf-

---

1370 Berliner Morgenpost, Online-Ausgabe vom 09.08.1999; Schweriner Volkszeitung, Online-Ausgabe vom 09.08.1999

1371 Zehnder, Süddeutsche Zeitung vom 05.08.1999, S. 3

1372 Schweriner Volkszeitung, Online-Ausgabe vom 09.08.1999

1373 Zehnder, Süddeutsche Zeitung vom 05.08.1999, S. 3

1374 Frost, Stuttgarter Zeitung, Online-Ausgabe vom 06.08.1999

1375 AFP Online-Journal vom 09.08.1999

tauchen von Zweifeln an dem vermeintlichem Selbstmord und der Annahme, es könne sich auch um einen Mord gehandelt haben. Dabei gab es zahlreiche Verschwörungstheorien und Mutmaßungen. Nach jahrelangen Ermittlungen gipfelte der Fall Uwe Barschel schließlich in der sogenannten Justizkrise Schleswig-Holsteins und zwar im Jahr 1997.[1376]

Im Zuge der Ermittlungen kam es im Jahr 1997 zu Differenzen zwischen dem Leitenden Oberstaatsanwalt Wille in Lübeck und dem Generalstaatsanwalt von Schleswig-Holstein Heribert Ostendorf. Während Ostendorf keine erfolgsversprechenden Ermittlungsansätze mehr sah, wollte Wille weitere Gesichtspunkte prüfen. Er ging davon aus, daß sich Belege finden lassen, mit denen eine Mordtheorie belegbar war.[1377]

Aufgrund der genannten Differenzen wollte Ostendorf Wille die Ermittlungen entziehen.[1378] Infolge von Protesten aus der Politik, insbesondere aus den Reihen der schleswig-holsteinischen CDU-Opposition und aus dem Umkreis der Familie Barschel forderte der damalige SPD-Justizminister Walter den der SPD nahestehenden Ostendorf auf, die Ermittlungen durch Wille weiter fortführen zu lassen.[1379] Diese Vorgehensweise führte zu Kritik, und man unterstellte Walter, er habe sich massiv politisch eingemischt. Diese Vorwürfe erhob auch der damalige Generalstaatsanwalt Ostendorf. Er war der Auffassung, die Entscheidung des Justizministers resultiere daraus, daß die von Ostendorf angestrebte Einstellung des Ermittlungsverfahren nicht in die damalige politische Landschaft gepaßt habe. Aufgrund dieses justizministeriellen Eingriffs, den er als politisch motiviertes Eingreifen bezeichnete,[1380] legte Ostendorf schließlich sein Amt nieder.

Im Zusammenhang mit dieser Justizkrise kamen verschiedene Punkte zur Sprache, die in engem Zusammenhang mit dem Weisungsrecht der §§ 146 ff GVG stehen und die im folgenden näher erläutert werden.

Walter teilte mit, daß am 21.01.1997 der Generalstaatsanwalt Ostendorf den Staatssekretär Jönk telefonisch unterrichtet habe, er erwäge gegebenenfalls die Ermittlungen des leitenden Oberstaatsanwalts Wille an sich zu ziehen. Am 22.01.1997 habe Ostendorf den Staatssekretär Jönk endgültig über seine Absicht unterrichtet, das Ermittlungsverfahren tatsächlich an sich zu ziehen.[1381] Um eine sorgfältige Entscheidung über die Fortführung des Verfahren vorzubereiten, habe Walter einen ausführlichen Bericht des Generalstaatsanwalts in Zusammenarbeit mit der Staatsanwaltschaft Lübeck angefordert. Zugleich habe der Gene-

---

1376 Vgl. zu den politischen Hintergründen von Barschels Tod, Lamprecht/Müller/Sandmeyer/Berzinger, Stern, 1997

1377 Lechleitner, Bayernkurier vom 26.04.1997 und FAZ vom 15.04.1997

1378 Vgl. hierzu FAZ vom 15.04.1997

1379 Vgl. FAZ vom 15.04.1997

1380 Vgl. FAZ vom 15.04.1997 sowie Main-Echo vom 15.04.1997

1381 Vgl. hierzu Protokoll des Schleswig-Holsteinischen Landtages, 14. Wahlperiode, 22. Sitzung vom 24.1.1997, S. 1439

ralstaatsanwalt seine Absicht, das Ermittlungsverfahren an sich zu ziehen, auf Bitte des Justizminsters bis zur Vorlage des Berichts zurückgestellt. Diese Entscheidung sei zwischen Generalstaatsanwalt und Justizminister gemeinschaftlich getroffen worden.[1382]

Demgegenüber warf die Opposition dem Justizminister politische Einflußnahme vor.[1383] Ostendorf hatte zuvor verkündet, er wolle die Ermittlungen rasch zu Ende führen. Man vermutete, daß die Bestrebungen Ostendorfs, das Verfahren schnellstmöglichst zu beenden, auf eine Einflußnahme des Justizministeriums zurückzuführen waren.[1384] Jedenfalls habe Walter als Justizminister genau gewußt, was der Generalstaatsanwalt Ostendorf machen wollte, nämlich Wille das Verfahren entziehen und rasch beenden. Indem Walter nicht tätig geworden sei, habe er die Absichten Ostendorfs gebilligt.

Erst nach parlamentarischen Protesten habe der Justizminister versucht, Krisenmanagement zu betreiben und den Generalstaatsanwalt angewiesen, von seinem Vorhaben Abstand zu nehmen. Dabei habe es sich um eine Anweisung gehandelt, wenn auch gekleidet in die Formulierung „auf meine Bitte".[1385]

Die „Bitte", die Ablösung des ermittelnden Leitenden Oberstaatsanwalts Wille zurückzunehmen, bedeute nichts anderes, als daß der Justizminister die „Notbremse" gezogen und den Generalstaatsanwalt Ostendorf „zurückgepfiffen" habe.[1386]

Justizminister Walter verwahrte sich gegen den Verdacht einer politischen Einflußnahme und betonte, daß sich die Landesregierung nicht mit den Ermittlungen befasse, sondern diese seien ausschließlich Sache der Staatsanwaltschaft.[1387]

Demgegenüber führte der CDU-Abgeordnete Dr. Henning aus, er müsse „wirklich an sich halten", um sich nicht „an vieles zu erinnern", wenn Justizminister Walter nun betone, in Schleswig-Holstein sei nichts unter den Teppich gekehrt worden.[1388]

1382 Vgl. hierzu Protokoll des Schleswig-Holsteinischen Landtages, 14. Wahlperiode, 22. Sitzung vom 24.1.1997, S. 1439 und 1440

1383 Vgl. hierzu Geißler, Protokoll des Schleswig-Holsteinischen Landtages, 14. Wahlperiode, 22. Sitzung vom 24.1.1997, S. 1441

1384 Kubicki, Protokoll des Schleswig-Holsteinischen Landtages, 14. Wahlperiode, 22. Sitzung vom 24.1.1997, S. 1446

1385 Kubicki, Protokoll des Schleswig-Holsteinischen Landtages, 14. Wahlperiode, 22. Sitzung vom 24.1.1997, S. 1446

1386 Vgl. Geißler, Protokoll des Schleswig-Holsteinischen Landtages, 14. Wahlperiode, 22. Sitzung vom 24.1.1997, S. 1441

1387 Vgl. Walter, Protokoll des Schleswig-Holsteinischen Landtages, 14. Wahlperiode, 22. Sitzung vom 24.1.1997, S. 1449

1388 Hennig, Protokoll des Schleswig-Holsteinischen Landtages, 14. Wahlperiode, 22. Sitzung vom 24.1.1997, S. 1450

Mit dem „Fall Barschel“ beschäftigte sich eine Sitzung des Innen- und Rechtsausschusses in der 19. Sitzung vom 03.02.1997: Zu dieser Sitzung waren auch der Generalstaatsanwalt Ostendorf und der mit der Ermittlung beauftragte Leitende Oberstaatsanwalt Wille geladen. Auf Betreiben des Justizministers Walter wurden Ostendorf und Wille jedoch angewiesen, der Sitzung fernzubleiben. Diese gaben lediglich schriftlich dienstliche Erklärungen ab. Justizminister Walter brachte zur Begründung vor, daß der Auskunftsanspruch des Ausschusses ausschließlich gegenüber dem Minister bestehe.[1389]

Thema der Sitzung war die Frage, ob Ostendorf lediglich angekündigt hatte, Wille die Ermittlungen zu entziehen oder ob er sie diesem bereits schon entzogen hatte. Man warf Walter vor, er habe das Parlament am 24.01.1997 unvollständig und falsch informiert, da Ostendorf Wille bereits zwei Tage zuvor, am 22.01.1997, förmlich entbunden habe. Diese Ablösung sei zwar fernmündlich erfolgt, aber dennoch wirksam gewesen. Ostendorf habe kurz vor Dienstschluß Herrn Wille angerufen und ihm unter Berufung auf die §§ 144 ff GVG die Ermittlungen entzogen und ihm jegliche weitere Ermittlungstätigkeit untersagt. Wille habe diese Anordnung selbstverständlich ausgeführt und den Beamten, die mit den Ermittlungen beauftragt waren, seinerseits untersagt, diese fortzusetzen.[1390]

Diese Fragen wurden anhand der dienstlichen Erklärungen von Wille und Ostendorf erörtert.

Wille führte demzufolge aus, daß Ostendorf ihm am 22.01.1997 telefonisch mitgeteilt habe, er ziehe das Verfahren mit sofortiger Wirkung an sich, eine schriftliche Weisung werde folgen. Ostendorf habe erklärt, der Staatsanwaltschaft Lübeck werde die Durchführung aller weiteren Ermittlungshandlungen untersagt.

In der dienstlichen Erklärung Ostendorfs hingegen wurde ausgeführt, er habe Wille erklärt, alle Ermittlungen und Handlungen zu stoppen. Dies habe er ihm in dem fraglichen Telefongespräch mitgeteilt und zugleich angekündigt, alles weitere erfolge schriftlich. Damit habe er der Praxis entsprochen, Zuständigkeitsregelungen nach § 145 GVG schriftlich zu treffen, zumal zunächst ein neuer Ermittlungsführer einzusetzen gewesen wäre. Damit sei der Entzug beabsichtigt gewesen, aber nicht umgesetzt worden. Entsprechendes habe er auch dem Justizminister mitgeteilt.[1391]

Walter führt weiterhin aus, daß er dem Landtag auf der Grundlage seines Gesprächs mit dem Generalstaatsanwalt berichtet habe. In diesem Gespräch des

---

1389 Walter, Protokoll des Innen- und Rechtsausschusses des Schleswig-Holsteinischen Landtages, 19. Sitzung vom 03.02.1997, S. 4 u. 5

1390 Vgl. Geißler, Protokoll des Innen- und Rechtsausschusses des Schleswig-Holsteinischen Landtages, 19. Sitzung vom 03.02.1997, S. 5

1391 Vgl. hierzu Walter, Protokoll des Innen- und Rechtsausschusses des Schleswig-Holsteinischen Landtages, 19. Sitzung vom 03.02.1997, S. 7 u. 8

Generalstaatsanwalts mit ihm sei die beabsichtigte Übernahme erörtert worden, die Ostendorf gegenüber Wille erklärt, aber noch nicht schriftlich vollzogen habe.[1392]

Der Justizminister setzte Wille persönlich davon in Kenntnis, er sei wieder mit den Ermittlungen betraut. Dabei räumte Walter ein, er habe auch den Eindruck gehabt, daß Wille tatsächlich davon ausgegangen sei, er dürfe nicht weiter ermitteln. Diesen Eindruck habe Wille im Lichte der dienstlichen Erklärung auch haben dürfen. Der Justizminister führte aus, Wille habe bei dem Telefonat einen Einwand nach dem Motto „aber ich darf doch gar nicht mehr ermitteln" vorgebracht.[1393] Walter stellte fest, daß es eine Verfahrensentziehung, wie fälschlicherweise behauptet, nie gegeben habe. Die Übernahme des Verfahrens sei nach Auffassung von Ostendorf angekündigt aber nicht vollzogen gewesen. Herr Wille habe in diesem Detail eine andere Wahrnehmung. Beide hätten aber eine übereinstimmende Wahrnehmung darüber, daß es vorübergehend eine mündliche Anweisung gegeben habe, die Ermittlungen vorläufig zu stoppen. Insoweit sei die dienstliche Erklärung der beiden übereinstimmend. Damit habe Wille am Mittwoch davon ausgehen können, daß er nicht mehr weiter ermitteln dürfe.[1394]

Der Abgeordnete Schlie äußerte in diesem Zusammenhang, die Nichtanwesenheit von Generalstaatsanwalt Ostendorf und dem Leitenden Oberstaatsanwalt Wille führe dazu, daß die Frage der „unterschiedlichen Wahrnehmungsfähigkeit" der beiden Herrn Staatsanwälte nicht weiter geklärt werden könne. Damit bleibe ein Widerspruch im Raume stehen.[1395]

Diese sogenannte schleswig-holsteinische Justizkrise zeigt gleich mehrere Aspekte und Probleme des Weisungsrechts.

Zunächst wird dokumentiert, daß tatsächlich Weisungen des Generalstaatsanwalts gegenüber den Staatsanwaltschaften bzw. hier gegenüber den Leitenden Oberstaatsanwälten der landgerichtlichen Staatsanwaltschaften erteilt werden und zwar insbesondere auch in politisch motivierten Verfahren. Dabei handelte es sich nicht um eine Weisung im Sinne des § 146 GVG, sondern um eine Maßnahme der Devolution nach § 145 GVG, die aber eine Unterform des staatsanwaltschaftlichen Weisungrechts des § 146 GVG ist, wie bereits an anderer Stelle dargelegt wurde.[1396]

1392 Walter, Protokoll des Innen- und Rechtsausschusses des Schleswig-Holsteinischen Landtages, 19. Sitzung vom 03.02.1997, S. 8

1393 Vgl. Walter, Protokoll des Innen- und Rechtsausschusses des Schleswig-Holsteinischen Landtages, 19. Sitzung vom 03.02.1997, S. 9

1394 Vgl. Walter, Protokoll des Innen- und Rechtsausschusses des Schleswig-Holsteinischen Landtages, 19. Sitzung vom 03.02.1997, S. 10

1395 Vgl. Schlie, Protokoll des Innen- und Rechtsausschusses des Schleswig-Holsteinischen Landtages, 19. Sitzung vom 03.02.1997, S. 18

1396 Vgl. hierzu oben 2. Kapitel B.

Desweiteren hat Ostendorf zunächst praktisch als Vorstufe zu der von ihm geplanten Entziehung der Ermittlungen mitgeteilt, daß Wille die Ermittlungen nicht mehr weiter fortzusetzen habe. Hierdurch wird dokumentiert, daß auch Weisungen im Sinne des § 146 GVG erteilt werden. Es wird der enge Zusammenhang zwischen dem Weisungsrecht des § 146 GVG und dem Substitutions- und Devolutionsrecht des § 145 GVG belegt. Die Weisung Ostendorfs an Wille, die Ermittlungen nicht mehr fortzuführen, diente als unmittelbare Vorbereitungshandlung zu der geplanten Devolutionsmaßnahme.

Weiterhin wird deutlich, wie umstritten die Frage ist, wann eine Weisung vorliegt. Während Wille (im Ergebnis wohl zutreffend) die Auffassung vertrat, in dem Telefongespräch sei ihm bereits mündlich eine Weisung erteilt worden, stellte sich Ostendorf auf den Standpunkt, das Telefonat sei lediglich die Ankündigung einer Weisung gewesen, die noch schriftlich hätte vollzogen werden müssen. Man kann hier erkennen, welche Schwierigkeiten und Mißverständnisse in der Praxis auftreten.

Schließlich zeigt dieses Beispiel, daß es durch politischen Druck – wenn auch hier von der Oppositionspartei – zu Einflußnahmen des Justizministers kommen kann und dieser von seinem Weisungsrecht Gebrauch macht, um auf den Generalstaatsanwalt einzuwirken.

D. Stellungnahme zu den politischen Verfahren

Anhand dieser Einzelfälle läßt sich erkennen, daß dem Weisungsrecht in allen seinen Facetten gerade in Verfahren mit politischem Hintergrund nach wie vor eine hohe Bedeutung zukommt. Es handelt sich hier nur um die „Spitze des Eisbergs". Die geschilderten Fälle wurden beispielhaft ausgewählt, ohne einen Anspruch auf Vollständigkeit zu erheben. Die Anzahl der politischen Verfahren, in denen vom Weisungsrecht Gebrauch gemacht wurde, dürfte weitaus höher sein.[1397] Hinzu kommt eine sicherlich nicht unerhebliche Dunkelziffer. Einzelheiten dringen nur in wenigen Fällen an die Öffentlichkeit und werden damit zum Gegenstand öffentlicher Diskussionen. Aufgrund der Tatsache, daß Weisungen nicht schriftlich fixiert sein müssen und auch keine Verpflichtung besteht, diese nach außen bekannt zu geben, ist keine vollständige Kontrolle gewährleistet. Daher kann keine abschließende Aussage getroffen werden, in welchen (gerade in den politischen) Verfahren tatsächlich Einflußnahmen erfolgten. Dies ist auch die Ursache dafür, daß in zahlreichen Verfahren mit politischem Bezug Spekulationen angestellt und Eingriffe vermutet werden.

1397 Weitere Einzelfälle finden sich auch bei Simgen, S. 37 ff

12. Kapitel: Empirische Untersuchung

A. Die praktische Bedeutung des Weisungsrechts

Die Häufigkeit von Weisungen in der Praxis wird äußerst kontrovers beurteilt.

Teilweise wird vertreten, das Weisungsrecht werde praktisch nicht angewendet[1398] und seine Bedeutung überschätzt.[1399] Weisungen seien insgesamt seltener als gemeinhin angenommen.[1400] Dies gelte sowohl für das Weisungsrecht im Sinne des § 146 GVG als auch für das Devolutions- und Substitutionsrecht nach § 145 GVG.[1401] Insoweit liege eine faktische Kluft zwischen Theorie und Realität. Die Stellung der Staatsanwälte könne praktisch freier sein als die eines Richters.[1402] Man könne sogar von einer gewohnheitsrechtlichen „Derogierung"[1403] des Weisungsrechts sprechen.[1404] Gerade die Justizminister berufen sich gerne darauf, von dem ihnen zustehenden Weisungsrecht nur selten oder gar keinen Gebrauch zu machen.[1405] Es wird sogar die praktische Bedeutung des externen Weisungsrechts geleugnet.[1406] Die überwiegende Anzahl der staatsanwaltlichen Bediensteten komme mit ministeriellen Einzelfallweisungen nicht in Berüh-

---

1398 Wagner, NJW 1963, S. 8; Schueler, DRiZ 1985, S. 445;

1399 Geerds, FS für SH, S. 297; Goßner, Nerz und Wolters im Auftrag des DRB, DRiZ 1954, S. 207

1400 Schairer, FS für Lenckner, S. 746; Martin, FS für Heusinger, S. 95; Bader, JZ 1956, S. 6; Güde, DRiZ 1958, S. 5; Hofmeister, DRiZ 1958, S. 189; Hofmeister, Niedersächsische Rechtspflege 1958, S. 61; Heimeshoff, DRiZ 1966, S. 212; Wax, DRiZ 1972, S. 164; Martin JZ 1973, S. 415; Dieckmann, 16.12.1999 (http://nrw.de/aktuell/reden/mskr 991216. htm)

1401 Geerds, FS für SH, S. 297 f

1402 Kniesch, S. 164; Burchardi/Klempahn/Wetterich, S. 5 sprechen sogar von einer weitgehenden Angleichung der Stellung des Staatsanwalts an die richterliche Unabhängigkeit.

1403 Gemeint ist wohl: „Derogation".

1404 Kintzi, DRiZ 1987, S. 459

1405 Kirchner, DRiZ 1958, S. 108; Klinger, Plenarprotokoll des Landtages Schleswig-Holstein 12/74 vom 28.02.1991, S. 4349; v. Lanzenauer, DRiZ 1991, S. 133; Ostendorf in „ÖTV in der Rechtspflege" Ausgabe März 1996, S. 3 f; Behrens im Interview in „Die Zeit" vom 02.07.2000, S. 4; Faupel, DRiZ 2000, S. 314; Roth, FAZ vom 20.03.2000, S. 12, der die Einstellung der Justizminister sogar mit der Handhabung des „ius primae noctis" der Feudalherren vergleicht, die immer behaupteten von diesem Recht keinen Gebrauch zu machen, aber andererseits auch nicht bereit waren dieses Recht gänzlich aufzugeben, da man ja nie wisse, ob man es nicht noch einmal gebrauchen könne.

1406 Treese in der Sachverständigenanhörung zum Gesetzentwurf der CDU- und FDP-Fraktion zur Änderung des Landesbeamtengesetzes Nordrhein-Westfalen, Ausschußprotokoll des Rechtsausschusses des Landtages Nordrhein-Westfalen 10/863 vom 16.03.1988, S. 4

rung.[1407] Solche externe Einzelfallweisungen spielten im Arbeitsalltag des Staatsanwalts nur eine sehr geringe Rolle.[1408] Auch das interne Weisungsrecht werde in der Literatur überbewertet.[1409] Die Einzelfallweisung sei eine äußerst seltene Ausnahme. Der Staatsanwalt sei bei der Bearbeitung der ihm übertragenen Fälle faktisch frei.[1410]

Demgegenüber gibt es Stimmen, die dem Weisungsrecht weitaus mehr Bedeutung beimessen.[1411] Konflikte zwischen Staatsanwaltschaften und Justizministern bzw. Justizsenatoren seien durchaus bekannt.[1412] Auch wenn es solche Konflikte nicht häufig gebe, komme dem Weisungsrecht in diesen Fällen auch heute noch eine erhebliche praktische Bedeutung zu.[1413] Entsprechend wird auch die Auffassung vertreten, daß Weisungen in der Praxis nicht selten seien und öfter erteilt werden als üblicherweise angenommen.[1414] Entgegen den Versicherungen, das Weisungsrecht werde selten gebraucht, zeige sich im Rahmen der Staatsanwaltschaft die Tendenz, selbst bis zum Sprachgebrauch hin, alles zu reglementieren.[1415] Zudem werden bestimmte Ermittlungsverfahren zu Berichtssachen deklariert, in denen die Entscheidung des Dezernenten über Einstellung oder Anklageerhebung von der vorherigen Billigung des Vorgesetzten abhängig gemacht werde.[1416] Damit spiele das Weisungsrecht eine große Rolle.[1417] Es gebe viel mehr brisante Konfliktfälle zwischen Staatsanwalt und Vorgesetztem als nach außen trete.[1418] So wird gerade das interne Weisungsrecht als sehr häufig

1407 Wille, FS für SH, S. 317; Ostendorf in „ÖTV in der Rechtspflege" Ausgabe März 1996, S. 3 f; Rautenberg, DRiZ 2000, S. 145

1408 Rautenberg, DRiZ 2000, S. 145

1409 Schneider, JURA 1999, S. 68 f

1410 Ostendorf in „ÖTV in der Rechtspflege" Ausgabe März 1996, S. 3 f

1411 Schweichel, ZRP 1970, S. 172; Oldiges, Rechtsgutachten: Verfassungsrechtliche und verfassungspolitische Bewertung der Zusammenlegung des Innen- und Justizministeriums in Nordrhein-Westfalen, S. 50

1412 Vgl. Roxin, DRiZ 1997, S. 117

1413 Vgl. Roxin, DRiZ 1997, S. 118; gerade die sehr unterschiedliche Erledigung der sogenannten „Parteispenden-Verfahren" in den 80er-Jahren wird als Beleg dafür herangezogen, daß die Verfahrensabschlüsse der Staatsanwaltschaften nicht völlig unbeeinflußt geblieben sind. Schaefer in „Staatsanwaltschaft – ein politisches Instrument?", unveröffentlichter Vortrag vor der Juristischen Gesellschaft in Frankfurt am Main am 20.04.1988, S. 6 f

1414 Kommission für die Angelegenheiten der Staatsanwälte im Deutschen Richterbund, DRiZ 1968, S. 359 ; Deutscher Richterbund, DRiZ 1986, S. 236

1415 Daun, Kriminalistik 1972, S. 17

1416 Daun, Kriminalistik 1972, S. 17

1417 Daun, Kriminalistik 1972, S. 17

1418 Daun, Kriminalistik 1972, S. 17

und praktisch von großer Bedeutung bewertet, [1419] wobei vermutet wird, daß das Weisungsrecht häufig zu nicht-justizgemäßen Einflußnahmen dient.[1420]

Eine empirische Untersuchung zu Art und Umfang der Weisungen gibt es bislang noch nicht.[1421] Im Rahmen der vorliegenden Arbeit wurde daher erstmals eine breit angelegte Befragung der Staatsanwälte durchgeführt. Dabei wurde auch den Erkenntnissen Rechnung getragen, daß der Begriff Weisung nicht klar definiert ist und eine Einwirkung nicht nur durch „glasklare Anweisungen", sondern auch durch subtilere Formen der Einflußnahme erfolgen kann.

B. Anfrage bei den Justizministerien

Um einen Eindruck über die praktische Handhabung des externen Weisungsrechts zu erhalten, wurden zunächst die Justizministerien angeschrieben und um entsprechende Angaben gebeten. Hierzu wurde an die Justizminister bzw. -senatoren[1422] ein gleichlautendes Anschreiben versandt: Zunächst wurde dargelegt, daß es sich um eine Erhebung im Rahmen eines Dissertationsvorhabens über die rechtstatsächliche Bedeutung der Weisungsgebundenheit der Staatsanwaltschaft handelt. Um diese Aussage zu bestätigen und klarzustellen, daß es sich um eine wissenschaftliche Anfrage[1423] handelt, wurde jedem Schreiben die Kopie einer Bestätigung über die Annahme als Doktorand beigelegt. Die Briefe waren formlos verfaßt[1424] und an die Postfachadressen der Justizministerien[1425] gerichtet. In den Schreiben wurde zunächst um Informationen über Umfang und Art bereits ergangener Weisungen im Einzelfall durch den Justizminister des jeweiligen Bundeslandes gebeten. Im weiteren bat der Verfasser um die Zusendung sogenannter abstrakt-genereller Weisungen bzw. um Angabe von

---

1419 Henkel, §30, Rn. 142

1420 Daun, Kriminalistik 1977, S. 479

1421 Eine Ausnahme stellt insoweit lediglich (teilweise) die Untersuchung von Adam/Albrecht/Pfeiffer dar, die im Rahmen einer Befragung unter Jugendstaatsanwälten auch eine Teilfrage nach dem Einfluß von Weisungen stellten, ohne sich jedoch mit dem Weisungsbegriff als solchem auseinanderzusetzen; vgl. Adam/Albrecht/Pfeiffer, S. 160

1422 Soweit im folgenden von den Justizministern die Rede ist, gelten die Justizsenatoren als mit umfaßt.

1423 Der Verfasser wollte hierdurch klarstellen, daß es sich nicht etwa um die Anfrage eines Journalisten, Politikers o.ä. handelte. Gerade im journalistischen Bereich wäre ebenfalls ein Interesse an der hier untersuchten Fragestellung denkbar.

1424 Es handelte sich damit nicht um eine der späteren Fragebogen-Aktion vergleichbare Untersuchung sondern um eine Voranfrage, die im Erfolgsfall durch eine gezielte Analyse präzisiert werden sollte.

1425 Um zu verdeutlichen, daß es um individuelle Weisungen aus dem Justizministerium insgesamt und nicht nur unter dem jeweils amtierenden Justizminister ging, wurde diese Form der Adressierung gewählt und nicht die Justizminister persönlich angeschrieben.

Fundstellen dieser Weisungen.[1426] Alle Briefe wurden gleichzeitig am 08.05.1997 an die Justizministerien abgesandt.[1427]

Als erfreulich zu werten ist das Ergebnis, daß der Verfasser von allen der angeschriebenen Justizministerien eine Reaktion erhielt. Die Rücklaufzeiten betrugen dabei zwischen 8 Tagen und 7 Wochen.

Die Qualität, der Informationsgehalt und die Unterstützungsbereitschaft der Justizministerien wich jedoch stark voneinander ab,[1428] wie durch die folgende Zusammenfassung der Kernaussagen verdeutlicht wird.[1429]

Das **Justizministerium Baden-Württemberg** beantwortete die Anfrage mit der Übersendung der Landtagsdrucksachen des Landes Baden-Württemberg 10/4816, 11/3117 und in Auszügen 10/6666. Die letztgenannte Drucksache sei nach Auffassung des Sachbearbeiters die umfassendste Darstellung was rechtstatsächliche Fragen zum staatsanwaltlichen Weisungsrecht betreffe.[1430]

Das **Bayerische Staatsministerium der Justiz** teilte lediglich mit, daß man Auskünfte über innerdienstliche Vorgänge nicht erteilen könne.[1431]

Die **Senatsverwaltung für Justiz des Landes Berlin** stellte grundsätzlich fest, daß sie in Einzelsachen nur äußerst zurückhaltend von der Möglichkeit der Weisung Gebrauch mache und – soweit bekannt – in der Vergangenheit Gebrauch gemacht habe. Etwas anderes gelte im Bereich der Allgemeinen Verfügungen und ähnlichem, soweit man diesen Weisungscharakter zumessen wolle. Diesbezüglich wurde ein allgemeines Rundschreiben beigefügt, das eine Aufstellung aktueller Verwaltungsvorschriften wiedergab. Die wesentlichen Allgemeinen Verfügungen seien ohnehin im öffentlich zugänglichen Amtsblatt abgedruckt.[1432]

Das **Ministerium der Justiz und für Bundes- und Europaangelegenheiten des Landes Brandenburg** führte aus, daß sich das in § 147 GVG geregelte Weisungsrecht der Landesjustizverwaltungen in erster Linie auf ein Unterrichtungsinteresse des Justizministeriums konzentriere, das jedoch auch – im äußersten Falle – die Möglichkeit der Weisung zu einer bestimmten staats-

---

1426 Diese Frage diente der grundsätzlichen Information für das Projekt und soll hier im einzelnen nicht näher dargestellt werden.

1427 Eine Ausnahme stellt lediglich das Schreiben an das Hessische Ministerium der Justiz und für Europaangelegenheiten dar, das als "Testlauf" vorab, bereits am 24.03.1997 abgesandt wurde. Das entsprechende Antwortschreiben des Ministeriums datiert auf den 14.04.1997.

1428 Dies zeigte sich auch in den teilweise recht bürokratischen um nicht zu sagen unfreundlichen Formulierungen der Antwortschreiben.

1429 Zur leichteren Orientierung folgt die nachfolgende Darstellung der alphabetischen Reihenfolge der Ländernamen.

1430 Mitgeteilt mit Schreiben an den Verfasser vom 22.05.1997; vgl. zu dieser Drucksache bereits die Darstellung im 11. Kapitel C. III.

1431 Mitgeteilt mit Schreiben an den Verfasser vom 09.06.1997

1432 Mitgeteilt mit Schreiben an den Verfasser vom 02.06.1997

anwaltlichen Entscheidung im Einzelfall einschließe. Jedoch spiele bereits die Unterrichtung in quantitativer Hinsicht eine gegenüber der Gesamtzahl der Strafverfahren völlig zu vernachlässigende Rolle, da die brandenburgische Staatsanwaltschaft ohnehin nur in bestimmten Fällen Kenntnis von einem Einzelfall erhalte. Hierzu verwies das Ministerium auf die entsprechenden Anordnungen über Berichtspflichten in Strafsachen.[1433] Sofern in den wenigen Verfahren, die überhaupt einer Berichtspflicht unterliegen, gelegentlich Anlaß zu Beanstandungen bestünden, beschränke sich die Fachaufsicht der Landesjustizverwaltungen zunächst auf Empfehlungen und Hinweise. Diese würden in aller Regel von den nachgeordneten Staatsanwaltschaften aufgegriffen und berücksichtigt, ohne daß es einer Weisung bedürfe. Ein Fall, in dem tatsächlich einer Staatsanwaltschaft des Landes Brandenburg eine konkrete Weisung erteilt worden wäre, sei nicht erinnerlich. Eine Feststellung, ob in der Vergangenheit eine Weisung erteilt worden sei, verursache einen unverhältnismäßigen Aufwand, da alle geführten Vorgänge daraufhin untersucht werden müßten. Zudem sei die Übermittlung von Informationen aus Strafverfahren mit den Anforderungen des Datenschutzes kaum zu vereinbaren.[1434]

Der **Senator für Justiz und Verfassung der Freien Hansestadt Bremen** teilte mit, daß die Behörde von der Möglichkeit des Weisungsrechts im Einzelfall lediglich in seltenen Ausnahmefällen Gebrauch mache. Statistisches Material hierüber liege nicht vor. Soweit es generelle Weisungen betrifft, teilte der Sachbearbeiter weiterhin mit, Vorgaben seitens der senatorischen Behörde oder des Generalstaatsanwalts für staatsanwaltliche Entscheidungen seien in einer fast unüberschaubaren Zahl von Verwaltungsvorschriften enthalten. Da diese nicht systematisch erfaßt und gesammelt würden,[1435] sei es erforderlich die Generalakten auszuwerten, was einen nicht vertretbaren Verwaltungsaufwand verursachen würde. Zudem seien in zahlreichen Verwaltungsvorschriften Interna enthalten, die nicht zur Veröffentlichung geeignet seien.[1436]

Die **Justizbehörde der Freien und Hansestadt Hamburg** informierte dahingehend, daß Statistiken über Weisungen der Hamburger Landesjustizverwaltung gegenüber den Staatsanwaltschaften nicht geführt werden. Von der Übersendung ergangener Weisungen sehe die Justizbehörde aus grundsätzlichen Erwägungen ab.[1437]

1433 Anordnungen über Berichtspflichten in Strafsachen (BeStra); Allgemeine Verfügung vom 26.03.1991 JMBl Brandenburg 1991, S. 3, zuletzt geändert durch Allgemeine Verfügung vom 07.02.1994 JMBl Brandenburg 1994, S. 30

1434 Mitgeteilt mit Schreiben an den Verfasser vom 19.06.1997

1435 Wobei sich in diesem Zusammenhang dann die Frage stellt, ob diese Regelwerke in der Praxis überhaupt noch Beachtung finden (können).

1436 Mitgeteilt mit Schreiben an den Verfasser vom 21.05.1997

1437 Mitgeteilt mit Schreiben an den Verfasser vom 02.06.1997; leider teilte der Sachbearbeiter nicht mit, welche Grundsätze dieser Überlegung zugrunde liegen.

Beim **Hessischen Ministerium der Justiz und für Europaangelegenheiten** erfasse man Erlasse, die Weisungen in einzelnen Verfahren enthalten könnten, nicht gesondert. Der Sachbearbeiter teilte aus seiner Erfahrung mit, daß Einzelweisungen außerordentlich selten erteilt werden.[1438]

Das **Ministerium für Justiz und Angelegenheiten der Europäischen Union des Landes Mecklenburg-Vorpommern** teilte mit, der Begriff der (externen) Weisung sei als Instrument der Dienst- und Fachaufsicht des Justizministers sehr weit gefaßt. So werde etwa durch Weisungen, die sich nicht auf einen Einzelfall, sondern auf vergleichbare Sachverhalte beziehen, sichergestellt, daß die Staatsanwaltschaften die Gesetze einhalten und beachten, effektiv arbeiten und die Strafverfolgung nach einheitlichen Kriterien erfolge. Die Richtlinien für das Strafverfahren und das Bußgeldverfahren, auf deren Wortlaut sich die Landesjustizverwaltungen bundesweit geeinigt haben, seien ein Beispiel für die Differenziertheit der Ausübung des Weisungsrechts gegenüber den Staatsanwaltschaften und verdeutlichten die möglichen Materien, die durch Weisungen geregelt werden könnten. Daneben gebe es noch eine Vielzahl von Weisungen, die zum Beispiel eine einheitliche Strafverfolgungspraxis sicherstellen, die Aktenführung durch die Staatsanwaltschaften oder die Art und Weise der Durchführung von Ermittlungsmaßnahmen regeln. Die möglichen Regelungsmaterien von Weisungen seien nahezu unüberschaubar. Eine Sammlung derartiger bereits erlassener Weisungen liege nicht vor. Vom Justizminister werde eine Vielzahl von Weisungen getroffen, die sich auf einen Einzelfall beziehen. Dies beruhe darauf, daß die Staatsanwaltschaften zum Zwecke der Sicherstellung der Fachaufsicht dem Justizminister in umfassendem Maß von Strafsachen zu berichten haben. Hierzu wurde auf die entsprechenden Berichtspflichten in Strafsachen verwiesen.[1439] Die Bitte des Justizministers um einen ergänzenden oder weiteren Bericht neben den fortlaufenden Berichtspflichten stelle selbstverständlich auch bereits eine Weisung dar. Gleiches gelte für die etwa durch eine Presseberichterstattung ausgelöste Bitte des Justizministers um Bericht in einer bestimmten Strafsache. Zur Frage der Zahl der Weisungen werde keine Statistik geführt. Der Sachbearbeiter teilte mit, daß ihm kein Fall bekannt sei, in dem in seinem Geschäftsbereich der Justizminister die Weisung getroffen hat, daß ein Ermittlungsverfahren einzustellen oder Anklage zu erheben sei. Zwar sei nach Nr.4 II der Berichtspflichten in Strafsachen vorgesehen, daß die Staatsanwaltschaften auch berichten, um in einem Einzelfall die Entscheidung des Justizministers über die weitere Sachbehandlung herbeizuführen. Bislang sei der Justizminister im Geschäftsbereich des Sachbearbeiters noch in keinem Fall der von einer

---

1438 Mitgeteilt mit Schreiben an den Verfasser vom 14.05.1997

1439 Anordnung über die Berichtspflichten in Strafsachen (BeStra) – Allgemeinverfügung des Ministers für Justiz, Bundes- und Europaangelegenheiten des Landes Mecklenburg-Vorpommern vom 27.02.1991, Amtsblatt Mecklenburg-Vorpommern 1991, S. 147

Staatsanwaltschaft beabsichtigten Sachbehandlung entgegengetreten. Es könne jedoch nicht ausgeschlossen werden, daß, ausgelöst durch die Bitte des Justizministers, ergänzend oder erläuternd zum bisherigen Verfahren zu berichten, sich die Staatsanwaltschaften veranlaßt sahen, die bisherige Sachbehandlung eines Verfahrens zu überprüfen und gegebenenfalls zu korrigieren. Ob es derartige mittelbare Wirkungen gebe, könne nicht beurteilt werden. Jedenfalls beruhten diese nicht auf Weisungen oder Vorgaben.[1440]

Das **Niedersächsische Ministerium der Justiz und für Europaangelegenheiten** schrieb, daß einzelfallbezogene Weisungen des Hauses gegenüber den niedersächsischen Staatsanwaltschaften so gut wie nie vorkämen. Einschlägige Statistiken gäbe es nicht. Ergänzend wurde eine Ausarbeitung eines Vortrags der niedersächsischen Justizministerin Alm-Merk[1441] beigefügt, in der diese die Handhabung des Weisungsrechts in Niedersachsen erläutert.[1442] Wesentlich bedeutsamer als einzelfallbezogene Weisungen seien für die praktische Arbeit der Staatsanwaltschaften die abstrakten oder auch generellen Anordnungen der jeweiligen Landesjustizverwaltungen. So bestünden in Niedersachsen – wie in jedem anderen Bundesland auch – Richtlinien und Erlasse. Diese seien teilweise in der „Niedersächsischen Rechtspflege“ und dem Ministerialblatt veröffentlicht. Große Bedeutung hätten auch die von den Justizverwaltungen aller Bundesländer einheitlich umgesetzten Weisungen wie die Richtlinien für das Straf- und Bußgeldverfahren, die Richtlinien für den Verkehr mit dem Ausland in strafrechtlichen Angelegenheiten und die Richtlinien zum Jugendgerichtsgesetz.

Justizministerin Alm-Merk verdeutlichte in der genannten Rede vom 16.06.1997,[1443] daß Weisungen des Justizministeriums an die Staatsanwaltschaft nur selten vorkämen. In Niedersachsen setze man stattdessen auf kritische Erörterung und überzeugende Ratschläge, sofern es derer bedürfe. Zudem bestünden sehr klare Vorstellungen hinsichtlich des Umgangs mit dem Weisungsrecht. Hierzu nennt sie fünf Punkte:[1444] Zunächst müsse eine Weisung überhaupt rechtlich zulässig sein, da das Legalitätsprinzip auch für die politische Spitze gelte. Eine Weisung bedürfe im weiteren einer sicheren Beurteilungsgrundlage, so daß gerade für die Hauptverhandlung mit Rücksicht auf die elementaren Verfahrensgrundsätze der freien Beweiswürdigung und der Unmittelbarkeit der Beweisaufnahme in besonderem Maße Zurückhaltung geboten sei. Zudem werde

---

1440 Mitgeteilt mit Schreiben an den Verfasser vom 25.06.1997

1441 Rede der Niedersächsischen Ministerin der Justiz und für Europaangelegenheiten Heidi Alm-Merk am 16.06.1997 anläßlich des Wechsels des Generalstaatsanwalt in Braunschweig

1442 Mitgeteilt mit Schreiben an den Verfasser vom 16.06.1997

1443 Rede der Niedersächsischen Ministerin der Justiz und für Europaangelegenheiten Heidi Alm-Merk am 16.06.1997

1444 Inwieweit diese Punkte innerhalb des Ministeriums verbindlich sind, wird nicht deutlich. Es gibt keine Hinweise auf eine Veröffentlichung im Justiz- und Ministerialblatt oder eine andere schriftliche Fixierung.

ein der Staatsanwaltschaft gesetzlich zustehendes Ermessen von der Landesjustizverwaltung grundsätzlich bis zur Grenze des Nicht- oder Fehlgebrauchs akzeptiert. Desweiteren müsse eine Weisung sachlich unabweisbar geboten sein, also nach Abwägung aller gegen sie sprechenden Argumente unerläßlich sein. Schließlich müsse eine Weisung als solche zweifelsfrei erkennbar sein und sich deutlich von unverbindlichen Ratschlägen unterscheiden, wofür sich nur die Schriftform eigne und zwar auch dann, wenn es um die Bestätigung einer zunächst mündlich erteilten Weisung gehe. Trotz dieser Kriterien sei es kaum erforderlich von dem Instrument der Weisung Gebrauch zu machen. In einem Jahrzehnte umfassenden Rückblick auf die Dienstaufsichtspraxis der niedersächsischen Landesjustizverwaltung kenne sie keinen Beispielsfall einer Weisung zur Einstellung staatsanwaltlicher Ermittlungen. Dagegen habe es eine Reihe von Fällen gegeben, worin sich das Justizministerium verpflichtet sehen mußte, auf die Fortsetzung von Ermittlungen oder auch auf eine Anklage hinzuwirken.

Das **Justizministerium des Landes Nordrhein-Westfalen** antwortete, ob und gegebenenfalls in welchem Umfang auf staatsanwaltliche Entscheidungen Einfluß genommen werde, hänge von den konkreten Umständen des Einzelfalles ab. Unterlagen hierzu, die man zur Verfügung stellen könne, lägen nicht vor.[1445]

Das **Ministerium der Justiz Rheinland-Pfalz** legte dar, daß Regelungen sowohl im Einzelfall als auch durch Verwaltungsanordnungen möglich seien. Letztere würden im Regelfall im Justizblatt oder Gemeinsamen Ministerialblatt veröffentlicht. Hinsichtlich der Erscheinungsform von Einzelfallweisungen stellte der Sachbearbeiter zunächst fest, daß er die einfache Aufforderung, eine Staatsanwaltschaft möge entsprechend einer bestehenden Verwaltungsvorschrift in einem Einzelverfahren berichten, nicht als Weisung werte. Er verstehe unter Weisungen lediglich solche, mit denen im Einzelfall auf die Sachentscheidung der Staatsanwaltschaft entgegen deren Vorstellungen Einfluß genommen werden sollte. Soweit derartige Weisungen überhaupt ergingen, erfolge keine gesonderte Registrierung und dementsprechend auch keine statistische Erfassung. Eine dahingehende Beantwortung der Frage würde eine Auswertung sämtlicher angefallener bzw. noch anfallenden Vorgänge im Hause voraussetzen. Dies wiederum mache einen Verwaltungsaufwand erforderlich, der angesichts der Zahl der täglichen Eingänge nicht zu rechtfertigen sei.[1446]

Das **Ministerium der Justiz des Saarlandes** legte dar, daß die Übersendung bereits ergangener Weisungen die Sichtung zahlreicher Vorgänge erforderlich mache, was bereits vom Arbeitsaufwand her unvertretbar sei. Zudem bestünden auch generelle Bedenken gegen die Herausgabe personenbezogener Daten. Sta-

---

1445 Mitgeteilt mit Schreiben an den Verfasser vom 19.06.1997

1446 Mitgeteilt mit Schreiben an den Verfasser vom 20.05.1997

tistisches Material bezüglich der Weisungen des Justizministeriums gegenüber den Staatsanwaltschaften liege nicht vor.[1447]

Das **sächsische Staatsministerium der Justiz** gab an, daß das externe Weisungsrecht nur in äußerst seltenen Einzelfällen – sachbereichsunabhängig und unpolitisch – ausgeübt werde. Die Ausübung des Weisungsrechts werde weder statistisch noch registraturmäßig gesondert erfaßt. Von einer Einzelauswertung sämtlicher Verfahren müsse wegen des damit verbundenen Verwaltungsaufwandes abgesehen werden.[1448]

Das **Ministerium der Justiz des Landes Sachsen-Anhalt** informierte, daß das Ministerium Weisungen im Einzelfall vielfach erteile, indem es um Berichte über einzelne Verfahren bitte. Gelegentlich werde auch um Prüfung bestimmter Fragen oder um Vornahme bestimmter Handlungen gebeten. Diese Weisungen werden aus Einzelakten heraus erteilt und statistisch nicht erfaßt. Angesichts der Geschäftsbelastung sei es nicht möglich, Einzelfälle herauszusuchen oder eine Statistik anfertigen zu lassen.[1449]

Das **Ministerium für Justiz, Bundes- und Europaangelegenheiten des Landes Schleswig-Holstein** ging auf die Frage nach den Weisungen im Einzelfall überhaupt nicht ein,[1450] sondern bezog sich lediglich auf generell-abstrakte Weisungen und allgemeine Einzelerlasse. Insoweit sei keine Sammlung solcher „Weisungen"[1451] vorhanden. Eine Zusammenstellung könne im Hinblick auf Personalengpässe nicht geleistet werden. Allgemeine Verfügungen des Justizministers und gelegentlich auch Rundverfügungen oder -erlasse des Generalstaatsanwalts in Schleswig würden – sofern eine Veröffentlichung vorgesehen sei – in den „Schleswig-Holsteinischen Anzeigen" abgedruckt. Dabei werde jährlich in der Februarausgabe eine „Liste der weitergeltenden Verwaltungsvorschriften" abgedruckt.[1452]

Vom **Thüringer Ministerium für Justiz und Europaangelegenheiten** wurde mitgeteilt, daß kein Fall einer Weisung des Ministeriums an eine der Staatsanwaltschaften des Geschäftsbereichs bekannt sei. In diesem Zusammenhang seien auch keine statistischen Aufzeichnungen vorhanden. Angemerkt wurde

---

1447 Mitgeteilt mit Schreiben an den Verfasser vom 21.05.1997

1448 Mitgeteilt mit Schreiben an den Verfasser vom 10.06.1997

1449 Mitgeteilt mit Schreiben an den Verfasser vom 26.05.1997

1450 Ein späteres Telefonat des Verfassers mit dem zuständigen Sachbearbeiter eröffnete die Möglichkeit eines Antrags auf Akteneinsicht. Von der weitergehenden Verfolgung dieses Untersuchungsansatzes wurde jedoch abgesehen, da die dargelegten Widerstände, insbesondere der Datenschutz sowie der für einen einzelnen Bearbeiter nicht zu leistende Auswertungsaufwand, eine effektive Untersuchung unwahrscheinlich werden ließen.

1451 Offenbar wollte der Sachbearbeiter, indem er das Wort „Weisung" in Anführungsstriche setzte, dokumentieren, daß es sich bei diesen Verfügungen seiner Auffassung nach nicht um Weisungen im klassischen Sinne handele.

1452 Mitgeteilt mit Schreiben an den Verfasser vom 26.06.1997

zudem, daß eine Weisung eines Justizministeriums gegenüber einer Staatsanwaltschaft des Geschäftsbereichs eine "ultima ratio" darstelle und die Weisung im klassischen Sinne somit in der täglichen Praxis eine völlig untergeordnete Rolle spielen dürfte.[1453]

Dieser Querschnitt der unterschiedlichen Reaktionen der Justizministerien kann nicht repräsentativ sein. Zum einen war die Fragestellung des Anschreibens nicht soweit präzisiert, daß man hieraus statistisch verwertbare Daten hätte herleiten können. Zum anderen war die Qualität der Antworten von verschiedenen, vom Verfasser nicht zu beeinflussenden Faktoren abhängig. Die Güte der Antworten war stark von der Sachkenntnis und der Bereitschaft der jeweiligen Sachbearbeiter der Justizministerien geprägt.

Auch wenn sich aus den erhaltenen Antworten kein statistisch verwertbares Gesamtbild über das Weisungsverhalten der Landesjustizministerien und ein Vergleich etwa im Hinblick auf landestypische Unterschiede ziehen läßt, gaben die Antwortschreiben dennoch höchst interessante Aufschlüsse über die rechtstatsächliche Bedeutung und Handhabung des Weisungsrechts der Justizminister gegenüber der Staatsanwaltschaft, die für den weiteren Untersuchungsansatz und die Zielrichtung des Projekts von entscheidender Bedeutung waren.

Die erste zentrale Schlußfolgerung, die sich der Umfrage entnehmen läßt, ist die Tatsache, daß Weisungen im Einzelfall von den Landesjustizverwaltungen der Bundesländer nicht statistisch oder registraturmäßig festgehalten werden.[1454] Es können daher ohne die Sichtung sämtlicher Vorgänge eines bestimmten Zeitabschnitts keine Aussagen über den Umfang des ministeriellen Weisungsrechts getroffen werden.[1455] Von der weiteren Verfolgung dieses Untersuchungsansat-

1453 Mitgeteilt mit Schreiben an den Verfasser vom 03.06.1997

1454 Ausdrücklich mitgeteilt von den Landesjustizverwaltungen der Länder Bremen, Hamburg, Hessen, Thüringen, Mecklenburg-Vorpommern, Niedersachsen, Nordrhein-Westfalen, Rheinland-Pfalz, Saarland, Sachsen, Sachsen-Anhalt, Schleswig-Holstein (bei telefonischer Nachfrage) und Thüringen. Mittelbar ergibt sich dies auch aus der Antwort der Landesjustizverwaltung des Landes Brandenburg, die sich auf den erheblichen Verwaltungsaufwand der Durchsicht sämtlicher Akten berief. Auch in Baden-Württemberg gibt es wohl keine statistische Erfassung, da im Rahmen der Untersuchung des Untersuchungsausschusses der Drucksache 10/6666, eine Auswertung von Einzelakten erforderlich war. Da die Landesjustizverwaltung mitteilte – soweit bekannt – sei zurückhaltend von dem Weisungsrecht im Einzelfall Gebrauch gemacht worden, läßt sich entnehmen, daß dort ebenfalls keine Statistiken vorliegen. Eine eindeutige Aussage bezüglich des Justizministeriums in Bayern läßt sich aufgrund deren fehlender Kooperation nicht treffen, es ist aber wahrscheinlich, daß auch in diesem Bundesland keine diesbezüglichen Aufzeichnungen vorhanden sind.

1455 Eine Stichprobenanalyse würde nicht zu Ergebnissen führen, die exakt genug für einen bundesweiten Vergleich hinsichtlich regionaler Unterschiede wäre. Schließlich wird immer wieder betont in welch angeblich geringem Umfang das ministerielle Weisungsrecht gegenüber den Staatsanwaltschaften angewandt wird. Vgl. etwa die Lanzes wurde Abstand genommen, da abgesehen von dem sowohl zeitlich als auch finanziell von einem Bearbeiter alleine kaum zu tragenden Aufwand, zahlreiche Justizministerien bereits datenschutzrechtliche Bedenken vorbrachten.[1456]

Weiterhin wird in den Antworten deutlich, daß die "klassische" imperative und mit dem Ziel auf eine Sachentscheidung einzuwirkende Weisung nicht den die Praxis bestimmenden Regelfall darstellt. Stattdessen dominieren üblicherweise "Empfehlungen und Richtlinien",[1457] "kritische Erörterung und überzeugende Ratschläge"[1458] denen in aller Regel nachgekommen werde.[1459] Es sei auch nicht auszuschließen, daß alleine die Bitte um einen weiteren Bericht ausreiche, die Staatsanwaltschaft zu einer Korrektur der Entscheidung zu veranlassen.[1460] Die Problematik dieser "empfehlenden Gespräche" wurde auch bereits vereinzelt in der Literatur gesehen und kritisch betrachtet.[1461] Eine genauere Untersuchung dieser kommunikationspsychologischen Vorgänge am Beispiel des staatsanwaltlichen Weisungsrecht erfolgte – soweit ersichtlich – bislang noch nicht.[1462]

In diesem Zusammenhang kommt in den Umfrageergebnissen auch zum Ausdruck, daß nur ein bestimmter Bereich der Verfahren in tatsächlicher Hinsicht zur Kenntnis der Landesjustizverwaltungen kommt und von daher in der Praxis regelmäßig, wenn überhaupt, nur die Verfahren dieses Bereiches Gegenstand ministerieller Weisungen gegenüber der Staatsanwaltschaft sind.[1463]

Auffällig ist auch, daß es wohl durchaus regionale Unterschiede beim Gebrauch des ministeriellen Weisungsrechts gibt.[1464] Während vereinzelt sogar mitgeteilt wurde, es sei nicht bekannt, daß es in der Vergangenheit Weisungen

---

desjustizverwaltungen Berlin, Brandenburg, Bremen, Hessen, Niedersachsen, wohl auch Rheinland-Pfalz, Sachsen und Thüringen.

1456 So die Landesjustizverwaltungen der Länder Brandenburg, Saarland und Schleswig-Holstein (telefonische Auskunft)

1457 Landesjustizverwaltung Brandenburg

1458 Landesjustizverwaltung Niedersachsen

1459 Landesjustizverwaltung Brandenburg

1460 Landesjustizverwaltung Mecklenburg-Vorpommern

1461 Vgl. hierzu z. B. Günther, S. 140; Auch in Gesprächen mit mehreren Staatsanwälten und Oberstaatsanwälten wurde offenbar, daß die "traditionelle" Weisung, die in den meisten Abhandlungen als Modell zugrundegelegt wird, deutlich von den tatsächlichen Verhältnissen abweicht; vgl. hierzu 12. Kapitel E.

1462 Daher soll gerade dieses Thema im Rahmen dieser Arbeit näher beleuchtet und der empirischen Untersuchung zugrundegelegt werden.

1463 So die Landesjustizverwaltungen der Länder Brandenburg, Mecklenburg-Vorpommern

1464 Zu beachten ist, daß aufgrund der unterschiedlichen Qualität der Antworten diesbezügliche Schlußfolgerungen nur sehr ungenau sein können.

im Einzelfall gegeben habe,[1465] wird in anderen befragten Ländern mit mehr oder weniger Intensität Gebrauch davon gemacht.[1466]

Es ließen sich auch Informationen darüber gewinnen, was nach den Auffassungen der Sachbearbeiter der Landesjustizverwaltungen unter "Weisung" verstanden wird.[1467] Während einige unter „Weisungen“ nur solche Anordnungen verstanden, die auf eine Beeinflussung einer staatsanwaltlichen Entscheidung gerichtet waren,[1468] bezeichnete man in anderen Bundesländern auch die Anforderung von Berichten als Weisungen.[1469]

Im Vergleich zwischen den Bundesländern wird deutlich, daß sich die Landesjustizverwaltungen der Länder bezüglich der Praxis des Weisungsrechts unterschiedlich "bedeckt" halten. Während einige Landesjustizverwaltungen die Kooperation ganz oder weitgehend versagten,[1470] erhielt der Verfasser von anderen Justizverwaltungen weitergehende Einblicke in die Handhabung des Weisungsrechts.[1471]

1465 So die Landesjustizverwaltung Thüringen

1466 Problematisch ist, daß sich nicht bewerten läßt inwieweit sich Begriffe wie "selten", "so gut wie nie" u. ä. im Hinblick auf die Gesamtzahl der anfallenden Verfahren tatsächlich quantifizieren lassen. Interessant ist in diesem Zusammenhang, daß etwa der Sachbearbeiter der Landesjustizverwaltung in Niedersachsen darlegte, es käme im Hause "so gut wie nie" zu Weisungen im Einzelfall, ließ sich der beigefügten Rede der Justizministerin Alm-Merk entnehmen, daß davon "kaum einmal" Gebrauch gemacht werde. Dieses "kaum einmal" schlüsselt sie dahingehend auf, daß ihr kein Beispielfall einer Weisung zur Einstellung staatsanwaltlicher Ermittlungen bekannt sei, dagegen aber "eine Reihe" von Fällen in denen sich das Justizministerium verpflichtet sehen mußte, auf die Fortsetzung von Ermittlungen oder auch auf eine Anklage hinzuwirken. Aus den widersprüchlichen Begriffen "kaum einmal" und "eine Reihe" läßt sich erkennen, daß diese Bewertungen sehr relativ sind und nur einen äußerst eingeschränkten Aussagewert aufweisen.

1467 Aufgrund dieser Informationen wurde der Fragebogen für die Untersuchung überarbeitet und insbesondere nach der Art der Weisung weitergehend differenziert.

1468 So ausdrücklich Rheinland-Pfalz; auch die Länder, die sich darauf beriefen, es gebe nur in äußerst seltenen Fällen Weisungen, scheinen von diesem engen Weisungsbegriff auszugehen, da Berichtsaufforderungen, wie von zahlreichen Staatsanwälten bestätigt wurde, recht häufig vorkommen.

1469 Etwa die Landesjustizverwaltungen der Länder Mecklenburg-Vorpommern oder Sachsen-Anhalt

1470 Vgl. v. a. Bayern

1471 Vgl. etwa die Hinweise der Niedersächsischen Justizministerin Alm-Merk oder die Landtagsdrucksache 10/6666 des Justizministeriums Baden-Württemberg, der sich wichtige Informationen zur rechtstatsächlichen Bedeutung des Weisungsrechts entnehmen lassen.

C. Erläuterung des Untersuchungskonzeptes

Da seitens der Justizministerien im Vorfeld mitgeteilt wurde, daß Weisungen nicht quantitativ festgehalten werden, entschied sich der Verfasser dazu, die benötigten Daten im Wege der Befragung zu erheben. Hierfür spricht, daß die Befragung in den empirischen Sozialwissenschaften die am häufigsten angewandte Methode ist, mit der etwa 90 % aller Daten gewonnen werden.[1472]

Im wesentlichen werden zwei Befragungstechniken unterschieden, nämlich die mündliche Befragung in Form eines Interviews und schriftliche Befragungen durch Fragebögen.[1473]

Die Untersuchung mit Fragebögen eignet sich vor allem für die Befragung großer homogener Gruppen.[1474] Dies ist darin begründet, daß die Bearbeitung eines Fragebogens – im Gegensatz zum Interview – nicht die Anwesenheit des Befragers erfordert. Da die Staatsanwaltschaft insoweit eine homogene Gruppe darstellt, daß die staatsanwaltlichen Beamten zumindest den gleichen Beruf ausüben und die gleiche Ausbildung aufweisen, bot sich die Erstellung eines Fragebogens an. Anders wäre es auch kaum möglich gewesen, die Befragung auf sämtliche Staatsanwälte in Hessen zu erstrecken.

In Vorgesprächen ließ sich einiges über die Organisation und Handhabung des Weisungsrechts bei den landgerichtlichen Staatsanwaltschaften erfahren, so daß der Fragebogen entsprechend gestaltet werden konnte.

Der Verfasser hatte während der Referendariatszeit Kontakt zu mehreren Staatsanwälten, was sehr hilfreich war, um erste Einblicke in die Thematik zu erhalten.

Die Generalstaatsanwaltschaft ist hingegen sehr viel schwerer zugänglich. Dennoch konnte der Kontakt zu Oberstaatsanwälten bei der Generalstaatsanwaltschaft hergestellt werden. Bei einem ersten Gespräch, das vor allem dazu dienen sollte, die Genehmigung für die geplante Fragebogenaktion einzuholen, wurde auch die Situation in der Generalstaatsanwaltschaft angesprochen. Dabei erkannte der Verfasser, daß sich der für die Staatsanwälte konzipierte Fragebogen nicht gleichermaßen auf den Bereich der Generalstaatsanwaltschaft anwenden ließ. Das lag zum einen daran, daß die Generalstaatsanwaltschaft im Rahmen ihrer Dienstaufsicht eher „auf der anderen Seite" steht, zum anderen auch daran, daß sich die Generalstaatsanwaltschaft sehr viel näher am Justizministerium befindet und zu spüren war, daß die Staatsanwälte hier in ihren Aussagen wohl eher vorsichtig sein würden. So konnte der Verfasser auch erfahren, daß nach dem Regierungswechsel in Hessen „ein kälterer Wind wehe" und daher mit deutlicher Zurückhaltung gerechnet werden müsse.

1472 Bortz, S. 163; Kromrey, S. 267

1473 Bortz, S. 163; Mayntz/Holm/Hübner, S. 104; zu den Unterschieden und Vor- und Nachteilen der Befragungsmethoden auch Alemann, S. 163 ff

1474 Bortz, S. 180

Im Hinblick auf diese Situation fiel der Entschluß, die Staatsanwälte der Generalstaatsanwaltschaft an der Schlüsselstelle zwischen Justizministerium und den landgerichtlichen Staatsanwaltschaften zunächst aus der Untersuchung herauszunehmen und die Handhabung des Weisungsrechts bei der Generalstaatsanwaltschaft mit persönlichen, anonymisierten Kurzinterviews zu beschreiben, um auf diesem Wege auch Erkenntnisse aus diesem recht „sensiblen" Bereich zu erhalten.

D. Schriftliche Befragung

Zunächst konnte der Verfasser in Gesprächen mit mehreren Staatsanwälten grundsätzliche Erkenntnisse über die Handhabung des Weisungsrechts gewinnen. Dabei ließ sich erkennen, daß sich Theorie und Praxis voneinander unterscheiden. Man darf sich die Weisung nicht als klar und eindeutig vorstellen, sondern in der Praxis gibt es viel subtilere Mechanismen. Diese grundsätzliche Möglichkeit Weisungen auch „verschlüsselt" zu erteilen wurde bereits in der kommunikationswissenschaftlichen Untersuchung bestätigt.

Dieser Tatsache wurde bei der Konzeption des Fragebogens Rechnung getragen. Eine Unterscheidung zwischen einem „nahegelegten Verhalten" und einer „echten Weisung" kann im Grunde genommen nicht getroffen werden, bzw. ist diese Unterscheidung sehr von der subjektiven Wahrnehmung des Staatsanwalts abhängig. Ein „nahegelegtes Verhalten" ist ebenso als Weisung zu werten wie eine „echte Weisung". Durch die Aufnahme von beiden Varianten sollte gesichert werden, daß mündliche Weisungen, die teilweise nicht als „echte Weisung" aufgefaßt werden, ebenfalls von der Untersuchung mit erfaßt werden.

Bei der Konzeption des Fragebogens gab es weiterhin die grundsätzliche Überlegung, ob der Fragebogen aus der Sicht eines Anweisenden oder aus der Sicht eines Anweisungsempfängers konzipiert werden soll. „Einfache" Dezernenten können zwar Weisungen erhalten, sind ihrerseits aber nicht weisungsbefugt. Abteilungs- und Behördenleiter, sowie die Staatsanwälte bei der Generalstaatsanwaltschaft können sowohl Weisungen erhalten als auch selbst Weisungen erteilen. Damit gibt es deutlich mehr Anweisungsempfänger als Weisungsgeber, so daß es sich anbot, den Fragebogen aus der Sicht der Angewiesenen zu konzipieren. Im Hinblick auf den „etwas zweifelhaften" Ruf, den die Weisung genießt, herrscht zudem wohl wenig Bereitschaft einzuräumen, daß man selbst Weisungen erteilt.

Bei der Gestaltung des Fragebogens selbst kamen verschiedene Varianten in Frage.

Zum einen ist es möglich offene Fragen zu stellen, das heißt keine Antworten vorzugeben.[1475] Diese Vorgehensweise hat den Nachteil, daß die Beantwortung

1475 Vgl. hierzu Kromrey, S. 279

der Fragen möglicherweise mit viel Aufwand des Fragebogenausfüllers verbunden ist, da dieser in vollständigen Sätzen, zumindest aber in Stichworten antworten muß. Weiterhin ist die Auswertung „offen" formulierter Fragen sehr schwierig. Diese setzt voraus, daß bestimmte Antwortgruppen gebildet werden, die sich dann für eine Auswertung standardisieren lassen.

Demgegenüber gibt es die Variante des sogenannten geschlossenen standardisierten Fragebogens.[1476] Dabei werden für jeweils eine Frage verschiedene Antwortvorgaben ausgewählt, die dann im Wege des Ankreuzverfahrens selektiert werden können. Diese Vorgehensweise hat den Vorteil einer hohen Standardisierung, das heißt, es gibt von vorneherein bestimmte Antwortraster, die sich relativ einfach auswerten lassen. Der Nachteil bei dieser Vorgehensweise besteht darin, daß der Fragebogenausfüller auf eine bestimmte Anzahl von Antworten festgelegt ist und davon abweichende Antworten nicht einbringen kann.

Aus diesem Grunde wurde für die vorliegende Untersuchung ein sogenannter halbstandardisierter Fragebogen verwendet.[1477] Dabei werden, um ein einfaches, schnelles Ausfüllen und eine entsprechende strukturierte Auswertung zu ermöglichen, bestimmte Antwortmöglichkeiten vorgegeben. Zudem wird durch die Rubrik „Sonstiges" bzw. „Anmerkungen" dem Ausfüller die Möglichkeit gegeben, alternative Antworten einzubringen.

Schließlich wurde in einem Begleitschreiben darauf hingewiesen, daß jederzeit auch ergänzende Bemerkungen zugelassen sind.

Diese Vorgehensweise bot sich an, da einerseits eine gewisse Kontinuität bei Antworten gewünscht war, um eine Auswertung zu ermöglichen, andererseits aber auch einem breiten Antwortspektrum Rechnung getragen werden sollte. Dies war erforderlich, da bislang noch keinerlei Erkenntnisse über die tatsächliche Erscheinung der Weisung vorlagen.

Aus diesem Grunde wurde bei verschiedenen Antworten auch um Prozentangaben gebeten. Dieser prozentuale Wert ist sehr subjektiv und sicherlich einer repräsentativen Analyse nicht zugänglich. Ein anderer Quantifizierungsmaßstab konnte nicht gewählt werden, da vor der Untersuchung noch nicht festlag, ob es zu sehr vielen oder sehr wenigen Weisungen kommt. Durch die Einordnung in Prozent wurde beiden Möglichkeiten Rechnung getragen.

Insgesamt ist auszuführen, daß nicht einmal exakt feststeht, was überhaupt unter einer Weisung zu verstehen ist, und daher bei der vorliegenden Untersuchung der subjektive Eindruck der Dezernenten von hoher Bedeutung war.

Im Vorfeld der Untersuchung fanden Gespräche mit der Generalstaatsanwaltschaft Frankfurt statt. Diese erklärte sich bereit, die Behördenleiter über das Vorhaben zu informieren und deren Zustimmung zur Durchführung einer schriftlichen Umfrage einzuholen. Nachdem die Befragung genehmigt war, setzte sich der Verfasser telefonisch mit den einzelnen staatsanwaltschaftlichen Be-

---

1476 Vgl. hierzu Kromrey, S. 279
1477 Vgl. hierzu Kromrey, S. 279

hörden in Verbindung, um die Anzahl der benötigten Bögen zu erfragen. Anzumerken ist, daß einige Staatsanwaltschaften für sämtliche Staatsanwälte Fragebögen anforderten, während sich andere auf die Staatsanwälte beschränkten die bereits im Vorfeld ihre Teilnahmebereitschaft signalisiert hatten. Auf die genaue Anzahl der zu verteilenden Fragebögen hatte der Verfasser aufgrund des innerdienstlichen Charakters keinen Einfluß.

Die Fragebögen wurden zusammen mit einem Begleitschreiben und einem Rückumschlag in verschlossenen Kuverts[1478] in den internen Verteiler der Behörde gegeben. Bei jeder Staatsanwaltschaft fand sich ein Ansprechpartner, der bereit war, die Bögen wieder einzusammeln und dem Verfasser zuzusenden. Um eine Einflußnahme der Behördenleitung auszuschließen, bestand zudem die Möglichkeit die Rückantwort direkt zu versenden.

Insgesamt wurden 288 Fragebögen verteilt. Zurückgesandt wurden 74 Bögen. Dies entspricht einer Rücklaufquote von 25,69 %.[1479]

E. Auswertung der Fragebögen[1480]

I. Auswertung des Untersuchungsschwerpunktes 1 (Allgemeine Weisungen)

1. Beeinflussung durch allgemeine Weisungen

Zunächst wurde ausgewertet, inwieweit Staatsanwälte von allgemeinen Weisungen beeinflußt werden. Aufgrund der unüberschaubaren Menge allgemeiner Richtlinien und Erlasse[1481] sollten jeweils die fünf für den jeweiligen Staatsanwalt praktisch bedeutendsten genannt werden.

Tabelle 1: Einfluß allgemeiner Weisungen (vgl. Diagramm 1 im Anhang)

Von allgemeinen Weisungen betroffen ?	Anzahl	Prozent
ja	58	78,38
nein	7	9,46
keine Angaben	9	12,16
insgesamt	74	100,00

1478 Auf ein abweichendes Prozedere bestand lediglich ein einziger Behördenleiter; vgl. hierzu die sehr interessanten Erfahrungen 11. Kapitel A. I.

1479 Dieser Wert liegt in einem Bereich der für eine schriftliche Befragung zu erwarten war; vgl. auch Adam/Albrecht/Pfeiffer, S. 25. In der Literatur werden Rücklaufquoten zwischen 10 % und 90 % beschrieben; vgl. hierzu Bortz, S. 184

1480 Bei der Auswertung wurden die Prozentangaben jeweils kaufmännisch gerundet. Hierdurch kann es in den Summen zu minimalen Abweichungen kommen, die sich jedoch im Gesamtergebnis nicht auswirken.

1481 Vgl. Hellebrand, Rn. 102

Von 74 Staatsanwälten gaben lediglich 7 (= 9,46 %) an, in ihrem Tätigkeitsbereich mit allgemeinen Weisungen in keiner Weise konfrontiert zu sein. Dagegen waren 58 Staatsanwälte (= 78,38 %) von allgemeinen Weisungen betroffen. 9 Staatsanwälte (= 12,16 %) ließen diesen Punkt offen.

Damit wird deutlich, daß den allgemeinen Weisungen eine überragende Bedeutung für die staatsanwaltlichen Tätigkeit zukommt.

2. Urheber allgemeiner Weisungen

Die 58 Staatsanwälte, die angaben mit allgemeinen Weisungen konfrontiert zu sein, benannten insgesamt 176 Fälle von Richtlinien und Verfügungen, die ihren Tätigkeitsbereich beeinflussen.

Tabelle 2: Urheber allgemeiner Weisungen (vgl. Diagramm 2 im Anhang)

Urheber	Anzahl	Prozent
Justizministerium	98	55,68
Generalstaatsanwalt	40	22,73
LOStA	18	10,23
keine Angaben	19	10,80
sonst. (Abteilungsleiter)	1	0,57
insgesamt	176	100,00

Von diesen 176 Fällen allgemeiner Weisungen wurden 98 vom Justizministerium (= 55,68 %), 40 von der Generalstaatsanwaltschaft (= 22,73 %), 18 von einem Leitenden Oberstaatsanwalt (= 10,23 %) und eine (= 0,57 %) von einem Abteilungsleiter erlassen. 19 der allgemeinen Weisungen waren nicht mit einer entsprechenden Angabe versehen (= 10,80 %)

Hier ist ein deutliches Gefälle von „oben nach unten“ erkennbar. Gemessen an der Bedeutung für die Staatsanwälte spielen die Weisungen des Justizministeriums die größte Rolle. Erst mit einem klaren Abstand folgen die Weisungen des Generalstaatsanwalts und schließlich der Behördenleiter.

3. Verbindlichkeit der allgemeinen Weisungen

Weiterhin wurde untersucht, welcher Verbindlichkeitsgrad den genannten allgemeinen Weisungen zukommt.

Tabelle 3: Grad der Verbindlichkeit der allgemeinen Weisungen (vgl. Diagramm 3 im Anhang)

Grad der Verbindlichkeit	Anzahl	Prozent
Soll-Vorgabe, Abweichen problemlos möglich	64	36,36
Verbindliche Anweisung ohne Ermessen	61	34,66
Soll-Vorgabe, bei Abweichen Begründungspflicht	35	19,89
Soll-Vorgabe, bei Abweichen Berichtspflicht	16	9,09
insgesamt	176	100,00

Von den 176 genannten Fällen allgemeiner Weisungen handelt es sich bei 64 (= 36,36 %) um Soll-Vorgaben, bei denen ein Abweichen problemlos möglich ist. Weitere 61 (= 34,66 %) sind verbindliche Anweisungen ohne einen Ermessensspielraum. 35 (= 19,89 %) davon sind Soll-Vorgaben, die für den Fall des Abweichens eine Begründungspflicht verlangen. Bei 16 (= 9,09 %) schließlich handelt es sich um Soll-Vorgaben, die im Abweichungsfall einen Bericht erfordern.

4. Aufschlüsselung der allgemeinen Weisungen

Die 176 Fälle allgemeiner Weisungen teilen sich im einzelnen auf, wie aus der nachstehenden Tabelle ersichtlich:

Tabelle 4: Allgemeine Weisungen im Detail (vgl. Diagramm 4 im Anhang)

Bezeichnung der Weisung	Anzahl
Aufbewahrungsbestimmung	1
Behandlung von Asylstraftaten	1
Berichtspflicht bei Korruption	1
Berichtspflicht im VA-Verfahren	1
Erlaß zur Geschäftsverteilung	1
Erlaß zur Verteidigerbestellung	1
Hausverfügung zu 6-Monatsresten	1
Hausverfügung zu Akteneinsichtsgesuchen	1
Hausverfügung zur U-Haft bei Asyl	1
JGG-Richtlinien	1
Keine Geldbußen an Staatskasse	1
Leitfaden zur Leichenöffnung	1
Private Haftliste	1
Regelung zur Zeichnungsbefugnis	1
Vorgabe zu Einstellungsbegründungen	1
Widerruf der Strafaussetzung	1
Bearbeitung von Haftsachen	2
Berichtspflicht bei TÜ (technische Überwachung)	2
Erlaß zum beschleunigten Verfahren	2

Erlaß zum Deal	2
Gnadenordnung	2
Hausverfügung zu § 153 StPO	2
Runderlaß Vollstreckungshilfe	2
VP-Richtlinien	2
Zuständigkeitsvereinbarung GStA	2
Berichtspflicht in pol. Verf.	3
Diversionserlaß	3
Führung von Statistiken (rechtsextr. Straft.)	3
Hausverfügung zum beschleunigten Verfahren	3
Weihnachtsamnestie	3
MiStrA	4
RiVASt	4
BeStrA	8
Hasch, Cannabis, Marihuana	20
Erlaß zu § 456 a StPO	24
RiStBV	43
Diverse	24

Deutlich wird, daß die genannten allgemeinen Weisungen ein breites Spektrum abdecken, wobei jedoch der Schwerpunkt in den Bereichen RistBV (Richtlinien für das Straf- und Bußgeldverfahren), Erlaß zu § 465 a StPO (Absehen von Vollstreckung bei Auslieferung und Ausweisung) und Hasch, Cannabis, Marihuana (Geringe Menge im Sinne des § 31, 31 a BtMG) liegt.

5. Reaktionsverhalten

Ausgewertet wurde außerdem, wie die Staatsanwälte jeweils auf die allgemeinen Weisungen reagieren, also ob sie sich an der Vorgabe orientieren, abweichen wenn es ihnen richtig erscheint oder ob sie sich überhaupt nicht um die Richtlinie kümmern.

Dabei wird im folgenden zunächst das Reaktionsverhalten bezogen auf sämtliche 176 Fälle allgemeiner Weisungen dargestellt (vgl. Tabelle 5). Um festzustellen, ob sich das Abweichungsverhalten je nach Verbindlichkeitsgrad der allgemeinen Weisungen unterscheidet, werden anschließend die Weisungen nach Verbindlichkeitsgrad (vgl. hierzu bereits Tabelle 3) aufgeschlüsselt (vgl. Tabellen 6 - 9)

Tabelle 5: Reaktionsverhalten insgesamt (vgl. Diagramm 5 im Anhang)

Reaktion	Anzahl	Prozent
Ich orientiere mich an der Vorgabe	120	68,18
Wenn es mir richtig erscheint, weiche ich ab	51	28,98
Ich kümmere mich überhaupt nicht um die Richtlinie	5	2,84
keine Angaben	0	0,00
sonstiges	0	0,00
insgesamt	176	100,00

Tabelle 6: Reaktionsverhalten bei verbindlichen Weisungen (vgl. Diagramm 6 im Anhang)

Reaktion	Anzahl	Prozent
Ich orientiere mich an der Vorgabe	58	95,08
Wenn es mir richtig erscheint, weiche ich ab	3	4,92
Ich kümmere mich überhaupt nicht um die Richtlinie	0	0,00
keine Angaben	0	0,00
sonstiges	0	0,00
insgesamt	61	100,00

Tabelle 7: Reaktionsverhalten bei problemlos möglichem Abweichen (vgl. Diagramm 7 im Anhang)

Reaktion	Anzahl	Prozent
Ich orientiere mich an der Vorgabe	29	45,31
Wenn es mir richtig erscheint, weiche ich ab	30	46,88
Ich kümmere mich überhaupt nicht um die Richtlinie	5	7,81
keine Angaben	0	0,00
sonstiges	0	0,00
insgesamt	64	100,00

Tabelle 8: Reaktionsverhalten bei Weisungen mit Berichtspflichten (vgl. Diagramm 8 im Anhang)

Reaktion	Anzahl	Prozent
Ich orientiere mich an der Vorgabe	12	75,00
Wenn es mir richtig erscheint, weiche ich ab	4	25,00
Ich kümmere mich überhaupt nicht um die Richtlinie	0	0,00
keine Angaben	0	0,00
sonstiges	0	0,00
insgesamt	16	100,00

Tabelle 9: Reaktionsverhalten bei Weisungen mit Begründungspflichten (vgl. Diagramm 9 im Anhang)

Reaktion	Anzahl	Prozent
Ich orientiere mich an der Vorgabe	18	51,43
Wenn es mir richtig erscheint, weiche ich ab	17	48,57
Ich kümmere mich überhaupt nicht um die Richtlinie	0	0,00
keine Angaben	0	0,00
sonstiges	0	0,00
insgesamt	35	100,00

Es fällt bei der Aufschlüsselung nach Verbindlichkeitsgrad auf, daß sich das Reaktionsverhalten unterschiedlich darstellt. Deutlicher wird dies im nachfolgenden Überblick, in dem die einzelnen Bereiche nochmals gegenüberstellt werden, wobei sich die Angaben auf das prozentuale Reaktionsverhalten beziehen.

Tabelle 10: Reaktionsverhalten im Überblick (vgl. Diagramm 10 im Anhang)

Reaktion	Problemlos in %	Bericht in %	Begründung in %	Verbindlich in %
Ich orientiere mich an der Vorgabe	45,31	75,00	51,43	95,00
Wenn es mir richtig erscheint, weiche ich ab	46,88	25,00	48,57	4,92
Ich kümmere mich nicht um die Richtlinie	7,81	0,00	0,00	0,00
keine Angaben	0,00	0,00	0,00	0,00
sonstiges	0,00	0,00	0,00	0,00
insgesamt	100,00	100,00	100,00	100,00

Wie zu erwarten, halten sich bei den verbindlichen Weisungen nahezu alle Staatsanwälte an die Vorgabe (95,08 %). Obwohl man hätte annehmen können, daß die Quote der Staatsanwälte, die von der Vorgabe abweichen, dort am höchsten ist, wo dies problemlos geschehen kann, bestätigt sich dieses Bild nicht. Es stellt sich vielmehr in etwa die gleiche Verteilung dar wie bei den Begründungspflichten. Erwartungsgemäß ist der Anteil der Staatsanwälte, die sich überhaupt nicht um die Richtlinie kümmern, hier am höchsten. Auffällig ist, daß sich bei Berichtspflichten mehr Staatsanwälte an der Vorgabe orientieren als bei Begründungspflichten, obwohl die Begründung mit mehr Aufwand verbunden ist.

6. Häufigkeitsentwicklung allgemeiner Weisungen in den vergangenen Jahren

Weiterhin wurde nach dem subjektiven Eindruck der Staatsanwälte gefragt, wie sie die Entwicklung bezüglich der Häufigkeit solcher allgemeiner Weisungen in den letzten Jahren beurteilen.

Tabelle 11: Häufigkeit allgemeiner Weisungen in den vergangenen Jahren (vgl. Diagramm 11 im Anhang)

Entwicklung	Anzahl	Prozent
Sie haben deutlich abgenommen	0	0,00
Sie haben abgenommen	0	0,00
Es hat sich nichts geändert	33	44,59
Sie haben zugenommen	22	29,73
Sie haben deutlich zugenommen	5	6,76
keine Angaben	7	9,46
sonstiges	7	9,46
insgesamt	74	100,00

Auch wenn es sich nur um einen subjektiven Eindruck ohne repräsentative Bedeutung handelt, fällt sofort ins Auge, daß kein einziger der 74 Staatsanwälte der Auffassung war, die allgemeinen Weisungen seien in den vergangenen Jahren zurückgegangen, geschweige denn deutlich zurückgegangen. Dem stehen 22 Staatsanwälte (= 29,73 %) gegenüber, die von einer Zunahme allgemeiner Weisungen berichteten und immerhin 5 Staatsanwälte (= 6,76 %) die eine deutliche Zunahme angaben. 33 Staatsanwälte (= 44,59 %) gaben an, es habe sich nichts geändert, 7 (= 9,46 %) machten in diesem Punkt keine Angaben und weitere 7 (= 9,46 %) beschrieben unter „Sonstiges“ abweichende Eindrücke. Genannt wurde dabei etwa:

- *„Ich beachte allgemeine Weisungen grundsätzlich nicht.“*
- *„Noch zu kurz im Dienst um sichere Angaben machen zu können.“*

Darüber hinaus wurden noch weitere Ansichten geschildert:

- *„Allgemeine Weisungen haben zugenommen. Insbesondere Berichtspflichten allgemeiner Art nehmen zu, da immer mehr zentrale Erfassungen erfolgen sollen (nach Verfahrensarten etc.) Zudem sind sie oft auf Anfragen der Politiker (im Landtag) zurückzuführen und lästig...!“*
- *„Ministerielle Weisungen haben zugenommen – insbesondere im Vollzugsbereich und allgemein hinsichtlich Berichtspflichten (wg. politisch motivierter Auswirkungen und Berichterstattungen)“*
- *„Die Bedeutung allgemeiner Weisungen sollte nicht überschätzt werden. Sie bilden den ständig vorhandenenen Hintergrund staatsanwaltlicher Tätigkeit. Von besonderer Bedeutung in dem Sinn, daß man sich diese Weisungen tagtäglich vor Dienstbeginn vergegenwärtigt, sind sie mitnichten.“*
- *„Die Zunahme allgemeiner Weisungen steht insbesondere im Zusammenhang mit Neuerungen in der StPO.“*
- *„Die Zunahme der allgemeinen Weisungen scheint durch die negative Haushaltslage und die Arbeitsüberlastung der Justiz motiviert. Außerdem ist deutlich das Bestreben bestimmter Interessengruppen (z. B. Strafverteidiger) zu erkennen, über Arbeitsgruppen allgemeine Weisungen (z. B. durch den GStA) anzuregen.“*

- *„Das Ziel der Weisungen ist das Leeren der Gefängnisse aufgrund von Überbelegung mit allen juristischen Begründungsmöglichkeiten."*
- *„Das Ministerium greift zu rasch scheinbar aktuelle Problemkreise mit Detailregelungen auf, die in der Praxis nicht immer helfen."*

Diese Eindrücke lassen den Schluß zu, daß in den vergangenen Jahren zunehmend von dem Instrumentarium der allgemeinen Weisungen Gebrauch gemacht wurde, was sich auch mit der immer wieder geäußerten Auffassung deckt, daß der Bereich der Staatsanwaltschaft von einer nahezu unüberschaubaren Anzahl von Richtlinien und Erlassen geprägt wird.

II. Auswertung des Untersuchungsschwerpunktes 2 (Konkrete Beeinflussung)

1. Einschätzung der Fremdbeeinflussung der Schreibtischarbeit

Im Untersuchungsschwerpunkt 2 sollte die konkrete Beeinflussung analysiert werden. Dabei wurde zunächst nach dem subjektiven Eindruck der Staatsanwälte hinsichtlich der Fremdbeeinflussung bezogen auf die Schreibtischarbeit gefragt.

Tabelle 12: Fremdbeeinflussung der Schreibtischarbeit (vgl. Diagramm 12 im Anhang)

Einschätzung	Anzahl	Prozent
sehr hoch	0	0,00
hoch	1	1,35
durchschnittlich	7	9,46
gering	29	39,19
äußerst gering / keine	34	45,95
keine Angabe	3	4,05
insgesamt	74	100,00

Zwar handelt es sich auch hier nur um eine subjektive Einschätzung ohne repräsentativen Wert, doch es zeichnet sich ab, daß die deutliche Mehrheit der Staatsanwälte die Fremdbeeinflussung als gering (29 Staatsanwälte = 39,19 %) bzw. sogar äußerst gering (34 Staatsanwälte = 45,95 %) einschätzen. Lediglich 7 Staatsanwälte (= 9,46 %) halten die Fremdbeeinflussung für durchschnittlich und nur 1 Staatsanwalt (= 1,35 %) ordnet sie als hoch ein. 3 Staatsanwälte (= 4,05 %) machten keine Angaben.

Damit ist festzustellen, daß sich die Staatsanwälte hinsichtlich ihrer Schreibtischarbeit überwiegend relativ frei einschätzen.

2. Bereiche der Fremdbeeinflussung

Weiterhin sollte festgestellt werden, worin die Ursachen der Fremdbeeinflussung liegen. Die dabei vorgesehenen Prozentangaben – die aus den bereits genannten Gründen erforderlich waren – schienen jedoch zahlreiche Staatsanwälte vor Schwierigkeiten zu stellen. Aus diesem Grunde waren 39 der 74 Fragebögen diesbezüglich ohne Angaben oder nicht verwertbar. Aus den verbleibenden 35 Fragebögen wurden die Durchschnittswerte der angegebenen Prozentzahlen ermittelt, indem jeweils die angegebenen Prozentzahlen für Tatfragen, für Rechtsfragen und Verfahrensfragen addiert und anschließend durch die Anzahl der verwertbaren Fragebögen (35) dividiert wurden. Eine genaue Aufschlüsselung findet sich im Anhang (Tabelle 13 a). Damit ergab sich folgende durchschnittliche Verteilung:

Tabelle 13: Bereiche der Fremdbeeinflussung (vgl. Diagramm 13 im Anhang)

Bereich	Prozent
Tatfragen	17,76
Rechtsfragen	18,19
Verfahrensfragen	64,05
insgesamt	100,00

Klarer Schwerpunkt der Fremdbeeinflussung sind mit 64,05 % Verfahrensfragen. Im übrigen verteilt sich die Fremdbeeinflussung zu etwa gleichen Teilen auf Tatfragen (17,76 %) und Rechtsfragen (18,19 %).

3. Ursachen der Fremdbeeinflussung

Ähnlich wie hinsichtlich der Bereiche der Fremdbeeinflussung, wurden auch die Ursachen der Fremdbeeinflussung untersucht und zwar getrennt nach den Bereichen Tatfragen, Rechtsfragen und Verfahrensfragen. Hierzu ist anzumerken, daß nur sehr wenige Fragebögen Angaben enthielten oder verwertbar waren, nämlich im Bereich Tatfragen 13, im Bereich Rechtsfragen 16 und im Bereich Verfahrensfragen 24. Auch hier wurden die Prozentzahlen addiert und durch die Anzahl der verwertbaren Bögen dividiert. Eine genaue Aufschlüsselung findet sich im Anhang (Tabelle 14 a - c). Insgesamt ergab sich folgende Verteilung:

Tabelle 14: Ursachen der Fremdbeeinflussung (vgl. Diagramme 14 a – e im Anhang)

Verteilung nach Prozenten im Schnitt	Tatfragen	Rechtsfragen	Verfahrensfragen	Gesamtdurchschnitt
allgemeine Weisungen (Erlasse etc.)	0,00	15,31	23,12	12,81
"echte" schriftliche Weisungen	0,46	0,00	0,42	0,29
"echte" mündliche Weisungen	8,00	1,25	3,75	4,33
Gespräche, vom Vorgesetzten initiiert	41,62	29,38	24,17	31,72
Gespräche, selbst gesucht	49,92	54,06	48,54	50,84
insgesamt	100,00	100,00	100,00	100,00

Wenn diese Ergebnisse aufgrund der geringen Anzahl verwertbarer Bögen nur eine begrenzte Aussagekraft aufweisen, so zeichnen sich aber auch hier gewisse Tendenzen ab: Generelle Richtlinien haben einen Anteil von 12,81% an der Fremdbeeinflussung. Hinsichtlich der Einflußnahme im Einzelfall kommt der Fremdeinfluß in erster Linie durch Gespräche mit den Vorgesetzten zustande, die der Dezernent selbst gesucht hat (50,84 %). Eine bedeutende Rolle kommt aber auch Gesprächen zu, die vom Vorgesetzten initiiert wurden (31,72 %). Dieser Wert ist vor allem deswegen beachtlich, da sich – wie gezeigt – eine klare Trennlinie zwischen Weisungen und „Empfehlungen" eines Vorgesetzten nicht ziehen läßt. Aus diesem Grund muß davon ausgegangen werden, daß in diesem Bereich eine Einflußnahme auf den Staatsanwalt möglich ist, der sich dem Bereich „echte Weisung" annähert. Auch die „echten" mündlichen Weisungen schlagen noch mit 4,33 % zu Buche. Hinsichtlich der Abgrenzung zwischen Empfehlung und Weisung ist noch anzumerken, daß eine Unterscheidung in diesem Bereich vor allem deswegen schwierig ist, da die Verbindlichkeit einer Aufforderung sehr von der subjektiven Wahrnehmung des angewiesenen Staatsanwalts abhängig ist.

Auffällig ist aber, daß Weisungen wohl regelmäßig nicht schriftlich erteilt werden, da dieser Bereich mit 0,29 % das Schlußlicht darstellt.

4. Einzelne Weisungen (Schreibtisch und Hauptverhandlung)

Weiterhin wurden die Staatsanwälte im Fragebogen um die Angabe gebeten, ob und wie oft ihnen schon einmal Weisungen erteilt wurden und welche dies im einzelnen waren. Von den 74 erhaltenen Bögen waren diesbezüglich 4 nicht verwertbar, sei es, weil die entsprechenden Seiten aus dem Fragebogen entfernt waren oder die Seiten durchgestrichen und stattdessen in allgemeiner Form (Textantwort) beantwortet wurden. Von den verbleibenden 70 Staatsanwälten gaben insgesamt 9 Staatsanwälte an, noch nie eine Weisung im Einzelfall erhalten zu haben. Damit haben von den 70 Staatsanwälten immerhin 61 (= 87,14 %) schon einmal eine Weisung erhalten.

Um die Bögen auszuwerten, wurden zunächst die Häufigkeitsangaben vereinheitlicht und auf Anzahl der Weisungen pro Jahr umgerechnet. Wenn also ein Staatsanwalt beispielsweise eine einzige Weisung in seiner Laufbahn erhalten hat und er seit 12 Jahren im Dienst ist, dann entspricht dies 0,0833 Weisungen pro Jahr.

Anschließend wurde gezählt, wieviele der 70 Staatsanwälte die einzelnen Weisungen (jeweils echt und nahegelegt) erhalten haben und wieviele Weisungen (auch jeweils echt und nahegelegt) sie insgesamt erhalten haben. Anschließend wurde die Anzahl der pro Jahr erhaltenen Weisungen durch die Anzahl der Staatsanwälte dividiert, die schon einmal eine solche Weisungen erhalten haben. Hierdurch ergab sich der Durchschnitt echter und nahegelegter Weisungen pro Jahr bezogen auf die Staatsanwälte, die schon einmal diese konkrete Weisung erhielten. Um festzustellen wieviele Weisungen diese Staatsanwälte (bezogen auf die konkrete Weisung) pro Jahr insgesamt erhalten haben wurde der Durchschnitt der echten Weisungen und der Durchschnitt der nahegelegten Weisungen addiert.

Tabelle 15: Übersicht über Weisungen im Einzelfall bezogen auf die Arbeit am Schreibtisch (vgl. Diagramme 15 a und 15 b im Anhang)

Weisungsart (Schreibtisch)	Anzahl StA die echte Weisung bekommen haben	Anzahl StA, die Wei- sung nahegelegt bekommen haben	Anzahl StA, die noch keine Weisung be- kommen haben	Anzahl echte Wei- sungen pro Jahr	Anzahl nahegelegte Weisungen pro Jahr	Anzahl Weisungen insgesamt pro Jahr	Durchschnitt echte Weisungen pro Jahr	Durchschnitt nahege- legte Weisungen pro Jahr	Weisungen insgesamt pro Jahr (im Schnitt)
Devolution	5	***	65	1,629	0,000	1,629	0,326	***	0,326
Substitution	2	***	67	0,748	0,000	0,748	0,374	***	0,374
Berichterstattung	23	29	27	53,862	43,841	97,703	2,342	1,512	3,854
Auslegung Rechtsfrage	5	7	59	13,040	5,221	18,261	2,608	0,746	3,354
Einstellung Verfahren	7	11	58	6,067	8,676	14,743	0,867	0,789	1,655
Einstellung unterlassen	29	16	35	27,901	20,114	48,015	0,962	1,257	2,219
Strafbefehl erlassen	5	8	61	9,500	11,699	21,199	1,900	1,462	3,362
Anklage erheben	5	6	64	6,975	8,832	15,807	1,395	1,472	2,867
Rechtsmitteleinlegung	15	15	51	15,885	31,338	47,223	1,059	2,089	3,148

Rechtsmittel-verzicht	6	5	62	7,432	11,633	19,065	1,239	2,327	3,565
sonstige (Schreibtisch)	6	4	61	13,016	1,708	14,724	2,169	0,427	2,596
Summe	***	***	***	156,055	143,061	299,115	***	***	***

Tabelle 16: Übersicht über Weisungen im Einzelfall bezogen auf die Hauptverhandlung (vgl. Diagramme 15 a und 15 b im Anhang)

Weisungsart (Hauptverhandlung)	Anzahl StA die echte Weisung bekommen haben	Anzahl StA, die Weisung nahegelegt bekommen haben	Anzahl StA, die noch keine Weisung bekommen haben	Anzahl echte Weisungen pro Jahr	Anzahl nahegelegte Weisungen pro Jahr	Anzahl Weisungen insgesamt pro Jahr	Durchschnitt echte Weisungen pro Jahr	Durchschnitt nahegelegte Weisungen pro Jahr	Weisungen insgesamt pro Jahr (im Schnitt)
Ausschluß Öffentlichk.	0	1	69	0,000	0,091	0,091	0,000	0,091	0,091
Unterl. d. Ausschl. d. Ö.	0	0	70	0,000	0,000	0,000	0,000	0,000	0,000
Tatfragenanweisung	0	0	70	0,000	0,000	0,000	0,000	0,000	0,000
Rechtsauffassung	0	4	66	0,000	1,232	1,232	0,000	0,308	0,308
Beweisantrag stellen	0	2	68	0,000	5,167	5,167	0,000	2,583	2,583
Beweisantrag unterl.	0	0	70	0,000	0,000	0,000	0,000	0,000	0,000
best. Schlußantrag	0	6	64	0,000	4,743	4,743	0,000	0,790	0,790
sonstige (Hauptverh.)	4	5	62	5,839	2,887	8,726	1,460	0,577	2,037
Summe	***	***	***	5,839	14,119	19,958	***	***	***

Hier ist gut erkennbar, daß Weisungen in der Hauptverhandlung eine ungleich geringere Rolle spielen als hinsichtlich der Schreibtischarbeit.

Um einen Eindruck vom Umfang des Weisungsrechts zu erhalten, wurden in einem weiteren Auswertungsschritt die in den Tabellen 15 und 16 ermittelten Weisungen pro Jahr in Relation zur Gesamtanzahl der Staatsanwälte gesetzt. Dabei wurde sowohl der Schnitt bezogen auf sämtliche 70 verwertbare Bögen ermittelt als auch in bezug auf die Staatsanwälte, die angaben schon einmal eine Weisung erhalten zu haben. Dadurch ergab sich folgendes Bild:

Tabelle 17: Schnitt der Weisungen bezogen auf die Gesamtzahl der Staatsanwälte (vgl. Diagramme 15 a und 15 b im Anhang)

	Schnitt der Weisungen der Staatsanwälte, die schon Weisungen bekommen haben (70 - 9, also 61)			**Schnitt der Weisungen insgesamt (also 70)**		
Weisungsart	Echte Weisungen im Schnitt	Nahegelegte Weisungen im Schnitt	Weisungen insgesamt im Schnitt	Echte Weisungen im Schnitt	Nahegelegte Weisungen im Schnitt	Weisungen insgesamt im Schnitt
Devolution	0,027	0,000	0,027	0,023	0,000	0,023
Substitution	0,012	0,000	0,012	0,011	0,000	0,011
Berichterstattung	0,883	0,719	1,602	0,769	0,626	1,396
Auslegung Rechtsfrage	0,214	0,086	0,299	0,186	0,075	0,261
Einstellung Verfahren	0,099	0,142	0,242	0,087	0,124	0,211
Einstellung unterlassen	0,457	0,330	0,787	0,399	0,287	0,686
Strafbefehl erlassen	0,156	0,192	0,348	0,136	0,167	0,303
Anklage erheben	0,114	0,145	0,259	0,100	0,126	0,226
Rechtsmitteleinlegung	0,260	0,514	0,774	0,227	0,448	0,675
Rechtsmittelverzicht	0,122	0,191	0,313	0,106	0,166	0,272
sonstige (Schreibtisch)	0,213	0,028	0,241	0,186	0,024	0,210
Ausschluß Öffentlichkt.	0,000	0,001	0,001	0,000	0,001	0,001
Unterl. d. Ausschl. d. Ö.	0,000	0,000	0,000	0,000	0,000	0,000
Tatfragenanweisung	0,000	0,000	0,000	0,000	0,000	0,000
Rechtsauffassung	0,000	0,020	0,020	0,000	0,018	0,018
Beweisantrag stellen	0,000	0,085	0,085	0,000	0,074	0,074
Beweisantrag unterl.	0,000	0,000	0,000	0,000	0,000	0,000
best. Schlußantrag	0,000	0,078	0,078	0,000	0,068	0,068
sonstige (Hauptverh.)	0,096	0,047	0,143	0,083	0,041	0,125
Summe	2,654	2,577	5,231	2,313	2,245	4,558

Angesichts dieser Ergebnisse muß die Aussage, dem Weisungsrecht komme keinerlei praktische Bedeutung zu, als widerlegt angesehen werden. Bezogen auf sämtliche ausgewerteten Bögen, lag der Jahresschnitt immerhin bei rund

4,5 Weisungen. Auch wenn dieses Ergebnis sicherlich nicht repräsentativ sein kann, so wird aber dennoch eine Tendenz deutlich.

5. Relation zwischen Anzahl erhaltener Weisungen und Einstellung zum Weisungsrecht

Nachdem auf diese Weise ein Eindruck vom Umfang des Weisungsrechts im Einzelfall gewonnen wurde, sollte weiterhin festgestellt werden, ob ein Bezug zwischen der Einstellung zum Weisungsrecht (Fragebogen Untersuchungsschwerpunkt 3. IV) und der Anzahl der erhaltenen Weisungen besteht.

Aus diesem Grund wurden die 70 Fragebögen, die hinsichtlich der Quantifizierung verwertbar waren, in vier Gruppen aufgeteilt: Zum einen die Staatsanwälte, die sich für die Beibehaltung des Weisungsrechts einsetzten (29), weiterhin die Staatsanwälte, die das Weisungsrecht ablehnten (19), dann die Staatsanwälte, die eine Modifikation des Weisungsrechts befürworteten (9) und schließlich die Staatsanwälte, die hinsichtlich des Weisungsrechts keine Stellungnahme abgaben oder deren Fragebögen insoweit nicht verwertbar waren (13).

Diese Gruppen wurden nach dem gleichen Muster ausgewertet wie unter 4. beschrieben. Aus Gründen der Übersichtlichkeit finden sich die entsprechenden Auswertungen im Anhang (vgl. Tabellen 18 a – l). Damit ergaben sich insgesamt folgende Werte:

Tabelle 18: Relation zwischen Weisungsanzahl und Einstellung zum Weisungsrecht (vgl. Diagramm 16 im Anhang)

			Weisungsanzahl (Jahresschnitt) bez. auf die Anzahl der Staatsanwälte			Weisungsanzahl (Jahresschnitt) bez. auf Staatanwälte, die schon einmal Weisungen erhalten haben.		
	Anzahl d. StA	Anzahl der Staatsanwälte, die schon einmal eine Weisung erhalten haben	Echte Weisungen im Schnitt	Nahegelegte Weisungen im Schnitt	Weisungen insgesamt im Schnitt	Echte Weisungen im Schnitt	Nahegelegte Weisungen im Schnitt	Weisungen insgesamt im Schnitt
für Abschaffung des Weisungsrechts	19	15	1,400	1,125	2,525	1,774	1,425	3,199
keine eindeutige Antwort	13	11	0,906	0,577	1,482	1,070	0,681	1,752
für Modifikation des Weisungsrechts	9	8	7,297	4,802	12,100	8,210	5,403	13,612

für Beibehaltung des Weisungs-rechts	29	27	1,994	2,934	4,928	2,142	3,152	5,293
insgesamt	70	61	2,313	2,245	4,558	2,654	2,577	5,231

Auch hier treten interessante Tendenzen zutage: Auffällig ist vor allem, daß die Staatsanwälte, die eine hohe Anzahl von Weisungen erhalten haben (12,1 bzw. 13,612 im Jahresschnitt) sich für eine Modifikation des Weisungsrechts stark machten. Obwohl zu vermuten wäre, daß die Staatsanwälte, die viele Weisungen erhalten haben, dem Weisungsrecht eher ablehnend gegenüberstehen, bestätigt sich diese These hier nicht. Die Befürworter des Weisungsrechts haben mehr Weisungen erhalten (4,928 bzw. 5,293 im Jahresschnitt) als die Gegner (2,525 bzw. 3,199 im Jahresschnitt). Die Gruppe mit der geringsten Einflußnahme (1,482 bzw. 1,752 im Jahresschnitt) äußerte sich diesbezüglich nicht oder nicht eindeutig.

6. Begleitungen in die Hauptverhandlung

Eine weitere Frage ging dahin, ob ein Staatsanwalt schon einmal auf Initiative eines Vorgesetzten in die Hauptverhandlung begleitet wurde.

Diese Frage bejahten 11 der 74 Staatsanwälte. Insgesamt ergibt sich folgendes Bild:

Tabelle 19: Wurden sie schon von Vorgesetzten in die Hauptverhandlung begleitet? (vgl. Diagramm 17 im Anhang)

Begleitung?	Anzahl	Prozent
ja	11	14,87
nein	54	72,97
keine Angabe	9	12,16
insgesamt	74	100,00

Diese 11 Staatsanwälte wurden unterschiedlich oft in die Hauptverhandlung begleitet:

Tabelle 20: Anzahl der Begleitungen (vgl. Diagramm 18 im Anhang)

Anzahl der Begleitungen	Anzahl	Prozent
einmal Begleitung	8	72,73
zweimal Begleitung	2	18,18
keine Angabe	1	9,01
insgesamt	11	100,00

7. Grad der Fremdbeeinflussung in der Hauptverhandlung

Anschließend wurde untersucht, wie die Staatsanwälte die Fremdbeeinflussung in der Hauptverhandlung bewerten. Es wurden die folgenden Werte ermittelt:

Tabelle 21: Grad der Fremdbeeinflussung in der Hauptverhandlung (vgl. Diagramm 19 im Anhang)

Grad der Fremdbeinflussung	Anzahl	Prozent
sehr hoch	0	0,00
hoch	0	0,00
durchschnittlich	1	1,35
gering	26	35,14
äußerst gering / gar nicht	46	62,16
keine Angaben	1	1,35
insgesamt	74	100,00

Es fällt auf, daß die Staatsanwälte die Fremdbeeinflussung hinsichtlich der Hauptverhandlung in stärkerem Maße verneinen als bezüglich der Schreibtischarbeit. Kein Staatsanwalt bewertet die Fremdbeeinflussung in der Hauptverhandlung als hoch oder sehr hoch, nur einer als durchschnittlich (= 1,35 %). Als gering wurde die Fremdbeeinflussung von 26 (= 35,14 %) Staatsanwälten angesehen, von 46 (= 62,16 %) sogar als äußerst gering bzw. gar nicht vorhanden.

8. Ursachen der Fremdbeeinflussung in der Hauptverhandlung

Im nächsten Untersuchungsschritt sollten die Ursachen der Fremdbeeinflussung in der Hauptverhandlung analysiert werden. Hierzu wurden ebenfalls die Durchschnittswerte der jeweiligen Prozentangaben ermittelt. Eine genaue Aufschlüsselung findet sich im Anhang (Tabelle 22 a).

Tabelle 22: Ursachen der Fremdbeeinflussung in der Hauptverhandlung (vgl. Diagramm 20 im Anhang)

Ursache der Beeinflussung	Durchschnitts-Prozente
allgemeine schriftl. Vorgaben ohne Einzelfallbezug	1,59
"echte" verbindliche schriftliche Weisungen im Einzelfall	0,05
"echte" verbindliche mündliche Weisungen im Einzelfall	0,43
durch Gespräche mit Vorgesetzten und deren (unverbindlichen) Empfehlungen, die vom Vorgesetzten initiiert wurden	21,2
durch Gespräche mit Vorgesetzten und deren (unverbindlichen) Empfehlungen, die sie selbst gesucht haben	76,73
insgesamt	100,00

Auch hier werden deutliche Unterschiede zwischen den Fremdbeeinflussungsursachen am Schreibtisch und denen in der Hauptverhandlung sichtbar. Der Anteil der selbst initiierten Gespräche ist bezogen auf die Hauptverhandlung wesentlich höher als bei der Schreibtischarbeit. Im Gegensatz zur Schreibtischarbeit spielen allgemeine Weisungen bezüglich der Hauptverhandlung nur eine untergeordnete Rolle.

III. Untersuchungsschwerpunkt 3: Subjektiver Gesamteindruck

1. Entwicklung der Häufigkeit von „weisenden Gesprächen“

Gefragt wurde auch nach dem subjektiven Eindruck der Staatsanwälte, wie sich in den vergangenen Jahren die Häufigkeit der „weisenden Gespräche“ entwickelt hat, in denen ihnen vom Vorgesetzten ein bestimmtes Verhalten „nahegelegt“ wurde.

Tabelle 23: Entwicklung „weisender Gespräche“ in den vergangenen Jahren (vgl. Diagramm 21 im Anhang)

Entwicklung	Anzahl	Prozent
sehr zurückgegangen	6	8,11
zurückgegangen	6	8,11
gleichgeblieben	38	51,35
angestiegen	7	9,46
sehr angestiegen	0	0,00
keine Angaben	15	20,27
sonstiges	2	2,70
insgesamt	74	100,00

Im Gegensatz zur Entwicklung der allgemeinen Weisungen bei der ein gewisser Anstieg des Weisungsaufkommens erkennbar war, zeichnen sich hinsichtlich der „weisenden“ Gespräche keine erkennbaren Tendenzen ab. Dies ist vermutlich darauf zurückzuführen, daß dieser Punkt sehr von der individuellen Ausgestaltung des Vorgesetzten-Untergebenen-Verhältnisses abhängig ist und „weisende Gespräche“ nicht – wie die allgemeinen Weisungen – mehr oder weniger zentral gesteuert werden.

Zwei Staatsanwälte (2,7 %) haben unter „Sonstiges“ ihre abweichenden Eindrücke beschrieben:

- *„Für meine Arbeit interessiert sich kein Vorgesetzter“*
- *„Meine Erfahrung beschränkt sich auf die seit Jahren geübten Abteilungsleiterbesprechungen“*

2. Reaktionsverhalten bezüglich „weisender Gespräche“

In diesem Untersuchungspunkt sollte ermittelt werden, wie die Staatsanwälte auf „weisende Gespräche“ reagiert haben. Insoweit waren 31 Bögen ausgefüllt bzw. verwertbar. Wie bereits beschrieben, wurden auch hier die Durchschnittsprozentzahlen ermittelt. Eine genaue Aufschlüsselung findet sich im Anhang (Tabelle 24 a).

Tabelle 24: Reaktionsverhalten bezüglich „weisender Gespräche“ (vgl. Diagramm 22 im Anhang)

Reaktion	Prozent
Ich habe im Hinblick darauf, daß eine ausdrückliche Weisung erteilt werden kann, eingelenkt	5,49
Ich habe eingelenkt, weil ich erkannt habe, daß mein Vorgesetzter Recht hat	42,58
Ich habe eingelenkt, um mögliche Komplikationen zu vermeiden	6,61
Ich bin bei meinem Standpunkt geblieben. Daraufhin wurde eine ausdrückliche Weisung erteilt	0,32
Ich bin bei meinem Standpunkt geblieben. Dies hatte keine Konsequenzen	40,97
sonstiges	4,03
insgesamt	100,00

Ein häufig genanntes Reaktionsverhalten (42,58 %) bestand darin, eingelenkt zu haben, weil der Vorgesetzte recht hatte. Es stellt sich hierbei natürlich die Frage, wie ehrlich die Staatsanwälte sich selbst gegenüber waren. Nicht ausgeschlossen ist, daß sowohl die Auffassung des Staatsanwalts als auch die des Vorgesetzten vertretbar waren und die Aussage „Mein Vorgesetzter hat recht“ (mehr oder weniger unbewußt) als Rechtfertigung für das Einlenken dient, obwohl tatsächlich andere Faktoren entscheidend waren.

Allerdings nahm auch das Reaktionsverhalten: „konsequenzenlos bei dem ursprünglichen Standpunkt geblieben“ eine bedeutende Rolle ein (40,97 %).

Beachtenswert ist schließlich der Anteil von rund 12 % („eingelenkt wegen Weisungsmöglichkeit“ 5,49 % und „eingelenkt um Komplikationen zu vermeiden“ 6,61 %), der belegt, daß „weisende Gespräche“ durchaus der versteckten Manipulation der Staatsanwälte dienen können.

Weiterhin wurden unter „Sonstiges“ abweichende Reaktionen beschrieben (4,03 %). Genannt wurde dabei vor allem: „Einen ganz anderen Weg der Bearbeitung gewählt“.

3. Entwicklung von „echten" Weisungen

Gefragt wurde weiterhin nach dem subjektiven Eindruck der Staatsanwälte, wie sich in den vergangenen Jahren die Häufigkeit der „echten" Weisungen entwickelt hat.

Tabelle 25: Entwicklung „echter" Weisungen in den vergangenen Jahren (vgl. Diagramm 23 im Anhang)

Entwicklung	Anzahl	Prozent
sehr zurückgegangen	4	5,41
zurückgegangen	2	2,70
gleichgeblieben	33	44,59
angestiegen	6	8,11
sehr angestiegen	0	0,00
keine Angaben	29	39,19
insgesamt	74	100,00

Hier läßt sich – wie schon bei der Entwicklungshäufigkeit „nahegelegter" Weisungen – keine eindeutige Tendenz erkennen, was sicherlich ebenfalls darauf zurückzuführen ist, daß diese Weisungen nicht zentral erteilt werden.
Unter „Anmerkungen" haben zwei der befragten Staatsanwälte vermerkt:

„Die Häufigkeit ist insoweit gleichgeblieben, da diese nach wie vor bei Null liegt."

4. Beurteilung des Weisungsrechts insgesamt

Untersucht werden sollte weiterhin der subjektive Gesamteindruck bezüglich der verschiedenen Möglichkeiten, Weisungen zu erteilen. Nach Auswertung der Antworten hinsichtlich allgemeiner Weisungen, „echten" Weisungen und „weisenden Gesprächen" ergibt sich folgendes Bild:

Tabelle 26: Subjektiver Eindruck hinsichtlich der verschiedenen Weisungsformen (vgl. Diagramme 24 a - d im Anhang)

	Allgem. Weisungen sind		Echte Weisungen sind		weisende Gespräche sind	
Einschätzung	**Anzahl**	**%**	**Anzahl**	**%**	**Anzahl**	**%**
eine deutliche Belastung	6	8,11	13	17,57	1	1,35
eine Belastung	10,5	14,19	7	9,46	4	5,41
eine geringe Belastung	14,5	19,56	9,5	12,84	9	12,16
keine Belastung	13	17,57	19,5	26,35	19	25,68
zweckmäßig u. sinnvoll	15	20,27	1	1,35	23	31,08
keine Angabe	11	14,87	16	21,62	12	16,22
sonstiges	4	5,41	8	10,81	6	8,11
insgesamt	74	100,00	74	100,00	74	100,00

Auffällig ist hier, daß „weisende Gespräche“ von weitaus weniger Staatsanwälten als deutliche Belastung empfunden werden (1,35 %) als „echte“ Weisungen (17,57 %). Entsprechend werden „weisende Gespräche“ von deutlich mehr Staatsanwälten als zweckmäßig und sinnvoll angesehen (31,08 %) als „echte“ Weisungen (1,35 %).

Hintergrund hierfür ist wohl, daß durch eine „echte“ Weisung der Staatsanwalt sehr viel deutlicher in die Schranken verwiesen wird, als durch ein „weisendes“ Gespräch, das dem Staatsanwalt (vermeintlich) noch einen Spielraum offenläßt.[1482]

Auch hier beschrieben einige Staatsanwälte unter „Sonstiges“ ihre abweichenden Eindrücke:

zu Allgemeinen Weisungen:
- *„Manchmal eine geringe Belastung, manchmal zweckmäßig und sinnvoll“*
- *„Nicht hinnehmbar“*
- *„Sie sind Handwerkszeug“*
- *„Es kommt immer auf den betreffenden Regelungsgehalt an“.*

zu Echte Weisungen:
- *„In der Regel eine deutliche Belastung, vor allem in Pol.-Dezernaten“*
- *„Es kommt auf den Inhalt an“*
- *„Nicht hinnehmbar“*
- *„Das kommt auf die Umstände an“*
- *„Keine Belastung, aber gelegentlich ärgerlich“*
- *„Belastend, aber notwendig“*
- *„Habe noch nie eine Weisung erhalten“*
- *„Eine geringe Belastung, da bisher kaum vorgekommen“*

zu Weisende Gespräche:
- *„Können eine Belastung, aber auch zweckmäßig und sinnvoll sein“*
- *„Sie sind nicht hinnehmbar“*
- *„Keine Erfahrung“*
- *„Belastend, aber notwendig“*
- *„Eine geringe Belastung und können zweckmäßig und sinnvoll sein“*
- *„In meiner Abteilung läuft Teamarbeit“*

5. Einstellung zum Weisungsrecht

Schließlich wurde untersucht, welche Einstellung die befragten 74 Staatsanwälte zum bestehenden Weisungsrecht haben.

1482 Vgl. hierzu 10. Kapitel E. VIII.

Tabelle 27: Einstellung der Staatsanwälte zum Weisungsrecht (vgl. Diagramm 25 im Anhang)

Einstellung	**Anzahl**	**Prozent**
Weisungsrecht sollte beibehalten werden	31	41,89
Weisungsrecht sollte abgeschafft werden	19	25,68
sonstiges (vermittelnde Vorschläge)	10	13,51
keine Angaben	14	18,92
insgesamt	74	100,00

Auffallend ist, daß sich eine große Anzahl (31 = 41,89 %) der Staatsanwälte für die Beibehaltung des Weisungsrechts aussprach. Demgegenüber waren lediglich 19 (= 25,68 %) Staatsanwälte für die Abschaffung des Weisungsrechts. Auffallend war jedoch auch die beachtliche Anzahl von 10 (= 13,51 %) Staatsanwälten, die unter „Sonstiges" alternative oder vermittelnde Vorschläge darlegten, nämlich:

- *„Das Weisungsrecht sollte intern beibehalten werden, insbesondere zu gegenseitigen Informationszwecken und zur Sicherung von Gleichbehandlung. Das externe Weisungsrecht sollte abgeschafft werden."*
- *„Das Weisungsrecht sollte erheblich eingeschränkt werden, da die Arbeitsbelastung erheblich ist und durch Weisungen/Berichte noch gesteigert wird. Vorschlag daher: Anpassung an die Tätigkeit der Richter „Weisungsungebundenheit""*
- *„Das externe Weisungsrecht des Justizministers soll abgeschafft werden. So auch das Substitutionsrecht des Justizministers, da hierdurch Weisungen umgangen werden können, also gleichfalls Druck ausgeübt wird."*
- *„Das Weisungsrecht sollte zwar grundsätzlich beibehalten, aber eingeschränkt werden. So sollte hinsichtlich der Hauptverhandlung kein Weisungsrecht bestehen."*
- *„Das Weisungsrecht sollte beibehalten, aber zurückhaltender ausgeübt werden."*
- *„Das interne Weisungsrecht sollte beibehalten, das externe abgeschafft werden. Solange das Weisungsrecht von nahezu allen Vorgesetzten so vernünftig und zurückhaltend eingesetzt wird wie bisher, besteht für eine Abschaffung kein Anlaß. Gegen eine weitgehende inhaltliche Fremdbestimmung würde ich mich allerdings verwahren."*
- *„Das interne Weisungsrecht sollte beibehalten, das externe abgeschafft werden."*
- *„Beibehaltung des internen Weisungsrechts, Einschränkung des externen Weisungsrechts."*
- *„Allgemeine Weisungen halte ich für erforderlich, soweit sie sich auf Verfahrensfragen beziehen; soweit sich Weisungen auf Tat- und Rechtsfragen beziehen für schädlich ggf. rechtswidrig. Daher sollte das Weisungsrecht entsprechend beschränkt werden."*
- *„Das Weisungsrecht sollte beschränkt werden. Zwar ist dem Grundsatz nach gegen eine Weisungsbefugnis nichts einzuwenden, allerdings sollten Einschränkungen gesetzlich verankert werden um hierdurch einige „alte Zöpfe" abzuschneiden."*

6. Anregungen / sonstige Vorschläge:

Schließlich wurde den Staatsanwälten die Gelegenheit gegeben eigene Anregungen und Vorschläge bezüglich des Weisungsrechts anzubringen. Dabei wurde wie folgt ausgeführt:

- *„Da das Weisungsrecht des Vorgesetzten keine Bedeutung in meiner Arbeit hat, kann es bleiben oder fortfallen."*
- *„Das Weisungsrecht sollte beibehalten werden. Eine Ausnahme gilt für Rechtsfragen. Dies hat aber meiner Erinnerung nach für mich noch nie praktische Bedeutung gehabt. Im Zweifel käme es zur Devolution bzw. Substitution."*
- *„Umfang und Inhalt des Weisungsrechts sind sehr abhängig von der Person des/der Dienstvorgesetzten."*
- *„Das Weisungsrecht sollte abgeschafft werden, da keine Verpflichtung bestehen darf gegen die eigene Überzeugung handeln zu müssen. Ggf. besteht ja die Möglichkeit, daß der Vorgesetzte die von ihm gewünschte Entscheidung selbst trifft."*
- *„Das Weisungsrecht sollte abgeschafft werden. Im Hinblick darauf, daß einerseits ca. 80 % der Strafanzeigen abschließend durch die Staatsanwaltschaft bearbeitet werden und andererseits Geschädigten durch die §§ 170 ff StPO Rechtsschutz vor willkürlichen Entscheidungen gewährt wird, bedarf es meines Erachtens eines Weisungsrechts zur Erfüllung der Aufgabe des Staatsanwalts nicht."*
- *„Das Weisungsrecht sollte abgeschafft werden und nur in eng begrenzten Ausnahmefällen z. B. in der HV ausgeübt werden."*
- *„Das Weisungsrecht sollte beibehalten werden, aber unter der Voraussetzung, daß davon weiterhin so zurückhaltend Gebrauch gemacht wird wie bisher üblich."*
- *„Das Weisungsrecht sollte beibehalten werden. In der Praxis erfährt es seine Milderung durch partnerschaftliche, die Problematik klärende Erörterungen. Für Extremfälle sollte es durchaus beibehalten werden."*
- *„Das Weisungsrecht sollte abgeschafft werden, da es überflüssig ist."*
- *„Echte Weisungen ohne Ermessensspielraum sollten abgeschafft werden. Die letzte Entscheidung sollte dem Dezernenten vorbehalten bleiben."*
- *„Das Weisungsrecht ist im Sinne der Rechtssicherheit – größtenteils – sinnvoll, zumindest bezüglich „allgemeiner Weisungen". Auch die sogenannten „echten" Weisungen sind, wenn sie ermessensfehlerfrei ergehen, in der Regel sinnvoll. Sofern eine „echte" also einzelfallgebundene Weisung erteilt wird, sollten in der Handakte in einem gemeinsamen Vermerk des Anweisenden und des Angewiesenen die Gründe für die jeweilige Weisung niedergelegt werden. Dies geschieht zum Teil ohnehin. Es sollte aber eine verbindliche Vorgabe sein."*
- *„Bei einer völligen Abschaffung des Weisungsrechts müßte die Stellung des Staatsanwalts in die Richtung eines Richterstatus geändert werden, da andernfalls die demokratische Verantwortlichkeit des Ministers gegenüber der Staatsanwaltschaft nicht mehr gegeben wäre. Eine Abschaffung des Weisungsrechts würde meines Erachtens dazu führen, daß eine einheitliche Verfahrensweise bei den Staatsanwaltschaften, die in vielen Fällen sinnvoll ist (z. B. bei § 456 a StPO), nicht mehr gewährleistet ist. Allgemeine Weisungen sind daher aus meiner Sicht notwendig. Weisungen in Einzelfallentscheidungen sollten abgeschafft werden."*
- *„Es erscheint fraglich, inwieweit sich das subtile Geschehen zwischen den Vorstellungen der – ggf. anzuweisenden – Dezernenten und den Erwartungshaltungen des Vorge-*

setzten, welches eng vom jeweiligen persönlichen Verhältnis abhängt, statistisch in Form einer Umfrage erfaßt werden kann."

- *„Die Staatsanwälte müßten per Gesetz den gleichen Status erhalten wie die unabhängigen Gerichte."*
- *„Zur Erreichung gesetzeskonformer Arbeit kann das Weisungsrecht im Ausnahmefall zweckmäßig sein. Das Weisungsrecht durch politische Instanzen gehört abgeschafft. In der täglichen Arbeit spielt es überhaupt keine Rolle wenn der Vorgesetzte etwas taugt, etwas kann und Führungsqualitäten besitzt. Ein Betrieb wie die hiesige Staatsanwaltschaft mit immenser Fluktuation und zahllosen Anfängern wäre ohne Vorgesetzten-Befugnisse überhaupt nicht funktionsfähig."*
- *„Grundsätzlich ist zu sagen, daß ich persönlich noch keine Weisung erhalten habe. Gespräche mit Vorgesetzten fanden nur auf meine Initiative statt, in denen ich mich hilfesuchend an diese wandte und dann z. T. gerne dazu Vorschläge übernahm."*
- *„Die jetzt bestehende Weisungsgebundenheit wird zurückhaltend ausgeübt und stellt meines Erachtens keine nennenswerte Beeinträchtigung der Arbeit und Selbständigkeit des Staatsanwalts dar."*
- *„Im Zusammenhang mit Weisungen und Abhängigkeiten sind zwei weitere Aspekte zu beachten, nämlich die faktische Beeinflussung und die Beeinflussung durch Berichtsaufträge. Eine faktische Beeinflussung kommt etwa zustande, wenn der Behördenleiter bei Handaktenrücklauf selbst Rechtsmittel einlegt oder z. B. bei Verfahrenseinleitung ohne Rücksprache mit dem Dezernenten Zusagen oder Absprachen trifft.. Auch durch Berichtsaufträge kann eine Beeinflussung erfolgen: Diese Art der Steuerung von Entscheidungsvorgängen hat sehr zugenommen; zu nennen sind beispielsweise Berichtsaufträge aufgrund von Medienberichten über tatsächliche Ereignisse oder Vorgänge in der Hauptverhandlung; weiterhin fallen in diese Kategorie Berichtsaufträge aufgrund von Petitionen oder Eingaben, die ob ihrer offensichtlich querulantischen Natur bereits von den Vorgesetzten entschieden werden müßten."*
- *„Das Weisungsrecht sollte schon deshalb beibehalten werden, weil letztlich nach außen die Behördenleitung die Verantwortung für das Handeln der Dezernentinnen und Dezernenten übernimmt. Versteht sich die Behördenleitung – was jetzt stärker eingefordert wird – als „Teamchef", dürften Weisungen sich auch nicht als nachhaltige Belastung auswirken."*
- *„Interessant wäre m.E. zu ergründen, wie Vorgesetzte selbst das ihnen grundsätzlich eingeräumte Weisungsrecht empfinden, in welchem Umfang sie hiervon Gebrauch machen, ggfs. in welcher konkreten Art und Weise und aus welchen Gründen."*
- *„Es sollte weniger politisch motivierte Erlasse des Ministeriums geben."*
- *„Im Hinblick auf die zunehmend erkennbare Tendenz der Justizverwaltungen (Justizminister und Generalstaatsanwalt) die Probleme der Justiz durch Weisungen und Richtlinien zu lösen, erscheint die Abschaffung des Weisungsrechts kaum realistisch. Im übrigen bestehen auch positive Aspekte eines maßvollen Weisungsrechts der direkten Vorgesetzten innerhalb der Behörde. Die Problematik der Weisungen liegt meines Erachtens darin, daß einerseits der positive Aspekt der Sicherstellung einer einheitlichen Behandlung besteht (z. B. im BtMG Bereich) andererseits die Gefahr auftritt, daß bei zu extensiver Anwendung die Eigenverantwortung des Dezernenten zurückgeht und auch Motivationsschwierigkeiten entstehen."*
- *„Weisungen der vorgesetzten Behörde sind zu begründen. Sie dürfen sich nicht auf das Verhalten in der Hauptverhandlung erstrecken. Den „unabhängigen Staatsanwalt" befürworte ich nicht. Weisungen des Generalstaatsanwalts sind an den Leiter der Staatsanwaltschaft zu richten, der diese an den Staatsanwalt weitergibt, falls er die*

Weisung billigt und für rechtens hält. Berichte der Staatsanwaltschaft an das Justizministerium dürfen vom Generalstaatsanwalt nicht angehalten / gestoppt werden."

F. Interviews

Am Rande der Fragebogenuntersuchung kamen mehrere Staatsanwälte auf den Verfasser zu und boten weitere vertiefende Gespräche zur Thematik des Weisungsrechts an. Die Gründe hierfür waren unterschiedlich. Teilweise bevorzugten diese Staatsanwälte das persönliche Gespräch gegenüber dem Fragebogen. Andere Staatsanwälte hatten zahlreiche persönliche Erfahrungen mit dem Weisungsrecht, die sie einbringen wollten. Diese Gespräche werden anonymisiert in den folgenden Stellungnahmen zusammengefaßt.[1483]

In gleicher Form wurden aufgrund der bereits genannten Gründe auch Gespräche mit (Leitenden Ober-)Staatsanwälten bei der Generalstaatsanwaltschaft geführt, die ebenfalls im folgenden wiedergegeben werden.

I. Interviews mit Staatsanwälten beim Landgericht

***Staatsanwalt** A berichtete, daß vom Weisungsrecht in umfassendem Maße Gebrauch gemacht wird. Insbesondere handele es sich um spektakuläre Pressefälle, die in den Medien thematisiert werden. In diesem Zusammenhang sei auszuführen, daß Berichtspflicht und Weisungsrecht sehr eng zusammenliegen. In politisch- oder medienwirksam gelagerten Fällen sei die Staatsanwaltschaft ohnehin gehalten, Bericht an das Justizministerium zu erstatten. Daher liege es nahe, daß in diesen Verfahren deutlich mehr Weisungen erteilt werden.*

*Nach Aussage von **Staatsanwalt B** spielt das Weisungsrecht in der Praxis nicht die wichtigste Rolle. Es gebe andere Formen der Beeinflussung, welche die Staatsanwaltschaft dominierten. Wer sich quer stelle, bekomme bestimmte brisante Dezernate erst gar nicht zugewiesen. Wer nicht so funktioniert, wie sich der Chef das vorstellt, werde mit solchen Verfahren erst gar nicht betraut. Hessen beispielsweise sei von der Regierung her SPD-nah ausgerichtet (Anm. des Verfassers: das Gespräch fand vor dem hessischen Regierungswechsel im Frühjahr 1999 statt). Wer als CDU-nah oder konservativ bekannt ist, werde niemals mit politischen Dezernaten oder Dezernaten mit Ausländerkriminalität betraut.*

*Nach Auffassung des **Staatsanwalts C** kann ein Staatsanwalt unabhängiger sein als jeder Richter. Ein Richter in einer landgerichtlichen Kammer könne bei seiner Entscheidung ebenfalls überstimmt werden. Auch wenn innerhalb einer Kammer kein Weisungsrecht im eigentlichen Sinne vorliege, so bestünden dennoch auch hier Abhängigkeiten. Der Vorsitzende könne durchaus Einfluß auf die Beisitzer ausüben. Insoweit seien die Verhältnisse in einer landgerichtlichen Kammer durchaus mit der weisungsgebundenen Staatsanwaltschaft zu vergleichen.*

1483 Es liegt dabei keine Überschneidung zwischen diesen Einzelgesprächen und den bereits dargestellten „individuellen" schriftlichen Anmerkungen auf den Fragebögen vor.

***Staatsanwalt D** wird nach eigenen Angaben vor allem von allgemeinen Weisungen betroffen, wie zum Beispiel bei der RiStBV. Er habe einmal eine mündliche Weisung erhalten, diese war als Bitte verklausuliert. Sie sei damals vom stellvertretenden LOStA erteilt worden, der ihn aufforderte, ein bestimmtes Verfahren einzustellen.*

***Staatsanwalt E**, der in einem politischen Dezernat tätig ist, berichtete, daß es in seinem Ressort mehr Weisungen gibt als in anderen Bereichen. Wer ein politisches Dezernat bearbeitet und genügend Rückgrat hat, sich durchzusetzen, müsse nicht unbedingt schlechte Erfahrungen machen. Nach seiner Ansicht denken viele Staatsanwälte, sie seien freier als Richter. Dabei werde allerdings übersehen, daß Richter nicht berichten müssen. Es bestehe hierdurch eine Gefahr des vorauseilenden Gehorsams. Gerade bei politischen Dezernaten müsse man aufpassen, daß man sich nicht beeinflussen läßt. Grundsätzlich gelte: „Was das Justizministerium nicht will, das wird auch nicht gemacht." Eine politische Einflußnahme spiele auf jeden Fall eine Rolle. Allerdings würden solche Weisungen zumeist nicht direkt erteilt. Wenn jedoch in einem Verfahren dreimal nachgefragt wird oder ein ergänzender Bericht angefordert wird, dann wisse man auch ohne eine ausdrückliche Weisung, welches Verhalten gewünscht wird, also daß möglicherweise auf aktuelle Ereignisse wie Wahlen etc. Rücksicht genommen werden soll. Eine Aufforderung wie: „In diesem Verfahren wird keine Anklage erhoben", gebe es in der Praxis nicht. Allerdings würden „kritische Ratschläge" erteilt und aufgefordert, das Verfahren noch einmal zu prüfen. Staatsanwalt E schätzt, daß sich rund 80 % der Staatsanwälte nicht von „oben" beeinflußen lassen. Allerdings seien ihm Fälle in Erinnerung, in denen er eine ausdrückliche Weisung erhalten habe. Zum einen sei dies in einer Hauptverhandlung geschehen, in der er die Anweisung erhielt, in einem spektakulären Verfahren das Gericht wegen Befangenheit abzulehnen. In einem weiteren Fall sei es zu Meinungsunterschieden bezüglich einer Rechtsauffassung zwischen ihm und einem Vorgesetzten gekommen. Als eine Dienstbesprechung angesetzt wurde, habe er die Anweisung erhalten, nicht an dieser Sitzung teilzunehmen. Staatsanwalt E glaubt nicht, daß zahlreiche Remonstrationen der Karriere schaden. Außerdem gehe er davon aus, daß Karrieregedanken bei 80 % der Staatsanwälte keine Rolle spielen.*

***Staatsanwalt F** erläuterte, daß in politischen Dezernaten prinzipiell jeder Abschluß vom Abteilungsleiter gegengezeichnet oder ihm zumindest zur Kenntnis vorgelegt werden müsse. Weisungen würden dabei etwa wie folgt formuliert: „...wird der Dezernent weitere Ermittlungen durchzuführen haben..." oder „Bitte ich dringend wie folgt zu verfahren". In der Regel handele es sich hierbei um Weisungen; es gebe aber auch Vermerke, die wohl eher als Ratschlag zu interpretieren seien. Staatsanwalt F schätzt, daß er drei bis viermal im Jahr einen „Ratschlag" und zwei bis drei mal eine Weisung erhalte. Er selbst sei bisher noch nie von einem Fall abgelöst worden und man habe ihm auch noch kein Verfahren entzogen. Es gebe darüber hinaus auch Fälle in denen er selbst um eine Weisung bittet und auch erhält. Er formuliere dann zumeist: „Ich beabsichtigte in der Sache ... wie folgt zu verfahren". Gelegentlich frage er auch konkret an, wie er weiter vorgehen soll. Auffällig sei, daß die Entscheidungsfreudigkeit nachlasse, je höher man in der Behördenstruktur gehe. Gerade die oberen Vorgesetzten übernähmen nur ungern die Verantwortung. Darin liege möglicherweise auch der Grund, warum Weisungen als Bitten formuliert werden. Dies ermögliche demjenigen, der die Weisung erteilt, auch eine Rückzugsmöglichkeit, falls etwas „schief geht". Seiner Auffassung nach kann das Weisungsrecht beibehalten werden, da er insgesamt keine negativen Erfahrungen gemacht habe. Allerdings hält er die schriftliche Fixierung von Wei-*

sungen für begrüßenswert, da der Vorgesetzte hierdurch verpflichtet werde, zu seiner Entscheidung zu stehen und er sich nicht mehr „verstecken" könne.

Als ein Beispiel für politische Einflußnahme, nannte ***Staatsanwalt G*** *den sogenannten „Hessenlöwen". In diesem Fall wurde eine Karikatur des Hessenlöwen mit Schlagstock verbreitet. Seitens des Ministeriums sei diese Karikatur als nicht strafbar angesehen worden. Einen Staatsanwalt, der dennoch die Verfolgung einleiten wollte, habe das Ministerium gebremst. Der betreffende Staatsanwalt habe entsprechende Weisungen erhalten, gegen die er sich trotz mehrfacher Remonstrationen nicht wehren konnte. Am Schluß habe sich das Ministerium durchgesetzt. Weisungen ergingen regelmäßig als höfliche Floskeln, aber es gebe auch beispielsweise die sogenannten „K-Akten". Dabei weise der Vorgesetzte – zumeist in politisch angehauchten Verfahren – an, jeden Abschluß und jede Verfügung vorzulegen, indem er ein „K" auf der Akte anbringt. Als junger Staatsanwalt, so berichtet Staatsanwalt G, hatte er monatlich 50 bis 100 Fälle zu bearbeiten, von denen mindestens einer mit einem „K" versehen war. Es fand dann auch, wenn der Vorgesetzte mit seinem Vorgehen nicht einverstanden war, ein gewisser Druck statt. Wenn diese Maßnahmen nicht ausreichend waren, sei er auch von den betreffenden Verfahren abgelöst worden. Wenn viele Staatsanwälte der Auffassung seien, sie erhielten keine Weisungen, so lasse sich dies nur dadurch erklären, daß sie ihre eigene Arbeit mit einem beschränkten Blickwinkel betrachten. Durch die subtilen Möglichkeiten der Einflußnahme könne sich ein Staatsanwalt sicherlich „einreden", ungebunden zu sein. Die faktischen Beeinflussungen sprächen jedoch dagegen. Die Staatsanwaltschaft stehe im Verdacht, die Polizei zu schützen, etwa was Straftaten durch Polizisten angehe. Hintergrund sei, daß ein Staatsanwalt, der gegen einen Polizisten ermittelt, Gefahr laufe, massiven Druck von „oben" zu erhalten. Remonstrationen seien regelmäßig nur beschränkt erfolgreich, da ansonsten Zwang auf den Staatsanwalt ausgeübt werde, indem man ihn einfach ersetze und so gewährleiste, daß das Verfahren im Sinne der Behördenleitung weitergeführt wird. Wer kein angepaßtes Verhalten an den Tag lege, müsse mit erheblichen Schwierigkeiten rechnen und behindere letztlich auch seine Karrierechancen. Wer sich nicht anpasse und keine Fürsprecher habe, sei letztlich chancenlos.*

Staatsanwalt H *berichtete, daß es keine unverbindlichen Empfehlungen innerhalb der Staatsanwaltschaft gebe. Wünsche der Vorgesetzten seien Befehle. Der gesetzliche Auftrag stehe im Widerspruch zur Realität. Das Gesetz sehe Justizförmigkeit statt Opportunität vor. Innerhalb der Hierarchie werde aber Opportunität gewünscht. Wer sich ans Gesetz klammere und häufig remonstriere, müsse auch mit Nachteilen rechnen.*

Staatsanwalt I *teilte mit, daß Weisungen grundsätzlich nicht in den Handakten festgehalten werden. Insoweit genüge eine stillschweigende Übereinkunft. Eine Ausnahme bestehe dann, wenn sich ein Staatsanwalt absichern will oder eine schriftliche Weisung verlangt. Dies geschehe nur äußerst selten. Ob eine Remonstration Einfluß auf die Karrierechancen hat, sei schwer zu beantworten. Wenn jemand allerdings in den Ruf gerät ein Querulant zu sein, so habe er wenig Chancen. Das Weisungsrecht spiele in Normalverfahren ohnehin keine Rolle. Wenn überhaupt, dann seien öffentlichkeitswirksame Verfahren betroffen. Wenn sich ein Dezernent gegen eine mündliche Weisung verwahre, sei oftmals die Folge, daß diese zurückgezogen werde. In vielen Fällen gehe es bei Weisungen nicht um Fragen von Recht oder Unrecht, sondern darum, daß sich jemand durchsetzen will, sei es, um seine Stellung als Vorgesetzter zu behaupten oder aus per-*

sönlicher Antipathie. In jedem Fall wolle jeder Behördenleiter vermeiden, daß erteilte Weisungen nach außen dringen, da man andernfalls eine Einflußnahme vermuten würde. Das Weisungsrecht stehe in einem engen Zusammenhang mit dem Berichtswesen. Erst durch einen Bericht werde der Vorgesetzte überhaupt in Kenntnis vom Verfahren gesetzt und könne hierauf dann Weisungen erteilen. Zudem liege alleine in einer Berichtspflicht die Gefahr, daß ein Staatsanwalt, um keinen Ärger zu bekommen, in vorauseilendem Gehorsam dem möglichen Wunsch des Vorgesetzten nachkommt.

***Staatsanwalt J** vertrat die Ansicht, daß ein Justizminister der eine Weisung erteilt, Kontrolle ausübt. Solche Weisungen erteile der Minister in der Regel gegenüber der Generalstaatsanwaltschaft, die diese an die landgerichtlichen Staatsanwaltschaften weitergebe. Das Verhalten des Staatsanwalts gegenüber Weisungen wirke sich seines Erachtens durchaus auf die Karrierechancen aus. Wer oft gegen Weisungen remonstriere oder sich widersetze gerate leicht in den Ruf eines Querulanten. Insoweit liege eine Art Instrumentalisierung der Staatsanwaltschaft vor. Die Vorgesetztenebene wünsche sich einen angepaßten Staatsanwalt. Man erwarte ein gewisses politisches Gespür. Daher sei es erwünscht, daß den Belangen der jeweiligen Landesregierung Rechnung getragen wird. Der Justizminister habe auch ein Mitspracherecht bei Beförderungen. Der Schlüssel zur Weisungsproblematik liege in den Berichtspflichten. Erst hierdurch erlange die Vorgesetztenebene Kenntnis von den aktuellen Verfahren und erhalte so die Möglichkeit, auf diese Verfahren Einfluß zu nehmen. In diesem Zusammenhang gebe es verschiedene, durchaus subtile Beeinflussungsmöglichkeiten. Zum einen sei hier die (praktisch seltene) klare und deutliche Weisung zu nennen, zum anderen auch das Mittel des „Randberichts" oder auch „Sichtvermerks". Dabei versehe die Generalstaatsanwaltschaft eine geplante Maßnahme der Staatsanwaltschaft mit einer Anmerkung, bevor sie diese (zum Justizministerium) weiterleitet. Zudem mache das Ministerium manchmal von der Möglichkeit Gebrauch, bestimmte Akten anzufordern und einzusehen. Hierdurch entstehe immer der Eindruck, es werde dem Sachbearbeiter mißtraut. Diese Möglichkeit sei als eine starke Form der Mißbilligung anzusehen. Von direkten Anweisungen machten die Vorgesetzten nur selten Gebrauch. Dies komme meist in Verfahren mit politischem Hintergrund vor. Daher hätten Weisungen fast immer auch einen politischen Touch. Außerdem würden auf den LOStA-Tagungen Zielsetzungen formuliert und die Ergebnisse in protokollierter Form als Rundschreiben verbreitet. Wenn man es genau nehme, könne hierin bereits eine Einflußnahme liegen, da ja bereits die Vorstellungen und Ziele vordefiniert seien und (bewußt oder unbewußt) die staatsanwaltliche Arbeit beeinflussen. Staatsanwalt J betonte, daß durch das Justizministerium tatsächlich Einfluß auf die staatsanwaltliche Arbeit ausgeübt wird. Gleiches gelte für die Generalstaatsanwaltschaft. Es gebe auch bestimmte Weisungen, etwa in Form von Richtlinien, für die man als Staatsanwalt dankbar sei, weil hierdurch eine gleichmäßige Rechtsanwendung ermöglicht und insoweit dem Dezernenten eine Richtschnur, ein Leitfaden an die Hand gegeben werde. Wenn sich allerdings die Generalstaatsanwaltschaft Abschlußverfügungen vorlegen läßt und dann gegebenenfalls noch ergänzende Ermittlungen „wünscht", seien diese Wünsche oder Bitten immer als Weisungen im Sinne eines Befehls zu verstehen. Insoweit ließen sich die Vorgesetzten immer ein „Hintertürchen" offen, um nicht in der Verantwortung zu stehen. Wenn etwas „schiefläuft", dann könnten sie sich immer darauf berufen, es sei ja nur eine „Anregung gewesen". Staatsanwalt J führte weiter aus, daß er solche „Bitten" schon bewußt als solche interpretiert habe. Daraufhin sei ihm rasch – zumeist mündlich – mitgeteilt worden, daß diese Aufforderungen verbindlich gemeint waren. In anderen Fällen hingegen habe er schon die*

Generalstaatsanwaltschaft oder das Justizministerium um die Erteilung einer klaren, ausdrücklichen Anweisung gebeten. Diesem Verlangen sei jedoch nie entsprochen worden. Dahinter stehe wohl die Angst der Vorgesetzten, Verantwortung für diese Fälle zu übernehmen. Alles in allem sei festzustellen, daß eine Beeinflussung der Staatsanwaltschaft sowohl durch vorgesetzte Behördenebenen wie die Generalstaatsanwaltschaft als auch von außen durch das Justizministerium tatsächlich stattfinde, wenn auch manchmal auf sehr subtile Weise.

***Staatsanwalt K** gab an, daß er selbst noch keine Weisung im Einzelfall bekommen habe. Die Praxis sehe anders aus: In der Regel bespreche man Verfahren, in denen man sich unsicher ist, mit dem Abteilungsleiter und komme normalerweise zu einer gemeinsamen Lösung. Auch von Kollegen habe er selten gehört, daß diesen Weisungen erteilt wurden. Wenn Weisungen erteilt werden, dann geschehe dies mündlich. Staatsanwalt K nannte als Beispiel den „Fall Weimar“. Es sei ein offenes Geheimnis, daß der ursprüngliche Staatsanwalt im „Fall Weimar“, der zunächst mehr den Ehemann im Verdacht hatte, abgelöst und durch einen Kollegen ersetzt wurde, der das Verfahren mehr im Sinne des Vorgesetzten betrieb. Ein weiteres Beispiel sei eine hessische Staatsanwaltschaft, bei der jede Einstellung nach § 153 a StPO vom Abteilungsleiter gezeichnet werden müsse. Dieser Fall habe auf einer Tagung zu heftigen Diskussionen und der Qualifikation als Gängelei geführt. Staatsanwalt K schilderte, daß er es eher als hilfreiche Unterstützung ansehe, wenn ihm ein Vorgesetzter empfiehlt, auf eine bestimmte Weise zu verfahren. „Echte“ Weisungen im Einzelfall gebe es – bis auf ganz wenige Ausnahmen – fast nicht. Erlasse allerdings seien (teilweise) eindeutig politisch motiviert. Mit dem Regierungswechsel in Hessen habe sich auch die Erlaßlage geändert. Unter Justizminister von Plottnitz habe eine starke Entkriminalisierungstendenz geherrscht; dies habe sich unter Justizminister Wagner geändert. Den Staatsanwälten werden nach der Einschätzung von Staatsanwalt K weitgehende Freiheiten zugebilligt. So würden beispielsweise feste Dienstzeiten nicht akzeptiert. Ein Staatsanwalt, der etwas nicht tun möchte, werde sich wohl auch nicht durch eine Weisung zu etwas zwingen lassen. Ablösungen in Verfahren gebe es praktisch so gut wie nie. Ausnahmen seien allenfalls große, politisch motivierte Fälle.*

***Staatsanwalt L** konnte sich an einen Fall erinnern, in dem ihm ein Verfahren entzogen und er aufgefordert wurde, weitere Ermittlungen zu unterlassen: Diese Weisung sei politisch motiviert gewesen. Es ging um ein politisch brisantes Verfahren. Er habe das damalige Vorgehen seiner Vorgesetzten für bedenklich gehalten. Diese Auffassung sei auch von den Medien geteilt worden. Er habe gegen die ihm diesbezüglich erteilte Weisung remonstriert, wodurch alles nur noch schlimmer geworden sei. Er habe keine Chance gehabt, seine Auffassung durchzusetzen und wurde letztlich abgelöst. Sein Nachfolger habe das Verfahren in einer sehr bedenklichen Weise gelöst, die auch kritisch betrachtet wurde. Seine Remonstration – so Staatsanwalt L – habe ihm in den ersten Jahren schon Steine in den Karriereweg gelegt.*

II. Interviews mit Staatsanwälten beim Oberlandesgericht (Generalstaatsanwaltschaft)

***Staatsanwalt M** gab an, daß man in politischen Verfahren bei der Staatsanwaltschaft fast immer „mit einem Fuß im Ministerium“ stehe. Dies komme vor allen Dingen durch die Berichtspflichten zustande. Wenn über ein spektakuläres Verfahren, wie zum Bei-*

spiel ein Brandanschlag auf ein Asylbewerberheim, in der Zeitung berichtet wird, dann sei es durchaus denkbar, daß vom Ministerium eine Weisung erteilt wird, in diesem Verfahren einen Bericht zu erstatten. Anhand dieser Berichte werde es dem Ministerium ermöglicht, gegebenenfalls lenkend in ein Verfahren einzugreifen. Der Bericht werde regelmäßig nicht an das Ministerium geleitet, sondern zunächst an den Generalstaatsanwalt, der seine Bemerkungen in einem Sichtvermerk oder Randbericht niederlege und seinerseits die Möglichkeit habe, das Verfahren zu steuern. Wenn bei der Generalstaatsanwaltschaft Weisungen erteilt werden, dann seien diese regelmäßig nicht als Weisung formuliert, sondern als „Prüfungsbitte" oder ähnliches. Allerdings werde erwartet, daß sich der angewiesene Staatsanwalt auch an diese Bitten hält. Es werde jedoch gut überlegt, ob eine Weisung erteilt werden soll. Soweit es spektakuläre Verfahren betrifft, die nach außen dringen, habe der Behördenleiter bzw. die Generalstaatsanwaltschaft das letzte Wort. In anderen Verfahren solle der Wille des staatsanwaltschaftlichen Dezernenten weitgehend geachtet werden. Der Dezernent habe regelmäßig mehr Sachkunde und sei intensiver mit einem Verfahren befaßt. Sofern man bei der Generalstaatsanwaltschaft anderer Meinung sei, versuche man zu überzeugen, scheue sich aber davor, einen Staatsanwalt gegen seinen Willen anzuweisen.

*Nach Aussage des **Staatsanwalts N** sei die Häufigkeit der Weisungen primär abhängig vom Arbeitsablauf und damit mehr oder weniger von Zufälligkeiten. In seinem Bereich spielten Weisungen nicht allzu oft eine Rolle. Es handele sich dabei um eine Form der Fachaufsicht. Politische Erwägungen spielten keine Rolle. Ob es durch den Regierungswechsel Änderungen gegeben habe, konnte Staatsanwalt N nicht beurteilen. In seinem Bereich gehe es primär um Rechtsanwendung. Da es insoweit auf politische Aspekte nicht ankomme, bestehe auch keine Veranlassung, in irgendeiner Form politischen Einfluß zu nehmen. Daß Weisungen in anderen Abteilungen öfter erteilt werden, konnte Staatsanwalt N nicht ausschließen. Ihm sei aber bekannt, daß Weisungen normalerweise nicht schriftlich erteilt werden, sondern eher im Rahmen von Gesprächen. Dabei würden Weisungen als Bitte verklausuliert. Bei einem Rechtsmittel könnte eine Weisung etwa wie folgt formuliert werden: „Ich bitte um Rücknahme der Revision." Etwas stärker sei die Formulierung: „Ich bitte um Rücknahme und Anzeige derselben." In der Regel verstünden die Dezernenten durchaus, daß es sich hierbei um eine Weisung handele. Es sei aber auch schon vorgekommen, daß jemand diese Aufforderungen bewußt oder unbewußt mißverstand. In diesem Fall sei man gezwungen gewesen, deutlichere Formulierungen zu wählen.*

***Staatsanwalt O** schilderte, daß bei der Generalstaatsanwaltschaft bezüglich des Regierungswechsels in Hessen drastische Änderungen befürchtet wurden. Dies sei jedoch nicht im erwarteten Maße eingetreten. Wenn es zu verstärkter Autorität gekommen sei, dann weniger regierungsbedingt, sondern vielmehr dadurch, daß im Zuge der Regierungsneubildung einzelne Mitarbeiter im Justizministerium ausgetauscht wurden. Darunter befinde sich eine Person, die ein sehr dominantes Auftreten an den Tag lege. Dies sei aber mehr auf den persönlichen Charakter als auf politische Veränderungen zurückzuführen. Auffällig sei aber eine Veränderung im Bereich der allgemeinen Weisungen. Der sogenannte „Pappnasenerlaß", der unter Plottnitz auf große Kritik stieß, sah vor, daß großzügig von den §§ 153 ff StPO Gebrauch gemacht und weniger Rechtsmittel eingelegt werden sollten. Die neue Regierung habe diesen sofort aufgehoben. Weisungen würden regelmäßig als Bitten formuliert. Zu denken sei an Formulierungen wie: „mit der Bitte, die Ermittlungen wieder aufzunehmen ..." oder „unter Beachtung der* *hiesigen Rechtsauffassung...". Staatsanwalt O war der Auffassung, daß hier keine Mißverständnisse möglich seien. Diese Bitten seien „Bitten, die man nicht abschlagen kann". Jeder wisse, daß diese Aufforderungen verbindlich sind. Wie häufig es zu Weisungen kommt, lasse sich schwer einschätzen. Es sei jedoch eher selten. Die Frage, ob es bei Gegenvorstellungen und Remonstrationen zu nachteiligen Karriereauswirkungen kommt, würde er jedoch bejahen, könne dies aber nicht beweisen.*

***Staatsanwalt P** legte dar, daß Weisungen zumeist erteilt werden, indem das Ministerium in einem spektakulären Verfahren einen Bericht anfordert. Dieser werde über den Generalstaatsanwalt geleitet und dort mit Sichtvermerken oder einem Randbericht versehen. Dort werde zum Beispiel geäußert, ob eine Lösung vertretbar ist, ob Bedenken bestehen oder ähnliches. Das Original dieses Randvermerks werde an den Minister geschickt, eine Kopie davon an den Leitenden Oberstaatsanwalt (Behördenleiter). Dieser Bericht enthalte Hinweise, die zwar zumeist freundlich formuliert sind, aber denen nachzukommen sei, wie zum Beispiel: „Der Staatsanwalt wird folgende weitere Aspekte zu berücksichtigen haben: „Die Weiterleitung des kopierten Randberichts erfolge an den LOStA mit dem Vermerk: „Mit der Bitte um Kenntnisnahme und Beachtung". Dabei sei klar, daß hier nicht nur eine unverbindliche Meinungsäußerung abgegeben wird. Darüber hinaus erteile der Minister auch direkt Weisungen an den Generalstaatsanwalt, die etwa wie folgt lauten: „... und bitte das Erforderliche zu veranlassen ....". Im Endeffekt gebe der Generalstaatsanwalt diese Weisung dann an den Leitenden Oberstaatsanwalt und dieser an den staatsanwaltlichen Dezernenten weiter. Ungeachtet dessen würden auch mündliche Weisungen erteilt, etwa dann, wenn keine Zeit für eine schriftliche Weisung bleibe, zum Beispiel bei wichtigen oder aktuellen Ereignissen. Die Unterscheidung zwischen Weisung und Empfehlung sei diffizil. Letztlich mache hier der „Ton die Musik". Entscheidend seien sprachliche Nuancen. Wenn es etwa heißt „ich bitte wie folgt zu verfahren", dann sei dies, obwohl als Bitte formuliert, als Weisung zu verstehen. Anders verhalte es sich bei den Formulierungen „rege ich an", „stelle ich anheim". Diese seien eher als Empfehlung zu sehen. Jeder, der Staatsanwalt wird, müsse sich bewußt sein, daß er auch Weisungen erhalten kann. Weisungen seien nicht nur Theorie, sondern sie würden auch tatsächlich erteilt, wobei die Häufigkeit auch sehr vom jeweiligen Dezernat abhängig sei. In politischen Sachen würden normalerweise mehr Weisungen erteilt, als in einem „Wald- und Wiesendezernat". Wer aber behaupte, er habe noch keine Weisungen bekommen, dem könne man das einfach nicht abnehmen. In vielen Fällen sei aber auch eine ausdrückliche Weisung gar nicht erforderlich. Insoweit sei das Verhältnis zum Abteilungsleiter ausschlaggebend. Manchmal sei ein Staatsanwalt auch für einen Rat des Vorgesetzten durchaus dankbar. Gerade politische Verfahren seien für Weisungen geeignet, da hier sowohl beim Landgericht als auch beim Generalstaatsanwalt ständig an Abteilungs- und Behördenleiter berichtet werden müsse. Der Regierungswechsel in Hessen mache sich deutlich bemerkbar. Man merke den neuen Einfluß und es würden auch mehr Weisungen erteilt als früher. Allerdings könne man keine direkte politische Einflußnahme feststellen, sondern die Motivation beziehe sich in erster Linie auf die Sachbearbeitung. Es sei deutlich wahrnehmbar, daß der Generalstaatsanwaltschaft stärker „auf die Finger geschaut" wird.*

*Auch **Staatsanwalt Q** räumte ein, daß er mit dem Weisungsrecht konfrontiert sei. Das bringe die Organisation der Staatsanwaltschaft als hierarchische Behörde mit sich.
Er verstehe unter einer Weisung eine konkrete Anweisung entgegen seinem eigenen Willen. Eine Weisung sei damit etwas anderes als der Ratschlag eines erfahreneren Staats-*

anwalts. Weisungen seien sehr selten. Er könne sich nicht an eine konkrete Weisung erinnern. Wenn, dann seien es eher Gespräche. Es sei nicht immer ganz klar, ob eine verbindliche Anweisung oder eine unverbindliche Empfehlung gegeben wird. Dies sei eine Frage der eigenen Interpretation. Beim Weisungsrecht des Justizministers handele es sich um eine Variante des Weisungsrechts, die er für rechtlich bedenklich halte. In diesem Zusammenhang sei auch die erweiterte Dienstaufsichtsbeschwerde zu nennen. Hier erhebe der Beschwerdeführer gegen die Entscheidung der Generalstaatsanwaltschaft eine sogenannte erweiterte Dienstaufsichtsbeschwerde beim Justizministerium. Der Referent des Justizministeriums entscheide über eine Einstellungsbeschwerde bzw. eine Einstellungsentscheidung. Diese Möglichkeit werde aus dem Weisungsrecht abgeleitet. Er habe erhebliche Bedenken gegen die Rechtmäßigkeit eines solchen Vorgehens. Hierbei liege eine Umgehung der StPO-Vorschriften bezüglich des Klageerzwingungsverfahren vor. Das Ministerium gewähre hier eine kostenlose Rechtsschutzmöglichkeit, welche die StPO nicht vorsieht. Dahinter stünden politische Erwägungen. Die Politiker wollten schon immer die Justiz in ihre Finger bekommen. Ein beliebtes Argument der Politiker sei hierbei die parlamentarische Verantwortung, allerdings könne dieses Argument nicht greifen, da auch die Gerichte völlig unabhängig seien, ohne daß sich jemand auf die politische Verantwortung berufe. Soweit es den Vorwurf einer möglichen politischen Einflußnahme betreffe, sei dies zumindest in Hessen unfair. Das hessische Justizministerium halte sich zumeist vornehm heraus. Dies gelte zumindest in politischen Strafverfahren. In anderen Bundesländern, vor allem in Bayern, gehöre es ins Gesetz geschrieben, daß das Justizministerium keine Weisungen in Rechtsfragen gegenüber der Staatsanwaltschaft erteilen dürfe, etwa in der Frage, ob Anklage zu erheben sei oder nicht. Andernfalls entstünde der Eindruck, die Justiz sei nicht unabhängig, sondern ein Hampel der Regierenden.

***Staatsanwalt R** gab ebenfalls an, daß Weisungen regelmäßig als Bitten formuliert werden, aber – in der Regel – als Weisung gemeint seien. Man müsse sich das folgendermaßen vorstellen: Der Minister erläßt eine generelle Weisung oder eine Weisung den Einzelfall betreffend. Diese gehe an den Generalstaatsanwalt oder über den Generalstaatsanwalt an die Landgerichte. Wenn sie der Generalstaatsanwalt dann weitergibt, dann geschehe dies als Auftrag. Nicht jeder Auftrag sei auch notwendigerweise eine Weisung, höchstens im weitesten Sinne. Jedes Schreiben des Generalstaatsanwalts an die Staatsanwaltschaften bei den Landgerichten stelle einen Auftrag dar. Im Gegenzug seien die Staatsanwälte verpflichtet, dem Generalstaatsanwalt Bericht zu erstatten, wie es Berichtspflichten in sogenannten „besonderen Fällen" ohnehin vorsehen. In brisanten Verfahren, die zum Beispiel pressebedeutsam sind, würden die entsprechenden Ausschnitte an die Staatsanwälte geschickt und diese zum Bericht aufgefordert. Die Informationen hierüber entnehme man aus Zeitschriften und Zeitungen aller Art. Eigentlich handele es sich dabei auch schon um eine Art von Weisung. Die Berichte der Staatsanwälte bei den Landgerichten gingen über die Generalstaatsanwaltschaft ans Ministerium. Man versehe diese mit einem Sichtvermerk bzw. mit einem Randbericht und kommentiere so die Ausführungen der Staatsanwaltschaften, zum Beispiel: „vertretbar, bedenklich usw...." Wenn eine Maßnahme eines Staatsanwalts beim Landgericht unhaltbar sei, dann werde er zur Nachbesserung angewiesen. Das werde allerdings milde oder moderat formuliert. Der Staatsanwalt sei sich aber bewußt, daß er dem nachzukommen habe. Das Original des Randberichts gehe ans Ministerium, eine Kopie erhalte der LOStA des Landgerichts, einschließlich der Hinweise und Kommentare. Ein möglicher Hinweis sei zum Beispiel: „Der Staatsanwalt wird weitere Aspekte zu berücksich-*

tigen haben". Dies werde dann an den LOStA weitergeleitet mit dem Vermerk „Bitte um Kenntnisnahme und Beachtung." Es gebe auch Grenzfälle in denen beide Entscheidungen möglich seien. Wenn ein solcher Fall „auf der Kippe steht" könne man „so oder so" entscheiden. Dann werde seitens der Generalstaatsanwaltschaft die Position dargelegt, aber man lasse „die Sache laufen". Dies sei charakteristisch für den hierarchischen Aufbau. Er sei geprägt von Dienstaufsicht und Fachaufsicht. Bei der Generalstaatsanwalt werde darauf geachtet, daß die Staatsanwälte bzw. die Staatsanwaltschaften alle Aspekte eines Verfahrens berücksichtigen.

Nach der Erinnerung von ***Staatsanwalt S*** *hat dieser noch keine Weisungen erhalten. In einem Fall sei jedoch eine Weisung in Betracht gekommen. Diese sei aber dadurch vermieden worden, daß Staatsanwalt S mit seinem Einverständnis von der Bearbeitung des Falles abgelöst wurde. Es habe sich dabei um ein Verfahren mit politischem Hintergrund gehandelt. Staatsanwalt S gab an, seinerseits Weisungen zu erteilen. Diese seien aber nicht politisch motiviert, sondern es handele sich um Fragen des Sachverstandes, nämlich die Erfolgsaussichten einer Revision. Dabei gehe es vor allem um die Nachprüfung von Rechtsfragen und teilweise – aber nur selten – um Zweckmäßigkeitsgesichtspunkte. Wenn er eine Weisung erteile, dann handele es sich um eine unmißverständliche Aufforderung, die aber in eine Bitte gekleidet sei. Bis jetzt sei diese Aufforderung immer entsprechend verstanden worden. Staatsanwalt S spricht sich für die Beibehaltung des Weisungsrechts aus, auch wenn es sich um ein sensibles Gebiet handele. Seines Erachtens führe an einem Weisungsrecht kein Weg vorbei. In politischen Fragen erfolge eine Einflußnahme eher subtil durch Diskussionen ohne konkrete Weisungen. Es bestehe zwar die Gefahr eines vorauseilenden Gehorsams. Diese Gefahren seien aber auch bei einer Abschaffung des Weisungsrechts nicht auszuschließen. Echte Weisungen sollten aber in jedem Fall schriftlich ergehen. Es werde wohl nie möglich sein, versteckte Einflußnahmen völlig auszuschließen.*

Staatsanwalt T *versteht unter einer Anweisung die Anordnung des Dienstvorgesetzten hinsichtlich der Durchführung einer Sachbearbeitung. Anordnungen – so erklärte er – können in verschiedenen Variationen bzw. Bandbreiten vorkommen, vom massiven „So nicht!" bis hin zum „Überleg es noch einmal!". Auch hier gebe es einen psychischen Druck. Eine Bitte sei aus psychologischer Sicht eine Weisung. Man müsse hier zwischen dem Absenderhorizont und dem Empfängerhorizont unterscheiden. Beim Absenderhorizont, also aus dem Justizministerium, ergingen Weisungen seitens der Führungsebene. Hier sei die Umsetzung sehr schwankend. Sie sei abhängig von der Führungsspitze im Justizministerium bis hin zum Referenten des Justizministeriums. Der eine Sachbearbeiter meine, er müsse sehr deutlich und strikt sein Mißfallen zum Ausdruck bringen, andere verstünden es, dies subtiler umzusetzen. In der Mittelbehörde bestehe ein engerer unmittelbarer persönlicher Kontakt zur landgerichtlichen Staatsanwaltschaft. Hier gebe es mehr Gespräche, das sei „eher locker". Hingegen gebe es beim Empfängerhorizont personenbezogen eine unterschiedliche Empfindlichkeit. Teilweise reiche ein Anruf aus, um den Dezernent zum völligen Überdenken seiner Entscheidungen zu veranlassen und ihn zum Befolgen der Empfehlung zu bringen. Andere Staatsanwälte ließen sich nicht so leicht beeindrucken. Hier sei zu beachten, daß man die Mitarbeiter der landgerichtlichen Staatsanwaltschaften auch nicht durch zu strenge Weisungen verärgern dürfe. Weisungen kämen zum Einsatz, wenn im Rahmen der Dienstaufsicht Rechtsfehler erkennbar seien bzw. auf der politischen Ebene, wenn etwas für die Öffentlichkeit taktisch unklug angegangen werde. Weisungen kämen aber auch bei Fehlern auf der rechtlichen*

Ebene in Betracht. Die Masse der Weisungen werde bereits von der Mittelbehörde „gewissermaßen als Filter" abgefangen. Aus diesem Grund würden seitens des Justizministeriums nur relativ wenige Weisungen erteilt. Weisungen des Justizministeriums seien nicht notwendigerweise eine politische Einflußnahme, da auch das Justizministerium an Recht und Gesetz gebunden sei und für die Einhaltung von Recht und Gesetz sorgen müsse. Die Weisungen des Justizministeriums hätten jedoch einen leichten politischen Touch. Es sei aber bei Einzelweisungen nicht so, daß eine bestimmte politische Partei bevorzugt werde. Das Justizministerium blocke mögliche Einflußnahmen durch das Parlament sogar eher ab. Das hessische Justizministerium habe auch schon unerwünschte Ergebnisse akzeptiert. Zur Quantität von Weisungen führte Staatsanwalt T aus, daß ihm diesbezüglich der Überblick fehlt. Er vermutete, daß ihm gegenüber seitens des Justizministerium an die 12 Weisungen im Jahr erteilt werden, was aber auch sehr vom Einzelfall abhängig sei. Die Weisung zu einem ergänzenden Bericht gebe es häufiger, allerdings würde er das nicht als Weisung im engeren Sinne qualifizieren.

***Staatsanwalt U** führte aus, daß die Mitarbeiter der Generalstaatsanwaltschaft einerseits dem Weisungsrecht des Ministeriums unterliegen und andererseits selbst weisungsbefugt sind. Eine exzessive Anwendung des Weisungsrechts komme schlecht an. In der Praxis ergingen Weisungen in der Regel in politischen oder öffentlichen Fällen an die Staatsanwaltschaft. Dabei fordere man in der Regel einen Bericht an, dem man selbst kritische Anregungen und Anmerkungen beifüge. Es geschehe selten, daß Staatsanwalt U auf einen Verfahrensgang Einfluß nimmt. Dies müsse über den Abteilungsleiter oder den Generalstaatsanwalt abgezeichnet werden, die ihrerseits weisungsbefugt seien. Pro Jahr fordert Staatsanwalt U nach eigenen Angaben zahlreiche ergänzende Berichte an. Dies erfolge in mehreren hundert Verfahren. Hierbei werde in etwa 10 bis 20 Fällen lenkend eingegriffen. Für Hessen vertritt er die Auffassung, daß Weisungen des Justizministeriums nicht politisch motiviert seien. Das gelte sowohl für die alte als auch für die neue Landesregierung. Allerdings sei das Berichtswesen ausgedehnt worden. Das resultiere daraus, daß für die neue Regierung vieles neu sei, was für die alte Regierung eben schon Routine war. Er habe noch nie eine konkrete Weisung im Einzelfall erhalten, die auf ein bestimmtes Ergebnis zielte. Eine Belastung sieht er im Weisungsrecht nur bedingt: Grundsätzlich seien Weisungen Ausübung der Dienstaufsicht. Wenn man allerdings auch die Erlasse hinzunehme, dann werde das Weisungsrecht mehr und mehr auch belastend. Einzelfallweisungen seien im Vergleich dazu relativ selten. Staatsanwalt U erteilt auch selbst Weisungen. Diese ergingen schriftlich oder mündlich. Mündliche Weisungen würden erteilt, um die Sachlage schon einmal im Vorfeld abzuklären. Sollten die Meinungen zu weit auseinanderklaffen, dann werde keine schriftliche Weisung erteilt, aber das Gespräch protokolliert. Weisungen würden als Bitten oder Anregungen formuliert, seien aber als Befehle gemeint. Dies hänge auch damit zusammen, daß man nicht für sich in Anspruch nehmen könne, die richtige Meinung zu haben. Es bestehe allerdings die Gefahr, sich aus der Verantwortung zu stehlen, indem man Hinweise erteilt bzw. Bitten ausspricht.*

***Staatsanwalt V** betonte, daß man als Staatsanwalt immer mit Weisungen konfrontiert sei. Gerade bei der Generalstaatsanwaltschaft sei man einerseits Weisungsempfänger, andererseits Weisungsgeber. Er kenne also das Weisungsrecht von beiden Seiten. Es gebe zum Beispiel Anweisungen, die Ermittlungen nicht aufzunehmen, etwa aufgrund einer Dienstaufsichtsbeschwerde, aber auch gelegentlich von Amts wegen ohne äußeren Anlaß. Wenn man eine Weisung erhalte, dann entstehe immer ein Gefühl der Frustrati-*

on. Allerdings dürfe man das nicht persönlich nehmen. Man müsse auch eingestehen, daß der Vorgesetzte eine abweichende Meinung haben darf. Weisungen seitens des Justizministeriums seien bislang selten gewesen. Allerdings habe es personelle Änderungen gegeben. Seitdem würden häufiger Weisungen erteilt. Dies sei nicht nur ihm so ergangen, sondern auch Kollegen. Als Beispiel nannte Staatsanwalt V einen Fall, den er von einem Kollegen übernommen hatte. Der Anwalt des Anzeigeerstatters habe gegen die Einstellungsentscheidung des Kollegen mehrere Gegenvorstellungen erhoben. Auch Staatsanwalt V beurteilte die Sach- und Rechtslage wie sein Vorgänger und führte die Angelegenheit in diesem Sinne fort. Hiergegen habe der Anzeigeerstatter eine erweiterte Dienstaufsichtsbeschwerde eingelegt und das Ministerium habe den Bescheid überraschend aufgehoben. Dabei habe sie ihn nicht selbst aufgehoben und die weitere Vorgehensweise aufgezeigt, sondern der Staatsanwaltschaft am Landgericht die konkrete Anweisung erteilt, die Wiederaufnahme der Ermittlungen zu veranlassen. Staatsanwalt V war der Auffassung, daß man in einem solchen Fall auch eine gewisse Loyalität gegenüber dem Vorgesetzten habe und sich diesen Anweisungen beugen müsse.

Die von Staatsanwalt V eingangs geschilderten personellen Veränderungen seien zwar im Zuge des Regierungswechsels erfolgt, er stellte aber klar, daß sie nicht hierauf zurückzuführen seien. Mit dem „neuen" Vorgesetzen habe sich auch der Ton geändert. Die Anweisungen seien ruppiger und barscher geworden. Zuvor seien Anweisungen als Bitten formuliert worden wobei allen Beteiligten klar gewesen sei, daß diese verbindlich und somit als Anweisungen gemeint waren. Staatsanwalt V gab an, daß es ihm persönlich lieber sei, wenn eine Weisung deutlich erkennbar ist. Es gebe sonst von Fall zu Fall Verständnisprobleme. Klarere Formulierungen wären hier von Vorteil. Grundsätzlich könne man aber festhalten, daß die Weisung die absolute Ausnahme sei. Was die Quantität von Weisungen angehe, seien manche Bereiche weisungsintensiver als andere. Es könne also durchaus zutreffen, daß der eine Staatsanwalt möglicherweise niemals eine Weisung erhält, ein anderer hingegen sehr häufig. Nach Ansicht von Staatsanwalt V seien Weisungen des Justizministeriums im Einzelfall nicht politisch oder rechtspolitisch motiviert. Anders verhalte es sich mit generellen Weisungen, wie z. B. dem sogenannten „Maulkorberlaß". Dieser Erlaß habe sich konkret gegen die Staatsanwaltschaft gerichtet. Durch allgemeine Weisungen setze die Regierung ihre rechtspolitischen Vorstellungen durch. Weisungen würden in der Regel schriftlich erteilt. Allerdings könne er nicht ausschließen, daß es auch mündliche Weisungen gibt. Staatsanwalt V kann sich vorstellen, daß in sehr brisanten Angelegenheiten, jedenfalls in eiligen Belangen auch mündliche Weisungen erteilt würden. In solchen Fällen könne der Staatsanwalt die Weisung in der Handakte vermerken, so daß diese schriftlich fixiert sei.

Ihm selbst gegenüber sei noch keine mündliche Weisung ergangen, er habe dies aber schon von Kollegen gesprächsweise gehört. Staatsanwalt V sprach sich für die Beibehaltung des internen und gegen die Beibehaltung des externen Weisungsrechts aus. In der Abschaffung des externen Weisungsrechts sehe er eine Reduzierung der Gefahr politischer Einflußnahme. Es habe bereits solche Versuche der Einflußnahme gegeben, etwa im Justizministerium unter der alten Regierung. Hier sei eine Arbeitsgruppe ins Leben gerufen worden, der neben Vertretern der Staatsanwaltschaft, der Generalstaatsanwalt, Strafverteidiger und Vertreter des damaligen Justizministeriums angehörten. Da der „Maulkorberlaß" in Hessen nicht funktionierte, habe die Arbeitsgruppe unter dem Deckmantel der Wissenschaft Thesen entwickelt, um Staatsanwälte zu behindern und Strafverteidigern zu helfen. Es seien Thesen zur „Kooperation von Prozeßbeteiligten im Ermittlungsverfahren" aufgestellt worden. Hier habe man einen Erlaß angedacht, der sogar schon schriftlich fixiert war. Man habe vorgesehen, daß die Staats-

anwaltschaften früher und von sich aus auf die Verteidigung zugehen sollten mit dem Ziel, einen Deal zu erreichen. Weiterhin sollten u. a. die Verfahrenseröffnung sowie die Durchführung von Zwangsmaßnahmen und Vernehmungen der Verteidigung mitgeteilt werden. Außerdem sei geplant gewesen, Ermittlungshandlungen früher zu fixieren, etwa durch Tonbandkontrolle oder Videoaufzeichnung. Vor Abschluß der Verhandlungen sollte zwingend ein Rechtsgespräch mit dem Verteidiger geführt werden. Da auch die Gerichte betroffen waren, sei es letztlich gelungen, diesen Vorschlag zu verhindern. Staatsanwalt V betonte, daß er die Kooperation der Verfahrensbeteiligten im Strafprozeß sehr befürworte. Allerdings wehre er sich dagegen, daß er zur Kooperation verpflichtet werden soll.

***Staatsanwalt W** legte dar, daß Weisungen sowohl schriftlich als auch mündlich ergehen können. Sie würden in der Regel als Bitte geäußert, seien aber als Weisung gemeint. Sonst spreche man von einer Anregung. Dabei sei immer deutlich, ob eine verbindliche Anweisung oder eine (unverbindliche) Empfehlung gegeben wird. Er habe bereits Weisungen erhalten, allerdings vorwiegend im organisatorischen Bereich. Dabei sei die Weisung aber eher der Ausnahmefall. Er selbst gebe jede Woche mehrfach Weisungen, allerdings im Rahmen der Vorschaltbeschwerde des Klageerzwingungsverfahrens. Hierzu sei anzumerken, daß der Generalstaatsanwaltschaft die Akten ohnehin nur dann vorgelegt würden, wenn einer der Beteiligten nicht einverstanden ist. Staatsanwalt W formuliere Weisungen zumeist als Bitte oder in der Passivform: z. B.: „Es wird wohl Anklage zu erheben sein". Dies sei noch nie mißverstanden worden.*

III. Stellungnahme

Bei den Interviews kommen verschiedene Punkte stärker zum Vorschein, als im Rahmen der Fragebogenuntersuchung. Die Ursache hierfür liegt wohl darin, daß die Gesprächspartner überwiegend von sich aus auf den Verfasser zugekommen sind. Diese Staatsanwälte waren im Regelfall sehr gut informiert und hatten sich intensiv mit der Thematik „Weisungsgebundenheit" auseinandergesetzt. Die meisten von ihnen waren selbst schon mit dem Weisungsrecht konfrontiert und wollten ihre Erfahrungen wiedergeben. Dies erklärt auch, daß der Anteil kritischer Stimmen bei den Interviews höher liegt als bei der Fragebogenuntersuchung.

Deutlich wird vor allem, daß Weisungen kaum als klare, eindeutige Befehle erteilt werden, sondern in aller Regel als „Bitten" verklausuliert sind. Im Hinblick auf die Feststellungen im kommunikationswissenschaftlichen Kapitel sind hier Mißverständnisse vorprogrammiert. Immer wieder kommt auch zum Ausdruck, daß dies nicht nur aus Höflichkeit geschieht, sondern es wird auch vermutet, die Vorgesetzten wollten sich nicht festlegen, um sich im Konfliktfall aus der Verantwortung zurückziehen zu können.

Offenkundig wird auch, daß Weisungen primär in medienwirksamen, spektakulären und politisch brisanten Verfahren zum Tragen kommen. Vielfach wurde bestätigt, daß gerade die Weisungen aus dem Justizministerium oftmals einen „politischen Touch" haben. Auch wenn die Einflußnahme eher „versteckt" erfolgt, so wird in den Darstellungen der Staatsanwälte häufig dargelegt, daß eine politische Präsenz spürbar ist. Es kann daher wohl keine Rede davon sein, daß die Weisung ein völlig unpolitisches Instrument ist, auch wenn dies teilweise in der Literatur gerne so dargestellt wird.

G. Gesamtstellungnahme zur Auswertung

Die Auswertung hat gezeigt, daß dem Weisungsrecht durchaus Bedeutung zukommt. Sicherlich spielen Weisungen nicht täglich, und schon gar nicht in den „Feld-Wald-und-Wiesen-Fällen" eine entscheidende Rolle. Vor allem das interne Weisungsrecht wird für den Alltag sogar vielfach als hilfreich empfunden. Das externe Weisungsrecht kann aber gerade in Konfliktfällen und in öffentlichkeitsträchtigen Verfahren zum Einsatz kommen. Hier lauert auch die Gefahr einer politischen Einflußnahme. Zwar soll nicht unterstellt werden, daß dieses Instrumentarium ständig zu sachwidriger Einflußnahme mißbraucht wird, aber eine solche kann auch nicht ausgeschlossen werden; daß es zweifelhafte Fälle bereits gab, wurde sowohl in den geführten Gesprächen als auch in den oben geschilderten politischen Einzelfällen deutlich.

5. Teil: Lösungsvorschlag

13. Kapitel: Lösungsansatz durch Transparenz

Ein Lösungsweg hinsichtlich der Problematik der Weisungsgebundenheit liegt in der Forderung nach mehr Transparenz.[1484] Dabei fehlt es aber regelmäßig an einer Auseinandersetzung mit dem Begriff Transparenz, dessen rechtlicher Verankerung und der Frage, in welchem Umfang und auf welche Weise diese Transparenz konkret gewährt werden soll.

A. Begriff der Transparenz

Eine ausdrückliche Verankerung des Begriffs Transparenz findet sich weder in der Verfassung noch – soweit ersichtlich – in einfachgesetzlichen Normen. Insbesondere handelt es sich dabei nicht um einen Rechtsbegriff.[1485] Dennoch wird von der Existenz eines allgemeinen Transparenzgebotes ausgegangen, das eng mit Begriffen wie Bestimmtheit, Klarheit und Rechtssicherheit verbunden ist.[1486] Dahinter steht die Forderung nach der Öffentlichkeit des Staatshandelns, also der Gedanke, daß sich staatliches Handeln vor den Augen der Bürger abspielen soll.[1487] Die Geheimhaltung politischer Vorgänge ist hiermit nicht vereinbar.[1488] Transparenz gilt als eines der Grundkriterien eines demokratischen Systems. Sie ist daher erforderlich um Durchschaubarkeit, Kontrolle und Mitwirkung zu ermöglichen.[1489] Durch Transparenz und die damit verbundenenen Prinzipien wie Öffentlichkeit, Bürgerkontrolle und verwaltungsbehördlicher Rechenschaftspflicht unterscheidet sich das rechtsstaatliche Verwaltungshandeln von der geheimen Kammerpolitik des absolutistischen Polizeistaates.[1490]

Daher wird gefordert, daß ein Rechtsstaat, sofern er am Grundsatz der nichtöffentlichen Verwaltung festhält, für einen ausreichenden Ausgleich sorgen muß. Dabei kommt ein allgemeines Informationszugangsrecht oder ein Einsichtsrecht des Betroffenen in die entsprechenden Verfahrensakten in Betracht.[1491]

1484 So etwa Groß, RuP 1970, S. 68; Daun, Kriminalistik 1977, S. 479; Kuhlmann, Kriminalistik 1978, S. 200

1485 Sobota, S. 499

1486 Sobota, S. 140

1487 Sobota, S. 140

1488 Laufer, S. 181

1489 Achterberg, S. 355; vgl. auch Steffani, S. 20

1490 Dubach, S. 74

1491 Dubach, S. 74

In einigen Staaten wie etwa Schweden gehört Transparenz durch umfassende Informationszugangsrechte[1492] bereits zur Rechtstradition. In weiteren Staaten wurden sie in den letzten Jahrzehnten ausgebaut, so beispielsweise in den USA, in Frankreich, Kanada[1493] und auch in den Niederlanden.[1494] In der Bundesrepublik dagegen haben die Bürger nur eng begrenzte Möglichkeiten, sich von dem Geschehen innerhalb der Exekutive ein eigenes und unverfälschtes Bild zu machen.[1495] Daher wird dem bundesrepublikanischen System vorgeworfen, daß es sich weniger durch Informationsrechte als vielmehr durch Verschwiegenheitspflichten auszeichne und damit ein „Relikt des Absolutismus“ sei.[1496]

B. Rechtliche Verankerung des Transparenzgebotes

Die Verankerung des allgemeinen Transparenzgebotes wird sowohl als eine unverzichtbare Forderung aus dem Rechtsstaatsprinzip gesehen als auch aus dem Demokratieprinzip.[1497]

Grundgedanke der demokratischen Staatsidee ist, daß dem Bürger das Recht zukommt, am Meinungsbildungs- und Entscheidungsprozeß teilzunehmen. Hierzu ist erforderlich, daß der Bürger über genügend Informationen verfügt und Zugang zu den staatlichen Informationen hat.[1498]

Auch aus rechtsstaatlichen Überlegungen ist ein Mitwirkungsrecht des Bürgers erforderlich. Für die Ausübung dieses Mitwirkungsrechts ist ein genügender Informationsstand erforderlich.[1499]

Die aus dem Demokratieprinzip resultierende Komponente des Transparenzgebotes sichert etwa die Öffentlichkeitspflicht der Gesetzgebungsorgane ab[1500] und auch Kontrollrechte gegenüber der Exekutive,[1501] wie zum Beispiel das Recht zur Einrichtung von Untersuchungsausschüssen.[1502]

1492 Zum Verhältnis Transparenz und Informationszugangsrechte vgl. noch später unter 13. Kapitel D. IV.

1493 Bleyl, DuD (22) 1998, S. 32

1494 Lübbe-Wolff, DÖV 1980, S. 594

1495 Große Anfrage, BT-DS 12/752 und 12/1273, S. 17

1496 Lübbe-Wolff, DÖV 1980, S. 595

1497 Sobota, S. 140; Laufer, S. 181; Dubach, S. 75; Daun, Kriminalistik 77, S. 479; ähnlich auch Sokol, DuD (21) 1997, S. 380; Lübbe-Wolff, DÖV 1980, S. 594 ff; ansatzweise auch Schwab, S. 16; Giesen, DuD 1997, S. 589; Dreier, JURA 1997, S. 256

1498 Dubach, S. 302

1499 Dubach S. 303 f

1500 Z. B. Art. 42 I S. 1 GG für den Bundestag; vgl. bei Sobota, S. 140

1501 Z. B. Kontrollrechte des Bundestages gegenüber der vollziehenden Gewalt gemäß Art. 43 I GG; vgl. bei Sobota, S. 140

1502 Z. B. Art. 44 GG für Untersuchungsausschüsse auf Bundesebene; vgl. bei Sobota, S. 140

Darüber hinaus gibt es aus dem Rechtsstaatsprinzip herrührende Elemente des Transparenzgebotes, die sich an die Exekutive richten. Hierzu gehören unter anderem Auskunfts-, Aufklärungs- und Akteneinsichtsrechte.[1503] Hinzu kommt die unter den Stichworten Bekanntmachungs-, Publizitäts- oder Verkündungspflicht behandelte Pflicht, Rechtsnormen der Öffentlichkeit zur Kenntnis zu bringen.[1504] Dabei muß für den Bürger die Möglichkeit bestehen, vom Inhalt der Rechtsnorm Kenntnis zu nehmen, ohne daß der Zugang in unzumutbarer Weise erschwert wird.[1505] Eine diesbezügliche explizite Regelung findet sich für Gesetze und Verordnungen von Bundesorganen in Art. 82 I S.1 GG.

Die derzeitige rechtliche Absicherung des Transparenzprinzips in der Bundesrepublik wird für unzureichend gehalten. Aus diesem Grund werden weitergehende Informationszugangsrechte und Publikationspflichten gefordert.[1506]

Im folgenden wird daher untersucht, ob und wenn ja woraus sich Pflichten der Behörden zur Offenlegung von Weisungen und dementsprechend auch Ansprüche des Bürgers auf Einsichtsrechte herleiten lassen, und zwar sowohl bezüglich der Weisungen im Einzelfall[1507] als auch hinsichtlich allgemeiner Weisungen.[1508]

C. Transparenz und Einzelfallweisung

Gerade im Hinblick auf Einzelfallweisungen wird mehr Transparenz gefordert.[1509] Voraussetzung dafür ist jedoch, daß Weisungen schriftlich fixiert werden und der Betroffene – zum Beispiel durch ein entsprechendes Akteneinsichtsrecht – Kenntnis davon erlangen kann.

Ein generelles Akteneinsichtsrecht wird jedoch nicht anerkannt. Auch im gerichtlichen Verfahren bestehen nur eingeschränkte Möglichkeiten festzustellen, ob im betreffenden Verfahren eine Weisung erteilt worden ist.

Die Kenntnis einer solchen Weisung ist für den Angeschuldigten von besonderem Interesse. Er muß die Möglichkeit haben zu überprüfen, ob möglicherweise sachfremde Erwägungen eingeflossen sind oder eine ermessensfehlerhafte Entscheidung vorgelegen haben könnte. Er muß in die Lage versetzt werden – etwa mit einer Dienstaufsichtsbeschwerde oder anderen Rechtsbehelfen[1510] – eventuell rechtswidrige Weisungen überprüfen zu lassen. Dies gilt insbesondere

---

1503 Sobota, S. 141
1504 Sobota, S. 141
1505 Sobota, S. 141
1506 Lübbe-Wolff, DÖV 1980, S. 595
1507 Vgl. 13. Kapitel C.
1508 Vgl. 13. Kapitel D.
1509 So etwa Groß, RuP 1970, S. 68; Daun, Kriminalistik 1977, S. 479; Kuhlmann, Kriminalistik 1978, S. 200
1510 Vgl. hierzu 4. Kapitel C. I.

hinsichtlich Weisungen, die auf eine Anklageerhebung gerichtet sind. Eine öffentliche Anklage ist geeignet, einen Angeklagten, selbst wenn er später freigesprochen wird, in einem negativen Licht erscheinen zu lassen. Auch können berufliche oder gesellschaftliche Nachteile des Betroffenen damit verbunden sein. Aus diesem Grund muß er eine gegebenenfalls rechtswidrige Weisung nachprüfen lassen können, um eine unberechtigte Anklageerhebung zu verhindern.

Daher ist zu prüfen, wie in diesem Bereich Transparenz geschaffen werden kann. Da – wie eingangs geschildert – kein ausreichendes Akteneinsichtsrecht besteht, sollte über eine mögliche Ausweitung der Akteneinsichtsrechte nachgedacht werden.

I. Ausweitung der Akteneinsichtsrechte

Zwar gab und gibt es inzwischen auch in der Bundesrepublik Bestrebungen die Informationsrechte der Bürger zu erweitern. So trat in Brandenburg bereits 1998 das Akteneinsichts- und Informationszugangsgesetz in Kraft.[1511] Diese allgemeinen Informationszugangsrechte befinden sich jedoch noch in den „Kinderschuhen" und sind noch nicht bundesweit und bundeseinheitlich fixiert. Zudem werden sie den spezifischen Belangen der Transparenz des Weisungsrechts nur eingeschränkt gerecht. Daher ist eine spezielle gesetzliche Regelung erforderlich. Es muß jedoch geprüft werden, inwieweit die staatsanwaltschaftlichen Akten offengelegt werden können.

II. Grenzen der Akteneinsichtsrechte

Hinsichtlich der Akteneinsicht durch Dritte kommt dem Schutz der informationellen Selbstbestimmung eine große Bedeutung zu. Eine Freigabe der Einsicht staatsanwaltschaftlicher Akten durch Dritte würde massiv in die Persönlichkeitsrechte des Angeschuldigten bzw. Angeklagten eingreifen. Hier wird ein Akteneinsichtsrecht nur in eng umrissenen Ausnahmefällen bzw. nach Anonymisierung der personenbezogenen Daten zuzulassen sein.

Anders verhält es sich beim Akteneinsichtsrecht durch den Betroffenen selbst. Hier ist nicht ersichtlich, inwieweit der Datenschutz einem Einsichtsrecht entgegenstehen könnte, da ja der Betroffene selbst Einblick nimmt und nicht „vor sich selbst geschützt" werden muß.

Allerdings wird im Hinblick auf die Effektivität der Strafverfolgung das Akteneinsichtsrecht auf die Unterlagen beschränkt bleiben müssen, die nach § 147 StPO dem Verteidiger zur Verfügung zu stellen sind. Zwar ist die Staatsanwaltschaft sowohl zur Objektivität als auch dazu verpflichtet, Ermittlungen zugunsten des Angeklagten durchzuführen. Dennoch muß die Staatsanwaltschaft die

1511 Akteneinsichts- und Informationszugangsgesetz vom 10. März 1998, Brandenburgisches GVBl. I S. 46

Möglichkeit haben, in ihren Handakten Material und Informationen zu fixieren, die nicht für die Kenntnisnahme des Angeschuldigten bestimmt sind.[1512] Nur so kann die Effektivität der Strafverfolgung und damit letztlich auch die objektive Wahrheitsfindung gesichert werden, da andernfalls die Überführung von Straftätern unverhältnismäßig erschwert würde.

III. Alternative: Verankerung von Mitteilungspflichten

Die Handakte der Staatsanwaltschaft muß dem Beschuldigten also verschlossen bleiben, und das Akteneinsichtsrecht bleibt auf die dem Gericht vorgelegte Hauptakte beschränkt.

Hierdurch erlangt der Beschuldigte jedoch keinerlei Kenntnis von eventuell ergangenen Weisungen. Zum einen fehlt es regelmäßig an der Schriftform. Zum anderen finden Weisungen, selbst wenn sie schriftlich erteilt oder aktenkundig gemacht werden, meist nur Aufnahme in die staatsanwaltliche Handakte.[1513] Gerade aber die „geheime" Handakte ist in die Kritik geraten.[1514] Auch wenn ein gewisses Interesse an der Zurückhaltung bestimmter Informationen besteht, so ist nicht ersichtlich, warum erteilte Weisungen nicht offengelegt werden sollten. Da sich dies nicht durch Herausgabe der Handakte realisieren läßt, muß ein anderer Weg gefunden werden. Es bietet sich beispielsweise an, eine entsprechende Mitteilungspflicht gesetzlich zu verankern, durch die der Betroffene von der Erteilung der Weisung informiert wird.

D. Transparenz und allgemeine Weisungen

Auch bezüglich allgemeiner Weisungen in Form von Richtlinien und Erlassen wird eine stärkere Transparenz gefordert.[1515]

Diese Forderung wird nicht nur hinsichtlich allgemeiner Weisungen der Staatsanwaltschaft, sondern für Verwaltungsvorschriften überhaupt erhoben. Es ist daher zunächst zu prüfen, ob allgemeine Weisungen überhaupt als Verwaltungsvorschriften einzuordnen sind. Unter Verwaltungsvorschriften versteht man abstrakt-generelle Anordnungen einer Behörde an nachgeordnete Behörden oder eines Vorgesetzten an die ihm unterstellten Bediensteten. Sie betreffen entweder die innere Ordnung der Behörde oder das sachliche Handeln und beruhen auf einer Weisungskompetenz der vorgesetzten Instanz.[1516] Da allgemeine Weisungen im Bereich der Staatsanwaltschaft exakt diese Voraussetzungen er-

1512 Vgl. zu dieser Thematik auch Schwab, S. 33
1513 Leonhardt, S. 266; Kleinknecht, FS für Dreher, S. 724
1514 Ossenbühl, S. 464; Gusy, DVBl 1979, S. 724
1515 Leonhardt, S. 266; Görcke, ZStrW (73) 1961, S. 505 f; Gusy, DVBl 1979, S. 724; Lübbe-Wolff, DÖV 1980, S. 596 f
1516 Maurer, §24, Rn. 1

füllen, handelt es sich bei ihnen um Verwaltungsvorschriften, so daß die Argumente für die Publikation von Verwaltungsvorschriften auch für die Veröffentlichung von Richtlinien und Weisungen gegenüber der Staatsanwaltschaft Anwendung finden.

I. Grundsätzliche Publikationsverpflichtungen für Rechtsnormen

Für Rechtsnormen und Verordnungen von Bundesorganen stellt Art. 82 I GG eine ausdrückliche Veröffentlichungspflicht als Wirksamkeitsvoraussetzung auf. Für Verwaltungsvorschriften hingegen findet sich eine explizite Veröffentlichungspflicht nicht. Dennoch wird gefordert, die Publikationspflicht entsprechend Art. 82 I GG auch auf Verwaltungsvorschriften zu erstrecken.[1517] Einigkeit besteht darin, daß nicht nur für Rechtsnormen, sondern auch für Verwaltungsvorschriften eine Verlautbarung Wirksamkeits- bzw. Entstehungsvoraussetzung ist.[1518] Es stellt sich hingegen die Frage, in welcher Form die Verlautbarung zu erfolgen hat, also ob eine formlose Bekanntgabe an den Betroffenen genügt,[1519] oder ob eine Veröffentlichung in einem offiziellen Publikationsorgan erforderlich ist.[1520] „Betroffene" in diesem Sinne sind diejenigen, an die sich die Anweisung richtet, also die Staatsanwälte. Die allgemeinen Richtlinien und Erlasse werden regelmäßig durch Rundschreiben an die Staatsanwälte bekanntgegeben und dort vielfach in internen Vorschriftensammlungen aufbewahrt. Damit wird dem Wirksamkeitserfordernis Genüge getan. Allerdings gibt es auch Fälle, in denen solche allgemeine Weisungen auch außerhalb der Staatsanwaltschaft Auswirkungen gegenüber bestimmten Tätergruppen haben können. Dies gilt insbesondere bei Richtlinien und Erlassen, die sich auf die Auslegung gesetzlicher Vorschriften oder die Anwendbarkeit von Diversionsvorschriften beziehen. Durch die staatsanwaltsinterne Bekanntmachung erlangen Außenstehende in der Regel keine Kenntnis von diesen Anordnungen. Dies wird von den Befürwortern verstärkter Transparenz kritisiert.

II. Publikationsverpflichtungen für Verwaltungsvorschriften ?

De lege lata besteht, anders als nach Art. 82 GG für Gesetze und Rechtsverordnungen, keine Pflicht, Erlasse und Richtlinien der Allgemeinheit zugänglich zu machen. Für Verwaltungsvorschriften wie Erlasse und Richtlinien besteht keine einheitliche oder gar abschließende Regelung, so daß sich deren Veröffentli-

---

1517 Sobota, S. 142
1518 Ossenbühl, S. 462
1519 Wobei Ossenbühl, S. 462 die Frage anreißt, wer eigentlich der Betroffene ist.
1520 Ossenbühl, S. 462

chung nur in Einzelfällen vollzieht. Zudem sind sie angesichts der Masse amtlicher Publikationsorgane nur äußerst schwer auffindbar.[1521]

III. Mögliche Anspruchsgrundlagen für Publikationsverpflichtungen

Da eine ausdrückliche gesetzlichen Publikationsverpflichtung fehlt, ist zu prüfen, ob sich ein Anspruch auf Einsicht in Verwaltungsvorschriften aus anderen Normen herleiten läßt.

Aus Art. 5 GG kann sich nur ein Anspruch auf Einsichtnahme in allgemein zugängliche Quellen ergeben. Zwar beinhaltet der Schutzbereich des Art. 5 GG gemäß Art. 5 I S.1 2. Alt GG auch die Informationsfreiheit und dabei insbesondere die Freiheit, sich aus allgemein zugänglichen Quellen ungehindert zu unterrichten. Demgemäß wird ein allgemeiner Informationsanspruch bereits hieraus hergeleitet.[1522] Der Schutz der Informationsfreiheit wird jedoch nur insoweit gewährt, als sich die Informationsgewinnung auf allgemein zugängliche Quellen bezieht. Als nicht allgemein zugänglich in diesem Sinne werden aber die von staatlichen Behörden verwalteten Informationen angesehen.[1523] Aus Art. 5 GG ergibt sich daher kein Anspruch auf Zugang zu diesen Informationen,[1524] so daß auch kein Anspruch auf Bekanntgabe von Verwaltungsvorschriften besteht.[1525]

Möglicherweise könnte sich ein Anspruch auf Zugang zu Verwaltungsvorschriften auch aus Art. 19 IV GG herleiten.[1526]

Teilweise wird ein solcher Anspruch aus einer entsprechenden Anwendung der Art. 19 IV iVm Art. 3 und 4 GG bejaht.[1527] Art. 19 IV GG stelle eine Garantie des Rechtsschutzes gegen die Verletzung von Rechten durch die öffentliche Gewalt dar. Daher könnte man einen Anspruch auf Information über den Inhalt ermessensbindender Verwaltungsvorschriften hieraus herleiten, da diese Information erforderlich ist, um eine wirksame gerichtliche Prüfung etwaiger aus Nichtbeachtung dieser Vorschriften resultierender Rechtsverletzungen zu ermöglichen.[1528] Aufgrund von Sinn und Zweck des Art. 19 IV GG wird sich hieraus jedoch kein allgemeiner Informationsanspruch außerhalb eines konkreten Verfahrens ergeben.[1529]

Es ist keine Rechtsprechung ersichtlich, die im Rahmen eines Strafprozesses bislang einen Anspruch auf Zugang zu allgemeinen Richtlinien und Erlassen

---

1521 Gusy, DVBl 1979, S. 721

1522 Insoweit ohne nähere Begründung Häfner/Gerlach, ZRP 1998, S. 123

1523 BVerwGE 47, S. 247 (252)

1524 v. Münch/Kunig, Art. 5 GG, Rn. 25

1525 BVerwGE 61, S. 15 (22)

1526 BVerwG NJW 1983, S. 2954

1527 OVG Berlin bei Lübbe-Wolff, DÖV 1980, S. 596

1528 Lübbe-Wolff, DÖV 1980, S. 599

1529 VGH Baden-Württemberg bei Lübbe-Wolff, DÖV 1980, S. 596; Lübbe-Wolff, DÖV 1980, S. 600

zugesprochen hat. Zudem bietet Art. 19 IV GG nur eine Rechtsweggarantie. Der Rechtsweg selbst bleibt jedoch auch ohne ein Einsichtsrecht gewahrt. Art. 19 VI GG ist daher nicht geeignet, um die geforderte Transparenz zu realisieren.

Da das Transparenzgebot als Ausprägung des Rechtsstaats- und Demokratieprinzips angesehen wird, könnte sich hieraus ein Anspruch auf Veröffentlichung allgemeiner Weisungen ergeben.

Zwar hat das Bundesverfassungsgericht einen entsprechenden subjektiven Anspruch auf Zugang zu den Verwaltungsvorschriften unmittelbar aus Art. 20 III GG abgelehnt,[1530] doch in objektiver Hinsicht wird eine Verpflichtung der Verwaltungsbehörden, Verwaltungsvorschriften auch nach außen hin zu veröffentlichen, aus dem Demokratie- und Rechtsstaatsprinzip abgeleitet.[1531] Hiermit korrespondierend wird von der Literatur auch ein entsprechendes Einsichtsrecht des Bürgers angenommen.[1532] Dies müsse bereits deshalb gewährt werden, damit der betroffene Bürger im Hinblick auf die aus Art. 3 GG resultierende Selbstbindung der Verwaltung, die Entscheidung der Exekutive nachvollziehen könne.[1533] Damit wird als eine Ausprägung des Transparenzgebotes die sogenannte „formelle Einsichtigkeit“ als Grund für verwaltungsrechtliche Veröffentlichungspflichten angesehen.[1534]

Da von den Gerichten jedoch das von der Literatur geforderte Einsichtsrecht nicht anerkannt wird, ist nach gegenwärtiger Rechtslage eine umfassende Transparenz bezüglich allgemeiner Weisungen und Erlassen nicht gewährleistet.

IV. Mögliche Gründe gegen die Publikation von Verwaltungsvorschriften

Fraglich ist, ob überzeugende Gründe einer Publikation allgemeiner Erlasse entgegenstehen.

Auch hinsichtlich der allgemeinen Weisungen könnte das bereits dargestellte Spannungsverhältnis zwischen Informationszugangsrecht einerseits und dem Recht auf informationelle Selbstbestimmung andererseits bestehen. Allerdings ist nicht ersichtlich, inwieweit durch die Publikation von Verwaltungsvorschriften bzw. allgemeinen Weisungen Persönlichkeitsrechte verletzt werden könnten.

Insbesondere gegen die Publikation von Informationen, die lediglich die Grundlagen des grundsätzlichen Verwaltungshandelns betreffen, wie Erlasse, Rundschreiben, Verwaltungsvorschriften und Dienstanweisungen ist – zumindest aus datenschutzrechtlicher Sicht – nichts einzuwenden.[1535]

1530 BVerwG NJW 1985, S. 1234

1531 v. Münch/Kunig, Art. 5 GG, Rn. 25 ; Maunz/Dürig, Art. 5 GG, Rn. 101; Gusy, DVBl 1979, S. 721; Lübbe-Wolff, DÖV 1980, S. 594 f

1532 Maunz/Dürig, Art. 5 GG, Rn. 101

1533 Sobota, S. 142

1534 Achternberg, S. 362

1535 Bleyl, DuD (22) 1998, S. 34

Fraglich ist, ob durch die Publikation allgemeiner Weisungen die Effizienz der Strafverfolgung beeinträchtigt werden könnte. Gerade in Bezug auf die Einstellung wegen Geringfügigkeit sehen entsprechende Erlasse Wertgrenzen (z. B. bei sogenannter Bagatellkriminalität) oder Höchstmengen (etwa bei Cannabis) vor. Hierin könnte man die Gefahr sehen, daß Delikte, die unter diese Grenzen fallen, als straffrei und erlaubt angesehen werden. Dem ist allerdings entgegenzuhalten, daß diese Richtlinien zumeist nur Soll-Vorschriften darstellen und sich der Straftäter nicht in völliger Sicherheit wiegen kann. Weiterhin birgt die Veröffentlichung entsprechender Richtlinien die Gefahr, daß sich die Betroffenen darauf einstellen: Damit kann es im Einzelfall schwieriger werden, festzustellen, ob bestimmte Fakten, auf die es für die Ermessensausübung ankommt, tatsächlich zutreffend sind oder vom Betroffenene nur gut „präpariert" wurden.[1536]

Diesen Risiken stehen aber – wie im folgenden gezeigt wird – gewichtige Argumente gegenüber, die für eine Veröffentlichung sprechen.

V. Forderung nach der Publikation allgemeiner Weisungen

Im Rahmen der vorliegenden Untersuchung konnte der Verfasser feststellen, daß der Umgang mit allgemeinen Weisungen zwischen den Bundesländern sehr unterschiedlich gehandhabt wird. Während einige Bundesländer jede Herausgabe ablehnten,[1537] waren die angeforderten Erlasse in anderen Ländern sogar weitgehend im Ministerialblatt oder anderen Publikationen veröffentlicht.[1538]

Ein weiteres Argument für die Publikation von Verwaltungsvorschriften ist die Gleichbehandlung. Es ist nicht einzusehen, daß ein Angeschuldigter in einem Bundesland mehr Informationszugänge hat als in einem anderen. So hängt es (mehr oder weniger) vom Zufall (bzw. vom Ort der Tatbegehung) ab, über welchen Kenntnisstand ein Angeschuldigter verfügen kann.

Für die Veröffentlichung von Verwaltungsvorschriften spricht, daß insofern eine Art faktischer „Gesetzgebung durch die Verwaltung" vorliegt, die – unabhängig von der Frage der Zulässigkeit einer solchen „Verwaltungsrechtsprechung" – zumindest eine Gleichbehandlung mit Rechtsnormen und von daher eine Veröffentlichung erfordert.[1539]

Durch die Unterscheidung von Rechtsnormen mit Außenwirkung und Verwaltungsvorschriften mit Innenwirkung wurden Verwaltungsvorschriften teilweise nicht als Rechtsquellen anerkannt[1540] und es kam zu einer Abqualifizierung der Verwaltungsvorschrift zu einer Art „Nicht-Recht".[1541]

1536 Lübbe-Wolff, DÖV 1980, S. 598
1537 So beispielsweise Bayern und Hamburg
1538 So etwa Niedersachsen
1539 Ähnlich auch Ossenbühl, S. 462; Lübbe-Wolff, DÖV 1980, S. 596 f
1540 Gusy, DVBl 1979, S. 721; vgl. auch bei Lübbe-Wolff, DÖV 1980, S. 597
1541 Vgl. bei Ossenbühl, S. 463

Entgegen dieser Auffassung kann auch Verwaltungsvorschriften eine rechtssatzgleiche Wirkung und insbesondere eine – zumindest mittelbare – Außenwirkung zukommen.[1542] Auch wenn Verwaltungsvorschriften keine Rechtsnormen sind, kommt ihnen dadurch Außenwirkung zu, daß sie tatsächlich angewendet werden und so zu einer Ermessensselbstbindung über Art. 3 GG führen.[1543]

Aufgrund dieser Rechtssatzgleichheit ist zu fordern, daß auch Verwaltungsvorschriften publik gemacht werden müssen.[1544] Erforderlich ist jedenfalls, daß der Betroffene hiervon Kenntnis erlangt.[1545]

Dabei muß der Betroffene nicht notwendigerweise mit dem Normadressaten identisch sein.[1546] Für den Bürger ist es von Interesse, zu erfahren, wie sich die Verwaltungspraxis innerhalb des gesetzlich eröffneten Rahmens einpendelt.[1547] Da somit nicht nur die Amtswalter (hier die Staatsanwälte) als Adressaten betroffen sind, sondern auch Dritte (hier also die Angeschuldigten), ist eine lediglich interne Veröffentlichung nicht ausreichend. Die Verwaltungsvorschrift entfaltet nämlich in diesen Fällen Wirkung gegenüber allen, die von ihr betroffen sind, so daß ihnen die Vorschrift auch bekannt gemacht werden muß.[1548]

Auch wenn Richtlinien und Erlasse keinen unmittelbaren Gesetzescharakter haben, so kommt gerade den wert- und mengenschematisierenden Verwaltungsvorschriften eine entsprechende faktische Wirkung zu.[1549] Es ist nicht ersichtlich, wieso der Bürger bzw. auch potentielle Straftäter keine Kenntnis von den Vorschriften haben sollten, die im Falle einer strafrechtlichen Bewertung auch mit zur Grundlage gemacht werden.

Eine Publikation der Verwaltungsvorschriften und auch der Erlasse und Richtlinien im Bereich der Staatsanwaltschaft dient letztlich auch der Rechtsklarheit und Rechtssicherheit.[1550] Zudem trägt eine entsprechende Veröffentlichung in hohem Maße dazu bei, den Anschein von „Geheimjustiz“ und auch politischer Beeinflussung zu vermeiden.

1542 Vgl. bei Ossenbühl, S. 463

1543 Lübbe-Wolff, DÖV 1980, S. 596; Gusy, DVBl 1979, S. 722; So hat auch – in einer verwaltungsrechtlichen Fallkonstellation – das OVG Berlin entschieden, daß der Bürger den Anspruch auf Gleichbehandlung nur dann geltend machen kann, wenn er die von der Behörde zugrundegelegten oder auf seinen Fall anzuwendenden Verwaltungsvorschriften kennt (OVG Berlin bei Lübbe-Wolff, DÖV 1980, S. 596).

1544 Ossenbühl, S. 464

1545 Ossenbühl, S. 463; Gusy, DVBl 1979, S. 724

1546 Gusy, DVBl 1979, S. 724

1547 Ossenbühl, S. 463

1548 Gusy, DVBl 1979, S. 724

1549 Insbesondere wurde im Rahmen der empirischen Untersuchung festgestellt, daß sich die Staatsanwälte regelmäßig an die Vorgaben der Richtlinien und Erlasse halten und nur in wenigen Fällen bereit sind hiervon abzuweichen; vgl. oben unter 12. Kapitel E. I. 5.

1550 Gusy, DVBl 1979, S. 724

Im Hinblick darauf, daß in objektiver Hinsicht eine aus dem Rechtsstaatsprinzip abgeleitete Publikationspflicht erforderlich erscheint[1551] und subjektive Informationsansprüche nur in unzureichendem Maße bestehen,[1552] ist es notwendig, einen entsprechenden Anspruch auf Zugang zu allgemeinen Richtlinien und Erlassen gesetzlich zu verankern.

1551 Vgl. oben unter 13. Kapitel D. V.

1552 Vgl. hierzu bereits oben 13. Kapitel D. III.

14. Kapitel: Fazit und Lösungsvorschlag

Die vorliegende Untersuchung hat gezeigt, daß dem Weisungsrecht durchaus eine wichtige Bedeutung zukommt. In der täglichen Praxis kommt der Staatsanwalt in erster Linie in Form von Richtlinien und allgemeinen Erlassen mit dem Weisungsrecht in Berührung. Das Weisungsrecht im Einzelfall spielt demgegenüber eine wesentlich geringere Rolle. Dennoch wird auch hiervon Gebrauch gemacht. In welcher Weise und in welchem Umfang dies geschieht, ist jedoch – je nach Vorgesetztem und Tätigkeitsbereich – sehr unterschiedlich.

Fest steht, daß nur wenige der befragten Staatsanwälte angeben konnten bzw. angegeben haben, in ihrem Berufsleben noch nie eine Weisung erhalten zu haben. Zwar kommt das Weisungsrecht in Routinefällen normalerweise nicht zum Tragen, es wird aber in öffentlichkeitsträchtigen Verfahren und Fällen mit politischem Hintergrund durchaus eingesetzt. In diesem Bereich wird auch seitens der Justizministerien mit Hilfe des externen Weisungsrechts tatsächlich steuernd in strafrechtliche Verfahren eingegriffen.

Daher hat die Diskussion um das Weisungsrecht nicht nur akademische Bedeutung, sondern es sollte ernsthaft über eine Umgestaltung der entsprechenden Vorschriften nachgedacht werden. Dies gilt vor allem im Hinblick darauf, daß die wissenschaftliche Auseinandersetzung nun schon beinahe 150 Jahre andauert, ohne daß sich konkrete praktische Auswirkungen gezeigt haben.

Wie dargestellt wurde, gibt es sowohl gute Argumente für die Beibehaltung des Weisungsrechts als auch für dessen Abschaffung. Wie aber gezeigt wurde, wirft das Weisungsrecht zahlreiche noch ungeklärte Fragen und Probleme auf:

Ein unerträglicher Zustand ist jedenfalls die Tatsache, daß der Begriff „Weisung" nach wie vor mit einer Unschärfe behaftet ist, da er sich weder sprachlich eindeutig bestimmen läßt, noch gesetzlich festgelegt ist. Zudem fehlt es an Regelungen, in welcher Form Weisungen erteilt werden müssen. Weiterhin sind keine oder allenfalls nur unzureichende Möglichkeiten gegeben, eine Weisung überprüfen zu lassen. Hinzu kommt, daß nicht nur die grundsätzliche Gefahr einer sachfremden, politischen Einflußnahme gegeben ist, sondern die Staatsanwaltschaft hierdurch auch in der Öffentlichkeit in ein zweifelhaftes Licht gerückt wird. Dieser Eindruck wird dadurch verstärkt, daß die entsprechenden Vorgänge relativ intransparent gehandhabt werden und damit Raum für Spekulationen öffnen.

Demgegenüber dürfen aber die positiven Aspekte des Weisungsrechts und zwar vor allem des internen nicht übersehen werden. Zum einen wird die Öffentlichkeit vor Willkürakten einzelner Staatsanwälte geschützt, da die Vorgesetzten eine Kontrolle ausüben können. Zudem kann über dieses Instrument auch eine Koordination bezüglich der staatsanwaltlichen Arbeit erreicht werden.

Wie das gegenwärtige System umgestaltet werden kann, ist nicht zuletzt eine Frage der Praktikabilität. Bei Abschaffung des Weisungsrechts müßten andere

Sicherungsmechanismen dessen Aufgaben übernehmen. Es bietet sich daher an, das Weisungsrecht dem Grunde nach beizubehalten und zu modifizieren.

Zunächst ist zur Vermeidung von Unklarheiten sowie aus Gründen der Rechtssicherheit eine Definition der Weisung erforderlich. Es sollte daher in Anlehnung an § 29 Abs. 1 S. 1 ÖStAG gesetzlich festgelegt werden, daß eine verbindliche Weisung nur dann vorliegt, wenn diese schriftlich erteilt und als solche ausdrücklich bezeichnet ist, wobei diese begründet werden muß. Auch wenn sich die österreichische Regelung nur auf Weisungen vorgesetzter Behörden bezieht, sollte diese Form der Weisung auch auf das Weisungsrecht innerhalb der Behörde ausgedehnt werden, um mögliche Mißverständnisse zu vermeiden.[1553] Zudem wird dadurch gewährleistet, daß der Vorgesetzte, der eine Anweisung erteilt, auch klar hierfür einstehen und die Verantwortung übernehmen muß. Diese Verantwortung des Anweisenden sollte gesetzlich auch noch einmal ausdrücklich klargestellt werden. In Ausnahmefällen, wie etwa bei Gefahr im Verzug, soll auch eine mündliche Weisungserteilung möglich bleiben, wobei dann eine schriftliche Bestätigung folgen muß. Ebenfalls sollten von dieser Regelung solche Weisungen ausgenommen werden, die sich auf die Koordination der Ermittlungen beziehen, um hierdurch noch genügend Flexibilität zu ermöglichen.

Diese Festlegungen schließen nicht aus, daß weiterhin informelle Gespräche geführt werden können, wobei der Vorgesetzte durch Sachautorität versuchen kann, den Staatsanwalt zu überzeugen. Allerdings hätte dann der Staatsanwalt eine bessere Absicherung, da er eine mündliche „Weisung“ problemlos als unverbindlichen Ratschlag auffassen kann. Der Vorgesetzte, der seine Weisung jedoch verbindlich durchsetzen will, ist gezwungen, eine Weisung förmlich zu erteilen und damit auch hierfür die Verantwortung zu übernehmen. Um das Betriebsklima bzw. das Verhältnis zum Staatsanwalt nicht unnötig zu belasten, wird ein Vorgesetzter auch von sich aus überlegen, ob die Erteilung einer Weisung unbedingt erforderlich ist. Dadurch wird eine weitere Kontrolle erreicht und die Anzahl von Weisungen auf das unumgängliche Maß beschränkt.

Zusätzlich sollte eine Kontrollinstanz geschaffen werden, bei welcher der Staatsanwalt die Möglichkeit hat, die Rechtmäßigkeit einer ihm erteilten Weisung überprüfen zu lassen. Diese Aufgabe sollte – wie von Teilen der Literatur vorgeschlagen – ein aus der Staatsanwaltschaft gewähltes Dreier-Gremium wahrnehmen, dem im Konfliktfall zwischen Dezernent und Vorgesetztem die Entscheidung zukommt.

Um die Weisungen transparenter zu machen, sollte weiterhin eine dem § 31 ÖStAG entsprechende Regelung geschaffen werden, die eine Offenlegung ermöglicht, von welcher Behörde und in welcher Richtung eine Weisung zur Sachbehandlung erteilt wurde.

1553 Einer deutlichen Weisung kann der Angewiesene – zumal wenn sie schriftlich erteilt wird – mit konkreten Gegenvorstellungen entgegnen; vgl. Günter, S. 140

In Anbetracht der bereits beschriebenen Gefahren politischer Einflußnahmen sollte das externe Weisungsrecht weitergehend eingeschränkt werden, indem das Weisungsrecht der Justizminister im Einzelfall vollständig abgeschafft wird, da hierfür kein sachlicher Grund vorliegt. Die Möglichkeit, allgemeine Richtlinien zu erlassen, kann den Justizministerien der Länder belassen werden, um eine landeseinheitliche Rechtsausübung zu fördern. Damit wäre auch ausreichend gesichert, daß kein ministerialfreier Raum entsteht.

Um jedoch auch diesbezüglich Transparenz zu gewährleisten, muß hinsichtlich der allgemeinen Richtlinien und Erlasse eine Publikationspflicht gesetzlich verankert werden.

Dieser Vorschlag kann sicherlich nicht alle „Schattenseiten des Weisungsrechts" beseitigen und die wissenschaftliche Diskussion beenden. Das vorgeschlagene Lösungsmodell orientiert sich an den gewonnenen Erkenntnissen bezüglich der rechtstatsächlichen Bedeutung des Weisungsrechts. Es versucht, die akademische Diskussion aus der „Sackgasse" zu führen und durch die Übernahme vorteilhafter Regelungen aus Österreich über den „Tellerrand" zu blicken. Durch eine klare Definition des Weisungsbegriffs wird der Weg für weitere empirische Untersuchungen bezüglich der tatsächlichen Handhabung des Weisungsrecht geöffnet.

Nachdem die wechselseitigen Argumente pro und contra des Weisungsrechts ausgetauscht sind, ist es nun an der Zeit, die Konsequenzen zu ziehen und die praktische Umsetzung anzugehen, so wie es in Österreich bereits mit der Einführung des Staatsanwaltsgesetzes im Jahr 1986 geschehen ist.

Anhang I: Schaubilder

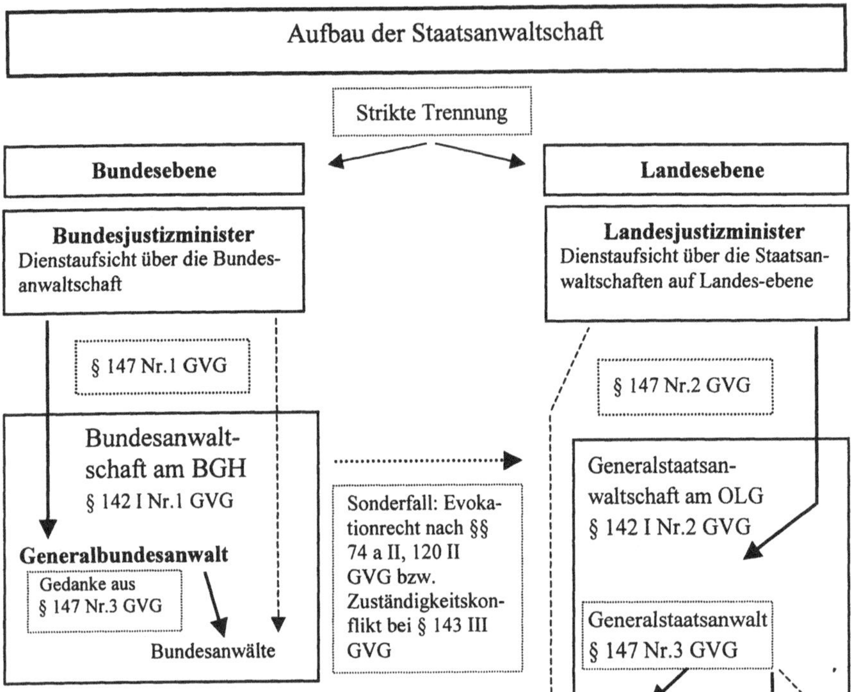

Innerhalb des monokratischen Behördenaufbaus sind nach § 146 GVG die Beamten der Staatsanwaltschaft verpflichtet, den dienstlichen Anweisungen ihres Vorgesetzten nachzukommen. Dementsprechend wird § 146 GVG durch § 147 ergänzt, der regelt, wem das Aufsichts- und Leitungsrecht zusteht. Dabei wird zwischen dem externen Weisungsrecht der Justizminister aus § 147 Nr.1 und Nr.2 GVG und dem internen Weisungsrecht der Behördenleiter nach § 147 Nr.3 GVG unterschieden. Dabei erfolgt eine strikte Trennung zwischen Bundesebene und Landesebene, die lediglich durch die sog. „Evokation" nach §§ 74a II, 120 II GVG bzw. im Falle eines Zuständigkeitskonflikts nach § 143 III GVG durchbrochen wird. Maßnahmen der Dienstaufsicht sind neben der eigentlichen Sachweisung des § 146 GVG als „Sonderfälle" der Weisung das Recht zur Devolution (Übernahme des Verfahrens) und Substitution (Ablösung eines Staatsanwalts) nach § 145 I GVG. Dabei steht jedoch nach hM den Justizministern zwar als Maßnahme der Dienstaufsicht ebenso wie den Behördenleitern ein Substitutionsrecht zu, nicht aber die Möglichkeit der Devolution, da es sich bei dem Ermittlungsverfahren um eine originär staatsanwaltliche Aufgabe handelt, der Justizminister aber kein Staatsanwalt ist.

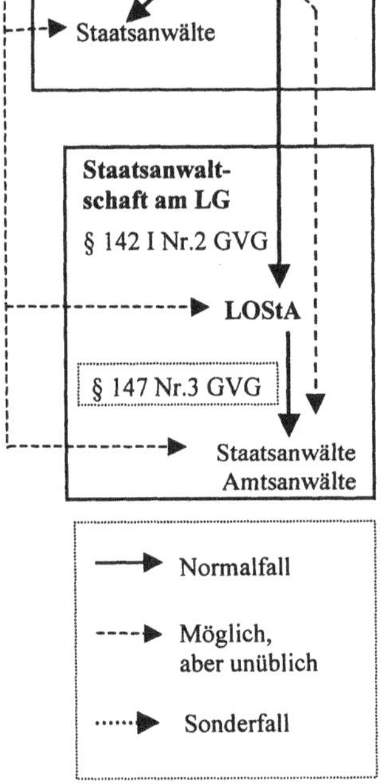

Umfang des Weisungsrechts de lege lata nach herrschender Meinung

Allgemeine Grenzen des Weisungsrechts:

Bindung an Recht- und Gesetz nach Art. 20 III GG	Verbot sachfremder Erwägungen	Zuständigkeit	umfassender Kenntnisstand	Verpflichtung zur Objektivität nach § 160 II StPO	Erteilung der Weisung zu dienstlichen Zwecken

Spezielle Weisungsgrenzen hinsichtlich des Legalitätsprinzips:

Grundsätzlich: Möglichkeit von Weisungen auch im Anwendungsbereich des Legalitätsprinzips, insbesondere zu Tat-, Verfahrens- und Rechtsfragen.

Grenze: Allgemeine Weisungsgrenzen (s.o.)

Zusätzlich bezüglich der Rechtsfragen: Bindung an höchstrichterliche Rechtsprechung

Aber: Möglichkeit bei einer streitigen Rechtsfrage zur weiteren Überprüfung „gegen ständige Rechtsprechung anzuklagen".

Spezifische Grenzen des Weisungsrechts im Rahmen des Opportunitätsprinzips:

Die spezifischen Grenzen im Rahmen des Opportunitätsprinzips sind im Grunde bereits durch die allgemeinen Grenzen des Art. 20 III GG mitumfaßt. Im Einzelnen:

Beurteilungsspielraum (Tatbestandsseite)	Ermessensbereich (Rechtsfolgenseite)
Die Auslegung muß fehlerfrei erfolgen. Fehler im Bereich des Beurteilungsspielraumes sind:	Die Entscheidung muß ermessensfehlerfrei erfolgen. Ermessensfehler sind:
Annahme eines unzutreffenden Sachverhalts	Ermessensnichtgebrauch
Verkennung des auszulegenden Begriffs	Ermessensüberschreitung
Verkennung d. gesetzl. vorgegebenen Rahmens	Ermessensfehlgebrauch, v.a.: Sachfremde Erwägungen, Nichtberücksichtigung maßgeblicher gesetzlicher Punkte, Verstoß gegen Grundrechte
Nichtbeachtung allgemeingültiger Wertmaßstäbe	
Sachfremde Erwägungen	

Spezifische Grenzen des externen Weisungsrechts

Legalitätsprinzip	Opportunitätsprinzip
↓	↓
Dem Justizminister ist die Prognose über die Tatfrage nach § 170 I StPO entzogen. Weiterhin darf der Justizminister nicht die Zugrundelegung seiner eigenen Rechtsauffassung anordnen. Er darf allenfalls die Zugrundelegung offensichtlich und eindeutig rechtswidriger Entscheidungen verhindern.	Im Rahmen des Opportunitätsprinzips gelten für das externe Weisungsrecht die gleichen Grenzen wie bezüglich des internen Weisungsrechts (s.o.).

Anhang II: Musterfragebogen

Michael Krebs **Musterfragebogen**

Weisungsgebundenheit der Staatsanwaltschaft

Inwiefern wird die staatsanwaltliche Tätigkeit durch Weisungen von Vorgesetzten beeinflußt? Eine hessenweite Umfrage im Rahmen eines Promotionsvorhabens an der Johann-Wolfgang-Goethe-Universität Frankfurt.

Alle Angaben sind freiwillig und dienen lediglich der statistischen Erhebung der Daten. In jedem Fall wird absolute Anonymität und Diskretion zugesichert. Insbesondere werden die Fragebögen weder anderen Bediensteten der Staatsanwaltschaft noch Dritten zugänglich gemacht. Sämtliche Fragebögen werden nach der Auswertung vernichtet.

Allgemeine Angaben :

Staatsanwaltschaft:
(es folgt die Angabe der Gerichtsbezirke)

- ❑ OLG Frankfurt/Main
- ❑ LG Frankfurt
- ❑ LG Darmstadt
- ❑ LG Darmstadt - Zweigstelle Offenbach
- ❑ LG Fulda
- ❑ LG Gießen
- ❑ LG Hanau
- ❑ LG Kassel
- ❑ LG Limburg (Lahn)
- ❑ LG Limburg (Lahn) - Zweigstelle Wetzlar
- ❑ Marburg (Lahn)
- ❑ Wiesbaden

Dienstbezeichnung:

- ❑ Staatsanwalt / Staatsanwältin
- ❑ Oberstaatsanwalt / Oberstaatsanwältin

Tätigkeit als Staatsanwalt/Staatsanwältin seit: ____________

Dezernat:

- ❑ Buchstabenabteilung
- ❑ BtMG-Abteilung
- ❑ Wirtschaftskriminalität
- ❑ Politische Kriminalität
- ❑ Organisierte Kriminalität
- ❑ ____________________

Sofern sie weitere Angaben und/oder Ausführungen für erforderlich halten, werden Sie gebeten, diese formlos auf dem Fragebogen zu vermerken.

Untersuchungsschwerpunkt 1: Allgemeine Weisungen

Werden Sie von allgemeinen Weisungen (Richtlinien, Erlasse, Rundverfügungen...) beeinflußt? Bitte benennen Sie bis zu 5 Weisungen, die Ihre Tätigkeit besonders betreffen. Beispiel: „RiStBV" oder „Zur Einstellungspraxis bei Haschischkonsum" etc...

Weisung Nr. ①: ______________________ (Bezeichnung der allg. Weisung)

❑ Verbindliche Anweisung ohne Ermessen
❑ Soll-Vorgabe, Abweichen problemlos möglich
❑ Soll-Vorgabe, bei Abweichen: Berichtspflicht
❑ Soll-Vorgabe, bei Abweichen: Begründungspflicht

Urheber: ❑ Justizministerium ❑ Generalstaatsanwalt ❑ LOStA

Weisung Nr. ②: ______________________ (Bezeichnung der allg. Weisung)

❑ Verbindliche Anweisung ohne Ermessen
❑ Soll-Vorgabe, Abweichen problemlos möglich
❑ Soll-Vorgabe, bei Abweichen: Berichtspflicht
❑ Soll-Vorgabe, bei Abweichen: Begründungspflicht

Urheber: ❑ Justizministerium ❑ Generalstaatsanwalt ❑ LOStA

Weisung Nr. ③: ______________________ (Bezeichnung der allg. Weisung)

❑ Verbindliche Anweisung ohne Ermessen
❑ Soll-Vorgabe, Abweichen problemlos möglich
❑ Soll-Vorgabe, bei Abweichen: Berichtspflicht
❑ Soll-Vorgabe, bei Abweichen: Begründungspflicht

Urheber: ❑ Justizministerium ❑ Generalstaatsanwalt ❑ LOStA

Weisung Nr. ④: ______________________ (Bezeichnung der allg. Weisung)

❑ Verbindliche Anweisung ohne Ermessen
❑ Soll-Vorgabe, Abweichen problemlos möglich
❑ Soll-Vorgabe, bei Abweichen: Berichtspflicht
❑ Soll-Vorgabe, bei Abweichen: Begründungspflicht

Urheber: ❑ Justizministerium ❑ Generalstaatsanwalt ❑ LOStA

Weisung Nr. ⑤: ______________________ (Bezeichnung der allg. Weisung)

❑ Verbindliche Anweisung ohne Ermessen
❑ Soll-Vorgabe, Abweichen problemlos möglich
❑ Soll-Vorgabe, bei Abweichen: Berichtspflicht
❑ Soll-Vorgabe, bei Abweichen: Begründungspflicht

Urheber: ❑ Justizministerium ❑ Generalstaatsanwalt ❑ LOStA

❑ Nein, in meinem Tätigkeitsbereich bin ich mit allgemeinen Weisungen in keiner Weise konfrontiert.

Sofern Ihnen eine Weisung einen Spielraum eröffnet: Richten Sie sich nach der Vorgabe oder vertreten Sie abweichende Ansichten? Bitte beziehen Sie sich auf die unter A. bezeichneten Weisungen und kreuzen Sie Ihr Verhalten bezüglich der entsprechenden Richtlinie an.

Es sind mehrere Antworten zulässig, etwa für verschiedene Bereiche der RiStBV.

I. Bei problemlos möglichem Abweichen:

Weisung Nr.:					
Ich orientiere mich an der Vorgabe					
Wenn es mir richtig erscheint, weiche ich ab					
Ich kümmere mich überhaupt nicht um die Richtlinie					

Sonstiges/Anmerkungen:

___

II. Bei Berichtspflichten:

Weisung Nr.:					
Ich orientiere mich an der Vorgabe					
Wenn es mir richtig erscheint, weiche ich ab					
Ich kümmere mich überhaupt nicht um die Richtlinie					

Sonstiges/Anmerkungen:

___

III. Bei Begründungspflichten:

Weisung Nr.:					
Ich orientiere mich an der Vorgabe					
Wenn es mir richtig erscheint, weiche ich ab					
Ich kümmere mich überhaupt nicht um die Richtlinie					

Sonstiges/Anmerkungen:

___

Wie würden Sie die Häufigkeit dieser allgemeinen Weisungen in den letzten Jahren beurteilen?

❑ Sie haben deutlich abgenommen.

❑ Sie haben abgenommen

❑ Es hat sich nichts geändert

❑ Sonstiges:

___
___
___
___
___

❑ Sie haben zugenommen

❑ Sie haben deutlich zugenommen

Untersuchungsschwerpunkt 2: Konkrete Beeinflussung der staatsanwaltlichen Tätigkeit durch Weisungen

Bitte geben Sie an, ob und inwieweit Ihnen im Rahmen Ihrer Tätigkeit Weisungen durch Ihre Vorgesetzten erteilt wurden.

A. Selbständigkeit der Dezernatstätigkeit am Schreibtisch

I. Wie hoch schätzen Sie die Fremdbeeinflussung ihrer Schreibtischarbeit ein?

❑ sehr hoch ❑ hoch ❑ durchschnittlich ❑ gering ❑ äußerst gering/keine

II. Sofern es zu einer Fremdbeeinflußung kommt, bezieht sich diese vor allem auf:

❑ Tatfragen: ca.___ %	❑ Rechtsfragen: ca.___%	❑ Verfahrensfragen: ca.___%
zB. hinsichtlich der Frage, ob nach dem bisherigen Ermittlungsergebnis ein hinreichender Tatverdacht gegeben ist	zB. bei einer streitigen noch nicht höchstrichterlich geklärten Rechtsfrage	zB. ob Anklage und wenn ja in welcher Form (zB. Strafbefehl) erhoben oder ein Verfahren nach § 153 ff StPO eingestellt werden soll

III. Diese teilen sich prozentual in etwa wie folgt auf:

	Tatfragen (100%)	Rechtsfragen (100%)	Verfahrensfragen (100%)
Allgemeine schriftliche Vorgaben ohne Einzelfallbezug	ca.: %	ca.: %	ca.: %
"Echte" verbindliche schriftliche Weisungen im Einzelfall	ca.: %	ca.: %	ca.: %
"Echte" verbindliche mündliche Weisungen im Einzelfall	ca.: %	ca.: %	ca.: %
Durch Gespräche mit Vorgesetzten und deren (unverbindlichen) Empfehlungen, die vom Vorgesetzten initiiert wurden	ca.: %	ca.: %	ca.: %
Durch Gespräche mit Vorgesetzten und deren (unverbindlichen) Empfehlungen, die Sie selbst gesucht haben	ca.: %	ca.: %	ca.: %

IV. Exemplarische Fragen zur Schreibtischtätigkeit:

❑ Ein Vorgesetzter übernahm eines meiner Ermittlungsverfahren komplett oder teilweise (Devolutionsrecht)

Dies kommt etwa _____ mal im Jahr vor / Dies kam in meiner Laufbahn etwa _____ mal vor.

❑ Ich wurde in einem Verfahren durch einen anderen Staatsanwalt abgelöst (Substitutionsrecht)

Dies kommt etwa _____ mal im Jahr vor / Dies kam in meiner Laufbahn etwa _____mal vor.

❑ Neben der generellen Berichtspflicht sollte ich ausdrücklich in einem bestimmten Verfahren meinem/n Vorgesetzten Bericht erstatten

❑ "Echte" Weisung
_____ mal/Jahr / _____mal/Laufbahn

❑ vom Vorgesetzen "nahegelegt"
_____ mal/Jahr / _____mal/Laufbahn

❑ Es ging um die Auslegung einer streitigen Rechtsfrage.

❑ "Echte" Weisung
_____ mal/Jahr / _____mal/Laufbahn

❑ vom Vorgesetzen "nahegelegt"
_____ mal/Jahr / _____mal/Laufbahn

❑ Ein bestimmtes Verfahren sollte eingestellt werden

❑ "Echte" Weisung
_____ mal/Jahr / _____mal/Laufbahn

❑ vom Vorgesetzen "nahegelegt"
_____ mal/Jahr / _____mal/Laufbahn

❑ Die Einstellung eines bestimmten Verfahrens sollte unterlassen bzw. die Ermittlungen sollten wieder aufgenommen werden.

❑ "Echte" Weisung
_____ mal/Jahr / _____mal/Laufbahn

❑ vom Vorgesetzen "nahegelegt"
_____ mal/Jahr / _____mal/Laufbahn

❑ Es sollte ein Fall im Strafbefehlsverfahren bearbeitet werden

❑ "Echte" Weisung
_____ mal/Jahr / _____mal/Laufbahn

❑ vom Vorgesetzen "nahegelegt"
_____ mal/Jahr / _____mal/Laufbahn

❑ Es sollte ein Fall nicht im Strafbefehlsverfahren behandelt, sondern angeklagt werden.

❑ "Echte" Weisung
_____ mal/Jahr / _____mal/Laufbahn

❑ vom Vorgesetzen "nahegelegt"
_____ mal/Jahr / _____mal/Laufbahn

❑ Es sollte in einem bestimmten Fall ausdrücklich ein Rechtsmittel eingelegt werden,

❑ "Echte" Weisung
_____ mal/Jahr / _____mal/Laufbahn

❑ vom Vorgesetzen "nahegelegt"
_____ mal/Jahr / _____mal/Laufbahn

❑ Es sollte in einem bestimmten Fall ausdrücklich auf ein Rechtsmittel verzichtet werden

❑ "Echte" Weisung
_____ mal/Jahr / _____mal/Laufbahn

❑ vom Vorgesetzen "nahegelegt"
_____ mal/Jahr / _____mal/Laufbahn

❑ Sonstiges, und zwar: ____

❑ "Echte" Weisung ❑ vom Vorgesetzen "nahegelegt"
_____ mal/Jahr / _____mal/Laufbahn _____ mal/Jahr / _____mal/Laufbahn

❑ Bislang wurden mir hinsichtlich der Schreibtischarbeit noch keinerlei Weisungen erteilt

B. In der Hauptverhandlung

❑ Es kam bereits vor, daß mich ein vorgesetzter Staatsanwalt in die Hauptverhandlung begleitete, wobei die Initiative von ihm ausging. Dies war bisher etwa .... mal der Fall.

❑ Ich wurde noch nicht auf dessen Initiative hin von einem vorgesetzten Staatsanwalt in die Hauptverhandlung begleitet.

Die folgenden Punkte bezieht sich auf prognostische Vorerörterungen, die gegebenenfalls mit dem Vorgesetzten im Vorfeld der Hauptverhandlung stattfinden. Beispiel: Falls sich der erwartete Verhandlungsverlauf bestätigt, soll ein bestimmter Schlußantrag gestellt werden.

I. Wie hoch schätzen Sie die Fremdbeeinflussung bezüglich der Hauptverhandlung ein?

❑ sehr hoch ❑ hoch ❑ durchschnittlich ❑ gering ❑ äußerst gering / keine

II. Wie kommt diese Fremdbeeinflussung zustande?

Allgemeine schriftliche Vorgaben ohne Einzelfallbezug	ca. %
"Echte" verbindliche schriftliche Weisungen im Einzelfall	ca. %
"Echte" verbindliche mündliche Weisungen im Einzelfall	ca. %
Durch Gespräche mit Vorgesetzten und deren (unverbindlichen) Empfehlungen, die vom Vorgesetzten initiiert wurden	ca. %
Durch Gespräche mit Vorgesetzten und deren (unverbindlichen) Empfehlungen, die Sie selbst gesucht haben	ca. %

III. Exemplarische Fragen zur Tätigkeit in der Hauptverhandlung:

❑ *Es sollte ein Antrag auf Ausschluß der Öffentlichkeit gestellt werden*

❑ "Echte" Weisung ❑ vom Vorgesetzen "nahegelegt"
_____ mal/Jahr / _____mal/Laufbahn _____ mal/Jahr / _____mal/Laufbahn

❑ *Es sollte ein Antrag auf Ausschluß der Öffentlichkeit unterlassen werden*

❑ "Echte" Weisung ❑ vom Vorgesetzen "nahegelegt"
_____ mal/Jahr / _____mal/Laufbahn _____ mal/Jahr / _____mal/Laufbahn

❑ *Mir wurde hinsichtlich der Tatfrage des Angeklagten eine Anweisung erteilt*

❑ "Echte" Weisung ❑ vom Vorgesetzen "nahegelegt"
_____ mal/Jahr / _____mal/Laufbahn _____ mal/Jahr / _____mal/Laufbahn

❑ *Ich sollte in der Hauptverhandlung eine bestimmte Rechtsauffassung vertreten*

❑ "Echte" Weisung
_____ mal/Jahr / _____mal/Laufbahn

❑ vom Vorgesetzen "nahegelegt"
_____ mal/Jahr / _____mal/Laufbahn

❑ *Es sollte ein bestimmter Beweisantrag gestellt werden*

❑ "Echte" Weisung
_____ mal/Jahr / _____mal/Laufbahn

❑ vom Vorgesetzen "nahegelegt"
_____ mal/Jahr / _____mal/Laufbahn

❑ *Es sollte ein bestimmter Beweisantrag unterlassen werden*

❑ "Echte" Weisung
_____ mal/Jahr / _____mal/Laufbahn

❑ vom Vorgesetzen "nahegelegt"
_____ mal/Jahr / _____mal/Laufbahn

❑ *Es sollte ein bestimmter Schlußantrag gestellt werden*

❑ "Echte" Weisung
_____ mal/Jahr / _____mal/Laufbahn

❑ vom Vorgesetzen "nahegelegt"
_____ mal/Jahr / _____mal/Laufbahn

❑ *Sonstige, und zwar:* ________________________________

❑ "Echte" Weisung
_____ mal/Jahr / _____mal/Laufbahn

❑ vom Vorgesetzen "nahegelegt"
_____ mal/Jahr / _____mal/Laufbahn

❑ *Bislang wurden mir hinsichtlich der Schreibtischarbeit noch keinerlei Weisungen erteilt*

Untersuchungsschwerpunkt 3: Subjektiver Gesamteindruck / Ausblick auf Reformen

I. „Weisende Gespräche“

1. Wie würden Sie die Häufigkeit von Besprechungen beurteilen, die vom Vorgesetzten angeregt wurden und in denen Ihnen ein bestimmtes Verhalten "nahegelegt" wurde? Sie sind:

❑ sehr zurückgegangen ❑ zurückgegangen ❑ gleichgeblieben ❑ angestiegen ❑ sehr angestiegen

2. Wie haben Sie bei / nach solchen Gesprächen reagiert? (Bitte gewichten Sie in %)

❑ Im Hinblick auf die Möglichkeit einer ausdrücklichen Weisung habe ich eingelenkt. ca. _____%

❑ Ich habe eingelenkt, weil ich erkannt habe, daß mein Vorgesetzter Recht hat. ca. ______%

❑ Ich habe eingelenkt, um unnötige Komplikationen zu vermeiden. ca. ______%

❑ Ich bin bei meinen Standpunkt geblieben und erhielt daraufhin eine ausdrückliche Weisung. ca.____%

❑ Ich bin bei meinem Standpunkt geblieben. Dies hatte keine Konsequenzen. ca. ______%

❑ Sonstiges.: ____ ca. ______%

II. „Echte Weisungen“

Wie würden Sie die Häufigkeit von "echten" Weisungen in den letzten Jahren beurteilen? Sie sind:

❑ sehr zurückgegangen ❑ zurückgegangen ❑ gleichgeblieben ❑ angestiegen ❑ sehr angestiegen

III. Wie würden Sie das Weisungsrecht beurteilen?

Allgemeine Weisungen sind:	"Echte" Weisungen sind:	"weisende Gespräche" sind:
❑ eine deutliche Belastung ❑ eine Belastung ❑ eine geringe Belastung ❑ keine Belastung ❑ zweckmäßig und sinnvoll ❑ Sonstiges:____________ ____________________	❑ eine deutliche Belastung ❑ eine Belastung ❑ eine geringe Belastung ❑ keine Belastung ❑ zweckmäßig und sinnvoll ❑ Sonstiges:____________ ____________________	❑ eine deutliche Belastung ❑ eine Belastung ❑ eine geringe Belastung ❑ keine Belastung ❑ zweckmäßig und sinnvoll ❑ Sonstiges:____________ ____________________

IV. Wie stehen Sie zu Reformvorschlägen hinsichtlich des Weisungsrechts?

❑ Das Weisungsrecht sollte beibehalten werden ❑ Das Weisungsrecht sollte abgeschafft werden

❑ Sonstiges: ____

____

V. Haben Sie Vorschläge oder Anregungen zum Thema "Weisungsgebundenheit der Staatsanwaltschaft?"

____

____

____

____

____

____

Anhang III: Ergänzende Tabellen

I. Bereiche der Fremdbeeinflussung

Tabelle 13 a : Einzelaufschlüsselung der Bereiche der Fremdbeeinflussung (in %)

Lfd. Nr.	Tatfragen	Rechtsfragen	Verfahrensfragen
1	50,00	0,00	50,00
2	30,00	15,00	55,00
3	20,00	5,00	75,00
4	5,00	25,00	70,00
5	0,00	0,00	100,00
6	10,00	35,00	55,00
7	20,00	50,00	30,00
8	0,00	10,00	90,00
9	0,00	0,00	100,00
10	0,00	20,00	80,00
11	33,30	33,30	33,30
12	50,00	0,00	50,00
13	0,00	5,00	95,00
14	0,00	50,00	50,00
15	30,00	10,00	60,00
15	20,00	50,00	30,00
17	100,00	0,00	0,00
18	0,00	0,00	100,00
19	5,00	5,00	90,00
20	0,00	50,00	50,0
21	0,00	0,00	100,0
22	50,00	0,00	50,00
23	100,00	0,00	0,00
24	0,00	0,00	100,0
25	0,00	50,00	50,00
26	0,00	10,00	90,00
27	30,00	0,00	70,00
28	0,00	0,00	100,00
29	33,30	33,30	33,30
30	5,00	5,00	90,00
31	0,00	70,00	30,00
32	0,00	0,00	100,00
33	20,00	50,00	30,00
34	10,00	5,00	85,00
35	0,00	50,00	50,00
Summe der %	621,60	636,60	2241,60
% im Schnitt	17,76	18,19	64,05

Anzahl der verwertbaren Bögen: 35

Hinsichtlich der Bereiche der Fremdbeeinflussung waren letztlich 35 Fragebögen verwertbar. Es wurde eine durchschnittliche Prozentverteilung ermittelt, indem die Prozente addiert und damit die Prozentgesamtzahl errechnet wurde. Anschließend wurden diese Werte durch die

Anzahl der verwertbaren Fragebögen dividiert und hierdurch die Durchschnittsprozentzahl ermittelt.

II. Einzelaufschlüsselung der Ursachen der Fremdbeeinflussung (Schreibtisch)

Tabelle 14 a : Einzelaufschlüsselung der Ursachen der Fremdbeeinflussung bezogen auf Tatfragen (in %)

Lfd. Nr.	Allgemeine Weisungen	"Echte" schriftliche Weisungen	"Echte mündliche Weisungen	Gespräche vom Vorgesetzten initiiert	Gespräche selbst initiiert
1					
2					
3	0,00	0,00	0,00	30,00	70,00
4					
5	0,00	0,00	0,00	50,00	50,00
6					
7	0,00	0,00	0,00	0,00	100,00
8					
9	0,00	0,00	0,00	50,00	50,00
10	0,00	5,00	5,00	90,00	0,00
11					
12	0,00	0,00	0,00	100,00	0,00
13	0,00	0,00	0,00	70,00	30,00
14					
15					
16	0,00	0,00	0,00	50,00	50,00
17					
18	0,00	0,00	0,00	10,00	90,00
19					
20					
21					
22	0,00	0,00	0,00	20,00	80,00
23	0,00	0,00	50,00	50,00	0,00
24	0,00	1,00	49,00	1,00	49,00
25					
26					
27					
28					
29	0,00	0,00	0,00	20,00	80,00
Summe der %	0,00	6,00	104,00	541,00	649,00
% im Schnitt	0,00	0,46	8,00	41,62	49,92

Keine Angaben / Nicht verwertbar: 61

Hinsichtlich dem Bereich Tatfragen wurde die Frage nach den Ursachen der Fremdbeeinflussung von 13 Staatsanwälten verwertbar beantwortet.

Hier wurden wiederum die Gesamtprozente durch Addition ermittelt und anschließend der Durchschnittsprozentwert berechnet, indem dieser Gesamtwert durch die Anzahl der verwertbaren Bögen dividiert wurde.

Tabelle 14 b: Einzelaufschlüsselung der Ursachen der Fremdbeeinflussung bezogen auf Rechtsfragen (in %)

Lfd. Nr.	Allgemeine Weisungen	"Echte" schriftliche Weisungen	"Echte mündliche Weisungen	Gespräche vom Vorgesetzten initiiert	Gespräche selbst initiiert
1	0,00	0,00	0,00	90,00	10,00
2	0,00	0,00	0,00	100,00	0,00
3					
4					
5	10,00	0,00	0,00	45,00	45,00
6					
7	0,00	0,00	0,00	100,00	0,00
8	100,00	0,00	0,00	0,00	0,00
9	0,00	0,00	0,00	50,00	50,00
10					
11					
12					
13					
14	80,00	0,00	0,00	20,00	0,00
15	0,00	0,00	0,00	50,00	50,00
16	0,00	0,00	0,00	50,00	50,00
17					
18	0,00	0,00	0,00	10,00	90,00
19					
20	0,00	0,00	0,00	0,00	100,00
21					
22	0,00	0,00	0,00	10,00	90,00
23	0,00	0,00	0,00	0,00	100,00
24	15,00	0,00	20,00	5,00	60,00
25					
26					
27	0,00	0,00	0,00	10,00	90,00
28					
29	40,00	0,00	0,00	30,00	30,00
Summe der %	245,00	0,00	20,00	470,00	865,00
% im Schnitt	15,31	0,00	1,25	29,38	54,06

Keine Angaben / Nicht verwertbar: 58

Hinsichtlich dem Bereich Rechtsfragen wurde die Frage nach den Ursachen der Fremdbeeinflussung von 16 Staatsanwälten verwertbar beantwortet.

Hier wurden wiederum die Gesamtprozente durch Addition ermittelt und anschließend der Durchschnittsprozentwert berechnet, indem dieser Gesamtwert durch die Anzahl der verwertbaren Bögen dividiert wurde.

Tabelle 14 c : Einzelaufschlüsselung der Ursachen der Fremdbeeinflussung bezogen auf Verfahrensfragen (in %)

Lfd. Nr.	Allgemeine Weisungen	"Echte" schriftliche Weisungen	"Echte mündliche Weisungen	Gespräche vom Vorgesetzten initiiert	Gespräche selbst initiiert
1	0,00	0,00	0,00	90,00	10,00
2					
3	0,00	0,00	0,00	20,00	80,00
4	10,00	0,00	0,00	60,00	30,00
5	10,00	0,00	0,00	45,00	45,00
6	0,00	0,00	0,00	100,00	0,00
7	0,00	0,00	0,00	0,00	100,00
8	100,00	0,00	0,00	0,00	0,00
9	0,00	0,00	0,00	50,00	50,00
10					
11	0,00	0,00	0,00	25,00	75,00
12					
13					
14	100,00	0,00	0,00	0,00	0,00
15	0,00	0,00		50,00	50,00
16	0,00	0,00	0,00	0,00	100,00
17	90,00	0,00	0,00	0,00	10,00
18	20,00	0,00	0,00	10,00	70,00
19	0,00	0,00	0,00	0,00	100,00
20	0,00	0,00	0,00	0,00	100,00
21	100,00	0,00	0,00	0,00	0,00
22	0,00	0,00	0,00	20,00	80,00
23	0,00	0,00	50,00	30,00	20,00
24	15,00	0,00	30,00	10,00	45,00
25	50,00	0,00	0,00	25,00	25,00
26	0,00	0,00	0,00	10,00	90,00
27					
28	0,00	0,00	0,00	25,00	75,00
29	60,00	10,00	10,00	10,00	10,00
Summe der %	555,00	10,00	90,00	580,00	1165,00
% im Schnitt	23,13	0,42	3,75	24,17	48,54

Keine Angaben / Nicht verwertbar: 50

Hinsichtlich dem Bereich Verfahrensfragen wurde die Frage nach den Ursachen der Fremdbeeinflussung von 24 Staatsanwälten verwertbar beantwortet.

Hier wurden wiederum die Gesamtprozente durch Addition ermittelt und anschließend der Durchschnittsprozentwert berechnet, indem dieser Gesamtwert durch die Anzahl der verwertbaren Bögen dividiert wurde.

III. Einzelaufstellung „echter“ und „nahegelegter“ Weisungen aufgeschlüsselt nach der subjektiven Einstellung zum Weisungsrecht

1. Staatsanwälte, die sich für die Abschaffung des Weisungsrechts einsetzen

Tabelle 18 a: Echte und nahegelegte Weisungen bezogen auf die Schreibtischarbeit (für die Abschaffung des Weisungsrechts)

Weisungsart (Schreibtisch)	**Anzahl StA, d. echte Weisung erteilt wurde**	**Anzahl StA, d. Weisung nahegelegt wurde**	**Anzahl StA, d. noch keine Weisung erteilt wurde**	**Anzahl echte Weisungen pro Jahr**	**Anzahl nahegel. Weisungen pro Jahr**	**Anzahl Weisungen insg. pro Jahr**	**Ø echte Weisungen pro Jahr**	**Ø nahegel. Weisungen pro Jahr**	**Ø Weisungen insges. pro Jahr**
Devolution	2	***	17	0,200	***	0,200	0,100	***	0,100
Substitution	0	***	19	0,000	***	0,000	0,000	***	0,000
Berichterstattung	4	7	10	9,902	6,902	16,804	2,475	0,986	3,461
Auslegung Rechtsfrage	1	2	16	0,040	2,000	2,040	0,040	1,000	1,040
Einstellung Verfahren	1	2	17	0,043	2,043	2,086	0,043	1,022	1,065
Einstellung unterlassen	7	2	12	10,790	4,000	14,790	1,541	2,000	3,541
Strafbefehl erlassen	1	2	16	1,000	1,032	2,032	1,000	0,516	1,516
Anklage erheben	0	0	19	0,000	0,000	0,000	0,000	0,000	0,000
Rechtsmitteleinlegung	4	3	14	4,394	2,394	6,789	1,099	0,798	1,897
Rechtsmittelverzicht	1	1	17	0,040	1,000	1,040	0,040	1,000	1,040
sonstige (Schreibtisch)	1	0	18	0,200	0,000	0,200	0,200	0,000	0,200
Summe	22	19	175	26,609	19,372	45,981	***	***	***

Tabelle 18 b: Echte und nahegelegte Weisungen bezogen auf die Hauptverhandlung (für die Abschaffung des Weisungsrechts)

Weisungsart (Hauptverhandlung)	**Anzahl StA, d. echte Weisung erteilt wurde**	**Anzahl StA, d. Weisung nahegelegt wurde**	**Anzahl StA, d. noch keine Weisung erteilt wurde**	**Anzahl echte Weisungen pro Jahr**	**Anzahl nahegel. Weisungen pro Jahr**	**Anzahl Weisungen insg. pro Jahr**	**Ø echte Weisungen pro Jahr**	**Ø nahegel. Weisungen pro Jahr**	**Ø Weisungen insges. pro Jahr**
Ausschluß Öffentlichk.	0	0	19	0,000	0,000	0,000	0,000	0,000	0,000
Unterl. d. Ö-Ausschl.	0	0	19	0,000	0,000	0,000	0,000	0,000	0,000
Tatfragenanweisung	0	0	19	0,000	0,000	0,000	0,000	0,000	0,000
Rechtsauffassung	0	1	18	0,000	1,000	1,000	0,000	1,000	1,000
Beweisantrag stellen	0	0	19	0,000	0,000	0,000	0,000	0,000	0,000
Beweisantrag unterl.	0	0	19	0,000	0,000	0,000	0,000	0,000	0,000
best. Schlußantrag	0	1	18	0,000	1,000	1,000	0,000	1,000	1,000
sonstige (Hauptverh.)	0	0	19	0,000	0,000	0,000	0,000	0,000	0,000
Summe	0	2	150	0,000	2,000	2,000	***	***	***

Tabelle 18 c: Echte und nahegelegte Weisungen im Durchschnitt (für die Abschaffung des Weisungsrechts)

	Schnitt der Weisungen der Staatsanwälte, die schon Weisungen bekommen haben (19 - 4, also 15)			**Schnitt der Weisungen insgesamt (also 19)**		
Weisungsart	**Echte Weisungen im Schnitt**	**Nahegelegte Weisungen im Schnitt**	**Weisungen insgesamt im Schnitt**	**Echte Weisungen im Schnitt**	**Nahegelegte Weisungen im Schnitt**	**Weisungen insgesamt im Schnitt**
Devolution	0,013	0,000	0,013	0,011	0,000	0,011
Substitution	0,000	0,000	0,000	0,000	0,000	0,000
Berichterstattung	0,660	0,460	1,120	0,521	0,363	0,884
Auslegung Rechtsfrage	0,003	0,133	0,136	0,002	0,105	0,107
Einstellung Verfahren	0,003	0,136	0,139	0,002	0,108	0,110
Einstellung unterlassen	0,719	0,267	0,986	0,568	0,211	0,778
Strafbefehl erlassen	0,067	0,069	0,135	0,053	0,054	0,107
Anklage erheben	0,000	0,000	0,000	0,000	0,000	0,000
Rechtsmitteleinlegung	0,293	0,160	0,453	0,231	0,126	0,357
Rechtsmittelverzicht	0,003	0,067	0,069	0,002	0,053	0,055
sonstige (Schreibtisch)	0,013	0,000	0,013	0,011	0,000	0,011
Ausschluß Öffentlichkt.	0,000	0,000	0,000	0,000	0,000	0,000
Unterl. d. Ö-Ausschl.	0,000	0,000	0,000	0,000	0,000	0,000
Tatfragenanweisung	0,000	0,000	0,000	0,000	0,000	0,000
Rechtsauffassung	0,000	0,067	0,067	0,000	0,053	0,053
Beweisantrag stellen	0,000	0,000	0,000	0,000	0,000	0,000
Beweisantrag unterl.	0,000	0,000	0,000	0,000	0,000	0,000
best. Schlußantrag	0,000	0,067	0,067	0,000	0,053	0,053
sonstige (Hauptverh.)	0,000	0,000	0,000	0,000	0,000	0,000
Summe	1,774	1,425	3,199	1,400	1,125	2,525

2. Staatsanwälte, die sich für die Beibehaltung des Weisungsrechts einsetzen

Tabelle 18 d: Echte und nahegelegte Weisungen bezogen auf die Schreibtischarbeit (für die Beibehaltung des Weisungsrechts)

Weisungsart (Schreibtisch)	**Anzahl StA, d. echte Weisung erteilt wurde**	**Anzahl StA, d. Weisung nahegelegt wurde**	**Anzahl StA, d. noch keine Weisung erteilt wurde**	**Anzahl echte Weisungen pro Jahr**	**Anzahl nahegel. Weisungen pro Jahr**	**Anzahl Weisungen insg. pro Jahr**	**Ø echte Weisungen pro Jahr**	**Ø nahegel. Weisungen pro Jahr**	**Ø Weisungen insges. pro Jahr**
Devolution	0	***	29	0,000	***	0,000	0,000	***	0,000
Substitution	0	***	29	0,000	***	0,000	0,000	***	0,000
Berichterstattung	11	13	9	13,031	19,854	32,885	1,185	1,527	2,712
Auslegung Rechtsfrage	2	3	24	2,000	0,539	2,539	1,000	0,180	1,180
Einstellung Verfahren	2	5	24	5,045	5,522	10,567	2,523	1,104	3,627
Einstellung unterlassen	13	10	12	10,471	11,869	22,340	0,805	1,187	1,992
Strafbefehl erlassen	2	4	25	7,000	7,167	14,167	3,500	1,792	5,292
Anklage erheben	2	3	26	5,118	5,260	10,378	2,559	1,753	4,312
Rechtsmitteleinlegung	7	8	20	7,851	18,274	26,125	1,122	2,284	3,406
Rechtsmittelverzicht	1	2	27	5,000	5,333	10,333	5,000	2,667	7,667
sonstige (Schreibtisch)	2	2	26	1,316	1,232	2,548	0,658	0,616	1,274
Summe	42	50	251	56,832	75,050	131,882	***	***	***

Tabelle 18 e: Echte und nahegelegte Weisungen bezogen auf die Hauptverhandlung (für die Beibehaltung des Weisungsrechts)

Weisungsart (Hauptverhandlung)	**Anzahl StA, d. echte Weisung erteilt wurde**	**Anzahl StA, d. Weisung nahegelegt wurde**	**Anzahl StA, d. noch keine Weisung erteilt wurde**	**Anzahl echte Weisungen pro Jahr**	**Anzahl nahegel. Weisungen pro Jahr**	**Anzahl Weisungen insg. pro Jahr**	**Ø echte Weisungen pro Jahr**	**Ø nahegel. Weisungen pro Jahr**	**Ø Weisungen insges. pro Jahr**
Ausschluß d. Öffentl.	0	0	29	0	0,000	0,000	0,000	0,000	0,000
Unterl. d. Ö-Ausschl.	0	0	29	0	0,000	0,000	0,000	0,000	0,000
Tatfragenanweisung	0	0	29	0	0,000	0,000	0,000	0,000	0,000

Rechtsauf-fassung	0	2	27	0	0,165	0,165	0,000	0,083	0,083
Beweisantrag stellen	0	2	27	0	5,167	5,167	0,000	2,583	2,583
Beweisantrag unterl.	0	0	29	0	0,000	0,000	0,000	0,000	0,000
best. Schluß-antrag	0	5	24	0	3,743	3,743	0,000	0,749	0,749
sonstige (Hauptverh.)	1	3	25	1	0,968	1,968	1,000	0,323	1,323
Summe	1	12	219	1	10,042	11,042	0,000	0,000	0,000

Tabelle 18 f: Echte und nahegelegte Weisungen im Durchschnitt (für die Beibehaltung des Weisungsrechts)

	Schnitt der Weisungen der Staatsanwälte, die schon Weisungen bekommen haben (29 - 2, also 27)			**Schnitt der Weisungen insgesamt (also 29)**		
Weisungsart	**Echte Weisungen im Schnitt**	**Nahegelegte Weisungen im Schnitt**	**Weisungen insgesamt im Schnitt**	**Echte Weisungen im Schnitt**	**Nahegelegte Weisungen im Schnitt**	**Weisungen insges. im Schnitt**
Devolution	0,000	0,000	0,000	0,000	0,000	0,000
Substitution	0,000	0,000	0,000	0,000	0,000	0,000
Berichterstattung	0,483	0,735	1,218	0,449	0,685	1,134
Auslegung Rechtsfrage	0,074	0,020	0,094	0,069	0,019	0,088
Verfahren einstellen	0,187	0,205	0,391	0,174	0,190	0,364
Einstellung unterl.	0,388	0,440	0,827	0,361	0,409	0,770
Strafbefehl erlassen	0,259	0,265	0,525	0,241	0,247	0,489
Anklage erheben	0,190	0,195	0,384	0,176	0,181	0,358
Rechtsmitteleinlegung	0,291	0,677	0,968	0,271	0,630	0,901
Rechtsmittelverzicht	0,185	0,198	0,383	0,172	0,184	0,356
sonstige (Schreibtisch)	0,049	0,046	0,094	0,045	0,042	0,088
Öffentlichkeitsausschluß	0,000	0,000	0,000	0,000	0,000	0,000
Ausschl. d. Ö. unterl.	0,000	0,000	0,000	0,000	0,000	0,000
Tatfragenanweisung	0,000	0,000	0,000	0,000	0,000	0,000
Rechtsauffassung	0,000	0,006	0,006	0,000	0,006	0,006
Beweisantrag stellen	0,000	0,191	0,191	0,000	0,178	0,178
Beweisantrag unterl.	0,000	0,000	0,000	0,000	0,000	0,000
best. Schlußantrag	0,000	0,139	0,139	0,000	0,129	0,129
sonstige (Hauptverh.)	0,037	0,036	0,073	0,034	0,033	0,068
Summe	2,142	3,152	5,293	1,994	2,934	4,928

3. Staatsanwälte, die sich für alternative oder vermittelnde Vorschläge einsetzen

Tabelle 18 g: Echte und nahegelegte Weisungen bezogen auf die Schreibtischarbeit (vermittelnde Vorschläge)

Weisungsart (Schreibtisch)	Anzahl StA, d. echte Weisung erteilt wurde	Anzahl StA, d. Weisung nahegelegt wurde	Anzahl StA, d. noch keine Weisung erteilt wurde	Anzahl echte Weisungen pro Jahr	Anzahl nahegel. Weisungen pro Jahr	Anzahl Weisungen insg. pro Jahr	Ø echte Weisungen pro Jahr	Ø nahegel. Weisungen pro Jahr	Ø Weisungen insges, pro Jahr
Devolution	3	***	6	1,429	***	1,429	0,476	***	0,476
Substitution	2	***	7	0,748	***	0,748	0,374	***	0,374
Berichterst.	7	5	0	29,929	15,375	45,304	4,276	3,075	7,351
Auslegung Rechtsfrage	2	2	6	11,000	2,682	13,682	5,500	1,341	6,841
Einstellung Verfahren	2	1	7	0,145	0,167	0,312	0,073	0,167	0,239
Einstellung unterlassen	4	2	5	1,297	1,133	2,431	0,324	0,567	0,891
Strafbefehl erlassen	1	1	8	1,000	3,000	4,000	1,000	3,000	4,000
Anklage erheben	2	2	7	1,357	3,071	4,429	0,679	1,536	2,214
Rechtsmitteleinlegung	3	2	5	3,600	10,273	13,873	1,200	5,136	6,336
Rechtsmittelverzicht	3	2	6	2,333	5,300	7,633	0,778	2,650	3,428
sonstige (Schreibtisch)	2	1	6	8,000	0,143	8,143	4,000	0,143	4,143
Summe	31	18	63	60,838	41,144	101,982	***	***	***

Tabelle 18 h: Echte und nahegelegte Weisungen bezogen auf die Hauptverhandlung (vermittelnde Vorschläge)

Weisungsart (Hauptverhandlung)	Anzahl StA, d. echte Weisung erteilt wurde	Anzahl StA, d. Weisung nahegelegt wurde	Anzahl StA, d. noch keine Weisung erteilt wurde	Anzahl echte Weisungen pro Jahr	Anzahl nahegel. Weisungen pro Jahr	Anzahl Weisungen insg. pro Jahr	Ø echte Weisungen pro Jahr	Ø nahegel. Weisungen pro Jahr	Ø Weisungen insges, pro Jahr
Ausschluß Öffentlichkt.	0	1	8	0,000	0,091	0,091	0,000	0,091	0,091
Unterl. d. Ausschl. d. Ö.	0	0	9	0,000	0,000	0,000	0,000	0,000	0,000

Tatfragenan-weisung	0	0	9	0,000	0,000	0,000	0,000	0,000	0,000
Rechtsauffas-sung	0	1	8	0,000	0,067	0,067	0,000	0,067	0,067
Beweisantrag stellen	0	0	9	0,000	0,000	0,000	0,000	0,000	0,000
Beweisantrag unterl.	0	0	9	0,000	0,000	0,000	0,000	0,000	0,000
best. Schlu-ßantrag	0	0	9	0,000	0,000	0,000	0,000	0,000	0,000
sonstige (Hauptverh.)	3	2	5	4,839	1,919	6,758	1,613	0,960	2,573
Summe	3	4	66	4,839	2,077	6,916	0,000	0,000	0,000

Tabelle 18 i: Echte und nahegelegte Weisungen im Durchschnitt (vermittelnde Vorschläge)

	Schnitt der Weisungen der Staatsanwälte, die schon Weisungen bekommen haben (9 - 1, also 8)			**Schnitt der Weisungen insgesamt (also 9)**		
Weisungsart	**Echte Weisungen im Schnitt**	**Nahegelegte Weisungen im Schnitt**	**Weisungen insgesamt im Schnitt**	**Echte Weisungen im Schnitt**	**Nahegelegte Weisungen im Schnitt**	**Weisungen insgesamt im Schnitt**
Devolution	0,179	0,000	0,179	0,159	0,000	0,159
Substitution	0,093	0,000	0,093	0,083	0,000	0,083
Berichterstattung	3,741	1,922	5,663	3,325	1,708	5,034
Auslegung Rechtsfrage	1,375	0,335	1,710	1,222	0,298	1,520
Einstellung Verfahren	0,018	0,021	0,039	0,016	0,019	0,035
Einstellung unterlassen	0,162	0,142	0,304	0,144	0,126	0,270
Strafbefehl erlassen	0,125	0,375	0,500	0,111	0,333	0,444
Anklage erheben	0,170	0,384	0,554	0,151	0,341	0,492
Rechtsmitteleinlegung	0,450	1,284	1,734	0,400	1,141	1,541
Rechtsmittelverzicht	0,292	0,663	0,954	0,259	0,589	0,848
sonstige (Schreibtisch)	1,000	0,018	1,018	0,889	0,016	0,905
Ausschluß Öffentlichkt.	0,000	0,011	0,011	0,000	0,010	0,010
Unterl. d. Ausschl. d. Ö.	0,000	0,000	0,000	0,000	0,000	0,000
Tatfragenanweisung	0,000	0,000	0,000	0,000	0,000	0,000
Rechtsauffassung	0,000	0,008	0,008	0,000	0,007	0,007
Beweisantrag stellen	0,000	0,000	0,000	0,000	0,000	0,000
Beweisantrag unterl.	0,000	0,000	0,000	0,000	0,000	0,000
best. Schlußantrag	0,000	0,000	0,000	0,000	0,000	0,000
sonstige (Hauptverh.)	0,605	0,240	0,845	0,538	0,213	0,751
Summe	8,210	5,403	13,612	7,297	4,802	12,100

4. Staatsanwälte, die keine Angaben machten oder deren Bögen nicht verwertbar waren

Tabelle 18 j: Echte und nahegelegte Weisungen bezogen auf die Schreibtischarbeit (keine Angaben oder nicht verwertbar)

Weisungsart (Schreibtisch)	Anzahl StA, d. echte Weisung erteilt wurde	Anzahl StA, d. Weisung nahegelegt wurde	Anzahl StA, d. noch keine Weisung erteilt wurde	Anzahl echte Weisungen pro Jahr	Anzahl nahegel. Weisungen pro Jahr	Anzahl Weisungen insg. pro Jahr	Ø echte Weisungen pro Jahr	Ø nahegel. Weisungen pro Jahr	Ø Weisungen insges. pro Jahr
Devolution	0	0	13	0,000	***	0,000	0,000	***	0,000
Substitution	0	0	13	0,000	***	0,000	0,000	***	0,000
Berichterstattung	1	4	8	1,000	1,710	2,710	1,000	0,427	1,427
Auslegung Rechtsfrage	0	0	13	0,000	0,000	0,000	0,000	0,000	0,000
Einstellung Verfahren	2	3	10	0,833	0,944	1,778	0,417	0,315	0,731
Einstellung unterlassen	5	2	6	5,343	3,111	8,454	1,069	1,556	2,624
Strafbef. erlassen	1	1	12	0,500	0,500	1,000	0,500	0,500	1,000
Anklage erheben	1	1	12	0,500	0,500	1,000	0,500	0,500	1,000
Rechtsmitteleinlegung	1	2	12	0,040	0,397	0,437	0,040	0,198	0,238
Rechtsmittelverzicht	1	0	12	0,059	0,000	0,059	0,059	0,000	0,059
sonstige (Schreibtisch)	1	1	11	3,500	0,333	3,833	3,500	0,333	3,833
Summe	13	14	122	11,775	7,495	19,270	***	***	***

Tabelle 18 k: Echte und nahegelegte Weisungen bezogen auf die Hauptverhandlung (keine Angaben oder nicht verwertbar)

Weisungsart (Hauptverhandlung)	Anzahl StA, d. echte Weisung erteilt wurde	Anzahl StA, d. Weisung nahegelegt wurde	Anzahl StA, d. noch keine Weisung erteilt wurde	Anzahl echte Weisungen pro Jahr	Anzahl nahegel. Weisungen pro Jahr	Anzahl Weisungen insg. pro Jahr	Ø echte Weisungen pro Jahr	Ø nahegel. Weisungen pro Jahr	Ø Weisungen insges. pro Jahr
Ausschluß Öffentlichkt.	0	0	13	0,000	0,000	0,000	0,000	0,000	0,000
Unterl. d. Ausschl. d. Ö.	0	0	13	0,000	0,000	0,000	0,000	0,000	0,000
Tatfragenanweisung	0	0	13	0,000	0,000	0,000	0,000	0,000	0,000

Rechtsauffassung	0	0	13	0,000	0,000	0,000	0,000	0,000	0,000
Beweisantrag stellen	0	0	13	0,000	0,000	0,000	0,000	0,000	0,000
Beweisantrag unterl.	0	0	13	0,000	0,000	0,000	0,000	0,000	0,000
best. Schlußantrag	0	0	13	0,000	0,000	0,000	0,000	0,000	0,000
sonstige (Hauptverh.)	0	0	13	0,000	0,000	0,000	0,000	0,000	0,000
Summe	0	0	104	0,000	0,000	0,000	0,000	0,000	0,000

Tabelle 18 l: Echte und nahegelegte Weisungen im Durchschnitt (keine Angaben oder nicht verwertbar)

	Schnitt der Weisungen der Staatsanwälte, die schon Weisungen bekommen haben (13 - 2, also 11)			**Schnitt der Weisungen insgesamt (also 13)**		
Weisungsart	**Echte Weisungen im Schnitt**	**Nahegelegte Weisungen im Schnitt**	**Weisungen insges. im Schnitt**	**Echte Weisungen im Schnitt**	**Nahegelegte Weisungen im Schnitt**	**Weisungen insgesamt im Schnitt**
Devolution	0,000	0,000	0,000	0,000	0,000	0,000
Substitution	0,000	0,000	0,000	0,000	0,000	0,000
Berichterstattung	0,091	0,155	0,246	0,077	0,132	0,208
Auslegung Rechtsfrage	0,000	0,000	0,000	0,000	0,000	0,000
Einstellung Verfahren	0,076	0,086	0,162	0,064	0,073	0,137
Einstellung unterlassen	0,486	0,283	0,769	0,411	0,239	0,650
Strafbefehl erlassen	0,045	0,045	0,091	0,038	0,038	0,077
Anklage erheben	0,045	0,045	0,091	0,038	0,038	0,077
Rechtsmitteleinlegung	0,004	0,036	0,040	0,003	0,031	0,034
Rechtsmittelverzicht	0,005	0,000	0,005	0,005	0,000	0,005
sonstige (Schreibtisch)	0,318	0,030	0,348	0,269	0,026	0,295
Ausschluß Öffentlichkt.	0,000	0,000	0,000	0,000	0,000	0,000
Unterl. d. Ausschl. d. Ö.	0,000	0,000	0,000	0,000	0,000	0,000
Tatfragenanweisung	0,000	0,000	0,000	0,000	0,000	0,000
Rechtsauffassung	0,000	0,000	0,000	0,000	0,000	0,000

Beweisantrag stellen	0,000	0,000	0,000	0,000	0,000	0,000
Beweisantrag unterl.	0,000	0,000	0,000	0,000	0,000	0,000
best. Schlußantrag	0,000	0,000	0,000	0,000	0,000	0,000
sonstige (Hauptverh.)	0,000	0,000	0,000	0,000	0,000	0,000
Summe	1,070	0,681	1,752	0,906	0,577	1,482

IV. Einzelaufschlüsselung der Ursachen der Fremdbeeinflussung in der Hauptverhandlung

Tabelle 22 a: Einzelaufschlüsselung der Ursachen der Fremdbeeinflussung in der Hauptverhandlung

Lfd. Nr.	**allgemeine schriftl. Vorgaben ohne Einzelfallbezug**	**"echte" verbindliche schriftliche Weisungen im Einzelfall**	**"echte" verbindliche mündliche Weisungen im Einzelfall**	**durch Gespräche mit Vorgesetzten und deren (unverbindlichen) Empfehlungen, die vom Vorgesetzten initiiert wurden**	**durch Gespräche mit Vorgesetzten und deren (unverbindlichen) Empfehlungen, die sie selbst gesucht haben**
1	10,00	0,00	0,00	45,00	45,00
2	0,00	0,00	0,00	0,00	100,00
3	0,00	0,00	0,00	10,00	90,00
4	10,00	0,00	0,00	10,00	80,00
5	0,00	0,00	0,00	20,00	80,00
6	10,00	0,00	10,00	40,00	40,00
7	0,00	0,00	0,00	30,00	70,00
8	0,00	0,00	0,00	100,00	0,00
9	0,00	0,00	0,00	50,00	50,00
10	0,00	0,00	0,00	0,00	100,00
11	0,00	0,00	0,00	70,00	30,00
12	0,00	0,00	0,00	0,00	100,00
13	0,00	0,00	0,00	0,00	100,00
14	0,00	0,00	0,00	0,00	100,00
15	0,00	0,00	0,00	0,00	100,00
16	10,00	0,00	0,00	20,00	70,00
17	1,25	1,25	1,25	1,25	95,00
18	0,00	0,00	0,00	5,00	95,00
19	0,00	0,00	0,00	0,00	100,00
20	0,00	0,00	0,00	70,00	30,00
21	0,00	0,00	0,00	10,00	90,00
22	0,00	0,00	0,00	0,00	100,00
23	0,00	0,00	0,00	50,00	50,00
24	0,00	0,00	0,00	0,00	100,00
25	0,00	0,00	0,00	10,00	90,00
26	0,00	0,00	0,00	10,00	90,00
Summe der %	41,25	1,25	11,25	551,25	1995,00
% im Schnitt	1,59	0,05	0,43	21,20	76,73

Hinsichtlich dem Bereich „Fremdbeeinflussung in der Hauptverhandlung" wurde die Frage nach den Ursachen der Fremdbeeinflussung von 26 Staatsanwälten verwertbar beantwortet. 48 Staatsanwälte hingegen machten keine oder nicht verwertbare Angaben.
Es wurden wiederum die Gesamtprozente durch Addition ermittelt und anschließend der Durchschnittsprozentwert berechnet, indem dieser Gesamtwert durch die Anzahl der verwertbaren Bögen dividiert wurde.

V. Reaktionsverhalten auf „nahegelegte" Weisungen

Tabelle 24 a: Reaktionsverhalten der Staatsanwälte auf „nahegelegte" Weisungen bzw. „weisende" Gespräche einzeln aufgeschlüsselt

Lfd. Nr.	Im Hinblick darauf, daß eine Weisung erteilt werden kann, eingelenkt	Eingelenkt, weil Vorgesetzter Recht hatte	Eingelenkt, um mögliche Komplikationen zu vermeiden	Bei Standpunkt geblieben. Daraufhin wurde eine Weisung erteilt.	Bei Standpunkt geblieben. Dies hatte keine Konsequenzen.	Sonstiges
1	0,00	50,00	0,00	0,00	50,00	0,00
2	0,00	90,00	10,00	0,00	0,00	0,00
3	0,00	60,00	10,00	0,00	30,00	0,00
4	0,00	10,00	0,00	0,00	90,00	0,00
5	0,00	50,00	0,00	0,00	50,00	0,00
6	50,00	40,00	0,00	0,00	0,00	10,00
7	0,00	30,00	50,00	0,00	20,00	0,00
8	0,00	60,00	0,00	0,00	40,00	0,00
9	10,00	10,00	10,00	0,00	70,00	0,00
10	0,00	10,00	10,00	0,00	30,00	50,00
11	0,00	10,00	10,00	0,00	80,00	0,00
12	0,00	50,00	0,00	0,00	0,00	50,00
13	0,00	70,00	0,00	0,00	30,00	0,00
14	0,00	30,00	0,00	0,00	70,00	0,00
15	20,00	80,00	0,00	0,00	0,00	0,00
16	0,00	0,00	0,00	0,00	100,00	0,00
17	10,00	80,00	10,00	0,00	0,00	0,00
18	0,00	0,00	0,00	0,00	100,00	0,00
19	0,00	100,00	0,00	0,00	0,00	0,00
20	0,00	10,00	0,00	0,00	90,00	0,00
21	50,00	50,00	0,00	0,00	0,00	0,00
22	0,00	20,00	0,00	0,00	80,00	0,00
23	0,00	70,00	0,00	0,00	30,00	0,00
24	10,00	70,00	0,00	0,00	20,00	0,00
25	0,00	0,00	0,00	0,00	100,00	0,00
26	0,00	50,00	0,00	0,00	50,00	0,00
27	0,00	70,00	0,00	0,00	15,00	15,00
28	0,00	50,00	50,00	0,00	0,00	0,00
29	0,00	50,00	0,00	0,00	50,00	0,00
30	0,00	20,00	20,00	10,00	50,00	0,00
31	20,00	30,00	25,00	0,00	25,00	0,00
Summe in %	170,00	1320	205,00	10,00	1270,00	125,00
% im Schnitt	5,48,00	42,58	6,61	0,32	40,97	4,03

Hinsichtlich dem Reaktionsverhalten auf „nahegelegte" Weisungen bzw. „weisende" Gespräche gingen 31 Fragebögen ein, die diesbezüglich verwertbar waren. 43 Staatsanwälte machten keine oder nicht verwertbare Angaben.
Es wurden wiederum die Gesamtprozente durch Addition ermittelt und anschließend der Durchschnittsprozentwert berechnet, indem dieser Gesamtwert durch die Anzahl der verwertbaren Bögen dividiert wurde.

Anhang IV: Diagramme

Diagramm 1: Werden Sie von allgemeinen Weisungen beeinflußt? (in Prozent)

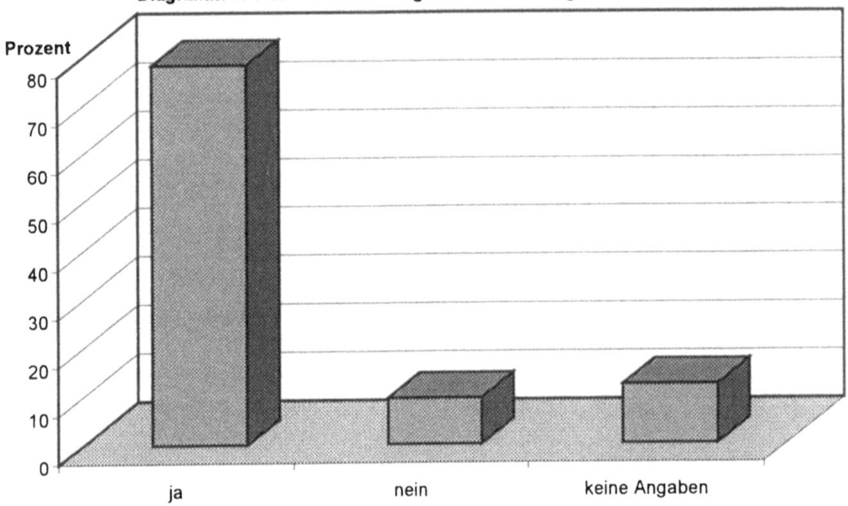

Diagramm 2: Wer ist Urheber der allgemeinen Weisungen? (in Prozent)

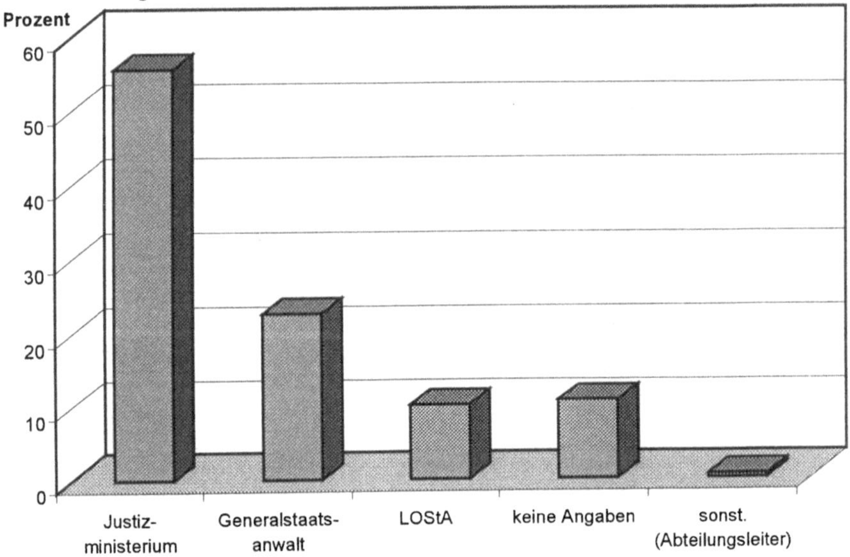

Diagramm 3: Welche Verbindlichkeit haben die genannten allgemeinen Weisungen? (in Prozent)

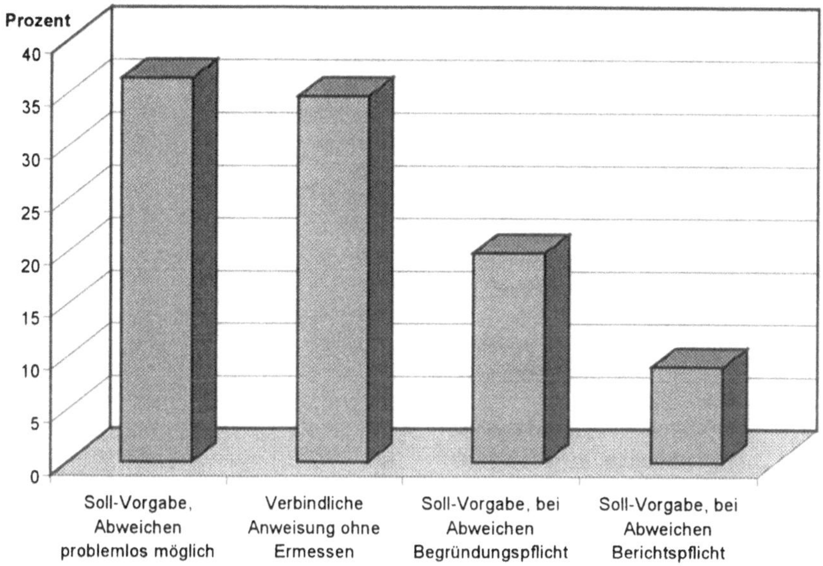

Diagramm 4:
Nennungshäufigkeit allgemeiner Weisungen (in absoluten Zahlen)

Diagramm 5: Reaktionsverhalten insgesamt (in Prozent)

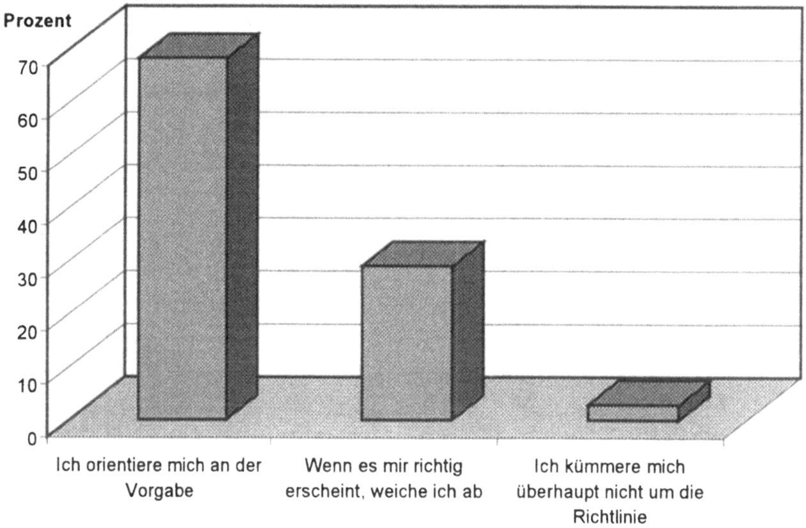

Diagramm 6: Reaktionsverhalten bei verbindlichen Weisungen ohne Ermessen (in Prozent)

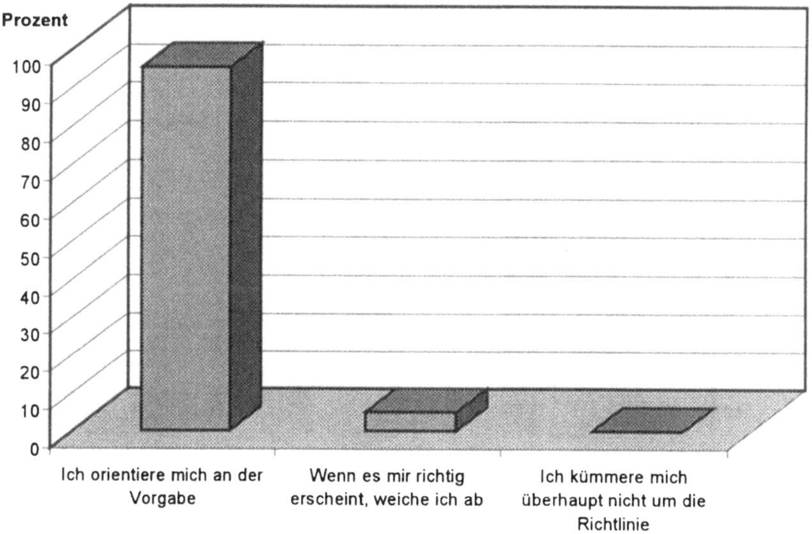

Diagramm 7: Reaktionsverhalten bei problemlosem Abweichen (in Prozent)

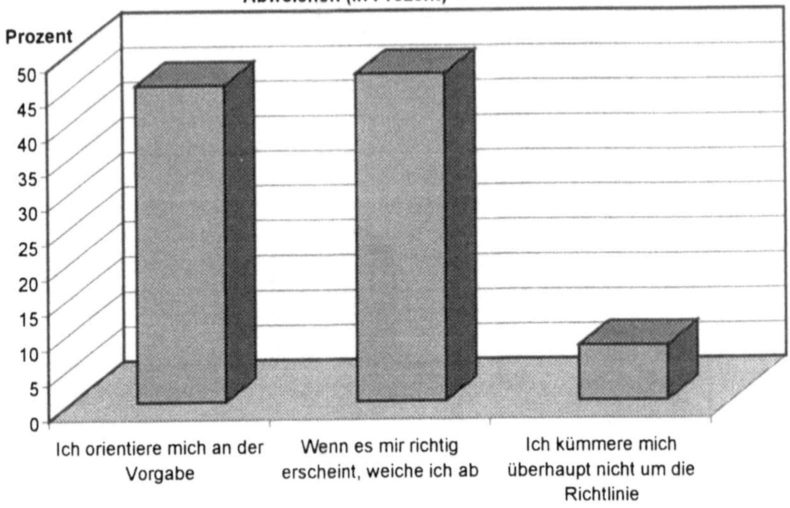

Diagramm 8: Reaktionsverhalten bei Berichtspflichten (in Prozent)

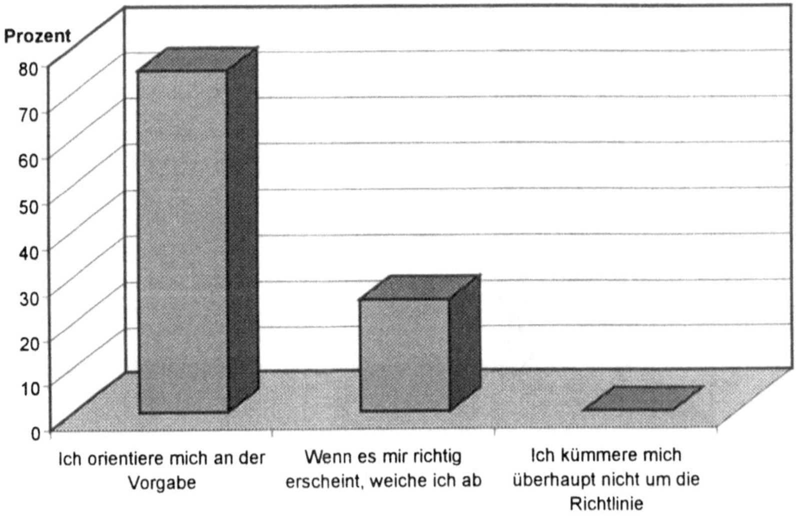

Diagramm 9: Reaktionsverhalten bei Begründungspflichten (in Prozent)

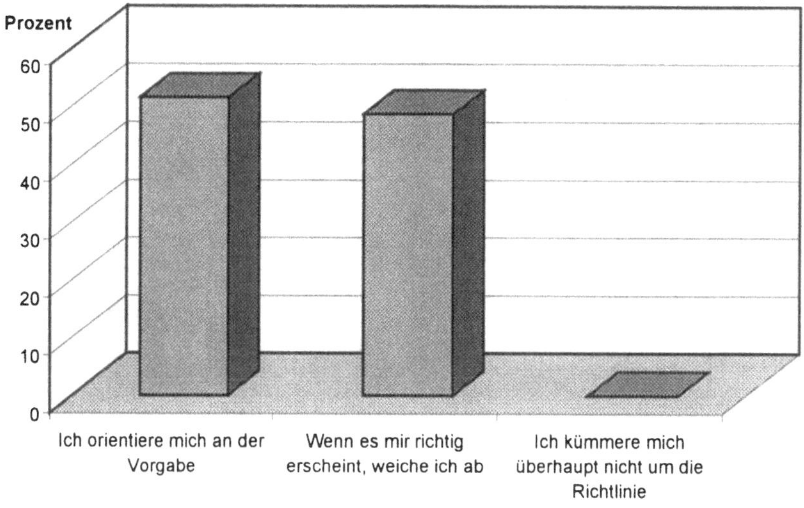

Diagramm 10: Reaktionen in Prozent (aufgeschlüsselt nach Grad der Verbindlichkeit) im Überblick

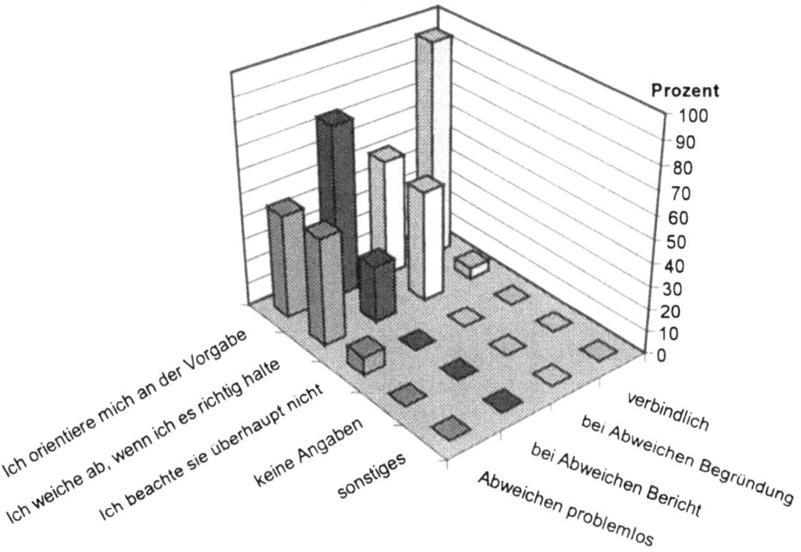

Diagramm 11: Entwicklung der Häufigkeit allgemeiner Weisungen (in Prozent)

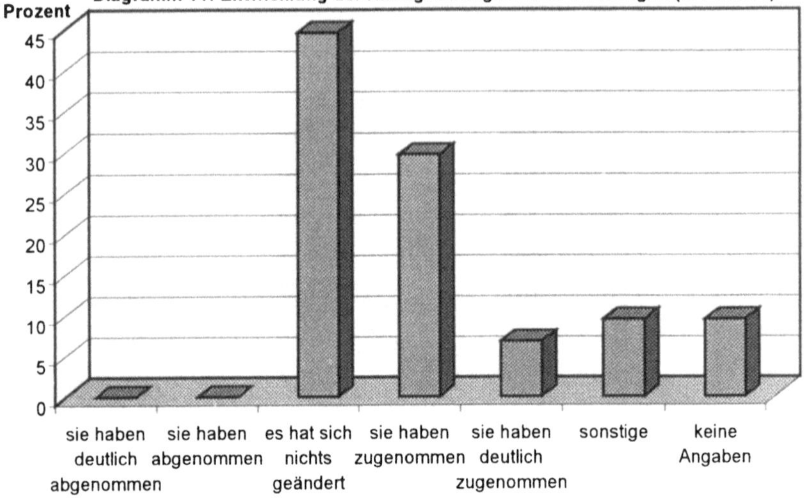

Diagramm 12: Fremdbeeinflussung am Schreibtisch (in Prozent)

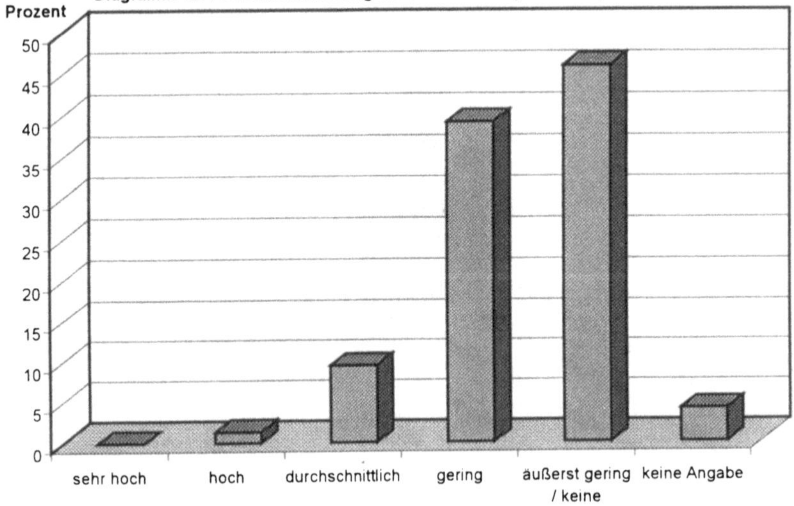

Diagramm 13: Bereiche der Fremdbeeinflussung (in Prozent)

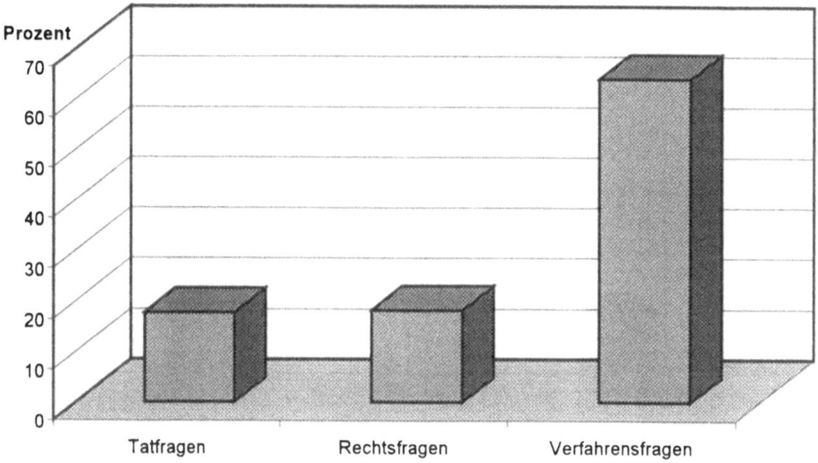

Diagramm 14a: Prozentuale Verteilung der Beeinflussung in Tatfragen

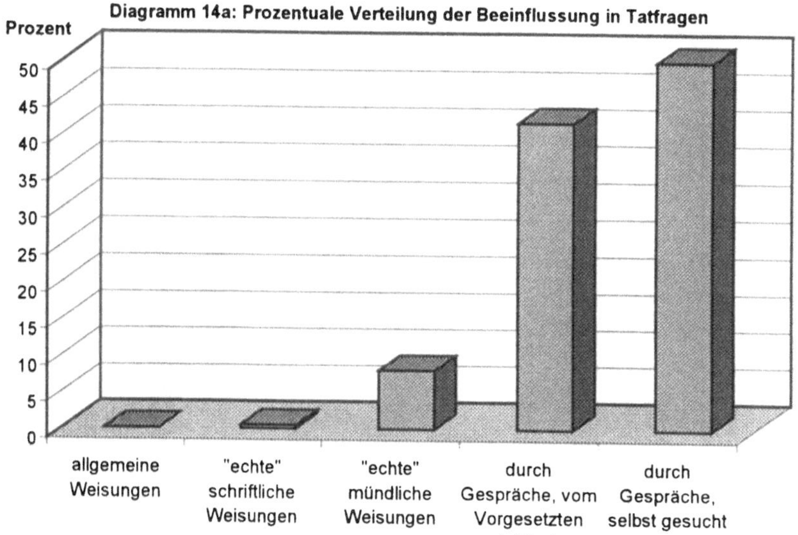

Diagramm 14b: Prozentuale Verteilung der Beeinflussung in Rechtsfragen

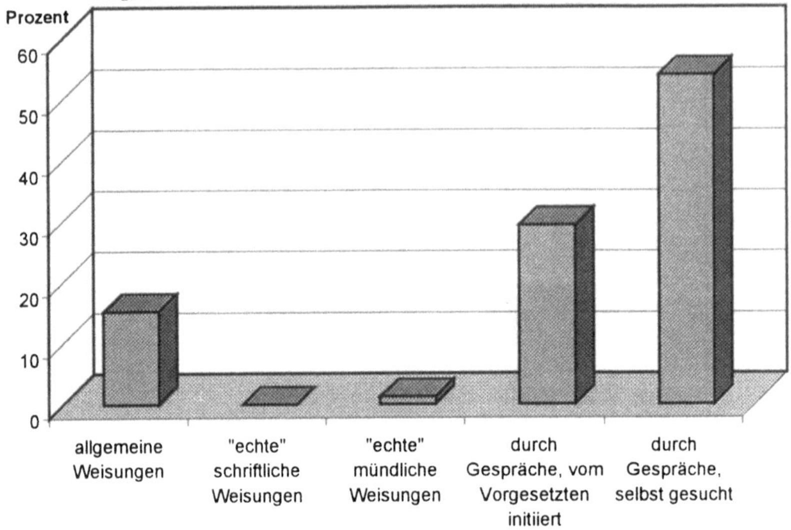

Diagramm 14c: Prozentuale Verteilung der Beeinflussung in Verfahrensfragen

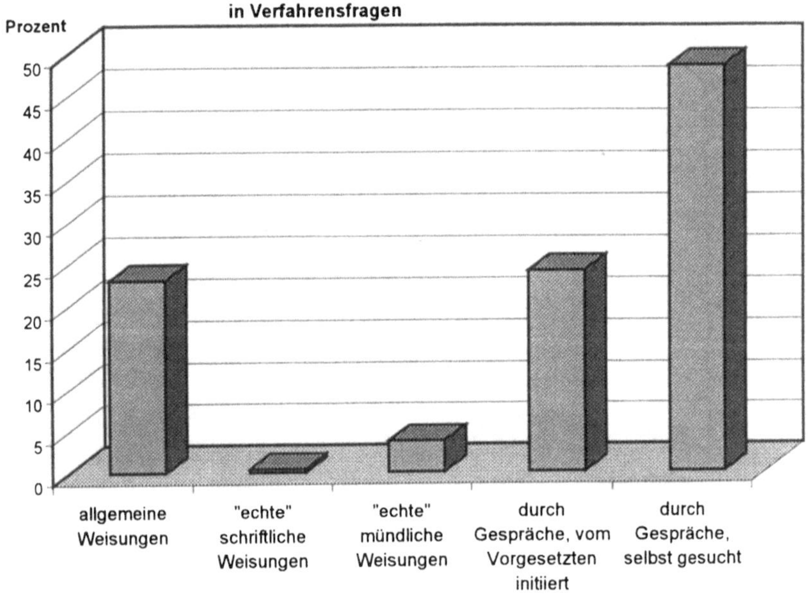

Diagramm 14d: Prozentuale Verteilung der Beeinflussung insgesamt

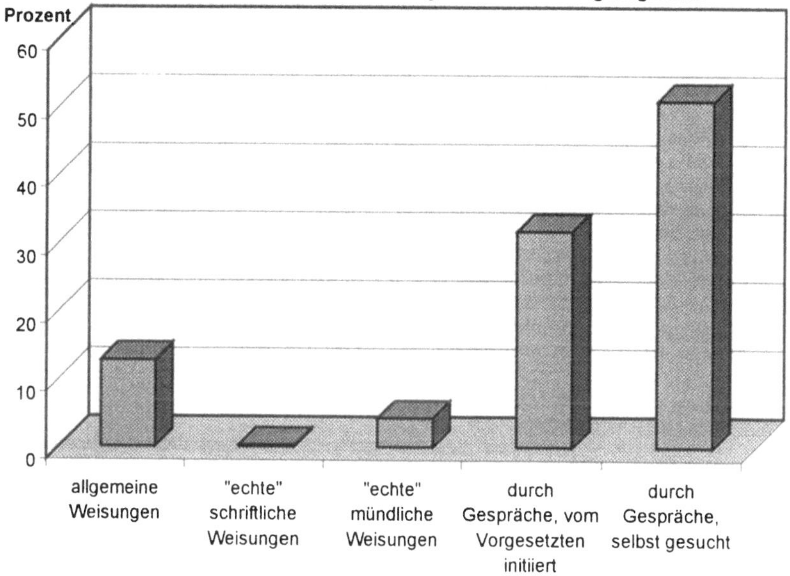

Diagramm 14e: Übersicht über die Fremdbeeinflussung (in Prozent)

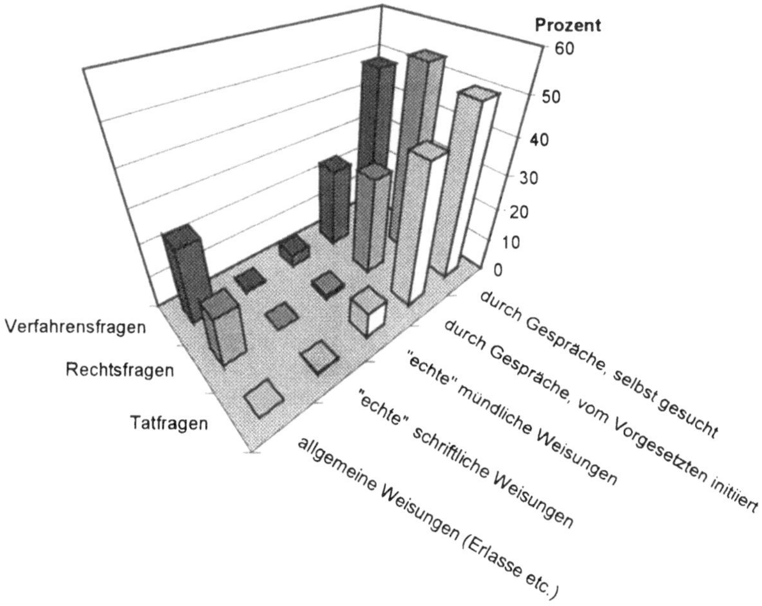

Diagramm 15a: Weisungen (echt und nahegelegt) im Schnitt pro Jahr (Staatsanwälte, die schon Weisung erhalten haben) in absoluten Zahlen

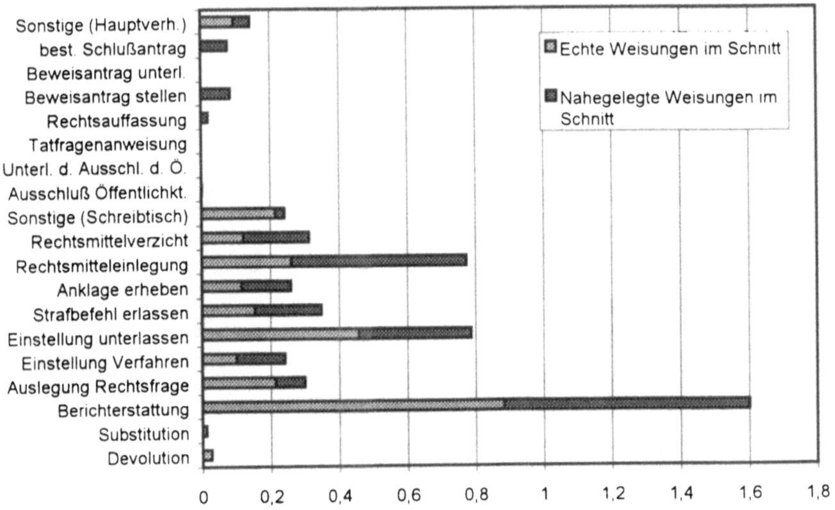

Diagramm 15b: Weisungen im Schnitt pro Jahr (Staatsanwälte insgesamt) in absoluten Zahlen

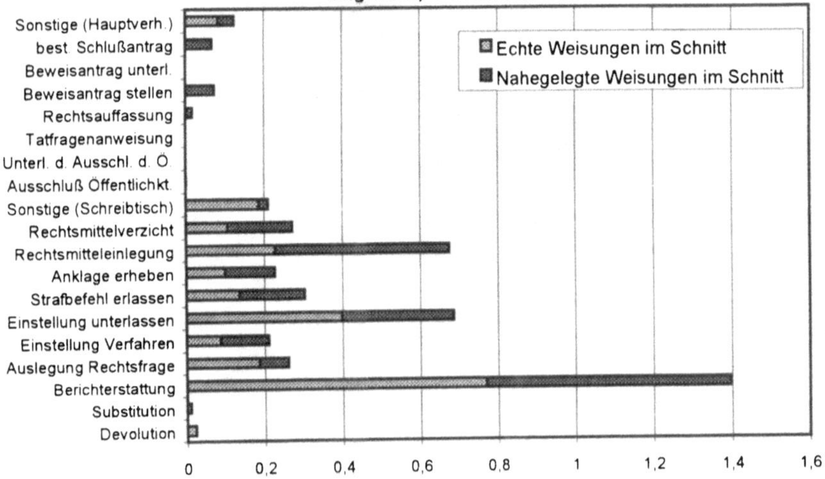

Diagramm 16: Häufigkeit von Weisungen im Jahresschnitt, gemessen an der Zahl der Staatsanwälte, die schon einmal eine Weisung bekommen haben, aufgeschlüsselt nach der Einstellung zum Weisungsrecht (in absoluten Zahlen)

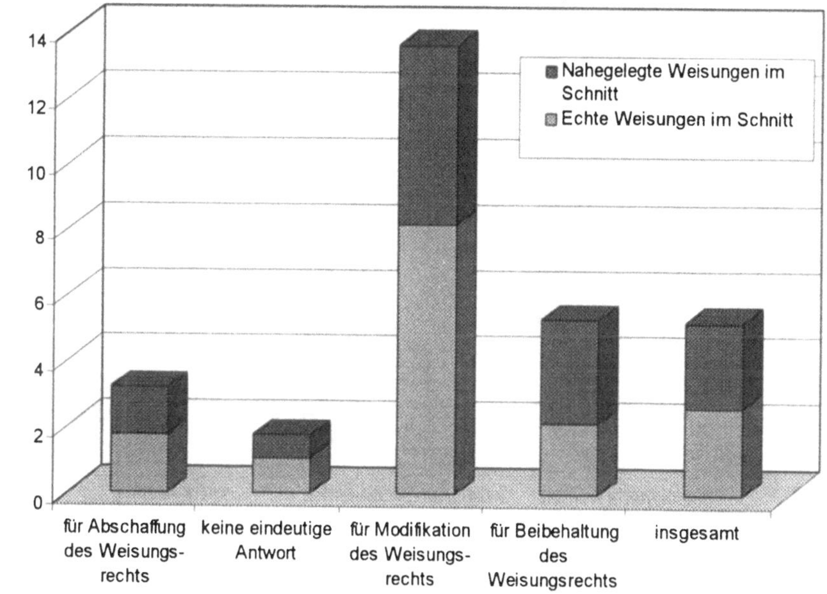

Diagramm 17: Begleitungen der Staatsanwälte durch Vorgesetzte (in Prozent)

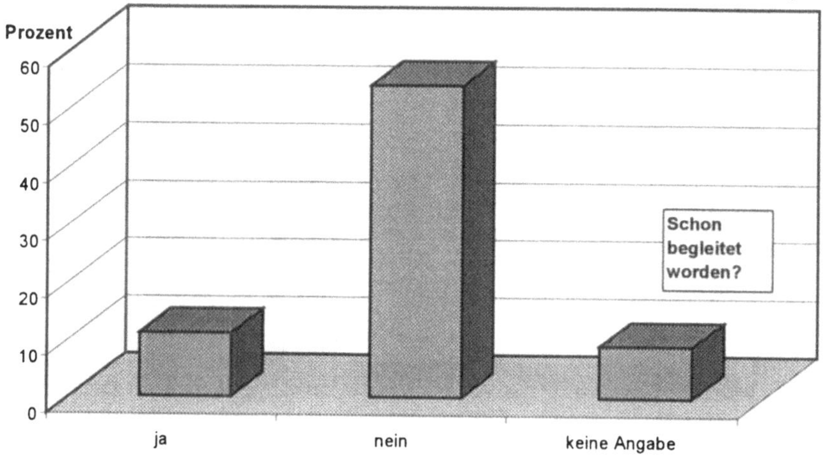

Diagramm 18: Anzahl der Begleitungen bei Staatsanwälten, die schon einmal von einem Vorgesetzen begleitet wurden (Übersicht in Prozent)

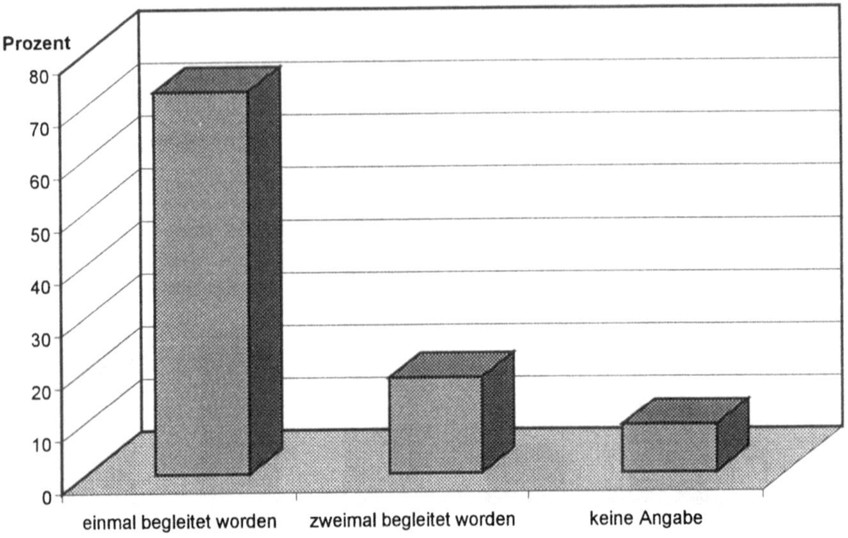

Diagramm 19: Wie hoch schätzen Sie die Fremdbeeinflussung bzgl. der Hauptverhandlung ein? (in Prozent)

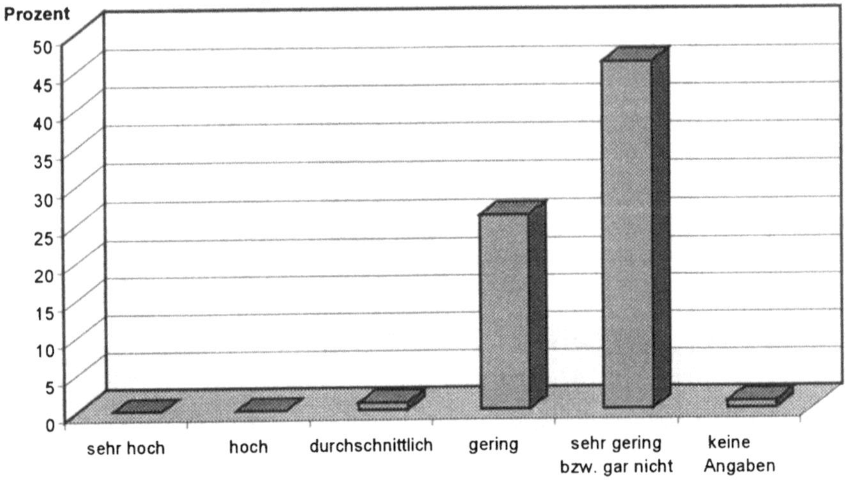

Diagramm 20: Ursachen für Beeinflussung in der Hauptverhandlung (in Prozent)

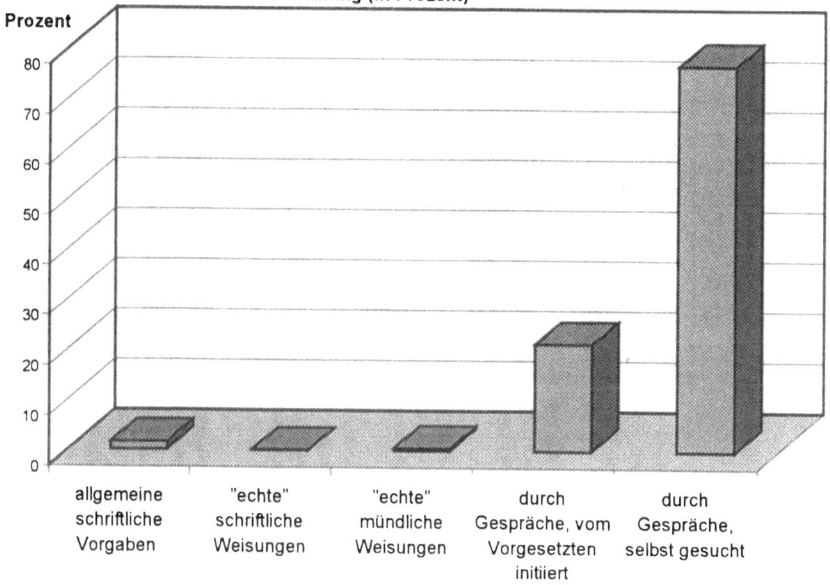

Diagramm 21: Entwicklung der Häufigkeit von Besprechungen (in Prozent)

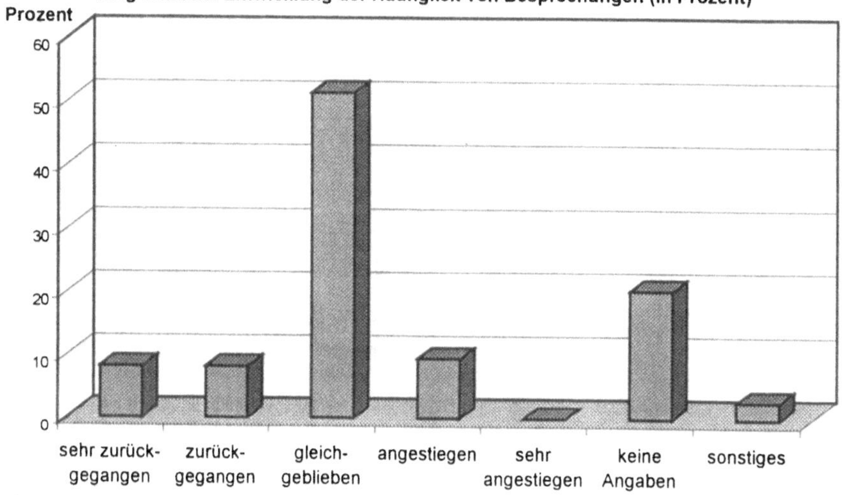

Diagramm 22: Wie haben Sie bei / nach solchen Gesprächen reagiert? (Übersicht in Prozent)

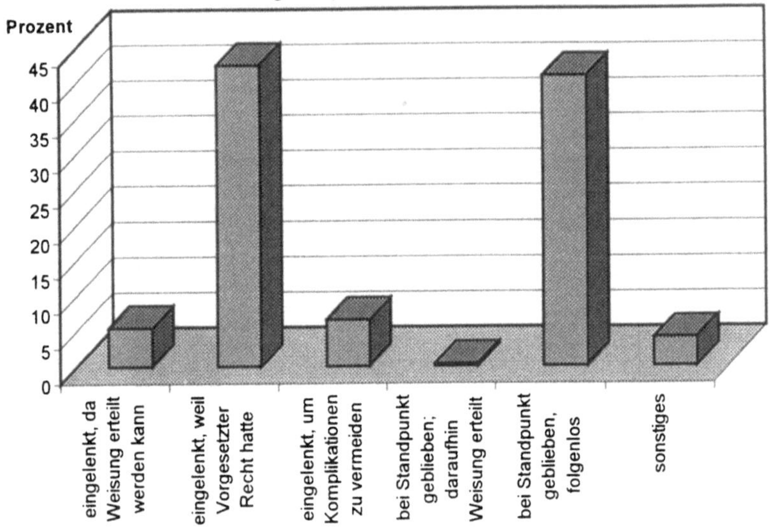

Diagramm 23: Entwicklung der Häufigkeit von "echten" Weisungen (Übersicht in Prozent)

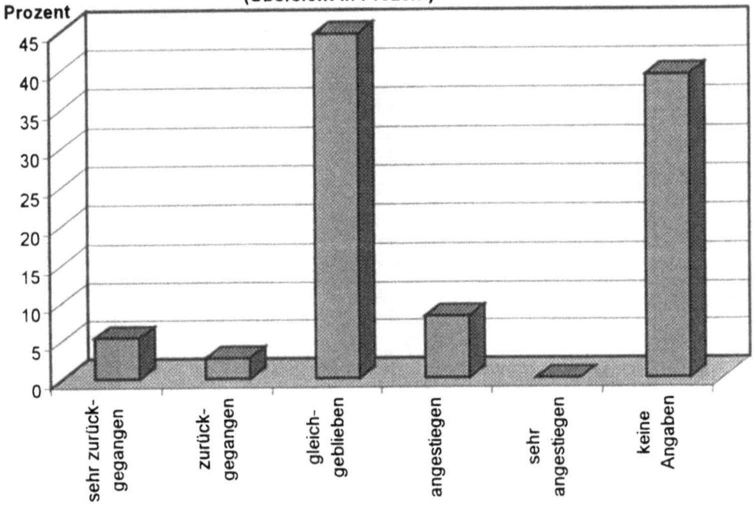

Diagramm 24a: Bewertung der Belastung von Weisungen (in Prozent).
Allgemeine Weisungen sind...

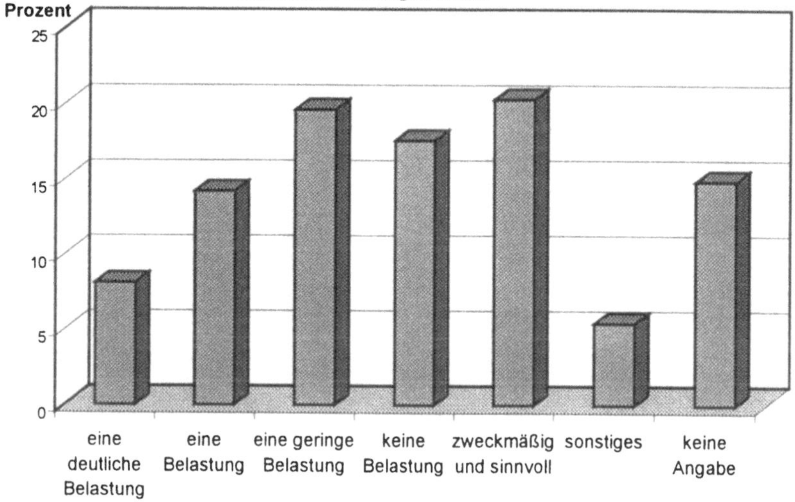

Diagramm 24b: Bewertung der Belastung von Weisungen (in Prozent).
Echte Weisungen sind...

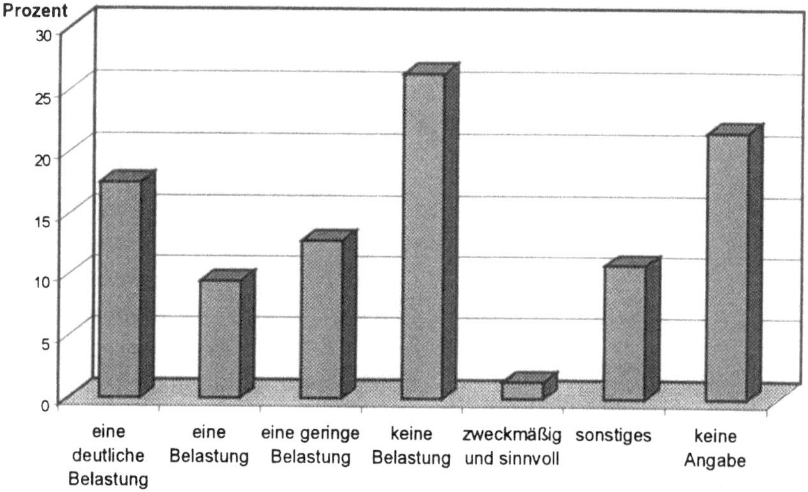

Diagramm 24c: Bewertung der Belastung von Weisungen (in Prozent). Weisende Gespräche sind...

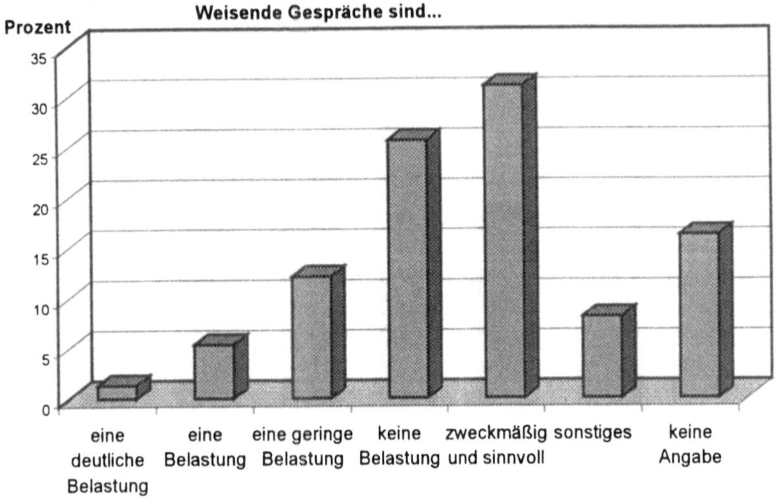

Diagramm 24d: Bewertung der Belastung von Weisungen (in Prozent). Einschätzung im Überblick

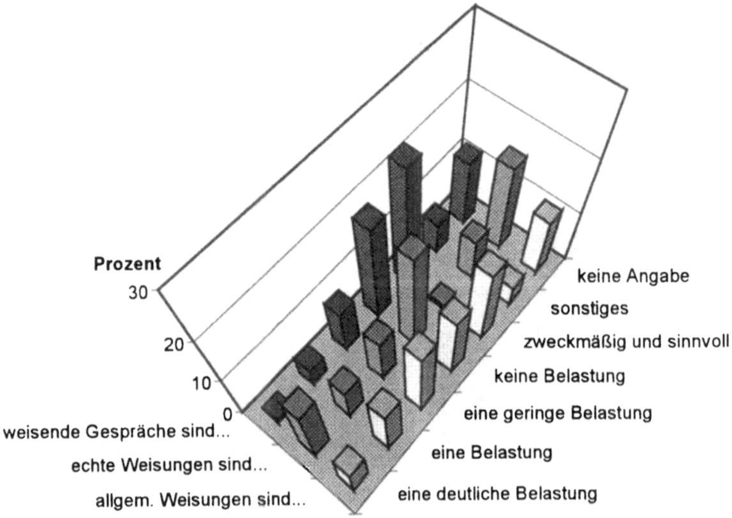

Diagramm 25: Einstellung zu Reformvorschlägen hinsichtlich des Weisungsrechts (in Prozent)

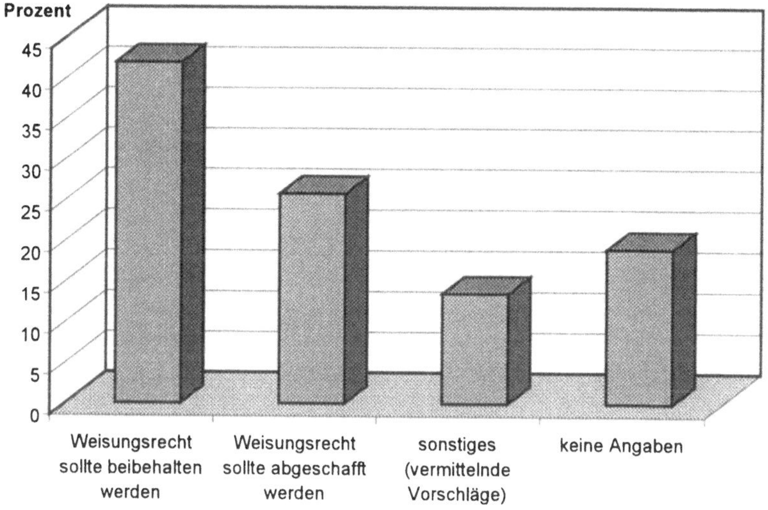

Literaturverzeichnis

Achterberg, Norbert	Allgemeines Verwaltungsrecht, Heidelberg, 1988 Zit.: Achterberg, S.
Adam, Hansjörg Albrecht, Hans-Jörg Pfeiffer, Christian	Jugendrichter und Jugendstaatsanwälte in der Bundesrepublik Deutschland, Freiburg, 1986 Zit.: Adam/Albrecht/Pfeiffer, S.
Adamovich, Ludwig	Handbuch des österreichischen Verfassungsrechts, 5. Auflage, Wien, 1957 Zit.: Adamovich, Kap.
Adamovich, Ludwig Funk, Christian	Österreichisches Verfassungsrecht, 2. Auflage, Wien, 1984 Zit.: Adamovich/Funk, Kap.
AFP	Entlassener Generalstaatsanwalt will bleiben, AFP Online-Journal vom 09.08.1999, veröffentlicht im Internet unter http://www.news-on-web.de/de/afp Online.html Zit.: AFP Online-Journal vom 09.08.1999
Ainedter, Manfred	Diskussionsbeitrag in „Der Staatsanwalt im modernen Rechtsstaat, Enquete am 13.06.1996, Wien 1996, S. 65 ff Zit.: Ainedter „Modern", S.
Alemann, Ulrich von	Methodik der Politikwissenschaft, 5. Auflage, Stuttgart, 1995 Zit.: Alemann, S.
Alm-Merk, Heidi	Rede der niedersächsischen Ministerin der Justiz und für Europaangelegenheiten Heidi Alm-Merk am 16.06.1997 anläßlich des Wechsels des Generalstaatsanwalts in Braunschweig; unveröffentlichtes Manuskript, das dem Verfasser vom niedersächsischen Justizministerium überlassen wurde. Zit.: ebenso, S.

Alternativkommentar zum GG	Kommentar zum Grundgesetz für die Bundesrepublik Deutschland (Hrsg.: Wassermann, Rudolf), Bd. 1, Neuwied 1989 Zit.: Alternativkommentar zum GG – Bearbeiter, Art., Rn.
Althoff, Klaus	Psychologie in der Verwaltung, 5. Auflage, Hamburg 1995 Zit.: Althoff, S.
Amelunxen	Die Staatsanwaltschaft als Symbol des Gerechtigkeitswillen des Staates, DRiZ 1955, S. 92 ff Zit.: Amelunxen, DRiZ 1955, S.
APA	Unter der Fuchtel des Ministers, APA, Der Standard vom 15.02.1999, S. 10, veröffentlicht im Internet unter: http://www.citynews.at/Richter/spiegel5.htm Zit.: APA, Der Standard vom 15.02.1999, S.
APA	Staatsanwälte wie überall in Westeuropa, Der Standard vom 16.02.1999, S. 10, veröffentlicht im Internet unter: http://www.citynews.at/Richter/spiegel6.htm Zit.: APA, Der Standard vom 16.02.1999, S.
Arbeitskreis sozialdemokratischer Juristinnen und Juristen	Pressemeldung vom 30.06.1998, veröffentlicht im Internet unter http://www.spd-hessensued.de/presse/1998/pr980630b.htm Zit.: ebenso
Arloth, Frank	Zur Ausschließung und Ablehnung des Staatsanwalts NJW 1983 S. 207 ff Zit.: Arloth, NJW 1983, S.
Arndt, Adolf	Umstrittene Staatsanwaltschaft, NJW 1961, S. 1616 ff Zit.: Arndt, NJW 1961, S.
Arndt, Adolf	Grundfragen einer Reform der deutschen Justiz, DRiZ 1959, S. 199 ff Zit.: Arndt, DRiZ 1959, S.

Aulinger, Susanne — Rechtsgleichheit und Rechtswirklichkeit bei der Strafverfolgung von Drogenkonsumenten, Baden-Baden, 1997
Zit.: Aulinger, S.

Aulus, Agerius — Der Einfluß der Staatsanwaltschaft in der preußischen Justiz, Preussische Jahrbücher, Bd. 81, 1895, S. 1 ff
Zit.: Aulus Agerius, Preussische Jahrbücher, Bd. 81 1895, S.

Austin, John L. — Zur Theorie der Sprechakte (How to do things with words), 2. Auflage Stuttgart, 1979
Zit.: Austin, S.

Backes, Otto — Kriminalpolitik ohne Legitimität, KritV 1986, S. 315 ff
Zit.: Backes, KritV 1986, S.

Bader, Karl — Nochmals: Können die Schattenseiten der Weisungsgebundenheit wirksam beseitigt werden?, DRiZ 1954, S. 238 ff
Zit.: Bader, DRiZ 1954, S.

Bader, Karl — Staatsanwalt und Rechtspflege, JZ 1956, S. 4 ff
Zit.: Bader, JZ 1956, S.

Bader, Karl — Zur Stellung der Staatsanwaltschaft in der heutigen Strafrechtspflege, NJW 1949, S. 737 ff
Zit.: Bader, NJW 1949, S.

Badura, Peter — Staatsrecht, 2. Auflage, München, 1996
Zit.: Badura, Kap.

Becher, Bruno — Staatsvolksanwälte?, Rheinischer Merkur 1952 Nr. 47, S. 4
Zit.: Becher, Rheinischer Merkur 1952 Nr. 47, S.

Behrens — Interview in „Die Zeit“ vom 02.07.2000, S. 4
Zit.: ebenso

Benda, Ernst — Handbuch des Verfassungsrechts, 2. Auflage, Berlin / New York, 1994
Zit.: Bearbeiter in Benda, Kap., Rn.

Berliner Morgenpost — Spekulationen über Prechtels Rauswurf, Online-Ausgabe vom 09.08.99, veröffentlicht im Internet unter http://www.berliner-morgenpost.de
Zit.: Berliner Morgenpost, Online-Ausgabe vom 09.08.1999

Bertel, Christian — Grundriß des österreichischen Strafprozeßrechts, 5. Auflage, Wien, 1997
Zit.: Bertel, Rn.

Bertram, Günter — Der Jurist und die Rutenbüttel des Faschismus, ZRP 1983, S. 81 ff
Zit.: Bertram, ZRP 1983, S.

Blankenburg, Erhard; Treiber, Hubert — Die Einführung der Staatsanwaltschaft in Deutschland, Leviathan 1978, S. 161 ff
Zit.: Blankenburg/Treiber, S.

Blankenburg, Erhard — Die Staatsanwaltschaft im System der Strafverfolgung, ZRP 1978, S. 263 ff
Zit.: Blankenburg, ZRP 1978, S.

Bleyl, Dietmar — Allgemeines Informationszugangsrecht und Recht auf informationelle Selbstbestimmung, DuD (22) 1998, S. 32 ff
Zit.: Bleyl, DuD (22) 1998, S.

Blomeyer, Jürgen — Die Stellung der Staatsanwaltschaft, GA 1970, S. 161 ff
Zit.: Blomeyer, GA 1970, S.

Bloy, Rene — Grundprobleme des Verhältnisses zwischen Staatsanwaltschaft und rechtsprechender Gewalt, JuS 1981, S. 427 ff
Zit.: Bloy, JuS 1981, S.

Böhm, Horst	Der unabhängige Staatsanwalt – ein aktuelles Thema? Böhm BRV-N 3/2000, S. 3, veröffentlicht im Internet unter: http://www.bayrv.de/RstPol/StellungStA/Unab_Bhm.htm Zit.: Böhm, BRV-N 3/2000, S.
Bommarius, Christian	Wenn die Chemie nicht stimmt, Berliner-Zeitung Online Ausgabe (Berlin Online) vom 13.08.1999, S. 3, veröffentlicht im Internet unter http://www.berlinonline.de Zit.: Bommarius, Berliner Zeitung (Berlin Online) vom 13.08.1999 S.
Bortz, Jürgen	Lehrbuch der empirischen Forschung für Sozialwissenschaftler, Berlin / Heidelberg / New York / Tokyo, 1984 Zit.: Bortz, S.
Brangsch, Heinz	Die Stellung des Staatsanwalts, NJW 1951, S. 59 ff Zit.: Brangsch, NJW 1951, S.
Breig, Nicole	Allgemeine Grundlagen und Fehlerquellen der Kommunikation, abgedruckt in: Führung in der Verwaltung (Hrsg.: Berndt, Günter), Lübeck 1994, S. 188 ff Zit.: Breig, S.
Brückner, Günther	Zur künftigen Organisation und Führung der Staatsanwaltschaft, DRiZ 1972, S. 407 ff Zit.: Brückner, DRiZ 1972, S.
Bucher, Ewald	Die Situation der Bundesanwaltschaft DRiZ 1963, S. 169 ff Zit.: Bucher, DRiZ 1963, S.
Bucher, Ewald	Weisungsgebundenheit der Staatsanwaltschaft, JZ 1975, S. 105 ff Zit.: Bucher, JZ 1975, S.

Bundesjustizministerium	Referenten-Entwurf eines Gesetzes zur Änderung des Rechts der Staatsanwaltschaft, Bonn, 1976 Zit.: Referentenentwurf, S.
Burchardi, Karl Klempahn, Gerhard Wetterich, Paul	Der Staatsanwalt und sein Arbeitsgebiet, 5. Auflage Münster, 1982 Zit.: Burchardi/Klempahn/Wetterich, S.
Caesar, Peter	Ein Verstoß gegen die Kultur der Justiz, ZRP 1998, S. 368 ff Zit.: Caesar, ZRP 1998, S.
Caesar, Peter	Justiz im Netzwerk der Sicherheit, DRiZ 1998, S. 315 ff Zit.: Caesar, DRiZ 1998, S.
Dahm, Georg	Der Staatsanwalt im neuen Strafverfahren, Deutsches Strafrecht 1935, S. 257 ff Zit.: Dahm, Deutsches Strafrecht 1935, S.
Daun, Willy	Die Notwendigkeit von Reformen in der Staatsanwaltschaft, Kriminalistik 1977 S. 479 ff Zit.: Daun, Kriminalistik 1977, S.
Daun, Willy	Staatsanwaltschaft in der Krise, Kriminalistik 1971, S. 607 ff und Kriminalistik 1972, S. 16 ff Zit.: Daun, Kriminalistik 1971 bzw. 1972, S.
Degenhardt, Christoph	Staatsrecht, 14. Auflage, Heidelberg, 1998 Zit.: Degenhardt, Rn.
Der Standard	Staatsanwälte gegen Ministerweisungen, Der Standard vom 08.04.1999, S. 13, veröffentlicht im Internet unter: http://www.ifs.tuwien.ac.at/ ~andi/somlib/data/standard_1999/ghsom/files/19990408.61.HTM Zit.: Der Standard vom 08.04.1999, S.

Deutscher Anwaltsverein	Stellungnahme zum Referenten-Entwurf des Gesetzes zur Änderung des Rechts der Staatsanwaltschaft; unveröffentlichtes Schreiben des Deutschen Amtsanwaltsvereins vom 18.05.1977 an das Bundesministerium der Justiz, das dem Verfasser von der ÖTV zur Verfügung gestellt wurde. Zit.: Unveröffentlichtes Schreiben des Deutschen Amtsanwaltsvereins vom 18.05.1977 an das Bundesministerium der Justiz
Deutscher Richterbund	Einbeziehung der Staatsanwälte in das Richtergesetz, DRiZ 1955, S. 226 Zit.: DRB, DRiZ 1955, S.
Deutscher Richterbund	Amtsrecht der Staatsanwälte endlich ändern, Presseerklärung vom 18.04.1986, DRiZ 1986, S. 236 Zit.: Presseerklärung des Deutschen Richterbundes vom 18.04.1986, DRiZ 1986, S.
Deutscher Richterbund	Begrenzung der Weisungsgebundenheit der Staatsanwälte, DRiZ 1962, S. 292 ff Zit.: DRB, DRiZ 1962, S.
Deutscher Richterbund	Der Staatsanwalt in der Dritten Gewalt, DRiZ 1970, S. 187 ff Zit.: DRB DRiZ 1970, S.
Deutscher Richterbund	Einbeziehung der Staatsanwälte in das Richtergesetz, DRiZ 1955, S. 226 ff Zit.: DRB, DRiZ 1955, S.
Deutscher Richterbund	Grenzen des Weisungsrechts DRiZ 1985, S. 10 Zit.: DRB, DRiZ 1985, S.
Deutscher Richterbund	Leitlinien des Deutschen Richterbundes veröffentlicht im Internet unter http:// www.richterverein.de/intern/leitlin.htm Zit.: Leitlinien des Deutschen Richterbundes, Ziff.

Deutscher Richterbund	DRB lehnt Zusammenlegung von Innen- und Justizministerium in Nordrhein-Westfalen ab, (Presseerklärung vom 16.Juni 1998) in DRiZ 1998, S. 280 Zit.: DRB, DRiZ 1998, S.
Deutscher Richterbund	Presseerklärung in DRiZ 1999, S. 99 Zit.: DRB, DRiZ 1999, S.
Deutscher Richterbund	Justizressort nicht der Koalitionsarithmetik opfern, Presseerklärung in DRiZ 2000, S. 10 Zit.: DRB, DRiZ 2000, S.
Deutscher Richterbund	Presseerklärung Nr. 4/86 vom 20.03.1986, die dem Verfasser vom Deutschen Richterbund überlassen wurde. Zit.: ebenso
Deutscher Richterbund - Kommission für die Angelegenheiten der Staatsanwälte	Rechtsstellung und Zukunftsaufgaben der Staatsanwaltschaft, DRiZ 1970, 86 ff Zit.: DRB-Kommission für die Angelegenheiten der Staatsanwälte, DRiZ 1970, S.
Deutscher Richterbund - Kommission für die Angelegenheiten der Staatsanwälte	Der Staatsanwalt in der Dritten Gewalt, DRiZ 1968, 357 ff Zit.: DRB-Kommission für die Angelegenheiten der Staatsanwälte, DRiZ 1968, S.
Deutscher Richterbund - Referat: Angelegenheiten der Staatsanwälte	Stellungnahme zum Referenten-Entwurf des Gesetzes zur Änderung des Rechts der Staatsanwaltschaft; unveröffentlichte Schreiben des Deutschen Richterbundes – Referat: Angelegenheiten der Staatsanwälte – vom 31.05.1977 und 25.06.1977 an das Bundesjustizministerium, die dem Verfasser von der ÖTV zur Verfügung gestellt wurden. Zit.: Unveröffentlichte Schreiben des Deutschen Richterbundes – Referat: Angelegenheiten der Staatsanwälte – vom 31.05.1977 und 25.06. 1977 an das Bundesjustizministerium

Die Zeit | Interview mit Debusmann, Gero in „Die Zeit" vom 02.07.2000, S. 4
Zit.: Debusmann im Interview „Die Zeit" vom 02.07.2000, S.

Dieckmann, Jochen | Rede von NRW-Justizminister Jochen Dieckmann anläßlich der Verabschiedung von Generalstaatsanwalt a.D. Mosqua und der Einführung von Generalstaatsanwalt Sent am 16.12.1999 in Hamm: „Stellung der Staatsanwaltschaft", veröffentlicht im Internet unter http://nrw.de/aktuell/reden/mskr991216.htm)
Zit.: Dieckmann, 16.12.1999, http://nrw.de/aktuell/reden/skr991216. htm)

Dohmen, Hans-Jürgen | Brauchen wir die „unabhängige Staatsanwaltschaft"?, ZRP 1994, S. 470 ff
Zit.: Dohmen, ZRP 1994, S.

Döhring, Erich | Die Deutsche Staatsanwaltschaft in ihrer geschichtlichen Entwicklung, DRiZ 1958, S.282 ff
Zit.: Döhring, DRiZ 1958, S.

dpa | Kohl-Ermittlungen vor dem Ende, Main-Echo Nr. 196 / 2000 vom 23.07.2000, S. 1
Zit.: ebenso

Dreier, Horst | Grundgesetz-Kommentar, Bd. I, Tübingen, 1996
Zit.: Dreier, Bd., Art., Rn.

Dreier, Horst | Das Demokratieprinzip des Grundgesetzes JURA 1997, S. 249 ff
Zit.: Dreier, JURA 1997, S.

Drendel | Zur Aufgabe des Staatsanwalts, Deutsche Justiz, 1942, S. 188 ff
Zit.: Drendel, Deutsche Justiz, S.

Driendl, Johannes — Staatsanwaltschaft und Strafverfolgung in Österreich, abgedruckt in: Funktion und Tätigkeit der Anklagebehörde im ausländischen Recht (Hrsg.: Jeschek, Hans-Heinrich / Leibinger, Rudolf), Baden-Baden 1979, 195 ff
Zit.: Driendl, S. 195 ff

Dubach, Alexander — Das Recht auf Akteneinsicht, Zürich, 1990
Zit.: Dubach, S.

Dünnebier, Hanns — Die Bindung des Staatsanwalts ans Gesetz, JZ 1961, S. 312 ff
Zit.: Dünnebier, JZ 1961, S.

Dünnebier, Hanns — Die Grenzen der Dienstaufsicht gegenüber der Staatsanwaltschaft, JZ 1958, S. 417 ff
Zit.: Dünnebier, JZ 1958, S.

Düwel — Der Generalstaatsanwalt als politischer Beamter, ÖTV in der Rechtspflege, Heft 45, Juni 1989, S. 7 ff
Zit.: Düwel, ÖTV in der Rechtspflege, Heft 45, Juni 1989, S.

Ebel, Friedrich — Rechtsgeschichte, Bd. II Neuzeit, Berlin 1993
Zit.: Ebel, Rn.

Edmonson, Willis J. — Konventionen und Stil im Konversationsverhalten, abgedruckt in: Stil: Komponenten und Wirkungen, Bd. 1, Tübingen 1982, S. 25 ff
Zit.: Edmonson, S.

Ellscheid, Günter — Rechtsstaatliche Defizite in der Stellung der Staatsanwaltschaft, abgedruckt in: Perspektiven der Strafrechtsentwicklung, Baden-Baden, 1996, S. 79 ff
Zit.: Ellscheid, S.

Erichsen, Hans-Uwe
Martens, Wolfgang — Allgemeines Verwaltungsrecht, 9. Auflage, Berlin / New York, 1992
Zit.: Erichsen/Martens, Kap., Rn.

Escher, Ronald	Mangel an Rechtskultur, Salzburger Nachrichten vom 27.03.2001, S. 7, veröffentlicht im Internet unter: http://www.salzburg.com/sn/01/03/27/gericht-0296.html Zit.: Escher, Salzburger Nachrichten vom 27.03. 2001, S.
Escher, Ronald	Diskussionsbeitrag in „Der Staatsanwalt im modernen Rechtsstaat“, Enquete am 13.06.1996, Wien 1996, S. 29 ff Zit.: Escher „Modern“, S.
Eyermann, Erich	Verwaltungsgerichtsordnung, 11. Auflage, München, 2000 Zit.: Eyermann, §, Rn.
Fachgruppe Staatsanwälte in der ÖTV	Die Stellung der Staatsanwaltschaft in der Dritten Gewalt, RuP 1970, S. 33 ff Zit.: Fachgruppe Staatsanwälte in der ÖTV, RuP 1970, S.
Faller, Hans-Joachim	Der Staatsanwalt und das verfassungswidrige Gesetz, JZ 1961, 478 ff Zit.: Faller, JZ 1961, S.
Faupel, Rainer	Bemerkungen zu „Abhängigkeiten“ DRiZ 2000, S. 312 ff Zit.: Faupel, DRiZ 2000, S.
Fischlschweiger, Hagen	Die Staatsanwaltschaft im österreichischen Verfassungssystem, ZStrW (91) 1979, S. 749 ff Zit.: Fischlschweiger, ZStrW (91) 1979, S.
Fischlschweiger, Hagen	Zur Frage der Weisungsfreiheit der Staatsanwälte, ÖJZ 1967, 421 ff Zit.: Fischlschweiger, ÖJZ 1967, S.
Foregger, Egmont Sereni, Eugen	Die österreichische Strafprozeßordnung, 4. Auflage, Wien, 1989 Zit.: Foregger/Sereni, §, Rn

Foregger, Egmont	Strafprozeßordnung, 10. Auflage, Wien 1997 Zit.: Foregger, §, Anm.
Frank, Peter H.	Hierarchische Strukturen im (bundesstaatlichen) Aufbau der Staatsanwaltschaft in Freiheit und Verantwortung in schwieriger Zeit – Festschrift für Ellen Schlüchter zum 60. Geburtstag, Baden-Baden, 1998, S. 49 ff Zit.: Frank, FS für Schlüchter, S.
Frankfurter Allgemeine Zeitung	Generalstaatsanwalt Ostendorf bittet um Entlassung, FAZ vom 15.04.1997 Zit.: FAZ vom 15.04.1997
Frankfurter Arbeitskreis Strafrecht	Müssen Rolle und Aufgaben der Staatsanwaltschaft neu definiert werden? StV 2000, S. 460 f Zit.: Frankfurter Arbeitskreis Strafrecht, StV 2000, S.
Frost, Andreas	Der Vollstrecker des politischen Willens, Stuttgarter Zeitung Online-Ausgabe vom 06.08. 1999, veröffentlicht im Internet unter http://www.stuttgarter-zeitung.de Zit.: Frost, Stuttgarter Zeitung, Online-Ausgabe vom 06.08.1999
Fuhrmann, Hans	Die Stellung der Staatsanwaltschaft im System der Gewaltenteilung, JR 1964, S. 418 ff Zit.: Fuhrmann, JR 1964, S.
Gaul, Gerhard	Bedarf die Stellung der Staatsanwaltschaft gegenüber dem Justizministerium und im Strafverfahren einer Reform?, SchlHA 1969, S. 85 ff Zit.: Gaul, SchlHA 1969, S.
Geerds, Friedrich	Zum Weisungsrecht gegenüber Staatsanwälten, abgedruckt in: Strafverfolgung und Strafverzicht, Festschrift zum 125-jährigen Bestehen der Staatsanwaltschaft Schleswig-Holstein, Köln / Berlin / Bonn/München, 1992, S. 297 ff Zit.: Geerds, FS für SH, S.

Geisler, Werner	Stellung und Funktion der Staatsanwaltschaft im heutigen deutschen Strafverfahren, ZStrW (93) 1981, S. 1109 ff Zit.: Geisler, ZStrW (93)1981, S.
Geschäftsführender Vorstand des Hessischen Richterbundes	Ein alptraumartiges Erlebnis – der Fall des Oberstaatsanwalts Wolfgang Greth, Mitteilungen des Hessischen Richterbundes 1/1998, S. 2 Zit.: Mitteilungen des Hessischen Richterbundes, 1/1998, S.
Gewerkschaft Öffentliche Dienste, Transport und Verkehr	Stellungnahme zum Referenten-Entwurf des Gesetzes zur Änderung des Rechts der Staatsanwaltschaft; unveröffentlichtes Schreiben der Gewerkschaft Öffentliche Dienste, Transport und Verkehr vom 16.05.1977 an das Bundesministerium der Justiz, das dem Verfasser von der ÖTV zur Verfügung gestellt wurde. Zit.: Unveröffentlichtes Schreiben der Gewerkschaft Öffentliche Dienste, Transport und Verkehr vom 16.05.1977 an das Bundesministerium der Justiz
Giesen, Thomas	Grundrecht auf Informationszugang? DuD (21) 1997, S. 588 ff Zit.: Giesen, DuD 1997, S.
Gipp, Steffanie	Staatsanwaltschaft – objektivste Behörde der Welt?, Frankfurt/Oder, 1997 Zit.: Gipp, S.
Göbel, Oswald	Anklagezwang und Gewaltenteilung, NJW 1961, S. 856 ff Zit.: Göbel, NJW 1961, S.
Görcke, Hans-Helmuth	Weisungsgebundenheit des deutschen Staatsanwalts und Unabhängigkeit der Rechtsprechung, DRiZ 1964, S. 50 ff Zit.: Görcke, DRiZ 1964, S.

Görcke, Hans-Helmuth	Weisungsgebundenheit und Grundgesetz, ZStrW (73) 1961, S. 561 ff Zit.: Görcke, ZStrW (73) 1961, S.
Gössel, Karl-Heinz	Strafverfahrensrecht, Stuttgart / Berlin / Köln / Mainz, 1977 Zit.: Gössel, Kap.
Gössel, Karl-Heinz	Überlegungen über die Stellung der Staatsanwaltschaft im rechtsstaatlichen Strafverfahren und über ihr Verhältnis zur Polizei, GA 1980, S. 325 ff Zit.: Gössel, GA 1980, S.
Gößl, Alfred	Praktische Psychologie und Soziologie in der Verwaltung, 2. Auflage, Regensburg, 1985 Zit.: Gößl, Rn.
Groß, Karl-Heinz	Zum „Image" der Staatsanwaltschaft, RuP 1970, S. 67 ff Zit.: Groß, RuP 1970, S.
Grosse, Erwin	Amtsführung der Richter und Staatsanwälte aus der Sicht der Verfahrensbeteiligten, DRiZ 1988, S. 53 ff Zit.: Grosse, DRiZ 1988, S.
Großer Nerz Wolters	Gehört der Staatsanwalt in das Richtergesetz? DRiZ 1954, S. 206 ff Zit.: Großer/Nerz/Wolters im Auftrag des DRB, DRiZ 1954, S.
Güde, Max	Das Weisungsrecht des früheren Reichsjustizministers gegenüber dem früheren Oberreichsanwalt, DRiZ 1958, S. 4 ff Zit.: Güde, DRiZ 1958, S.
Güde, Max	Der Staatsanwalt in der Hauptverhandlung und sein Plädoyer, Die Justiz – Amtsblatt des Justizministeriums Baden-Württemberg 1958, S. 222 ff Zit.: Güde, Die Justiz 1958, S.

Güde, Max — Die Stellung des Staatsanwalts im heutigen Recht, Die Justiz – Amtsblatt des Justizministeriums Baden-Württemberg 1957, S. 301 ff
Zit.: Güde, Die Justiz 1957, S.

Günter, Hans-Helmut — Strafverfolgung nach politischen Erwägungen, DRiZ 1998, S. 403 ff
Zit.: Günter, DRiZ 1998, S.

Günter, Hans-Helmut — „Kollegen höret die Signale", abgedruckt in: Extrablatt zu „Richter und Staatsanwalt" (hrsg. vom Deutschen Richterbund Nordrhein-Westfalen) 4/1998, S. 9
Zit.: ebenso

Günther, Hans — Staatsanwaltschaft – ein Kind der Revolution, Frankfurt/Berlin/Wien, 1973
Zit.: Günther, S.

Gusy, Christoph — Die Pflicht zur Veröffentlichung von Verwaltungsvorschriften, DVBl 1979, S. 720 ff
Zit.: Gusy, DVBl 1979, S.

Guth, Hans-Joachim — Chefankläger muß Hut nehmen, Nordkurier, Online-Ausgabe vom 03.08.1999, http://www.nordkurier.de
Zit.: Guth, Nordkurier, Online-Ausgabe vom 03.08.1999

Guth, Hans-Joachim — Richterbund: Generalstaatsanwalt sollte kein politischer Beamter sein, Nordkurier, Online-Ausgabe vom 04.08.1999, veröffentlicht im Internet unter http://www.nordkurier.de
Zit.: Guth, Nordkurier, Online-Ausgabe vom 04.08.1999

Habermas, Jürgen — Vorbereitende Bemerkungen zu einer Theorie der kommunikativen Kompetenz, abgedruckt in: Theorie der Gesellschaft oder Sozialtechnologie (Hrsg.: Habermas, Jürgen / Luhmann, Niklas), Frankfurt/Main, 1971, S. 101 ff
Zit.: Habermas, S.

Häfner, Gerald
Gerlach, Frauke
Wissen ist Macht – Nichtwissen macht auch nichts? ZRP 1998, S. 123 ff
Zit.: Häfner/Gerlach, ZRP 1998, S.

Hahn, Cornelia
150 Jahre Berliner Staatsanwaltschaft, NJW 1997, S. 306 ff
Zit.: Hahn, NJW 1997, S.

Hamburger Abendblatt
Die Entlassung: "Entwürdigend, wie auf der Flucht", Hamburger Abendblatt, Online-Ausgabe vom 06.08.1999, veröffentlicht im Internet unter http://www.hamburger-abendblatt.de
Zit.: Hamburger Abendblatt, Online-Ausgabe vom 06.08.1999

Heghmanns, Michael
Das Arbeitsgebiet des Staatsanwalts, Münster, 2. Auflage, 1997
Zit.: Heghmanns, Rn.

Heimeshoff, Erich
Über das Amt des Staatsanwaltes, DRiZ 1966, S. 212 ff
Zit.: Heimeshoff, DRiZ 1966, S.

Hellebrand, Johannes
Die Staatsanwaltschaft – Arbeitsgebiet und Arbeitspraxis, München, 1999
Zit.: Hellebrand, Rn.

Henkel, Heinrich
Strafverfahrensrecht, Stuttgart/Berlin/Köln/Mainz, 1968
Zit.: Henkel, Kap.

Henkel, Heinrich
Die Hauptverhandlung im kommenden Strafverfahren, Deutsches Strafrecht 1935, S. 401 ff
Zit.: Henkel, Deutsches Strafrecht 1935, S.

Henn, Karl
Zum ministeriellen Weisungsrecht gegenüber der Staatsanwaltschaft, DRiZ 1972, S. 152 ff
Zit.: Henn, DRiZ 1972, S.

Heptner, Bernd
Ein Untersuchungsauschuß ringt um Fassungen, FAZ vom 09.05.1997, S. 3
Zit.: Heptner, FAZ vom 09.05.1997, S.

Hergenröder, Carmen Silvia — Das staatsanwaltliche Verfahren, Frankfurt/Bern/New York, 1986
Zit.: Hergenröder, S.

Heublein, Axel — Das Weisungsrecht der Staatsanwaltschaft und seine Grenzen, Würzburg, 1969
Zit.: Heublein, S.

Hindelang, Götz — Auffordern, Göppingen, 1978
Zit.: Hindelang, S.

Hindelang, Götz — Einführung in die Sprechakttheorie, 2. Auflage Tübingen, 1994
Zit.: Hindelang, Einführung, S.

Hippel, Robert von — Der deutsche Strafprozeß, Marburg, 1941
Zit.: Hippel, S.

Hoberg, Leberecht — Dem Richter gleichstellen! Rheinischer Merkur 1952 Nr. 47, S. 4
Zit.: Hoberg, Rheinischer Merkur 1952 Nr.47, S.

Hoberg, Leberecht — Die Unabhängigkeit des Staatsanwalts, DRiZ 1953, S. 136 ff
Zit.: Hoberg, DRiZ 1953, S.

Hofmeister, Werner — Die Stellung des Staatsanwalts, DRiZ 1958, S. 189 ff
Zit.: Hofmeister, DRiZ 1958, S.

Hofmeister, Werner — Über die Stellung des Staatsanwalts, Niedersächsische Rechtspflege 1958, S. 61 ff
Zit.: Hofmeister, Niedersächsische Rechtspflege 1958, S.

Hohenforst, Susanne — Psychologische Grundlagen, Optimale Voraussetzungen und Gesprächsführung, abgedruckt in: Führung in der Verwaltung (Hrsg.: Berndt, Günter), S. 205 ff
Zit.: Hohenforst, S.

Hönigschmied, Günther — Die Staatsanwaltschaft unter besonderer Berücksichtigung ihrer Weisungsgebundenheit im Verhältnis zum Legalitätsprinzip, Erlangen, 1957
Zit.: Hönigschmied, S.

Höß, Reinhard — Rechtsfragen im Zusammenhang mit dem Schlußvortrag des Staatsanwalts, München, 1999
Zit.: Höß, S.

Hund, Horst — Brauchen wir die „unabhängige Staatsanwaltschaft"?, ZRP 1994, S. 470 ff
Zit.: Hund, ZRP 1994, S.

Hünerfeld, Peter — Die Zusammenhänge zwischen der Gerichtsverfassung und dem Strafverfahren, ZStrW (102) 1990, S. 672 ff
Zit.: Hünerfeld, ZStrW (102) 1990, S.

Husen, van — Entfesselung der Dritten Gewalt, Rheinischer Merkur 1952 Nr. 47, S. 4
Zit.: van Husen, Rheinischer Merkur 1952 Nr. 47, S.

Isensee, Josef
Kirchhoff, Paul — Handbuch des Staatsrechts der Bundesrepublik Deutschland, 1. Auflage, Bd. 1 – 10 bzw. 2. Auflage, Bd. 1 – 6, Heidelberg, 1987 – 2000 bzw. 1995 – 2001
Zit.: Isensee/Kirchhoff, Bd., Kap., Rn.

Jagusch, Heinrich — Weisungsgebundenheit der Staatsanwaltschaft, JZ 1975, S. 320 ff
Zit.: Jagusch, JZ 1975, S.

Jung, Heike — Grundfragen der Strafrechtsvergleichung, JuS 1998, S. 1 ff
Zit.: Jung, JuS 1998, S.

Karlsruher Kommentar — Karlsruher Kommentar zur Strafprozeßordnung (GVG) (Hrsg.: Pfeiffer, Gerd), 4. Auflage, München, 1999
Zit.: Karlsruher Kommentar – Bearbeiter, §, Rn.

Katholnigg, Oskar | Strafgerichtsverfassungsrecht, Köln/Berlin/Bonn/München, 2. Auflage, 1995
Zit.: Katholnigg, §, Rn.

Kausch, Erhard | Der Staatsanwalt – ein Richter vor dem Richter, Berlin, 1980
Zit.: Kausch, S.

Keller, Heinrich | Unabhängigkeit für Staatsanwälte, Die Zukunft, Septemberheft 1980, S. 16 ff
Zit.: Keller, Zukunft 1980, S.

Keller, Heinrich | Warum das Weisungsrecht des Justizministers auf einen Parlamentsanwalt übergehen sollte, ÖRiZ 1980, S. 235 ff
Zit.: Keller, ÖRiZ 1980, S.

Kerbel, Paul | Zur Stellung, Organisation und Tätigkeit der Staatsanwaltschaft, Frankfurt, 1974
Zit.: Kerbel, S.

Kern, Eduard | Die Geschichte des Gerichtsverfassungsrechts, München/Berlin, 1954
Zit.: Kern, S.

Kern, Eduard | Die beamtenrechtliche Stellung der Staatsanwälte, DRiZ 1951, S. 119
Zit.: Kern, DRiZ 1951, S.

Kintzi, Heinrich | Plädoyer für die Neuordnung des Amtsrechts der Staatsanwälte, abgedruckt in: Festschrift für Rudolf Wassermann zum 60. Geburtstag, Darmstadt/Neuwied, 1985, S. 899 ff
Zit: Kintzi, FS für Wassermann, S.

Kintzi, Heinrich | Staatsanwaltschaft – objektive Behörde oder Anwalt des Staates, DRiZ 1987, S. 457 ff
Zit.: Kintzi, DRiZ 1987, S.

Kirchner, Carl — Das Weisungsrecht des Reichsjustizminister gegenüber dem Oberreichsanwalt, DRiZ 1958, S. 108 ff
Zit.: Kirchner, DRiZ 1958, S.

Kissel, Otto Rudolf — Gerichtsverfassungsgesetz, 2. Auflage, München 1994
Zit.: Kissel, §, Rn.

Klecatsky, Hans — Der Staatsanwalt im demokratischen Rechtsstaat, Der Staatsbürger Folge 9, 1989, S. 1 ff
Zit.: Klecatsky, Staatsbürger 1989 Folge 9, S.

Kleinknecht, Theodor — Die Handakten der Staatsanwaltschaft, abgedruckt in: Festschrift für Eduard Dreher zum 70. Geburtstag Berlin / New York, 1977, S. 721 ff
Zit.: Kleinknecht, FS für Dreher, S.

Kleinknecht, Thomas
Meyer-Goßner, Lutz — Strafprozeßordnung 44. Auflage, München, 1999
Zit.: Kleinknecht/Meyer-Goßner, §, Rn.

Klingler, Josef — Diskussionsbeitrag in „Der Staatsanwalt im modernen Rechtsstaat, Enquete am 13.06.1996, Wien 1996, S. 73 ff
Zit.: Klingler „Modern", S.

Klug, Oliver K.F. — Zum Strafverfahren als Parteiprozeß, ZRP 1999, S. 189 ff
Zit.: Klug, ZRP 1999, S.

Kniesch, Joachim — Grundriß des Gerichtsverfahrensrechts, Lübeck, 1954
Zit.: Kniesch, S.

Knobloch, Gottfried — Reform des staatsanwaltlichen Amtsrechts, RuP 1969, S. 66 ff
Zit.: Knobloch, RuP 1969, S.

Kodek, Gerhard — Der Staatsanwalt im Vorverfahren unter Berücksichtigung der StPO-Reform, ÖRiZ 1985, S. 213 ff
Zit.: Kodek, ÖRiZ 1985, S.

Kohl, Mathias Kranz, Bettina	Untermuster globaler Typen illokutionärer Akte, abgedruckt in: Sprechakttheorie (Hrsg.: König, Peter-Paul; Wiegers, Helmut), Münstersches Logbuch zur Linguistik 2/1992, S. 1 ff Zit.: Kohl/Kranz, MLL 2, 1992, S.
Kohlhaas, Max	Stellung der Staatsanwaltschaft als Teil der rechtsprechenden Gewalt, Neuwied, 1963 Zit.: Kohlhaas, S.
Kohlhaas, Max	Der von außen in die Sitzung eingreifende Behördenleiter, DRiZ 1965, S. 294 ff Zit.: Kohlhaas, DRiZ 1965, S.
Kohlhaas, Max	Minister und Staatsanwalt, DRiZ 1967, S. 264 ff Zit.: Kohlhaas, DRiZ 1967, S.
Kohlhaas, Max	Unzulässige Durchbrechung des Legalitätsprinzips, GA 1956, S. 241 ff Zit.: Kohlhaas, GA 1956, S.
Komar, Stefan	Zur Reform des staatsanwaltlichen Dienst- und Organisationsrechtes, ÖRiZ 1981, S. 33 ff Zit.: Komar, ÖRiZ 1981, S.
Kramer, Bernhard	Grundbegriffe des Strafverfahrensrechts, Stuttgart/Berlin/Köln, 3. Auflage, 1997 Zit.: Kramer, Rn.
Krey, Volker	Grundzüge des Strafverfahrensrechts (10. Teil), JA 1985, S. 273 ff Zit.: Krey, JA 1985, S.
Krey, Volker Pföhler, Jürgen	Zur Weisungsgebundenheit des Staatsanwalts, NStZ 1985, S. 145 ff Zit.: Krey/Pföhler, NStZ 1985, S.
Kromrey, Helmut	Empirische Sozialforschung, 9. Auflage, Opladen, 2000 Zit.: Kromrey, S.

Krumsiek, Rolf — Die Staatsanwaltschaft – ein Instrument der Politik, abgedruckt in: Verfassungsstaatlichkeit – Festschrift für Klaus Stern zum 65. Geburtstag, 1997, S. 649 ff
Zit.: Krumsiek, FS für Stern, S.

Kuhlmann, Götz-Joachim — Ausschließung und Ablehnung des Staatsanwalts, DRiZ 1976, S. 11 ff
Zit.: Kuhlmann, DRiZ 1976, S.

Kuhlmann, Götz-Joachim — Ohne Weisungsrecht geht es nicht, Kriminalistik 1978, S. 196 ff
Zit.: Kuhlmann, Kriminalistik 1978, S.

Kuhlmann, Götz-Joachim — Reform ohne Reform?, DRiZ 1977, S. 266 ff
Zit.: Kuhlmann, DRiZ 1977, S.

Kühne, Hans-Heiner — Wer mißbraucht den Strafprozeß?, StV 1996, S. 684 ff
Zit.: Kühne, StV 1996, S.

Kunert, Karl-Heinz — Wie abhängig ist der Staatsanwalt?, abgedruckt in: Festschrift für Rudolf Wassermann zum 60. Geburtstag, Darmstadt/Neuwied, 1985, S. 915 ff
Zit.: Kunert, FS für Wassermann, S.

Kunigk, Fritz — Die staatsanwaltliche Tätigkeit, Stuttgart/Berlin/Köln/Mainz, 3. Auflage, 1983
Zit.: Kunigk, Kap.

Lambauer, Heimo — Der Staatsanwalt – abhängig oder unabhängig?, ÖJBl 1985, S. 328 ff
Zit.: Lambauer, ÖJBl 1985, S.

Lambauer, Heimo — Reformbedürftige Staatsanwaltschaft, ÖRiZ 1977, S. 137 ff
Zit.: Lambauer, ÖRiZ 1977, S.

Lambauer, Heimo — Weisungsrecht und Wirtschaftskriminalität, ÖRiZ 1980, S. 231 ff
Zit.: Lambauer, ÖRiZ 1980, S.

Lamprecht, Rudolf
Müller, Leo
Sandmeyer, Peter
Berzinger, Walter

Der lange Weg zur Wahrheit, Stern 1997, Heft 42, veröffentlicht im Internet unter: http://www.stern.de/97/42/mag/deutschland/ barschel.html
Zit.: Lamprecht/Müller/Sandmeyer/Berzinger, Stern, 1997

Landau, Herbert
Dames, Karsten

Weitergabe personenbezogener Daten vom Staatsanwalt bis zum Justizministerium, DRiZ 1992, S. 130 ff
Zit.: Landau/Dames, DRiZ 1992, S.

Lanzenauer, Reiner Haeling von

Weisungsgebundenheit und Organisationsstatut, DRiZ 1991, S. 133
Zit.: v. Lanzenauer, DRiZ 1991, S.

Laufer, Heinz

Die Demokratische Ordnung, 2. Auflage, Stuttgart/Berlin/Köln/Mainz, 1970
Zit.: Laufer, S.

Lay, Rupert

Führen durch das Wort, 8. Auflage, Frankfurt / Berlin, 1995
Zit.: Lay, S.

Lechleitner, Ulrich

Dornen für den Staatsanwalt, Bayernkurier vom 26.04.1997
Zit.: Lechleitner, Bayernkurier vom 26.04.1997

Leithold, Iris

Wie man in drei Minuten einen PDS-Gegner abserviert, Frankfurter Neue Presse Online-Ausgabe vom 06.08.1999, veröffentlicht im Internet unter: http://www.rhein-main.net/FNP-Online
Zit.: Leithold, Frankfurter Neue Presse, Online-Ausgabe vom 06.08.1999

Leonhardt, Hans-Joachim

Rechtsmittelermessen der Staatsanwaltschaft, Frankfurt (Main) / Berlin / New York / Paris / Wien, 1994
Zit.: Leonhardt, S.

Leß, Günter

Zur Stellung des Staatsanwalts, JR 1951, 193 ff
Zit.: Leß, JR 1951, S.

Leverenz, Bernhard
Über die Weisungsgebundenheit der Staatsanwaltschaft, SchlHA 1961, S. 36 ff
Zit.: Leverenz, SchlHA, 1961, S.

Liebscher, Viktor
Die Österreichische Staatsanwaltschaft in europäischer Sicht – Festvortrag zum 60jährigen Bestand des Vereins österreichischer Staatsanwälte, gehalten am 23.04.1979, abgedruckt in: 60 Jahre Verein österreichischer Staatsanwälte, ÖRiZ 1979, S. 129 ff
Zit.: Liebscher, ÖRiZ 1979, S.

Liebscher, Viktor
Eigenständigkeit der Staatsanwaltschaft – ein Verfassungsproblem?, abgedruckt in: Auf dem Weg zu Menschenwürde und Gerechtigkeit – Festschrift für Klecatsky zum 60. Geburtstag 1. Teilband, Wien, 1980, S. 552 ff
Zit.: Liebscher, FS für Klecatsky, S.

Liegert, Friedrich
Führungspsychologie für Vorgesetzte, München, 1973
Zit.: Liegert, S.

Liszt, Franz v.
Über die Stellung der Staatsanwaltschaft in Strafsachen, DJZ 1901, S. 179 ff
Zit.: v. Liszt, DJZ 1901, S.

Loebenstein, Herbert
Der Beitrag des österreichischen Parlaments (vor und nach 1918) zur Entwicklung des Strafrechts und Strafprozeßrechts, ÖJZ 1989, S. 17 ff
Zit.: Loebenstein, ÖJZ 1989, S.

Löwe, Ewald
Rosenberg, Werner
Kommentar zur Strafprozeßordnung, Bd. 6 (GVG), (Hrsg.: Rieß, Peter) Berlin / New York, 24. Auflage, 1996
Zit.: Löwe/Rosenberg-Bearbeiter, §, Rn.

Lübbe-Wolff, Gertrud
Der Anspruch auf Information über den Inhalt ermessensbindender Verwaltungsvorschriften, DÖV 1980, S. 594 ff
Zit.: Lübbe-Wolff, DÖV 1980, S.

Lücke, Horst — Die Entwicklung des Amtsrechts der Staatsanwälte in den letzten 75 Jahren, DRiZ 1984, S. 147 ff
Zit.: Lücke, DRiZ 1984, S.

Lücke, Horst — Staatsanwaltschaft – Dritte Gewalt gegen Rechts- und Machtwillen des Staates und seiner Bürger?, SchlHA 1980, S. 205 ff
Zit.: Lücke, SchlHA 1980, S.

Lüttger, Hans — Der „genügende Anlaß“ zur Erhebung der öffentlichen Klage, GA 1957, 193 ff
Zit.: Lüttger, GA 1957, S.

Mahrenholz, Ernst-Gottfried — Justiz – eine unabhängige Staatsgewalt, DRiZ 1991, S. 432 ff
Zit.: Mahrenholz, DRiZ 1991, S.

Main-Echo — Fall Barschel Grund für Rücktritt von Generalstaatsanwalt, Main-Echo vom 15.04.1997, S. 8
Zit.: Main-Echo vom 15.04.1997

Main-Echo — SPD will Steueraffäre Kirch lückenlos aufgeklärt haben, Main-Echo vom 27.08.1997
Zit.: Main-Echo vom 27.08.1997

Martin, Ludwig — Die Bundesanwaltschaft beim Bundesgerichtshof, Ehrengabe für Heusinger, München, 1968, S. 85 ff
Zit.: Martin, Ehrengabe für Heusinger, S.

Martin, Ludwig — Zur Weisungsgebundenheit der Staatsanwaltschaft, JZ 1973, S. 415 ff
Zit.: Martin, JZ 1973, S.

Matousek, Friedrich — Diskussionsbeitrag in „Der Staatsanwalt im modernen Rechtsstaat, Enquete am 13.06.1996, Wien 1996, S. 13 ff
Zit.: Matousek „Modern“, S.

Matousek, Friedrich — Stellung und Verantwortung des Staatsanwaltes in einem neuen strafprozessualen Vorverfahren, abgedruckt in: Grundsatzfragen der Reform des Vorverfahrens in Entwicklungslinien im Straf- und Strafprozeßrecht (Richterwoche) in Rust/ Burgenland vom 06.05 bis 10.05.1996, Wien 1996, S. 169 ff
Zit.:Matousek „Stellung und Verantwortung", S.

Matousek, Friedrich — Stellungnahme vor der Rechtsakademie in Wustrau, S. 8; unveröffentlichtes Redemanuskript, das dem Verfasser vom Redner zur Verfügung gestellt wurde.
Zit.: ebenso

Maunz, Theodor
Dürig, Günter — Grundgesetzkommentar, München, Stand 1991
Zit.: Maunz/Dürig, Art., Rn.

Maurer, Hartmut — Allgemeines Verwaltungsrecht, 12. Auflage, München, 1999
Zit.: Maurer, Kap., Rn.

Mayntz, Renate
Holm, Kurt
Hübner, Peter — Einführung in die Methoden der empirischen Soziologie, 5. Auflage, Opladen, 1978
Zit.: Mayntz/Holm/Hübner, S.

Meier-Branecke — Beschränkung des Weisungsrechts gegenüber den Staatsanwälten, GA 1965, S. 22 ff
Zit.: Meier-Branecke, GA 1965, S.

Meyer-Hermann, Reinhard — Direkter und indirekter Sprechakt, Deutsche Sprache 1976 Heft 1, S. 1 ff
Zit.: Meyer-Hermann, Deutsche Sprache 1976, Heft 1, S.

Michalek, Nikolaus — Diskussionsbeitrag in „Der Staatsanwalt im modernen Rechtsstaat, Enquete am 13.06.1996, Wien 1996, S. 5 ff
Zit.: Michalek „Modern", S.

Michels, Reinhold — Die Staatsanwaltschaft – Justiz zweiter Klasse?, DRiZ 1984, S. 376 ff
Zit.: Michels, DRiZ 1984, S.

Mielke, Manfred — Recht und Verantwortung, Rheinischer Merkur 1952 Nr. 44, S. 3
Zit.: Mielke, Rheinischer Merkur 1952 Nr. 44, S.

Mittermaier, Wolfgang — Die Parteistellung der Staatsanwaltschaft im reformierten deutschen Strafverfahren, Stuttgart, 1897
Zit.: Mittermaier, S.

Mohr, Gilbert
Mohr, Margit
Engelkamp, Johannes — Situative Faktoren beim Verstehen und Befolgen von Aufforderungen, abgedruckt in: Sprache in Situation (Hrsg.: Scherer, Hans), Bonn 1989, S. 205 ff
Zit.: Mohr/Mohr/Engelkamp, S.

Möller-Dorn, Doris — Staatsanwaltschaft ohne Hierarchie – eine rechtsstaatliche Notwendigkeit, Betrifft JUSTIZ 1991, S. 53 ff
Zit.: Möller-Dorn, Betrifft JUSTIZ 1991, S.

Moos, Reinhard
Steiniger, Erhard — Probleme der Strafprozeßreform, Linz, 1982
Zit.: Moos/Steininger, S.

Moos, Reinhard — Zur Reform des Strafprozeßrechts und des Sanktionsrechts für Bagatelldelikte, Wien / New York, 1981
Zit.: Moos „Reform“, S.

Moos, Reinhard — Die Kontrolle des staatlichen Anklagemonopols in Österreich und im Kanton Zürich, Schweizerische Zeitschrift für Strafrecht (118) 1991, S. 153 ff
Zit.: Moos, Schweizerische Zeitschrift für Strafrecht (118) 1991, S.

Moos, Reinhard — Die Parteistellung der Staatsanwaltschaft im österreichischen Strafverfahren, abgedruckt in: Strafrecht – Strafrechtsvergleichung (Hrsg.: Kaiser, Günther / Vogler, Theo), Freiburg, 1975
Zit.: Moos „Vergleichung", S.

Moos, Reinhard — Diskussionsbeitrag in Gesamtreform des Strafverfahrens (Hrsg.: Schreiber, Hans-Ludwig/ Wassermann, Rudolf), Darmstadt / Neuwied, 1987, S. 161
Zit.: Moos „Gesamtreform", S.

Moos, Reinhard — Grundlinien und Standortbestimmung des österreichischen Strafprozeßrechts, abgedruckt in: Der Strafprozeß im Spiegel ausländischer Verfahrensordnungen (Hrsg.: Jung, Heike) Berlin/ New York, 1990, S. 47 ff
Zit.: Moos „Grundlinien und Standortbestimmung", S.

Moos, Reinhard — Grundsatzfragen der Reform des Vorverfahrens in Entwicklungslinien im Straf- und Strafprozeßrecht, abgedruckt in: Richterwoche in Rust/ Burgenland vom 06.05 bis 10.05.1996, Wien 1996, S. 37 ff
Zit.: Moos „Grundsatzfragen", S.

Moos, Reinhard — Hundert Jahre Österreichische Strafprozeßordnung, ÖRiZ 1975, S. 82
Zit.: Moos, ÖRiZ 1975, S.

Müller, Egon — Funktion, Status, Rolle – Staatsanwaltschaft, abgedruckt in: Gesamtreform des Strafverfahrens (Hrsg.: Schreiber, Hans-Ludwig / Wassermann, Rudolf), Darmstadt/Neuwied, 1987, S. 133
Zit.: Müller „Gesamtreform", S.

Müller, Hermann
Sax, Walter — KMR - Kommentar zur Strafprozeßordnung und zum Gerichtsverfassungs- und Ordnungswidrigkeitengesetz, Bd. 2 (GVG u.a) 6. Auflage, Darmstadt, 1966
Zit.: KMR-Müller/Sax, §, Nr.

Müller, Ingo
Rechtsstaat und Strafverfahren, Frankfurt/Main, 1989
Zit.: Müller, S.

Münch, Ingo von
Kunigk, Phillip
Kommentar zum Grundgesetz, Bd. 1 (Art. 1-19) 5. Auflage, München, 2000 bzw. Bd. 1 (Art. 1-20), 4. Auflage, 1992
Zit.: v. Münch/Kunigk, Art., Rn.

Münch, Ingo von
Justiz – Reparaturbetrieb der Politik?, NJW 1996, S. 2073 ff
Zit.: v. Münch, NJW 1996, S.

Münstermann, Manfred
Die Bindung des Staatsanwalts an Weisungen seiner Vorgesetzten, Heidelberg, 1978
Zit.: Münstermann, S.

Nappenbach, Paul
Stimmen zum Diskussionsthema Weisungsgebundenheit des Staatsanwalts, veröffentlicht im Internet:http://www.bayrv.de/RstPol/StellungStA/Weisung.htm
Zit.: Nappenbach, www.bayrv.de

Neuberger, Oswald
Das Mitarbeitergespräch, München, 1973
Zit.: Neuberger, S.

Neumann, Ulfrid
Rechtspolitische Aspekte der Weisungsgebundenheit des Staatsanwalts, abgedruckt in: Frankfurter kriminalwissenschaftliche Studien Bd. 50, Frankfurt / Berlin / New York / Wien, 1995, S.197 ff
Zit.: Neumann, S.

Neumann, Ulfrid
Bericht zur Strafrechtslehrertagung 1981 in Bielefeld, JZ 1981, S. 792 ff
Zit.: Neumann, JZ 1981, S.

Neumayer, Fritz
Stellung und Bedeutung der Staatsanwaltschaft, DRiZ 1956, S. 132 ff
Zit.: Neumayer, DRiZ 1956, S.

Odersky, Walter — Staatsanwaltschaft, Rechtspflege und Politik, abgedruckt in: Festschrift für Karl Bengl, München, 1984, S. 57 ff
Zit.: Odersky, FS für Bengl, S.

Oetker — Legalität, Opportunität, Klageerzwingung, GS (105) 1935, S. 370 ff
Zit.: Oetker, GS (105) 1935, S.

Oldiges, Martin — Verfassungsrechtliche und verfassungspolitische Bewertung der Zusammenlegung des Innen- und Justizministeriums in Nordrhein-Westfalen (unveröffentlichtes Rechtsgutachten), das dem Verfasser von der CDU-Fraktion im Landtag Nordrhein-Westfalen überlassen wurde.
Zit.: ebenso

OLG Präsidenten — Bericht von der 50. Tagung der Präsidentinnen und Präsidenten der Oberlandesgerichte der Bundesrepublik Deutschland, des Bayerischen Obersten Landesgerichts und des Bundesgerichtshofs vom 15. bis 17.06.1998, abgedruckt bei: Oldenburg, DRiZ 1998, S. 280 ff
Zit.: ebenso

Ossenbühl, Fritz — Verwaltungsvorschriften und Grundgesetz Bad Homburg v.d.H. / Berlin / Zürich, 1986
Zit.: Ossenbühl, S.

Ostendorf, Heribert — Das öffentliche Klageerzwingungsverfahren – ein notwendiges Institut zur Kontrolle der Staatsanwaltschaft, RuP 1980, S. 200 ff
Zit.: Ostendorf, RuP 1980, S.

Ostendorf, Heribert — Thesen zur „Unabhängigkeit der Staatsanwaltschaft“, ÖTV in der Rechtspflege, herausgegeben vom ÖTV-Bezirksverband Niedersachsen, März 1996, S. 3 ff
Zit.: Ostendorf, ÖTV in der Rechtspflege, März 1996, S.

Ostermann, Stefan

Erste Berufserfahrungen, Betrifft JUSTIZ 1997, S. 103 ff
Zit.: Ostermann, Betrifft JUSTIZ, S.

Österreichisches Ministerium der Justiz

Ministerialentwurf eines Strafprozeßreformgesetzes, vorgestellt am 25.04.2001, veröffentlicht im Internet unter: http://www.bmj.gv.at / gesetzes/ vorverfahren2.html; Text:http: // www.bmj.gv.at/ gesetzes/download/strafproz_vorverf.pdf; Erläuterungen: http://www.bmj.gv.at/gesetzes/download/ erl_strafproz_vorverf.pdf
Zit.: Ministerialentwurf eines Strafprozessreformgesetzes

Pallin, Franz

Die Grenzen des Weisungsrechts gegenüber den Staatsanwälten und die Kontrolle der Ausübung dieses Rechts, ÖRiZ 1966, S. 187 ff
Zit.: Pallin, ÖRiZ 1966, S.

Peters, Karl

Strafprozeß, 4. Auflage, Heidelberg, 1985
Zit.: Peters, Kap.

Pfeiffer, Gerd

Strafprozeßordnung und Gerichtsverfassungsgesetz, 2.Auflage, München, 1999
Zit.: Pfeiffer, §, Rn.

Platzgummer, Winfried

Grundzüge des österreichischen Strafverfahrens, 8. Auflage, Wien/New York, 1997
Zit.: Platzgummer, S.

Prantl, Heribert

„Warum es Staatsanwälte gibt“, SZ-Online (Onlineausgabe der Süddeutschen Zeitung) Meinungsseite vom 11.08.1999, veröffentlicht im Internet unter: http://www.sueddeutsche.de
Zit.: ebenso

Prantl, Heribert

Der Zwitter von Düsseldorf, Süddeutsche Zeitung vom 16. Juni 1998, Nachdruck in DRiZ 1998, S. 281
Zit.: Prantl, SZ vom 16.06.1998 = DRiZ 1998, S.

Prantl, Heribert — Mißachtung der Dritten Gewalt, DRiZ 1999, S. 145 ff
Zit.: Prantl, DRiZ 1999, S.

Radtke, Henning — Bestandskraft staatsanwaltlicher Einstellungsverfügungen und die Identität des wiederaufgenommenen Verfahrens, NStZ 1999, S. 481 ff
Zit.: Radtke, NStZ 1999, S.

Rautenberg, Erardo Christoforo — Der Generalstaatsanwalt: ein „politischer Beamter"?, DRiZ 2000, S. 141 ff
Zit.: Rautenberg, DRiZ 2000, S.

Recken, Heinz — Minister und Staatsanwalt, DRiZ 1967, S. 348 ff
Zit.: Recken, DRiZ 1967, S.

Riehle, Gerhard — Die rechtsstaatliche Bedeutung der Staatsanwaltschaft unter besonderer Berücksichtigung ihrer Rolle in der nationalsozialistischen Zeit, Heidelberg, 1995
Zit.: Riehle, S.

Rittsteig, Helmut — Die Weisungsunterworfenheit des Beamten, ZBR 1970, S. 72 ff
Zit.: Rittsteig, ZBR 1970, S.

Roeder, Hermann — Lehrbuch des österreichischen Strafverfahrens, 2. Auflage, Wien 1976
Zit.: Roeder, S.

Röper, Erich — Staatsanwaltschaft – Hilfsorgan der Polizei?, DRiZ 1998, S. 309 ff
Zit.: Röper, DRiZ 1998, S.

Roth, Werner — Ein klassischer Fall von Befangenheit, FAZ vom 20.03.2000, S. 12
Zit.: Roth, FAZ vom 20.03.2000, S.

Roxin, Claus — Rechtsstellung u. Zukunftsaufgaben der Staatsanwaltschaft, DRIZ 1969, S. 385 ff
Zit.: Roxin, DRIZ 1969, S.

Roxin, Claus — Zur Rechtsstellung der Staatsanwaltschaft damals und heute, DRiZ 1997, S. 109 ff
Zit.: Roxin, DRiZ 1997, S.

Rudolph, Kurt — Die politische Abhängigkeit der Staatsanwaltschaft, NJW 1998, S. 1205 ff
Zit.: Rudolph, NJW 1998, S.

Rüping, Hinrich — Amtsanwaltschaften und Staatsanwaltschaften, DRiZ 1999, S. 114 ff
Zit.: Rüping, DRiZ 1999, S.

Rüping, Hinrich — Die Staatsanwaltschaft – Stiefkind der Revolution, StV 1997, S. 276 ff
Zit.: Rüping, StV 1997, S. 278

Rüping, Hinrich — Die Geburt der Staatsanwaltschaft in Deutschland, GA 1992, S. 147 ff
Zit.: Rüping, GA 1992, S.

Sachs, Michael — Kommentar zum Grundgesetz, München, 1996
Zit.: Sachs, Art. Rn.

Sailer, Christian — Anklageerhebung und Gleichbehandlung, NJW 1977, S. 1138 ff
Zit.: Sailer, NJW 1977, S.

Salzburger Nachrichten — Eine Monster-Reform, Salzburger Nachrichten vom 26.04.2001, veröffentlicht im Internet unter: http://www.salzburg.com/sn/01/04/26/gericht-23382.html
Zit.: Salzburger Nachrichten vom 26.04.2001

Sarstedt, Werner — Gebundene Staatsanwaltschaft?, NJW 1964, S. 1752 ff
Zit.: Sarstedt, NJW 1964, S.

Schaefer, Hans Christoph — Anspruch und Wirklichkeit – eine staatsanwaltliche Reflexion, NJW 1994, S. 2876 ff
Zit.: Schaefer, NJW 1994, S.

Schaefer, Hans Christoph
Die Rolle der Staatsanwaltschaft in einem reformierten Ermittlungs- und Strafverfahren, abgedruckt in: Quo Vadis, Strafprozeß? (Hrsg.: Herzog, Felix), Baden-Baden, 1998, S. 61 ff
Zit.: Schaefer in Quo Vadis, S.

Schaefer, Hans Christoph
Die Staatsanwaltschaft im Rechtsschutzsystem, NJW 2001, S. 1396 ff
Zit.: Schaefer, NJW 2001, S.

Schaefer, Hans Christoph
Staatsanwaltschaft – ein politisches Instrument?, unveröffentlichter Vortrag vor der Juristischen Gesellschaft in Frankfurt am Main vom 20.04.1988, der dem Verfasser von Herrn Oberstaatsanwalt Müller, Darmstadt zur Verfügung gestellt wurde (zitiert mit freundlicher Genehmigung des Redners).
Zit.: ebenso, S.

Schaefer, Hans Christoph
Verfahrensübernahme durch den Generalbundesanwalt – nach der „Eggesin"-Entscheidung des BGH, NJW 2001, S. 1621 f
Zit.: Schaefer, NJW 2001, S.

Schäfer, Karl
Strafprozeßrecht, Berlin / New York, 1976
Zit.: Schäfer, Kap., Rn.

Schairer, Martin
Gedanken zum externen Weisungsrecht, abgedruckt in: Festschrift für Theodor Lenckner zum 70. Geburtstag, München 1998, S. 739 ff
Zit.: Schairer, FS für Lenckner, S.

Scherer, Peter
Geharnischte Schelte für Hessens Justizminister, Die Welt vom 24.11.1997
Zit.: Scherer, Die Welt vom 24.11.1997

Scherer, Hans
Situationsgebundene Kommunikation, abgedruckt in: Sprache in Situation (Hrsg.: Scherer, Hans), Bonn 1989, S. 56 ff
Zit.: Scherer, S.

Schick , Peter J.	Diskussionsbeitrag in „Der Staatsanwalt im modernen Rechtsstaat, Enquete am 13.06.1996, Wien 1996, S. 41 ff Zit.: Schick „Modern“, S.
Schilken, Eberhard	Gerichtsverfassungsrecht, 2. Auflage, Köln/Bonn/ Berlin/München, 1994 Zit.: Schilken, Kap., Rn.
Schindler, Friedrich Pöll, Franz	Staatsanwaltschaftsrecht, Wien 1991 Zit.: Schindler/Pöll, §, Rn.
Schlüchter, Ellen	Kernwissen Strafprozeßrecht, 2. Auflage Thüngersheim / Nürnberg 1995 Zit.: Schlüchter, S.
Schmalz, Hans-Joachim	34. Helgoländer Richtertage vom 13. bis 15. Mai 1996, SchlHA 1996, S. 285 ff Zit.: Schmalz, SchlHA 1996, S.
Schmelz, Matthias P.	Psychologie der Höflichkeit, Frankfurt (Main) / Berlin / Bern / New York / Paris / Wien, 1994 Zit.: Schmelz, S.
Schmidt, Eberhard	Lehrkommentar zur Strafprozeßordnung und zum Gerichtsverfassungsgesetz Teil III, Göttingen, 1960 Zit.: Schmidt, Lehrkommentar, §, Rn.
Schmidt, Eberhard	Strafprozeß und Rechtsstaat, Göttingen, 1970 Zit.: Schmidt, S.
Schmidt, Eberhard	Die Rechtsstellung der Staatsanwälte im Rahmen der rechtsprechenden Gewalt und ihre Einbeziehung in das Richtergesetz, DRiZ 1957, S. 273 ff Zit.: Schmidt, DRiZ 1957, S.
Schmidt, Eberhard	Rechtsauffassung der Staatsanwaltschaft und Legalitätsprinzip, MDR 1961, S. 269 ff Zit.: Schmidt, MDR 1961, S.

Schmidt, Eberhard — Zur Rechtsstellung und Funktion der Staatsanwaltschaft als Justizbehörde, MDR 1964, S. 629 ff u. S. 713 ff
Zit.: Schmidt, MDR 1964, S.

Schmidt, Michael — Beiträge zur staatsrechtlichen Stellung der Staatsanwaltschaft, ÖJBl 1991, S. 88 ff
Zit.: Schmidt, ÖJBl 1991, S.

Schmidt-Bleibtreu, Bruno
Klein, Franz — Kommentar zum Grundgesetz, Neuwied/Kriftel/Berlin, 1995
Zit.: Schmidt-Bleibtreu, Art., Rn.

Schneider, Fritz — Das Amt des Staatsanwalts, DRiZ 1964, S. 153 ff
Zit.: Schneider, DRiZ 1964, S.

Schneider, Hartmut — Zu Stellung und Tätigkeit von Staatsanwälten, JURA 1999, S. 62 ff
Zit.: Schneider, JURA 1999, S.

Schoreit, Armin — Plädoyer für ein Staatsanwaltsgesetz, DRiZ 1995, S. 304 ff
Zit.: Schoreit, DRiZ 1995, S.

Schoreit, Armin — Rechtsstellung der Staatsanwälte, DRiZ 1970, S. 228 ff
Zit.: Schoreit, DRiZ 1970, S.

Schoreit, Armin — Wie unabhängig sind die Staatsanwälte?, ZRP 1969, S. 133 ff
Zit.: Schoreit, ZRP 1969, S.

Schueler, Hans — Druck von oben?, DRiZ 1996, S. 445
Zit.: Schueler, DRiZ 1996, S.

Schuhmann, Rudolf — Gedanken und Vorschläge zur Reform der Staatsanwaltschaft, ÖRiZ 1981, S. 122 ff
Zit.: Schuhmann, ÖRiZ 1981, S.

Schultz, Dietrich — Gedanken zu Reformvorschlägen über die Rechtsstellung der Staatsanwaltschaft, RuP 1971, S. 61 ff
Zit.: Schultz, RuP 1971, S.

Schultz, Dietrich — Zur Neuordnung des Amtsrechts der Staatsanwälte, RuP 1977, S. 129 ff
Zit.: Schultz, RuP 1977, S.

Schulz von Thun, Friedemann — Miteinander Reden, Bd. 1 – Störungen und Klärungen, Hamburg 1981 – Lizenzausgabe (Weltbild) Augsburg 2000
Zit.: Schulz von Thun, Bd. 1, S.

Schwab, Siegfried — Das Recht auf Akteneinsicht, Pfaffenweiler, 1989
Zit.: Schwab, S.

Schweichel, Heinrich — Die Zukunft der Staatsanwaltschaft, ZRP 1970, S. 171 ff
Zit.: Schweichel, ZRP 1970, S.

Schwerdtner, Klaus-Peter — Staatsanwaltschaft und Strafrichter, RuP 1970, S. 69
Zit.: Schwerdtner, RuP 1970, S.

Schweriner Volkszeitung — Prechtel: Justiz wird politisiert, Online-Ausgabe vom 09.08.1999, veröffentlicht im Internet unter: http://www.schweriner-volkszeitung.de
Zit.: Schweriner Volkszeitung, Online-Ausgabe vom 09.08.1999

Searle, John R. — Eine Klassifikation der Sprechakte, abgedruckt in: Sprechakttheorie (Hrsg.: Kußmaul, Paul), Wiesbaden, 1980, S. 82 ff
Zit.: Searle „Eine Klassifikation der Sprechakte“, S.

Searle, John R. — Indirekte Sprechakte, abgedruckt in: Sprechakttheorie (Hrsg.: Kußmaul, Paul), Wiesbaden, 1980, S. 127 ff
Zit.: Searle „Indirekte Sprechakte“, S.

Seiler, Robert — Legalitätsprinzip und Weisungsrecht im Strafprozeß, ÖJBl 1965, S. 1 ff
Zit.: Seiler, ÖJBl 1965, S.

Seiler, Stefan — Strafprozeßrecht, Wien, 1989
Zit.: Seiler, S.

Siegert, Karl — Sachliche Unabhängigkeit des Staatsanwalts?, DRiZ 1956, S. 224 ff
Zit.: Siegert, DRiZ 1956, S.

Simgen, Dennis — Die Bindung des Staatsanwalts an Weisungen seiner Vorgesetzten, Bochum, 1995
Zit.: Simgen, S.

Sobota, Katharina — Das Prinzip Rechtsstaat, Tübingen, 1977
Zit.: Sobota, S.

Sokol, Bettina — Datenschutz versus Informationszugang?, DuD (21) 1997, S. 380 ff
Zit.: Sokol, DuD (21) 1997, S.

Spaeth, Walter — Die Gehorsamspflicht des Staatsanwalts nach §146 des Gerichtsverfassungsgesetzes, Borna / Leipzig, 1934
Zit.: Spaeth, S.

Steffani, Winfried — Parlamentarische Demokratie – zur Problematik von Effizienz, Transparenz und Partizipation – Parlamentarismus ohne Transparenz, Opladen 1971
Zit.: Steffani, S.

Stein, Ekkehart
Frank, Götz — Staatsrecht, 17. Auflage, Tübingen, 2000
Zit.: Stein, Kap.

Steininger, Erhard — Die Neuorientierung des strafprozessualen Legalitätsprinzips, ÖJBl 1986, 216 ff
Zit.: Steininger, ÖJBl 1986, S.

Stöckel, Heinz — Staatsanwaltschaft – damals und heute, veröffentlicht im Internet unter: http://www.justiz. bayern.de/olgn/allg-sta.htm
Zit.: Stöckel, www.justiz.bayern.de

Strasser, Gottfried — Die Reform des strafgerichtlichen Vorverfahrens aus der Sicht des Staatsanwalts, ÖRiZ 1991, S. 266 ff
Zit.: Strasser, ÖRiZ 1991, S.

Strasser, Gottfried — Eigenständigkeit der Staatsanwaltschaft – kein Verfassungsproblem, ÖRiZ 1982, S. 227 ff
Zit.: Strasser, ÖRiZ 1982, S.

Strasser, Gottfried — Rede zum 70-jährigen Bestehen des Vereins österreichischer Staatsanwälte, ÖRiZ 1989, S. 98
Zit.: Strasser, ÖRiZ 1989, S.

Strasser, Gottfried — Stärkung der Staatsanwaltschaft, ÖRiZ 1984, S. 166 ff
Zit.: Strasser, ÖRiZ 1984, S.

Sträter, Artur — Das Amt des Staatsanwalts, insbesondere seine Weisungsgebundenheit, DRiZ 1965, S. 60 ff
Zit.: Sträter, DRiZ 1965, S.

Süsterhenn — Minister ohne Gewissen?, Rheinischer Merkur 1952 Nr. 49, S. 4
Zit.: Süsterhenn, Rheinischer Merkur 1952 Nr. 49, S.

Tröndle, Herbert
Fischer, Thomas — Strafgesetzbuch und Nebengesetze, 49. Auflage, München, 1999
Zit.: Tröndle/Fischer, §, Rn.

Ulrich, Hans-Joachim — Nochmals: Staatsanwaltschaft – objektive Behörde oder Anwalt des Staates?, DRiZ 1988, S. 368 ff
Zit.: Ulrich, DRiZ 1988, S.

Vogel, Hans-Jochen — Die Staatsanwaltschaft, DRiZ 1974, S. 235 ff
Zit.: Vogel, DRiZ 1974, S.

Wagner, Siegfried — Der Einfluß des Innenministers?, Rheinischer Merkur 1952 Nr. 47, S. 4
Zit.: Wagner, Rheinischer Merkur 1952 Nr.47, S.

Wagner, Walter — Die Exmittierung der Staatsanwaltschaft, DRiZ 1972, S. 166 ff
Zit.: Wagner, DRiZ 1972, S.

Wagner, Walter — Die objektive Staatsanwaltschaft – Idee und Wirklichkeit, JZ 1974, S. 212 ff
Zit.: Wagner, JZ 1974, S.

Wagner, Walter — Zur Weisungsgebundenheit der Staatsanwälte, NJW 1963, S. 8 ff
Zit.: Wagner, NJW 1963, S.

Waldheim, Kurt — Rede zum 70-jährigen Bestehen des Vereins österreichischer Staatsanwälte, ÖRiZ 1989, S. 101 ff
Zit.: Waldheim, ÖRiZ 1989, S.

Walter, Robert — Österreichisches Bundesverfassungsrecht, Wien, 1972
Zit.: Walter, Kap.

Wax, Peter — Der unabhängige Staatsanwalt, DRiZ 1972, S. 163 ff
Zit.: Wax, DRiZ 1972, S.

Weber, Ulrich — Der 45. Deutsche Juristentag, JZ 1964, S. 726 ff
Zit.: Weber, JZ 1964, S.

Wedemeyer, Georg — Mehr Unabhängigkeit für Staatsanwälte – Interview mit dem Vorsitzenden des Bayerischen Richtervereins, Horst Böhm in der Zeitschrift „Stern“, veröffentlicht im Internet unter: http://www.bayrv.de/RstPol/StellungStA/Unab_Int_Bhm.htm
Zit.: Wedemeyer, www.bayrv.de

Wille, Heinrich — Das externe Weisungsrecht, abgedruckt in: Strafverfolgung und Strafverzicht – Festschrift zum 125-jährigen Bestehen der Staatsanwaltschaft Schleswig-Holstein, Köln / Berlin / Bonn / München, 1992, S. 317 ff
Zit.: Wille, FS für SH, S.

Winterhoff-Spurk, Peter
Geißler, Jürgen
Grabowski-Gellert, Joachim — Vom Lob der Direktheit: Wirkungen sprachlicher Merkmale des Führungsverhaltens, Zeitschrift für Arbeits- und Organisationspsychologie 1987, S. 55 ff
Zit.: Winterhoff-Spurk/Geißler/Grabowski-Gellert, S.

Winterhoff-Spurk, Peter
Herrmann, Theo
Funk-Müldner, Kathrin — Sprache in der Führung, abgedruckt in: Handwörterbuch der Führung (Hrsg.: Kieser, Alfred), 2. Auflage, Stuttgart, 1995, Sp. 1978 ff
Zit.: Winterhoff-Spurk / Herrmann / Funk-Müldner, Sp.

Winterhoff-Spurk, Peter — Sprache und Führung, abgedruckt in: Psychologie in Betrieb und Verwaltung (Hrsg.: Methner, Helmut), Bonn 1986, S. 285 ff
Zit.: Winterhoff-Spurk, S.

Wohlers, Wolfgang — Entstehung und Funktion der Staatsanwaltschaften. Berlin, 1994
Zit.: Wohlers, S.

Wolf, Manfred — Gerichtsverfassungsrecht aller Verfahrenszweige, 6. Auflage, München, 1987
Zit.: Wolf, Kap.

Wrobel, Hans — Justiz – eine unabhängige Staatsgewalt, DRiZ 1992, S. 463 ff
Zit.: Wrobel, DRiZ 1992, S.

Wunderlich, Heinz-Friedrich — Das Weisungsrecht im Aufbau der Staatsanwaltschaft, Köln, 1968
Zit.: Wunderlich, S.

Zapka, Klaus | Systematische Analyse zur Rechtsstellung der Staatsanwaltschaft, RuP 1990/91, S. 114 ff
Zit.: Zapka, RuP 1990/91, S.

Zehnder, Adalbert | Im Zweifel gegen den Staatsanwalt, Süddeutsche Zeitung vom 05.08.1999, S. 3
Zit.: Zehnder, Süddeutsche Zeitung vom 05.08.1999, S. 3

Zippel, Wolfgang | 8. Deutsche Richterakademie in Fischbachau, DRiZ 1970, S. 19 ff
Zit.: Zippel, DRiZ 1970, S.

Zitta, Rudolf | Weisung mit öffentlicher Kontrolle, Salzburger Nachrichten v. 16.06.2001, S. 7, http://www.salzburg.com/sn/01/06/16/gericht-27114.html
Zit.: Zitta, Salzburger Nachrichten vom 16.06.2001, S.

Zuberbier, Gerhard | Einführung in die staatsanwaltliche Praxis, Stuttgart/München/Hannover, 1991
Zit.: Zuberbier, S.

Zuberbier, Gerhard | Staatsanwaltschaft – objektive Behörde und Anwalt des Staates, DRiZ 1988, S. 254 f
Zit.: Zuberbier, DRiZ 1988, S.

FRANKFURTER KRIMINALWISSENSCHAFTLICHE STUDIEN

Band 1 Peter Böning: Die Lehre vom Unrechtsbewußtsein in der Rechtsphilosophie Hegels 100 S., 1978.

Band 2 Wolfgang Schneider: Kriminelle Straßenverkehrsgefährdung (§ 315c Abs. 1 Ziff. 2, Abs. 3 StGB). Eine kriminologische und strafrechtliche Untersuchung zur Problematik dieser Verkehrsstraftaten unter Berücksichtigung ausländischer Rechte. 342 S., 1978.

Band 3 Lothar Kuhlen: Die Objektivität von Rechtsnormen. Zur Kritik des radikalen labeling approach in der Kriminalsoziologie. 178 S., 1978.

Band 4 Günther Grewe: Straßenverkehrsdelinquenz und Marginalität. Untersuchungen zur institutionellen Regelung von Verhalten. 148 S., 1978.

Band 5 Dieter Haberstroh: Strafverfahren und Resozialisierung. Eine Studie über Verstehen und Nicht-Verstehen, über Verstanden-Werden und Nicht-Verstanden-Werden und deren Bedingungen in der Hauptverhandlung. 202 S., 1979.

Band 6 Thomas Vogt: Die Forderungen der psychoanalytischen Schulrichtungen für die Interpretation der Merkmale der Schuldunfähigkeit und der verminderten Schuldfähigkeit (§§ 51 a.F., 20, 21 StGB). 182 S., 1979.

Band 7 Andreas Michael: Der Grundsatz in dubio pro reo im Strafverfahrensrecht. Zugleich ein Beitrag über das Verhältnis von materiellem Recht und Prozeßrecht. 214 S., 1981.

Band 8 Ilias G. Anagnostopoulos: Haftgründe der Tatschwere und der Wiederholungsgefahr (§§ 112 Abs. 3, 112 a StPO). Kriminalpolitische und rechtssystematische Aspekte der Ausweitung des Haftrechts. 1984.

Band 9 Helga Müller: Der Begriff der Generalprävention im 19. Jahrhundert. Von P.J.A. Feuerbach bis Franz v. Liszt. 1984.

Band 10 Frowin Jörg Kurth: Das Mitverschulden des Opfers beim Betrug. 1984.

Band 11 Martin J. Worms: Die Bekenntnisbeschimpfung im Sinne des § 166 Abs. 1 StGB und die Lehre vom Rechtsgut. 1984.

Band 12 Jong-Dae Bae: Der Grundsatz der Verhältnismäßigkeit im Maßregelrecht des StGB. 1985.

Band 13 Helmut Fünfsinn: Der Aufbau des fahrlässigen Verletzungsdelikts durch Unterlassen im Strafrecht. 1985.

Band 14 Christoph Krehl: Die Ermittlung der Tatsachengrundlage zur Bemessung der Tagessatzhöhe bei der Geldstrafe. 1985.

Band 15 Walter-Hermann Kiehl: Strafrechtliche Toleranz wechselseitiger Ehrverletzungen - Zur ratio legis der §§ 199, 233 Strafgesetzbuch -. 1986.

Band 16 Matthias Krahl: Die Rechtsprechung des Bundesverfassungsgerichts und des Bundesgerichtshof zum Bestimmtheitsgrundsatz im Strafrecht (Art. 103 Abs. 2 GG). 1986.

Band 17 Patrick Carroll Campbell: § 220a StGB. Der richtige Weg zur Verhütung und Bestrafung von Genozid? 1986.

Band 18 Winfried Hassemer (Hrsg.): Strafrechtspolitik. Bedingungen der Strafrechtsreform. 1987.

Band 19 Felix Herzog: Prävention des Unrechts oder Manifestation des Rechts. Bausteine zur Überwindung des heteronom-präventiven Denkens in der Strafrechtstheorie der Moderne. 1987.

Band 20 Astrid Michalke-Detmering: Die Mindestanforderungen an die rechtliche Begründung des erstinstanzlichen Strafurteils. Zur Auslegung des § 267 StPO. 1987.

Band 21 Lothar Kuhlen: Die Unterscheidung von vorsatzausschließendem und nichtvorsatzausschließendem Irrtum. 1987.

Band 22 Michael Buttel: Kritik der Figur des Aufklärungsgehilfen im Betäubungsmittelstrafrecht (§ 31 BtMG). 1988.

Band 23 Matthias Kögler: Die zeitliche Unbestimmtheit freiheitsentziehender Sanktionen des Strafrechts. Eine vergleichende Untersuchung zur Rechtslage und Strafvollstreckungspraxis in der Bundesrepublik Deutschland und den USA. 1988.

Band 24 Klaus Lüderssen/Cornelius Nestler-Tremel/Ewa Weigend(Hrsg.): Modernes Strafrecht und ultima-ratio-Prinzip. 1990.

Band 25 Jürgen Taschke: Die behördliche Zurückhaltung von Beweismitteln im Strafprozeß. 1989.

Band 26 Daniela Westphalen: Karl Binding (1841-1920). Materialien zur Biographie eines Strafrechtsgelehrten. 1989.

Band 27 Sigrid Jans: Die Aushöhlung des Klageerzwingungsverfahrens. 1990.

Band 28 Dimitris Spirakos: Folter als Problem des Strafrechts. Kriminologische, kriminalsoziologische und (straf-)rechtsdogmatische Aspekte unter besonderer Berücksichtigung der Folterschutzkonvention und der Pönalisierung der Folter in Griechenland. 1990.

Band 29 Stephan Moll: Strafrechtliche Aspekte der Behandlung Opiatabhängiger mit Methadon und Codein. 1990.

Band 30 Stefan Werner: Wirtschaftsordnung und Wirtschaftsstrafrecht im Nationalsozialismus. 1991.

Band 31 Xanthi Bassakou: Beiträge zur Analyse und Reform des Absehens von Strafe nach § 60 StGB. 1991.

Band 32 Rainer Runte: Die Veränderung von Rechtfertigungsgründen durch Rechtsprechung und Lehre. Moderne Strafrechtsdogmatik zwischen Rechtsstaatsprinzip und Kriminalpolitik. 1991.

Band 33 Olaf Hohmann: Das Rechtsgut der Umweltdelikte. Grenzen des strafrechtlichen Umweltschutzes. 1991.

Band 34 Klaus Jochen Müller: Das Strafbefehlsverfahren (§§ 407 ff. StPO). Eine dogmatisch-kriminalpolitische Studie zu dieser Form des schriftlichen Verfahrens unter besonderer Berücksichtigung der geschichtlichen Entwicklung – zugleich ein Beitrag zum StVÄG 1987. 1993

Band 35 Sang-Don Yi: Wortlautgrenze, Intersubjektivität und Kontexteinbettung. Das strafrechtliche Analogieverbot. 1991.

Band 36 Birgit Malsack: Die Stellung der Verteidigung im reformierten Strafprozeß. Eine rechtshistorische Studie anhand der Schriften von C. J. A. Mittermaier. 1992.

Band 37 Rüdiger Schäfer: Die Privilegierung des "freiwillig-positiven" Verhaltens des Delinquenten nach formell vollendeter Straftat. Zugleich ein Beitrag zum Grundgedanken des Rücktritts vom Versuch und zu den Straftheorien. 1992.

Band 38 Cornelius Nestler-Tremel: AIDS und Strafzumessung. 1992.

Band 39 Christine Gutmann: Freiwilligkeit und (Sozio-)Therapie – notwendige Verknüpfung oder Widerspruch? 1993.

Band 40 Walter Kargl: Der strafrechtliche Vorsatz auf der Basis der kognitiven Handlungstheorie. 1993.

Band 41 Jürgen Rath: Zur strafrechtlichen Behandlung der aberratio ictus und des error in objecto des Täters. 1993.

Band 42 Martin Fischer: Wille und Wirksamkeit. Eine Untersuchung zum Problem des *dolus alternativus.* 1993.

Band 43 Regina Harzer: Der Naturzustand als Denkfigur moderner praktischer Vernunft. Zugleich ein Beitrag zur Staats- und Rechtsphilosophie von Hobbes und Kant. 1994.

Band 44 Helmut Pollähne: Lockerungen im Maßregelvollzug. Eine Untersuchung am Beispiel der Anwendung des nordrhein-westfälischen Maßregelvollzugsgesetzes im Westfälischen Zentrum für Forensische Psychiatrie (Lippstadt). 1994.

Band 45 Hans-Joachim Leonhardt: Rechtsmittelermessen der Staatsanwaltschaft. Eine Gegenüberstellung von § 296 StPO mit Nummern 147 und 148 Richtlinien für das Strafverfahren und das Bußgeldverfahren (RiStBV). 1994.

Band 46 Rolf Grünebaum: Zur Strafbarkeit des Therapeuten im Maßregelvollzug bei fehlgeschlagenen Lockerungen. 1996.

Band 47 Barbara Bialas: Promille-Grenzen, Vorsatz und Fahrlässigkeit. 1996.

Band 48 Christine Pott: Die Außerkraftsetzung der Legalität durch das Opportunitätsdenken in den Vorschriften der §§ 154, 154a StPO. Zugleich ein Beitrag zu einer kritischen Strafverfahrensrechtstheorie. 1996.

Band 49 Wolfgang Köberer: *Iudex non calculat.* Über die Unmöglichkeit, Strafzumessung sozialwissenschaftlich-mathematisch zu rationalisieren. 1996.

Band 50 Institut für Kriminalwissenschaften Frankfurt a.M. (Hrsg.): Vom unmöglichen Zustand des Strafrechts. 1995.

Band 51 Petra Kamberger: Treu und Glauben (§ 242 BGB) als Garantenstellung im Strafrecht? 1996.

Band 52 Anastassios Triantafyllou: Das Delikt der gefährlichen Körperverletzung (§ 223a StGB) als Gefährdungsdelikt. (Zugleich ein Beitrag zur Dogmatik der Gefährdungsdelikte). 1996.

Band 53 Norbert Kissel: Aufrufe zum Ungehorsam und § 111 StGB. Grundrechtlicher Einfluß bei der Feststellung strafbaren Unrechts. 1996.

Band 54 Susanne Ehret: Franz von Liszt und das Gesetzlichkeitsprinzip. Zugleich ein Beitrag wider die Gleichsetzung von Magna-charta-Formel und Nullum-crimen-Grundsatz. 1996.

Band 55 Stefan Braum: Geschichte der Revision im Strafverfahren von 1877 bis zur Gegenwart. Zugleich eine Kritik der Kontinuität politischer Macht im Recht. 1996.

Band 56 Katja Diel: Das Regreßverbot als allgemeine Tatbestandsgrenze im Strafrecht. 1997.

Band 57 Christoph Koller: Die Staatsanwaltschaft – Organ der Judikative oder Exekutivbehörde? Die Stellung der Anklagebehörde und die Gewaltenteilung des Grundgesetzes. 1997.

Band 58 Frank Schößler: Anerkennung und Beleidigung. Rechtsgut und Strafzweck des § 185 StGB. 1997.

Band 59 Regina Engelstädter: Der Begriff des Unfallbeteiligten in § 142 Abs. 4 StGB. Zugleich eine Kritik an aktuellen Zurechnungslehren. 1997.

Band 60 Jörg Reinhardt: Der Ausschluß und die Ablehnung des befangen erscheinenden Staatsanwaltes. 1997.

Band 61 Jens Christian Müller-Tuckfeld: Integrationsprävention. Studien zu einer Theorie der gesellschaftlichen Funktion des Strafrechts. 1998.

Band 62 Peter Maria Rohe: Verdeckte Informationsgewinnung mit technischen Hilfsmitteln zur Bekämpfung der Organisierten Kriminalität. Zugleich eine rechtsvergleichende Analyse der polizeilichen Abhörbefugnisse in den U.S.A. 1998.

Band 63 Dirk Fabricius: Was ein Lehrbuch lehrt ... Eine exemplarische Untersuchung von Jakobs *Strafrecht – Allgemeiner Teil*. 1998.

Band 64 Stefan Sinner: Der Vertragsgedanke im Strafprozeßrecht. 1999.

Band 65 Sebastian Schattenfroh: Die Staatsphilosophie Giovanni Gentiles und die Versuche ihrer Verwirklichung im faschistischen Italien. 1999.

Band 66 Athanassia Dionyssopoulou: Der Tatbestand der Geldwäsche. Eine Analyse der dogmatischen Grundlagen des § 261 StGB. 1999.

Band 67 Klaus von Lampe: *Organized Crime*. Begriff und Theorie organisierter Kriminalität in den USA. 1999.

Band 68 Christian Hanssen: "Trennung der Märkte". Rechtsdogmatische und rechtspolitische Probleme einer Liberalisierung des Drogenstrafrechts. 1999.

Band 69 Institut für Kriminalwissenschaften und Rechtsphilosophie Frankfurt a.M. (Hrsg.): Irrwege der Strafgesetzgebung. 1999.

Band 70 Konstantinos Chatzikostas: Die Disponibilität des Rechtsgutes Leben in ihrer Bedeutung für die Probleme von Suizid und Euthanasie. 2000.

Band 71 Bettina Wirmer-Donos: Die Strafrechtstheorie Karl Christian Friedrich Krauses als theoretische Grundlage des spanischen Korrektionalismus. 2001.

Band 72 Christine Löw: Die Erkundigungspflicht beim Verbotsirrtum nach § 17 StGB. 2001.

Band 73 Florian Ufer: Der Verwertungswiderspruch in Theorie und Praxis. Prozessuale Obliegenheiten des Verteidigers und ihre Bedeutung für die Rechtsposition des Beschuldigten. 2002.

Band 74 Katja Melzer: Psychisch kranke Straftäterinnen. Frauen im Maßregelvollzug. 2001.

Band 75 Gregor Kuntze-Kaufhold: Lebenswelt und Unparteilichkeit. Kriterien für eine Rechtsanwendungslehre am Beispiel der Analyse von fünf Hauptverhandlungen in Strafverfahren. 2002.

Band 76 Iris Kristina Passek: Die erstinstanzliche Zuständigkeit der Oberlandesgerichte in Staatschutzstrafsachen. Historische Entwicklung und aktuelle Probleme. 2002.

Band 77 Michael Krebs: Die Weisungsgebundenheit des Staatsanwalts unter besonderer Berücksichtigung des rechtstatsächlichen Aspekts. 2002.

FSC
www.fsc.org
MIX
Papier | Fördert gute Waldnutzung
FSC® C083411

Kolibri 360 GmbH
Ferdinand-Jühlke-Straße 7
99095 Erfurt, Deutschland
produktsicherheit@kolibri360.de

Druck:
CPI Druckdienstleistungen GmbH
im Auftrag der
Kolibri 360 GmbH
Ferdinand-Jühlke-Str. 7
99095 Erfurt